INTERNATIONAL CRICKET YEARBOOK
1987

compiled by
Peter Wynne-Thomas,
Philip Bailey and
John Stockwell
for the Association of
Cricket Statisticians

HAMLYN

Published by The Hamlyn Publishing Group Limited
Bridge House, 69 London Road
Twickenham, Middlesex, TW1 3SB, England

© The Association of Cricket Statisticians 1987

All rights reserved. No part of this publication
may be reproduced, stored in a retrieval system, or
transmitted, in any form or by any means, electronic,
mechanical, photocopying, recording or otherwise,
without the permission of the Publisher and
Copyright holder.

This edition first published 1987

ISBN 0 600 55098 2

Printed in Great Britain

All photographs by Patrick Eagar

The Fixture List for 1987 is published with
the permission of the Test and County Cricket Board.

Front Cover Photograph
Mike Gatting of Middlesex assumed the England
captaincy when David Gower was dismissed after
the first Test against India. Gatting later led
the touring party to Australia.

INTRODUCTION

Much encouraged by the many letters of appreciation which have been received regarding the 1986 Yearbook, we have much pleasure in presenting this Second Edition. As with the First Edition the full statistical records of every player in every major Competition in the world in 1985/6 and 1986 are given. In addition brief biographical details are included for the great majority of players. In last year's edition there were many biographical gaps in the sections on India and Pakistan, but this year, due to the diligence of Association members in those countries, much more information has been obtained.

In fact this Yearbook owes its comprehensiveness to the work of Association members throughout the world and their willingness to ferret out information is much appreciated.

The Records throughout this Yearbook have been compiled in accordance with the Guides to First Class Cricket Matches published by the Association. Copies of these Guides can be obtained direct from the Association's Administration Officer, at 4 Croft End, Little Eaton, Derby, DE2 5DP.

ACKNOWLEDGEMENTS

We wish to acknowledge with thanks the assistance of the following in the preparation of this Yearbook: Frank Peach (Derbyshire), Leslie Newnham (Essex), Andrew Hignell (Glamorgan), Bert Avery (Gloucs), Vic Isaacs (Hants), Howard Milton (Kent), Robin Isherwood and Malcolm Lorimer (Lancs),Dennis Lambert (Leics), Eddie Solomon (Middx), Laurie Newell (Northants), Michael Hill (Somerset), M.J.Goulder (Notts), George Russ (Surrey), L.V.Chandler (Sussex), Robert Brooke (Warwicks), Les Hatton (Worcs), Tony Woodhouse (Yorkshire), Brian Hunt (Minor Counties), Peter Sichel (South Africa), Francis Payne (New Zealand), Sudhir Vaidya, Dinar Gupte, Dipak Saraiya (India), Ray Webster, Cliff Winning, Warwick Torrens, Ric Finlay, Peter Binns, Bill Reynolds, Ian Everett (Australia), Abid Ali Kazi, Gul Hameed Bhatti (Pakistan), S.S.Perera (Sri Lanka), John Ward (Zimbabwe); in the compilation of the figures for Limited Overs Matches Les Hatton and Vic Isaacs; and for general assistance Colin Grubb, Roger Scowen, John Harvie, Geoffrey Saulez, Ken Trushell and Brian Croudy.

Philip J.Bailey
John W.Stockwell
Peter Wynne-Thomas

Haughton Mill, Retford
December 1986

EXPLANATION OF PLAYERS' ENTRIES

Cmp	Debut	M	I	NO	Runs	HS	Avge	100	50	Runs	Wkts	Avge	BB	5wi	RpO	ct	st
HOLDING, Michael Anthony (Jamaica, WI, WI to Pak) b Half Way Tree, Jamaica 16.2.1954
RHB RF (Lancs 1981)
FC		14	20	2	295	36*	16.38	0	0	1045	52	20.09	7-97	4	2.69	6	
JPL		14	11	1	86	27	8.60	0	0	435	21	20.71	3-16	0	3.91	6	
BH		5	3	0	75	69	25.00	0	1	136	7	19.42	2-13	0	2.83	2	
NW		2	1	0	0	0	0.00	0	0	32	1	32.00	1-24	0	1.77	2	
Test	1975	59	75	10	910	73	14.00	0	6	5799	249	23.28	8-92	13	2.79	21	
FC	1972	168	214	28	2900	80	15.59	0	13	14063	612	22.97	8-92	33	2.75	75	
Int	1976	96	38	10	217	64	7.75	0	1	2872	135	21.27	5-26	6	3.34	28	
JPL	1981	36	24	3	324	58	15.42	0	2	998	47	21.23	3-16	0	3.90	13	
BH	1981	11	7	1	136	69	22.66	0	1	270	11	24.54	2-13	0	2.90	4	
NW	1981	6	4	1	39	27	13.00	0	0	189	7	27.00	3-35	0	2.86	3	

Every cricketer who played for a first-class county in a first-class match and/or in any of the three major English limited overs competitions in the 1986 season is found under the heading of his particular county. M.A.Holding, the example given above, is therefore to be found in the Derbyshire section.

Each player's entry commences with a biographical line. This gives, where known, his full name, his place and date of birth and type of cricketer. If the player was born outside the UK, his country of birth is included.

Every player, who in addition to appearing in English cricket, appeared in first-class cricket overseas in the 1985/86 season has in brackets after his name the team(s) for which he played. In the example, Holding went to Pakistan with the West Indies (WI to Pak) and represented West Indies in West Indies (WI). Holding's record in Pakistan can be found in the Pakistani section and his record in the West Indies in the West Indies section.

If a player had prior to 1986 represented another first-class county, then that county and the extent of his career in first-class matches with it is given at the end of his biographical line. In Holding's case he played for Lancashire in 1981 only (Lancs 1981).

The first line(s) of statistics following a player's biography is/are his record in England in the 1986 season. The lines for each player for each player in 1986 are given in the same sequence thus:

1. Test: his appearances in Test Cricket in the 1986 English season
2. FC: his appearances in all first-class cricket (including any Test appearances) in the 1986 English season
3. Int: his appearances in One Day Internationals in the 1986 English season.
4. JPL: his appearances in the John Player Special League in 1986.
5. BH: his appearances in the Benson & Hedges Cup in 1986.
6. NW: his appearances in the NatWest Bank Competition in 1986.

The second set of statistics for each player follows the same sequence, but each line contains a year; Test 1975, FC 1972, Int 1976 etc in the example above. Each line gives the player's career record in the particular type of match indicated and the year of debut, or when overseas the first year of the season. i.e. 1978 indicates the season 1978/79. In the case of Holding therefore he began his Test career in 1975/76 (Test 1975); his first-class career in 1972/73 (FC 1972) etc. The career records are complete to the end of the 1986 English season in all cases.

With regard to the figures themselves, the batting details are set out in the usual sequence: matches (M), innings (I), not outs (NO), Runs, Highest score (HS), Avge, innings over 99 (100), innings between 50 and 99 (50).

The bowling details differ slightly from conventional form. It has been decided to omit the usual 'overs' and 'maidens' columns, since quite a number of players' records include both 8 and 6 ball overs and the definition of a 'maiden over' has been changed recently, so that to jumble up the two types of over would be misleading. In place of is a column giving 'runs per over' (RpO) has been included. How economical a bowler is has become of particular importance in limited overs cricket and is therefore more vital in assessing a player's value than the overs and maidens. The bowling section therefore reads: runs conceded (Runs), wickets taken (Wkts), Avge, best bowling in an innings (BB), five wickets in an innings, or four in Limited Overs matches (5wi), runs per over (RpO) and the last two columns are catches (ct) and stumpings (st).

Cricketers who did not play for an English first-class county, but appeared in major matches in the 1986 season, are given in alphabetical order after the Yorkshire section.

CONTENTS

Test Matches 6
One-Day Internationals 8
Britannic Assurance Championship 11
John Player Special League 14
Benson and Hedges Cup 16
NatWest Bank Trophy 18
Derbyshire 21
Essex 24
Glamorgan 28
Gloucestershire 31
Hampshire 35
Kent 38
Lancashire 41
Leicestershire 45
Middlesex 48
Northamptonshire 52
Nottinghamshire 56
Somerset 60
Surrey 63
Sussex 67
Warwickshire 70
Worcestershire 74
Yorkshire 77
Touring Teams 80
Non-County Players 82
Australia 95
India 111
New Zealand 140
Pakistan 153
Sharjah 180
South Africa 181
Sri Lanka 199
West Indies 206
Zimbabwe 219
English Fixtures for 1987 222

TEST MATCHES

In the twelve months commencing September 1985, the major change on the Test Match scene was the complete collapse of England. In the previous twelve months they had won five out of eleven matches, in 1985-86, again playing eleven matches England did not record a single victory and lost all three series they undertook, v West Indies, v India and v New Zealand. West Indies returned a remarkable 100% record, whilst both Pakistan and New Zealand improved on their efforts in 1984-85. Australia remained in the doldrums. Sri Lanka won not only their first Test, but also their first Test Series at the expense of India and so, at least on paper, Sri Lanka achieved a better Test record in 1985-86 than either England or Australia.

The Series 1985-86 and 1986

Sri Lanka v India: 3 matches, Sri Lanka won 1; drawn 2
Pakistan v Sri Lanka: 3 matches, Pakistan won 2; drawn 1
Australia v New Zealand: 3 matches, New Zealand won 2; Australia won 1
Australia v India: 3 matches, all drawn
New Zealand v Australia: 3 matches; New Zealand won 1; drawn 2
West Indies v England: 5 matches; West Indies won 5
Sri Lanka v Pakistan: 3 matches; Sri Lanka won 1; Pakistan won 1; drawn 1
England v India: 3 matches; India won 2; drawn 1
England v New Zealand: 3 matches; New Zealand won 1; drawn 2.

Test Match Championship Table 1985-86 and 1986

	P	W	L	D	% wins
West Indies	5	5	0	0	100.00
Pakistan	6	3	1	2	50.00
New Zealand	9	4	1	4	44.44
India	9	2	1	6	22.22
Sri Lanka	9	2	3	4	22.22
Australia	9	1	3	5	11.11
England	11	0	8	3	0.00

Table of Results 1876-77 to 1986

	P	W	L	D	T	% wins
Australia	464	193	137	132	1	41.59
West Indies	246	90	60	95	1	36.58
England	628	227	167	234	0	36.14
Pakistan	157	36	39	82	0	22.92
South Africa	172	38	77	57	0	22.09
India	235	38	83	114	0	16.17
New Zealand	179	25	75	79	0	13.95
Sri Lanka	21	2	11	8	0	9.52

TEST RECORDS

Highest Team Total: 903-7 dec England v Australia (Oval) 1938
Best in 1985-86: 600-4 dec India v Australia (Sydney); 555-3 Pakistan v Sri Lanka (Faisalabad); 553-7 dec New Zealand v Australia (Brisbane); 520 India v Australia (Adelaide)

Lowest Team Total: 26 New Zealand v England (Auckland) 1954-55
Worst in 1985-86: 101 Sri Lanka v Pakistan (Kandy); 102 England v India (Headingley); 103 Australia v New Zealand (Auckland)

Highest Individual Innings: 365* G.St A.Sobers West Indies v Pakistan (Kingston) 1957-58
Best in 1985-86: 206 Qasim Umar Pakistan v Sri Lanka (Faisalabad); 203* Javed Miandad Pakistan v Sri Lanka (Faisalabad); 188 M.D.Crowe New Zealand v Australia (Brisbane); 183* M.W.Gatting England v India (Edgbaston); 183 G.A.Gooch England v New Zealand (Lord's)

Most Runs in Series: 974 (av 139.14) D.G.Bradman Australia v England 1930
Best in 1985-86: 469 (av 78.16) D.L.Haynes West Indies v England; 387 (av 55.28) R.B.Richardson West Indies v England; 370 (av 37.00) D.I.Gower England v West Indies

Most Runs in Career: 9,367 (av 50.63) S.M.Gavaskar (India) 1970-71 to date
Most by Current Batsmen: see Gavaskar above, then: 6,220 (av 54.56) I.V.A.Richards (West Indies) 1974-75 to date; 6,199 (av 52.09) A.R.Border (Australia) 1978-79 to date; 6,149 (av 44.88) D.I.Gower (England) 1978 to date; 5,033 (av 48.39) C.G.Greenidge (West Indies) 1974-75 to date

Best Innings Analysis: 10-53 J.C.Laker England v Australia (Old Trafford) 1956
Best in 1985-86: 8-83 J.R.Ratnayeke Sri Lanka v Pakistan (Sialkot); 8-106 Kapil Dev India v Australia (Adelaide); 7-116 R.J.Hadlee New Zealand v Australia (Christchurch); 6-32 J.G.Bracewell New Zealand v Australia (Auckland); 6-45 Tauseef Ahmed Pakistan v Sri Lanka (Kandy)

Most Wickets in Series: 49 (av 10.93) S.F.Barnes England v South Africa 1913-14
Most in 1985-86: 33 (av 12.15) R.J.Hadlee New Zealand v Australia; 27 (av 17.85) M.D.Marshall West Indies v England; 27 (av 17.33) West Indies v England

Most Wickets in Career: 357 (av 27.06) I.T.Botham (England) 1977 to date
Most by Current Bowler: see Botham above, then: 334 (av 22.51) R.J.Hadlee (New Zealand) 1972-73 to date; 291 (av 28.72) Kapil Dev (India) 1978-79 to date; 249 (av 23.28) M.A.Holding (West Indies) 1975-76 to date; 247 (av 21.16) J.Garner (West Indies) 1976-77 to date.

Record Wicket Partnerships

1st	413	M.H.Mankad & P.Roy	India v New Zealand (Madras)	1955-56
2nd	451	W.H.Ponsford & D.G.Bradman	Australia v England (Oval)	1934
3rd	451	Mudassar Nasar & Javed Miandad	Pakistan v India (Hyderabad)	1982-83
4th	411	P.B.H.May & M.C.Cowdrey	England v West Indies (Edgbaston)	1957
5th	405	S.G.Barnes & D.G.Bradman	Australia v England (Sydney)	1946-47
6th	346	J.H.W.Fingleton & D.G.Bradman	Australia v England (Melbourne)	1936-37
7th	347	D.St E.Atkinson & C.C.Depeiza	W Indies v Australia (Bridgetown)	1954-55
8th	246	L.E.G.Ames & G.O.B.Allen	England v New Zealand (Lord's)	1931
9th	190	Asif Iqbal & Intikhab Alam	Pakistan v England (Oval)	1967
10th	151	B.F.Hastings & R.O.Collinge	New Zealand v Pakistan (Auckland)	1972-73

Highest Partnerships In 1985-86 and 1986

1st	217	D.C.Boon & G.R.Marsh	Australia v India (Sydney)
2nd	224	S.M.Gavaskar & M.Amarnath	India v Australia (Sydney)
3rd	397	Qasim Umar & Javed Miandad	Pakistan v Sri Lanka (Faisalabad)
4th	240*	A.P.Gurusinha & A.Ranatunga	Sri Lanka v Pakistan (Colombo)
5th	213	G.M.Ritchie & G.R.J.Matthews	Australia v New Zealand (Wellington)
6th	197	A.R.Border & G.R.J.Matthews	Australia v New Zealand (Brisbane)
7th	132*	J.V.Coney & R.J.Hadlee	New Zealand v Australia (Wellington)
8th	76	S.M.Gavaskar & R.M.H.Binny	India v Australia (Adelaide)
9th	65	J.G.Bracewell & D.A.Stirling	New Zealand v England (Trent Bridge)
10th	124	J.G.Bracewell & S.L.Boock	New Zealand v Australia (Sydney)

Most Wicketkeeping Dismissals In Innings: 7 (7ct) Wasim Bari Pakistan v New Zealand (Auckland) 1978-79; 7 (7ct) R.W.Taylor England v India (Bombay) 1979-80
Most in 1985-86: 6 (6ct) S.A.R.Silva Sri Lanka v India (Colombo); 5 (5ct) S.A.R.Silva Sri Lanka v India (Colombo); 5 (5ct) Saleem Yousuf Pakistan v Sri Lanka (Karachi); 5 (5ct) P.J.L.Dujon West Indies v England (Bridgetown)

Most Wicketkeeping Dismissals In Match: 10 (10ct) R.W.Taylor England v India (Bombay) 1979-80
Most in 1985-86: 9 (9ct) S.A.R.Silva Sri Lanka v India (Colombo); 9 (8ct 1st) S.A.R.Silva Sri Lanka v India (Colombo); 7 (6ct 1st) Saleem Yousuf Pakistan v Sri Lanka (Karachi); 7 (7ct) P.J.L.Dujon West Indies v England (Bridgetown)

Most Wicketkeeping Dismissals In Series: 28 (28ct) R.W.Marsh Australia v England 1982-83
Most in 1985-86: 22 (21ct 1st) S.A.R.Silva Sri Lanka v India; 16 (16ct) K.S.More India v England; 16 (16ct) P.J.L.Dujon West Indies v England

Most Wicketkeeping Dismissals in Career: 355 (343ct 12st) R.W. Marsh (Australia) 1970-71 to 1983-84
Most by Current Wicketkeeper: 198 (160ct 38st) S.M.H.Kirmani (India) 1975-76 to date; 126 (124ct 2st) P.J.L.Dujon (West Indies) 1981-82 to date; 98 (92ct 6st) I.D.S.Smith (New Zealand) 1980-81 to date

Most Catches By Fielder In Innings: 5 V.Y.Richardson Australia v South Africa (Durban) 1935-36; 5 Yajuvindra Singh India v England (Bangalore) 1976-77
Most in 1985-86: 3 M.Amarnath India v Sri Lanka (Colombo); 3 J.V.Coney New Zealand v Australia (Auckland); 3 G.A.Gooch England v New Zealand (Oval)

Most Catches By Fielder In Match: 7 G.S.Chappell Australia v England (Perth) 1974-75; 7 Yajuvindra Singh India v England (Bangalore) 1976-77
Most in 1985-86: 4 J.V.Coney New Zealand v Australia (Brisbane); 4 L.Sivaramakrishnan India v Australia (Melbourne)

Most Catches By Fielder In Series: 15 J.M.Gregory Australia v England 1920-21
Most in 1985-86: 7 J.V.Coney New Zealand v Australia

Most Catches By Fielder In Career: 122 G.S.Chappell (Australia) 1970-71 to 1983-84
Most by Current Fielder: 100 S.M.Gavaskar (India) 1970-71 to date; 96 I.T.Botham (England) 1977 to date; 88 A.R.Border (Australia) 1978-79 to date

INTERNATIONAL ONE-DAY MATCHES

The first 'Limited Overs' International was played in 1970-71 between Australia and England. The match was actually entitled Australians v MCC and was an additional fixture to the MCC Tour programme, being staged after it had been decided to abandon the Third Test due to rain. The Prudential Trophy series between England and Touring teams to England commenced in 1972, matches being 55 overs per side. The sponsorship of this series was taken over by Texaco in 1984.

The Prudential World Cup was introduced in 1975, a 60 overs per side competition played between the six full members of the ICC together with Sri Lanka and East Africa. Two qualifying groups of four teams each played three matches, the top two teams in each table qualifying for the semi-final. The same format was used in 1979, when Sri Lanka and Canada qualified by reaching the final of the ICC Associate Members' Trophy. In 1983 the qualifying groups comprised six matches per team. Sri Lanka, having been elected as a full member of the ICC, automatically participated and the eighth place went to Zimbabwe, who won the ICC Trophy.

The Benson & Hedges World Series Cup has been staged in Australia each season since 1979-80 between Australia and two invited countries. A qualifying group of 15 matches is played to decide the two teams to contest a final best of three series. The over limit is 50 per side.

In 1984-85 to celebrate the 150th Anniversary of the Victorian Cricket Association, a World Championship of Cricket was played between the seven full ICC members. The teams were divided into two groups, the top two teams in each group qualifying for the semi-finals. The over limit was 50 per side

RESULTS OF THE MAJOR COMPETITIONS

Prudential/Texaco Trophy
1972 England 2 wins, Australia 1 win
1973 England 1, New Zealand 0, No result 1
1973 West Indies 1, England 1 (West Indies won on faster scoring rate)
1974 England 2, India 0
1974 Pakistan 2, England 0
1976 West Indies 3, England 0
1977 England 2, Australia 1
1978 England 2, Pakistan 0
1979 England 2, New Zealand 0
1980 West Indies 1, England 1 (West Indies won series on faster scoring rate)
1980 England 2, Australia 0
1981 Australia 2, England 1

1982 England 2, India 0
1982 England 2, Pakistan 0
1984 West Indies 2, England 1
1985 Australia 2, England 1
1986 India 1, England 1 (India won series on faster scoring rate)
1986 New Zealand 1, England 1 (New Zealand won series on faster scoring rate)

Prudential World Cup Finals
1975 West Indies 291-8 (60 overs) beat Australia 274 (58.4 overs) by 17 runs
1979 West Indies 286-9 (60 overs) beat England 194 (51 overs) by 92 runs
1983 India 183 (54.4 overs) beat West Indies 140 (52 overs) by 43 runs

Benson & Hedges World Series Cup (Final Matches)
1979-80 West Indies 2, England 0; 3rd place: Australia
1980-81 Australia 3, New Zealand 1; 3rd place: India
1981-82 West Indies 3, Australia 1; 3rd place: Pakistan
1982-83 Australia 2, New Zealand 0; 3rd place: England
1983-84 West Indies 2, Australia 0, Tied 1; 3rd place: Pakistan
1984-85 West Indies 2, Australia 1; 3rd place: Sri Lanka
1985-86 Australia 2, India 0; 3rd place: New Zealand

World Championship of Cricket Final
1984-85 India 177-2 (47.1 overs) beat Pakistan 176-9 (50 overs) by 8 wkts

Table of Results 1985-86 and 1986

	P	W	L	NR	% wins
Pakistan	20	14	5	1	73.68
West Indies	11	8	3	0	72.72
Australia	17	10	6	1	62.50
India	22	9	12	1	42.85
England	8	3	5	0	37.50
New Zealand	20	7	12	1	36.84
Sri Lanka	14	2	10	2	16.66

The percentage calculations exclude No Result games

Table of Results 1970-71 to 1986

	P	W	L	T	NR	% wins
West Indies	118	91	25	1	1	77.77
England	117	59	54	0	4	52.21
Australia	153	71	73	1	8	48.96
New Zealand	109	49	53	0	7	48.03
Pakistan	105	46	54	0	5	46.00
India	97	39	55	0	3	41.48
Sri Lanka	59	12	43	0	4	21.81
Zimbabwe	6	1	5	0	0	16.66
Canada	3	0	3	0	0	0.00
East Africa	3	0	3	0	0	0.00

The percentage calculation excludes No Result games

International One-Day Records

Highest Team Totals: 338-5 (60 overs) Pakistan v Sri Lanka (Swansea) 1983; 334-4 (60 overs) England v India (Lord's) 1975

Best in 1985-86: 292-6 (50 overs) Australia v India (Sydney)

Lowest Team Totals: 45 (40.3 overs) Canada v England (Old Trafford) 1979; 63 (25.5 overs) India v Australia (Sydney) 1980-81

Worst in 1985-86: 64 (35.5 overs) NZ v Pakistan (Sharjah); 70 Australia v NZ (Adelaide)

Highest Individual Innings: 189* I.V.A.Richards West Indies v England (Old Trafford) 1984; 175* Kapil Dev India v Zimbabwe (Tunbridge Wells) 1983

Best in 1985-86: 142* C.W.J.Athey England v New Zealand (Old Trafford). 4 hundreds were scored in 1985-86; 92 hundreds have been scored since 1970-71 of which D.L.Haynes and I.V.A.Richards have each scored 8.

Most Runs In Year: 1,085 (av 63.82) D.I.Gower 1982-83
Most in 1985-86: 836 (av 55.73) S.M.Gavaskar (India); 708 (av 64.36) Javed Miandad (Pakistan)

Most Runs In Career: 4,600 (av 57.50) I.V.A.Richards (West Indies) 1975 to date; 3,801 (av 42.71) D.L.Haynes (West Indies) 1977-78 to date; 3,254 (av 31.29) A.R.Border (Australia) 1978-79 to date.

Best Innings Analyses: 7-51 W.W.Davis West Indies v Australia (Headingley) 1983; 6-14 G.J.Gilmour Australia v England (Headingley) 1975; 6-14 Imran Khan Pakistan v India (Sharjah) 1984-85. 5 wickets in an innings was achieved in 1985-86 by B.A.Reid and D.R.Gilbert; 39 instances of 5 wickets have been achieved since 1970-71 of which R.J.Hadlee has four.

Most Economical Bowling: 12-8-6-1 B.S.Bedi India v East Africa (Headingley) 1975
Most Economical Bowling in 1985-86: 10-4-9-4 Abdul Qadir Pakistan v New Zealand (Sharjah); 9.2-4-9-2 E.J.Chatfield New Zealand v India (Perth)

Most Expensive Bowling: 12-1-105-2 M.C.Snedden New Zealand v England (Oval) 1983
Most Expensive Bowling in 1985-86: 10-0-70-2 C.J.McDermott Australia v New Zealand (Adelaide)

Most Wickets In Year: 33 (av 20.93) M.A.Holding (West Indies) 1983-84
Most In 1983-84: 31 (av 25.80) C.Sharma (India); 28 (av 19.89) Abdul Qadir (Pakistan)

Most Wickets In Career: 135 (av 21.27) M.A.Holding (West Indies) 1975-76 to date; 129 (av 18.29) J.Garner (West Indies) 1976-77 to date; 126 (av 20.68) R.J.Hadlee (New Zealand) 1972-73 to date.

Record Wicket Partnerships

1st	193	G.A.Gooch & C.W.J.Athey	England v NZ (Old Trafford)	1986
2nd	221	C.G.Greenidge & I.V.A.Richards	West Indies v India (Jamshedpur)	1983-84
3rd	224*	D.M.Jones & A.R.Border	Australia v Sri Lanka (Adelaide)	1984-85
4th	157*	R.B.Kerr & D.M.Jones	Australia v England (Melbourne)	1984-85
5th	152	I.V.A.Richards & C.H.Lloyd	W Indies v Sri Lanka	1984-85
6th	144	Imran Khan & Shahid Mahboob	Pakistan v Sri Lanka (Headingley)	1983
7th	108	Rameez Raja & Anil Dalpat	Pakistan v NZ (Christchurch)	1984-85
8th	68	B.E.Congdon & B.L.Cairns	NZ v England (Scarborough)	1978
9th	126*	Kapil Dev & S.M.H.Kirmani	India v Zimbabwe (Tun Wells)	1983
10th	106*	I.V.A.Richards & M.A.Holding	W Indies v England (Old Trafford)	1984

There were 25 hundred partnerships in 1985-86, the highest being the new record for the first wicket

Most Wicketkeeping Dismissals In Innings: 5 (5ct) R.G.de Alwis Sri Lanka v Australia (Colombo) 1982-83; 5(5ct) R.W.Marsh Australia v England (Headingley) 1981; 5(5ct) S.M.H.Kirmani India v Zimbabwe (Tunbridge Wells) 1983; 5 (3ct 2st) S.Viswanath India v England (Sydney) 1984-85

Most Wicketkeeping Dismissals In Year: 34 (31ct 3st) P.J.L.Dujon (West Indies) 1984-85; 26 (21ct 5st) W.B.Phillips (Australia) 1984-85

Most Wicketkeeping Dismissals In Career: 123 (119ct 4st) R.W.Marsh (Australia) 1970-71 to 1983-84; 99 (91ct 8st) P.J.L.Dujon (West Indies) 1980-81 to date

Most Catches By Fielder In Innings: 4 Saleem Malik Pakistan v New Zealand (Sialkot) 1984-85; 4 S.M.Gavaskar India v Pakistan (Sharjah) 1984-85

Most Catches By Fielder In Year: 16 I.V.A.Richards (West Indies) 1984-85

Most Catches By Fielder In Career: 52 I.V.A.Richards (West Indies) 1975 to date; 44 A.R.Border (Australia) 1978-79 to date

Most Appearances: 130 A.R.Border (Australia) 1978-79 to date; 109 I.V.A.Richards (West Indies) 1975 to date; 104 D.L.Haynes (West Indies) 1977-78 to date

Note: records 'in a year' include the English season and the preceding overseas season.

ENGLAND

BRITANNIC ASSURANCE COUNTY CHAMPIONSHIP

Since newspaper coverage of cricket matches in England became commonplace, the major games until the advent of Test Cricket were inter-county matches, or matches between a county and the rest of England. There was in the 18th century great rivalry between the South-Eastern counties, but the modern County Championship gradually evolved during the 19th century. Sussex were proclaimed Champions in 1827, but a continuous list of County Champions did not commence until 1864. The methods by which the Champion County was selected have varied and there is no space in this Yearbook to give the details of these many variations. In 1977 the Championship was sponsored by Schweppes, but in 1984 they were replaced by Britannic Assurance.

Championship Table 1986

	P	W	L	D	Bat	Bowl	Pts
1 Essex (4)	24	10	6	8	51	76	287
2 Gloucestershire (3)	24	9	3	12	50	65	259
3 Surrey (6)	24	8	6	10	54	66	248
4 Nottinghamshire (8)	24	7	2	15	55	80	247
5 Worcestershire (5)	24	7	5	12	58	72	242
6 Hampshire (2)	23	7	4	12	54	69	235
7 Leicestershire (16)	24	5	7	12	55	67	202
8 Kent (9)	24	5	7	12	42	75	197
9 Northants (10)	24	5	3	16	53	60	193
10 Yorkshire (11)	24	4	5	15	62	59	193
11 Derbyshire (13)	24	5	5	14	42	70	188
12 Middlesex (1)	24	4	9	11	47	65	176
Warwickshire (15)	24	4	5	15	61	51	176
14 Sussex (7)	23	4	7	12	46	56	166
15 Lancashire (14)	23	4	5	14	41	51	156
16 Somerset (17)	23	3	7	13	52	52	152
17 Glamorgan (12)	24	2	7	15	39	47	118

Yorkshire total includes 8 pts for drawn match where the scores finished level; Derbyshire total includes 12 pts for a win in a one-innings match. Abandoned matches are not included above.

County Champions since 1864

1864	Surrey	1882	Nottinghamshire	1900	Yorkshire
1865	Nottinghamshire		Lancashire	1901	Yorkshire
1866	Middlesex	1883	Nottinghamshire	1902	Yorkshire
1867	Yorkshire	1884	Nottinghamshire	1903	Middlesex
1868	Nottinghamshire	1885	Nottinghamshire	1904	Lancashire
1869	Nottinghamshire	1886	Nottinghamshire	1905	Yorkshire
	Yorkshire	1887	Surrey	1906	Kent
1870	Yorkshire	1888	Surrey	1907	Nottinghamshire
1871	Nottinghamshire	1889	Surrey	1908	Yorkshire
1872	Nottinghamshire		Lancashire	1909	Kent
1873	Gloucestershire		Nottinghamshire	1910	Kent
	Nottinghamshire	1890	Surrey	1911	Warwickshire
1874	Gloucestershire	1891	Surrey	1912	Yorkshire
1875	Nottinghamshire	1892	Surrey	1913	Kent
1876	Gloucestershire	1893	Yorkshire	1914	Surrey
1877	Gloucestershire	1894	Surrey	1919	Yorkshire
1878	Undecided	1895	Surrey	1920	Middlesex
1879	Nottinghamshire	1896	Yorkshire	1921	Middlesex
	Lancashire	1897	Lancashire	1922	Yorkshire
1880	Nottinghamshire	1898	Yorkshire	1923	Yorkshire
1881	Lancashire	1899	Surrey	1924	Yorkshire

1925	Yorkshire	1950	Lancashire	1969	Glamorgan
1926	Lancashire		Surrey	1970	Kent
1927	Lancashire	1951	Warwickshire	1971	Surrey
1928	Lancashire	1952	Surrey	1972	Warwickshire
1929	Nottinghamshire	1953	Surrey	1973	Hampshire
1930	Lancashire	1954	Surrey	1974	Worcestershire
1931	Yorkshire	1955	Surrey	1975	Leicestershire
1932	Yorkshire	1956	Surrey	1976	Middlesex
1933	Yorkshire	1957	Surrey	1977	Middlesex
1934	Lancashire	1958	Surrey		Kent
1935	Yorkshire	1959	Yorkshire	1978	Kent
1936	Derbyshire	1960	Yorkshire	1979	Essex
1937	Yorkshire	1961	Hampshire	1980	Middlesex
1938	Yorkshire	1962	Yorkshire	1981	Nottinghamshire
1939	Yorkshire	1963	Yorkshire	1982	Middlesex
1946	Yorkshire	1964	Worcestershire	1983	Essex
1947	Middlesex	1965	Worcestershire	1984	Essex
1948	Glamorgan	1966	Yorkshire	1985	Middlesex
1949	Middlesex	1967	Yorkshire	1986	Essex
	Yorkshire	1968	Yorkshire		

FIRST CLASS RECORDS IN ENGLAND

Highest Team Total: 903-7 dec England v Australia (Oval) 1938

Best in 1986: 590-7 dec Kent v Oxford U (Oxford); 519-7 dec New Zealanders v D.B.Close's XI (Scarborough); 503 Northants v Gloucs (Northampton); 500-9 dec Surrey v Worcs (Oval); 489-6 dec Northants v Glamorgan (Swansea)

Lowest Team Total: 6 The Bs v England (Lord's) 1810; 12 Oxford U v MCC (Oxford) 1877; 12 Northants v Gloucs (Gloucester) 1907

Worst in 1986: 44 Essex v Northants (Colchester); 64 Surrey v Hampshire (Basingstoke); 65 Warwicks v Kent (Folkestone); 70 Middlesex v Sussex (Lord's); 71 Lancashire v Middlesex (Lord's); 71 Essex v Lancashire (Old Trafford)

Highest Individual Innings: 424 A.C.MacLaren Lancashire v Somerset (Taunton) 1895

Best in 1986: 317 K.R.Rutherford New Zealanders v D.B.Close's XI (Scarborough); 234 R.A.Harper Northants v Gloucs (Northampton); 227* G.A.Hick Worcs v Notts (Worcester); 224* R.J.Bailey Northants v Glamorgan (Swansea); 222 C.G.Greenidge Hampshire v Northants (Northampton)

Most Runs In Season: 3,816 (av 90.85) D.C.S.Compton (Middlesex) 1947

Most in 1986: 2,035 (av 67.83) C.G.Greenidge (Hampshire); 2,004 (av 64.64) G.A.Hick (Worcs); 1,915 (av 56.32) R.J.Bailey (Northants); 1,803 (av 45.07) A.A.Metcalfe (Yorkshire); 1,739 (av 47.00) J.E.Morris (Derbyshire)

Most Runs In Career: 61,760 (av 50.66) J.B.Hobbs (Surrey) 1905 to 1934

Most by Current Batsmen: 48,426 (av 56.83) G.Boycott (Yorkshire) 1962 to date; 42,123 (av 43.42) D.L.Amiss (Warwickshire) 1960 to date; 36,437 (av 38.19) K.W.R.Fletcher (Essex) 1962 to date; 34,994 (av 33.26) D.B.Close (Yorkshire, Somerset) 1949 to date

Best Innings Analysis: 10-10 H.Verity Yorkshire v Notts (Headingley) 1932

Best in 1986: 9-70 N.V.Radford Worcs v Somerset (Worcester); 9-72 C.A.Walsh Gloucs v Somerset (Bristol); 8-34 Imran Khan Sussex v Middlesex (Lord's); 8-46 T.M.Alderman Kent v Derbyshire (Derby); 8-58 J.H.Childs Essex v Gloucs (Colchester)

Most Wickets In Season: 304 (av 18.05) A.P.Freeman (Kent) 1928

Most in 1986: 118 (av 18.17) C.A.Walsh (Gloucs); 105 (av 22.37) N.A.Foster (Essex); 100 (av 15.08) M.D.Marshall (Hampshire); 98 (av 19.20) T.M.Alderman (Kent); 94 (av 23.02) P.A.J.DeFreitas (Leics)

Most Wickets In Career: 4,204 (av 16.72) W.Rhodes (Yorkshire) 1898 to 1930

Most by Current Bowler: 2,420 (av 20.12) D.L.Underwood (Kent) 1963 to date; 2,001 (av 23.30) N.Gifford (Worcs, Warwicks) 1960 to date; 1,619 (av 23.97) J.K.Lever (Essex) 1967 to date; 1,607 (av 26.53) P.I.Pocock (Surrey) 1964 to date; 1,536 (av 23.61) K.Higgs (Lancs, Leics) 1958 to date.

Record Wicket Partnerships

1st	555	P.Holmes & H.Sutcliffe	Yorkshire v Essex (Leyton)	1932
2nd	465*	J.A.Jameson & R.B.Kanhai	Warwickshire v Gloucs (Edgbaston)	1974
3rd	424*	W.J.Edrich & D.C.S.Compton	Middlesex v Somerset (Lord's)	1948
4th	470	A.I.Kallicharran & G.W.Humpage	Warwickshire v Lancashire (Southport)	1982
5th	393	E.G.Arnold & W.B.Burns	Worcs v Warwicks (Edgbaston)	1909
6th	428	W.W.Armstrong & M.A.Noble	Australians v Sussex (Hove)	1902
7th	344	K.S.Ranjitsinhji & W.Newham	Sussex v Essex (Leyton)	1902
8th	292	R.Peel & Lord Hawke	Yorkshire v Warwicks (Edgbaston)	1896
9th	283	A.Warren & J.Chapman	Derbyshire v Warwicks (Blackwell)	1910
10th	249	C.T.Sarwate & S.N.Banerjee	Indians v Surrey (Oval)	1946

Highest Partnerships in 1986

1st	282	A.A.Metcalfe & M.D.Moxon	Yorkshire v Lancashire (Old Trafford)
2nd	344	G.Cook & R.J.Boyd-Moss	Northants v Lancashire (Northampton)
3rd	234	G.Fowler & N.H.Fairbrother	Lancashire v Sussex (Hove)
4th	273*	P.Willey & P.D.Bowler	Leicestershire v Hampshire (Leicester)
5th	319	K.R.Rutherford & E.J.Gray	New Zealanders v D.B.Close's XI (Scarborough)
6th	206*	J.D.Birch & R.J.Hadlee	Notts v Somerset (Trent Bridge)
7th	193	R.A.Harper & D.Ripley	Northants v Gloucs (Northampton)
8th	149	P.Whitticase & P.A.J.DeFreitas	Leicestershire v Kent (Canterbury)
9th	149	A.P.Wells & A.C.S.Pigott	Sussex v Notts (Hove)
10th	132	A.Hill & M.Jean-Jacques	Derbyshire v Yorkshire (Sheffield)

Most Wicketkeeping Dismissals In Innings: 8 (8ct) D.E.East Essex v Somerset (Taunton) 1985
Most in 1986: 6 (5ct 1st) S.A.Marsh Kent v Warwicks (Folkestone); 6 (5ct 1st) R.J.Parks Hampshire v Notts (Southampton)

Most Wicketkeeping Dismissals In Match: 12 (8ct 4st) E.Pooley Surrey v Sussex (Oval) 1868
Most in 1986: 8 (3ct 5st) D.E.East Essex v Kent (Folkestone); 8 (7ct 1st) R.J.Parks Hampshire v Essex (Ilford); 8 (7ct 1st) C.W.Scott Notts v Derbyshire (Derby)

Most Wicketkeeping Dismissals In Season: 128 (79ct 49st) L.E.G.Ames (Kent) 1929
Most in 1986: 83 (64ct 19st) D.E.East (Essex); 81 (73ct 8st) R.J.Parks (Hants); 66 (58ct 8st) S.J.Rhodes (Worcs); 60 (56ct 4st) R.C.Russell (Gloucs); 51 (48ct 3st) S.A.Marsh (Kent)

Most Wicketkeeping Dismissals In Career: 1,648 (1,473ct 175st) R.W.Taylor (Derbyshire) 1960 to date
Most by Current Wicketkeeper: See Taylor above, then: 987 (855ct 132st) D.L.Bairstow (Yorkshire) 1970 to date; 577 (513ct 64 st) G.W.Humpage (Warwickshire) 1974 to date; 560 (505ct 55st) B.N.French (Notts) 1976 to date; 543 (477ct 66st) P.R.Downton (Kent, Middlesex) 1977 to date.

Most Catches By Fielder In Innings: 7 M.J.Stewart Surrey v Northants (Northampton) 1957; 7 A.S.Brown Gloucs v Notts (Trent Bridge) 1966
Most in 1986: 5 M.Azharuddin Indians v Leics (Leicester); 5 R.J.Bailey Northants v Worcs (Northampton); 5 C.S.Cowdrey Kent v Warwicks (Folkestone)

Most Catches By Fielder In Match: 10 W.R.Hammond Gloucs v Surrey (Cheltenham) 1928
Most in 1986: 5 each by M.Azharuddin, R.J.Bailey and C.S.Cowdrey as above; 5 R.Sharma Derbyshire v Leics (Leicester); 5 R.A.Harper Northants v Warwickshire (Edgbaston); 5 N.G.B.Cook Northants v Glamorgan (Swansea); 5 A.J.Wright Gloucs v Glamorgan (Cardiff)

Most Catches By Fielder In Season: 78 W.R.Hammond (Gloucs) 1928
Most in 1986: 38 M.A.Lynch (Surrey); 32 R.A.Harper (Northants); 31 C.S.Cowdrey (Kent); 29 G.A.Hick (Worcs); 29 K.M.Curran (Gloucs)

Most Catches By Fielder In Career: 1,018 F.E.Woolley (Kent) 1906 to 1938
Most by Current Fielder: 813 D.B.Close (Yorkshire, Somerset) 1949 to date; 623 K.W.R.Fletcher (Essex) 1962 to date; 602 G.R.J.Roope (Surrey) 1964 to date; 513 C.T.Radley (Middx) 1964 to date; 441 C.G.Greenidge (Hants, Barbados) 1970 to date.

JOHN PLAYER SPECIAL LEAGUE

This Competition, played on Sundays, is a 40 overs per side League between the seventeen English first-class counties, who each play 16 matches. Four points are awarded for a win and two points for a no result match. In thte event of a tie for first place in the league, the rules since 1975 have stipulated most wins as being the deciding factor. The 1977 title was won on this factor. If teams are still equal, then away wins decide, as was the case in 1983. If these two methods fail to establish an outright winner then higher run rate during the season will decide. This happened in 1976 (when five counties were equal on points at the top) and in 1978.

Before 1975 run-rate was the only criterion used to separate top teams with equal points. Warwickshire won the title in 1971 under this rule.

Since the league's inception, bowlers' run-ups have been restricted to 15 yards. Fielding circles were introduced in 1982 to limit the number of outfielders. Individual prizes are awarded for most sixes, most 4 wickets in innings and for the fastest televised fifty.

John Player League Table 1986

		P	W	L	T	NR	Pts
1	Hampshire (3)	16	12	3	0	1	50
2	Essex (1)	16	11	4	0	1	46
3	Nottinghamshire (12)	16	10	5	0	1	42
4	Sussex (2)	16	10	6	0	0	40
	Northamptonshire (5)	16	9	5	0	2	40
6	Kent (10)	16	7	5	1	3	36
	Somerset (10)	16	8	6	0	2	36
8	Yorkshire (6)	16	7	6	1	2	34
9	Derbyshire (4)	16	7	9	0	0	28
	Middlesex (12)	16	5	7	1	3	28
	Warwickshire (6)	16	5	7	2	2	28
12	Glamorgan (14)	16	6	9	0	1	26
	Lancashire (14)	16	6	9	0	1	26
	Surrey (17)	16	5	8	1	2	26
15	Leicestershire (6)	16	5	10	0	1	22
16	Worcestershire (16)	16	5	11	0	0	20
17	Gloucestershire (6)	16	3	11	0	2	16

Table of Results 1969-1986

	P	W	L	T	NR	Winner	R-up
Essex	288	164	99	2	23	3	4*
Kent	288	157	100	4	27	3	2
Hampshire	288	157	105	3	23	3	1
Somerset	288	146	112	1	29	1	6*
Leicestershire	288	142	110	2	34	2	2*
Sussex	288	137	120	1	30	1	2*
Lancashire	288	134	119	7	28	2	0
Worcestershire	288	130	130	5	23	1	1
Middlesex	288	129	126	3	30	0	1
Yorkshire	288	123	127	2	36	1	1
Derbyshire	288	119	141	0	28	0	0
Nottinghamshire	288	116	146	3	23	0	1
Surrey	288	115	139	3	31	0	0
Warwickshire	288	113	140	4	31	1	0
Northamptonshire	288	109	152	2	25	0	0
Glamorgan	288	97	160	2	29	0	0
Gloucestershire	288	94	156	2	36	0	0

* includes runners-up position shared by four counties in 1976

List of Champions

1969	Lancashire	1975	Hampshire	1981	Essex
1970	Lancashire	1976	Kent	1982	Sussex
1971	Worcestershire	1977	Leicestershire	1983	Yorkshire
1972	Kent	1978	Hampshire	1984	Essex
1973	Kent	1979	Somerset	1985	Essex
1974	Leicestershire	1980	Warwickshire	1986	Hampshire

COMPETITION RECORDS

Highest Team Totals: 310-5 (40 overs) Essex v Glam (Southend) 1983; 307-4 (38 overs) Worcs v Derbys (Worcester) 1975; 306-2 (40 overs) Essex v Notts (Trent Bridge) 1983; 306-2 (40 overs) Northants v Surrey (Guildford) 1985

Best in 1986: 284-4 (40 overs) Essex v Warwicks (Chelmsford); 284-5 (40 overs) Warwicks v Gloucs (Edgbaston)

Lowest Team Totals: 23 (19.4 overs) Middx v Yorks (Headingley) 1974; 36 (25.4 overs) Leics v Sussex (Leicester) 1973; 41 (32 overs) Northants v Middx (Northampton) 1972

Worst in 1986: 88 (30.1 overs) Warwicks v Somerset (Edgbaston)

Highest Individual Innings: 176 G.A.Gooch Essex v Glamorgan (Southend) 1983; 175* I.T.Botham Somerset v Northants (Wellingborough) 1986; 172* W.Larkins Northants v Warwicks (Luton) 1983; 171 G.A.Gooch Essex v Notts (Trent Bridge) 1985; 21 hundreds were scored in 1986 and 282 hae been scored in the competition of which C.G.Greenidge (Hants) has scored 10.

Most Runs In Season: 814 (av 58.14) C.E.B.Rice (Notts) 1977

Most in 1986: 701 (av 53.94) B.C.Broad (Notts); 700 (av 53.84) K.J.Barnett (Derbys)

Most Runs In Career: 6,861 (av 32.51) D.L.Amiss (Warwicks) 1969 to date; 6,536 (av 29.70) C.T.Radley (Middlesex) 1969 to date; 6,144 (av 37.46) G.M.Turner (Worcs) 1969 to 1982

Best Innings Analyses: 8-26 K.D.Boyce Essex v Lancs (Old Trafford) 1971; 7-15 R.A.Hutton Yorks v Worcs (Headingley) 1969; 7-39 A.Hodgson Northants v Somerset (Northampton) 1976; 7-41 A.N.Jones Sussex v Notts (Trent Bridge) 1986. 5 wickets in an innings was achieved 6 times in 1986 and there have been 206 instances in the competition of which D.L.Underwood (Kent) has achieved 6.

Most Economical Bowling: 8-8-0-0 B.A.Langford Somerset v Essex (Yeovil) 1969

Most Economical in 1986: 8-3-5-3 D.L.Underwood Kent v Hampshire (Basingstoke)

Most Expensive Bowling: 7.5-0-89-3 G.Miller Derbyshire v Gloucs (Gloucester) 1984

Most Expensive in 1986: 8-0-68-1 M.S.Turner Somerset v Yorkshire (Headingley); 8-0-68-1 P.A.J.DeFreitas Leics v Hampshire (Southampton)

Most Wickets In Season: 34 (av 13.17) R.J.Clapp (Somerset) 1974; 34 (av 15.85) C.E.B.Rice (Notts) 1986

Most Wickets in Career: 344 (av 18.69) J.K.Lever (Essex) 1969 to date; 344 (av 16.79) D.L.Underwood (Kent) 1969 to date; 303 (av 23.86) S.Turner (Essex) 1969 to date

Record Wicket Partnerships

1st	239	G.A.Gooch & B.R.Hardie	Essex v Notts (Trent Bridge)	1985
2nd	273	G.A.Gooch & K.S.McEwan	Essex v Notts (Trent Bridge)	1983
3rd	215	W.Larkins & R.G.Williams	Northants v Worcs (Luton)	1982
4th	178	J.J.Whitaker & P.Willey	Leics v Glamorgan (Swansea)	1984
5th	185*	B.M.McMillan & Asif Din	Warwicks v Essex (Chelmsford)	1986
6th	121	C.P.Wilkins & A.J.Borrington	Derbys v Warwicks (Chesterfield)	1972
7th	101	S.J.Windaybank & D.A.Graveney	Gloucs v Notts (Trent Bridge)	1981
8th	95*	D.Breakwell & K.F.Jennings	Somerset v Notts (Trent Bridge)	1976
9th	105	D.G.Moir & R.W.Taylor	Derbys v Kent (Derby)	1984
10th	57	D.A.Graveney & J.B.Mortimore	Gloucs v Lancs (Tewkesbury)	1973

There were 58 hundred partnerships in 1986, the highest being the new 5th wkt record.

Most Wicketkeeping Dismissals In Innings: 7 (6ct 1st) R.W.Taylor Derbys v Lancs (Old Trafford) 1975

Most in 1986: 5 (1ct 4st) S.J.Rhodes Worcs v Warwicks (Edgbaston)

Most Wicketkeeping Dismissals In Season: 28 (22ct 6st) D.L.Murray (Warwicks) 1975
Most in 1986: 19 (12ct 7st) S.J.Rhodes (Worcs)

Most Wicketkeeping Dismissals in Career: 236 (187ct 49st) R.W.Taylor (Derbyshire) 1969 to 1984; 223 (184ct 39st) E.W.Jones (Glamorgan) 1969 to 1983; 218 (183ct 35st) A.P.E.Knott (Kent) 1969 to 1985

Most by Current Wicketkeeper: 215 (196ct 19st) D.L.Bairstow (Yorkshire) 1970 to date

Most Catches By Fielder In Innings: 5 J.M.Rice Hampshire v Warwicks (Southampton) 1978

Most Catches By Fielder in Season: 16 J.M.Rice (Hampshire) 1978
Most in 1986: 13 R.A.Harper (Northants); 11 P.A.Neale (Worcs)

Most Catches By Fielder in Career: 101 J.F.Steele (Leics, Glam) 1970 to date; 88 C.T.Radley (Middx) 1969 to date

Most Appearances In Competition: 261 J.Simmons (Lancs) 1969 to date; 256 C.T.Radley (Middx) 1969 to date; 255 S.Turner (Essex) 1969 to date

BENSON AND HEDGES CUP

Established in 1972, the competition is restricted to twenty teams. The teams are divided into four groups of five for a qualifying round, in which each side plays four matches on a league basis. The two top teams in each group then compete on a knock-out basis. In all, 47 matches are played each season. The overs limit per innings is 55. Fielding circles were introduced in 1981 to restrict the number of outfielders.

The teams competing are the 17 first-class counties and three other sides. These three have varied; originally there were two representative Minor Counties XIs and the third place was alternated between Oxford and Cambridge Universities. In 1975, the two Universities combined to form one team, and, in 1980, the Minor Counties were restricted to one team, with the vacant place being given to Scotland. This arrangement is still operating.

Table of Results 1972 to 1986

	P	W	L	NR	Winner	R-up
Kent	83	53	29	1	3	2
Essex	78	48	30	0	1	3
Leicestershire	77	47	27	3	3	1
Warwickshire	75	46	26	3	0	1
Lancashire	75	44	27	4	1	0
Nottinghamshire	72	43	25	4	0	1
Middlesex	78	42	28	8	2	1
Surrey	73	40	29	4	1	2
Somerset	72	40	30	2	2	0
Sussex	69	37	31	1	0	0
Yorkshire	70	35	31	4	0	1
Worcestershire	73	35	35	3	0	2
Derbyshire	68	34	28	6	0	1
Hampshire	68	33	33	2	0	0
Gloucestershire	66	31	32	3	1	0
Northamptonshire	68	30	32	6	1	0
Glamorgan	65	26	35	4	0	0
Combined Universities	48	4	42	2	0	0
Minor Counties	28	3	23	2	0	0
Scotland	28	1	26	1	0	0

The above table includes all the current competitors; the following have previously taken part: Oxford U (4 matches, won 1); Cambridge U (8 matches, won nil); M Counties (East) (12 matches, won nil); M Counties (West) (12 matches, won nil); M Counties (North) (20 matches, won nil); M Counties (South) (20 matches, won nil, no result 1)

Cup Final Results
1972 Leicestershire 140-5 (46.5 overs) beat Yorkshire 136-9 (55 overs) by 5 wkts
1973 Kent 225-7 (55 overs) beat Worcestershire 186 (51.4 overs) by 39 runs

1974 Surrey 170 (54.1 overs) beat Leicestershire 143 (54 overs) by 27 runs
1975 Leicestershire 150-5 (51.2 overs) beat Middlesex 146 (54.2 overs) by 5 wkts
1976 Kent 236-7 (55 overs) beat Worcestershire 193 (52.4 overs) by 43 runs
1977 Gloucestershire 237-6 (55 overs) beat Kent 173 (47.3 overs) by 64 runs
1978 Kent 151-4 (41.4 overs) beat Derbyshire (147 (54.4 overs) by 6 wkts
1979 Essex 290-6 (55 overs) beat Surrey 255 (51.4 overs) by 35 runs
1980 Northants 209 (54.5 overs) beat Essex 203-8 (55 overs) by 6 runs
1981 Somerset 197-3 (44.3 overs) beat Surrey 194-8 (55 overs) by 7 wkts
1982 Somerset 132-1 (33.1 overs) beat Nottinghamshire 130 (50.1 overs) by 9 wkts
1983 Middlesex 196-8 (55 overs) beat Essex 192 (54.1 overs) by 4 runs
1984 Lancashire 140-4 (42.4 overs) beat Warwickshire 139 (50.4 overs) by 6 wkts
1985 Leicestershire 215-5 (52 overs) beat Essex 213-8 (55 overs) by 5 wkts
1986 At Lord's: Middlesex 199-7 (55 overs) (C.T.Radley 54, R.M.Ellison 3-27) beat Kent 197-8 (55 overs) (G.R.Cowdrey 58, P.H.Edmonds 3-58) by 2 runs. Man of Match: J.E.Emburey (Middlesex)

Group Tables 1986

GROUP A	P	W	L	Pts	GROUP B	P	W	L	Pts
Derbyshire	4	4	0	8	Worcestershire	4	3	1	6
Northants	4	3	1	6	Nottinghamshire	4	3	1	6
Warwickshire	4	2	2	4	Yorkshire	4	2	2	4
Leicestershire	4	1	3	2	Lancashire	4	1	3	2
Minor Counties	4	0	4	0	Scotland	4	1	3	2

GROUP C	P	W	L	Pts	GROUP D	P	W	L	Pts
Essex	4	4	0	8	Middlesex	4	4	0	8
Sussex	4	3	1	6	Kent	4	2	2	4
Gloucestershire	4	2	2	4	Hampshire	4	2	2	4
Somerset	4	1	3	2	Surrey	4	2	2	4
Glamorgan	4	0	4	0	Combined Univ	4	0	4	0

Note: Kent qualified for the knock-out section on faster bowling strike rate.

Quarter Finals: Kent beat Derbys by 4 wkts; Notts beat Essex by 3 wkts; Middx beat Sussex by 84 runs; Worcs beat Northants by 8 wkts

Semi-Finals: Kent beat Worcs by 11 runs; Middx beat Notts by 5 wkts

COMPETITION RECORDS

Highest Team Totals: 350-3 (55 overs) Essex v Comb Univ (Chelmsford) 1979; 333-4 (55 overs) Essex v Comb Univ (Chelmsford) 1985; 327-4 (55 overs) Leics v Warwicks (Coventry) 1972; 327-2 (55 overs) Essex v Sussex (Hove) 1982
Best in 1986: 317-5 (55 overs) Yorkshire v Scotland (Headingley)

Lowest Team Totals: 56 (26.2 overs) Leics v Minor Co (Wellington) 1982; 59 (34 overs) Comb Univ v Glamorgan (Cambridge) 1983; 60 (26 overs) Sussex v Middlesex (Hove) 1978

Highest Individual Innings: 198* G.A.Gooch Essex v Sussex (Hove) 1982; 173* C.G.Greenidge Hampshire v Minor Co South (Amersham) 1973; 158* B.F.Davison Leics v Warwicks (Coventry) 1972
Best in 1986: 126* I.T.Botham Somerset v Glamorgan (Taunton). 11 hundreds were scored in 1986 and 129 have been scored in the competition of which G.A.Gooch has scored 5.

Most Runs in Season: 591 (av 84.42) G.A.Gooch (Essex) 1979
Most in 1986: 345 (av 86.25) G.A.Hick (Worcs); 321 (av 80.25) M.W.Gatting (Middx)

Most Runs in Career: 2,938 (av 48.16) G.A.Gooch (Essex) 1973 to date; 2,066 (av 40.51) R.D.V. Knight (Surrey, Gloucs, Sussex) 1972 to 1984; 2,059 (av 45.75) J.C.Balderstone (Leics) 1972 to 1985

Best Innings Analyses: 7-12 W.W.Daniel Middlesex v Minor Co East (Ipswich) 1978; 7-22 J.R.Thomson Middlesex v Hampshire (Lord's) 1981; 7-32 R.G.D.Willis Warwicks v Yorkshire (Edgbaston) 1981
Best in 1986: 5-17 W.K.M.Benjamin Leics v Minor Co (Leicester). 5 wickets in an Innings was achieved 5 times in 1986 and there have been 92 instances in the competition of which M.J.Procter (Gloucs) has achieved 4.

Most Economical Bowling: 11-9-3-1 C.M.Old Yorkshire v Middlesex (Lord's) 1979
Most Economical in 1986: 11-6-11-3 R.M.Ellison Kent v Comb Univ (Cambridge)

Most Expensive Bowling: 11-0-84-2 M.R.Davis Somerset v Kent (Taunton) 1985
Most Expensive in 1986: 9.4-0-79-1 A.E.Warner Derbyshire v Kent (Derby)

Most Wickets in Season: 19 (av 13.05) J.K.Lever (Essex) 1979; 19 (av 7.73) C.E.H.Croft (Lancs) 1982
Most in 1986: 13 (av 18.84) R.M.Ellison (Kent)

Most Wickets in Career: 132 (av 17.34) J.K.Lever (Essex) 1972 to date ; 107 (av 20.76) S.Turner (Essex) 1972 to date; 102 (av 20.74) J.N.Shepherd (Kent, Gloucs) 1972 to 1985; 101 (av 19.61) R.D.Jackman (Surrey) 1972 to 1982

Record Wicket Partnerships

1st	241	S.M.Gavaskar & B.C.Rose	Somerset v Kent (Canterbury)	1980
2nd	285*	C.G.Greenidge & D.R.Turner	Hants v Minor Co (S) (Amersham)	1973
3rd	268*	G.A.Gooch & K.W.R.Fletcher	Essex v Sussex (Hove)	1982
4th	184*	D.Lloyd & B.W.Reidy	Lancs v Derbys (Chesterfield)	1980
5th	160	A.J.Lamb & D.J.Capel	Northants v Leics (Northampton)	1986
6th	114	Majid Khan & G.P.Ellis	Glamorgan v Gloucs (Bristol)	1975
7th	149*	J.D.Love & C.M.Old	Yorkshire v Scotland (Bradford)	1981
8th	109	R.E.East & N.Smith	Essex v Northants (Chelmsford)	1977
9th	83	P.G.Newman & M.A.Holding	Derbyshire v Notts (Trent Bridge)	1985
10th	80*	D.L.Bairstow & M.Johnson	Yorkshire v Derbyshire (Derby)	1981

Most Wicketkeeping Dismissals in Innings: 8 (8ct) D.J.S.Taylor Somerset v Comb Univ (Taunton) 1982

Most Wicketkeeping Dismissals in Season: 16 (11ct 5st) B.N.French (Notts) 1982
Most in 1986: 10 (10ct) S.A.Marsh (Kent)

Most Wicketkeeping Dismissals in Career: 100 (95ct 5st) D.L.Bairstow (Yorkshire) 1972 to date; 88 (79ct 9st) A.P.E.Knott (Kent) 1972 to 1985; 77 (65ct 12st) R.W.Taylor (Derbyshire) 1972 to 1984

Most Catches By Fielder in Innings: 5 V.J.Marks Combined Univ v Kent (Oxford) 1976

Most Catches By Fielder in Season: 12 C.J.Tavare (Kent) 1986

Most Catches By Fielder in Career: 41 G.A.Gooch (Essex) 1973 to date; 41 C.J.Tavare (Comb Univ, Kent) 1975 to date; 33 I.T.Botham (Somerset) 1974 to date.

Most Appearances in Competition: 80 D.L.Underwood (Kent) 1972 to date; 76 J.K.Lever (Essex) 1972 to date; 76 S.Turner (Essex) 1972 to date

NATWEST BANK TROPHY
(Formerly GILLETTE CUP)

Inaugurated in 1963 as a knock-out competition under the sponsorship of Gillette, it was the first limited overs competition involving all the first-class counties. In the second season (1964), the competition was expanded to include the five leading Minor Counties. In 1980, Ireland was added, making a total of 23 teams. When NatWest Bank took over sponsorship, the company requested a further expansion to 32 teams. Scotland was therefore added as well as 8 more Minor Counties, the competition taking this further expanded form until 1983. In 1963 the over limit per innings was 65, but since 1964 it has been 60. Fielding circles to limit the number of out-fielders were introduced in 1982.

Cup Final Results
1963 Sussex 168 (60.2 overs) beat Worcs 154 (63.2 overs) by 14 runs
1964 Sussex 131-2 (43 overs) beat Warwicks 127 (48 overs) by 8 wkts
1965 Yorkshire 317-4 (60 overs) beat Surrey 142 (40.4 overs) by 175 runs
1966 Warwicks 159-5 (56.4 overs) beat Worcs 155-8 (60 overs) by 5 wkts
1967 Kent 193 (59.4 overs) beat Somerset 161 (54.5 overs) by 32 runs
1968 Warwicks 215-6 (57 overs) beat Sussex 214-7 (60 overs) by 4 wkts
1969 Yorkshire 219-8 (60 overs) beat Derbyshire 150 (54.4 overs) by 69 runs
1970 Lancashire 185-4 (55.1 overs) beat Sussex 184-9 (60 overs) by 6 wkts

1971 Lancashire 224-7 (60 overs) beat Kent 200 (56.2 overs) by 24 runs
1972 Lancashire 235-6 (56.4 overs) beat Warwicks 234-9 (60 overs) by 4 wkts
1973 Gloucs 248-8 (60 overs) beat Sussex 208 (56.5 overs) by 40 runs
1974 Kent 122-6 (56.4 overs) beat Lancashire 118 (60 overs) by 4 wkts
1975 Lancashire 182-3 (57 overs) beat Middlesex 180-8 (60 overs) by 7 wkts
1976 Northants 199-6 (58.1 overs) beat Lancashire 195-7 (60 overs) by 4 wkts
1977 Middlesex 178-5 (55.4 overs) beat Glamorgan 177-9 (60 overs) by 5 wkts
1978 Sussex 211-5 (53.1 overs) beat Somerset 207-7 (60 overs) by 5 wkts
1979 Somerset 269-8 (60 overs) beat Northants 224 (56.3 overs) by 45 runs
1980 Middlesex 202-3 (53.5 overs) beat Surrey 201 (60 overs) by 7 wkts

NatWest Bank Trophy
1981 Derbyshire 235-6 (60 overs) beat Northants 235-9 (60 overs) by losing fewer wkts
1982 Surrey 159-1 (34.4 overs) beat Warwicks 158 (57.2 overs) by 9 wkts
1983 Somerset 193-9 (50 overs) beat Kent 169 (47.1 overs) by 21 runs
1984 Middlesex 236-6 (60 overs) beat Kent 232-6 (60 overs) by 4 wkts
1985 Essex 280-2 (60 overs) beat Notts 279-5 (60 overs) by 1 run
1986 At Lord's, Sussex 243-3 (58.2 overs) (P.W.G.Parker 85, Imran Khan 50*, A.M.Green 62) beat Lancashire 242-8 (60 overs) (N.H.Fairbrother 63, D.A.Reeve 4-20) by 7 wkts. Man of Match: D.A.Reeve (Sussex)

Knock-out results 1986: *1st Round:* Gloucs beat Berks by 120 runs; Surrey beat Cheshire by 39 runs; Derbys beat Cornwall by 204 runs; Notts beat Devon by 59 runs; Hants beat Herts by 4 wkts; Lancs beat Cumberland by 8 wkts; Leics beat Ireland by 167 runs; Middx beat Northants by 7 wkts; Essex beat Northumberland by 79 runs; Kent beat Scotland by 8 wkts; Somerset beat Dorset by 8 wkts; Glam beat Staffs by 61 runs; Sussex beat Suffolk by 7 wkts; Warwicks beat Durham by 135 runs; Worcs beat Oxfordshire by 144 runs; Yorks beat Cambs by 7 wkts. *2nd Round:* Worcs beat Hants by 66 runs; Lancs beat Somerset by 3 runs; Notts beat Kent by 6 wkts; Sussex beat Glam by 29 runs; Warwicks beat Essex by 64 runs; Surrey beat Derbys by 62 runs; Leics beat Gloucs by 6 wkts; Yorks beat Middx by 20 runs. *Quarter Finals:* Surrey beat Notts by 46 runs; Worcs beat Warwicks by 8 wkts; Sussex beat Yorks by 88 runs; Lancs beat Leics by 6 wkts. *Semi-Finals:* Lancs beat Surrey by 4 runs; Sussex beat Worcs by 5 wkts.

Table of Results 1963 to 1986

	P	W	L	Winner	R-up
Lancashire	70	50	20	4	3
Sussex	65	45	20	4	3
Middlesex	64	43	21	3	1
Somerset	59	37	22	2	2
Warwickshire	59	37	22	2	3
Kent	55	33	22	2	3
Surrey	56	33	23	1	2
Hampshire	57	33	24	0	0
Northamptonshire	52	29	23	1	2
Essex	48	25	23	1	0
Worcestershire	49	25	24	0	2
Yorkshire	46	24	22	2	0
Nottinghamshire	47	23	24	0	1
Gloucestershire	45	22	23	1	0
Leicestershire	45	21	24	0	0
Derbyshire	43	20	23	1	1
Glamorgan	42	18	24	0	1

Minor County sides: Durham 22-6-16; Herts 15-3-12; Bucks 11-2-9; Staffs 10-2-8; Lincs 8-2-6; Oxfords 11-1-10; Suffolk 10-1-9; Beds 9-1-8; Berks 9-1-8; Cambs 9-1-8; Cheshire 9-1-8; Devon 9-1-8; Salop 7-1-6; Northumberland 5-1-4; Norfolk 8-0-8; Wilts 7-0-7; Cornwall 5-0-5; Dorset 4-0-4; Cumberland 3-0-3. Also played: Ireland 7-0-7; Scotland 4-0-4

COMPETITION RECORDS

Note: Throughout this Yearbook the records of the Gillette Cup in England are incorporated with those of the Nat West Trophy and are shown under the prefix NW.

Highest Team Totals: 392-5 (60 overs) Warwicks v Oxfordshire (Edgbaston) 1984; 371-4 (60 overs) Hampshire v Glamorgan (Southampton) 1975; 365-3 (60 overs) Derbyshire v Cornwall (Derby); 354-7 (60 overs) Leics v Wilts (Swindon) 1984

Lowest Team Totals: 39 (26.4 overs) Ireland v Sussex (Hove) 1985; 41 (20 overs) Cambs v Bucks (Cambridge) 1972; 41 (19.4 overs) Middx v Essex (Westcliff) 1972; 41 (36.1 overs) Shropshire v Essex (Wellington) 1974

Highest Individual Innings: 206 A.I.Kallicharran Warwicks v Oxon (Edgbaston) 1984; 177 C.G.Greenidge Hants v Glamorgan (Southampton) 1975; 165* V.P.Terry Hants v Berks (Southampton) 1985
Best in 1986: 153 A.Hill Derbyshire v Cornwall (Derby). 8 hundreds were scored in 1986 and 145 have been scored in the competition of which G.M.Turner (Worcs) has scored 5.

Most Runs in Season: 417 (av 104.25) R.T.Robinson (Notts) 1985
Most in 1986: 188 (av 47.00) J.Abrahams (Lancs)

Most Runs in Career: 1,920 (av 54.85) C.H.Lloyd (Lancs) 1969 to date; 1,861 (av 39.59) D.L.Amiss (Warwicks) 1963 to date; 1,514 (av 31.54) C.T.Radley (Middx) 1965 to date

Best Innings Analyses: 7-15 A.L.Dixon Kent v Surrey (Oval) 1967; 7-30 P.J.Sainsbury Hants v Norfolk (Southampton) 1965; 7-32 S.P.Davis Durham v Lancs (Chester-le-Street) 1983; 7-33 R.D.Jackman Surrey v Yorks (Harrogate) 1970
Best in 1986: 5-17 R.J.Hadlee Notts v Surrey (Oval). 5 wickets in an Innings was achieved twice in 1986 and there have been 95 instances in the competition of which J.Garner (Somerset) and R.D.Jackman (Surrey) have each achieved 4.

Most Economical Bowling: 12-9-3-1 J.Simmons Lancs v Suffolk (Bury St Edmonds) 1985
Most Economical in 1986: 12-8-7-2 P.Carrick Yorks v Cambs (Headingley)

Most Expensive Bowling: 12-0-106-2 D.A.Gallop Oxfordshire v Warwicks (Edgbaston) 1984
Most Expensive in 1986: 12-1-97-0 A.E.Snowdon Cornwall v Derbys (Derby)

Most Wickets in Season: 17 (av 5.41) J.Garner (Somerset) 1979; 17 (av 7.88) R.D.Jackman (Surrey) 1980
Most in 1986: 11 (av 11.63) Imran Khan (Sussex)

Most Wickets in Career: 81 (av 14.85) G.G.Arnold (Surrey, Sussex) 1963 to 1980; 78 (av 17.12) P.Lever (Lancs) 1963 to 1976; 71 (av 22.90) J.Simmons (Lancs) 1970 to date.

Record Wicket Partnerships

1st	227	R.E.Marshall & B.L.Reed	Hants v Bedfordshire (Goldington)	1968
2nd	286	I.S.Anderson & A.Hill	Derbyshire v Cornwall (Derby)	1986
3rd	209	P.Willey & D.I.Gower	Leics v Ireland (Leicester)	1986
4th	234*	D.Lloyd & C.H.Lloyd	Lancs v Gloucs (Old Trafford)	1978
5th	166	M.A.Lynch & G.R.J.Roope	Surrey v Durham (Oval)	1982
6th	105	G.St A.Sobers & R.A.White	Notts v Worcs (Worcester)	1974
7th	160*	C.J.Richards & I.R.Payne	Surrey v Lincs (Sleaford)	1983
8th	71*	R.C.Ontong & T.Davies	Glamorgan v Staffs (Stone)	1986
9th	87	M.A.Nash & A.E.Cordle	Glamorgan v Lincs (Swansea)	1974
10th	81	S.Turner & R.E.East	Essex v Yorks (Headingley)	1982

Most Wicketkeeping Dismissals in Innings: 6 (5ct 1st) R.W.Taylor Derbys v Essex (Derby) 1981; 6 (4ct 2st) T.Davies Glamorgan v Staffs (Stone) 1986

Most Wicketkeeping Dismissals in Season: 12 (10ct 2st) R.W.Taylor (Derbys) 1981
Most in 1986: 11 (11ct) I.J.Gould (Sussex)

Most Wicketkeeping Dismissals in Career: 66 (58ct 8st) R.W.Taylor (Derbys) 1963 to 1984; 65 (59 ct 6st) A.P.E.Knott 1965 to 1985; 57 (54ct 3st) A.Long (Surrey, Sussex) 1963 to 1980
Most by Current Wicketkeeper: 36 (30ct 6st) G.W.Humpage (Warwicks) 1976 to date

Most Catches By Fielder in Innings: 4 A.S.Brown (Gloucs) 1963; 4 G.Cook (Northants) 1972; 4 C.G.Greenidge (Hants) 1981; 4 D.C.Jackson (Durham) 1984; 4 T.S.Smith (Herts) 1984

Most Catches By Fielder in Season: 6 M.J.K.Smith (Warwicks) 1964; 6 D.Wilson (Yorks) 1969; 6 C.G.Greenidge (Hants) 1981; 6 G.W.Johnson (Kent) 1983
Most in 1986: 4 A.J.Stewart (Surrey); 4 N.V.Radford (Worcs)

Most Catches By Fielder in Career: 24 P.J.Sharpe (Yorks, Derbys, Norfolk) 1963 to 1982; 21 G.R.J.Roope (Surrey, Berks) 1966 to date; 21 J.Simmons (Lancs) 1970 to date

Most Appearances in Competition: 55 C.T.Radley (Middx) 1965 to date; 55 D.L.Underwood (Kent) 1963 to date ; 54 D.L.Amiss (Warwicks) 1963 to date.

DERBYSHIRE

Foundation of Present Club: 4 November 1870

First First-Class Match: Lancashire v Derbyshire (Old Trafford) May 26, 27 1871
Note: Derbyshire were not first-class from 1888 to 1893 inclusive

Present Principal Ground: County Ground, Nottingham Road, Derby

County Champions: 1936 (some sources incorrectly also give 1874)
Results in 1986: 11th; won 5, lost 5, drawn 14

JPL Championship: Best season: 3rd in 1970
Results in 1986: 9th; won 7, lost 9

B&H Cup: Losing Finalists in 1978
Result in 1986: Lost in quarter-final

Nat West Trophy: Champions in 1981
Result in 1986: Lost in second round

FIRST CLASS RECORDS

Highest Team Total: 645 v Hampshire (Derby) 1898

Lowest Team Total: 16 v Notts (Trent Bridge) 1879

Highest Individual Innings: 274 G.Davidson v Lancashire (Old Trafford) 1896

Best Innings Analysis: 10-40 W.Bestwick v Glamorgan (Cardiff) 1921

Highest Wicket Partnership: 349 (2nd) C.S.Elliott & J.D.Eggar v Notts (Trent Bridge) 1947

Hundreds in 1986: J.E.Morris(4) 153 v Lancs (Liverpool); 191 v Kent (Derby); 118 v Leics (Leicester); 127 v Northants (Derby)
   A.Hill (3) 172* v Yorks (Sheffield); 130* v Sussex (Eastbourne); 119* v Hampshire (Derby)
   K.J.Barnett (2) 114 v Gloucs (Chesterfield); 143 v Northants (Derby)
   B.J.M.Maher (1) 126 v New Zealanders (Derby)
   B.Roberts (1) 124* v Somerset (Chesterfield)

Five wickets in innings in 1986: M.A.Holding (4) 5-28 v Yorks(Sheffield); 7-97 v Worcs (Derby); 5-89 v Hampshire (Portsmouth); 5-46 v v Yorks (Chesterfield)
   G.Miller(2) 5-77 v Kent (Derby); 5-37 v Warwicks (Edgbaston)
   R.J.Finney(1) 7-54 v Leics (Chesterfield)
   M.Jean-Jacques(1) 8-77 v Kent (Derby)
   D.E.Malcolm(1) 5-42 v Gloucs (Gloucester)
   O.H.Mortensen(1) 5-35 v Middlesex (Derby)
   P.G.Newman (1) 5-62 v Somerset (Chesterfield)

LIMITED OVERS MATCHES RECORDS

Highest Team Totals
JPL: 292-9 v Worcs (Knypersley) 1985
BH: 284-6 v Worcs (Worcester) 1982
NW: 365-3 v Cornwall (Derby) 1986

Lowest Team Totals
JPL: 70 v Surrey (Derby) 1972
BH: 102 v Yorks (Bradford) 1975
NW: 79 v Surrey (Oval) 1967

Highest Individual Innings
JPL: 131* K.J.Barnett v Essex (Derby) 1984
BH: 111* P.J.Sharpe v Glam (Chesterfield) 1976
NW: 153 A.Hill v Cornwall (Derby) 1986

Best Innings Analyses
JPL: 6-7 M.Hendrick v Notts (Trent Bridge) 1972
BH: 6-33 E.J.Barlow v Gloucs (Bristol) 1978
NW: 6-18 T.J.P.Eyre v Sussex (Chesterfield) 1969

Highest Wicket Partnerships
JPL: 165(4th) J.E.Morris & G.Miller v Gloucs (Gloucester) 1984
BH: 159 (4th) J.B.Bolus & A.J.Borrington v Notts (Trent Bridge) 1974
NW: 286(2nd) I.S.Anderson & A.Hill v Cornwall (Derby) 1986

Hundreds in 1986
JPL: Nil. Highest innings: 92 K.J.Barnett v Surrey (Oval)
BH: Nil. Highest innings: 90* A.Hill v Northants (Northampton)
NW: (2) I.S.Anderson 134 v Cornwall (Derby); A.Hill 153 v Cornwall (Derby)

Five Wickets in Innings in 1986
JPL: Nil. Best Bowling: 3-14 J.P.Taylor v Gloucs (Gloucester)
BH: Nil. Best Bowling: 3-17 O.H.Mortensen v Leics (Chesterfield)
NW: Nil. Best Bowling: 4-29 R.Sharma v Cornwall (Derby)

1986 AND CAREER RECORDS FOR DERBYSHIRE PLAYERS

	Cmp Debut	M	I	NO	Runs	HS	Avge	100	50	Runs	Wkts	Avge	BB	5wi	RpO	ct	st
ANDERSON, Iain Stuart b Derby 24.4.1960 RHB OB																
FC		13	23	1	449	93	20.40	0	2							6	
JPL		9	8	1	163	63	23.28	0	1							3	
BH		5	5	0	117	42	23.40	0	0							3	
NW		2	2	0	134	134	67.00	1	0							0	
FC	1978	125	204	25	4319	112	24.12	2	23	1290	20	64.50	4-35	0	3.65	100	
JPL	1978	47	42	4	869	64	22.86	0	4	28	2	14.00	2-15	0	3.90	14	
BH	1983	7	6	0	149	42	24.83	0	0							3	
NW	1980	6	6	0	219	134	36.50	1	0							3	
BARNETT, Kim John (Eng B to SL, TCCB) b Stoke-on-Trent 17.7.1960 RHB LB																
FC		26	45	3	1544	143	36.76	2	10	403	6	67.16	1-8	0	3.44	24	
JPL		16	16	3	700	92	53.84	0	6							4	
BH		5	5	0	141	62	28.20	0	2							3	
NW		2	2	0	73	47	36.50	0	0	34	3	11.33	3-34	0	3.04	1	
FC	1979	191	303	29	9415	144	34.36	17	51	2587	46	56.23	6-115	1	3.46	121	
JPL	1979	115	107	20	2899	131*	33.32	3	11	278	7	39.71	3-39	0	6.54	40	
BH	1979	36	28	1	535	86	19.81	0	3	33	2	16.50	1-10	0	3.66	10	
NW	1979	15	15	2	475	88	36.53	0	3	107	11	9.72	6-24	1	3.60	4	
BROWN, Andrew Mark b 6.11.1964 Heanor LHB OB																
FC		2	3	1	53	23	26.50	0	0							1	
FC	1985	4	6	1	146	74	29.20	0	1							4	
JPL	1985	3	1	1	2	2*		0	0							1	
FINNEY, Roger John b Darley Dale 2.8.1960 RHB LM																
FC		17	17	5	277	54	23.08	0	1	1057	28	37.75	7-54	1	3.31	2	
JPL		11	7	3	72	24*	18.00	0	0	339	14	24.21	3-40	0	4.52	2	
BH		5	2	2	19	12*		0	0	108	3	36.00	2-26	0	2.91	2	
NW		1								25	1	25.00	1-25	0	4.16	0	
FC	1982	87	127	22	1954	82	18.60	0	9	5290	174	30.40	7-54	8	3.20	15	
JPL	1982	54	37	10	469	50*	17.37	0	1	1524	49	31.10	4-38	1	4.93	9	
BH	1982	15	9	2	152	46	21.71	0	0	394	14	28.14	5-40	1	3.83	4	
NW	1983	4	2	1	19	14*	19.00	0	0	111	4	27.75	2-8	0	2.92	2	
HILL, Alan b Buxworth 29.6.1950 RHB OB																
FC		24	40	6	1438	172*	42.29	3	7	22	1	22.00	1-22	0	2.44	9	
JPL		15	15	1	296	50	21.14	0	1							1	
BH		5	5	2	210	90*	70.00	0	2							0	
NW		2	2	0	169	153	84.50	1	0	13	0				4.33	0	
FC	1972	258	447	47	12356	172*	30.89	18	65	365	9	40.55	3-5	0	3.95	97	
JPL	1972	101	93	5	1924	120	21.86	1	6	32	3	10.66	3-32	0	4.00	21	
BH	1974	35	31	4	1096	107*	40.59	2	7							3	
NW	1976	17	17	1	475	153	29.68	1	2	13	0				4.33	4	
HOLDING, Michael Anthony (Jamaica, WI) b Half Way Tree, Jamaica 16.2.1954 RHB RF (Lancs 1981)																
FC		14	20	2	295	36*	16.38	0	0	1045	52	20.09	7-97	4	2.69	6	
JPL		14	11	2	86	27	8.60	0	0	435	21	20.71	3-16	0	3.91	6	
BH		5	3	0	75	69	25.00	0	1	136	7	19.42	2-13	0	2.83	2	
NW		2	1	0	0	0	0.00	0	0	32	1	32.00	1-24	0	1.77	2	
Test	1975	59	75	10	910	73	14.00	0	6	5799	249	23.28	8-92	13	2.79	21	
FC	1972	168	214	28	2900	80	15.59	0	13	14063	612	22.97	8-92	33	2.75	75	
Int	1976	96	38	10	217	64	7.75	0	1	2872	135	21.27	5-26	6	3.34	28	
JPL	1981	36	24	3	324	58	15.42	0	2	998	47	21.23	3-16	0	3.90	13	
BH	1981	11	7	1	136	69	22.66	0	1	270	11	24.54	2-13	0	2.90	4	
NW	1981	6	4	1	39	27	13.00	0	0	189	7	27.00	3-35	0	2.86	3	

Cmp	Debut	M	I	NO	Runs	HS	Avge	100	50	Runs	Wkts	Avge	BB	5wi	RpO	ct	st
	JEAN-JACQUES, Martin						b Soufriere, Dominica 2.7.1960					RHB RM					
FC		9	12	3	208	73	23.11	0	1	599	22	27.22	8-77	1	3.76	1	
JPL		4	2	0	1	1	0.50	0	0	170	5	34.00	3-36	0	5.66	0	
NW		2	1	0	16	16	16.00	0	0	57	4	14.25	3-43	0	3.35	1	
NW	1984	4	3	1	17	16	8.50	0	0	104	5	20.80	3-43	0	3.58	1	
	MAHER, Bernard Joseph Michael						b Hillingdon 11.2.1958					RHB WK					
FC		14	24	5	752	126	39.57	1	5	151	3	50.33	2-69	0	4.57	23	
JPL		8	7	1	120	45	20.00	0	0							5	
FC	1981	55	79	21	1253	126	21.60	1	7	151	3	50.33	2-69	0	4.57	91	7
JPL	1981	29	22	4	190	45	10.55	0	0							17	6
BH	1985	5	2	1	2	2*	2.00	0	0							3	1
NW	1985	1	1	0	0	0	0.00	0	0							0	
	MALCOLM, Devon Eugene						b Kingston, Jamaica 22.2.1963					RHB RF					
FC		9	7	4	37	29*	12.33	0	0	765	28	27.32	5-42	1	3.53	2	
JPL		2	1	0	16	16	16.00	0	0	87	3	29.00	2-40	0	5.43	1	
FC	1984	17	16	5	77	29*	7.00	0	0	1521	47	32.36	5-42	1	3.90	6	
	MARPLES, Christopher						b Chesterfield 3.8.1964					RHB WK					
FC		15	24	3	466	57	22.19	0	2	48	0				12.00	31	4
JPL		4	4	0	55	42	13.75	0	0							1	
FC	1985	26	39	8	580	57	18.70	0	2	48	0				12.00	54	5
JPL	1985	13	8	2	97	42	16.16	0	0							8	
	MILLER, Geoffrey						b Chesterfield 8.9.1952					RHB OB					
FC		20	27	2	512	65	20.45	0	3	1406	33	42.60	5-37	2	2.21	13	
JPL		13	10	3	170	73*	24.28	0	1	316	5	63.20	2-22	0	4.05	2	
BH		5	3	2	86	32	86.00	0	0	132	5	26.40	2-13	0	3.30	5	
NW		1	1	1	32	32*		0	0	30	2	15.00	2-30	0	2.50	0	
Test	1976	34	51	4	1213	98*	25.80	0	7	1859	60	30.98	5-44	1	2.16	17	
FC	1973	317	469	74	10700	130	27.08	2	68	20910	772	27.08	8-70	36	2.46	244	
Int	1977	25	18	2	136	46	8.50	0	4	813	25	32.52	3-27	0	3.84	4	
JPL	1973	149	137	28	2225	84	20.41	0	9	3435	117	29.35	4-22	3	4.24	41	
BH	1974	57	47	10	978	88*	26.43	0	5	1320	53	24.90	3-23	0	2.83	27	
NW	1973	20	16	4	305	59*	25.41	0	3	507	18	28.16	3-28	0	2.61	10	
	MORRIS, John Edward (TCCB)						b Crewe 1.4.1964					RHB RM					
FC		26	40	3	1739	191	47.00	4	10	245	1	245.00	1-103	0	5.48	8	
JPL		16	14	1	293	66*	22.53	0	2							3	
BH		5	5	0	90	65	18.00	0	1							2	
NW		2	2	1	12	12*	12.00	0	0							3	
FC	1982	70	117	6	3788	191	34.12	8	17	373	2	186.50	1-35	0	5.93	21	
JPL	1983	51	46	4	1055	104	25.11	1	6							11	
BH	1984	13	12	0	188	65	15.66	0	2							2	
NW	1983	6	5	1	39	12*	9.75	0	0							4	
	MORTENSEN, Ole Henrek						b Vejle, Denmark 29.1.1958					RHB RFM					
FC		16	17	9	69	31*	8.62	0	0	1082	46	23.52	5-35	1	2.59	1	
JPL		15	7	6	7	3*	7.00	0	0	493	14	35.21	3-18	0	4.10	2	
BH		5								133	9	14.77	3-17	0	2.66	0	
NW		1	1	0	11	11	11.00	0	0	47	1	47.00	1-47	0	4.70	0	
FC	1983	55	63	35	247	40*	8.82	0	0	4283	163	26.27	6-27	5	2.87	14	
JPL	1983	48	18	14	19	5	4.75	0	0	1422	52	27.34	4-10	1	4.10	6	
BH	1984	10	1	0	2	2	2.00	0	0	262	17	15.41	3-17	0	2.86	0	
NW	1983	4	3	2	17	11	17.00	0	0	151	6	25.16	3-16	0	3.30	1	
	NEWMAN, Paul Geoffrey						b Evington 10.1.1959					RHB RFM					
FC		3	4	2	62	34	31.00	0	0	198	9	22.00	5-62	1	2.70	1	
JPL		3	2	0	24	23	12.00	0	0	72	3	24.00	3-38	0	4.50	2	
BH		4	1	0	7	7	7.00	0	0	96	5	19.20	2-27	0	3.32	1	
NW		2								13	1	13.00	1-13	0	2.16	0	
FC	1980	86	102	18	1315	115	15.65	1	3	6679	205	32.58	7-104	3	3.41	19	
JPL	1980	56	29	7	254	46	11.54	0	0	1734	63	27.52	4-21	3	4.40	16	
BH	1981	22	12	6	145	56*	24.16	0	1	688	25	27.52	4-48	2	3.84	2	
NW	1981	8	4	1	69	35	23.00	0	0	258	9	28.66	3-23	0	3.15	1	
	ROBERTS, Bruce (Transvaal, Transvaal B)						b Lusaka, N Rhodesia 30.5.1962					RHB RM WK					
FC		25	37	3	772	124*	22.70	1	2	53	2	26.50	1-11	0	2.40	13	1
JPL		16	14	3	372	60*	33.81	0	3	128	3	42.66	1-28	0	5.81	11	
BH		5	5	2	191	86*	63.66	0	1							1	1
NW		2	2	1	14	12	14.00	0	0							2	
FC	1982	91	148	15	3763	124*	28.29	3	17	2065	56	36.87	4-32	0	3.56	68	1
JPL	1984	44	36	6	941	77*	31.36	0	6	591	24	24.62	4-29	2	6.30	15	
BH	1984	13	12	3	334	86*	37.11	0	2	151	4	37.75	2-47	0	5.03	4	1
NW	1984	5	4	1	30	13	10.00	0	0	84	2	42.00	2-73	0	5.25	2	
	RUDD, Christopher Francis Baines Paul						b Sutton Coldfield 9.12.1963					RHB OB					
FC		1	1	0	1	1	1.00	0	0	90	0				3.15	0	
NW	1984	2	2	0	41	30	20.50	0	0	86	1	86.00	1-42	0	3.90	0	
	RUSSELL, Philip Edgar						b Ilkeston 9.5.1944					RHB RM					
JPL		3	1	0	1	1	1.00	0	0	47	0				3.61	1	
BH		2	1	1	6	6*		0	0	26	1	26.00	1-18	0	3.71	0	
NW		1								20	0				2.22	0	
FC	1965	170	210	46	2020	72	12.31	0	4	10351	339	30.53	7-46	5	2.56	124	

23

	Cmp	Debut	M	I	NO	Runs	HS	Avge	100	50	Runs	Wkts	Avge	BB	5wi	RpO	ct	st
JPL	1969	115	75	30	541	47*	12.02	0	0	3214	154	20.87	6-10	10	4.13	16	
BH	1972	33	20	9	80	22*	7.27	0	0	892	32	27.87	3-28	0	2.82	7	
NW	1970	13	7	1	53	27*	8.83	0	0	410	10	41.00	3-44	0	2.95	2	

SHARMA, Rajeshwar b Nairobi, Kenya 27.6.1962 RHB RM/OB

		M	I	NO	Runs	HS	Avge	100	50	Runs	Wkts	Avge	BB	5wi	RpO	ct	st
FC		15	17	6	321	71	29.18	0	2	407	11	37.00	3-72	0	2.88	14	
JPL		12	9	3	101	57	16.83	0	0	203	1	203.00	1-39	0	5.34	5	
BH		1	1	0	2	2	2.00	0	0							0	
NW		2	1	0	9	9	9.00	0	0	52	4	13.00	4-29	1	2.60	1	
FC	1985	22	29	8	530	71	25.23	0	2	407	11	37.00	3-72	0	2.88	20	
JPL	1985	14	10	3	109	37	15.57	0	0	203	1	203.00	1-39	0	5.34	5	
NW	1985	3	2	0	20	11	10.00	0	0	52	4	13.00	4-29	1	2.60	1	

TAYLOR, Jonathan Paul b Ashby-de-la-Zouch 8.8.1964 LHB LFM

		M	I	NO	Runs	HS	Avge	100	50	Runs	Wkts	Avge	BB	5wi	RpO	ct	st
FC		4	5	2	18	9*	6.00	0	0	299	8	37.37	4-81	0	3.43	1	
JPL		2								44	3	14.66	3-14	0	4.88	1	
FC	1984	7	7	2	29	11	5.80	0	0	487	10	48.70	4-81	0	3.57	3	
JPL	1984	6	3	0	5	4	1.66	0	0	216	8	27.00	3-14	0	5.40	1	

WARNER, Alan Esmond b Birmingham 12.5.1957 RHB RFM (Worcs 1982-84)

		M	I	NO	Runs	HS	Avge	100	50	Runs	Wkts	Avge	BB	5wi	RpO	ct	st
FC		20	28	6	593	91	26.95	0	6	1200	28	42.85	4-38	0	3.43	6	
JPL		13	9	3	121	68	20.16	0	1	520	18	28.88	3-38	0	5.41	2	
BH		3	1	1	17	17*		0	0	150	5	30.00	3-67	0	6.33	0	
NW		1	1	0	6	6	6.00	0	0	49	0				8.16	0	
FC	1982	63	87	17	1387	91	19.81	0	9	4160	113	36.81	5-27	2	3.42	18	
JPL	1982	44	30	9	213	68	10.14	0	1	1388	50	27.76	5-39	2	5.06	3	
BH	1982	16	10	4	73	24*	12.16	0	0	523	19	27.52	3-67	0	4.34	2	
NW	1982	4	3	0	25	17	8.33	0	0	178	3	59.33	1-38	0	4.74	0	

WOOD, Lindsay Jonathan b Ruislip 12.5.1961 LHB SLA (Kent 1981-82)

		M	I	NO	Runs	HS	Avge	100	50	Runs	Wkts	Avge	BB	5wi	RpO	ct	st
FC		2	2	0	7	5	3.50	0	0	95	2	47.50	2-82	0	2.43	0	
FC	1981	4	4	0	12	5	3.00	0	0	277	6	46.16	4-124	0	2.94	0	

WRIGHT, John Geoffrey (Canterbury, NZ, NZ to Aust, NZ to SL, NZ to Sharjah) b Darfield, NZ 5.7.1954 LHB RM

		M	I	NO	Runs	HS	Avge	100	50	Runs	Wkts	Avge	BB	5wi	RpO	ct	st
Test		3	6	1	191	119	38.20	1	1							0	
FC		21	22	1	682	119	32.47	1	5	13	0				3.25	5	
Int		2	2	0	60	39	30.00	0	0							1	
Test	1977	49	86	4	2635	141	32.13	5	12	5	0				1.00	23	
FC	1975	273	471	32	17783	190	40.50	41	90	239	2	119.50	1-4	0	4.62	159	
Int	1978	86	85	1	2087	84	24.84	0	12	8	0				2.00	37	
JPL	1977	91	91	6	2710	108	31.88	2	9							30	
BH	1977	31	30	2	1005	102	35.89	2	4							8	
NW	1977	12	12	2	555	87*	55.50	0	5							2	

ESSEX

Foundation of Present Club: 14 January 1876 at Chelmsford

First First-Class Match: Essex v Leicestershire (Leyton) May 14, 15, 16 1894

Present Principal Ground: County Ground, New Writtle Street, Chelmsford

County Champions: 1979, 1983, 1984 and 1986
Results in 1986: 1st; won 10, lost 6, drawn 8

JPL Champions: 1981, 1984 and 1985
Results in 1986: 2nd; won 11, lost 4, no result 1

B&H Cup: Winners in 1979
Result in 1986: Lost in quarter-final

Nat West Trophy: Winners in 1985
Result in 1986: Lost in second round

FIRST CLASS RECORDS

Highest Team Total: 692 v Somerset (Taunton) 1895

Lowest Team Total: 30 v Yorkshire (Leyton) 1901

Highest Individual Innings: 343* P.A.Perrin v Derbyshire (Chesterfield) 1904

Best Innings Analysis: 10-32 H.Pickett v Leicestershire (Leyton) 1895

Highest Wicket Partnership: 343(3rd) P.A.Gibb & R.Horsfall v Kent (Blackheath) 1951

Hundreds in 1986: A.R.Border(4) 110 v Derbyshire (Derby); 150 v Glamorgan (Swansea); 138 v Surrey (Oval); 108* v Sussex (Eastbourne)
   B.R.Hardie(2) 110 v Yorkshire (Chelmsford); 113* v Somerset (Taunton)
   D.E.East (1) 100* v Gloucs (Colchester)
   G.A.Gooch(1) 151 v Worcs (Southend)
   P.J.Prichard(1) 147* v Notts (Chelmsford)

Five Wickets in Innings in 1986: N.A.Foster (10) 5-85 and 5-69 v Notts (Chelmsford); 5-64 v Hampshire (Ilford); 6-57 v Middx (Lord's); 6-93 and 5-64 v Worcs (Southend); 5-84 v Sussex (Eastbourne); 5-51 v Middx (Chelmsford); 5-84 v Leics (Leicester); 5-83 v Northants (Colchester)
J.H.Childs (5) 5-97 v Northants (Northampton); 7-51 v Glamorgan (Cardiff); 8-61 v Northants (Colchester); 8-58 v Gloucs (Colchester); 7-58 v Kent (Folkestone)
J.K.Lever (3) 5-32 v Derbyshire (Derby); 6-57 v Glamorgan (Swansea); 5-87 v Notts (Trent Bridge)
D.R.Pringle (2) 7-46 v Yorkshire (Chelmsford); 5-65 v Hampshire (Ilford)
T.D.Topley (2) 5-52 v Sussex (Ilford); 5-120 v Leics (Southend)
D.L.Acfield (1) 5-38 v Cambridge U (Cambridge)

LIMITED OVERS MATCHES RECORDS

Highest Team Totals
   JPL: 310-5 v Glamorgan (Southend) 1983
   BH: 350-3 v Combined Univ (Chelmsford) 1979
   NW: 327-6 v Scotland (Chelmsford) 1984

Lowest Team Totals
   JPL: 69 v Derbyshire (Chesterfield) 1974
   BH: 123 v Kent (Canterbury) 1973
   NW: 100 v Derbyshire (Brentwood) 1965

Highest Individual Innings
   JPL: 176 G.A.Gooch v Glamorgan (Southend) 1983
   BH: 198* G.A.Gooch v Sussex (Hove) 1982
   NW: 133 G.A.Gooch v Scotland (Chelmsford) 1984

Best Innings Analyses
   JPL: 8-26 K.D.Boyce v Lancs (Old Trafford) 1971
   BH: 5-13 J.K.Lever v Middx (Lord's) 1985
   NW: 5-8 J.K.Lever v Middx (Westcliff) 1972

Highest Wicket Partnerships
   JPL: 273(2nd) G.A.Gooch & K.S.McEwan v Notts (Trent Bridge) 1983
   BH: 268*(3rd) G.A.Gooch & K.W.R.Fletcher v Sussex (Hove) 1982
   NW: 202 (1st) G.A.Gooch & B.R.Hardie v Notts (Lord's) 1985

Hundreds in 1986
   JPL:(3) G.A.Gooch 100 v Warwicks (Chelmsford); B.R.Hardie 109 v Northants (Colchester); P.J.Pritchard 103* v Lancs (Old Trafford)
   BH:(1) B.R.Hardie 119* v Sussex (Hove)
   NW:(1) A.W.Lilley 113 v Northumberland (Jesmond)

Five Wickets in Innings in 1986
   JPL:(2) N.A.Foster 5-17 v Derbys (Derby); J.K.Lever 5-21 v Somerset (Chelmsford)
   BH: Nil. Best Bowling: 3-26 G.A.Gooch v Notts (Chelmsford)
   NW: Nil Best Bowling: 3-31 N.A.Foster v Warwicks (Edgbaston); 3-31 G.A.Gooch v Warwicks (Edgbaston)

1986 AND CAREER RECORDS FOR ESSEX PLAYERS

Cmp	Debut	M	I	NO	Runs	HS	Avge	100	50	Runs	Wkts	Avge	BB	5wi	RpO	ct	st
	ACFIELD, David Laurence b Chelmsford 24.7.1947 RHB OB																
FC		19	19	10	52	11	5.77	0	0	912	33	27.63	5-38	1	2.27	5	
JPL		12	1	0	2	2	2.00	0	0	356	10	35.60	2-25	0	5.01	1	
NW		2	1	1	4	4*		0	0	73	1	73.00	1-46	0	4.29	1	
FC	1966	420	417	212	1677	42	8.18	0	0	26800	950	28.21	8-55	34	2.37	137	
JPL	1970	125	48	32	81	9*	5.06	0	0	3284	127	25.85	5-14	4	4.02	19	
BH	1972	22	4	3	15	6*	15.00	0	0	502	14	35.85	2-14	0	3.53	3	
NW	1970	12	8	7	8	4*	8.00	0	0	357	11	32.45	3-9	0	3.17	5	
	BORDER, Allan Robert (Queensland, Aust, Aust to NZ) b Cremorne, Aust 27.7.1955																
	LHB SLA (Gloucs 1977)																
FC		20	32	4	1385	150	49.46	4	9	120	1	120.00	1-8	0	4.61	17	
JPL		13	13	1	330	75	27.50	0	2	26	3	8.66	2-21	0	5.20	5	
BH		5	5	0	81	31	16.20	0	0							2	
NW		2	2	0	29	23	14.50	0	0	11	0				5.50	1	
Test	1978	81	143	24	6199	196	52.09	18	31	626	15	41.73	3-20	0	2.33	88	
FC	1976	194	324	48	14820	200	53.69	45	75	2013	55	36.60	4-61	0	2.58	180	
Int	1978	130	121	17	3254	127*	31.28	3	21	791	23	3439	3-21	0	4.76	44	
	BURNS, Neil David (Western Province B) b Chelmsford 19.9.1965 LHB WK																
FC		2	3	0	54	29	18.00	0	0							2	2
JPL		1														0	
FC	1985	5	8	0	84	29	10.50	0	0							10	2
	CHILDS, John Henry b Plymouth 15.8.1951 LHB SLA (Gloucs 1975-84)																
FC		22	23	7	214	34	13.37	0	0	1449	89	16.28	8-58	5	2.26	4	
JPL		1														0	
FC	1975	193	178	80	766	34*	7.81	0	0	15445	515	29.99	9-56	26	2.67	68	
JPL	1975	52	18	10	74	16*	9.25	0	0	1444	39	37.02	4-15	1	4.53	9	
BH	1977	17	7	5	25	10	12.50	0	0	466	14	33.28	3-36	0	2.98	3	
NW	1979	6	4	3	22	14*	22.00	0	0	180	7	25.71	2-15	0	3.00	0	
	EAST, David Edward b Clapton 27.7.1959 RHB WK																
FC		25	40	4	730	100*	20.27	1	2	1	0					64	19
JPL		15	7	3	56	23	14.00	0	0							14	2
BH		5	4	1	33	16*	11.00	0	0							8	
NW		2	2	0	28	28	14.00	0	0							3	1
FC	1981	141	190	27	3433	131	21.06	3	14	12	0				3.60	361	43
JPL	1981	87	38	14	290	43	12.08	0	0							73	12
BH	1982	27	16	4	181	33	15.08	0	0							38	
NW	1983	17	13	4	109	28	12.11	0	0							21	3
	FLETCHER, Keith William Robert b Worcester 20.5.1944 RHB LB																
FC		20	28	6	736	91	33.45	0	6							26	
JPL		12	11	3	176	62	22.00	0	1							5	
BH		5	5	1	143	51*	35.75	0	1							0	
Test	1968	59	96	14	3272	216	39.90	7	19	193	2	96.50	1-6	0	4.05	54	
FC	1962	694	1118	164	36437	228*	38.19	62	215	2287	51	44.84	5-41	1	4.62	623	
Int	1971	24	22	3	757	131	39.84	1	5							4	
JPL	1969	241	220	38	5524	99*	30.35	0	36	37	1	37.00	1-4	0	13.06	82	
BH	1972	73	70	13	1953	101*	34.26	1	15	30	1	30.00	1-25	0	6.42	21	
NW	1963	43	41	4	957	97	25.86	0	5	43	2	21.50	1-16	0	4.09	6	
	FOSTER, Neil Alan (Eng, Eng to WI) b Colchester 6.5.1962 RHB RFM																
Test		2	3	0	25	17	8.33	0	0	210	5	42.00	3-93	0	2.30	0	
FC		23	30	7	458	53*	19.91	0	2	2349	105	22.37	6-57	10	2.91	12	
Int		2	1	0	5	5	5.00	0	0	67	2	33.50	2-27	0	4.18	1	
JPL		15	6	2	64	38	16.00	0	0	460	27	17.03	5-17	2	4.42	6	
BH		5	3	1	12	8	6.00	0	0	243	9	27.00	3-42	0	4.41	0	
NW		2	2	0	26	20	13.00	0	0	61	5	12.20	3-31	0	2.54	0	
Test	1983	14	21	3	127	18	7.05	0	0	1480	39	37.94	6-104	3	2.93	3	
FC	1980	100	119	31	1567	63	17.80	0	4	9544	384	24.85	6-30	24	3.02	43	
Int	1983	22	11	5	61	24	10.16	0	0	819	22	37.22	3-39	0	4.31	9	
JPL	1982	32	13	3	102	38	10.20	0	0	944	40	23.60	5-17	2	4.55	9	
BH	1982	21	8	3	50	23*	10.00	0	0	789	38	20.76	5-32	2	3.82	3	
NW	1983	10	4	0	29	20	7.25	0	0	317	20	15.85	3-19	0	2.82	2	
	GLADWIN, Christopher b East Ham 10.5.1962 LHB RM																
FC		8	15	0	195	73	13.00	0	1							4	
JPL		4	4	0	63	28	15.75	0	0							1	
NW		1	1	0	10	10	10.00	0	0							0	
FC	1981	57	97	5	2614	162	28.41	1	15	71	0				3.38	26	
JPL	1982	28	28	1	537	75	19.88	0	3							5	
BH	1984	7	7	0	178	41	25.42	0	0							2	
NW	1984	4	4	0	26	15	6.50	0	0							1	

Cmp	Debut	M	I	NO	Runs	HS	Avge	100	50	Runs	Wkts	Avge	BB	5wi	RpO	ct	st
\multicolumn{18}{l}{GOOCH, Graham Alan (Eng, Eng to WI) b Leytonstone 23.7.1953 RHB RM}
Test		6	11	0	443	183	40.27	2	0	69	2	34.50	1-19	0	2.15	11	
FC		19	32	0	1221	183	38.15	3	5	398	9	44.22	2-46	0	2.49	22	
Int		4	4	0	149	91	37.25	0	1	68	0				6.18	1	
JPL		10	10	1	528	100	58.66	1	4	281	14	20.07	3-28	0	4.39	6	
BH		5	5	0	195	73	39.00	0	2	113	3	37.66	3-26	0	3.42	5	
NW		2	2	0	92	48	46.00	0	0	74	4	18.50	3-31	0	3.08	2	
Test	1975	59	105	4	3746	196	37.08	7	21	546	13	42.00	2-12	0	2.30	57	
FC	1973	341	576	45	22835	227	43.00	57	114	5776	179	32.26	7-14	3	2.64	329	
Int	1976	48	47	3	1665	129*	37.84	4	10	791	19	41.63	2-12	0	4.73	18	
JPL	1973	167	165	14	4805	176	31.82	7	28	2729	103	26.49	4-33	1	4.47	58	
BH	1973	65	65	4	2938	198*	48.16	5	23	1143	39	29.30	3-24	0	3.26	41	
NW	1973	31	30	1	1226	133	42.27	3	6	583	19	30.68	3-31	0	3.06	13	
\multicolumn{18}{l}{HARDIE, Brian Ross b Stenhousemuir 14.1.1950 RHB RM}
FC		22	35	5	883	113*	29.43	2	4	58	0				4.83	19	
JPL		13	13	2	571	109	51.90	1	4							2	
BH		5	5	1	163	119*	40.75	1	0							0	
FC	1970	309	501	63	14836	162	33.87	20	73	173	3	57.66	2-39	0	5.24	282	
JPL	1973	183	167	15	3960	109	26.05	2	20	24	1	24.00	1-4	0	4.96	52	
BH	1974	64	59	11	1331	119*	29.57	2	3							18	
NW	1973	27	27	0	928	110	34.37	1	7	16	1	16.00	1-16	0	2.00	11	
\multicolumn{18}{l}{LEVER, John Kenneth (England) b Stepney 24.2.1949 RHB LFM}
Test		1	2	1	0	0*	0.00	0	0	166	6	27.66	4-64	0	3.13	0	
FC		23	27	6	199	38	9.47	0	0	1990	70	28.42	6-57	3	3.11	1	
JPL		14	4	3	6	5*	6.00	0	0	474	15	31.60	5-31	1	4.66	5	
BH		5	2	2	2	2*		0	0	186	10	18.60	3-38	0	3.49	2	
NW		2	2	1	8	7	8.00	0	0	95	0				4.52	0	
Test	1976	21	31	5	306	53	11.76	0	1	1951	73	26.72	7-46	3	2.64	11	
FC	1967	492	509	189	3509	91	10.96	0	3	38817	1619	23.97	8-37	82	2.73	178	
Int	1976	22	11	4	56	27*	8.00	0	0	713	24	29.70	4-29	1	3.71	6	
JPL	1969	252	101	62	382	23	9.79	0	0	6430	344	18.69	5-13	15	3.65	60	
BH	1972	76	25	17	94	13	11.75	0	0	2290	132	17.34	5-13	8	3.05	16	
NW	1968	39	24	16	90	15*	11.25	0	0	1087	62	17.53	5-8	5	2.71	3	
\multicolumn{18}{l}{LILLEY, Alan William b Ilford 8.5.1959 RHB RM}
FC		15	26	2	604	87	25.16	0	3	104	2	52.00	2-104	0	5.62	6	
JPL		15	10	2	145	52	18.12	0	1	1	0				1.00	1	
BH		2	2	0	33	18	16.50	0	0							0	
NW		2	2	0	118	113	59.00	1	0							0	
FC	1978	62	100	6	2295	100*	24.41	1	14	309	7	44.14	3-116	0	6.00	29	
JPL	1978	91	80	7	1149	60	15.73	0	3	20	3	6.66	2-0	0	5.71	16	
BH	1979	25	22	2	441	119	22.05	1	2	4	1	4.00	1-4	0	4.00	7	
NW	1981	12	10	2	308	113	38.50	1	1	33	2	16.50	2-19	0	4.12	1	
\multicolumn{18}{l}{PONT, Ian Leslie (Natal) b Brentwood 28.8.1961 RHB RFM (Notts 1982)}
FC		3	6	3	73	43	24.33	0	0	190	3	63.33	3-68	0	3.77	1	
FC	1982	14	20	6	169	43	12.07	0	0	1039	27	38.48	5-103	1	3.99	2	
JPL	1981	9								222	7	31.71	2-18	0	4.53	2	
BH	1983	3	2	1	18	13*	18.00	0	0	101	1	101.00	1-42	0	3.76	1	
NW	1982	2	1	1	7	7*		0	0	79	1	79.00	1-54	0	3.76	0	
\multicolumn{18}{l}{PONT, Keith Rupert b Wanstead 16.1.1953 RHB RM}
FC		7	13	1	142	36	11.83	0	0	102	4	25.50	4-63	0	2.84	1	
JPL		6	5	2	101	54	33.66	0	0	177	6	29.50	2-27	0	4.78	0	
BH		1	1	0	24	24	24.00	0	0							0	
NW		2	2	0	20	20	10.00	0	0	55	0				4.58	0	
FC	1970	198	305	44	6558	125*	25.12	7	35	3189	96	33.21	5-17	2	2.92	92	
JPL	1972	168	142	31	1968	55*	17.72	0	4	2533	96	26.38	4-22	2	4.59	32	
BH	1972	55	41	10	648	60*	20.90	0	1	878	33	26.60	4-60	1	3.86	11	
NW	1972	23	22	2	265	39	13.25	0	0	338	12	28.16	2-18	0	3.80	2	
\multicolumn{18}{l}{PRICHARD, Paul John b Billericay 7.1.1965 RHB}
FC		26	44	3	1342	147*	32.73	1	10							20	
JPL		16	14	3	462	103*	42.00	1	2							1	
BH		5	5	0	104	52	20.80	0	1							1	
NW		2	2	0	12	10	6.00	0	0							0	
FC	1984	67	107	9	3009	147*	30.70	2	21	5	0				5.00	44	
JPL	1982	28	20	3	563	103*	33.11	1	2							2	
BH	1985	9	9	1	203	52	25.37	0	1							4	
NW	1985	7	6	0	173	94	28.83	0	1							3	
\multicolumn{18}{l}{PRINGLE, Derek Raymond (Eng, Eng B to SL) b Nairobi, Kenya 18.9.1958 RHB RMF}
Test		4	8	0	166	63	20.75	0	1	376	13	28.92	4-73	0	2.53	4	
FC		20	32	4	611	97	21.82	0	3	1348	56	24.07	7-46	2	2.66	13	
Int		4	4	2	105	49*	52.50	0	0	174	1	174.00	1-63	0	4.53	1	
JPL		11	10	4	177	64*	29.50	0	1	370	12	30.83	3-36	0	4.88	3	
BH		5	5	2	217	65	72.33	0	3	221	6	36.83	3-42	0	4.09	3	
NW		2	2	0	55	33	27.50	0	0	83	4	20.75	3-47	0	4.18	0	
Test	1982	14	25	3	413	63	18.77	0	1	1128	29	38.89	5-108	1	2.80	7	
FC	1978	162	239	46	5335	127*	27.64	7	25	10489	381	27.53	7-32	11	2.74	91	
Int	1982	13	11	4	183	49*	26.14	0	0	575	13	44.23	3-21	0	4.77	6	

Cmp	Debut	M	I	NO	Runs	HS	Avge	100	50	Runs	Wkts	Avge	BB	5wi	RpO	ct	st
JPL	1978	72	52	15	1191	81*	32.18	0	7	2214	73	30.32	5-41	1	4.74	17	
BH	1978	39	36	7	935	68	32.24	0	10	1278	52	24.57	5-35	2	3.55	11	
NW	1978	17	15	3	258	55	21.50	0	1	494	23	21.47	5-12	2	3.00	4	

STEPHENSON, John Patrick b Stebbing 14.3.1965 RHB RM

Cmp	Debut	M	I	NO	Runs	HS	Avge	100	50	Runs	Wkts	Avge	BB	5wi	RpO	ct	st
FC		14	25	1	647	85	26.95	0	4	5	0				2.50	6	
JPL		5	3	1	93	45	46.50	0	0							4	
NW		1	1	0	55	55	55.00	0	1							0	
FC	1985	15	27	1	661	85	25.42	0	4	5	0				2.50	7	

TOPLEY, Thomas Donald b Canterbury 25.2.1964 RHB RMF (Surrey 1985)

Cmp	Debut	M	I	NO	Runs	HS	Avge	100	50	Runs	Wkts	Avge	BB	5wi	RpO	ct	st
FC		9	11	2	113	45	12.55	0	0	744	32	23.25	5-52	2	2.97	8	
JPL		8	2	2	8	8*		0	0	235	9	26.11	2-19	0	4.51	0	
BH		2								74	2	37.00	2-34	0	3.36	1	
FC	1985	14	15	4	128	45	11.63	0	0	1208	49	24.65	5-52	2	2.94	10	
JPL	1985	9	2	2	8	8*		0	0	261	11	23.72	2-19	0	4.35	0	
NW	1984	2	2	0	10	9	5.00	0	0	81	3	27.00	2-37	0	3.52	0	

TURNER, Stuart b Chester 18.7.1943 RHB RMF

Cmp	Debut	M	I	NO	Runs	HS	Avge	100	50	Runs	Wkts	Avge	BB	5wi	RpO	ct	st
FC		2	4	1	72	32	24.00	0	0	138	2	69.00	1-66	0	3.45	0	
JPL		5	1	0	24	24	24.00	0	0	193	2	96.50	1-19	0	5.84	3	
BH		5	3	0	43	41	14.33	0	0	221	6	36.83	3-43	0	4.16	0	
FC	1965	361	513	101	9411	121	22.84	4	41	21351	821	26.00	6-26	27	2.24	217	
JPL	1969	255	205	44	3165	87	19.65	0	8	7231	303	23.86	5-35	9	4.09	82	
BH	1972	76	56	17	651	55*	16.69	0	1	2222	107	20.76	4-19	3	2.88	16	
NW	1968	36	29	4	449	50*	17.96	0	2	1027	50	20.54	4-23	1	2.89	5	

GLAMORGAN

Foundation of Present Club: 5 July 1888 in Cardiff

First First-Class Match: Glamorgan v Sussex (Cardiff) May 18, 19, 20, 1921

Present Principal Grounds: Sophia Gardens, Cardiff and St Helens, Swansea

County Champions: 1948 and 1969
Results in 1986: 17th; won 2, lost 7, drawn 15

JPL Championship: Best season: 8th in 1977
Results in 1986: 12th; won 6, lost 9, no result 1

B&H Cup: Best seasons: Lost in quarter-finals in 1972, 1973, 1977, 1978 and 1979
Result in 1986: Fifth in Group C

Nat West Trophy: Best Season: losing finalists in 1977
Result in 1986: Lost in second round

FIRST CLASS RECORDS

Highest Team Total: 587-8 dec v Derbyshire (Cardiff) 1951

Lowest Team Total: 22 v Lancashire (Liverpool) 1924

Highest Individual Innings: 287* D.E.Davies v Gloucs (Newport) 1939

Best Innings Analysis: 10-51 J.Mercer v Worcs (Worcester) 1936

Highest Wicket Partnership: 330 (1st) A.Jones & R.C.Fredericks v Northants (Swansea) 1972

Hundreds in 1986: M.P.Maynard(2) 148 v Oxford U (Oxford); 129 v Warwicks (Edgbaston)
   H.Morris(2) 128* v Kent (Maidstone); 114 v Worcs (Worcester)
   G.C.Holmes(1) 107 v Worcs (Worcester)
   J.A.Hopkins(1) 142 v New Zealanders (Swansea)
   Younis Ahmed(1) 105* v Sussex (Cardiff)

Five Wickets in Innings in 1986: R.C.Ontong(2) 5-26 and 8-101 v Notts (Cardiff)
   D.J.Hickey (1) 5-57 v Oxford U (Oxford)

LIMITED OVERS MATCHES RECORDS

Highest Team Totals
   JPL: 277-6 v Derbys (Ebbw Vale) 1984
   BH: 245-7 v Hants (Swansea) 1976
   NW: 283-3 v Warwicks (Edgbaston) 1976

Lowest Team Totals
   JPL: 42 v Derbys (Swansea) 1979
   BH: 68 v Lancs (Old Trafford) 1973
   NW: 76 v Northants (Northampton) 1968

Highest Individual Innings
   JPL: 130* J.A.Hopkins v Somerset (Bath) 1983
   BH: 103* M.A.Nash v Hants (Swansea) 1976; 103* J.A.Hopkins v Minor Co (Swansea) 1980
   NW: 124* A.Jones v Warwicks (Edgbaston) 1976

Best Innings Analyses
   JPL: 6-29 M.A.Nash v Worcs (Worcester) 1975
   BH: 5-17 A.H.Wilkins v Worcs (Worcester) 1978
   NW: 5-17 J.G.Thomas v Sussex (Cardiff) 1985

Highest Wicket Partnerships
   JPL: 154(3rd) R.C.Ontong & Javed Miandad v Kent (Canterbury) 1982
   BH: 176*(1st) A.Jones & J.A.Hopkins v Minor Co (Swansea) 1980
   NW: 144(1st) A.Jones & R.C.Fredericks v Northants (Northampton) 1972

Hundreds in 1986
   JPL:(1): H.Morris 100 v Derbys (Ebbw Vale)
   BH: Nil. Highest innings: 58* R.C.Ontong v Essex (Chelmsford)
   NW: Nil. Highest innings: 54* R.C.Ontong v Staffs (Stone)

Five Wickets in Innings in 1986
   JPL: Nil. Best Bowling: 4-27 G.C.Holmes v Northants (Neath)
   BH: Nil. Best Bowling: 3-37 J.F.Steele v Essex (Chelmsford)
   NW: Nil. Best Bowling: 3-21 G.C.Holmes 3-21 v Staffs (Stone)

1986 AND CAREER RECORDS FOR GLAMORGAN PLAYERS

Cmp	Debut	M	I	NO	Runs	HS	Avge	100	50	Runs	Wkts	Avge	BB	5wi	RpO	ct	st
\multicolumn{18}{l}{BARWICK, Stephen Royston   b Neath 6.9.1960   RHB RMF}
FC		11	8	2	33	9	5.50	0	0	964	26	37.07	3-25	0	3.29	3	
JPL		6	4	3	34	29*	34.00	0	0	146	3	48.66	2-37	0	3.89	0	
FC	1981	80	71	30	372	29	9.07	0	0	5285	162	32.62	8-42	5	2.99	21	
JPL	1981	48	14	9	57	29*	11.40	0	0	1250	33	37.87	3-35	0	4.49	4	
BH	1981	14	10	6	40	18	10.00	0	0	366	19	19.26	4-11	1	3.44	4	
NW	1981	7	4	2	13	6	6.50	0	0	131	10	13.10	4-14	1	2.82	1	
\multicolumn{18}{l}{BASE, Simon John   b Maidstone 2.1.1960   RHB RMF}
FC		12	11	4	53	15*	7.57	0	0	774	21	36.85	4-74	0	3.47	3	
JPL		5	1	0	1	1	1.00	0	0	122	5	24.40	3-31	0	4.88	1	
BH		2	2	1	8	4*	8.00	0	0	104	2	52.00	2-34	0	5.47	0	
NW		1	1	0	2	2	2.00	0	0	49	2	24.50	2-49	0	4.08	1	
FC	1981	14	13	5	55	15*	6.87	0	0	835	26	32.11	4-74	0	3.14	3	
\multicolumn{18}{l}{CANN, Michael John   b Cardiff 4.7.1965   LHB OB}
FC		1	1	1	16	16*		0	0	0	0				0.00	1	
\multicolumn{18}{l}{COTTEY, Phillip Anthony   b Swansea 2.6.1966   RHB}
FC		4	5	1	24	9*	6.00	0	0							2	
JPL		6	3	0	5	2	1.66	0	0							1	
\multicolumn{18}{l}{DAVIES, Terry   b St Albans 25.10.1960   RHB WK}
FC		24	28	13	316	41	21.06	0	0							32	8
JPL		14	10	4	49	16*	8.16	0	0							11	1
BH		4	3	0	22	11	7.33	0	0							1	1
NW		2	2	1	46	30*	46.00	0	0							4	2
FC	1979	100	121	36	1775	75	20.88	0	6							165	27
JPL	1982	53	33	17	288	46*	18.00	0	0							43	18
BH	1982	15	10	1	92	23	10.22	0	0							13	5
NW	1984	6	5	1	66	30*	16.50	0	0							10	2
\multicolumn{18}{l}{DERRICK, John   b Cwmaman 15.1.1963}
FC		18	24	8	569	78*	35.56	0	4	897	22	40.77	3-19	0	3.38	3	
JPL		13	8	3	130	26	26.00	0	0	460	13	35.38	4-48	1	5.41	3	
BH		4	3	0	21	8	7.00	0	0	84	3	28.00	2-34	0	3.50	1	
NW		1								21	2	10.50	2-21	0	3.81	0	

29

	Cmp	Debut	M	I	NO	Runs	HS	Avge	100	50	Runs	Wkts	Avge	BB	5wi	RpO	ct	st
FC		1983	47	59	20	1132	78*	29.02	0	8	2075	44	47.15	4-60	0	3.27	15	
JPL		1983	36	24	8	242	26	15.12	0	0	1099	28	39.25	4-48	1	5.22	6	
BH		1985	8	6	1	81	42	16.20	0	0	192	5	38.40	2-34	0	3.69	2	
NW		1985	3	1	0	4	4	4.00	0	0	62	6	10.33	4-14	1	2.03	0	

HICKEY, Denis Jon (Victoria) b Mooroopna, Australia 31.12.1964 RHB RFM

	Cmp	Debut	M	I	NO	Runs	HS	Avge	100	50	Runs	Wkts	Avge	BB	5wi	RpO	ct	st
FC			13	9	5	19	9*	4.75	0	0	1102	24	45.91	5-57	1	3.91	3	
JPL			8	3	1	2	2*	1.00	0	0	204	10	20.40	4-41	1	4.20	3	
NW			1	1	1	0	0*		0	0	64	1	64.00	1-64	0	7.11	0	
FC		1985	17	11	6	27	9*	5.40	0	0	1465	41	35.73	7-81	3	3-68	4	

HOLMES, Geoffrey Clark b Newcastle-upon-Tyne 16.9.1958 RHB RM

	Cmp	Debut	M	I	NO	Runs	HS	Avge	100	50	Runs	Wkts	Avge	BB	5wi	RpO	ct	st
FC			26	44	5	1106	107	28.35	1	6	499	11	45.36	2-22	0	3.80	17	
JPL			15	15	2	365	65*	28.07	0	3	382	13	29.38	4-27	1	5.53	6	
BH			4	4	0	59	30	14.75	0	0	101	3	33.66	1-10	0	5.05	1	
NW			2	2	0	58	45	29.00	0	0	60	3	20.00	3-21	0	2.50	0	
FC		1978	128	206	32	4670	112	26.83	4	22	2828	67	42.20	5-86	1	3.42	57	
JPL		1979	80	70	13	1269	73	22.26	0	6	1580	62	25.48	5-2	3	5.20	26	
BH		1980	16	14	2	284	70	23.66	0	2	393	16	24.56	3-26	0	4.03	7	
NW		1981	8	7	0	106	45	15.14	0	0	156	9	17.33	5-24	1	2.51	1	

HOPKINS, John Anthony b Maesteg 16.6.1953 RHB

	Cmp	Debut	M	I	NO	Runs	HS	Avge	100	50	Runs	Wkts	Avge	BB	5wi	RpO	ct	st
FC			15	26	0	738	142	28.38	1	3	12	0				6.54	10	
JPL			15	15	0	440	89	29.33	0	2							1	
BH			4	4	0	85	31	21.25	0	0							1	
NW			2	2	0	52	47	26.00	0	0							0	
FC		1970	277	486	29	12837	230	28.08	18	55	102	0				4.81	191	1
JPL		1970	163	157	13	3259	130*	22.63	1	19							34	1
BH		1972	42	40	2	1046	103*	27.52	1	5							21	
NW		1975	18	18	0	361	63	20.05	0	1							8	

JONES, Alan Lewis b Alltwen 1.6.1957 LHB

	Cmp	Debut	M	I	NO	Runs	HS	Avge	100	50	Runs	Wkts	Avge	BB	5wi	RpO	ct	st
FC			13	21	4	429	50	25.23	0	1							7	
BH			4	4	0	50	32	12.50	0	0							2	
FC		1973	160	278	24	6548	132	25.77	5	36	152	1	152.00	1-60	0	9.60	104	
JPL		1973	83	78	3	1642	82	21.89	0	8	5	0				7.50	27	
BH		1975	20	18	0	238	36	13.22	0	0							5	
NW		1975	8	8	1	167	60*	23.85	0	1							3	

MAYNARD, Matthew Peter b Oldham 21.3.1966 RHB RM

	Cmp	Debut	M	I	NO	Runs	HS	Avge	100	50	Runs	Wkts	Avge	BB	5wi	RpO	ct	st
FC			22	34	4	1002	148	33.40	2	6	13	0				3.25	13	
JPL			15	13	0	197	31	15.15	0	0							2	
BH			1	1	0	0	0	0.00	0	0							0	
NW			2	2	0	16	9	8.00	0	0							0	
FC		1985	26	37	4	1200	148	36.36	3	7	17	0				4.08	14	
JPL		1985	18	16	0	228	31	14.25	0	0							2	

MORRIS, Hugh b Cardiff 5.10.1963 LHB RM

	Cmp	Debut	M	I	NO	Runs	HS	Avge	100	50	Runs	Wkts	Avge	BB	5wi	RpO	ct	st
FC			26	44	2	1522	128*	36.23	2	11	44	0				4.00	9	
JPL			15	15	1	587	100	41.92	1	4							10	
BH			4	4	1	79	51	26.33	0	1							2	
NW			2	2	0	75	48	37.50	0	0							0	
FC		1981	66	104	16	2901	128*	32.96	3	18	144	1	144.00	1-45	0	5.36	23	
JPL		1983	29	29	3	954	100	36.69	1	7							11	
BH		1984	5	5	1	89	51	22.25	0	1							2	
NW		1985	5	5	0	192	75	38.40	0	1							2	

MOSELEY, Ezra Alphonsa b Christchurch, Barbados 5.1.1958 RHB RFM

	Cmp	Debut	M	I	NO	Runs	HS	Avge	100	50	Runs	Wkts	Avge	BB	5wi	RpO	ct	st
FC			6	8	1	55	19	7.85	0	0	447	11	40.63	4-70	0	3.59	0	
BH			2	2	1	34	25	34.00	0	0	67	0				5.58	1	
NW			1	1	0	4	4	4.00	0	0	12	0				1.71	1	
FC		1980	56	71	14	1048	70*	18.38	0	4	4579	194	23.60	6-23	6	2.91	15	
JPL		1980	17	9	3	50	20	8.33	0	0	389	23	16.91	4-22	1	3.61	1	
BH		1980	9	8	3	51	25	10.20	0	0	207	8	25.87	4-8	1	2.95	0	
NW		1983	3	2	0	6	4	3.00	0	0	70	4	17.50	2-19	0	2.30	2	

NORTH, Philip David b Newport, Mon 16.5.1965 RHB SLA

	Cmp	Debut	M	I	NO	Runs	HS	Avge	100	50	Runs	Wkts	Avge	BB	5wi	RpO	ct	st
FC			5	5	2	22	17*	7.33	0	0	149	4	37.25	4-49	0	2.45	0	
FC		1985	6	6	3	22	17*	7.33	0	0	209	5	41.80	4-49	0	2.38	0	

ONTONG, Rodney Craig (Northern Transvaal) b Johannesburg, S Africa 9.9.1955 RHB OB

	Cmp	Debut	M	I	NO	Runs	HS	Avge	100	50	Runs	Wkts	Avge	BB	5wi	RpO	ct	st
FC			24	37	4	744	80*	22.54	0	6	1774	64	27.71	8-101	2	2.92	9	
JPL			15	15	4	268	35	24.36	0	0	483	17	28.41	4-28	1	4.02	6	
BH			4	4	1	145	58*	48.33	0	2	112	1	112.00	1-38	0	3.29	0	
NW			2	2	1	86	54*	86.00	0	1	94	3	31.33	3-50	0	4.70	0	
FC		1972	305	507	62	12983	204*	29.17	18	69	21359	721	29.62	8-67	28	2.91	143	
JPL		1977	133	121	16	2468	100	23.50	1	4	3630	119	30.50	4-28	3	4.56	43	
BH		1977	35	31	4	619	81	22.92	0	5	876	42	20.85	5-30	3	3.06	7	
NW		1977	16	15	3	480	64	40.00	0	4	548	12	45.66	4-49	1	3.88	7	

PAULINE, Duncan Brian b Aberdeen 15.12.1960 RHB RM (Surrey 1979-85)

	Cmp	Debut	M	I	NO	Runs	HS	Avge	100	50	Runs	Wkts	Avge	BB	5wi	RpO	ct	st
FC			12	20	0	455	97	22.75	0	3	67	2	33.50	2-48	0	4.78	4	
JPL			3	2	0	26	22	13.00	0	0							0	
BH			4	3	0	50	31	16.66	0	0	18	0				18.00	0	
FC		1979	61	96	6	2258	115	25.08	1	16	662	18	36.77	5-52	1	3.52	22	
JPL		1981	30	23	4	516	92	27.15	0	3	433	13	33.30	3-34	0	5.15	6	

Cmp	Debut	M	I	NO	Runs	HS	Avge	100	50	Runs	Wkts	Avge	BB	5wi	RpO	ct	st
BH	1984	11	10	1	156	69*	17.33	0	1	99	3	33.00	2-28	0	4.50	1	
NW	1982	2	2	0	15	10	7.50	0	0	29	0				4.14	1	

ROBERTS, Martin Leonard   b Helston 12.4.1966   RHB WK

FC		2	1	0	8	8	8.00	0	0							2	1
JPL		1	1	1	6	6*		0	0							1	
FC	1985	3	2	0	8	8	4.00	0	0							2	1

SMITH, Ian   b Chopwell 11.3.1967   RHB RM

FC		3	2	0	0	0	0.00	0	0	111	1	111.00	1-18	0	4.62	1	
JPL		2	2	1	3	3*	3.00	0	0							0	
BH		1	1	0	6	6	6.00	0	0	32	0				4.57	0	
FC	1985	9	7	0	27	12	3.57	0	0	265	2	132.50	1-18	0	3.85	2	
JPL	1985	4	4	1	8	3*	2.66	0	0							0	

STEELE, John Frederick   b Stafford 23.7.1946   RHB SLA (Leics 1970-83)

FC		12	17	5	282	41*	23.50	0	0	583	9	64.77	2-21	0	3.73	9	
JPL		10	5	2	55	30*	18.33	0	0	314	8	39.25	2-28	0	4.48	7	
BH		2	2	2	8	6*		0	0	78	4	19.50	3-37	0	3.54	0	
NW		2	1	0	0	0	0.00	0	0	32	3	10.66	2-8	0	2.90	2	
FC	1970	287	605	85	15054	195	28.95	21	70	15793	584	27.04	7-29	16	2.41	413	
JPL	1970	202	140	38	1911	92	18.73	0	6	4871	199	24.47	5-22	7	3.99	101	
BH	1972	67	55	7	1168	91	24.33	0	6	1705	68	25.07	5-11	1	2.96	28	
NW	1972	27	22	4	452	108*	25.11	1	2	679	25	27.16	5-19	1	2.97	13	

THOMAS, John Gregory (Eng, Eng to WI)   b Trebannws 12.8.1960   RHB RF

Test		1	2	0	38	28	19.00	0	0	140	2	70.00	2-124	0	3.25	0	
FC		22	27	6	523	70	24.90	0	2	1746	45	38.80	4-56	0	3.64	7	
JPL		14	13	3	121	24	12.10	0	0	449	16	28.06	3-19	0	4.44	2	
BH		4	4	0	13	9	3.25	0	0	133	3	44.33	2-42	0	4.03	1	
NW		2	2	0	20	19	10.00	0	0	74	0				3.52	2	
Test	1985	5	10	4	83	31*	13.83	0	0	504	10	50.40	4-70	0	3.90	0	
FC	1979	101	130	25	1757	84	16.73	0	5	7915	250	31.66	5-56	6	3.51	44	
Int	1985	2	2	1	0	0*	0.00	0	0	85	1	85.00	1-35	0	5.66	0	
JPL	1981	52	46	11	483	37	13.80	0	0	1685	67	25.14	5-38	3	4.95	14	
BH	1984	12	10	0	50	17	5.00	0	0	378	15	25.20	4-38	1	3.83	2	
NW	1983	5	5	1	61	24	15.25	0	0	163	5	32.60	5-17	1	4.17	2	

WATKIN, Steven Llewellyn   b Caerau 15.9.1964   RHB RFM

| FC | | 1 | | | | | | | | 82 | 2 | 41.00 | 2-74 | 0 | 5.12 | 0 | |
| JPL | | 2 | 1 | 0 | 7 | 7 | 7.00 | 0 | 0 | 59 | 1 | 59.00 | 1-37 | 0 | 4.91 | 0 | |

YOUNIS AHMED   b Jullundur, India 20.10.1947   LHB LM (Surrey 1965-78, Worcs 1979-83)

FC		15	23	2	845	105*	40.23	1	4	82	0				4.10	4	
JPL		6	6	0	121	50	20.16	0	1	28	2	14.00	2-28	0	4.66	0	
NW		2	2	0	33	31	16.50	0	0							0	
Test	1969	2	4	0	89	62	22.25	0	1							0	

Note: His Test appearances were for Pakistan

FC	1961	450	746	114	25388	221*	40.17	44	140	1899	41	46.31	4-10	0	2.90	239	
JPL	1969	230	221	23	5897	113	29.78	4	38	663	19	34.89	3-20	0	4.78	51	
BH	1972	60	57	7	1434	115	28.68	1	4	208	9	23.11	4-37	1	4.00	11	
NW	1969	29	28	2	767	87	29.50	0	5	149	4	37.25	2-54	0	3.23	9	

GLOUCESTERSHIRE

Foundation of Present Club: Spring of 1871, though a County Club at Cheltenham was established in 1863 and its demise seems to have coincided with the formation of the present club.

First First-Class Match: Gloucestershire v Surrey (Bristol) June 2, 3, 4 1870

Present Principal Ground: County Ground, Nevil Road, Bristol

County Champions: 1873, 1874, 1876 and 1877
Results in 1986: 2nd; won 9, lost 3, drawn 12

JPL Championship: Best seasons: 6th in 1969, 1973, 1977 and 1985
Results in 1986: 17th; won 3, lost 11, no result 2

B&H Cup: Winners in 1977
Result in 1986: 3rd in Group C

Nat West Trophy: Winners in 1973
Results in 1986: Lost in second round

FIRST CLASS RECORDS

Highest Team Total: 653-6 dec v Glamorgan (Bristol) 1928

Lowest Team Total: 17 v Australians (Cheltenham) 1896

Highest Individual Innings: 318* W.G.Grace v Yorkshire (Cheltenham) 1876

Best Innings Analyses: 10-40 E.G.Dennett v Essex (Bristol) 1906

Highest Wicket Partnership: 395(1st) D.M.Young & R.B.Nicholls v Oxford U (Oxford) 1962

Hundreds in 1986: K.M.Curran(4) 103* v Oxford U (Oxford); 116 v Glamorgan (Cardiff); 117* v Notts (Cheltenham); 103* v Surrey (Oval)
M.W.Alleyne(1) 116* v Sussex (Bristol)
C.W.J.Athey(1) 171* v Northants (Northampton)
P.Bainbridge(1) 105 v Notts (Cheltenham)
J.W.Lloyds(1) 111 v Derbyshire (Gloucester)
A.W.Stovold(1) 118 v Derbyshire (Chesterfield)

Five Wickets in Innings in 1986: C.A.Walsh (12) 5-28 and 6-26 v Hampshire (Bournemouth); 7-62 v Derbyshire (Chesterfield); 6-41 and 5-72 v Surrey (Bristol); 5-34 v Glamorgan (Cardiff); 9-72 v Somerset (Bristol); 6-90 and 6-34 v Hampshire (Cheltenham); 5-95 v Middlesex (Cheltenham); 6-83 v Essex (Colchester); 5-61 v Surrey (Oval)
P.Bainbridge(2) 5-49 v Kent (Gloucester); 8-53 v Somerset (Bristol)
J.W.Lloyds (2) 5-111 v Sussex (Bristol); 5-124 v Warwicks (Nuneaton)
D.V.Lawrence(1) 5-84 v Yorkshire (Bristol)

LIMITED OVERS RECORDS MATCHES

Highest Team Totals
JPL: 272-4 v Middx (Lord's) 1983
BH: 300-4 v Combined Univ (Oxford) 1982
NW: 327-7 v Berkshire (Reading) 1966

Lowest Team Totals
JPL: 49 v Middx (Bristol) 1978
BH: 62 v Hampshire (Bristol) 1975
NW: 85 v Essex (Bristol) 1981

Highest Individual Innings
JPL: 131 Sadiq Mohammad v Somerset (Bristol) 1975
BH: 154* M.J.Procter v Somerset (Taunton) 1972
NW: 158 Zaheer Abbas v Leics (Leicester) 1983

Best Innings Analyses
JPL: 6-52 J.N.Shepherd v Kent (Bristol) 1983
BH: 6-13 M.J.Procter v Hampshire (Southampton) 1977
NW: 5-11 D.A.Graveney v Ireland (Dublin) 1981

Highest Wicket Partnerships
JPL: 186(1st) P.W.Romaines & C.W.J.Athey v Worcs (Moreton-in-Marsh) 1985
BH: 169(1st) A.W.Stovold & P.W.Romaines v Hants (Bristol) 1984
NW: 165(1st) D.M.Green & C.A.Milton v Notts (Trent Bridge) 1968

Hundreds in 1986
JPL:(2) P.Bainbridge 106* v Somerset (Bristol); R.C.Russell 108 v Worcs (Hereford)
BH: Nil. Highest Innings: 79 P.W.Romaines v Somerset (Bristol)
NW: Nil. Highest Innings: 58 A.W.Stovold v Berkshire (Reading)

Five Wickets in Innings in 1986
JPL: Nil. Best Bowling: 3-23 G.E.Sainsbury v Yorks (Headingley)
BH: Nil. Best Bowling: 4-36 D.V.Lawrence v Somerset (Bristol)
NW: Nil. Best Bowling: 4-36 D.V.Lawrence v Berkshire (Reading)

TOP OF THE BATTING AVERAGES, 1986

Gordon Greenidge, of Hampshire, topped the first-class averages in 1986 with 67.83, also scoring most runs and most centuries. He played well in the West Indies in 1985-86 and is seen hitting Emburey for 6 at Port-of-Spain, Trinidad. (J.G. Bracewell averaged 77.20, but from only five completed innings).

TOP OF THE BOWLING AVERAGES, 1986

Hampshire's West Indians topped both batting and bowling averages. Malcolm Marshall took exactly 100 wickets at 15.08 to move up from third place in 1985.

DOMESTIC TROPHY WINNERS, 1986

Essex continued their run of recent successes by taking the 1986 Britannic Assurance County Championship, their fourth win in eight years. This time it was under a new captain, Graham Gooch (right). Keith Fletcher, his predecessor continued successfully as *eminence grise*.

Sussex, winners of the first two Gillette Cups, the forerunner of the NatWest Bank Trophy reversed the result of the 1970 final by beating Lancashire to win the 1986 Trophy. Dermot Reeve, the man of the match, is congratulated by captain and keeper Ian Gould on dismissing Clive Lloyd for a duck.

LEADING INDIAN BATSMAN

Dilip Vengsarker averaged 90.00 for India in the three-match series against England and scored both his side's centuries. He became the first overseas player to score three Test centuries at Lord's, a feat achieved by only five Englishmen.

TOURISTS WIN BOTH CORNHILL SERIES

India beat England 2-0 in the Cornhill Test series of 1986. Skipper Kapil Dev holds the Trophy aloft at Edgbaston (left). It was India's first series victory overseas since they won in England in 1971.

New Zealand also won their 1986 series in England (by 1-0), their first win on their tenth attempt, England having won eight of the previous nine series. It was New Zealand's third successive series win, they having beaten Australia twice. Captain Jeremy Coney holds the trophy (below), while the team share champagne and beer.

GREAT NEW ZEALAND BOWLER

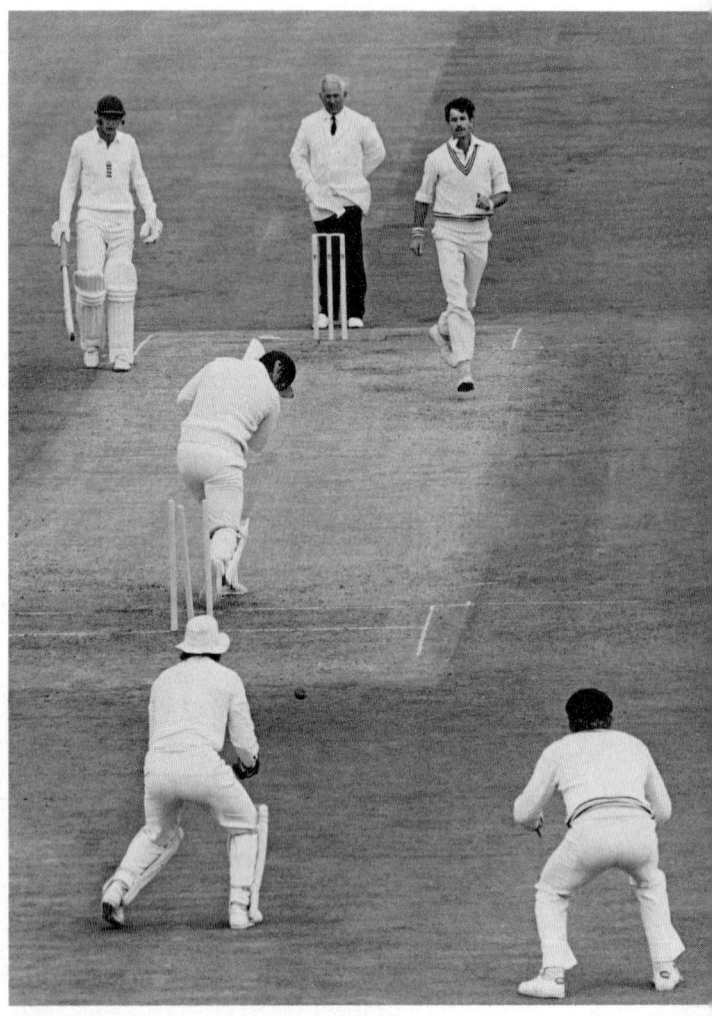

Richard Hadlee, seen bowling Mike Gatting in the Trent Bridge Test match, moved into third place in the all-time Test wicket list in 1986 with 334 wickets. He established a record by taking five wickets in an innings 27 times.

LEICESTERSHIRE MEN TOUR AUSTRALIA

Outstanding 1986 seasons earned selection to tour Australia for two Leicestershire players yet to play for England. All-rounder Phillip DeFreitas (above) took 94 wickets at 23.10 while batsman James Whitaker (right) finished third in the averages with 1527 runs at 56.35.

SOMERSET CONTROVERSIALISTS

It was a difficult year for Somerset, next to bottom of the Championship table, and their players. When the county announced that they would dispense with West Indians Viv Richards (right) and Joel Garner (below left), in order to sign Martin Crowe of New Zealand for 1987, Ian Botham (below right) threatened to leave the county in sympathy, and the membership was divided into two arguing groups. Botham had already experienced a mixed year, being suspended for 63 days for 'offences' relating to cannabis and then returning to Test cricket to beat Lillee's all-time record total of Test wickets.

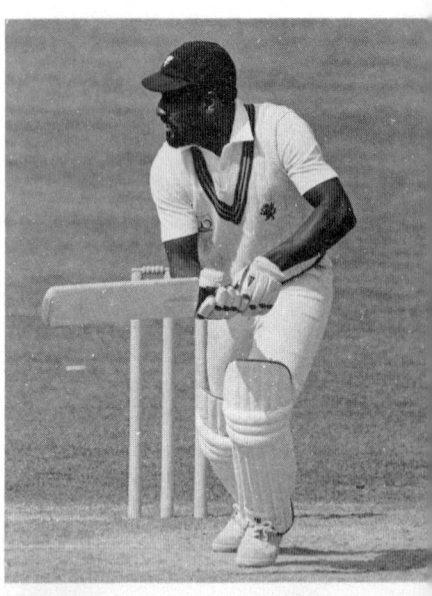

1986 AND CAREER RECORDS FOR GLOUCESTERSHIRE PLAYERS

Cmp	Debut	M	I	NO	Runs	HS	Avge	100	50	Runs	Wkts	Avge	BB	5wi	RpO	ct	st
ALLEYNE, Mark Wayne b Tottenham 23.5.1968 RHB																	
FC		10	16	5	336	116*	30.54	1	1							4	
JPL		4	2	0	47	46	23.50	0	0							1	
ATHEY, Charles William Jeffrey (Eng, Eng B to SL) b Middlesbrough 27.9.1957 RHB RM (Yorks 1976-83)																	
Test		5	9	0	216	55	24.00	0	1							3	
FC		19	31	1	1233	171*	41.10	1	7	60	1	60.00	1-14	0	3.33	21	
Int		1	1	1	142	142*		1	0							0	
JPL		11	11	0	381	74	34.63	0	4	35	1	35.00	1-11	0	7.00	7	
BH		4	4	0	123	78	30.75	0	1	24	0				6.00	1	
NW		2	2	0	6	4	3.00	0	0	14	0				12.00	1	
Test	1980	8	15	0	233	55	15.53	0	1							5	
FC	1976	239	400	34	11741	184	32.07	22	57	1437	33	43.54	3-3	0	3.31	236	2
Int	1980	3	3	1	225	142*	112.50	1	1							1	
JPL	1976	135	126	12	4039	121*	35.42	3	28	545	21	25.95	5-35	2	5.69	52	
BH	1976	41	38	6	891	94*	27.84	0	7	242	12	20.16	4-48	1	4.27	22	
NW	1976	22	22	3	696	115	36.63	1	4	106	1	106.00	1-18	0	5.53	9	
BAINBRIDGE, Philip b Stoke-on-Trent 16.4.1958 RHB RM																	
FC		26	43	4	1065	105	27.30	1	7	1185	43	27.55	8-53	2	2.86	12	
JPL		14	14	2	363	106*	30.25	1	1	451	13	34.69	3-38	0	5.06	2	
BH		4	4	1	37	10	12.33	0	0	99	4	24.75	2-25	0	3.39	3	
NW		2	2	0	38	24	19.00	0	0	45	2	22.50	2-45	0	4.09	0	
FC	1977	174	298	47	8234	151*	32.80	12	50	6671	184	36.25	8-53	5	2.98	84	
JPL	1977	108	93	15	1433	106*	18.37	1	4	3091	99	31.22	4-27	2	5.09	24	
BH	1979	28	25	7	455	80	25.27	0	2	714	24	29.75	3-21	0	3.50	11	
NW	1978	15	13	2	403	75	36.63	0	4	453	18	25.16	3-49		3.25	2	
BURROWS, Dean Andrew b Peterlee 20.6.1966 RHB RMF																	
JPL		1	1	1	1	1*		0	0	38	1	38.00	1-38	0	4.75	2	
FC	1984	1	1	0	0	0	0.00	0	0	76	0				5.06	0	
JPL	1984	2	2	2	1	1*		0	0	70	2	35.00	1-32	0	5.38	2	
CURRAN, Kevin Malcolm (Zimbabwe) b Rusape, Rhodesia 7.9.1959 RHB RFM																	
FC		26	39	8	1353	117*	43.64	4	7	83	0				2.51	29	
JPL		14	13	2	376	71*	34.18	0	3	59	1	59.00	1-36	0	4.91	4	
BH		4	3	0	100	47	33.33	0	0							1	
NW		2	2	0	59	38	29.50	0	0								
FC	1980	73	106	17	2785	117*	31.29	4	15	2802	114	24.57	5-35	2	3-10	43	
Int		3	3	0	212	73	35.33	0	2	274	5	54.80	3-65	0	4.69	0	
JPL	1985	30	29	6	745	71*	32.39	0	4	514	27	19.03	4-11	2	4.99	7	
BH	1985	8	6	2	184	53*	46.00	0	1	169	8	21.12	3-45	0	3.85	1	
NW	1985	5	5	0	140	38	28.00	0	0	77	6	12.83	4-34	1	2.26	0	
GRAVENEY, David Anthony b Bristol 2.1.1953 RHB SLA																	
FC		22	18	9	94	30*	10.44	0	0	999	30	33.30	4-17	0	2.23	20	
JPL		13	9	5	85	31	21.25	0	0	305	7	43.57	2-19	0	5.54	2	
BH		3	2	2	60	35*		0	0	68	1	68.00	1-18	0	2.83	0	
NW		2	2	2	11	11*		0	0	39	3	13.00	2-24	0	1.77	1	
FC	1972	311	188	69	5447	119	18.59	2	15	19158	665	28.80	8-85	28	2.58	171	
JPL	1972	184	121	44	1221	56*	15.85	0	1	3992	124	32.19	4-22	5	4.67	47	
BH	1973	55	35	9	379	49*	14.57	0	0	1272	44	28.90	3-13	0	3.59	14	
NW	1973	29	23	8	265	44	17.66	0	0	848	33	25.69	5-11	1	3.31	11	
LAWRENCE, Dave Valentine (Eng B to SL, TCCB) b Gloucester 28.1.1964 RHB RF																	
FC		24	25	5	198	34*	9.90	0	0	2299	63	36.49	5-84	1	3.90	5	
JPL		5	5	2	44	21*	14.66	0	0	176	1	176.00	1-55	0	5.67	1	
BH		4	3	1	13	5	6.50	0	0	154	7	22.00	4-36	1	4.40	1	
NW		2	2	2	0	0	0.00	0	0	63	4	15.75	4-36	1	3.93	1	
FC	1981	83	90	19	677	41	9.53	0	0	7221	205	35.22	7-48	9	4.04	20	
JPL	1983	29	9	5	75	21*	18.75	0	0	1115	38	29.34	4-32	3	5.60	10	
BH	1984	11	6	4	36	22*	18.00	0	0	393	17	23.11	5-48	2	4.09	1	
NW	1983	10	6	4	2	1*	0.50	0	0	398	13	30.61	4-36	1	4.50	1	
LLOYDS, Jeremy William b Penang, Malaya 17.11.1954 LHB OB (Somerset 1979-84)																	
FC		26	39	9	1295	111	43.16	1	8	1221	37	33.00	5-111	2	3.30	21	
JPL		10	9	1	95	45*	11.87	0	0	138	3	46.00	1-19	0	5.11	1	
BH		3	2	0	9	6	3.00	0	0	49	4	12.25	3-21	0	2.53	3	
NW		1	1	0	1	1	1.00	0	0	35	2	17.50	2-35	0	3.04	1	
FC	1979	152	235	36	6163	132*	30.96	7	34	6463	193	33.48	7-88	9	3.15	131	
JPL	1980	61	50	10	477	45*	11.92	0	0	272	6	45.33	2-1	0	4.87	13	
BH	1981	17	13	0	162	51	12.46	0	1	55	4	13.75	3-21	0	2.57	5	
NW	1982	10	9	2	146	40	20.85	0	0	53	2	26.50	2-35	0	2.58	7	
PAYNE, Ian Roger b Kennington 9.5.1958 RHB RM (Surrey 1977-84)																	
FC		11	12	4	106	30*	13.25	0	0	576	15	38.40	3-48	0	2.67	7	
JPL		12	9	1	30	12*	3.75	0	0	376	4	94.00	1-18	0	4.64	2	
BH		4	3	1	59	40	29.50	0	0	132	5	26.40	3-22	0	3.71	1	
NW		2	2	0	35	23	17.50	0	0	35	0				2.91	6	
FC	1977	47	55	10	550	43	12.22	0	0	1917	45	42.60	5-13	1	2.99	41	
JPL	1977	65	41	15	342	37	13.15	0	0	1737	48	36.18	5-21	3	5.00	13	

	Cmp	Debut	M	I	NO	Runs	HS	Avge	100	50	Runs	Wkts	Avge	BB	5wi	RpO	ct	st
BH		1981	8	6	1	65	40	13.00	0	0	263	13	20.23	3-20	0	3.57	3	
NW		1977	9	8	3	198	56*	39.60	0	2	218	8	27.25	5-36	1	3.15	1	

ROMAINES, Paul William b Bishop Auckland 25.12.1955 RHB (Northants 1975-76)

	Cmp	Debut	M	I	NO	Runs	HS	Avge	100	50	Runs	Wkts	Avge	BB	5wi	RpO	ct	st
FC			15	27	4	476	67*	20.69	0	2	152	0				7.18	4	
JPL			8	7	0	140	33	20.00	0	0							1	
BH			4	4	0	181	79	45.25	0	1							0	
FC		1975	110	199	16	5400	186	29.50	10	25	211	3	70.33	3-42	0	4.94	42	
JPL		1975	58	56	3	1645	105	31.03	1	11							10	
BH		1983	14	13	1	530	125	44.16	1	3							5	
NW		1979	12	12	1	324	82	29.45	0	3							2	

RUSSELL, Robert Charles (TCCB) b Stroud 15.8.1963 LHB WK

	Cmp	Debut	M	I	NO	Runs	HS	Avge	100	50	Runs	Wkts	Avge	BB	5wi	RpO	ct	st
FC			27	31	9	585	71	26.59	0	2							56	4
JPL			14	11	3	294	108	36.75	1	1							5	4
BH			4	2	0	11	11	5.50	0	0							4	
NW			2	2	0	42	39	21.00	0	0							1	2
FC		1981	100	120	30	1940	71	21.55	0	6							198	39
JPL		1982	54	29	13	435	108	27.18	1	1							28	9
BH		1983	17	9	2	79	36*	11.28	0	0							16	6
NW		1982	11	8	2	101	39	16.83	0	0							8	4

SAINSBURY, Gary Edward b Wanstead 17.1.1958 RHB LMF (Essex 1979-80)

	Cmp	Debut	M	I	NO	Runs	HS	Avge	100	50	Runs	Wkts	Avge	BB	5wi	RpO	ct	st
FC			6	3	2	28	14*	28.00	0	0	498	12	41.50	4-146	0	2.94	0	
JPL			13	4	2	8	7*	4.00	0	0	396	14	28.28	3-23	0	4.30	3	
BH			1	1	0	4	4	4.00	0	0	14	1	14.00	1-14	0	4.20	0	
FC		1979	60	53	30	151	14*	6.56	0	0	4780	153	31.24	7-38	7	2.95	11	
JPL		1980	48	12	6	28	7*	4.66	0	0	1503	43	34.95	3-19	0	4.48	11	
BH		1983	10	4	2	6	4	3.00	0	0	237	12	19.75	4-28	1	3.16	3	
NW		1983	5	2	1	5	3	5.00	0	0	180	6	30.00	3-58	0	3.33	1	

STOVOLD, Andrew Willis b Bristol 19.3.1953 RHB WK

	Cmp	Debut	M	I	NO	Runs	HS	Avge	100	50	Runs	Wkts	Avge	BB	5wi	RpO	ct	st
FC			26	43	4	1123	118	28.79	1	7	132	2	66.00	1-3	0	4.88	9	
JPL			4	4	0	94	35	23.50	0	0							0	
BH			4	4	1	79	72*	26.33	0	1							1	
NW			2	2	0	69	58	34.50	0	1							2	
FC		1973	297	530	30	15109	212*	30.21	18	85	218	4	54.50	1-0	0	4.23	267	45
JPL		1973	163	156	20	3293	98*	24.21	0	12							80	13
BH		1975	51	51	7	1669	123	37.93	2	13							36	4
NW		1973	25	25	2	708	82	30.78	0	6							17	5

TOMLINS, Keith Patrick b Kingston-upon-Thames 23.10.1957 RHB RM (Middx 1977-85)

	Cmp	Debut	M	I	NO	Runs	HS	Avge	100	50	Runs	Wkts	Avge	BB	5wi	RpO	ct	st
FC			16	29	5	696	75	29.00	0	4	34	0				5.66	1	
JPL			11	10	3	230	45	32.85	0	0	30	0				6.00	5	
BH			1	1	0	1	1	1.00	0	0							1	
NW			1	1	0	8	8	8.00	0	0	10	0				10.00	0	
FC		1977	100	152	19	3579	146	26.90	4	17	360	4	90.00	2-28	0	3.51	64	
JPL		1978	61	54	11	824	59	19.16	0	4	337	11	30.63	4-24	1	5.02	14	
BH		1983	8	7	0	104	40	14.85	0	0							1	
NW		1982	3	3	0	17	9	5.66	0	0							0	

TWIZELL, Peter Henry b Rothbury 18.6.1959 RHB RFM

	Cmp	Debut	M	I	NO	Runs	HS	Avge	100	50	Runs	Wkts	Avge	BB	5wi	RpO	ct	st
FC			1	1	0	0	0	0.00	0	0	38	0				3.40	0	
JPL			4	1	0	4	4	4.00	0	0	168	6	28.00	2-47	0	5.79	0	
FC		1985	2	1	0	0	0	0.00	0	0	136	2	68.00	2-65	0	3.47	0	
JPL		1985	5	1	0	4	4	4.00	0	0	191	7	27.28	2-47	0	6.16	1	
NW		1984	1	1	1	9	9*		0	0	45	1	45.00	1-45	0	3.75	0	

WALSH, Courtenay Andrew (Jamaica, WI) b Kingston, Jamaica 30.10.1962 RHB RF

	Cmp	Debut	M	I	NO	Runs	HS	Avge	100	50	Runs	Wkts	Avge	BB	5wi	RpO	ct	st
FC			23	24	6	221	52	12.27	0	1	2145	118	18.17	9-72	12	2.71	7	
JPL			12	7	1	37	35	6.16	0	0	420	15	28.00	3-29	0	4.71	0	
BH			4	2	1	10	8	10.00	0	0	162	4	40.50	2-65	0	4.05	0	
NW			2	2	1	26	25*	26.00	0	0	51	3	17.00	2-30	0	2.68	1	
Test		1984	7	8	4	47	18*	11.75	0	0	610	21	29.04	4-74	0	2.98	2	
FC		1981	93	107	30	814	52	10.57	0	1	8613	388	22.19	9-72	26	3.09	27	
Int		1984	13	1	0	7	7	7.00	0	0	521	10	52.10	2-25	0	4.45	3	
JPL		1984	28	13	2	65	35	5.90	0	0	810	28	28.92	3-28	0	4.43	3	
BH		1985	6	2	1	10	8	10.00	0	0	224	8	28.00	2-19	0	3.64	0	
NW		1985	5	4	2	34	25*	17.00	0	0	158	6	26.33	2-7	0	3.36	1	

WRIGHT, Anthony John b Stevenage 27.6.1962 RHB RM

	Cmp	Debut	M	I	NO	Runs	HS	Avge	100	50	Runs	Wkts	Avge	BB	5wi	RpO	ct	st
FC			15	26	0	603	87	23.19	0	4	10	0				10.00	14	
JPL			4	4	0	19	11	4.75	0	0							1	
NW			2	2	0	94	51	47.00	0	1							0	
FC		1982	66	117	10	2602	139	24.31	1	14	13	0				6.50	35	
JPL		1980	28	26	4	223	52	10.13	0	1	18	0				4.50	8	
BH		1984	4	3	0	14	7	4.66	0	0							2	
NW		1982	4	3	0	108	51	36.00	0	1							0	

HAMPSHIRE

Foundation of Present Club: 12 August 1863 in Southampton (a further meeting confirming the formation was held on 11 September 1863)

First First-Class Match: MCC v Hampshire (Lord's) July 29, 30 1861 (not first-class 1886 to 1894 inclusive).

Present Principal Ground: County Ground, Northlands Road, Southampton

County Champions: 1961 and 1973
Results in 1986: 6th, won 7, lost 4, drawn 12, abandoned 1

JPL Champions: 1975, 1978 and 1986
Results in 1986: 1st; won 12, lost 3, no result 1

B&H Cup: Losing semi-finalists in 1975 and 1977
Result in 1986: 3rd in Group D

Nat West Trophy: Losing semi-finalists 1966, 1976, 1983 and 1985
Result in 1986: Lost in second round

FIRST CLASS RECORDS

Highest Team Total: 672-7 dec v Somerset (Taunton) 1899

Lowest Team Total: 15 v Warwickshire (Edgbaston) 1922

Highest Individual Innings: 316 R.H.Moore v Warwickshire (Bournemouth) 1937

Best Innings Analysis: 9-25 R.M.H.Cottam v Lancashire (Old Trafford) 1965

Highest Wicket Partnership: 411 (6th) R.M.Poore & E.G.Wynyard v Som (Taunton) 1899

Hundreds in 1986: C.G.Greenidge (8) 118 v Notts (Trent Bridge); 127* v Lancs (Old Trafford); 148 v Somerset (Bournemouth); 144* v Derbyshire (Portsmouth); 222 v Northants (Northampton); 103 and 180* v Derbyshire (Derby); 126 v Sussex (Hove)
C.L.Smith (2) 103* v Somerset (Bournemouth); 114* v Sussex (Hove)
R.A.Smith (2) 101 v Surrey (Basingstoke); 128* v Sussex (Southampton)

Five Wickets in Innings in 1986: M.D.Marshall (5) 6-51 v Gloucs (Bournemouth); 5-38 v Notts (S'hampton); 5-40 v Som (Taunton); 5-22 v Warwicks (P'mouth); 5-49 v Derbys (Derby)
C.A.Connor (1) 5-60 v Somerset (Bournemouth)
N.G.Cowley (1) 5-17 v Kent (Southampton)
K.D.James (1) 5-34 v Gloucs (Cheltenham)
R.J.Maru (1) 5-38 v Cambridge U (Cambridge)
T.M.Tremlett (1) 5-46 v Derbyshire (Portsmouth)

LIMITED OVERS MATCHES RECORDS

Highest Team Totals
JPL: 292-1 v Surrey (Portsmouth) 1983
BH: 321-1 v Minor Counties South (Amersham) 1973
NW: 371-4 v Glamorgan (Southampton) 1975

Lowest Team Totals
JPL: 43 v Essex (Basingstoke) 1972
BH: 94 v Glamorgan (Swansea) 1973
NW: 98 v Lancashire (Old Trafford) 1975

Highest Individual Innings
JPL: 166* T.E.Jesty v Surrey (Portsmouth) 1983
BH: 173* C.G.Greenidge v Minor Counties South (Amersham) 1973
NW: 177 C.G.Greenidge v Glamorgan (Southampton) 1975

Best Innings Analyses
JPL: 6-20 T.E.Jesty v Glamorgan (Cardiff) 1975
BH: 5-24 R.S.Herman v Gloucs (B'tol) 1975; 5-24 K.S.D.Emery v Essex (Ch'ford) 1982
NW: 7-30 P.J.Sainsbury v Norfolk (Southampton) 1965

Highest Wicket Partnerships
JPL: 269*(2nd) C.G.Greenidge & T.E.Jesty v Surrey (Portsmouth) 1983

BH: 285*(2nd) C.G.Greenidge & D.R.Turner v Minor Counties South (Amersham) 1973
NW: 227(1st) R.E.Marshall & B.L.Reed v Bedfordshire (Bedford) 1968

Hundreds in 1986
JPL:(2) C.G.Greenidge 125* v Yorkshire (B'mouth); V.P.Terry 142 v Leics (S'hampton)
BH: Nil. Highest Innings: 83* C.G.Greenidge v Combined Univ (Oxford)
NW: Nil. Highest Innings: 39 R.A.Smith v Hertfordshire (Southampton)

Five Wickets in Innings in 1986
JPL: Nil. Best Bowling: 4-18 T.M.Tremlett v Somerset (Taunton)
BH: Nil. Best Bowling: 4-30 T.M.Tremlett v Surrey (Oval)
NW: Nil. Best Bowling: 3-19 N.G.Cowley v Hertfordshire (Southampton)

1986 AND CAREER RECORDS FOR HAMPSHIRE PLAYERS

Cmp	Debut	M	I	NO	Runs	HS	Avge	100	50	Runs	Wkts	Avge	BB	5wi	RpO	ct	st
ANDREW, Stephen Jon Walter b Marylebone 27.1.1966 RHB RMF																
FC		7	5	2	15	7	5.00	0	0	419	14	29.92	3-25	0	2.96	3	
FC	1984	26	16	10	36	7	6.00	0	0	1941	55	35.29	6-43	1	3.30	9	
JPL	1984	9								304	6	50.66	3-38	0	4.86	1	
BH	1984	2	1	1	1	1*		0	0	60	6	10.00	3-12	0	3.33	1	
NW	1985	1								28	1	28.00	1-28	0	2.80	0	
BAKKER, Paul-Jan b Vlaardingen, Holland 19.8.1957 RHB RMF																
FC		3	2	1	6	3*	3.00	0	0	220	6	36.66	2-15	0	3.29	0	
JPL		2								66	2	33.00	2-46	0	5.07	0	
BH		1								19	2	9.50	2-19	0	1.72	0	
CONNOR, Cardigan Adolphus b The Valley, Anguilla 24.3.1961 RHB RFM																
FC		20	13	5	41	16	5.12	0	0	1616	49	32.97	5-60	1	2.98	3	
JPL		15								502	17	29.52	4-25	1	4.48	4	
BH		4	1	1	4	4*		0	0	142	7	20.28	4-35	1	4.19	0	
NW		2	1	0	5	5	5.00	0	0	53	4	13.25	2-23	0	2.25	0	
FC	1984	58	45	18	171	36	6.33	0	0	5032	146	34.46	7-37	2	3.04	19	
JPL	1984	42	3	3	2	2*		0	0	1405	57	24.64	4-16	2	4.48	7	
BH	1985	9	2	1	4	4*	4.00	0	0	301	16	18.81	4-27	1	3.75	1	
NW	1984	7	2	1	8	5	8.00	0	0	231	8	28.87	3-52	0	3.21	2	
COWLEY, Nigel Geoffrey b Shaftesbury 1.3.1953 RHB OB																
FC		19	21	7	360	78*	25.71	0	2	1060	40	26.50	5-17	1	2.75	5	
JPL		15	8	3	96	29	19.20	0	0	515	16	32.18	3-33	0	5.33	2	
BH		4	2	1	26	21*	26.00	0	0	159	3	53.00	1-27	0	4.67	1	
NW		2	2	0	12	8	6.00	0	0	55	3	18.33	3-19	0	2.29	1	
FC	1974	240	337	53	6340	109*	22.32	2	28	12851	392	32.78	6-48	5	2.73	90	
JPL	1974	157	123	26	1890	74	19.48	0	3	3890	128	30.39	4-42	2	4.78	33	
BH	1976	42	35	3	440	59	13.75	0	1	973	25	38.92	3-39	0	3.22	11	
NW	1976	28	20	3	315	63*	18.52	0	1	612	25	24.48	5-24	3	2.88	8	
GREENIDGE, Cuthbert Gordon (Barbados, WI) b Black Bess, Barbados 1.5.1951 RHB RM																
FC		20	34	4	2035	222	67.83	8	6							18	
JPL		12	12	1	493	125*	44.81	1	3							5	
BH		4	4	1	148	83*	49.33	0	2							1	
NW		1	1	0	18	18	18.00	0	0							1	
Test	1974	71	117	13	5033	223	48.39	12	27	4	0				0.92	65	
FC	1970	435	743	64	31074	273*	45.76	73	157	472	17	27.76	5-49	1	3.00	441	
Int	1975	71	71	7	2988	115	46.68	6	19	45	1	45.00	1-21	0	4.50	27	
JPL	1970	176	174	12	6049	163*	37.33	10	33	89	1	89.00	1-36	0	4.94	66	
BH	1972	53	53	3	1915	173*	38.30	4	12	57	0				4.44	18	
NW	1971	31	31	1	1262	177	42.06	4	7	5	0				2.72	18	
JAMES, Kevan David b Lambeth 18.3.1961 LHB LMF (Middx 1980-84)																
FC		12	13	2	275	62	25.00	0	1	692	21	32.95	5-34	1	3.02	5	
JPL		11	4	2	88	54*	44.00	0	1	301	14	21.50	4-23	2	4.00	6	
NW		2	2	1	36	19	36.00	0	0	91	3	30.33	2-19	0	5.35	0	
FC	1980	41	46	12	880	124	25.88	1	1	2277	72	31.62	6-22	3	2.98	14	
JPL	1980	34	13	7	209	54*	34.83	0	1	981	28	35.03	4-23	2	4.25	11	
BH	1980	9	6	0	66	27	11.00	0	0	261	9	29.00	2-31	0	3.38	1	
NW	1985	3	2	1	36	19	36.00	0	0	122	3	40.66	2-19	0	4.20	0	
MARSHALL, Malcolm Denzil (Barbados, WI) b Pine, Barbados 18.4.1958 RHB RF																
FC		23	23	2	263	51*	12.51	0	1	1508	100	15.08	6-51	5	2.29	5	
JPL		14	7	2	69	39*	13.80	0	0	428	13	32.92	2-27	0	3.92	3	
BH		3	3	0	37	33	12.33	0	0	67	2	33.50	1-25	0	2.79	0	
NW		2	2	1	47	32	47.00	0	0	62	2	31.00	1-12	0	2.58	0	
Test	1978	45	53	4	453	92	19.44	0	7	4639	215	21.57	7-53	13	2.81	23	
FC	1977	229	287	32	5542	116*	21.73	4	25	18174	1017	17.87	8-71	62	2.55	92	
Int	1980	71	35	12	369	56*	16.04	0	1	2154	87	24.75	4-23	3	3.40	9	
JPL	1979	81	49	13	618	46	17.16	0	0	2095	86	24.36	5-13	3	3.44	14	
BH	1979	23	19	1	209	33	11.61	0	0	601	31	19.38	4-26	1	2.74	5	
NW	1979	17	12	7	143	32	28.60	0	0	454	16	28.37	4-15	1	2.61	2	

Cmp	Debut	M	I	NO	Runs	HS	Avge	100	50	Runs	Wkts	Avge	BB	5wi	RpO	ct	st
	MARU, Rajesh Jaman b Nairobi, Kenya 28.10.1962 RHB SLA (Middx 1980-82)																
FC		17	10	6	116	23	29.00	0	0	1336	48	27.83	5-38	1	2.68	13	
FC	1980	73	65	22	736	62	17.11	0	1	5689	191	29.78	7-79	6	2.80	64	
JPL	1980	4	1	1	3	3*		0	0	86	2	43.00	2-41	0	5.73	0	
	MIDDLETON, Tony Charles b Winchester 1.2.1964 RHB SLA																
FC		8	14	3	316	68*	28.72	0	1	39	1	39.00	1-13	0	4.87	7	
FC	1984	9	16	3	331	68*	25.46	0	1	39	1	39.00	1-13	0	4.87	7	
	NICHOLAS, Mark Charles Jefford (Eng B to SL, TCCB) b Westminster 29.9.1957 RHB RM																
FC		24	32	2	564	55	18.80	0	2	198	3	66.00	1-27	0	3.09	13	
JPL		15	15	5	358	62*	35.80	0	3	254	10	25.40	4-41	1	6.04	6	
BH		4	3	0	11	7	3.66	0	0	163	3	54.33	2-20	0	4.79	1	
NW		2	2	0	46	29	23.00	0	0	37	0				4.62	1	
FC	1978	178	293	33	8297	206*	31.91	16	36	2013	48	41.93	5-45	1	3.15	115	
JPL	1979	98	86	15	1990	108	28.02	1	12	1354	49	27.63	4-41	2	5.48	26	
BH	1980	28	27	1	554	74	21.30	0	1	551	19	29.00	4-34	1	4.20	11	
NW	1980	19	19	1	391	63	21.72	0	2	288	9	32.00	2-39	0	3.72	6	
	PARKS, Robert James b Cuckfield 15.6.1959 RHB WK																
FC		25	23	5	420	80	23.33	0	3	110	0				4.78	73	8
JPL		15	2	2	14	10*		0	0							12	4
BH		4	1	0	16	16	16.00	0	0							3	1
NW		2	1	0	6	6	6.00	0	0							3	2
FC	1980	157	170	41	2342	89	18.15	0	11	110	0				4.68	382	47
JPL	1980	96	31	17	290	36*	20.71	0	0							98	22
BH	1981	26	18	6	109	16	9.08	0	0							34	5
NW	1981	17	8	3	67	25	13.40	0	0							21	5
	SCOTT, Richard James b Poole 2.11.1963 LHB RM																
JPL		1	1	1	8	8*		0	0							0	
NW	1983	1	1	0	0	0	0.00	0	0							0	
	SMITH, Christopher Lyall (Eng, Eng B to SL) b Durban, South Africa 15.10.1958 RHB OB																
Test		1	2	0	34	28	17.00	0	0							0	
FC		20	30	8	1061	114*	48.22	2	7	177	1	177.00	1-54	0	4.42	16	
JPL		12	8	2	224	75*	37.33	0	2							1	
BH		4	2	0	88	67	44.00	0	1							1	
NW		2	2	0	26	25	13.00	0	0							1	
Test	1983	8	14	1	392	91	30.15	0	2	39	3	13.00	3-31	0	2.29	5	
FC	1977	164	283	34	10404	193	41.78	28	50	2207	37	59.64	3-35	0	3.76	98	
Int	1984	4	4	0	109	70	27.25	0	1	28	2	14.00	2-8	0	4.66	0	
JPL	1980	68	60	9	2037	95	39.94	0	18	10	2	5.00	2-3	0	2.85	7	
BH	1980	17	15	2	418	82*	32.15	0	3							4	
NW	1980	14	14	2	308	101*	25.66	1	1	32	3	10.66	3-32	0	2.66	4	
	SMITH, Robin Arnold b Durban, South Africa 13.9.1963 RHB LB																
FC		25	38	8	1237	128*	41.23	2	8	197	3	65.66	2-102	0	4.04	21	
JPL		15	14	5	629	95	69.88	0	6							8	
BH		4	4	0	61	37	15.25	0	0							3	
NW		2	2	0	57	39	28.50	0	0							0	
FC	1980	96	161	27	5108	140*	38.11	10	27	320	7	45.71	2-11	0	3.89	54	
JPL	1983	37	33	9	1241	104	51.70	2	9							22	
BH	1983	10	10	1	320	81	35.55	0	2							6	
NW	1985	6	6	1	252	110	50.40	1	1	13	2	6.50	2-13	0	4.58	4	
	TERRY, Vivian Paul b Osnabruck, West Germany 14.1.1959 RHB RM																
FC		23	36	4	896	80	28.00	0	7	0	0				0.00	17	
JPL		15	15	2	472	142	36.30	1	2							9	
BH		4	4	0	124	41	31.00	0	0							1	
NW		2	2	0	9	8	4.50	0	0							0	
Test	1984	2	3	0	16	8	5.33	0	0							2	
FC	1978	105	171	20	5130	175*	33.97	11	30	39	0				2.62	94	
JPL	1978	83	73	13	1848	142	30.80	3	6							43	
BH	1980	20	20	0	462	72	23.10	0	2							8	
NW	1979	14	13	1	440	165*	36.66	2	2							6	
	TREMLETT, Timothy Maurice (Eng B to SL) b Wellington, Som 26.7.1956 RHB RMF																
FC		21	23	12	322	59*	29.27	0	2	1263	43	29.37	5-46	1	2.78	2	
JPL		14	4	3	15	4*	15.00	0	0	468	26	18.00	4-18	1	4.46	3	
BH		4	2	2	43	36*		0	0	136	6	22.66	4-30	1	3.88	1	
NW		2	1	1	28	28*		0	0	77	2	38.50	2-29	0	3.50	0	
FC	1976	161	209	52	3337	102*	21.25	1	17	8277	337	24.56	6-82	8	2.39	62	
JPL	1976	110	46	20	285	35	10.96	0	0	3453	135	25.57	5-28	5	4.62	19	
BH	1978	31	21	8	191	36*	14.69	0	0	900	40	22.50	4-30	2	3.27	6	
NW	1976	21	12	3	99	28*	11.00	0	0	587	23	25.52	4-38	1	3.03	4	
	TURNER, David Roy b Chippenham 5.2.1949 LHB RM																
FC		10	14	1	472	96	36.30	0	3	6	0				2.00	2	
JPL		9	8	1	181	40*	25.85	0	0							1	
BH		4	4	2	62	40*	31.00	0	0							0	
NW		1	1	0	17	17	17.00	0	0							0	
FC	1966	369	604	56	16109	181*	29.39	24	72	338	9	37.55	2-7	0	3.39	176	
JPL	1969	220	214	29	5657	114	29.15	2	35	11	0				7.33	52	
BH	1972	63	62	10	1828	123*	35.15	1	12	4	0				12.00	20	
NW	1968	32	31	3	803	86	28.67	0	6	4	0				4.00	8	

KENT

Foundation of Present Club: 6 August 1842. A County Club had been run immediately prior to this at Town Malling

First First-Class Match: Kent was one of the first 'great' cricketing counties and has been regarded as 'First-class' since such a definition was first evolved.

Present Principal Ground: St Lawrence Ground, Canterbury

County Champions: 1906, 1909, 1910, 1913, 1970, 1977 and 1978
Results in 1986: 8th; won 5, lost 7, drawn 12

JPL Champions: 1972, 1973 and 1976
Results in 1986: 6th; won 7, lost 5, no result 3, tied 1

B&H Cup: Winners in 1973, 1976 and 1978
Result in 1986: Losing Finalist

Nat West Trophy: Winners in 1967 and 1974
Result in 1986: Lost in second round

FIRST CLASS RECORDS

Highest Team Total: 803-4 dec v Essex (Brentwood) 1934

Lowest Team Total: 18 v Sussex (Gravesend) 1867

Highest Individual Innings: 332 W.H.Ashdown v Essex (Brentwood) 1934

Best Innings Analysis: 10-30 C.Blythe v Northants (Northampton) 1907

Highest Wicket Partnership: 352 (2nd) W.H.Ashdown & F.E.Woolley v Essex (Brentwood) 1934

Hundreds in 1986: M.R.Benson (2) 128 v Indians (Canterbury); 123 v Surrey (Dartford)
S.G.Hinks (2) 103 v Somerset (Maidstone); 131 v Hampshire (Canterbury)
C.J.Tavare (2) 105 v Northants (Canterbury); 123 v Oxford U (Oxford)
E.A.E.Baptiste (1) 113 v Oxford U (Oxford)
C.S.Cowdrey (1) 100 v Warwickshire (Folkestone)
N.R.Taylor (1) 106 v Oxford U (Oxford)

Five Wickets in Innings in 1986: T.M.Alderman (9) 5-46 v Essex (Chelmsford); 6-70 v Sussex (Tunbridge Wells); 6-49 v Gloucs (Gloucester); 6-56 v Hampshire (Southampton); 5-57 v Glamorgan (Maidstone); 8-46 v Derbyshire (Derby); 8-70 and 6-74 v Leics (Canterbury); 5-84 v Notts (Trent Bridge)
G.R.Dilley (3) 5-69 v Essex (Chelmsford); 6-57 v Lancs (Canterbury); 5-101 v Sussex (Hove)
C.S.Cowdrey (1) 5-69 v Hampshire (Canterbury)
C.Penn (1) 5-65 v Somerset (Maidstone)
D.L.Underwood (1) 7-11 v Warwicks (Folkestone)

LIMITED OVERS MATCHES RECORDS

Highest Team Totals
JPL: 281-5 v Warwickshire (Folkestone) 1983
BH: 293-6 v Somerset (Taunton) 1985
NW: 297-3 v Worcestershire (Canterbury) 1970

Lowest Team Totals
JPL: 83 v Middlesex (Lord's) 1984
BH: 73 v Middlesex (Canterbury) 1979
NW: 60 v Somerset (Taunton) 1979

Highest Individual Innings
JPL: 142 B.W.Luckhurst v Somerset (Weston-super-Mare) 1970
BH: 143 C.J.Tavare v Somerset (Taunton) 1985
NW: 129 B.W.Luckhurst v Durham (Canterbury) 1974

Best Innings Analyses
  JPL: 6-9 R.A.Woolmer v Derbyshire (Chesterfield) 1979
  BH: 5-21 B.D.Julien v Surrey (Oval) 1973
  NW: 7-15 A.L.Dixon v Surrey (Oval) 1967

Highest Wicket Partnerships
  JPL: 182 (1st) M.H.Denness & B.W.Luckhurst v Somerset (Weston-super-Mare) 1970
  BH: 162 (1st) L.Potter & N.R.Taylor v Sussex (Hove) 1982
  NW: 204 (2nd) B.W.Luckhurst & M.C.Cowdrey v Durham (Canterbury) 1974

Hundreds in 1986
  JPL: Nil. Highest Innings: 99 S.G.Hinks v Glamorgan (Maidstone)
  BH: Nil. Highest Innings: 89* C.S.Cowdrey v Surrey (Canterbury)
  NW: Nil. Highest Innings: 62* C.S.Cowdrey v Scotland (Edinburgh)

Five Wickets in Innings in 1986
  JPL: (1) 5-43 D.L.Underwood v Glamorgan (Maidstone)
  BH: Nil. Best Bowling: 4-26 D.L.Underwood v Hampshire (Southampton)
  NW: (1) 5-29 G.R.Dilley v Scotland (Edinburgh)

1986 AND CAREER RECORDS FOR KENT PLAYERS

Cmp	Debut	M	I	NO	Runs	HS	Avge	100	50	Runs	Wkts	Avge	BB	5wi	RpO	ct	st
\multicolumn{18}{l}{ALDERMAN, Terence Michael (Aust to SAf) b Subiaco, Australia 12.6.1956 RHB RFM}
FC		20	21	8	102	25	7.86	0	1	1882	98	19.20	8-46	9	3.08	9	
Test	1981	22	33	15	113	23	6.27	0	0	2597	79	32.87	6-128	5	2.90	17	
FC	1974	146	166	76	773	52*	8.58	0	1	13623	579	23.52	8-46	34	2.90	124	
Int	1981	23	9	3	27	9*	4.50	0	0	803	29	27.68	5-17	1	3.73	12	
JPL	1984	14	5	4	21	11	21.00	0	0	477	21	22.71	5-36	1	4.54	8	
BH	1984	4	2	1	4	4*	4.00	0	0	113	7	16.14	2-9	0	2.82	3	
NW	1984	5								222	10	22.20	4-21	1	3.89	2	
\multicolumn{18}{l}{ASLETT, Derek George b Dover 12.2.1958 RHB LB}
FC		17	23	0	517	63	22.47	0	3	187	4	46.75	1-10	0	5.34	17	
JPL		7	6	1	82	31	16.40	0	0							3	
NW		1														0	
FC	1981	94	159	12	5159	221*	35.09	11	22	918	15	61.20	4-119	0	4.78	69	
JPL	1981	49	45	2	1097	100	25.51	1	6							11	
BH	1982	12	11	1	262	49	26.20	0	1							4	
NW	1983	13	12	0	274	67	22.83	0	1	0	1	0.00	1-0	0	0.00	4	
\multicolumn{18}{l}{BAPTISTE, Eldine Ashworth Elderfield (Leeward Is) b Liberta, Antigua 12.3.1960 RHB RFM}
FC		7	8	0	273	113	34.12	1	1	351	13	27.00	4-53		2.40	1	
JPL		14	11	0	161	52	14.63	0	1	507	22	23.04	4-22	4	5.00	2	
BH		7	6	1	74	25*	14.80	0	0	304	10	30.40	2-19	0	4.34	3	
NW		2	1	0	4	4	4.00	0	0	62	2	31.00	2-46	0	3.44	2	
Test	1983	9	10	1	224	87*	24.88	0	1	486	15	32.40	3-31	0	2.38	2	
FC	1981	108	154	21	3725	136*	28.43	3	17	7312	268	27.28	6-42	7	2.97	54	
Int	1983	29	10	2	119	28*	14.87	0	0	989	27	36.62	2-10	0	4.02	4	
JPL	1981	53	43	4	689	60	17.66	0	4	1581	62	25.50	4-22	5	4.51	16	
BH	1983	14	12	2	148	43*	14.80	0	0	504	18	28.00	5-30	1	3.90	7	
NW	1981	11	9	1	64	22	8.00	0	0	385	14	27.50	5-20	1	3.34	6	
\multicolumn{18}{l}{BENSON, Mark Richard (England) b Shoreham 6.7.1958 LHB OB}
Test		1	2	0	51	30	25.50	0	0							0	
FC		23	39	2	1461	128	39.48	2	7	55	2	27.50	2-55	0	7.85	5	
Int		1	1	0	24	24	24.00	0	0							0	
JPL		12	12	0	244	63	20.33	0	1							1	
BH		7	7	1	220	65	36.66	0	2							1	
NW		2	2	0	50	32	25.00	0	0							1	
FC	1980	130	224	20	7802	162	38.24	17	48	265	3	88.33	2-55	0	6.57	60	
JPL	1980	76	70	1	1981	97	28.71	0	13							16	
BH	1981	26	26	5	589	65	28.04	0	3							4	
NW	1981	17	17	1	699	113*	43.68	1	4							6	
\multicolumn{18}{l}{COWDREY, Christopher Stuart b Farnborough 20.10.1957 RHB RM}
FC		21	33	3	873	100	29.10	1	5	905	27	33.51	5-69	1	3.39	31	
JPL		14	13	1	311	59	25.91	0	2	461	18	25.61	3-43	0	4.80	1	
BH		6	6	2	193	89*	48.25	0	2	284	3	94.66	2-49	0	4.73	1	
NW		2	2	1	63	62*	63.00	0	1	43	0				4.77	1	
Test	1984	5	6	1	96	38	19.20	0	0	288	4	72.00	2-65	0	4.72	5	
FC	1977	210	314	44	8326	159	30.83	11	41	4878	124	39.33	5-69	1	3.38	205	
Int	1984	3	3	1	51	46*	25.50	0	0	55	2	27.50	1-3	0	6.34	0	
JPL	1976	140	122	16	2489	95	23.48	0	13	1924	64	30.06	5-28	1	4.73	40	
BH	1977	45	38	6	951	114	29.71	1	5	748	15	49.86	3-38	0	4.53	17	
NW	1977	24	23	4	617	122*	32.47	1	6	457	21	21.76	4-36	2	3.57	9	

Cmp	Debut	M	I	NO	Runs	HS	Avge	100	50	Runs	Wkts	Avge	BB	5wi	RpO	ct	st
COWDREY, Graham Robert b Farnborough 27.6.1964 RHB RM																	
FC		18	26	1	425	75	17.00	0	3	27	1	27.00	1-17	0	2.70	10	
JPL		14	14	3	249	48	22.63	0	0							2	
BH		7	6	1	232	65	46.40	0	3							1	
NW		2	1	0	22	22	22.00	0	0	30	1	30.00	1-30	0	2.72	0	
FC	1984	25	36	3	674	75	20.42	0	5	49	2	24.50	1-17	0	2.88	16	
JPL	1985	16	16	3	290	48	22.30	0	0							3	
DALE, Christopher Stephen b Canterbury 15.12.1961 RHB OB (Gloucs 1984)																	
FC		3	3	1	18	16	9.00	0	0	142	0				4.17	0	
JPL		1														0	
FC	1984	11	11	3	118	49	14.75	0	0	609	7	87.00	3-10	0	3.82	1	
JPL	1984	4	1	0	0	0	0.00	0	0	139	2	69.50	1-35	0	6.04	0	
DAVIS, Richard Peter b Margate 18.3.1966 RHB SLA																	
FC		1	1	1	0	0*		0	0	121	6	20.16	3-38	0	2.02	1	
DILLEY, Graham Roy (England, Natal) b Dartford 18.5.1959 LHB RF																	
Test		4	5	1	35	17	8.75	0	0	478	19	25.15	4-82	0	3.08	1	
FC		18	26	8	218	30	12.11	0	0	1634	63	25.93	6-57	3	3.23	7	
Int		4	2	1	8	6	8.00	0	0	191	5	38.20	2-46	0	4.54	0	
JPL		7	3	1	4	2	2.00	0	0	201	7	28.71	2-18	0	3.80	2	
BH		5	1	1	4	4*		0	0	168	7	24.00	3-41	0	3.36	0	
NW		2	1	1	14	14*		0	0	44	5	8.80	5-29	1	2.96	0	
Test	1979	22	33	9	365	56	15.20	0	2	2073	69	30.04	4-24	0	3.10	6	
FC	1977	155	173	57	1644	81	14.17	0	4	10917	395	27.63	7-63	15	3.02	62	
Int	1979	22	13	4	104	31*	11.55	0	0	786	23	34.17	4-45	1	3.85	1	
JPL	1978	56	26	8	252	33	14.00	0	0	1507	63	23.92	4-20	1	3.96	20	
BH	1979	33	22	7	125	37*	8.33	0	0	986	47	20.97	4-14	4	3.40	6	
NW	1979	12	10	3	77	19	11.00	0	0	393	21	18.71	5-29	2	3.03	2	
ELLISON, Richard Mark (England, Eng to WI) b Ashford 21.9.1959 LHB RMF																	
Test		1	2	0	31	19	15.50	0	0	80	1	80.00	1-63	0	2.28	0	
FC		20	29	6	552	62*	24.00	0	2	1103	23	47.95	4-36	0	2.85	5	
Int		3	2	0	22	12	11.00	0	0	134	4	33.50	3-43	0	4.18	0	
JPL		10	7	3	85	33*	21.25	0	0	315	12	26.25	3-39	0	4.65	0	
BH		7	5	2	74	34*	24.66	0	0	245	13	18.84	3-11	0	3.18	2	
NW		1	1	0	9	9	9.00	0	0	46	2	23.00	2-46	0	4.31	0	
Test	1984	11	16	1	202	41	13.46	0	0	1048	35	29.94	6-77	3	2.77	2	
FC	1981	109	151	36	2805	108	24.39	1	11	6675	247	27.02	7-87	8	2.61	40	
Int	1984	14	12	4	86	24	10.75	0	0	510	12	42.50	3-42	0	4.39	2	
JPL	1981	59	46	19	720	84	26.66	0	3	1657	69	24.01	4-25	2	4.43	6	
BH	1983	20	16	3	279	72	21.46	0	1	615	29	21.20	4-28	1	3.11	5	
NW	1983	14	13	6	240	49*	34.28	0	0	456	24	19.00	4-19	3	3.13	0	
GOLDSMITH, Steven Clive b Ashford 19.12.1964 RHB OB																	
JPL		1	1	0	6	6	6.00	0	0							0	
HINKS, Simon Graham b Northfleet 12.10.1960 LHB RM																	
FC		23	38	2	936	131	26.00	2	2	10	1	10.00	1-10	0	1.25	15	
JPL		12	12	0	356	99	29.66	0	2	48	1	48.00	1-10	0	5.33	5	
BH		7	7	0	141	41	20.14	0	0	54	2	27.00	1-15	0	3.85	2	
NW		1	1	0	44	44	44.00	0	0							0	
FC	1982	65	114	6	2922	131	27.05	3	13	188	4	47.00	1-10	0	3.20	44	
JPL	1982	33	33	2	692	99	22.32	0	3	87	3	29.00	1-3	0	4.83	10	
BH	1985	13	12	0	235	49	19.58	0	0	54	2	27.00	1-15	0	3.85	2	
NW	1985	4	4	0	188	95	47.00	0	1							0	
IGGLESDEN, Alan Paul b Farnborough 8.10.1964 RHB RFM																	
FC		5	5	2	22	8*	7.33	0	0	372	11	33.81	4-46	0	2.97	2	
JARVIS, Kevin Bertram Sidney b Dartford 23.4.1953 RHB RFM																	
FC		7	6	4	9	4	4.50	0	0	487	12	40.58	2-15	0	3.13	2	
JPL		6	6	5	4	3*	4.00	0	0	230	4	57.50	3-39	0	4.89	1	
BH		2	1	1	0	0*		0	0	82	4	20.50	3-54	0	3.72	0	
NW		1								27	1	27.00	1-27	0	3.00	0	
FC	1975	231	174	74	325	19	3.25	0	0	17879	606	29.50	8-97	18	3.14	56	
JPL	1975	135	46	28	58	8*	3.22	0	0	3867	170	22.74	5-24	4	4.14	23	
BH	1976	56	24	15	16	4*	1.77	0	0	1858	86	21.60	4-34	3	3.53	4	
NW	1975	23	11	5	16	5*	2.66	0	0	874	37	23.62	4-19	1	3.69	1	
MARSH, Steven Andrew b Westminster 27.1.1961 RHB WK																	
FC		26	36	8	857	70	30.60	0	6							48	3
JPL		14	10	2	73	22*	9.12	0	0							15	
BH		7	3	2	32	15	32.00	0	0							10	
NW		2	1	0	1	1	1.00	0	0							2	
FC	1982	37	50	11	1037	70	26.58	0	6							74	6
JPL	1984	18	12	3	76	22*	8.44	0	0							18	
PENN, Christopher b Dover 19.6.1963 LHB RFM																	
FC		6	7	2	95	84*	19.00	0	1	407	14	29.07	5-65	1	3.46	2	
JPL		5	4	0	7	4	1.75	0	0	126	4	31.50	2-23	0	3.93	3	
BH		1								23	2	11.50	2-23	0	2.87	0	
FC	1982	35	38	10	592	115	21.14	1	3	1807	45	40.15	5-65	1	3.42	24	
JPL	1982	27	19	4	119	40	7.93	0	0	865	28	30.89	3-35	0	4.91	10	
BH	1982	6	5	2	36	17	12.00	0	0	147	6	24.50	4-34	1	3.41	0	
NW	1982	1	1	0	5	5	5.00	0	0	34	1	34.00	1-34	0	2.83	0	

Cmp	Debut	M	I	NO	Runs	HS	Avge	100	50	Runs	Wkts	Avge	BB	5wi	RpO	ct	st
TAVARE, Christopher James							b Orpington 27.10.1954			RHB OB							
FC		26	42	4	1267	123	33.34	2	6	107	2	53.50	1-3	0	3.96	21	
JPL		13	13	2	376	88	34.18	0	4							3	
BH		7	7	1	136	68	22.66	0	1							12	
NW		2	2	1	48	48*	48.00	0	0							1	
Test	1980	30	55	2	1753	149	33.07	2	12	11	0				2.20	20	
FC	1974	280	474	50	15952	168*	37.62	30	92	400	4	100.00	1-3	0	4.97	270	
Int	1980	29	28	2	720	83*	27.69	0	4	3	0				1.50	7	
JPL	1974	131	129	19	3612	136*	32.83	5	20							48	
BH	1975	61	60	3	1544	143	27.08	1	9							41	
NW	1978	24	24	3	871	118*	41.47	2	5							13	
TAYLOR, Neil Royston							b Orpington 21.7.1959			RHB OB							
FC		26	42	5	1151	106	31.10	1	7	252	3	84.00	1-14	0	3.25	10	
JPL		11	11	2	326	75*	36.22	0	1							3	
BH		7	7	1	223	68	37.16	0	2							0	
NW		2	2	0	47	26	23.50	0	0	19	0				2.11	0	
FC	1979	132	226	33	6609	155*	34.24	15	29	760	14	54.28	2-20	0	3.43	70	
JPL	1981	51	50	4	1218	75*	26.47	0	5							17	
BH	1982	21	20	1	786	121	41.36	3	3							2	
NW	1982	10	10	0	233	51	23.30	0	1	19	0				2.11	1	
UNDERWOOD, Derek Leslie							b Bromley 8.6.1945			RHB LM							
FC		24	26	5	243	29	11.57	0	0	1371	52	26.36	7-11	1	2.14	2	
JPL		13	8	5	16	6*	5.33	0	0	391	18	21.72	5-43	1	4.01	4	
BH		7	2	1	1	1*	1.00	0	0	251	7	35.85	4-26	1	3.80	0	
NW		2	1	1	2	2*		0	0	36	0				1.89	0	
Test	1966	86	116	35	937	45*	11.56	0	0	7674	297	25.83	8-51	17	2.10	44	
FC	1963	653	690	191	4997	111	10.01	1	2	48698	2420	20.12	9-28	152	2.16	258	
Int	1973	26	13	4	53	17	5.88	0	0	734	32	22.93	4-44	1	3.44	6	
JPL	1969	227	98	41	382	22	6.70	0	0	5779	344	16.79	6-12	24	3.70	53	
BH	1972	80	44	19	190	17	7.60	0	0	2179	97	22.46	5-35	4	2.80	25	
NW	1963	55	33	12	156	28	7.42	0	0	1659	67	24.76	4-57	1	2.96	17	
WARD, Trevor Robert							b Farningham 18.1.1968			RHB RM							
FC		1	2	0	41	29	20.50	0	0							0	

LANCASHIRE

Foundation of Present Club: 12 January 1864 in Manchester

First First-Class Match: Lancashire v Middlesex (Old Trafford) July 20, 21, 22 1865. Several earlier 'great' matches were played with a side chiefly comprising members of Manchester C.C.

Present Principal Ground: Old Trafford, Manchester

County Champions: 1879, 1881, 1882, 1889, 1897, 1904, 1926, 1927, 1928, 1930, 1934 and 1950
Results in 1986: 15th; won 4, lost 5, drawn 14, abandoned 1

JPL Champions: 1969 and 1970
Results in 1986: 12th; won 6, lost 9, no result 1

B&H Cup: Winners in 1984
Result in 1986: 4th in Group B

Nat West Trophy: Winners in 1970, 1971, 1972 and 1975
Result in 1986: Losing Finalist

FIRST CLASS RECORDS

Highest Team Total: 801 v Somerset (Taunton) 1895

Lowest Team Total: 25 v Derbyshire (Old Trafford) 1871

Highest Individual Innings: 424 A.C.MacLaren v Somerset (Taunton) 1895

Best Innings Analysis: 10-55 J.Briggs v Worcs (Old Trafford) 1900

Highest Wicket Partnership: 371 (2nd) F.B.Watson & G.E.Tyldesley v Surrey (Old Trafford) 1928

Hundreds in 1986: N.H.Fairbrother (3) 131 v Worcs (Old Trafford); 116* v Yorkshire (Old Trafford); 115* v Somerset (Old Trafford)
    J.Abrahams (3) 117 v Oxford U (Oxford); 100* v Worcs (Old Trafford); 189* v Glamorgan (Swansea)
    G.D.Mendis (2) 100 v Glamorgan (Swansea); 108 v Notts (Trent Bridge)
    G.Fowler (1) 180 v Sussex (Hove)
    C.H.Lloyd (1) 128 v Warwicks (Edgbaston)
    C.Maynard (1) 132* v Yorkshire (Headingley)

Five Wickets in Innings in 1986: P.J.W.Allott (2) 5-32 v Sussex (Hove); 5-55 v Warwicks (Edgbaston)
    B.P.Patterson (2) 6-31 v Oxford U (Oxford); 6-46 v Essex (Old Trafford)
    J.Simmons (2) 7-79 v Glamorgan (Lytham); 5-53 v Somerset (Old Trafford)
    M.Watkinson (1) 5-90 v Sussex (Hove)

LIMITED OVERS MATCHES RECORDS

Highest Team Totals
    JPL: 255-5 v Somerset (Old Trafford) 1970
    BH: 290-5 v Northants (Old Trafford) 1983
    NW: 349-6 v Gloucs (Bristol) 1984

Lowest Team Totals
    JPL: 76 v Somerset (Old Trafford) 1972
    BH: 82 v Yorkshire (Bradford) 1972
    NW: 59 v Worcs (Worcester) 1963

Highest Individual Innings
    JPL: 134* C.H.Lloyd v Somerset (Old Trafford) 1970
    BH: 124 C.H.Lloyd v Warwicks (Old Trafford) 1981
    NW: 131 A.Kennedy v Middlesex (Old Trafford) 1978

Best Innings Analyses
    JPL: 6-29 D.P.Hughes v Somerset (Old Traffod) 1977
    BH: 6-10 C.E.H.Croft v Scotland (Old Trafford) 1982
    NW: 5-28 J.B.Statham v Leics (Old Trafford) 1963

Highest Wicket Partnerships
    JPL: 182 (3rd) H.Pilling & C.H.Lloyd v Somerset (Old Trafford) 1970
    BH: 227 (3rd) D.Lloyd & F.C.Hayes v Minor Counties (Old Trafford) 1973
    NW: 234* (4th) D.Lloyd & C.H.Lloyd v Gloucs (Old Trafford) 1978

Hundreds in 1986
    JPL:(3) G.Fowler(2) 107 v Worcs (Old Trafford); 112 v Kent (Canterbury); J.Abrahams 103* v Somerset (Taunton)
    BH:(1) C.H.Lloyd 101 v Yorks (Old Trafford)
    NW: Nil. Highest Innings: 93* N.H.Fairbrother v Leics (Leicester)

Five Wickets in Innings in 1986
    JPL: Nil. Best Bowling: 3-33 J.Simmons v Sussex (Old Trafford)
    BH: Nil. Best Bowling: 3-24 P.J.W.Allott v Scotland (Perth)
    NW: Nil. Best Bowling: 4-28 P.J.W.Allott v Leics (Leicester)

1986 AND CAREER RECORDS FOR LANCASHIRE PLAYERS

Cmp	Debut	M	I	NO	Runs	HS	Avge	100	50	Runs	Wkts	Avge	BB	5wi	RpO	ct	st
ABRAHAMS, John b Cape Town, South Africa 21.7.1952 LHB OB															
FC		24	38	7	1251	189*	40.35	3	6	175	3	58.33	2-14	0	3.90	13	
JPL		16	12	2	334	103*	33.40	1	1	103	5	20.60	2-11	0	4.29	0	
BH		4	4	0	90	39	22.50	0	0	95	1	95.00	1-11	0	3.95	1	
NW		5	5	1	188	67*	47.00	0	2	64	2	32.00	2-26	0	3.36	2	
FC	1973	240	371	51	9476	201*	29.61	13	50	2746	54	50.85	3-27	0	2.96	155	
JPL	1973	140	115	23	2375	103*	25.81	1	10	420	11	38.18	2-11	0	5.16	46	
BH	1977	30	27	5	573	66*	26.04	0	3	134	2	67.00	1-11	0	4.32	10	
NW	1976	26	24	3	491	67*	23.38	0	4	176	5	35.20	2-26	0	4.00	7	

Cmp	Debut	M	I	NO	Runs	HS	Avge	100	50	Runs	Wkts	Avge	BB	5wi	RpO	ct	st
\multicolumn{18}{l}{ALLOTT, Paul John Walter (Wellington) b Altrincham 14.9.1956 RHB RFM}
FC		17	19	5	382	65	27.28	0	1	1053	43	24.48	5-32	2	2.59	9	
JPL		12	7	2	68	20	13.60	0	0	291	13	22.38	2-19	0	3.48	3	
BH		4	4	2	44	23*	22.00	0	0	138	10	13.80	3-24	0	3.28	0	
NW		5	2	0	4	4	2.00	0	0	181	10	18.10	4-28	1	3.06	0	
Test	1981	13	18	3	213	52*	14.20	0	1	1084	26	41.69	6-61	1	2.92	4	
FC	1978	158	161	43	1953	78	16.55	0	5	11068	436	25.38	8-48	23	2.71	52	
Int	1982	13	6	1	15	8	3.00	0	0	552	15	36.80	3-41	0	4.04	2	
JPL	1978	88	39	20	283	32*	14.89	0	0	2306	97	23.77	4-28	2	3.93	13	
BH	1978	34	15	5	92	23*	9.20	0	0	944	39	24.20	3-15	0	3.19	5	
NW	1979	17	8	3	40	19*	8.00	0	0	535	34	15.73	4-28	2	2.99	2	
\multicolumn{18}{l}{AUSTIN, Ian David b Haslingden 30.5.1966 LHB RM}
JPL		1	1	0	4	4	4.00	0	0	25	0				3.12	0	
\multicolumn{18}{l}{CHADWICK, Mark Robert b Rochdale 9.2.1963 RHB RM}
FC		10	18	0	423	61	23.50	0	2	51	0				10.20	6	
FC	1983	30	51	1	1128	132	22.56	1	5	71	0				7.10	14	
JPL	1983	3	3	0	16	10	5.33	0	0							2	
BH	1984	1	1	0	87	87	87.00	0	1							0	
NW	1985	1	1	0	43	43	43.00	0	0							0	
\multicolumn{18}{l}{FAIRBROTHER, Neil Harvey b Warrington 9.9.1963 LHB LM}
FC		22	33	8	1217	131	48.68	3	8	48	0				2.08	11	
JPL		15	15	3	386	79	32.16	0	2							1	
BH		4	4	0	115	47	28.75	0	0							3	
NW		5	4	2	181	93*	60.33	0	2	16	0				5.33	2	
FC	1982	87	137	18	4572	164*	38.42	7	33	144	2	72.00	1-3	0	2.56	50	
JPL	1982	52	44	9	944	79	26.97	0	3	15	0				7.50	11	
BH	1984	14	13	4	282	47	31.33	0	0							10	
NW	1984	10	9	2	332	93*	47.42	0	3	16	0				5.33	6	
\multicolumn{18}{l}{FOLLEY, Ian b Burnley 9.1.1963 RHB SLA}
FC		17	19	2	159	20*	9.35	0	0	1046	29	36.06	4-42	0	2.99	11	
JPL		2								70	2	35.00	2-57	0	7.00	0	
NW		2	1	0	1	1	1.00	0	0	66	3	22.00	2-34	0	2.75	1	
FC	1982	84	98	27	871	69	12.26	0	1	4627	138	33.52	6-8	3	2.79	32	
JPL	1982	22	7	5	33	11*	16.50	0	0	588	10	58.80	2-26	0	4.74	2	
BH	1982	11	5	5	21	11*		0	0	215	14	15.35	4-18	2	2.55	2	
NW	1982	4	2	1	4	3*	4.00	0	0	114	7	16.28	2-10	0	2.88	1	
\multicolumn{18}{l}{FOWLER, Graeme (England) b Accrington 20.4.1957 LHB RM}
FC		20	32	2	1163	180	38.76	1	9	34	2	17.00	2-34	0	8.50	9	
Int		2	2	0	30	20	15.00	0	0							1	
JPL		15	15	0	526	112	35.06	2	1							6	
BH		4	4	0	86	76	21.50	0	1							1	
NW		5	5	0	61	24	12.20	0	0							1	
Test	1982	21	37	0	1307	201	35.32	3	8	11	0				3.66	10	
FC	1979	155	255	11	8866	226	36.33	22	51	128	4	32.00	2-34	0	5.08	72	5
Int	1982	26	26	2	744	81*	31.00	0	4							4	2
JPL	1978	88	83	5	2166	112	27.76	2	11	1	0				1.00	38	
BH	1980	32	31	0	790	97	26.33	0	6							10	1
NW	1981	16	16	0	521	122	32.56	2	1							7	2
\multicolumn{18}{l}{HAYES, Kevin Anthony b Mexborough 26.9.1962 RHB RM}
FC		1	1	0	17	17	17.00	0	0							0	
FC	1980	44	71	4	1595	152	23.80	2	7	537	17	31.58	6-58	1	3.35	15	
JPL	1981	7	5	2	64	53	21.33	0	1	5	0				5.00	0	
BH	1981	12	12	0	174	67	14.50	0	1	119	4	29.75	3-40	0	3.05	2	
\multicolumn{18}{l}{HAYHURST, Andrew Neil b Davyhulme 23.11.1962 RHB RM}
FC		10	14	0	156	31	11.14	0	0	429	10	42.90	4-69	0	3.75	2	
JPL		10	5	1	65	34	16.25	0	0	282	4	70.50	1-17	0	4.62	2	
NW		2	2	0	52	49	26.00	0	0	130	6	21.66	4-40	1	3.62	0	
FC	1985	11	15	0	173	31	11.53	0	0	466	13	35.84	4-69	0	3.66	2	
JPL	1985	11	6	2	77	34	19.25	0	0	313	4	78.25	1-17	0	4.74	3	
NW	1985	3	3	0	59	49	19.66	0	0	160	6	26.66	4-40	1	3.91	1	
\multicolumn{18}{l}{HEGG, Warren Kevin b Stand 23.2.1968 RHB WK}
FC		2	2	1	4	4	2.00	0	0							2	2
\multicolumn{18}{l}{HENRIKSEN, Soren b Rodoure, Denmark 1.12.1964 RHB RFM}
FC		2	2	1	7	6*	7.00	0	0	61	1	61.00	1-26	0	3.58	1	
JPL		1								7	0				1.75	0	
FC	1985	3	4	3	17	10*	17.00	0	0	105	2	52.50	1-26	0	3.62	2	
JPL	1985	8	1	0	1	1	1.00	0	0	246	4	61.50	1-35	0	4.55	0	
BH	1985	1								32	0				4.57	0	
NW	1985	1	1	0	1	1*		0	0	51	2	25.50	2-51	0	5.10	0	
\multicolumn{18}{l}{HUGHES, David Paul b Newton-le-Willows 13.5.1947 RHB SLA}
JPL		1	1	0	17	17	17.00	0	0	29	0				7.25	0	
BH		2	2	0	5	4	2.50	0	0	24	1	24.00	1-24	0	2.18	1	
FC	1967	354	463	84	8612	153	22.72	8	38	18254	610	29.92	7-24	20	2.71	242	
JPL	1969	241	180	42	2556	92	18.52	0	7	3416	161	21.21	6-29	9	4.32	74	
BH	1972	57	47	13	860	52	25.29	0	1	726	29	25.03	5-23	1	3.16	12	
NW	1969	48	34	15	759	71	39.94	0	1	1166	44	26.50	4-61	2	3.88	18	

Cmp	Debut	M	I	NO	Runs	HS	Avge	100	50	Runs	Wkts	Avge	BB	5wi	RpO	ct	st
\multicolumn{18}{l}{LLOYD, Clive Hubert   b Queenstown, British Guiana 31.8.1944   LHB RM}
FC		7	8	1	347	128	49.57	1	2							0	
JPL		15	15	2	501	91*	38.53	0	4							6	
BH		2	2	0	168	101	84.00	1	1							0	
NW		5	5	1	164	65	41.00	0	2							1	
Test	1966	110	175	14	7515	242*	46.67	19	39	622	10	62.20	2-13	0	2.17	90	
FC	1963	490	730	96	31232	242*	49.26	79	172	4104	114	36.00	4-48	0	2.57	377	
Int	1973	87	69	19	1977	102	39.54	1	11	210	8	26.25	2-4	0	3.51	39	
JPL	1969	178	171	40	5198	134*	39.67	6	32	935	36	25.97	4-33	1	4.23	71	
BH	1972	48	45	6	1338	124	34.30	2	9	302	12	25.16	3-23	0	3.61	13	
NW	1969	42	41	6	1920	126	54.85	3	13	320	12	26.66	3-39	0	3.45	9	
\multicolumn{18}{l}{MAKINSON, David John   b Eccleston 12.1.1961   RHB LFM}
FC		15	13	6	96	43	13.71	0	0	1044	30	34.80	4-69	0	3.24	7	
JPL		14	6	3	23	12*	7.66	0	0	493	7	70.42	2-22	0	5.11	2	
BH		3	1	1	0	0*		0	0	89	4	22.25	3-36	0	3.42	1	
NW		2	1	1	8	8*		0	0	79	2	39.50	2-49	0	4.15	0	
FC	1984	34	39	17	486	58*	22.09	0	1	2436	69	35.30	5-60	1	3.11	9	
JPL	1984	38	14	7	56	13	8.00	0	0	1154	35	32.97	4-28	1	4.70	6	
BH	1985	6	3	2	5	5	5.00	0	0	217	8	27.12	3-36	0	4.09	1	
NW	1985	4	2	1	25	17	25.00	0	0	165	3	55.00	2-49	0	4.58	0	
\multicolumn{18}{l}{MAYNARD, Christopher   b Haslemere 8.4.1958   RHB WK (Warwicks 1978-82)}
FC		19	26	5	662	132*	31.52	1	5							29	3
JPL		15	14	6	150	49*	18.75	0	0							7	2
BH		4	4	0	52	22	13.00	0	0							3	
NW		4	3	0	41	22	13.66	0	0							3	1
FC	1978	117	150	27	2541	132*	20.65	1	12	8	0				4.00	186	28
JPL	1978	90	65	16	766	49*	15.63	0	0							62	11
BH	1979	24	18	5	268	60	20.61	0	1							26	1
NW	1982	10	9	2	63	22	9.00	0	0							6	2
\multicolumn{18}{l}{MENDIS, Gehan Dixon   b Colombo, Ceylon 20.4.1971   RHB RM (Sussex 1974-85)}
FC		23	37	3	1363	108	40.08	2	10							2	
JPL		16	15	0	287	66	19.13	0	1							1	
BH		4	4	0	86	35	21.50	0	0							0	
NW		5	5	0	117	72	23.40	0	1							1	
FC	1974	229	400	36	12984	209*	35.67	25	64	76	1	76.00	1-65	0	13.81	93	1
JPL	1973	129	124	12	3189	125*	28.47	3	17							37	
BH	1978	41	41	1	1074	109	26.85	1	3							10	
NW	1978	27	27	2	872	141*	34.88	2	4							7	
\multicolumn{18}{l}{MURPHY, Anthony John (Minor Counties, Central Districts)   b Manchester 6.8.1962   RHB RMF}
FC		5	5	3	8	6	4.00	0	0	288	10	28.80	3-67	0	3.16	2	
JPL		1	1	1	2	2*		0	0	33	1	33.00	1-33	0	5.50	0	
FC	1985	10	12	5	12	6	1.71	0	0	685	22	31.13	3-67	0	3.22	2	
\multicolumn{18}{l}{O'SHAUGHNESSY, Steven Joseph   b Bury 9.9.1961   RHB RM}
FC		10	14	3	291	74	26.45	0	2	363	5	72.60	2-28	0	3.74	5	
JPL		11	8	0	208	51	26.00	0	1	357	8	44.62	2-33	0	5.57	0	
BH		3	3	0	31	14	10.33	0	0	95	0				5.93	0	
NW		5	4	1	120	62	40.00	0	2	228	3	76.00	1-22	0	4.95	3	
FC	1980	91	145	23	3292	159*	26.98	5	15	3592	103	34.87	4-66	0	3.48	37	
JPL	1980	77	62	11	1165	101*	22.84	1	4	1921	48	40.02	3-18	0	4.91	16	
BH	1981	21	20	0	477	90	23.85	0	4	548	24	22.83	4-17	1	3.49	5	
NW	1981	16	14	4	264	62	26.40	0	2	563	13	43.30	3-28	0	4.17	4	
\multicolumn{18}{l}{PATTERSON, Balfour Patrick (Jamaica, WI)   b Portland, Jamaica 15.9.1961   RHB RF}
FC		18	15	5	54	12*	5.40	0	0	1309	48	27.27	6-31	2	3.34	4	
BH		2	1	1	3	3*		0	0	74	3	24.66	3-31	0	3.70	1	
Test	1985	5	5	3	12	9	6.00	0	0	426	19	22.42	4-30	0	3.60	1	
FC	1982	57	57	19	155	22	4.07	0	0	4805	171	28.09	7-24	8	3.33	14	
Int	1985	3								85	4	21.25	2-17	0	3.86	0	
JPL	1985	1	1	1	3	3*		0	0	6	0				4.50	0	
BH	1985	3	2	2	18	15*		0	0	108	4	27.00	3-31	0	3.48	0	
NW	1984	1	1	0	4	4	4.00	0	0	69	1	69.00	1-69	0	5.75	0	
\multicolumn{18}{l}{SIMMONS, Jack   b Clayton-le-Moors 28.3.1941   RHB OB}
FC		13	17	5	300	61	25.00	0	1	762	36	21.16	7-79	2	3.30	7	
JPL		14	4	1	18	15	6.00	0	0	456	16	28.50	3-33	0	4.92	0	
BH		4	4	3	40	16*	40.00	0	0	119	3	39.66	2-33	0	3.05	1	
NW		3	2	1	15	9	15.00	0	0	81	3	27.00	2-32	0	2.25	1	
FC	1968	399	501	126	8738	112	23.30	6	37	24671	895	27.56	7-59	35	2.53	309	
JPL	1969	261	168	50	1865	65	15.80	0	2	6799	261	26.04	5-17	7	4.10	64	
BH	1972	70	47	18	601	64	20.72	0	3	1677	68	24.66	4-31	1	2.76	22	
NW	1970	51	33	14	442	54*	23.26	0	1	1626	71	22.90	5-37	3	2.92	21	
\multicolumn{18}{l}{STANWORTH, John   b Oldham 30.9.1960   RHB WK}
FC		3	2	1	13	11*	13.00	0	0							4	
JPL		1														0	
NW		1														4	
FC	1983	22	28	8	191	50*	9.55	0	1							28	4
JPL	1983	8	2	0	2	2	1.00	0	0							8	
BH	1984	2	1	1	8	8*		0	0							1	
NW	1984	3														6	

44

Cmp	Debut	M	I	NO	Runs	HS	Avge	100	50	Runs	Wkts	Avge	BB	5wi	RpO	ct	st
	VAREY, David William						b Darlington 15.10.1961	RHB									
FC		6	10	2	271	83	33.87	0	2							5	1
JPL	1981	1	1	0	3	3	3.00	0	0							0	
FC	1981	58	100	11	2437	156*	27.38	2	9	4	0				4.00	24	1
BH	1984	5	5	0	58	27	11.60	0	0							1	
	WATKINSON, Michael						b Westhoughton 1.8.1961	RHB RMF OB									
FC		21	25	4	389	58*	18.52	0	1	1753	35	50.08	5-90	1	3.47	14	
JPL		15	11	7	87	34*	21.75	0	0	417	10	41.70	2-19	0	4.21	3	
BH		4	4	0	42	19	10.50	0	0	167	1	167.00	1-25	0	4.39	0	
NW		5	3	2	29	15*	29.00	0	0	199	5	39.80	3-44	0	3.59	3	
FC	1982	73	103	15	1917	106	21.78	1	9	5184	139	37.29	6-39	5	3.20	29	
JPL	1982	56	36	18	340	34*	18.88	0	0	1565	53	29.52	3-25	0	4.54	6	
BH	1983	21	10	1	84	34	9.33	0	0	690	25	27.60	4-39	2	4.20	4	
NW	1982	13	9	3	130	56	21.66	0	1	498	9	55.33	3-44	0	3.77	6	

LEICESTERSHIRE

Foundation of Present Club: 25 March 1879 in Leicester

First First-Class Match: Essex v Leicestershire (Leyton) May 14, 15, 16 1894

Present Principal Ground: County Ground, Grace Road, Leicester

County Champions: 1975
Results in 1986: 7th; won 5, lost 7, drawn 12

JPL Champions: 1974 and 1977
Results in 1986: 15th; won 5, lost 10, drawn 1

B&H Cup: Winners in 1972, 1975 and 1985
Result in 1986: 4th in Group A

Nat West Trophy: Losing semi-finalists in 1977
Result in 1986: Lost in quarter-final

FIRST CLASS RECORDS

Highest Team Total: 701-4 dec v Worcestershire (Worcester) 1906

Lowest Team Total: 25 v Kent (Leicester) 1912

Highest Individual Innings: 252* S.Coe v Northants (Leicester) 1914

Best Innings Analyses: 10-18 G.Geary v Glamorgan (Cardiff) 1929

Highest Wicket Partnership: 390 (1st) B.Dudleston & J.F.Steele v Derbyshire (Leicester) 1979

Hundreds in 1986: J.J.Whitaker (5) 102* v Lancs (Old Trafford); 200* v Notts (Leicester); 100* v Yorkshire (Leicester); 175 v Derbyshire (Chesterfield); 106* v Derbyshire (Leicester)
  P.Willey (4) 119 v Notts (Leicester); 172* v Hampshire (Leicester); 104 v Kent (Canterbury); 168* v Derbyshire (Leicester)
  J.C.Balderstone (1) 115 v Sussex (Leicester)
  T.J.Boon (1) 117 v Yorkshire (Middlesbrough)
  P.D.Bowler (1) 100* v Hampshire (Leicester)
  P.A.J.DeFreitas (1) 106 v Kent (Canterbury)

Five Wickets in Innings in 1986: P.A.J.DeFreitas (7) 5-54 v Northants (Northampton); 5-61 v Sussex (Hove); 5-73 v Notts (Leicester); 6-42 and 7-44 v Essex (Southend); 6-21 v Kent (Canterbury); 5-92 v Derbyshire (Leicester)
  W.K.M.Benjamin (3) 5-41 v Surrey (Hinckley); 6-33 v Notts (Leicester); 5-45 v Somerset (Leicester)
  J.P.Agnew (1) 5-27 v Kent (Leicester)
  K.Higgs (1) 5-22 v Yorkshire (Leicester)

LIMITED OVERS MATCHES RECORDS

Highest Team Totals
  JPL: 291-5 v Glamorgan (Swansea) 1984
  BH: 327-4 v Warwicks (Coventry) 1972
  NW: 354-7 v Wiltshire (Swindon) 1984

Lowest Team Totals
  JPL: 36 v Sussex (Leicester) 1973
  BH: 56 v Minor Counties (Wellington) 1982
  NW: 56 v Northants (Leicester) 1964

Highest Individual Innings
  JPL: 152 B.Dudleston v Lancs (Old Trafford) 1975
  BH: 158* B.F.Davison v Warwicks (Coventry) 1972
  NW: 156 D.I.Gower v Derbyshire(Leicester) 1984

Best Innings Analyses
  JPL: 6-17 K.Higgs v Glamorgan (Leicester) 1973
  BH: 6-35 L.B.Taylor v Worcs (Worcester) 1982
  NW: 6-20 K.Higgs v Staffs (Longton) 1975

Highest Wicket Partnerships
  JPL: 178 (4th) J.J.Whitaker & P.Willey v Glamorgan (Swansea) 1984
  BH: 227 (3rd) M.E.J.C.Norman & B.F.Davison v Warwicks (Coventry) 1972
  NW: 209 (3rd) P.Willey & D.I.Gower v Ireland (Leicester) 1986

Hundreds in 1986
  JPL: (1) L.Potter 105 v Derbyshire (Leicester)
  BH: (2) I.P.Butcher 103* v Minor Counties (Leicester); L.Potter 112 v Minor Counties (Leicester)
  NW: (2) D.I.Gower 121* v Ireland (Leicester); P.Willey 101 v Ireland (Leicester)

Five Wickets in Innings in 1986
  JPL: Nil. Best Bowling: 4-19 W.K.M.Benjamin v Lancs (Leicester)
  BH: (1) W.K.M.Benjamin 5-17 v Minor Counties (Leicester)
  NW: Nil. Best Bowling: 2-35 L.B.Taylor v Lancs (Leicester)

1986 AND CAREER RECORDS FOR LEICESTERSHIRE PLAYERS

Cmp	Debut	M	I	NO	Runs	HS	Avge	100	50	Runs	Wkts	Avge	BB	5wi	RpO	ct	st
AGNEW, Jonathan Philip (Eng B to SL) b Macclesfield 4.4.1960 RHB RF
FC		19	20	6	181	35*	12.92	0	0	1528	55	27.78	5-27	1	2.92	2	
JPL		6	2	0	2	2	1.00	0	0	173	8	21.62	2-22	0	4.00	0	
BH		2	1	0	2	2	2.00	0	0	96	3	32.00	2-54	0	4.36	0	
NW		2	1	1	5	5*		0	0	42	1	42.00	1-30	0	2.47	0	
Test	1984	5	4	3	10	5	10.00	0	0	373	4	93.25	2-51	0	4.05	0	
FC	1978	123	119	24	924	56	9.72	0	1	10149	343	29.58	9-70	12	3.39	28	
Int	1984	3	1	1	2	2*		0	0	120	3	40.00	3-38	0	5.71	1	
JPL	1984	34	10	5	31	13*	6.20	0	0	1079	32	33.71	3-36	0	4.98	10	
BH	1980	19	7	2	31	23*	6.20	0	0	667	26	25.65	5-43	1	3.80	3	
NW	1984	7	3	2	14	5*	14.00	0	0	205	8	25.62	2-36	0	3.05	0	
BALDERSTONE, John Christopher b Huddersfield 16.11.1940 RHB SLA (Yorks 1961-70)
FC		24	23	1	410	115	18.63	1	0	143	2	71.50	2-120	0	3.17	3	
JPL		3	3	0	90	47	30.00	0	0							3	
NW		2	2	0	111	66	55.50	0	1							0	
Test	1976	2	4	0	39	35	9.75	0	0	80	1	80.00	1-80	0	5.00	1	
FC	1961	390	619	61	19034	181*	34.11	32	102	8160	310	26.32	6-25	5	2.53	210	
JPL	1969	140	125	23	2673	96	27.27	0	13	296	12	24.66	3-29	0	5.05	49	
BH	1972	59	57	12	2059	113*	45.75	4	16	103	5	20.60	2-13	0	3.43	17	
NW	1963	35	32	2	891	119*	29.70	1	3	176	11	16.00	4-33	1	3.66	11	
BENJAMIN, Winston Keithroy Matthew (Leeward Is) b All Saints, Antigua 31.12.1964 RHB RF
FC		20	20	10	404	95*	40.40	0	3	1541	46	33.50	6-33	3	3.31	9	
JPL		13	10	4	88	19*	14.66	0	0	408	17	24.00	4-19	1	4.28	2	
BH		4	3	2	23	19*	23.00	0	0	127	11	11.54	5-17	1	3.04	1	
NW		2	1	0	5	5	5.00	0	0	51	3	17.00	3-28	0	2.42	0	
FC	1985	26	29	12	515	95*	30.29	0	3	2002	69	29.01	6-33	4	3.10	11	
BLACKETT, Mark b Edmonton 3.2.1964 RHB
JPL		2	2	1	20	17	20.00	0	0							0	
FC	1985	2	4	2	41	28*	20.50	0	0							0	
JPL	1985	6	5	3	53	21*	26.50	0	0							1	

46

	Cmp	Debut	M	I	NO	Runs	HS	Avge	100	50	Runs	Wkts	Avge	BB	5wi	RpO	ct	st
BOON, Timothy James								b Doncaster 1.11.1961			RHB RM							
FC			23	36	10	1003	117	38.57	1	4	170	5	34.00	3-40	0	5.57	12	
JPL			15	13	2	265	49*	24.09	0	0							2	
BH			3	2	0	53	43	26.50	0	0							0	
NW			3	2	1	29	19	29.00	0	0	2	0				2.00	1	
FC	1980		82	136	22	3386	144	29.70	5	12	227	5	45.40	3-40	0	4.88	31	
JPL	1980		52	43	9	675	49*	19.85	0	0	14	0				7.00	11	
BH	1980		6	5	2	95	43	31.66	0	0							2	
NW	1984		6	5	3	55	22*	27.50	0	0	2	0				2.00	1	
BOWLER, Peter Duncan								b Plymouth 30.7.1963			RHB OB							
FC			8	11	1	249	100*	24.90	1	1	57	0				2.22	2	
JPL			10	10	1	164	55	18.22	0	1							1	
BRIERS, Nigel Edwin								b Leicester 15.1.1955			RHB RM							
FC			6	7	1	223	83	37.16	0	2	60	2	30.00	2-54	0	4.61	1	
JPL			5	5	1	206	60*	51.50	0	2	116	1	116.00	1-32	0	5.52	0	
BH			4	3	0	52	37	17.33	0	0	83	1	83.00	1-26	0	4.88	1	
FC	1977		194	301	31	7471	201*	27.67	10	33	970	32	30.31	4-29	0	2.90	75	
JPL	1975		114	112	17	3343	119*	35.18	3	23	384	10	38.40	3-29	0	4.78	27	
BH	1979		33	29	2	436	71*	16.14	0	1	266	3	88.66	1-26	0	4.83	9	
NW	1978		17	17	0	291	59	19.40	0	1	75	6	12.50	2-6	0	5.35	3	
BUTCHER, Ian Paul								b Farnborough, Kent 1.7.1962			RHB RM							
FC			12	19	1	273	58	15.16	0	1	4	0				2.00	11	
JPL			8	5	1	100	43	25.00	0	0							2	
BH			3	3	1	115	103*	57.50	1	0							5	
FC	1980		86	141	9	4025	139	30.49	9	16	24	1	24.00	1-2	0	3.00	72	
JPL	1979		55	47	3	843	71	19.15	0	2	4	0				4.00	14	
BH	1984		14	14	1	547	103*	42.07	2	2							6	
NW	1983		6	6	0	170	81	28.33	0	1	6	1	6.00	1-6	0	12.00	1	
CLIFT, Patrick Bernard								b Salisbury, Rhodesia 14.7.1953			RHB RM							
FC			15	16	1	370	49	24.66	0	0	1002	45	22.26	4-35	0	2.42	13	
JPL			8	5	1	43	13*	10.75	0	0	251	8	31.37	2-44	0	4.32	0	
BH			4	3	1	32	25*	16.00	0	0	147	5	29.40	2-14	0	3.67	0	
NW			1								39	2	19.50	2-39	0	3.25	0	
FC	1971		295	414	87	7671	106	23.45	2	27	20236	816	24.79	8-17	23	2.51	152	
JPL	1976		125	85	27	1163	51*	20.05	0	1	3561	158	22.53	4-14	5	4.12	30	
BH	1976		38	25	5	389	91	19.45	0	3	1255	47	26.70	4-13	2	3.38	7	
NW	1976		18	16	5	244	48*	27.11	0	0	613	19	32.26	3-36	0	3.57	6	
COBB, Russell Alan								b Leicester 18.5.1961			RHB SLA							
FC			25	41	3	1092	91	28.73	0	8	41	0				4.10	9	
JPL			3	2	2	11	10*		0	0							0	
BH			3	2	0	26	22	13.00	0	0							0	
NW			3	3	0	57	26	19.00	0	0							1	
FC	1980		85	132	8	3028	91	24.41	0	18	46	0				3.28	46	
JPL	1981		16	6	4	60	24	30.00	0	0							2	
DE FREITAS, Phillip Anthony Jason (TCCB)								b Scotts Head, Dominica 18.2.1966			RHB RFM							
FC			27	30	2	645	106	23.03	1	3	2171	94	23.09	7-44	7	2.91	7	
JPL			15	10	2	109	32	13.62	0	0	443	25	17.72	4-20	2	4.37	1	
BH			4	3	2	22	11	22.00	0	0	123	5	24.60	3-28	0	3.07	1	
NW			3	1	0	69	69	69.00	0	1	92	3	30.66	2-24	0	3.45	0	
FC	1985		36	42	5	762	106	20.59	1	3	2874	121	23.75	7-44	8	2.93	9	
JPL	1985		28	17	2	152	32	11.69	0	0	758	38	19.94	4-20	2	4.79	4	
BH	1985		5	3	2	22	11	22.00	0	0	148	5	29.60	3-28	0	2.90	1	
FERRIS, George John Fitzgerald (Leeward Is)								b Urlings Village, Antigua 18.10.1964			RHB RF							
FC			5	6	1	67	17*	13.40	0	0	356	13	27.38	4-54	0	3.42	4	
JPL			1	1	1	2	2*		0	0	38	6				4.75	2	
NW			1								49	6				5.44	0	
FC	1982		39	42	22	230	26	11.50	0	0	3090	104	29.71	7-42	3	3.40	7	
JPL	1983		10	3	2	15	9*	15.00	0	0	278	9	30.88	3-40	0	4.42	1	
BH	1985		4	1	1	0	0*		0	0	209	6	34.83	4-31	1	5.22	0	
NW	1985		2								58	5				3.86	1	
GILL, Paul								b Greenfield 31.5.1963			RHB WK							
FC			8	11	4	68	17	9.71	0	0							24	
JPL			2	2	2	5	3	5.00	0	0							1	
GOWER, David Ivon (England, Eng to WI)								b Tunbridge Wells 1.4.1957			LHB OB							
Test			5	9	0	394	131	43.77	1	2	5	0				5.00	5	
FC			14	23	2	830	131	39.52	1	6	5	0				5.00	11	1
Int			4	4	0	108	81	27.00	0	1							1	
JPL			8	8	3	160	51*	32.00	0	1							3	
BH			4	4	0	90	42	22.50	0	0							2	
NW			3	3	1	135	121*	67.50	1	0	4	0				8.00	1	
Test	1978		86	148	11	6149	215	44.88	13	30	20	1	20.00	1-1	0	3.33	63	
FC	1975		290	461	40	1667	215	40.06	35	89	214	4	53.50	3-47	0	5.07	184	1
Int	1978		85	82	7	2564	158	34.18	7	9	14	0				16.80	31	
JPL	1975		111	110	19	3581	135*	39.35	5	22							48	
BH	1976		41	41	4	1021	114*	27.59	1	1							21	
NW	1975		26	25	4	1051	156	48.61	4	3	12	0				8.00	10	

Cmp	Debut	M	I	NO	Runs	HS	Avge	100	50	Runs	Wkts	Avge	BB	5wi	RpO	ct	st
HARRIS, Gordon Andrew Robert b Edmonton 11.1.1964 RHB RFM
FC		1	2	1	6	6	6.00	0	0	34	0				4.25	0	
JPL		1								27	1	27.00	1-27	0	3.37	0	
HIGGS, Kenneth b Sandyford 14.1.1937 LHB RM (Lancs 1958-69)
FC		2	2	1	11	8	11.00	0	0	71	5	14.20	5-22	1	1.97	1	
Test	1965	15	19	3	185	63	11.56	0	1	1473	71	20.74	6-91	2	2.14	4	
FC	1958	511	530	207	3648	98	11.29	0	3	36267	1536	23.61	7-19	50	2.43	312	
JPL	1969	160	32	21	142	17*	12.90	0	0	4089	217	18.84	6-17	6	3.60	51	
BH	1972	51	15	9	60	10	10.00	0	0	1578	86	18.34	4-10	4	3.14	20	
NW	1963	34	20	9	96	25	8.72	0	0	1055	52	20.28	6-20	3	2.88	13	
POTTER, Laurie (Griqualand West) b Bexleyheath 7.11.1962 RHB SLA (Kent 1981-85)
FC		20	30	3	545	81*	20.18	0	5	318	10	31.80	3-37	0	2.81	17	
JPL		14	14	1	522	105	40.25	1	4	179	4	44.75	1-24	0	5.29	8	
BH		4	4	0	151	112	37.75	1	0	135	2	67.50	2-70	0	5.40	1	
NW		3	3	0	36	24	12.00	0	0	35	1	35.00	1-28	0	2.50	2	
FC	1981	80	131	11	3259	165*	27.15	4	19	2075	62	33.46	4-52	0	2.75	63	
JPL	1981	46	44	2	1099	105	26.16	1	5	424	19	22.31	4-9	2	4.51	24	
BH	1982	8	7	0	235	112	33.57	1	0	135	2	67.50	2-70	0	5.40	2	
NW	1982	5	5	0	122	45	24.40	0	0	35	1	35.00	1-28	0	2.50	2	
TAYLOR, Leslie Brian (England, Eng to WI) b Earl Shilton 25.10.1953 RHB RFM
FC		15	15	6	48	13	5.33	0	0	809	27	29.96	4-106	0	2.88	3	
Int		1	1	1	1	1*		0	0	30	0				4.28	0	
JPL		13	5	3	16	14*	8.00	0	0	447	8	55.87	2-35	0	5.12	3	
BH		3								71	5	14.20	3-23	0	2.36	0	
NW		3	1	1	6	6*		0	0	107	5	21.40	2-35	0	3.45	0	
Test	1985	2	1	1	1	1*		0	0	178	4	44.50	2-34	0	2.80	1	
FC	1977	177	156	69	824	47	9.47	0	0	12231	501	24.41	7-23	15	2.72	44	
Int	1985	2	1	1	1	1*		0	0	47	0				3.35	0	
JPL	1977	102	26	20	91	15*	15.16	0	0	2960	146	20.27	5-23	6	4.26	26	
BH	1979	27	7	3	11	5	2.75	0	0	862	44	19.59	6-35	1	3.22	5	
NW	1978	16	6	5	18	6*	18.00	0	0	496	30	16.53	4-14	2	3.39	2	
TENNANT, Lloyd b Walsall 9.4.1968 RHB RFM
FC		2	2	1	13	12*	13.00	0	0	35	0				4.37	0	
JPL		5	1	1	2	2*		0	0	145	6	24.16	3-25	0	4.39	1	
WHITAKER, John James (TCCB) b Skipton 5.5.1962 RHB OB
FC		22	32	9	1526	200*	66.34	5	8	47	1	47.00	1-41	0	8.81	18	
JPL		11	9	0	145	53	16.11	0	1							1	
BH		4	4	0	61	30	15.25	0	0							1	
NW		1	1	0	25	25	25.00	0	0	0	0				0.00	0	
FC	1983	76	114	18	4031	200*	41.98	10	20	135	1	135.00	1-41	0	8.80	48	
JPL	1983	42	34	5	1000	132	34.48	2	5	4	0				12.00	9	
BH	1984	15	14	2	282	73*	23.50	0	1							3	
NW	1984	5	5	0	268	155	53.60	1	0	5	0				2.50	1	
WHITTICASE, Philip b Marston Green 15.3.1965 RHB WK
FC		18	21	4	554	67*	32.58	0	5							23	1
JPL		13	7	2	65	29*	13.00	0	0							12	2
BH		3	2	1	32	19*	32.00	0	0							4	
NW		3	1	0	32	32	32.00	0	0							3	
FC	1984	29	35	7	738	67*	26.35	0	6							50	1
JPL	1984	16	8	3	70	29*	14.00	0	0							13	2
WILLEY, Peter (England, Eng to WI) b Sedgefield 6.12.1949 RHB OB
Test		1	2	0	86	44	43.00	0	0							0	
FC		18	30	5	1117	172*	44.68	4	3	418	7	59.71	2-25	0	2.37	6	
JPL		9	9	0	223	59	24.77	0	2	269	8	33.62	4-37	1	4.84	6	
NW		3	3	1	139	101	69.50	1	0	92	2	46.00	1-19	0	2.55	2	
Test	1976	26	50	6	1184	102*	26.90	2	5	456	7	65.14	2-73	0	2.50	3	
FC	1966	452	743	104	19747	227	30.90	38	79	19466	654	29.76	7-37	25	2.37	186	
Int	1977	26	24	1	538	64	23.39	0	5	659	13	50.69	3-33	0	3.83	4	
JPL	1969	223	214	17	5587	107	28.36	7	32	5030	191	26.33	4-38	4	4.02	64	
BH	1972	58	53	9	1327	88*	30.15	0	12	1316	34	38.70	3-12	0	2.70	18	
NW	1967	39	38	5	1082	101	32.78	1	7	1094	29	37.72	3-33	0	2.96	9	

MIDDLESEX

Foundation of Present Club: 15 December 1863 in London

First First-Class Match: Middlesex v Surrey (Lord's) May 20, 21 1850

Present Principal Ground: Lord's Cricket Ground, St John's Wood, London NW8

County Champions: 1866, 1903, 1920, 1921, 1947, 1949, 1976, 1977, 1980, 1982 and 1985
Results in 1986: 12th; won 4, lost 9, drawn 11

JPL Championship: Best season: 2nd in 1982
Results in 1986: 9th; won 5, lost 7, drawn 3, tied 1

B&H Cup: Winners in 1983 and 1986
Result in 1986: Winners

Nat West Trophy: Winners in 1977, 1980 and 1984
Result in 1986: Lost in second round

FIRST CLASS RESULTS

Highest Team Total: 642-3 dec v Hampshire (Southampton) 1923

Lowest Team Total: 20 v MCC (Lord's) 1864

Highest Individual Innings: 331* J.D.B.Robertson v Worcestershire (Worcester) 1949

Best Innings Analysis: 10-40 G.O.B.Allen v Lancashire (Lord's) 1929

Highest Wicket Partnership: 424* (3rd) W.J.Edrich & D.C.S.Compton v Somerset (Lord's) 1948

Hundreds in 1986: W.N.Slack (3) 100 v Derbyshire (Derby); 106 v Northants (Northampton); 105* v Yorkshire (Headingley)
P.R.Downton (2) 126* v Oxford U (Oxford); 104 v Warwicks (Uxbridge)
M.W.Gatting (2) 135 v New Zealanders (Lord's); 158 v Northants (Lord's)
C.T.Radley (2) 103* v Derbyshire (Lord's); 113* v Somerset (Lord's)
G.D.Barlow (1) 107 v Sussex (Lord's)
R.O.Butcher (1) 171 v Surrey (Uxbridge)
A.J.T.Miller (1) 111* v Hampshire (Lord's)

Five Wickets in Innings in 1986: N.G.Cowans (1) 5-61 v Essex (Lord's)
J.E.Emburey (1) 5-51 v Warwicks (Edgbaston)
S.P.Hughes (1) 7-35 v Surrey (Oval)

LIMITED OVERS MATCHES RECORDS

Highest Team Totals
JPL: 270-5 v Gloucs (Lord's) 1983
BH: 303-7 v Northants (Northampton) 1977
NW: 283-9 v Cumberland (Uxbridge) 1985

Lowest Team Totals
JPL: 23 v Yorkshire (Lord's) 1974
BH: 73 v Essex (Lord's) 1985
NW: 41 v Essex (Westcliff) 1972

Highest Individual Innings
JPL: 133* C.T.Radley v Glamorgan (Lord's) 1969
BH: 143* M.W.Gatting v Sussex (Hove) 1985
NW: 158 G.D.Barlow v Lancashire (Lord's) 1984

Best Innings Analyses
JPL: 6-6 R.W.Hooker v Surrey (Lord's) 1969
BH: 7-12 W.W.Daniel v Minor Counties East (Ipswich) 1978
NW: 6-15 W.W.Daniel v Sussex (Hove) 1980

Highest Wicket Partnerships
JPL: 173 (4th) M.W.Gatting & N.G.Featherstone v Notts (Lord's) 1976
BH: 209 (2nd) M.J.Smith & G.D.Barlow v Northants (Northampton) 1977
NW: 223 (2nd) M.J.Smith & C.T.Radley v Hampshire (Lord's) 1977

Hundreds in 1986
JPL: (1) W.N.Slack 101* v Yorkshire (Lord's)
BH: Nil. Highest Innings: 90* M.W.Gatting v Surrey (Lord's)
NW: (1) M.W.Gatting 118* v Northants (Northampton)

Five Wickets in Innings in 1986
 JPL: Nil. Best Bowling: 4-52 J.E.Emburey v Yorkshire (Lord's)
 BH: Nil. Best Bowling: 4-22 J.E.Emburey v Notts (Lord's)
 NW: Nil. Best Bowling: 4-24 N.G.Cowans v Yorkshire (Headingley)

1986 AND CAREER RECORDS FOR MIDDLESEX PLAYERS

	Cmp Debut	M	I	NO	Runs	HS	Avge	100	50	Runs	Wkts	Avge	BB	5wi	RpO	ct	st
	BARLOW, Graham Derek			b Folkestone 26.3.1950				LHB RM									
FC		5	6	1	194	107	38.80	1	1							2	
JPL		3	3	0	78	45	26.00	0	0							0	
BH		4	4	0	93	48	23.25	0	0							0	
Test	1976	3	5	1	17	7*	4.25	0	0							0	
FC	1969	251	404	59	12387	177	35.90	26	58	68	3	22.66	1-6	0	3.54	136	
Int	1976	6	6	1	149	80*	29.80	0	1							4	
JPL	1970	159	150	14	3840	114	28.23	3	25	91	4	22.75	2-13	0	5.87	59	
BH	1975	53	50	4	1076	129	23.39	1	3	18	1	18.00	1-18	0	4.50	16	
NW	1974	32	29	3	884	158	34.00	1	4							12	
	BROWN, Gary Kevin			b Welling 16.6.1965				RHB RM									
FC		1	2	0	17	14	8.50	0	0							2	
	BROWN, Keith Robert			b Edmonton 18.3.1963				RHB WK									
FC		10	16	2	367	66	26.21	0	2	10	0				15.00	8	
JPL		2	2	0	10	6	5.00	0	0							0	
FC	1984	19	28	4	671	102	27.95	1	3	10	0				6.00	17	
JPL	1985	5	5	0	68	33	13.00	0	0							0	
	BUTCHER, Roland Orlando			b East Point, Barbados 14.10.1953				RHB RM									
FC		26	37	4	1016	171	30.78	1	7	49	2	24.50	2-37	0	3.58	15	
JPL		12	11	1	138	42*	13.80	0	0	1	0				1.50	2	
BH		7	6	0	128	65	21.33	0	1							0	
NW		2	2	1	40	30	40.00	0	0							1	
Test	1985	3	5	0	71	32	14.20	0	0							3	
FC	1974	228	353	35	10043	197	31.58	14	58	171	4	42.75	2-37	0	3.66	244	1
Int	1980	3	3	0	58	52	19.33	0	1							0	
JPL	1974	133	125	11	2501	100	21.93	1	13	5	0				3.75	41	
BH	1975	24	22	2	455	85	22.75	0	4							4	
NW	1975	25	21	3	319	59	17.72	0	2	18	1	18.00	1-18	0	9.00	9	
	CARR, John Donald			b St John's Wood 15.6.1963				RHB OB									
FC		17	26	3	782	84*	34.00	0	5	284	1	284.00	1-46	0	3.04	11	
JPL		11	9	3	186	45*	31.00	0	0	103	3	34.33	2-10	0	4.90	3	
FC	1983	46	66	8	1791	123	30.87	4	9	2261	49	46.14	6-61	3	2.64	31	
JPL	1983	14	11	4	190	45*	27.14	0	0	103	3	34.33	2-10	0	4.90	4	
BH	1983	9	9	1	269	67	33.62	0	3	318	7	45.42	3-22	0	4.00	2	
	COWANS, Norman George (Eng B to SL)			b Enfield St Mary, Jamaica 17.4.1961				RHB RF									
FC		21	21	7	223	44*	15.92	0	0	1380	58	23.79	5-61	1	3.16	4	
JPL		9	4	2	17	13	8.50	0	0	274	8	34.25	2-35	0	3.91	3	
BH		6	1	1	0	0*		0	0	136	11	12.36	3-26	0	2.47	0	
NW		2	1	0	1	1	1.00	0	0	59	4	14.75	4-24	1	3.27	0	
Test	1982	19	29	7	175	36	7.95	0	0	2003	51	39.27	6-77	2	3.48	9	
FC	1980	125	121	25	885	66	9.21	0	1	8916	353	25.25	6-31	16	3.25	42	
Int	1982	23	8	3	13	4*	2.60	0	0	913	23	39.69	3-44	0	4.27	5	
JPL	1981	36	13	6	78	20	11.14	0	0	1068	35	30.51	4-44	1	4.33	7	
BH	1983	16	5	2	16	6	5.33	0	0	481	29	16.58	4-33	2	3.22	2	
NW	1982	16	10	2	33	12*	4.12	0	0	497	22	22.59	4-24	2	3.38	4	
	DANIEL, Wayne Wendell			b Rices, Barbados 16.1.1956				RHB RF									
FC		16	16	6	140	33	14.00	0	0	1387	62	22.37	4-27	0	3.44	3	
JPL		6	2	1	5	4	5.00	0	0	211	6	35.16	3-20	0	4.48	0	
BH		7								255	9	28.33	3-38	0	3.92	0	
NW		2	1	1	1	1*		0	0	63	6	10.50	4-33	1	2.62	0	
Test	1976	10	11	4	46	11	6.57	0	0	910	36	25.27	5-39	1	3.11	4	
FC	1975	248	227	98	1521	53*	11.79	0	2	18178	833	21.82	9-61	31	3.01	58	
Int	1977	18	5	4	49	16*	49.00	0	0	595	23	25.86	3-27	0	3.91	5	
JPL	1977	116	38	15	93	14	4.04	0	0	2909	157	18.52	5-27	3	3.65	17	
BH	1977	46	17	5	56	20*	4.66	0	0	1282	82	15.63	7-12	6	3.06	5	
NW	1977	32	17	9	39	14	4.87	0	0	980	65	15.07	6-15	6	2.87	7	
	DOWNTON, Paul Rupert (England, Eng to WI)			b Farnborough, Kent 4.4.1957													
	RHB WK (Kent 1977-79)																
Test		1	2	0	34	29	17.00	0	0							1	
FC		24	29	5	905	126*	37.70	2	5							43	5
Int		2	2	1	8	4*	8.00	0	0							2	
JPL		13	9	1	280	50	35.00	0	1							7	2
BH		7	6	3	126	53*	42.00	0	1							6	
NW		2	1	0	31	31	31.00	0	0							2	

Cmp	Debut	M	I	NO	Runs	HS	Avge	100	50	Runs	Wkts	Avge	BB	5wi	RpO	ct	st
Test	1980	27	43	7	701	74	19.47	0	4							61	5
FC	1977	226	278	55	5188	126*	23.26	3	25	5	0				0.62	477	66
Int	1977	17	14	4	193	44*	19.30	0	0							12	2
JPL	1977	105	69	23	1052	70	22.86	0	3							97	29
BH	1978	35	24	9	303	53*	20.20	0	1							33	9
NW	1978	25	18	2	297	62	18.56	0	1							31	4

EDMONDS, Phillipe Henri (England, Eng to WI) b Lusaka, N Rhodesia 8.3.1951 RHB SLA

Cmp	Debut	M	I	NO	Runs	HS	Avge	100	50	Runs	Wkts	Avge	BB	5wi	RpO	ct	st
Test		5	8	2	77	20	12.83	0	0	390	15	26.00	4-31	0	2.09	4	
FC		17	19	5	202	31	14.42	0	0	1111	38	29.23	4-31	0	2.10	17	
Int		2								91	2	45.50	1-42	0	4.13	0	
JPL		6	3	2	24	14*	24.00	0	0	198	6	33.00	2-36	0	4.12	1	
BH		7	2	1	24	15*	24.00	0	0	221	9	24.55	3-52	0	4.36	4	
NW		2	1	0	0	0	0.00	0	0	98	0				4.08	0	
Test	1975	41	53	10	765	64	17.79	0	2	3506	106	33.07	7-66	2	2.12	37	
FC	1971	365	467	83	7348	142	19.13	3	22	29910	1185	25.24	8-53	47	2.23	332	
Int	1977	26	17	6	100	20	9.09	0	0	816	22	37.09	3-39	0	3.60	3	
JPL	1977	153	115	29	1283	52	14.91	0	1	4064	175	23.22	3-19	0	4.18	48	
BH	1972	59	39	9	506	44*	16.86	0	1	1430	65	22.00	5-43	4	3.08	14	
NW	1973	36	27	9	368	63*	20.44	0	1	1169	43	27.18	5-12	2	3.02	13	

EMBUREY, John Ernest (England, Eng to WI) b Peckham 20.8.1952 RHB OB

Cmp	Debut	M	I	NO	Runs	HS	Avge	100	50	Runs	Wkts	Avge	BB	5wi	RpO	ct	st
Test		5	9	2	166	75	23.71	0	1	282	8	35.25	2-40	0	1.80	4	
FC		18	22	3	354	75	18.63	0	1	872	39	22.35	5-51	1	1.84	16	
Int		4	2	0	20	20	10.00	0	0	125	3	41.66	2-46	0	2.84	0	
JPL		10	7	2	130	49	26.00	0	0	341	15	22.73	4-52	1	4.80	3	
BH		7	4	2	60	28	30.00	0	0	179	10	17.90	4-22	1	2.71	6	
NW		2	1	0	7	7	7.00	0	0	78	3	26.00	2-43	0	3.25	3	
Test	1978	37	56	12	686	75	15.59	0	2	2970	97	30.61	6-33	4	2.13	22	
FC	1973	296	355	75	5803	133	20.72	2	20	22891	953	24.01	7-36	47	2.20	262	
Int	1979	16	12	2	73	20	7.30	0	0	540	11	49.09	2-22	0	3.51	3	
JPL	1975	146	101	35	1073	49	16.25	0	0	4215	194	21.72	5-36	7	4.18	49	
BH	1975	44	30	11	423	50	22.26	0	1	1051	39	26.94	4-22	1	2.68	27	
NW	1975	31	19	6	281	36*	21.61	0	0	867	31	27.96	3-20	0	2.56	11	

FRASER, Alastair Gregory James b Edgware 17.10.1967 RHB RFM

Cmp	Debut	M	I	NO	Runs	HS	Avge	100	50	Runs	Wkts	Avge	BB	5wi	RpO	ct	st
FC		4	3	2	32	19*	32.00	0	0	165	8	20.62	3-46	0	2.91	0	
JPL		3	1	1	2	2*		0	0	80	2	40.00	1-19	0	3.80	0	

FRASER, Angus Robert Charles b Billinge 8.8.1965 RHB RFM

Cmp	Debut	M	I	NO	Runs	HS	Avge	100	50	Runs	Wkts	Avge	BB	5wi	RpO	ct	st
FC		6	7	1	41	13	6.83	0	0	370	10	37.00	3-19	0	2.37	0	
JPL		6	4	3	18	9*	18.00	0	0	224	7	32.00	2-41	0	4.66	0	
BH		1								36	1	36.00	1-36	0	3.27	0	
FC	1984	9	8	1	42	13	6.00	0	0	613	19	32.26	4-48	0	2.62	0	
JPL	1985	14	7	3	26	9*	6.50	0	0	437	14	31.21	3-46	0	4.39	0	
BH	1985	5	2	0	2	2	1.00	0	0	169	3	56.33	1-31	0	3.44	1	

GATTING, Michael William (England, Eng to WI) b Kingsbury 6.6.1957 RHB RM

Cmp	Debut	M	I	NO	Runs	HS	Avge	100	50	Runs	Wkts	Avge	BB	5wi	RpO	ct	st
Test		6	11	2	463	183*	51.44	2	0	10	0				5.00	5	
FC		18	23	3	1091	183*	54.55	4	2	196	8	24.50	2-8	0	2.64	13	
Int		4	4	0	92	39	23.00	0	0							0	
JPL		8	6	1	122	43	24.40	0	0	113	1	113.00	1-43	0	5.38	3	
BH		7	7	3	321	90*	80.25	0	3	86	2	43.00	2-36	0	5.05	2	
NW		2	2	1	126	118*	126.00	1	0	15	0				3.00	1	
Test	1977	48	83	12	2725	207	38.38	6	13	177	2	88.50	1-14	0	3.08	42	
FC	1975	281	430	69	16920	258	46.86	40	88	3236	124	26.09	5-34	2	2.74	254	
Int	1977	47	44	10	1004	115*	29.52	1	4	212	6	35.33	3-32	0	5.12	12	
JPL	1975	129	118	13	3043	109	28.98	2	16	1932	70	27.60	4-32	1	4.90	41	
BH	1976	52	48	15	1654	143*	50.12	1	12	707	35	20.20	4-49	1	3.95	18	
NW	1975	35	34	8	1010	118*	38.84	1	5	503	16	31.43	2-14	0	3.68	10	

HUGHES, Simon Peter b Kingston-upon-Thames 20.12.1959 RHB RFM

Cmp	Debut	M	I	NO	Runs	HS	Avge	100	50	Runs	Wkts	Avge	BB	5wi	RpO	ct	st
FC		23	26	2	296	47	12.33	0	0	1652	63	26.22	7-35	1	3.11	3	
JPL		13	7	1	42	13	7.00	0	0	465	16	29.06	3-33	0	4.74	1	
BH		4	1	0	4	4*		0	0	96	4	24.00	2-35	0	3.69	0	
NW		2	1	0	3	3	3.00	0	0	91	5	18.20	3-52	0	3.95	0	
FC	1980	100	101	37	664	47	10.37	0	0	7573	271	27.94	7-35	8	3.27	25	
JPL	1980	40	17	7	119	22*	11.90	0	0	1336	45	29.68	3-31	0	4.87	5	
BH	1984	7	4	2	16	8*	8.00	0	0	205	6	34.16	2-35	0	3.59	1	
NW	1980	11	5	2	12	6	4.00	0	0	445	19	23.42	3-23	0	3.82	1	

MACLAURIN, Neil Ralph Charter b Welwyn Garden City 22.3.1966 RHB

Cmp	Debut	M	I	NO	Runs	HS	Avge	100	50	Runs	Wkts	Avge	BB	5wi	RpO	ct	st
JPL		2	2	1	3	3	1.50	0	0							0	

METSON, Colin Peter b Cuffley 2.7.1963 RHB WK

Cmp	Debut	M	I	NO	Runs	HS	Avge	100	50	Runs	Wkts	Avge	BB	5wi	RpO	ct	st
FC		3	4	0	29	15	7.25	0	0							3	
JPL		1	1	1	4	4*		0	0							2	
FC	1981	24	31	9	426	96	19.36	0	2							50	2
JPL	1981	15	8	5	53	15*	17.66	0	0							10	3

MILLER, Andrew John Trevor b Chesham 30.5.1963 LHB RM

Cmp	Debut	M	I	NO	Runs	HS	Avge	100	50	Runs	Wkts	Avge	BB	5wi	RpO	ct	st
FC		23	35	4	963	111*	31.06	1	5	6	0				3.00	13	
JPL		10	8	1	276	69	39.42	0	1							3	
BH		2	2	0	64	37	32.00	0	0							2	
NW		2	2	0	69	35	34.50	0	0							1	

	Cmp	Debut	M	I	NO	Runs	HS	Avge	100	50	Runs	Wkts	Avge	BB	5wi	RpO	ct	st
FC		1982	59	98	12	2744	128*	31.90	3	15	10	1	10.00	1-4	0	3.33	19	
BH		1984	10	10	0	402	101	40.20	1	2	7	0				7.00	2	
NW		1984	3	3	0	69	35	23.00	0	0							1	

RADLEY, Clive Thornton b Hertford 13.5.1944 RHB LB

	Cmp	Debut	M	I	NO	Runs	HS	Avge	100	50	Runs	Wkts	Avge	BB	5wi	RpO	ct	st
FC			25	33	6	792	113*	29.33	2	3							16	
JPL			13	12	3	365	78*	40.55	0	2							4	
BH			7	7	3	289	62*	72.25	0	2							3	
NW			2	2	0	96	67	48.00	0	1							0	
Test		1977	8	10	0	481	158	48.10	2	2							4	
FC		1964	550	867	131	26068	200	35.41	46	136	160	8	20.00	2-38		3.45	513	
Int		1978	4	4	1	250	117*	83.33	1	1							0	
JPL		1969	256	246	26	6536	133*	29.70	3	34	17	1	17.00	1-2	0	4.63	88	
BH		1972	71	68	12	1825	121*	33.79	2	12							29	
NW		1965	55	54	6	1514	105*	31.54	1	9							17	

ROSE, Graham David b Tottenham 12.4.1964 RHB RM

	Cmp	Debut	M	I	NO	Runs	HS	Avge	100	50	Runs	Wkts	Avge	BB	5wi	RpO	ct	st
FC			5	6	1	74	52	14.80	0	1	277	7	39.57	2.39	0	4.32	0	
JPL			9	6	1	36	16	7.20	0	0	227	2	113.50	2-39	0	3.91	4	
FC		1985	7	8	1	93	52	13.28	0	1	419	16	26.18	6-41	1	3.83	0	
JPL		1983	14	9	1	104	33	13.00	0	0	425	5	85.00	2-31	0	4.38	5	
BH		1984	1	1	0	3	3	3.00	0	0	15	0				3.75	1	

ROSEBERRY, Michael Anthony b South Hylton 28.11.1966 RHB RM

	Cmp	Debut	M	I	NO	Runs	HS	Avge	100	50	Runs	Wkts	Avge	BB	5wi	RpO	ct	st
FC			5	8	1	174	70*	24.85	0	2							1	
JPL			2	2	0	45	23	22.50	0	0							1	
JPL		1985	3	3	0	60	23	20.00	0	0							1	

SLACK, Wilfred Norris (England, Eng to WI, Eng B to SL) b Troumaca, St Vincent 12.12.1954
LHB RM

	Cmp	Debut	M	I	NO	Runs	HS	Avge	100	50	Runs	Wkts	Avge	BB	5wi	RpO	ct	st
Test			1	2	0	19	19	9.50	0	0							2	
FC			23	35	3	1224	106	38.25	3	7	75	1	75.00	1-14	0	4.41	17	
JPL			10	10	1	327	101*	36.33	1	3	50	1	50.00	1-29	0	4.16	2	
BH			7	7	0	195	65	27.85	0	2							0	
NW			2	2	0	45	27	22.50	0	0	14	0				7.00	0	
Test		1985	3	6	0	81	52	13.50	0	1							3	
FC		1977	188	315	35	10902	248*	38.93	19	61	581	19	30.57	3-17	0	2.66	144	
Int		1985	2	2	0	43	34	21.50	0	0							0	
JPL		1978	81	75	9	1860	101*	28.18	1	13	779	31	25.12	5-32	1	4.90	19	
BH		1980	28	28	3	653	65	26.12	0	5	34	0				4.85	6	
NW		1980	19	19	1	680	98	37.77	0	6	290	8	36.25	3-37	0	3.58	3	

SYKES, James Frederick b Shoreditch 30.12.1965 RHB OB

	Cmp	Debut	M	I	NO	Runs	HS	Avge	100	50	Runs	Wkts	Avge	BB	5wi	RpO	ct	st
FC			3	4	1	63	26	21.00	0	0	161	5	32.20	4-102	0	3.70	0	
JPL			4	1	0	6	6	6.00	0	0	129	4	32.25	2-49	0	4.30	1	
FC		1983	15	18	4	342	126	24.42	1	1	790	19	41.57	4-102	0	2.98	10	
JPL		1983	10	6	1	49	25	9.80	0	0	214	6	35.66	2-49	0	3.82	1	

TUFNELL, Philip Clive Roderick b Barnet 29.4.1966 RHB SLA

	Cmp	Debut	M	I	NO	Runs	HS	Avge	100	50	Runs	Wkts	Avge	BB	5wi	RpO	ct	st
FC			6	7	1	32	9	5.33	0	0	479	5	95.80	2-47	0	3.23	1	

WILLIAMS, Neil Fitzgerald b Hope Well, St Vincent 2.7.1962 RHB RFM

	Cmp	Debut	M	I	NO	Runs	HS	Avge	100	50	Runs	Wkts	Avge	BB	5wi	RpO	ct	st
FC			5	4	1	51	23*	17.00	0	0	264	10	26.40	3-44	0	3.32	0	
JPL			1	1	0	6	6	6.00	0	0	28	0					0	
BH			4	1	0	8	8	8.00	0	0	108	3	36.00	1-20	0	3.60	1	
FC		1982	96	102	24	1573	67	20.16	0	5	7588	255	29.75	7-55	4	3.43	24	
JPL		1982	40	21	8	152	31*	11.69	0	0	1200	43	27.90	4-40	1	4.55	7	
BH		1982	21	9	3	112	29*	18.66	0	0	685	22	31.13	3-16	0	3.77	1	
NW		1983	9	6	2	28	10	7.00	0	0	277	11	25.18	4-36	1	3.59	2	

NORTHAMPTONSHIRE

Foundation of Present Club: 31 July 1878 at Kettering

First First-class Match: Hampshire v Northants (Southampton) May 18, 19, 20 1905

Present Principal Ground: County Ground, Wantage Road, Northampton

County Championship: Runners-up in 1912, 1957, 1965 and 1976
Results in 1986: 9th; won 5, lost 3, drawn 16

JPL Championship: Best seasons: 4th in 1974 and 1986
Results in 1986: 4th; won 9, lost 5, drawn 2

B&H Cup: Winners in 1980
Result in 1986: Lost in quarter-final

Nat West Trophy: Winners in 1976
Result in 1986: Lost in first round

FIRST CLASS RECORDS

Highest Team Total: 557-6 dec v Sussex (Hove) 1914

Lowest Team Total: 12 v Gloucestershire (Gloucester) 1907

Highest Individual Innings: 300* R.Subba Row v Surrey (Oval) 1958

Best Innings Analysis: 10-127 V.W.C.Jupp v Kent (Tunbridge Wells) 1932

Highest Wicket Partnership: 376 (6th) R.Subba Row & A.Lightfoot v Surrey (Oval) 1958

Hundreds in 1986: R.J.Bailey (4) 106 v Leics (Northampton); 200* v Yorkshire (Luton); 224* v Glamorgan (Swansea); 114 v Derbyshire (Derby)
    A.J.Lamb (4) 157 v Sussex (Hastings); 160* v Middlesex (Northampton); 117 v Middlesex (Lord's) 159 v Derbyshire (Derby)
    G.Cook (3) 109* v Kent (Canterbury); 183 v Lancashire (Northampton); 120 v Glamorgan (Northampton)
    R.J.Boyd-Moss (2) 155 v Lancashire (Northampton); 148* v Glamorgan (Northampton)
    D.J.Capel (2) 111 v Leics (Northampton); 103* v Somerset (Bath)
    R.A.Harper (1) 234 v Gloucs (Northampton)
    D.Ripley (1) 134* v Yorkshire (Scarborough)
    D.J.Wild (1) 101 v Cambridge U (Cambridge)

Five Wickets in Innings in 1986: D.J.Capel (2) 5-61 v Somerset (Wellingborough); 7-86 v Derbyshire (Derby)
    N.G.B.Cook (2) 6-72 v Worcs (Northampton); 5-14 v Essex (Colchester)
    R.A.Harper (1) 5-84 v Leicestershire (Northampton)
    N.A.Mallender (1) 5-110 v Essex (Colchester)
    A.Walker (1) 6-50 v Lancashire (Northampton)

LIMITED OVERS MATCHES RECORDS

Highest Team Totals
    JPL: 306-2 v Surrey (Guildford) 1985
    BH: 283-5 v Warwicks (Edgbaston) 1986
    NW: 285-6 v Wiltshire (Swindon) 1983

Lowest Team Totals
    JPL: 41 v Middlesex (Northampton) 1972
    BH: 85 v Sussex (Northampton) 1978
    NW: 62 v Leics (Leicester) 1974

Highest Individual Innings
    JPL: 172* W.Larkins v Warwicks (Luton) 1983
    BH: 132 W.Larkins v Warwicks (Edgbaston) 1982
    NW: 130 G.Cook v Shropshire (Telford) 1985

Best Innings Analyses
    JPL: 7-39 A.Hodgson v Somerset (Northampton) 1976
    BH: 5-21 Sarfraz Nawaz v Middlesex (Lord's) 1980
    NW: 7-37 N.A.Mallender v Worcs (Northampton) 1984

Highest Wicket Partnerships
    JPL: 215 (3rd) W.Larkins & R.G.Williams v Worcs (Luton) 1982
    BH: 187 (2nd) R.T.Virgin & Mushtaq Mohammad v Minor Counties East (Longton) 1976
    NW: 157 (4th) A.J.Lamb & P.Willey v Sussex (Hove) 1979

Hundreds in 1986
    JPL: (1) R.J.Bailey 118* v Worcs (Northampton)
    BH: (1) A.J.Lamb 106 v Leics (Northampton)
    NW: Nil. Highest Innings: 80 A.J.Lamb v Middlesex (Northampton)

Five Wickets in Innings in 1986
  JPL: (1) D.J.Wild 5-7 v Derbyshire (Finedon)
  BH: (1) N.A.Mallender 5-53 v Leics (Northampton)
  NW: Nil. Best Bowling: 1-29 D.J.Capel v Middlesex (Northampton)

1986 AND CAREER RECORDS FOR NORTHAMPTONSHIRE PLAYERS

Cmp	Debut	M	I	NO	Runs	HS	Avge	100	50	Runs	Wkts	Avge	BB	5wi	RpO	ct	st
\multicolumn{18}{l}{BAILEY, Robert John (TCCB)   b Biddulph 28.10.1963   RHB OB}
FC		28	43	9	1915	224*	56.32	4	10	47	2	23.50	1-2	0	2.96	23	
JPL		15	15	1	641	118*	45.78	1	5							5	
BH		5	5	0	147	86	29.40	0	1	0	0				0.00	1	
NW		1	1	0	34	34	34.00	0	0							0	
FC	1982	84	134	25	4624	224*	42.42	9	25	143	6	23.83	3-33	0	2.60	49	
Int	1984	1	1	0	41	41*		0	0	25	0				4.16	0	
JPL	1983	49	47	8	1460	118*	37.43	2	9	49	0				9.80	12	
BH	1984	14	12	1	479	86	43.54	0	5	22	1	22.00	1-22	0	3.14	3	
NW	1983	8	8	3	186	56*	37.20	0	1	16	1	16.00	1-2	0	8.00	2	
\multicolumn{18}{l}{BOYD-MOSS, Robin James   b Hattoh, Ceylon 16.12.1959   RHB SLA}
FC		27	42	3	1192	155	30.56	2	8	232	7	33.14	3-39	0	2.89	7	
JPL		12	12	2	244	86	24.40	0	1	11	0				11.00	2	
BH		5	5	1	145	58	36.25	0	1							2	
FC	1980	145	244	19	6850	155	30.44	13	40	2111	50	42.22	5-27	1	3.41	58	
JPL	1980	53	50	6	1010	99	22.95	0	4	11	0				11.00	14	
BH	1980	20	20	1	360	58	18.94	0	2	49	0				4.08	4	
NW	1982	6	6	2	179	88*	44.75	0	2	47	3	15.66	3-47	0	3.91	0	
\multicolumn{18}{l}{CAPEL, David John (TCCB, Eastern Province)   b Northampton 6.2.1963   RHB RM}
FC		28	36	7	853	111	29.41	2	3	2044	63	32.44	7-86	2	3.22	11	
JPL		15	13	1	423	61	35.25	0	2	371	12	30.91	3-28	0	4.03	4	
BH		5	5	2	84	43*	28.00	0	0	116	5	23.20	4-29	1	2.57	1	
NW		1	1	0	13	13	13.00	0	0	29	1	29.00	1-29	0	2.41	0	
FC	1981	105	151	28	3452	111	28.06	3	20	4904	133	36.87	7-62	4	3.44	48	
JPL	1982	60	52	4	994	79	26.15	0	4	1165	44	26.47	4-30	2	5.02	12	
BH	1982	17	13	4	194	43*	21.55	0	0	285	12	23.75	4-29	1	3.20	2	
NW	1982	9	8	3	106	27	21.20	0	0	138	4	34.50	2-74	0	4.05	1	
\multicolumn{18}{l}{COOK, Geoffrey   b Middlesbrough 9.10.1951   RHB SLA}
FC		22	30	4	1084	183	41.69	3	3	38	1	38.00	1-28	0	2.23	17	
JPL		13	11	4	86	15*	12.28	0	0							2	
BH		5	5	0	101	37	20.20	0	0							0	
NW		1	1	0	57	57	57.00	0	1							0	
Test	1981	7	13	0	203	66	15.61	0	2	27	0				3.85	9	
FC	1971	388	674	51	19997	183	32.09	30	98	713	15	47.53	3-47	0	3.76	384	3
Int	1981	6	6	0	106	32	17.66	0	0							2	
JPL	1971	208	194	17	4274	98	24.14	0	26	6	0				6.00	81	
BH	1972	60	54	4	1357	96	27.14	0	8							21	
NW	1972	33	33	1	1272	130	39.75	3	8							14	
\multicolumn{18}{l}{COOK, Nicholas Grant Billson (Eng B to SL)   b Leicester 17.6.1956   RHB SLA (Leics 1978-85)}
FC		27	27	3	351	45	14.62	0	0	1890	64	29.53	6-72	2	2.17	19	
JPL		15	7	4	41	13*	13.66	0	0	442	21	21.04	3-23	0	4.05	4	
BH		5	2	1	33	19	33.00	0	0	165	2	82.50	1-18	0	3.43	2	
NW		1	1	0	13	13	13.00	0	0	38	0				6.33	0	
Test	1983	9	15	1	101	26	7.21	0	0	1212	40	30.30	6-65	4	2.43	5	
FC	1978	206	208	56	1874	75	12.32	0	2	16269	555	29.31	7-63	22	2.36	123	
Int	1983	1								34	1	34.00	1-34	0	4.25	1	
JPL	1979	44	18	8	94	13*	9.40	0	0	1203	42	28.64	3-23	0	4.27	16	
BH	1979	12	5	2	62	23	20.66	0	0	389	6	64.83	1-18	0	3.38	6	
NW	1983	4	1	0	13	13	13.00	0	0	169	4	42.25	2-33	0	4.02	0	
\multicolumn{18}{l}{FORDHAM, Alan   b Bedford 9.11.1964   RHB LB}
FC		2	3	0	26	17	8.66	0	0							0	
\multicolumn{18}{l}{GOULDSTONE, Mark Roger   b Bishops Stortford 3.2.1963   RHB RM}
FC		1	1	0	35	35	35.00	0	0							0	
JPL		1	1	0	4	4	4.00	0	0							0	
\multicolumn{18}{l}{GRIFFITHS, Brian James   b Wellingborough 13.6.1949   RHB RFM}
FC		10	6	3	18	7	6.00	0	0	741	21	35.28	4-59	0	3.12	2	
FC	1974	177	138	51	290	16	3.33	0	0	12899	444	29.05	8-50	13	2.91	36	
JPL	1974	115	27	14	61	11*	4.69	0	0	3188	115	27.72	4-22	3	4.07	10	
BH	1977	32	9	3	15	6	2.50	0	0	1046	40	26.15	5-43	2	3.47	1	
NW	1977	17	4	2	2	1*	1.00	0	0	703	27	26.03	5-33	1	3.90	3	
\multicolumn{18}{l}{HARPER, Roger Andrew (Guyana, WI)   b Georgetown, British Guiana 17.3.1963   RHB OB}
FC		25	30	4	933	234	35.88	1	2	1700	62	27.41	5-84	1	2.05	32	
JPL		15	14	6	344	57*	43.00	0	1	449	16	28.06	4-17	1	3.97	13	
BH		5	5	0	118	56	23.60	0	1	132	4	33.00	2-22	0	2.44	2	
NW		1	1	0	1	1	1.00	0	0	56	1	56.00	1-56	0	5.09	0	

Cmp	Debut	M	I	NO	Runs	HS	Avge	100	50	Runs	Wkts	Avge	BB	5wi	RpO	ct	st
Test	1983	16	20	3	303	60	17.82	0	1	1021	38	26.86	6-57	1	2.20	21	
FC	1979	113	144	19	3332	234	26.65	2	13	8956	326	27.47	6-57	14	2.37	132	
Int	1983	29	10	6	111	45*	27.75	0	0	967	31	31.19	2-24	0	4.01	10	
JPL	1985	28	23	7	416	57*	26.00	0	1	824	25	32.96	4-17	1	4.18	19	
BH	1985	8	5	0	118	56	23.60	0	1	217	7	31.00	3-48	0	2.85	5	
NW	1985	2	2	0	1	1	0.50	0	0	69	1	69.00	1-56	0	3.45	1	

LAMB, Allan Joseph (England, Eng to WI) b Langebaanweg, South Africa 20.6.1954 RHB RM

Cmp	Debut	M	I	NO	Runs	HS	Avge	100	50	Runs	Wkts	Avge	BB	5wi	RpO	ct	st
Test		3	5	0	65	39	13.00	0	0							2	
FC		18	27	4	1359	160*	59.08	4	8	0	0				0.00	14	
Int		4	4	0	106	45	26.50	0	0							0	
JPL		10	10	1	340	97	37.77	0	3							4	
BH		5	5	0	220	106	44.00	1	1							2	
NW		1	1	0	80	80	80.00	0	1							0	
Test	1982	46	79	6	2500	137*	34.24	7	10	23	1	23.00	1-6	0	5.75	46	
FC	1972	272	457	75	18199	178	47.64	45	102	123	5	24.60	1-1	0	3.29	203	
Int	1982	51	50	8	1755	118	41.78	3	9							12	
JPL	1978	102	99	17	3299	132*	40.23	4	18							24	
BH	1978	41	36	5	1338	106*	43.16	2	11							16	
NW	1978	22	22	1	758	101	36.09	1	5	12	1	12.00	1-4	0	9.00	7	

LARKINS, Wayne b Roxton 22.11.1953 RHB RM

Cmp	Debut	M	I	NO	Runs	HS	Avge	100	50	Runs	Wkts	Avge	BB	5wi	RpO	ct	st
FC		17	29	4	664	86	26.56	0	2							13	
JPL		8	8	1	246	92	35.14	0	1							2	
NW		1	1	0	40	40	40.00	0	0							0	
Test	1979	6	11	0	176	34	16.00	0	0							3	
FC	1972	304	523	31	16878	252	34.30	37	66	1644	39	42.15	5-59	1	3.32	161	
Int	1979	6	6	0	84	34	14.00	0	0	21	0				10.50	2	
JPL	1972	181	174	13	4461	172*	27.70	6	23	1505	54	27.87	5-32	2	4.92	57	
BH	1972	51	48	3	1571	132	34.91	4	6	413	16	25.81	4-37	1	3.91	6	
NW	1976	29	28	2	936	92*	36.00	0	8	248	4	62.00	2-38	0	3.55	11	

MALLENDER, Neil Alan (Otago) b Kirk Sandall 13.8.1961 RHB RFM

Cmp	Debut	M	I	NO	Runs	HS	Avge	100	50	Runs	Wkts	Avge	BB	5wi	RpO	ct	st
FC		22	20	10	119	37	11.90	0	0	1693	47	36.02	5-110	1	2.77	4	
JPL		15	4	2	5	2	2.50	0	0	400	15	26.66	3-42	0	4.35	5	
BH		5	2	1	4	3	4.00	0	0	148	8	18.50	5-53	1	3.38	0	
NW		1	1	0	0	0	0.00	0	0	44	1	44.00	1-44	0	3.66	1	
FC	1980	158	174	55	1628	88	13.68	0	4	11575	389	29.75	7-27	9	2.96	56	
JPL	1980	82	31	15	152	22	9.50	0	0	2512	99	25.37	5-34	2	4.69	19	
BH	1981	24	8	3	23	7	4.60	0	0	737	27	27.29	5-53	1	3.64	4	
NW	1981	16	8	3	37	11*	9.25	0	0	472	26	18.15	7-37	1	2.86	5	

RIPLEY, David b Leeds 13.9.1966 RHB WK

Cmp	Debut	M	I	NO	Runs	HS	Avge	100	50	Runs	Wkts	Avge	BB	5wi	RpO	ct	st
FC		13	15	5	301	134*	30.10	1	0							12	4
JPL		4	3	2	44	36*	44.00	0	0							0	2
BH		5	2	0	26	26	13.00	0	0							3	1
FC	1984	41	50	12	665	134*	17.50	1	1							59	20
JPL	1984	22	14	6	130	36*	16.25	0	0							12	6
NW	1984	6	3	1	40	27*	20.00	0	0							8	1

SMITH, Gareth b Jarrow 20.7.1966 RHB LFM

Cmp	Debut	M	I	NO	Runs	HS	Avge	100	50	Runs	Wkts	Avge	BB	5wi	RpO	ct	st
FC		2	2	0	7	4	3.50	0	0	132	2	66.00	1-38	0	3.30	1	

STORIE, Alastair Caleb b Bishopbriggs 25.7.1965 RHB RM

Cmp	Debut	M	I	NO	Runs	HS	Avge	100	50	Runs	Wkts	Avge	BB	5wi	RpO	ct	st
FC		8	11	0	171	38	15.54	0	0							3	
FC	1985	15	23	2	578	106	27.52	1	3	51	0				2.83	6	

WALKER, Alan b Emsley 7.7.1962 LHB RFM

Cmp	Debut	M	I	NO	Runs	HS	Avge	100	50	Runs	Wkts	Avge	BB	5wi	RpO	ct	st
FC		19	15	10	87	40*	17.40	0	0	1314	33	39.81	6-50	1	3.11	6	
JPL		15	1	1	9	9*		0	0	546	19	28.73	3-15	0	5.16	4	
BH		5	1	1	3	3*		0	0	197	2	98.50	1-29	0	4.47	1	
NW		1	1	1	3	3*		0	0	53	0				4.81	0	
FC	1983	50	48	25	252	40*	10.95	0	0	3796	105	36.15	6-50	1	3.30	19	
JPL	1983	43	7	3	41	13	10.25	0	0	1335	54	24.72	4-21	1	4.57	11	
BH	1985	10	1	1	3	3*		0	0	346	9	38.44	4-46	1	4.56	1	
NW	1984	5	1	1	3	3*		0	0	198	5	39.60	2-33	0	4.05	1	

WATERTON, Stuart Nicholas Varney b Dartford 6.2.1960 RHB WK (Kent 1980-85)

Cmp	Debut	M	I	NO	Runs	HS	Avge	100	50	Runs	Wkts	Avge	BB	5wi	RpO	ct	st
FC		14	17	4	314	58*	24.15	0	1							32	5
JPL		10	3	1	43	28	21.50	0	0							7	3
NW		1	1	0	1	1	1.00	0	0							1	1
FC	1980	39	45	9	700	58*	19.44	0	2							75	15
JPL	1981	15	6	3	74	28	24.66	0	0							12	5
NW	1984	2	2	1	5	4*	5.00	0	0							1	

WILD, Duncan James b Northampton 28.11.1962 LHB RM

Cmp	Debut	M	I	NO	Runs	HS	Avge	100	50	Runs	Wkts	Avge	BB	5wi	RpO	ct	st
FC		14	21	3	608	101	33.77	1	4	429	15	28.60	4-4	0	3.23	2	
JPL		14	9	1	95	35*	11.87	0	0	303	15	20.20	5-7	1	5-12	3	
BH		5	5	3	57	38	28.50	0	0	117	5	23.40	3-40	0	3.44	0	
NW		1	1	0	0	0	0.00	0	0	32	0				4.57	0	
FC	1980	66	98	14	2391	144	28.46	3	8	1742	36	48.38	4-4	0	3.67	15	
JPL	1981	65	39	12	449	63*	16.62	0	0	1388	54	25.70	5-7	2	4.80	16	
BH	1982	12	11	6	139	48	27.80	0	0	158	5	31.60	3-40	0	3.76	3	
NW	1984	7	6	0	23	11	3.83	0	0	272	9	30.22	3-47	0	3.67	0	

Cmp	Debut	M	I	NO	Runs	HS	Avge	100	50	Runs	Wkts	Avge	BB	5wi	RpO	ct	st
WILLIAMS, Richard Grenville b Bangor 10.8.1957 RHB OB																	
FC		5	7	0	161	93	23.00	0	1	190	3	63.33	2-59	0	2.56	1	
JPL		3	2	0	21	12	10.50	0	0	28	1	28.00	1-28	0	3.50	0	
FC	1974	210	338	40	9092	175*	30.51	15	41	9485	276	34.36	7-73	7	2.82	76	
JPL	1975	130	107	18	2029	82	22.79	0	9	1716	58	29.58	5-30	4	4.71	38	
BH	1976	32	26	7	602	83	31.68	0	5	421	11	38.27	2-11	0	3.14	7	
NW	1975	22	21	4	445	94	26.17	0	2	363	18	20.16	3-15	0	3.07	5	

NOTTINGHAMSHIRE

Foundation of Present Club: April 1841 in Nottingham

First First-Class Match: Sussex v Nottinghamshire (Brighton) August 27, 28, 29 1835. Prior to this matches of importance were played by the Nottingham Old Club

Present Principal Ground: Trent Bridge, Nottingham

County Champions: 1865, 1868, 1869, 1871, 1872, 1873, 1875, 1879, 1880, 1882, 1883, 1884, 1885, 1886, 1889, 1907, 1929, 1981
Results in 1986: 4th; won 7, lost 2, drawn 15

JPL Championship: Best season: 2nd in 1984
Results in 1986: 3rd; won 10, lost 5, no result 1

B&H Cup: Losing Finalist in 1982
Result in 1986: Lost in semi-final

Nat West Trophy: Losing Finalist in 1985
Result in 1986: Lost in quarter-final

FIRST CLASS RECORDS

Highest Team Total: 739-7 dec v Leicestershire (Trent Bridge) 1903

Lowest Team Total: 13 v Yorkshire (Trent Bridge) 1901

Highest Individual Innings: 312* W.W.Keeton v Middlesex (Oval) 1939

Best Innings Analysis: 10-66 K.Smales v Gloucs (Stroud) 1956

Highest Wicket Partnership: 398 (2nd) A.Shrewsbury & W.Gunn v Sussex (Trent Bridge) 1890

Hundreds in 1986: B.C.Broad (6) 116 v Warwicks (Trent Bridge); 122 v Yorkshire (Worksop); 105 v Gloucs (Cheltenham); 116 v Sussex (Hove); 120 v Essex (Trent Bridge); 112 v Northants (Trent Bridge)
R.T.Robinson (4) 104 v Leics (Trent Bridge); 105 v Yorkshire (Worksop); 108 v Gloucs (Cheltenham); 159* v Kent (Trent Bridge)
P.Johnson (3) 128 v Essex (Chelmsford); 105* v Yorkshire (Worksop); 120* v Lancashire (Trent Bridge)
R.J.Hadlee (2) 105* v Surrey (Oval); 129* v Somerset (Trent Bridge)
C.E.B.Rice (2) 120 v Derbyshire (Derby); 156 v Middlesex (Trent Bridge)
M.Newell (1) 112* v Oxford U (Oxford)
D.W.Randall (1) 101* v Oxford U (Oxford)

Five Wickets in Innings in 1986: R.J.Hadlee (5) 5-41 v Leics (Trent Bridge); 6-31 v Derbyshire (Derby); 6-33 v Surrey (Trent Bridge); 6-42 v Warwicks (Trent Bridge); 6-51 v Essex (Trent Bridge)
E.E.Hemmings (5) 7-102 v Essex (Chelmsford); 5-70 and 5-105 v Lancashire (Southport); 5-107 v Derbyshire (Trent Bridge); 6-45 v Glamorgan (Cardiff)
J.A.Afford (3) 5-71 v Derbyshire (Derby); 6-81 v Kent (Trent Bridge); 5-80 v Glamorgan (Cardiff)

K.E.Cooper (1) 5-102 v Gloucs (Cheltenham)
C.D.Fraser-Darling (1) 5-84 v Northants (Northampton)
R.A.Pick (1) 6-68 v Yorkshire (Worksop)
P.M.Such (1) 5-36 v Oxford U (Oxford)

LIMITED OVERS MATCHES RECORDS

Highest Team Totals
JPL: 260-5 v Warwicks (Edgbaston) 1976
BH: 282-4 v Derbyshire (Derby) 1984
NW: 287-8 v Gloucs (Bristol) 1985

Lowest Team Totals
JPL: 66 v Yorkshire (Bradford) 1969
BH: 94 v Lancashire (Trent Bridge) 1975
NW: 123 v Yorkshire (Scarborough) 1969

Highest Individual Innings
JPL: 120* C.E.B.Rice v Glamorgan (Swansea) 1978; 120* S.B.Hassan v Warwicks (Edgbaston) 1981
BH: 130* C.E.B.Rice v Scotland (Glasgow) 1982
NW: 139 R.T.Robinson v Worcs (Worcester) 1985

Best Innings Analyses
JPL: 6-12 R.J.Hadlee v Lancs (Trent Bridge) 1980
BH: 6-22 M.K.Bore v Leics (Leicester) 1980; 6-22 C.E.B.Rice v Northants (Northampton) 1981
NW: 6-18 C.E.B.Rice v Sussex (Hove) 1982

Highest Wicket Partnerships
JPL: 200* (2nd) R.T.Robinson & C.E.B.Rice v Worcs (Worcester) 1984
BH: 199 (1st) M.J.Harris & S.B.Hassan v Yorkshire (Hull) 1973
NW: 169 (4th) M.J.Harris & G.St A.Sobers v Somerset (Trent Bridge) 1970

Hundreds in 1986
JPL:(2) B.C.Broad (2) 100* v Somerset (Bath); 104* v Derbyshire (Trent Bridge)
BH: Nil. Highest Innings: 82* D.W.Randall v Yorkshire (Trent Bridge)
NW: Nil. Highest Innings: 73 B.C.Broad v Kent (Trent Bridge)

Five Wickets in Innings in 1986
JPL: Nil. Best Bowling: 4-25 C.E.B.Rice v Lancs (Trent Bridge)
BH: (1) C.E.B.Rice 5-48 v Essex (Chelmsford)
NW: (1) R.J.Hadlee 5-17 v Surrey (Oval)

1986 AND CAREER RECORDS FOR NOTTINGHAMSHIRE PLAYERS

	Cmp	Debut	M	I	NO	Runs	HS	Avge	100	50	Runs	Wkts	Avge	BB	5wi	RpO	ct	st
	AFFORD, John Andrew					b Crowland 12.5.1964			RHB SLA									
FC			15	12	7	19	9*	3.80	0	0	1455	45	32.33	6-81	3	2.95	4	
JPL			1								27	1	27.00	1-27	0	3.37	0	
FC		1984	21	13	7	21	9*	3.50	0	0	1788	54	33.11	6-81	3	2.94	7	
	BIRCH, John Dennis					b Nottingham 18.6.1955			RHB RM									
FC			21	28	7	718	79*	34.19	0	4	24	1	24.00	1-4	0	2.18	24	
JPL			10	6	1	110	66	22.00	0	1							2	
BH			6	5	3	130	48*	65.00	0	0								1
FC		1973	203	303	52	6983	125	27.82	5	41	1927	39	49.41	6-64	1	3.80	158	
JPL		1974	141	121	28	2403	92	25.83	0	12	719	20	35.95	3-29	0	4.73	33	
BH		1974	42	36	7	636	85	21.93	0	3	237	8	29.62	2-14	0	4.01	10	
NW		1977	14	13	2	133	32	12.09	0	0	73	1	73.00	1-58	0	5.21	4	
	BORE, Michael Kenneth					b Hull 2.6.1947		RHB LM (Yorks 1969-78)										
JPL			1								30	0				5.00	0	
FC		1969	152	151	51	856	37*	8.56	0	0	10858	359	30.24	8-59	9	2.43	50	
JPL		1969	105	32	14	129	28*	7.16	0	0	2962	94	31.51	4-21	3	4.00	28	
BH		1973	24	10	7	27	7*	9.00	0	0	736	29	25.37	3-29	0	2.83	2	
NW		1971	10	7	4	9	4*	3.00	0	0	327	11	29.72	4-33	2	2.99	0	

Cmp	Debut	M	I	NO	Runs	HS	Avge	100	50	Runs	Wkts	Avge	BB	5wi	RpO	ct	st
	BROAD, Brian Christopher (Orange Free State) b Bristol 29.9.1957 LHB RM (Gloucs 1979-83)
FC		25	42	2	1593	122	39.82	6	7	41	0				5.85	19	
JPL		15	15	2	701	104*	53.92	2	3							3	
BH		6	6	0	171	70	28.50	0	1							2	
NW		3	3	0	139	73	46.33	0	1							1	
Test	1084	5	9	0	281	86	31.22	0	2							1	
FC	1979	171	304	21	10297	171	36.38	18	60	1002	16	62.62	2-14	0	3.76	88	
JPL	1979	94	92	3	2770	104*	31.12	2	16	602	19	31.68	3-46	0	5.39	27	
BH	1979	33	33	1	2	800	122	25.80	1	3	282	5	56.40	2-73	0	5.56	4	
NW	1980	16	16	0	555	98	34.68	0	6							3	
	COOPER, Kevin Edward b Sutton-in-Ashfield 27.12.1957 LHB RFM
FC		17	13	5	105	19	13.12	0	0	1026	43	23.86	5-102	1	2.49	4	
JPL		9	3	1	6	5	3.00	0	0	200	7	28.57	2-12	0	2.77	2	
BH		6								166	4	41.50	1-22	0	2.51	0	
NW		1	1	0	0	0	0.00	0	0	48	1	48.00	1-48	0	4.00	0	
FC	1976	198	186	45	1357	46	9.62	0	0	12893	475	27.14	8-44	15	2.67	61	
JPL	1976	105	35	11	116	31	4.83	0	0	3268	95	34.40	4-25	3	4.52	20	
BH	1977	40	13	8	62	25*	12.40	0	0	1359	42	32.35	4-23	2	3.39	7	
NW	1976	16	5	1	29	11	7.25	0	0	514	23	22.34	4-49	1	2.79	3	
	EVANS, Kevin Paul b Nottingham 10.9.1963 RHB RMF
FC		4	3	0	15	14	5.00	0	0	218	1	218.00	1-19	0	4.24	1	
JPL		6	3	1	12	8*	6.00	0	0	195	4	48.75	1-8	0	5.41	0	
NW		3	2	0	11	10	5.50	0	0	64	5	12.80	4-30	1	2.78	0	
FC	1984	10	10	0	87	42	8.70	0	0	460	4	115.00	2-31	0	3.55	5	
JPL	1984	16	10	3	130	28	18.57	0	0	507	13	39.00	3-36	0	6.25	3	
BH	1985	2	2	1	22	20	22.00	0	0	47	1	47.00	1-47	0	4.27	1	
NW	1985	5	3	0	19	10	6.33	0	0	94	6	15.66	4-30	1	2.61	0	
	EVANS, Russell John b Calverton 1.10.1965 RHB RM
JPL		2	1	0	11	11	11.00	0	0							0	
JPL	1985	3	2	0	31	20	15.50	0	0							0	
	FRASER-DARLING, Callum David b Sheffield 30.9.1963 RHB RFM
FC		5	4	0	142	61	35.50	0	1	461	12	38.41	5-84	1	3.84	3	
JPL		5	3	1	13	9	6.50	0	0	157	7	22.42	2-32	0	4.75	1	
FC	1984	8	8	1	175	61	25.00	0	1	604	15	40.26	5-84	1	3.59	8	
JPL	1985	7	4	1	20	9	6.66	0	0	226	9	25.11	2-32	0	5.25	1	
	FRENCH, Bruce Nicholas (England, Eng to WI) b Warsop 13.8.1959 RHB WK
Test		5	7	2	55	21	11.00	0	0							12	
FC		20	23	5	361	58	20.05	0	1							44	4
JPL		10	6	3	47	14*	15.66	0	0							10	1
BH		6	5	1	18	7	4.50	0	0							2	1
NW		3	3	1	60	46	30.00	0	0							6	1
FC	1976	221	286	57	4175	98	18.23	0	15	22	0				22.00	505	55
Int	1984	3	2	0	11	7	5.50	0	0							3	1
JPL	1977	97	60	21	559	37	14.33	0	0							69	12
BH	1979	34	26	5	216	48*	10.28	0	0							36	9
NW	1978	17	14	5	249	49	27.66	0	0							24	3
	HADLEE, Richard John (Canterbury, NZ, NZ to Aust) b Christchurch, NZ 3.7.1951 LHB RFM
Test		3	3	0	93	68	31.00	0	1	390	19	20.52	6-80	2	2.53	0	
FC		17	21	5	813	129*	50.81	2	4	1215	76	15.98	6-31	7	2.21	6	
Int		2	2	1	29	18	29.00	0	0	63	2	31.50	2-29	0	3.09	0	
JPL		11	9	3	151	34*	25.16	0	0	344	10	34.40	3-38	0	3.95	1	
BH		6	5	1	131	61*	32.75	0	1	194	11	17.63	4-53	1	3.03	1	
NW		3	3	0	80	54	26.66	0	1	44	10	4.40	5-17	1	1.46	3	
Test	1972	66	106	13	2397	103	25.77	1	13	7520	334	22.51	9-52	27	2.62	33	
FC	1971	287	398	74	9806	210*	30.26	11	49	22566	1221	18.48	9-52	74	2.40	165	
Int	1972	91	77	12	1259	79	19.36	0	4	2606	126	20.68	5-25	3	3.21	22	
JPL	1978	84	73	20	1461	100*	27.56	1	3	2229	114	19.55	6-12	4	3.71	25	
BH	1978	42	35	9	892	70	34.30	0	5	1091	74	14.74	4-13	3	2.75	14	
NW	1979	14	13	2	294	56	26.72	0	2	359	26	13.80	5-17	1	2.39	9	
	HEMMINGS, Edward Ernest b Leamington Spa 20.2.1949 RHB OB (Warwicks 1966-78)
FC		21	23	4	330	54*	17.36	0	1	2134	73	29.23	7-102	5	2.60	7	
JPL		12	3	1	17	14	8.50	0	0	368	14	26.28	3-26	0	5.57	1	
BH		3	2	2	28	26*		0	0	101	0				3.06	1	
NW		3	2	2	7	4*		0	0	80	2	40.00	2-27	0	2.42	0	
Test	1982	5	10	1	198	95	22.00	0	1	558	12	46.50	3-68	0	2.28	4	
FC	1966	364	481	104	7475	127*	19.82	1	19	30872	1060	29.12	10-175	52	2.67	164	
Int	1982	5	2	0	4	3	2.00	0	0	175	5	35.00	3-11	0	4.21	1	
JPL	1969	212	138	38	1363	44*	13.63	0	0	6237	222	28.09	5-22	9	4.64	61	
BH	1972	60	36	11	385	61*	15.40	0	1	1839	54	34.05	3-12	0	3.09	15	
NW	1970	29	22	6	207	31*	12.93	0	0	1070	28	38.21	3-27	0	3.25	5	
	JOHNSON, Paul b Newark 24.4.1965 RHB RM
FC		26	37	5	1250	128	39.06	3	5	113	0				5.94	24	
JPL		15	14	1	355	90	27.30	0	4							5	
BH		6	5	0	61	22	12.20	0	0							2	
NW		3	3	0	22	18	7.33	0	0							1	

58

Cmp	Debut	M	I	NO	Runs	HS	Avge	100	50	Runs	Wkts	Avge	BB	5wi	RpO	ct	st
FC	1982	77	120	13	3532	133	33.00	7	18	288	3	96.00	1-9	0	5.87	53	1
JPL	1981	49	44	5	820	90	21.02	0	5							17	
BH	1983	11	10	0	91	22	9.10	0	0							4	
NW	1985	7	7	1	168	101*	28.00	1	0	5	0				5.00	3	

MARTINDALE, Duncan John Richardson   b Harrogate 13.12.1963   RHB OB

Cmp	Debut	M	I	NO	Runs	HS	Avge	100	50	Runs	Wkts	Avge	BB	5wi	RpO	ct	st
FC		3	4	0	115	88	28.75	0	1							0	
JPL		1	1	0	4	4	4.00	0	0							0	
FC	1985	12	18	3	432	104*	28.80	1	2	8	0				4.00	6	
JPL	1985	3	3	0	44	33	14.66	0	0							0	
NW	1985	1	1	1	20	20*		0	0							0	

NEWELL, Michael   b Blackburn 25.2.1965   RHB LB

Cmp	Debut	M	I	NO	Runs	HS	Avge	100	50	Runs	Wkts	Avge	BB	5wi	RpO	ct	st
FC		19	30	9	862	112*	41.04	1	5	19	0				9.50	15	1
FC	1984	30	50	10	1280	112*	32.00	1	9	95	1	95.00	1-38	0	5.27	25	1

PICK, Robert Andrew   b Nottingham 19.11.1963   LHB RMF

Cmp	Debut	M	I	NO	Runs	HS	Avge	100	50	Runs	Wkts	Avge	BB	5wi	RpO	ct	st
FC		19	17	1	206	52	12.87	0	1	1570	50	31.40	6-68	1	3.34	5	
JPL		14	7	2	56	24	11.20	0	0	546	18	30.33	3-37	0	5.37	2	
BH		6	2	1	3	3*	3.00	0	0	256	8	32.00	3-41	0	3.93	1	
NW		3	2	1	16	9*	16.00	0	0	96	4	24.00	2-23	0	2.90	0	
FC	1983	50	50	13	636	63	17.18	0	2	3939	108	36.47	6-68	3	3.46	11	
JPL	1983	36	14	6	91	24	11.37	0	0	1338	39	34.30	4-36	1	5.32	4	
BH	1985	7	3	2	6	3*	6.00	0	0	310	8	38.75	3-41	0	4.07	1	
NW	1985	10	5	4	57	34*	57.00	0	0	431	13	33.15	2-23	0	3.80	3	

RANDALL, Derek William (Eng B to SL)   b Retford 24.2.1951   RHB RM

Cmp	Debut	M	I	NO	Runs	HS	Avge	100	50	Runs	Wkts	Avge	BB	5wi	RpO	ct	st
FC		14	22	1	493	101*	23.47	1	1	17	0				5.66	14	
JPL		13	11	3	343	88	42.87	0	2							2	
BH		6	6	1	209	82*	41.80	0	2							2	
NW		3	3	1	63	53	31.50	0	1							3	
Test	1976	47	79	5	2470	174	33.37	7	12	3	0				1.12	31	
FC	1972	368	626	57	21304	209	37.44	38	124	383	12	31.91	3-15	0	5.10	274	
Int	1976	49	45	5	1067	88	26.67	0	5	2	1	2.00	1-2	0	6.00	25	
JPL	1971	186	171	22	4465	107*	29.96	2	24	9	0				10.80	57	
BH	1972	67	66	10	1932	103*	34.50	2	12	5	0				1.76	30	
NW	1972	29	29	2	655	75	24.25	0	5	3	0				3.00	10	

RICE, Clive Edward Butler (Transvaal)   b Johannesburg, South Africa 23.7.1949   RHB RFM

Cmp	Debut	M	I	NO	Runs	HS	Avge	100	50	Runs	Wkts	Avge	BB	5wi	RpO	ct	st
FC		22	31	6	1118	156*	44.72	2	5	1111	44	25.25	4-54	0	2.68	28	
JPL		15	15	4	571	94*	51.90	0	5	539	34	15.85	4-25	5	4.93	8	
BH		6	6	1	201	71	40.20	0	2	287	8	35.87	5-48	1	4.48	2	
NW		3	3	1	31	15*	15.50	0	0	83	1	83.00	1-29	0	2.76	1	
FC	1969	408	652	102	22571	246	41.03	42	117	17777	800	22.22	7-62	20	2.63	339	
JPL	1975	171	169	29	5936	120*	42.40	6	43	3864	170	22.72	4-15	10	4.47	58	
BH	1975	55	54	7	1685	130*	35.85	1	11	1466	73	20.08	6-22	6	3.41	31	
NW	1975	25	24	4	451	71	20.50	0	2	610	26	23.46	6-18	1	3.38	7	

ROBINSON, Robert Timothy (England, Eng to WI)   b Sutton-in-Ashfield 21.1.1958   RHB RM

Cmp	Debut	M	I	NO	Runs	HS	Avge	100	50	Runs	Wkts	Avge	BB	5wi	RpO	ct	st
Test		1	2	0	46	35	23.00	0	0							0	
FC		21	34	5	1398	159*	48.20	4	7	18	0				9.00	15	
JPL		13	12	0	297	67	24.75	0	3							5	
BH		6	6	1	186	76*	37.20	0	2							0	
NW		3	3	0	58	49	19.33	0	0							0	
Test	1984	16	28	3	1052	175	42.08	3	3	0	0				0.00	6	
FC	1978	168	290	36	10354	207	40.76	22	54	120	2	60.00	1-22	0	6.31	88	
Int	1984	10	10	0	175	55	17.50	0	1							2	
JPL	1978	87	83	8	2155	97*	28.73	0	12							29	
BH	1981	31	31	3	830	120	29.64	1	5							6	
NW	1980	16	16	2	694	139	49.57	1	3							5	

SAXELBY, Kevin   b Worksop 23.2.1959   RHB RMF

Cmp	Debut	M	I	NO	Runs	HS	Avge	100	50	Runs	Wkts	Avge	BB	5wi	RpO	ct	st
FC		11	8	5	124	34	41.33	0	0	905	27	33.51	4-47	0	3.18	4	
JPL		9	3	3	11	6*		0	0	367	11	33.36	3-37	0	5.24	3	
BH		1								61	1	61.00	1-61	0	5.54	0	
NW		2								65	3	21.66	2-36	0	3.42	0	
FC	1978	92	92	28	873	59*	13.64	0	1	6513	211	30.86	6-64	5	3.12	15	
JPL	1978	66	26	17	121	23	13.44	0	0	2245	80	28.06	4-29	3	4.98	12	
BH	1980	22	10	7	51	13*	17.00	0	0	803	29	27.68	3-12	0	3.74	4	
NW	1982	10	3	2	25	12	25.00	0	0	347	18	19.27	4-28	1	3.18	1	

SCOTT, Christopher Wilmot   b Thorpe-on-the-Hill 23.1.1964   RHB WK

Cmp	Debut	M	I	NO	Runs	HS	Avge	100	50	Runs	Wkts	Avge	BB	5wi	RpO	ct	st
FC		10	8	3	220	69*	44.00	0	1							22	1
JPL		3	1	0	10	10	10.00	0	0							3	1
FC	1981	19	17	6	41	78	37.27	0	2							40	3
JPL	1984	5	2	0	19	10	9.50	0	0							5	1

SUCH, Peter Mark (TCCB)   b Helensburgh 12.6.1964   RHB OB

Cmp	Debut	M	I	NO	Runs	HS	Avge	100	50	Runs	Wkts	Avge	BB	5wi	RpO	ct	st
FC		6	4	0	9	6	2.25	0	0	566	22	25.72	5-36	1	2.44	3	
BH		2								101	1	101.00	1-43	0	4.56	0	
FC	1982	53	50	17	72	16	2.18	0	0	4159	141	29.49	6-123	6	2.84	29	
JPL	1983	3	1	1	0	0*		0	0	116	2	58.00	2-50	0	7.73	1	
BH	1985	3								151	4	37.75	3-50	0	4.57	0	

SOMERSET

Foundation of Present Club: 18 August 1875 in Sidmouth, Devon

First First-Class Match: Lancashire v Somerset (Old Trafford) June 8, 9, 10 1882 (not first-class 1886 to 1890 inclusive)

Present Principal Ground: County Ground, St James's Street, Taunton

County Championship: Best Seasons: 3rd in 1892, 1958, 1963, 1966 and 1981
Results in 1986: 16th; won 3, lost 7, drawn 13, abandoned 1

JPL Champions: 1979
Results in 1986: 6th; won 8, lost 6, drawn 2

B&H Cup: Winners in 1981 and 1982
Result in 1986: 4th in Group C

Nat West Trophy: Winners in 1979 and 1983
Result in 1986: Lost in second round

FIRST CLASS RECORDS

Highest Team Total: 675-9 dec v Hampshire (Bath) 1924

Lowest Team Total: 25 v Gloucestershire (Bristol) 1947

Highest Individual Innings: 322 I.V.A.Richards v Warwickshire (Taunton) 1985

Best Bowling Analysis: 10-49 E.J.Tyler v Surrey (Taunton) 1895

Highest Wicket Partnership: 346 (1st) H.T.Hewett & L.C.H.Palairet v Yorkshire (Taunton) 1892

Hundreds in 1986: I.V.A.Richards (4) 102 v Glamorgan (Taunton); 136 v Glamorgan (Cardiff); 128 v Kent (Bath); 115 v Warwicks (Weston-super-Mare)
P.M.Roebuck (4) 221* v Notts (Trent Bridge); 102* v Hampshire (Taunton); 128* v Middlesex (Lord's); 147* v Worcs (Weston-super-Mare)
N.A.Felton (3) 104 v Indians (Taunton); 156* v Hampshire (Taunton); 110 v Leics (Leicester)
I.T.Botham (2) 104* v Worcs (Weston-super-Mare); 139* v Lancashire (Old Trafford)
R.J.Harden (2) 102 v Kent (Maidstone); 108 v Sussex (Taunton)
B.C.Rose (2) 107* v Kent (Bath); 129 v Middlesex (Lord's)
R.J.Bartlett (1) v Oxford U (Oxford)
V.J.Marks (1) 110 v Sussex (Taunton)

Five Wickets in Innings in 1986: V.J.Marks (2) 6-112 and 8-100 v Glamorgan (Cardiff)
I.T.Botham (1) 6-125 v Leics (Leicester)
J.Garner (1) 5-56 v Kent (Bath)

LIMITED OVERS MATCHES RECORDS

Highest Team Totals
JPL: 286-7 v Hampshire (Taunton) 1981
BH: 307-6 v Gloucs (Taunton) 1982
NW: 330-4 v Glamorgan (Cardiff) 1978

Lowest Team Totals
JPL: 58 v Essex (Chelmsford) 1977
BH: 98 v Middlesex (Lord's) 1982
NW: 59 v Middlesex (Lord's) 1977

Highest Individual Innings
JPL: 175*I.T.Botham v Northants (Wellingborough) 1986
BH: 137* B.C.Rose v Kent (Canterbury) 1980
NW: 145 P.W.Denning v Glamorgan (Cardiff) 1978

Best Innings Analyses
   JPL: 6-24 I.V.A.Richards v Lancs (Old Trafford) 1983
   BH: 5-14 J.Garner v Surrey (Lord's) 1981
   NW: 6-29 J.Garner v Northants (Lord's) 1979

Highest Wicket Partnerships
   JPL: 179 (5th) I.V.A.Richards & I.T.Botham v Hants (Taunton) 1981
   BH: 241 (1st) B.C.Rose & S.M.Gavaskar v Kent (Canterbury) 1980
   NW: 188 (2nd) P.M.Roebuck & M.D.Crowe v Sussex (Hove) 1984

Hundreds in 1986
   JPL:(1) I.T.Botham 175* v Northants (Wellingborough)
   BH:(1) I.T.Botham 126* v Glamorgan (Taunton)
   NW: Nil. Highest Innings: 59* N.A.Felton v Dorset (Taunton)

Five Wickets in Innings in 1986
   JPL: Nil. Best Bowling: 4-28 G.V.Palmer v Kent (Bath)
   BH:(1) N.S.Taylor 5-51 v Glamorgan (Taunton)
   NW: Nil. Best Bowling: 4-36 J.Garner v Dorset (Taunton)

1986 AND CAREER RECORDS FOR SOMERSET PLAYERS

Cmp	Debut	M	I	NO	Runs	HS	Avge	100	50	Runs	Wkts	Avge	BB	5wi	RpO	ct	st
ATKINSON, Jonathan Colin Mark					b Butleigh 10.7.1968				RHB RMF								
FC		4	6	2	71	16*	17.75	0	0	132	2	66.00	2-80	0	3.88	0	
NW		1								16	1	16.00	1-16	0	2.66	0	
FC	1985	10	11	3	238	79	29.75	0	1	382	4	95.50	2-80	0	3.85	0	
JPL	1985	1														0	
BAIL, Paul Andrew Clayden (Cambridge U, Combined Univ)												b Burnham-on-Sea 23.6.1965				RHB OB	
FC		11	20	0	530	174	26.50	1	1	28	0				7.00	5	
JPL		1	1	0	18	18	18.00	0	0							0	
BH		4	4	0	132	59	33.00	0	1	20	1	20.00	1-20	0	5.00	0	
FC	1985	16	29	2	657	174	24.33	1	2	32	0				4.00	5	
BARTLETT, Richard James					b Ash Priors 8.10.1966			RHB									
FC		6	9	2	307	117*	43.85	1	0							4	
BH		2	2	0	4	4	2.00	0	0							0	
BLITZ, Rayner John					b Watford 25.3.1968		RHB WK										
FC		5	5	0	33	18	6.60	0	0							8	
JPL		2	1	0	1	1	1.00	0	0							1	
BOTHAM, Ian Terence (England, Eng to WI)									b Heswall 24.11.1955			RHB RFM					
Test		1	1	1	59	59*		0	1	82	3	27.33	3-75	0	3.15	0	
FC		13	20	2	863	139	47.94	2	5	1043	25	41.72	6-125	1	3.35	8	
JPL		8	7	3	331	175*	82.75	1	0	235	7	33.57	2-18	0	5.87	3	
BH		4	4	1	197	126*	65.66	1	0	107	7	15.28	3-53	0	3.82	1	
Test	1977	85	136	4	4636	208	35.12	13	21	9663	357	27.06	8-34	26	2.99	96	
FC	1974	290	450	33	14679	228	35.20	31	70	24671	936	26.35	8-34	52	3.05	260	
Int	1976	78	69	8	1299	79	21.29	0	5	2761	103	26.80	4-56	1	4.07	28	
JPL	1973	138	124	21	3185	175*	30.92	3	11	3964	171	23.18	4-10	4	4.40	57	
BH	1974	59	48	7	1039	126*	25.34	1	2	1890	88	21.47	4-16	4	3.41	33	
NW	1974	33	28	6	825	96*	37.50	0	5	1162	41	28.34	4-20	1	3.40	16	
COOMBS, Robert Vincent Jerome							b Barnet 20.7.1976			RHB SLA							
FC		9	6	3	31	18	10.33	0	0	844	16	52.75	3-60	0	3.28	3	
FC	1985	13	9	3	32	18	5.33	0	0	1112	32	34.75	5-58	1	3.17	3	
DAVIS, Mark Richard					b Kilve 26.2.1962		LHB LFM										
FC		9	8	4	63	21*	15.75	0	0	631	11	57.36	2-43	0	3.76	2	
JPL		7	4	3	7	6	7.00	0	0	203	7	29.00	2-16	0	5.22	1	
BH		1	1	0	7	7	7.00	0	0	55	1	55.00	1-55	0	5.00	0	
FC	1982	69	71	23	746	60*	15.54	0	1	4803	138	34.80	7-55	4	3.38	25	
JPL	1982	36	14	7	54	11	7.71	0	0	996	28	35.57	3-30	0	4.31	9	
BH	1982	11	7	0	67	28	9.57	0	0	404	14	28.85	3-21	0	3.45	4	
NW	1984	4	2	1	6	6	6.00	0	0	132	2	66.00	1-31	0	3.88	1	
DREDGE, Colin Herbert					b Frome 4.8.1954		LHB RMF										
FC		17	21	3	227	40	12.61	0	0	1151	35	32.88	3-10	0	2.95	7	
JPL		11	7	3	77	28*	19.25	0	0	352	8	44.00	3-31	0	4.75	5	
BH		4	4	1	34	25	11.33	0	0	155	8	19.37	4-30	1	3.66	1	
NW		2	1	0	8	8	8.00	0	0	62	3	20.66	2-46	0	3.44	1	
FC	1976	191	218	68	2100	56*	14.00	0	4	13113	440	29.80	6-37	12	2.80	84	
JPL	1976	133	54	29	317	28*	12.68	0	0	3964	148	26.78	5-35	2	4.45	46	
BH	1977	42	21	11	99	25	9.90	0	0	1391	60	23.18	4-10	3	3.49	11	
NW	1976	26	9	4	28	9	5.60	0	0	868	39	22.25	4-23	1	3.41	6	

	Cmp	Debut	M	I	NO	Runs	HS	Avge	100	50	Runs	Wkts	Avge	BB	5wi	RpO	ct	st
	FELTON, Nigel Alfred						b Guildford 24.10.1960			LHB								
FC			23	37	3	1030	156*	30.29	3	5	3	0				3.00	8	
JPL			11	9	2	268	96	38.28	0	2							4	
BH			2	2	0	3	3	1.50	0	0							0	
NW			2	2	1	73	59*	73.00	0	1							1	
FC	1982		70	112	5	3173	173*	29.65	6	19	7	0				6.00	21	
JPL	1984		29	27	4	624	96	27.13	0	4	7	0				7.00	10	
NW	1984		7	7	2	295	87	59.00	0	3							2	
	FOSTER, Daren Joseph						b Tottenham 14.3.1966			RHB RFM								
FC			1	1	0	0	0	0.00	0	0	29	0				5.80	0	
	GARD, Trevor						b West Lambrook 2.6.1957			RHB WK								
FC			20	25	6	228	36	12.00	0	0							30	6
JPL			14	4	0	24	19	6.00	0	0							5	1
BH			4	4	1	79	34	26.33	0	0							6	1
NW			2	1	0	3	3	3.00	0	0							1	1
FC	1976		110	124	25	1349	51*	13.62	0	3	8	0				24.00	176	39
JPL	1982		54	15	5	88	19	8.80	0	0							28	7
BH	1983		16	12	5	125	34	17.85	0	0							19	2
NW	1983		10	5	2	27	17	9.00	0	0							10	4
	GARNER, Joel (Barbados, WI)						b Christchurch, Barbados 16.12.1952					RHB RF						
FC			18	15	4	182	47	16.54	0	0	1091	47	23.21	5-56	1	2.60	8	
JPL			15	9	3	81	23	13.50	0	0	362	14	25.85	2-14	0	3.42	3	
BH			4	3	2	20	14*	20.00	0	0	117	4	29.25	2-34	0	2.78	0	
NW			2	1	0	8	8	8.00	0	0	59	6	9.83	4-36	1	2.80	0	
Test	1976		56	65	14	661	60	12.96	0	1	5228	247	21.16	6-56	6	2.46	39	
FC	1975		203	217	54	2802	104	17.19	1	7	15465	835	18.52	8-31	46	2.43	122	
Int	1976		85	33	14	199	37	10.47	0	0	2359	129	18.28	5-31	4	3.05	21	
JPL	1979		81	53	19	512	59*	15.05	0	1	1918	101	18.99	5-27	5	3.23	21	
BH	1979		21	10	5	70	17	14.00	0	0	521	40	13.02	5-14	2	2.48	4	
NW	1977		26	13	4	121	38*	13.44	0	0	683	65	10.50	6-29	9	2.46	5	
	HARDEN, Richard John						b Bridgwater 16.8.1965			RHB LM								
FC			22	36	3	1093	108	33.12	2	6	208	4	52.00	2-24	0	3.85	12	
JPL			15	14	3	263	71	23.90	0	1	0	0				0.00	5	
BH			2	2	0	24	24	12.00	0	0							1	
NW			2	1	0	17	17	17.00	0	0							3	
FC	1985		34	53	8	1459	108	32.42	3	7	241	6	40.16	2-24	0	3.62	21	
JPL	1985		19	17	3	284	71	20.28	0	1	0	0				0.00	6	
BH	1985		5	5	0	55	24	11.00	0	0							1	
	HARDY, Jonathan James Ean						b Nakuru, Kenya 2.10.1960				LHB							
FC			19	29	0	863	79	29.75	0	8	5	0				5.00	12	
JPL			9	8	0	83	40	10.37	0	0							4	
BH			4	4	0	58	25	14.50	0	0							1	
NW			2	2	0	72	53	36.00	0	1							1	
FC	1984		48	74	10	2118	107*	33.09	1	15	8	0				4.00	25	
JPL	1983		26	20	3	269	58	15.82	0	1							9	
BH	1985		5	5	0	62	25	12.40	0	0							1	
NW	1985		4	4	1	74	53	24.66	0	1							1	
	HARMAN, Mark David						b Aylesbury 30.6.1964			RHB OB								
FC			3	5	2	27	15	9.00	0	0	149	1	149.00	1-88	0	2.46	1	
	MARKS, Victor James						b Middle Chinnock 25.6.1955				RHB OB							
FC			25	36	12	1057	110	44.04	1	7	2121	59	35.94	8-100	2	2.84	9	
JPL			15	12	3	216	32*	24.00	0	0	422	10	42.20	3-31	0	5.29	2	
BH			4	4	0	67	32	16.75	0	0	133	3	44.33	2-36	0	3.24	1	
NW			2	1	0	8	8	8.00	0	0	75	1	75.00	1-60	0	3.12	0	
Test	1982		6	10	1	249	83	27.66	0	3	484	11	44.00	3-78	0	2.68	0	
FC	1975		266	396	68	9873	134	30.10	5	62	21015	636	33.04	8-17	30	2.76	112	
Int	1980		33	24	3	285	44	13.57	0	0	1076	44	24.45	5-20	2	3.64	8	
JPL	1975		125	99	26	1616	72	22.13	0	3	2651	103	25.73	4-11	1	3.98	24	
BH	1975		46	38	8	756	81*	25.20	0	4	1194	40	29.85	3-25	0	2.91	15	
NW	1977		25	20	6	392	55	28.00	0	2	620	19	32.63	3-15	0	3.25	8	
	PALMER, Gary Vincent						b Taunton 1.11.1965			RHB RMF								
FC			4	6	0	31	17	5.16	0	0	290	5	58.00	4-77	0	3.58	1	
JPL			8	4	2	42	33	21.00	0	0	177	8	22.12	4-28	1	6.32	1	
BH			1	1	0	53	53	53.00	0	1	20	2	10.00	2-20	0	3.33	0	
FC	1982		39	52	7	646	78	14.35	0	2	2891	62	46.62	5-38	1	3.64	26	
JPL	1982		36	18	9	179	33	19.88	0	0	922	29	31.79	5-34	2	5.43	6	
BH	1984		8	5	1	77	53	19.25	0	1	260	7	37.14	2-20	0	4.56	0	
NW	1984		2								102	1	102.00	1-47	0	5.10	0	
	PRINGLE, Nicholas John						b Weymouth 30.9.1966			RHB RM								
FC			1	2	0	21	11	10.50	0	0	48	0				4.80	0	
	RICHARDS, Isaac Vivian Alexander (Leeward Is, WI)									b St John's, Antigua 7.3.1952					RHB RM			
FC			18	28	1	1174	136	43.48	4	5	500	9	55.55	4-36	0	3.10	19	
JPL			15	14	1	382	64	29.38	0	4	341	9	37.88	2-19	0	5.00	5	
BH			4	4	0	85	29	21.25	0	0	47	0				2.76	2	
NW			2	2	1	56	50	56.00	0	1	62	3	20.66	2-22	0	2.58	1	
Test	1974		82	122	8	6220	291	54.56	20	27	1052	19	55.36	2-20	0	2.15	79	

	Cmp Debut	M	I	NO	Runs	HS	Avge	100	50	Runs	Wkts	Avge	BB	5wi	RpO	ct	st
FC	1971	386	611	40	28533	322	49.97	92	123	7684	177	43.41	5-88	1	2.57	354	1
Int	1975	109	99	19	4600	189*	57.50	8	34	2405	63	38.17	3-27	0	4.46	52	
JPL	1974	144	139	16	4745	126*	38.57	7	31	1758	70	25.11	6-24	3	4.54	62	
BH	1974	43	39	6	1395	132*	42.27	1	10	225	7	32.14	1-9	0	3.32	19	
NW	1974	31	31	3	1209	139*	43.17	3	6	478	16	29.87	3-15	0	3.53	16	

ROEBUCK, Peter Michael   b Oxford 6.3.1956   RHB OB

	Cmp Debut	M	I	NO	Runs	HS	Avge	100	50	Runs	Wkts	Avge	BB	5wi	RpO	ct	st
FC		22	35	8	1288	221*	47.70	4	5	120	1	120.00	1-30	0	5.00	12	
JPL		14	12	1	405	75*	32.81	0	4							2	
BH		4	4	0	51	26	12.75	0	0							0	
NW		2	2	0	41	41	20.50	0	0							2	
FC	1974	250	410	62	12533	221*	36.01	19	71	2189	43	50.90	6-50	1	2.83	122	
JPL	1975	128	118	22	2961	105	30.84	1	15	65	2	32.50	2-4	0	5.27	20	
BH	1975	47	44	5	873	53*	22.38	0	4	23	2	11.50	2-13	0	2.76	16	
NW	1976	28	28	2	734	98	28.23	0	3							8	

ROSE, Brian Charles   b Dartford 4.6.1950   LHB LM

	Cmp Debut	M	I	NO	Runs	HS	Avge	100	50	Runs	Wkts	Avge	BB	5wi	RpO	ct	st
FC		14	23	5	784	129	43.55	2	3	57	2	28.50	2-28	0	5.18	3	
JPL		12	10	0	239	66	23.90	0	2							1	
BH		1	1	0	49	49	49.00	0	0							0	
NW		1	1	1	43	43*		0	0							0	
Test	1977	9	16	2	358	70	25.57	0	2							4	
FC	1969	267	444	50	13176	205	33.44	25	53	289	8	36.12	3-9	0	3.89	123	
Int	1977	2	2	0	99	54	49.50	0	1							1	
JPL	1969	171	160	21	3606	112*	25.94	1	19	152	7	21.71	3-25	0	4.47	41	
BH	1973	52	50	7	1342	137*	31.20	1	7							16	
NW	1969	26	25	5	757	128	37.85	1	2							6	

TAYLOR, Nicholas Simon   b Holmfirth 2.6.1963   RHB RFM (Yorks 1982-83, Surrey 1984-85)

	Cmp Debut	M	I	NO	Runs	HS	Avge	100	50	Runs	Wkts	Avge	BB	5wi	RpO	ct	st
FC		16	18	6	107	24*	8.91	0	0	1222	29	42.13	4-40	0	3.56	2	
JPL		13	4	1	31	28	10.33	0	0	422	19	22.21	3-39	0	4.75	1	
BH		3	2	0	10	9	5.00	0	0	111	5	22.20	5-51	1	4.29	3	
NW		2	1	1	1	1*		0	0	68	5	13.60	3-47	0	3.21	0	
FC	1982	34	33	11	180	24*	8.18	0	0	2775	79	35.12	7-44	2	3.61	7	
JPL	1984	15	5	2	40	28	13.33	0	0	486	20	24.30	3-39	0	4.81	1	
BH	1985	6	4	0	12	9	3.00	0	0	195	6	32.50	5-51	1	4.38	4	

TURNER, Murray Stewart   b Shaftesbury 2.7.1964   RHB RFM

	Cmp Debut	M	I	NO	Runs	HS	Avge	100	50	Runs	Wkts	Avge	BB	5wi	RpO	ct	st
FC		1								55	2	27.50	2-55	0	3.66	0	
JPL		4	2	1	23	22*	23.00	0	0	176	4	44.00	2-63	0	8.00	2	
FC	1984	12	14	6	144	24*	18.00	0	0	788	15	52.53	4-74	0	3.42	2	
JPL	1985	13	7	2	49	22*	9.80	0	0	421	10	42.10	3-36	0	6.28	2	
BH	1985	4	3	1	42	19	21.00	0	0	156	4	39.00	3-22	0	3.72	0	

WYATT, Julian George   b Paulton 19.6.1963   RHB RM

	Cmp Debut	M	I	NO	Runs	HS	Avge	100	50	Runs	Wkts	Avge	BB	5wi	RpO	ct	st
FC		4	6	0	81	40	13.50	0	0							0	
JPL		2	2	0	86	48*	86.00	0	0							0	
FC	1983	43	72	2	1915	145	27.35	3	8	63	2	31.50	1-0	0	4.84	16	
JPL	1984	12	9	2	142	48*	20.28	0	0							3	
BH	1985	4	4	0	39	22	9.75	0	0							1	
NW	1984	2	2	0	3	3	1.50	0	0							1	

SURREY

Foundation of Present Club: 21 August 1845 at Kennington Oval

First First-Class Match: M.C.C. v Surrey (Lord's) July 15, 1839; however matches by Surrey from 1730 onwards were regarded as among the principal contests of the day.

Present Principal Ground: Kennington Oval, London SE 11

County Champions: 1864, 1887, 1888, 1889, 1890, 1891, 1892, 1894, 1895, 1899, 1914, 1950, 1952, 1953, 1954, 1955, 1956, 1957, 1958, 1971.
Results in 1986: 3rd; won 8, lost 6, drawn 10

JPL Championship: Best season: 5th in 1969 and 1980
Results in 1986: 12th; won 5, lost 8, no result 2, tied 1

B&H Cup: Winners in 1974
Result in 1986: 4th in Group D

Nat West Trophy: Winners in 1982
Result in 1986: Lost in semi-final

FIRST CLASS RECORDS

Highest Team Total: 811 v Somerset (Oval) 1899

Lowest Team Total: 14 v Essex (Chelmsford) 1983

Highest Individual Innings: 357* R.Abel v Somerset (Oval) 1899

Best Innings Analysis: 10-43 T.Rushby v Somerset (Taunton) 1921

Highest Wicket Partnership: 447 (4th) R.Abel & T.W.Hayward v Yorkshire (Oval) 1899

Hundreds in 1986: M.A.Lynch (3) 152 v Notts (Oval); 128* v Warwicks (Oval); 119* v Kent (Dartford)
A.J.Stewart (3) 144 v Middlesex (Uxbridge); 166 v Kent (Oval); 105 v Kent (Dartford)
T.E.Jesty (2) 221 v Essex (Oval); 179 v Worcs (Oval)
C.J.Richards (2) 100 v Middlesex (Uxbridge); 115 v Gloucs (Oval)
A.R.Butcher (1) 157 v Cambridge U (Cambridge)
G.S.Clinton (1) 117 v Somerset (Taunton)
N.J.Falkner (1) 102 v Middlesex (Uxbridge)

Five Wickets in Innings in 1986: S.T.Clarke (3) 5-69 v Worcs (Worester); 5-43 v Derbyshire (Oval); 5-31 v Somerset (Taunton)
A.H.Gray (3) 6-83 and 6-30 v Warwicks (Oval); 7-23 v Kent (Oval)
K.T.Medlycott (3) 5-71 and 5-84 v Middlesex (Uxbridge); 6-63 v Kent (Oval)

LIMITED OVERS MATCHES RECORDS

Highest Team Totals
JPL: 304-6 v Warwicks (Oval) 1985
BH: 276-6 v Essex (Oval) 1982
NW: 297-6 v Lincs (Sleaford) 1983

Lowest Team Totals
JPL: 64 v Worcs (Worcester) 1978
BH: 89 v Notts (Trent Bridge) 1984
NW: 74 v Kent (Oval) 1967

Highest Individual Innings
JPL: 136 M.A.Lynch v Yorkshire (Bradford) 1985
BH: 115* G.R.J.Roope v Essex (Chelmsford) 1973
NW: 146 G.S.Clinton v Kent (Canterbury) 1985

Best Innings Analyses
JPL: 6-25 Intikhab Alam v Derbyshire (Oval) 1974
BH: 5-21 P.H.L.Wilson v Combined Univ (Oval) 1979
NW: 7-33 R.D.Jackman v Yorkshire (Headingley) 1970

Highest Wicket Partnerships
JPL: 187 (2nd) A.R.Butcher & R.D.V.Knight v Leics (Leicester) 1983
BH: 155 (1st) J.H.Edrich & G.R.J.Roope v Essex (Chelmsford) 1973
NW: 166 (5th) M.A.Lynch & G.R.J.Roope v Durham (Oval) 1982

Hundreds in 1986
JPL: Nil. Highest Innings: 92* G.S.Clinton v Yorkshire (Oval)
BH: Nil. Highest Innings: 94* T.E.Jesty v Kent (Canterbury)
NW: (1) T.E.Jesty 112 v Lancashire (Oval)

Five Wickets in Innings in 1986
JPL: Nil. Best Bowling: 4-21 A.H.Gray v Leics (Oval)
BH: Nil. Best Bowling: 2-23 A.R.Butcher v Combined Univ (Oval)
NW: Nil. Best Bowling: 4-21 S.T.Clarke v Lancashire (Oval)

1986 AND CAREER RECORDS FOR SURREY PLAYERS

Cmp	Debut	M	I	NO	Runs	HS	Avge	100	50	Runs	Wkts	Avge	BB	5wi	RpO	ct	st
BICKNELL, Martin Paul					b Guildford 14.1.1969			RHB RFM									
FC		9	10	2	21	9*	2.62	0	0	600	27	22.22	3-27	0	3.06	4	
JPL		5	2	1	13	13	13.00	0	0	138	4	34.50	2-19	0	3.94	3	
NW		4	3	2	4	2*	4.00	0	0	103	5	20.60	2-34	0	2.78	3	
BROWN, Graham Elliott					b Balham 11.10.1966			RHB WK									
FC		1	2	2	2	2*		0	0							4	1
BULLEN, Christopher Keith					b Clapham 5.11.1962			RHB OB									
JPL		4	3	2	1	1*	1.00	0	0	81	4	20.25	2-18	0	2.53	6	
FC	1982	4	4	0	53	19	13.25	0	0	104	2	52.00	2-36	0	2.81	2	
JPL	1985	7	5	2	20	10	6.66	0	0	116	4	29.00	2-18	0	3.05	7	
BUTCHER, Alan Raymond					b Croydon 7.1.1954			LHB LM									
FC		16	25	0	634	157	25.36	1	3	305	13	23.46	4-25	0	2.74	6	
JPL		11	11	0	283	64	25.72	0	2	71	4	17.75	2-12	0	3.49	1	
BH		4	4	0	126	65	31.50	0	2	23	2	11.50	2-23	0	3.28	4	
NW		3	3	0	65	38	21.66	0	0	57	2	28.50	1-27	0	3.00	1	
Test	1979	1	2	0	34	20	17.00	0	0	9	0				4.50	0	
FC	1972	290	490	43	14734	216*	32.96	29	69	4808	126	38.15	6-48	1	3.16	132	
Int	1980	1	1	0	14	14	14.00	0	0							0	
JPL	1971	173	164	17	4233	113*	28.72	4	28	1420	36	39.44	5-19	2	4.39	37	
BH	1974	56	51	4	1203	80	25.59	0	9	507	24	21.12	4-36	1	3.00	19	
NW	1974	27	25	3	615	86*	27.95	0	3	249	5	49.80	1-27	0	3.69	8	
CLARKE, Sylvester Theophilus (Transvaal)					b Christchurch, Barbados 11.12.1954						RHB RF						
FC		14	13	4	156	32*	17.33	0	0	806	48	16.79	5-31	3	2.36	9	
JPL		8	3	2	31	15	31.00	0	0	211	8	26.37	3-41	0	4.04	4	
BH		3	2	0	4	2	2.00	0	0	86	3	28.66	2-35	0	2.60	0	
NW		3	3	1	55	23	27.50	0	0	47	6	7.83	4-21	1	1.62	2	
Test	1977	11	16	5	172	35*	15.63	0	0	1171	42	27.88	5-126	1	2.83	2	
FC	1977	196	215	40	2694	100*	15.39	1	4	15254	758	20.12	7-34	46	2.66	110	
Int	1977	10	8	2	60	20	10.00	0	0	245	13	18.84	3-22	0	2.80	4	
JPL	1979	68	46	11	436	34*	12.45	0	0	1858	77	24.02	3-18	0	3.94	18	
BH	1979	33	23	4	172	39	9.05	0	0	866	53	16.33	5-25	3	2.64	8	
NW	1980	19	11	4	159	45*	22.71	0	0	432	25	17.28	4-10	3	2.29	9	
CLINTON, Grahame Selvey					b Sidcup 5.5.1953			LHB RM									
FC		23	35	4	1027	117	33.12	1	6	12	0				4.00	10	
JPL		14	14	2	567	92*	47.25	0	7							0	
BH		3	3	0	82	47	27.33	0	0							1	
NW		4	4	0	88	49	22.00	0	0							1	
FC	1974	191	319	39	9054	192	32.33	15	49	185	4	46.25	2-8	0	7.11	69	
JPL	1976	68	60	9	1670	105*	32.74	1	11							17	
BH	1976	35	33	1	976	106*	30.50	1	6	10	0				7.50	8	
NW	1980	17	17	1	526	146	32.87	1	2	2	0				0.50	1	
DOUGHTY, Richard John					b Bridlington 17.11.1960			RHB RFM (Gloucs 1981-84)									
FC		15	19	2	387	61	22.76	0	1	1104	32	34.50	4-52	0	3.68	12	
JPL		11	8	2	98	36	16.33	0	0	293	6	48.83	1-13	0	4.12	2	
BH		4	3	0	53	30	17.66	0	0	166	3	55.33	2-46	0	5.72	0	
FC	1981	40	50	11	840	65	21.53	0	3	2910	89	32.69	6-33	2	3.68	22	
JPL	1981	36	24	8	254	50*	15.87	0	1	1097	20	54.85	3-34	0	5.49	4	
BH	1982	10	7	0	122	31	17.42	0	0	359	6	59.83	2-32	0	4.91	0	
NW	1982	2	1	1	5	5*		0	0	60	2	30.00	1-28	0	4.00	1	
FALKNER, Nicholas James					b Redhill 30.9.1962			RHB RM									
FC		11	18	2	567	102	35.43	1	2	9	1	9.00	1-3	0	2.25	7	
JPL		1	1	0	31	31	31.00	0	0							0	
NW		2	2	0	36	36	18.00	0	0							1	
FC	1984	12	19	3	668	102	41.75	2	2	9	1	9.00	1-3	0	2.25	7	
JPL	1984	3	3	0	99	44	33.00	0	0							0	
BH	1984	1	1	0	2	2	2.00	0	0							0	
FELTHAM, Mark Andrew					b St John's Wood 26.6.1963			RHB RFM									
FC		12	14	5	237	76	26.33	0	1	781	26	30.03	4-47	0	3.48	1	
JPL		10	7	3	67	37	16.75	0	0	391	12	32.58	4-35	1	5.75	2	
BH		3	2	2	6	6*		0	0	160	1	160.00	1-47	0	5.02	0	
NW		2	2	0	13	12	6.50	0	0	78	4	19.50	2-27	0	3.54	0	
FC	1983	26	31	10	478	76	22.76	0	1	1911	60	31.85	5-62	1	3.51	6	
JPL	1983	26	18	9	144	37	16.00	0	0	924	24	38.50	4-35	1	5.69	4	
BH	1984	7	6	3	51	22*	17.00	0	0	302	7	43.14	3-25	0	4.29	1	
NW	1984	4	3	0	17	12	5.66	0	0	118	5	23.60	2-27	0	3.37	0	
GRAY, Anthony Hollis (Trinidad, WI to Pak)					b Port of Spain, Trinidad 23.5.1963								RHB RF				
FC		11	14	2	108	28	9.00	0	0	966	51	18.94	7-23	3	2.86	4	
JPL		7	5	2	57	24*	28.50	0	0	211	18	11.72	4-21	1	3.76	2	
BH		1								33	0				3.00	0	
NW		1	1	0	3	3	3.00	0	0	23	3	7.66	3-23	0	1.91	0	
FC	1983	50	52	8	486	54*	11.04	0	0	4440	200	22.20	8-40	14	3.25	18	
Int	1985	4	1	1	7	7*		0	0	82	4	20.50	2-36	0	3.72	0	
JPL	1985	17	8	5	61	24*	20.33	0	0	513	33	15.54	4-21	1	4.07	2	
NW	1985	2	1	0	3	3	3.00	0	0	89	5	17.80	3-23	0	3.86	0	

Cmp	Debut	M	I	NO	Runs	HS	Avge	100	50	Runs	Wkts	Avge	BB	5wi	RpO	ct	st

JESTY, Trevor Edward b Gosport 2.6.1948 RHB RM (Hants 1966-84)

Cmp	Debut	M	I	NO	Runs	HS	Avge	100	50	Runs	Wkts	Avge	BB	5wi	RpO	ct	st
FC		20	30	1	998	221	34.41	2	4	155	5	31.00	2-14	0	2.62	10	
JPL		11	11	1	168	40*	16.80	0	0	65	2	32.50	2-28	0	5.00	0	
BH		4	3	3	207	94*		0	2	79	1	79.00	1-30	0	5.64	0	
NW		3	3	0	140	112	46.66	1	0							2	
FC	1966	410	650	84	18184	248	32.12	33	87	15737	574	27.41	7-75	18	2.61	242	1
Int	1982	10	10	4	127	52*	21.16	0	1	93	1	93.00	1-23	0	5.16	5	
JPL	1969	248	227	31	4926	166*	25.13	4	19	6027	248	24.30	6-20	10	4.68	56	
BH	1972	64	60	8	1850	105	35.57	1	12	1649	66	24.98	4-22	5	3.48	16	
NW	1970	35	30	2	885	118	31.60	2	5	984	38	25.89	6-46	3	3.29	13	

LYNCH, Monte Alan b Georgetown, British Guiana 21.5.1958 RHB RM/OB

Cmp	Debut	M	I	NO	Runs	HS	Avge	100	50	Runs	Wkts	Avge	BB	5wi	RpO	ct	st
FC		25	39	3	1234	152	34.27	3	5	119	2	59.50	1-18	0	4.89	38	
JPL		14	14	0	276	78	19.71	0	2							10	
BH		4	4	1	153	68*	51.00	0	2							2	
NW		4	4	0	90	29	22.50	0	0	5	0				5.00	2	
FC	1977	190	317	35	9837	152	34.88	24	44	828	17	48.70	3-6	0	4.05	174	
JPL	1977	121	110	13	2698	136	27.81	2	18	41	0				9.11	44	
BH	1979	33	29	1	706	85	25.21	0	4							12	
NW	1979	21	18	3	402	129	26.80	1	0	31	1	31.00	1-25	0	2.58	9	

MEDLYCOTT, Keith Thomas b Whitechapel 12.5.1965 RHB SLA

Cmp	Debut	M	I	NO	Runs	HS	Avge	100	50	Runs	Wkts	Avge	BB	5wi	RpO	ct	st
FC		14	15	2	197	61	15.15	0	1	1166	40	29.15	6-63	3	3.27	9	
JPL		1	1	1	0	0	0.00	0	0	21	0				10.50	1	
FC	1984	22	24	8	336	117*	21.00	1	1	1391	48	28.97	6-63	3	2.90	9	
JPL	1985	2	1	0	0	0	0.00	0	0	21	0				10.50	1	

MONKHOUSE, Graham b Langwathby 26.4.1954 RHB RMF

Cmp	Debut	M	I	NO	Runs	HS	Avge	100	50	Runs	Wkts	Avge	BB	5wi	RpO	ct	st
FC		10	12	4	162	51	20.25	0	1	589	14	42.07	4-37	0	2.52	6	
JPL		8	6	3	54	24*	18.00	0	0	297	10	29.70	3-48	0	4.93	3	
BH		4	1	1	2	2*		0	0	159	6	26.50	2-35	0	3.69	1	
NW		2	2	0	35	18	17.50	0	0	89	5	17.80	3-34	0	4.48	1	
FC	1981	75	86	13	1158	100*	21.84	1	3	4682	173	27.06	7-51	2	2.77	35	
JPL	1981	58	29	14	205	27	13.66	0	0	1754	58	30.24	3-22	0	4.45	16	
BH	1982	17	9	5	57	24*	14.25	0	0	594	23	25.82	3-20	0	3.89	1	
NW	1982	12	5	0	50	18	10.00	0	0	440	18	24.44	3-26	0	3.62	3	

NEEDHAM, Andrew b Calow 23.3.1957 RHB OB

Cmp	Debut	M	I	NO	Runs	HS	Avge	100	50	Runs	Wkts	Avge	BB	5wi	RpO	ct	st
FC		11	17	2	256	52	17.06	0	1	227	1	227.00	1-47	0	2.08	6	
JPL		9	7	1	111	49	18.50	0	0	268	11	24.36	3-24	0	4.54	4	
BH		2	1	0	8	8	8.00	0	0	21	0				2.10	1	
NW		2	2	0	17	13	8.50	0	0	44	5	8.80	4-32	1	2.75	1	
FC	1977	91	132	17	2620	128	22.78	4	10	4429	104	42.58	6-30	5	2.95	42	
JPL	1978	49	39	8	594	55	19.16	0	3	697	22	31.68	3-24	0	5.18	14	
BH	1984	8	6	1	106	30	21.20	0	0	61	0				3.38	0	
NW	1985	3	3	0	43	26	14.33	0	0	99	7	14.14	4-32	1	3.66	1	

POCOCK, Patrick Ian b Bangor 24.9.1946 RHB OB

Cmp	Debut	M	I	NO	Runs	HS	Avge	100	50	Runs	Wkts	Avge	BB	5wi	RpO	ct	st
FC		21	20	9	93	16*	8.45	0	0	1095	30	36.50	4-45	0	2.77	6	
JPL		8	3	3	4	2*		0	0	225	7	32.14	2-30	0	5.48	1	
BH		4								123	4	30.75	2-37	0	3.51	0	
NW		4	3	2	13	9*	13.00	0	0	112	6	18.66	2-21	0	2.62	1	
Test	1967	25	37	4	206	33	6.24	0	0	2976	67	44.41	6-79	3	2.68	15	
FC	1964	554	585	156	4867	75*	11.34	0	1	42648	1607	26.53	9-57	60	2.54	186	
Int	1984	1	1	0	4	4	4.00	0	0	20	0				2.00	0	
JPL	1969	209	104	38	492	22	7.45	0	0	5795	213	27.20	4-27	4	4.10	41	
BH	1972	71	32	16	124	19	7.75	0	0	2168	76	28.52	4-11	3	3.13	11	
NW	1966	34	20	7	77	14	5.92	0	0	961	37	25.97	3-34	0	2.71	6	

RICHARDS, Clifton James (England) b Penzance 10.8.1958 RHB WK

Cmp	Debut	M	I	NO	Runs	HS	Avge	100	50	Runs	Wkts	Avge	BB	5wi	RpO	ct	st
FC		23	34	9	1006	115	40.24	2	5	34	1	34.00	1-34	0	6.80	39	5
Int		2	1	0	8	8	8.00	0	0							1	
JPL		15	15	4	373	55*	33.90	0	2							13	5
BH		4	3	0	68	45	22.66	0	0							3	
NW		4	4	2	95	53*	47.50	0	1							5	1
FC	1976	235	303	75	6035	117*	26.46	5	27	198	5	39.60	2-42	0	4.60	443	62
Int	1981	5	3	0	11	3	3.66	0	0							2	
JPL	1977	125	92	24	1113	55*	16.36	0	3							78	23
BH	1978	43	28	7	286	45	13.61	0	0							39	5
NW	1977	25	16	5	308	105*	28.00	1	0							29	5

STEWART, Alec James b Merton 8.4.1963 RHB WK

Cmp	Debut	M	I	NO	Runs	HS	Avge	100	50	Runs	Wkts	Avge	BB	5wi	RpO	ct	st
FC		25	39	3	1665	166	46.25	3	14	55	0				11.00	15	
JPL		14	14	0	236	59	16.85	0	1							4	
BH		4	4	1	108	63*	36.00	0	1							1	
NW		4	4	0	59	31	14.75	0	0							4	
FC	1981	75	117	14	3804	166	36.93	5	25	98	0				8.90	80	2
JPL	1981	51	44	6	799	86	21.02	0	4	4	0				8.00	26	1
BH	1984	10	10	1	159	63*	17.66	0	1							1	
NW	1984	6	5	0	96	37	19.20	0	1							4	

THOMAS, David James b Solihull 30.6.1959 LHB LFM

Cmp	Debut	M	I	NO	Runs	HS	Avge	100	50	Runs	Wkts	Avge	BB	5wi	RpO	ct	st
FC		9	12	4	222	47*	27.75	0	0	588	12	49.00	2-44	0	3.53	1	
JPL		7	7	2	88	37*	17.60	0	0	190	6	31.66	2-40	0	5.13	1	

	Cmp	Debut	M	I	NO	Runs	HS	Avge	100	50	Runs	Wkts	Avge	BB	5wi	RpO	ct	st
	NW		2	2	0	77	65	38.50	0	1	97	3	32.33	2-57	0	5.10	0	
	FC	1977	130	172	36	2724	119	20.02	2	7	10011	296	33.82	6-36	6	3.26	44	
	JPL	1977	89	67	14	1015	72	19.15	0	4	2720	83	32.77	4-13	1	4.65	13	
	BH	1980	17	11	1	75	19	7.50	0	0	510	13	39.23	3-30	0	3.55	2	
	NW	1978	21	16	5	279	65	25.36	0	2	703	21	33.47	3-16	0	3.70	6	

WARD, David Mark b Croydon 10.2.1961 RHB OB

	FC		4	6	1	100	34	20.00	0	0							1	
	JPL		7	6	0	53	17	8.83	0	0							3	
	FC	1985	10	16	4	379	143	31.58	1	0							3	
	JPL	1984	18	14	4	243	59*	24.30	0	1							4	

WINTERBORNE, Gary b Hammersmith 26.6.1967 RHB RFM

	FC		1								47	0				2.35	0	

SUSSEX

Foundation of Present Club: 1 March 1839 at Brighton

First First-Class Match: MCC v Sussex June 9, 1823; however matches by Sussex from the 1730s were regarded as among the principal contests of the day.

Present Principal Ground: County Ground, Eaton Road, Hove

County Championship: Best seasons: 2nd in 1902, 1903, 1932, 1933, 1934, 1953 and 1981
Results in 1986: 14th; won 4, lost 7, drawn 12, abandoned 1

JPL Champions: 1982
Results in 1986: 4th; won 10, lost 6

B&H Cup: Losing semi-finalist in 1982
Result in 1986: Lost in quarter-final

Nat West Trophy: Winners in 1963, 1964, 1978 and 1986
Result in 1986: Winners

FIRST CLASS RECORDS

Highest Team Total: 705-8 dec v Surrey (Hastings) 1902

Lowest Team Total: 19 v Surrey (Godalming) 1830 and 19 v Notts (Hove) 1873

Highest Individual Innings: 333 K.S.Duleepsinhji v Northants (Hove) 1930

Best Innings Analysis: 10-48 C.H.G.Bland v Kent (Tonbridge) 1899

Highest Wicket Partnership: 490 (1st) E.H.Bowley & J.G.Langridge v Middlesex (Hove) 1933

Hundreds in 1986: P.W.G.Parker (6) 107 v Middlesex (Lord's); 109 v Cambridge U (Hove); 125 v Worcs (Worcester); 120 v Gloucs (Bristol); 100* v Derbyshire (Eastbourne); 111 v Notts (Hove)
  A.M.Green (3) 132 v Cambridge U (Hove); 179 v Glamorgan (Cardiff); 114 v Hampshire (Hove)
  Imran Khan (2) 104 v Hampshire (Southampton); 135* v Warwicks (Edgbaston)
  A.C.S.Pigott(1) 104* v Warwickshire (Edgbaston)
  A.P.Wells (1) 150* v Notts (Hove)
  C.M.Wells (1) 106 v Essex (Eastbourne)

Five Wickets in Innings in 1986: A.C.S.Pigott (3) 5-57 v Essex (Ilford); 5-50 v Kent (Hove); 5-81 v Somerset (Taunton)
  Imran Khan (2) 8-34 v Middlesex (Lord's); 5-52 v Leics (Hove)
  D.A.Reeve (1) 5-32 v Worcs (Worcester)

LIMITED OVERS MATCHES RECORDS

Highest Team Totals
JPL: 293-4 v Worcs (Horsham) 1980
BH: 305-6 v Kent (Hove) 1982
NW: 314-7 v Kent (Tunbridge Wells) 1963

Lowest Team Totals
  JPL: 61 v Derbyshire (Derby) 1978
  BH: 60 v Middlesex (Hove) 1978
  NW: 49 v Derbyshire (Chesterfield) 1969

Highest Individual Innings
  JPL: 129 A.W.Greig v Yorkshire (Scarborough) 1976
  BH: 117 R.D.V.Knight v Surrey (Oval) 1977
  NW: 141* G.D.Mendis v Warwicks (Hove) 1980

Best Innings Analyses
  JPL: 7-41 A.N.Jones v Notts (Trent Bridge) 1986
  BH: 5-7 G.S.Le Roux v Ireland (Hove) 1985
  NW: 6-30 D.L.Bates v Gloucs (Hove) 1968

Highest Wicket Partnerships
  JPL: 189 (2nd) P.W.G.Parker & C.M.Wells v Warwicks (Hove) 1983
  BH: 167 (3rd) A.W.Greig & P.J.Graves v Combined Univ (Hove) 1974
  NW: 160 (4th) E.R.Dexter & J.M.Parks v Northants (Northampton) 1963

Hundreds in 1986
  JPL: Nil. Highest Innings: 92 P.W.G.Parker v Hampshire (Bournemouth)
  BH: (1) Imran Khan 112* v Essex (Hove)
  NW: (1) A.M.Green 102 v Glamorgan (Hove)

Five Wickets in Innings in 1986
  JPL:(2) A.N.Jones 7-41 v Notts (Chesterfield); A.C.S.Pigott 5-24 v Lancs (Old Trafford)
  BH: Nil. Best Bowling: 4-32 A.N.Jones v Somerset (Hove)
  NW: Nil. Best Bowling: 4-17 G.S.Le Roux v Yorkshire (Headingley)

1986 AND CAREER RECORDS FOR SUSSEX PLAYERS

Cmp	Debut	M	I	NO	Runs	HS	Avge	100	50	Runs	Wkts	Avge	BB	5wi	RpO	ct	st
ALIKHAN, Rehan Iqbal					b Westminster 28.12.1962			RHB OB									
FC		18	28	4	843	72	35.12	0	7	65	0				6.50	7	
JPL		1	1	0	10	10	10.00	0	0							0	
NW		5	5	1	61	41	15.25	0	0							1	
BABINGTON, Andrew Mark					b Marylebone 22.7.1963			LHB RFM									
FC		6	3	1	1	1	0.50	0	0	348	15	23.20	4-18	0	2.95	4	
JPL		3	1	0	0	0	0.00	0	0	100	1	100.00	1-39	0	5.26	1	
NW		2	1	1	4	4*		0	0	54	4	13.50	2-9	0	4.15	1	
BARCLAY, John Robert Troutbeck					b Bonn, West Germany 22.1.1954			RHB OB									
FC		2	3	0	36	28	12.00	0	0	65	0				5.00	1	
JPL		6	2	1	21	15	21.00	0	0	20	0				10.00	2	
BH		4	2	1	12	9	12.00	0	0							4	
FC	1970	274	434	44	9677	119	24.81	9	46	9936	324	30.66	6-61	9	2.84	214	
JPL	1974	158	103	35	1261	48	18.54	0	0	2721	105	25.91	3-11	0	4.63	55	
BH	1974	50	44	5	1095	93*	28.07	0	6	1010	36	28.05	5-43	1	3.67	18	
NW	1974	24	22	2	340	48	17.00	0	0	425	23	18.47	5-53	1	3.30	6	
BREDIN, Andrew Michael					b Wimbledon 12.1.1962			RHB SLA									
FC		7	6	2	26	8*	6.50	0	0	385	7	55.00	2-50	0	3.34	1	
GOULD, Ian James					b Slough 19.8.1957			LHB WK (Middx 1975-80)									
FC		20	24	6	586	78*	32.55	0	4	110	2	55.00	2-67	0	4.88	36	1
JPL		14	14	3	280	65*	25.45	0	2							18	
BH		5	4	0	49	25	12.25	0	0							6	
NW		5	3	1	109	88	54.50	0	1							11	
FC	1975	227	294	48	5984	128	24.32	2	28	220	2	110.00	2-67	0	5.11	453	67
Int	1982	18	14	2	155	42	12.91	0	0							15	3
JPL	1975	138	121	20	1787	69*	17.69	0	6							120	21
BH	1976	46	38	6	536	72	16.75	0	3							46	3
NW	1976	27	20	2	383	88	21.27	0	2							25	7
GREEN, Allan Michael (Orange Free State)					b Pulborough 28.5.1960			RHB OB									
FC		25	46	3	1343	179	31.23	3	3	583	7	83.28	2-58	0	3.34	12	
JPL		15	13	0	283	69	21.76	0	2	7	0				7.00	4	
BH		5	4	0	128	50	32.00	0	1							2	
NW		5	5	0	202	102	40.40	1	1							0	
FC	1980	119	211	13	6049	179	30.55	7	27	1533	32	47.90	4-59	0	3.47	62	
JPL	1982	38	35	3	920	83	28.75	0	6	7	0				7.00	12	
BH	1982	13	12	0	268	50	22.33	0	1	26	1	26.00	1-4	0	4.33	4	
NW	1982	10	10	0	335	102	33.50	1	2	7	0				7.00	0	

	Cmp Debut	M	I	NO	Runs	HS	Avge	100	50	Runs	Wkts	Avge	BB	5wi	RpO	ct	st
	IMRAN KHAN (Pakistan, Pak to SL)						b Lahore, Pakistan 25.11.1952					RHB RF (Worcs 1971-76)					
FC		11	18	3	730	135*	48.66	2	4	866	37	23.40	8-34	2	2.72	1	
JPL		14	14	0	347	89	24.78	0	3	369	12	30.75	4-31	1	4.10	2	
BH		5	5	3	252	112*	126.00	1	0	153	5	30.60	2-37	0	3.32	2	
NW		5	5	1	159	54	39.75	0	2	128	11	11.63	3-16	0	2.40	2	
Test	1971	57	83	12	2140	123	30.14	2	8	5857	264	22.18	8-58	17	2.51	20	
FC	1969	328	508	82	15349	170	36.03	25	80	25011	1145	21.84	8-34	62	2.64	104	
Int	1974	72	58	18	1212	102*	30.30	1	3	1548	69	22.43	6-14	1	3.40	24	
JPL	1973	131	120	17	3220	104*	31.26	1	27	3262	166	19.65	5-29	8	3.72	25	
BH	1973	45	44	10	1410	112*	41.47	1	9	1236	61	20.26	5-8	3	2.85	10	
NW	1973	30	29	6	763	114*	33.17	1	4	824	38	21.68	4-27	1	2.91	5	
	JONES, Adrian Nicholas						b Woking 22.7.1961		LHB RFM								
FC		11	10	3	55	13	7.85	0	0	620	21	29.52	3-36	0	3.62	5	
JPL		13	4	4	33	17*		0	0	397	27	14.70	7-41	2	4.41	1	
BH		5	2	1	21	20	21.00	0	0	158	10	15.80	4-32	1	4.05	0	
NW		4								99	6	16.50	4-26	1	3.80	1	
FC	1981	49	46	20	284	35	10.92	0	0	2953	95	31.08	5-29	2	3.51	10	
JPL	1981	28	5	5	34	17*		0	0	770	48	16.04	7-41	4	4.54	4	
BH	1982	7	4	1	27	20	9.00	0	0	180	10	18.00	4-32	1	4.25	0	
NW	1984	5	1	1	3	3*		0	0	148	7	21.14	4-26	1	4.11	1	
	LENHAM, Neil John						b Worthing 17.12.1965		RHB RMF								
FC		18	29	4	544	77	21.76	0	3	409	9	45.44	4-85	0	3.12	6	
JPL		4	1	1	7	7*		0	0	40	0				5.00	1	
BH		3	3	0	121	82	40.33	0	1							1	
NW		1	1	0	6	6	6.00	0	0	48	1	48.00	1-48	0	5.33	0	
FC	1984	30	46	6	1048	89	26.20	0	6	409	9	45.44	4-85	0	3.12	11	
JPL	1985	5	2	2	8	7*		0	0	40	0				5.00	1	
	LE ROUX, Garth Stirling (Western Province)						b Kenilworth, South Africa 4.9.1955						RHB RF				
FC		14	16	6	298	72*	29.80	0	1	928	26	35.69	3-27	0	3.06	6	
JPL		12	10	2	113	41*	14.12	0	0	287	13	22.07	4-40	1	3.77	3	
BH		5	3	0	16	7	5.33	0	0	166	5	33.20	3-13	0	4.13	2	
NW		3	1	1	39	39*		0	0	91	5	18.20	4-17	1	2.88	0	
FC	1975	206	248	69	4563	86	25.49	0	22	15444	729	21.18	8-107	32	2.71	72	
JPL	1980	79	59	13	1091	86	23.71	0	3	2232	107	20.85	4-18	4	4.22	13	
BH	1981	28	22	6	376	50	23.50	0	1	1014	42	24.14	4-22	3	3.94	6	
NW	1980	15	11	3	119	39*	14.87	0	0	391	29	13.48	5-7	3	2.68	2	
	MAYS, Christopher Sean						b Brighton 11.5.1966		RHB OB								
FC		8	6	2	19	8*	4.75	0	0	706	13	54.30	3-77	0	3.31	2	
	PARKER, Paul William Giles						b Bulawayo, Rhodesia 15.1.1956					RHB RM					
FC		25	43	7	1595	125	44.30	6	8	13	0				4.33	19	
JPL		16	16	1	623	92	41.53	0	6							7	
BH		5	5	0	60	20	12.00	0	0							0	
NW		5	5	1	151	85	37.75	0	1							0	
Test	1981	1	2	0	13	13	6.50	0	0							0	
FC	1976	245	414	59	12664	215	35.67	31	57	566	10	56.60	2-21	0	4.02	166	
JPL	1976	141	132	20	3247	121*	28.99	3	20	20	2	10.00	1-2	0	4.00	54	
BH	1976	45	45	4	1052	77	25.65	0	6							14	
NW	1976	29	29	4	900	109	36.00	1	6	17	1	17.00	1-10	0	8.50	6	
	PHILLIPSON, Christopher Paul						b Vrindaban, India 10.2.1952				RHB RM						
FC		1	1	0	6	6	6.00	0	0							1	
JPL		13	10	5	137	27*	27.40	0	0							3	
BH		1														0	
NW		1														0	
FC	1970	168	226	61	3052	87	18.49	0	12	5213	153	34.07	6-56	4	2.91	137	
JPL	1971	160	113	44	1485	71	21.52	0	1	2141	77	27.80	4-25	4	4.66	44	
BH	1973	41	29	13	390	66*	24.37	0	2	532	15	35.46	5-32	1	4.34	19	
NW	1971	25	19	7	301	70*	25.08	0	1	261	9	29.00	2-14	0	4.03	7	
	PIGOTT, Anthony Charles Shackleton							b Kensington 4.6.1958				RHB RFM					
FC		19	18	6	572	104*	47.66	1	2	1363	49	27.81	5-50	3	3.49	4	
JPL		13	6	4	47	18*	23.50	0	0	413	22	18.77	5-24	1	4.66	4	
BH		5	2	0	23	21	11.50	0	0	192	9	21.33	3-33	0	4.36	2	
NW		3								71	2	35.50	1-0	0	4.43	1	
Test	1983	1	2	1	12	8*	12.00	0	0	75	2	37.50	2-75	0	4.41	0	
FC	1978	117	124	29	1810	104*	19.05	1	6	8359	298	28.05	7-74	13	3.38	46	
JPL	1978	74	31	13	235	49	13.05	0	0	2179	103	21.15	5-24	4	4.75	25	
BH	1978	20	12	4	48	21	6.00	0	0	752	28	26.85	3-33	0	4.34	8	
NW	1979	11	4	0	70	30	17.50	0	0	269	11	24.45	3-4	0	3.46	3	
	REEVE, Dermot Alexander						b Kowloon, Hong Kong 2.4.1963				RHB RMF						
FC		19	21	9	307	51	25.58	0	1	1411	52	27.13	5-32	1	2.68	10	
JPL		15	9	3	35	9	5.83	0	0	513	17	30.17	4-22	1	5.32	4	
BH		4	2	1	27	21*	27.00	0	1	163	5	32.60	2-32	0	4.79	0	
NW		5	2	1	2	1*	2.00	0	0	112	8	14.00	4-20	1	2.48	1	
FC	1983	74	78	23	1155	119	21.00	1	5	5488	197	27.85	5-22	4	2.68	37	
JPL	1983	50	21	10	118	19	10.72	0	0	1498	63	23.77	4-22	3	4.69	15	
BH	1984	12	7	1	65	21*	10.83	0	0	498	12	41.50	3-34	0	4.58	1	
NW	1983	10	6	4	37	16*	18.50	0	0	266	15	17.73	4-20	1	2.63	3	

Cmp	Debut	M	I	NO	Runs	HS	Avge	100	50	Runs	Wkts	Avge	BB	5wi	RpO	ct	st
SCOTT, Alastair Martin Gordon (Cambridge U, Combined Univ) b Guildford 31.3.1966 RHB LM
FC		9	9	6	29	8	9.66	0	0	814	18	45.22	4-100	0	2.87	5	
BH		4	2	1	2	2	2.00	0	0	122	2	61.00	1-26	0	3.79	1	
FC	1985	18	16	10	41	8	6.83	0	0	1693	43	39.37	5-68	1	3.21	7	
BH	1985	8	4	3	4	2*	4.00	0	0	259	4	64.75	1-26	0	3.91	1	
SPEIGHT, Martin Peter b Walsall 24.10.1967 RHB WK
FC		5	2	0	21	17	10.50	0	0							6	
JPL		3															1
STANDING, David Kevin b Brighton 21.10.1963 RHB OB
FC		17	26	3	412	65	17.91	0	1	536	4	134.00	2-28	0	2.74	9	
JPL		4	2	1	12	8*	12.00	0	0	91	3	30.33	1-16	0	4.51	2	
NW		2	2	2	1	1*		0	0	54	2	27.00	2-27	0	3.17	0	
FC	1983	24	38	7	674	65	21.74	0	3	568	4	142.00	2-28	0	2.84	12	
WARING, Ian Charles b Chesterfield 6.12.1963 LHB RFM
FC		1								45	1	45.00	1-16	0	2.04	1	
FC	1985	2								45	1	45.00	1-16	0	2.04	1	
JPL	1985	2								58	0				5.27	0	
WELLS, Alan Peter b Newhaven 2.10.1961 RHB RM
FC		23	34	3	891	150*	33.00	1	2	44	1	44.00	1-42	0	3.38	11	
JPL		16	16	2	352	63	25.14	0	3	11	1	11.00	1-7	0	9.43	4	
BH		4	2	0	38	21	19.00	0	0							0	
NW		4	3	0	28	21	9.33	0	0							1	
FC	1981	94	146	28	3512	150*	29.76	4	17	86	1	86.00	1-42	0	3.44	47	
JPL	1981	72	60	11	1245	71*	25.40	0	7	16	1	16.00	1-7	0	7.38	19	
BH	1982	17	14	2	372	62	31.00	0	2	17	1	17.00	1-17	0	7.84	4	
NW	1981	11	10	2	79	24	9.87	0	0	1	0				1.00	7	
WELLS, Colin Mark b Newhaven 3.3.1960 RHB RM
FC		24	38	9	1098	106	37.86	1	7	1373	37	37.10	4-23	0	2.99	5	
JPL		14	14	4	308	68	30.80	0	2	295	11	26.81	3-22	0	3.83	4	
BH		4	4	2	76	27*	38.00	0	0	53	2	26.50	2-36	0	3.78	2	
NW		5	4	2	110	45*	55.00	0	0	127	4	31.75	2-35	0	2.70	1	
FC	1979	166	259	42	7216	203	33.25	12	33	6855	203	33.76	5-25	2	2.88	44	
Int	1984	2	2	0	22	17	11.00	0	0							0	
JPL	1978	106	94	16	2080	104*	26.66	1	10	1900	75	25.33	4-15	2	3.79	25	
BH	1980	30	29	3	662	80	25.46	0	3	471	20	23.55	4-21	1	3.43	10	
NW	1979	20	17	2	362	76	24.13	0	1	340	10	34.00	2-20	0	2.64	3	

WARWICKSHIRE

Foundation of Present Club: 8 April 1882 in Coventry

First First-Class Match: Nottinghamshire v Warwickshire (Trent Bridge) May 3, 4, 5 1894

Present Principal Ground: County Ground, Edgbaston, Birmingham

County Champions: 1911, 1951 and 1972
Results in 1986: 12th; won 4, lost 5, drawn 15

JPL Champions: 1980
Results in 1986: 9th; won 5, lost 7, drawn 2, tied 2

B&H Cup: Losing finalist 1984
Result in 1986: 3rd in Group A

Nat West Trophy: Winners in 1966 and 1968
Result in 1986: Lost in quarter-final

FIRST CLASS RECORDS

Highest Team Total: 657-6 dec v Hampshire (Edgbaston) 1899

Lowest Team Total: 16 v Kent (Tonbridge) 1913

Highest Individual Innings: 305* F.R.Foster v Worcestershire (Dudley) 1914

Best Innings Analysis: 10-41 J.D.Bannister v Combined Services (Edgbaston) 1959

Highest Wicket Partnership: 470 (4th) A.I.Kallicharran & G.W.Humpage v Lancashire (Southport) 1982

Hundreds in 1986: A.I.Kallicharran (5) 121 v Cambridge U (Cambridge); 132* v Gloucs (Bristol); 163* v Glamorgan (Edgbaston); 102* v Glamorgan (Swansea); 103* v Yorkshire (Edgbaston)

D.L.Amiss (4) 108* v Essex (Edgbaston); 104 v Gloucs (Bristol); 110 v Glamorgan (Swansea); 101* v Lancashire (Edgbaston)

G.W.Humpage (3) 125 v Cambridge U (Cambridge); 130 v Lancs (Old Trafford); 100* v New Zealanders (Edgbaston)

B.M.McMillan (3) 134 v Yorkshire (Headingley); 136 v Notts (Trent Bridge); 106 v Kent (Edgbaston)

A.J.Moles (2) 102 v Somerset (Weston-super-Mare); 100 v Gloucs (Nuneaton)

T.A.Lloyd (1) 100 v Yorkshire (Headingley)

P.A.Smith (1) 119 v Worcs (Edgbaston)

Five Wickets in Innings in 1986: N.Gifford (2) 6-27 v Northants (Northampton); 5-96 v Kent (Eastbourne)

G.J.Parsons (2) 5-24 v Cambridge U (Cambridge); 5-75 v Gloucs (Bristol)

G.C.Small (2) 5-35 v Worcs (Edgbaston); 5-85 v Lancs (Edgbaston)

K.J.Kerr (1) 5-47 v Glamorgan (Swansea)

LIMITED OVERS MATCHES RECORDS

Highest Team Totals
JPL: 301-6 v Essex (Colchester) 1982
BH: 291-5 v Lancashire (Old Trafford) 1981
NW: 392-5 v Oxfordshire (Edgbaston) 1984

Lowest Team Totals
JPL: 65 v Kent (Maidstone) 1979
BH: 96 v Leics (Leicester) 1972
NW: 109 v Kent (Canterbury) 1971

Highest Individual Innings
JPL: 123* J.A.Jameson v Notts (Trent Bridge) 1973
BH: 137* T.A.Lloyd v Lancashire (Edgbaston) 1985
NW: 206 A.I.Kallicharran v Oxfordshire (Edgbaston) 1984

Best Innings Analyses
JPL: 6-20 N.Gifford v Northants (Edgbaston) 1985
BH: 7-32 R.G.D.Willis v Yorkshire (Edgbaston) 1981
NW: 6-32 K.Ibadulla v Hants (Edgbaston) 1965; 6-32 A.I.Kallicharran v Oxfordshire (Edgbaston) 1984

Highest Wicket Partnerships
JPL: 185* (5th) B.M.McMillan & Asif Din v Essex (Chelmsford) 1986
BH: 156 (4th) A.I.Kallicharran & G.W.Humpage v Worcs (Worcester)1985
NW: 197 (2nd) K.D.Smith & A.I.Kallicharran v Oxfordshire (Edgbaston) 1984

Hundreds in 1986
JPL: (2) Asif Din 108* v Essex (Chelmsford); A.I.Kallicharran 101 v Worcs (Edgbaston)
BH: Nil. Highest Innings: 76 B.M.McMillan v Derbyshire (Edgbaston)
NW: Nil. Highest Innings: 99 A.I.Kallicharran v Durham (Edgbaston)

Five Wickets in Innings in 1986
JPL: Nil. Best Bowling: 4-26 G.C.Small v Leics (Edgbaston)
BH: Nil. Best Bowling: 3-36 G.J.Parsons v Minor Counties (Walsall)
NW: Nil. Best Bowling: 3-28 A.M.Ferreira v Durham (Edgbaston)

1986 AND CAREER RECORDS FOR WARWICKSHIRE PLAYERS

Cmp Debut	M	I	NO	Runs	HS	Avge	100	50	Runs	Wkts	Avge	BB	5wi	RpO	ct	st
AMISS, Dennis Leslie				b Harborne 7.4.1943		RHB SLA										
FC	26	45	6	1450	110	37.17	4	6							12	
JPL	14	14	1	375	60	28.84	0	2							0	
BH	4	4	0	151	73	37.75	0	2							1	
NW	3	3	0	87	77	29.00	0	1							2	

Cmp	Debut	M	I	NO	Runs	HS	Avge	100	50	Runs	Wkts	Avge	BB	5wi	RpO	ct	st
Test	1966	50	88	10	3612	262*	46.30	11	11							24	
FC	1960	633	1093	123	42123	262*	43.42	100	205	718	18	39.88	3-21	0	3.73	410	
Int	1972	18	18	0	859	137	47.72	4	1							2	
JPL	1969	235	230	19	6891	117*	32.51	5	46	23	1	23.00	1-15	0	7.66	69	
BH	1972	67	64	6	2012	115	34.68	2	11	4	0				12.00	17	
NW	1963	54	52	5	1861	135	39.59	2	15	67	0				5.50	10	

ASIF DIN, Mohamed b Kampala, Uganda 21.9.1960 RHB LB

Cmp	Debut	M	I	NO	Runs	HS	Avge	100	50	Runs	Wkts	Avge	BB	5wi	RpO	ct	st
FC		24	38	14	788	69*	32.83	0	5	409	5	81.80	2-93	0	3.94	10	
JPL		15	14	3	302	108*	27.45	1	0	30	1	30.00	1-11	0	6.66	1	
BH		4	4	1	79	52*	26.33	0	1							1	
NW		3	3	1	55	38*	27.50	0	0	5	1	5.00	1-5	0	4.28	0	
FC	1981	95	150	27	3356	102	27.28	1	15	2261	39	57.97	5-100	1	4.04	50	
JPL	1981	76	65	11	1362	108*	25.22	1	5	90	3	30.00	1-11	0	5.80	14	
BH	1981	20	17	3	350	61	25.00	0	1	20	0				10.00	2	
NW	1981	12	10	3	182	45	26.00	0	0	5	1	5.00	1-5	0	4.28	2	

DYER, Robin Ian Henry Benbow b Hertford 22.12.1958 RHB RM

Cmp	Debut	M	I	NO	Runs	HS	Avge	100	50	Runs	Wkts	Avge	BB	5wi	RpO	ct	st
FC		5	10	2	91	28	11.37	0	0							5	
BH		3	3	0	14	13	4.66	0	0							0	
FC	1981	65	116	11	2843	109*	27.07	3	18	41	0				6.83	39	
JPL	1982	26	22	2	357	50	17.85	0	1	18	0				9.00	7	
BH	1984	9	9	0	142	54	15.77	0	1							0	
NW	1983	7	7	0	205	119	29.28	1	0							2	

FERREIRA, Anthonie Michal b Pretoria, South Africa 13.4.1955 RHB RMF

Cmp	Debut	M	I	NO	Runs	HS	Avge	100	50	Runs	Wkts	Avge	BB	5wi	RpO	ct	st
FC		12	15	6	413	69*	45.88	0	3	532	10	53.20	2-61	0	2.98	8	
JPL		7	6	2	135	32*	33.75	0	0	140	6	23.33	2-17	0	5.12	3	
NW		2	2	2	59	32*		0	0	52	4	13.00	3-28	0	2.66	0	
FC	1974	206	316	63	7114	112*	28.11	4	32	16283	538	30.26	8-38	18	2.92	108	
JPL	1979	93	70	18	1217	52	23.40	0	1	3264	124	26.32	4-26	6	5.14	15	
BH	1979	31	24	8	393	71	24.56	0	1	1318	47	28.04	4-42	1	4.41	4	
NW	1979	17	13	6	166	32*	23.71	0	0	565	28	20.17	4-50	2	3.35	7	

GIFFORD, Norman (Eng B to SL) b Ulverston 30.3.1940 LHB SLA (Worcs 1960-82)

Cmp	Debut	M	I	NO	Runs	HS	Avge	100	50	Runs	Wkts	Avge	BB	5wi	RpO	ct	st
FC		25	14	6	27	8	3.37	0	0	1409	59	23.88	6-27	2	2.49	2	
JPL		15	2	0	3	2	1.50	0	0	379	13	29.15	3-40	0	4.51	3	
BH		4	2	1	3	2	3.00	0	0	116	2	58.00	1-28	0	2.76	0	
NW		3	1	0	0	0	0.00	0	0	29	2	14.50	2-29	0	3.62	0	
Test	1964	15	20	9	179	25*	16.27	0	0	1026	33	31.09	5-55	1	1.99	8	
FC	1960	667	755	241	6812	89	13.25	0	3	46634	2001	23.30	8-28	91	2.27	315	
Int	1984	2	1	0	0	0	0.00	0	0	50	4	12.50	4-23	1	2.50	1	
JPL	1969	248	136	59	944	32*	12.25	0	0	7086	268	26.44	6-20	8	5.09	66	
BH	1972	68	41	14	300	33	11.11	0	0	2279	83	27.45	6-8	3	3.36	15	
NW	1963	45	33	7	221	38	8.50	0	0	1328	54	24.59	4-7	3	2.94	9	

HUMPAGE, Geoffrey William b Sparkhill 24.4.1954 RHB WK RM

Cmp	Debut	M	I	NO	Runs	HS	Avge	100	50	Runs	Wkts	Avge	BB	5wi	RpO	ct	st
FC		26	42	4	1462	130	38.47	3	6							41	8
JPL		15	14	1	244	66	18.76	0	1							9	
BH		4	4	0	54	21	13.50	0	0							5	
NW		3	3	0	79	70	26.33	0	1							6	1
FC	1974	274	451	55	14700	254	37.12	28	71	444	10	44.40	2-13	0	3.41	513	64
Int	1981	3	2	0	11	6	5.50	0	0							2	
JPL	1975	161	148	21	3187	109*	25.09	2	17	527	15	35.13	4-53	1	5.55	99	19
BH	1976	54	48	7	1212	100*	29.56	1	9	123	3	41.00	2-43	0	4.55	59	2
NW	1976	28	26	4	600	77	27.27	0	4							30	6

KALLICHARRAN, Alvin Isaac b Paidama, British Guiana 21.3.1949 LHB OB

Cmp	Debut	M	I	NO	Runs	HS	Avge	100	50	Runs	Wkts	Avge	BB	5wi	RpO	ct	st
FC		14	23	5	1005	163*	55.83	5	2	65	2	32.50	2-65	0	7.22	13	
JPL		10	9	1	379	101	47.37	1	2							3	
NW		2	2	0	138	99	69.00	0	1							0	
Test	1971	66	109	10	4399	187	44.43	12	21	158	4	39.50	2-16	0	2.33	51	
FC	1966	462	762	82	30776	243*	45.25	83	150	3508	77	45.55	5-45	1	3.48	299	
Int	1973	31	28	4	826	78	34.41	0	6	64	3	21.33	2-10	0	3.65	8	
JPL	1972	165	155	17	4204	102*	30.46	4	25	880	14	62.85	3-32	0	5.46	30	
BH	1972	55	51	6	1882	122*	41.82	4	13	153	0				4.50	16	
NW	1972	26	25	2	1169	206	50.82	3	6	277	14	19.78	6-32	1	3.43	13	

KERR, Kevin John (Transvaal, Transvaal B) b Airdrie 11.9.1961 RHB OB

Cmp	Debut	M	I	NO	Runs	HS	Avge	100	50	Runs	Wkts	Avge	BB	5wi	RpO	ct	st
FC		14	12	5	120	45*	17.14	0	0	955	24	39.79	5-47	1	3.02	6	
JPL		7	4	2	9	5*	4.50	0	0	156	4	39.00	2-22	0	3.90	0	
NW		2	2	0	16	13	8.00	0	0	74	3	24.66	2-32	0	3.08	0	
FC	1978	53	53	16	535	74	14.45	0	1	3467	118	29.38	5-27	4	2.58	47	

LLOYD, Timothy Andrew b Oswestry 5.11.1956 LHB RM

Cmp	Debut	M	I	NO	Runs	HS	Avge	100	50	Runs	Wkts	Avge	BB	5wi	RpO	ct	st
FC		16	28	0	793	100	28.32	1	6	113	0				7.06	6	
JPL		9	8	0	229	74	28.62	0	3	10	0				10.00	4	
BH		4	4	0	25	22	6.25	0	0	20	0				10.00	0	
NW		2	2	0	48	44	24.00	0	0	43	1	43.00	1-43	0	7.16	1	
Test	1984	1	1	1	10	10*		0	0							0	
FC	1977	181	322	32	10445	208*	36.01	18	57	980	13	75.38	3-62	0	4.22	98	
Int	1984	3	3	0	101	49	33.66	0	0							0	
JPL	1976	102	97	11	2666	90	31.00	0	25	149	1	149.00	1-42	0	6.43	19	
BH	1978	31	29	3	817	137*	31.42	1	3	76	0				5.06	7	
NW	1978	18	18	3	573	81	38.20	0	6	47	2	23.50	1-4	0	5.22	7	

Cmp	Debut	M	I	NO	Runs	HS	Avge	100	50	Runs	Wkts	Avge	BB	5wi	RpO	ct	st
	LORD, Gordon John				b Edgbaston 25.4.1961			RHB SLA									
FC		3	6	1	63	24*	12.60	0	0	6	0				6.00	2	
JPL		3	3	1	10	6	5.00	0	0							3	
BH		1	1	0	0	0	0.00	0	0							0	
FC	1983	18	26	2	508	199	21.16	1	2	37	0				2.64	6	
JPL	1983	12	12	1	243	103	22.09	1	1							4	
	McMILLAN, Brian Mervin (Transvaal, Transvaal B)									b Welkom, South Africa 22.12.1963					RHB RMF		
FC		12	21	4	999	136	58.76	3	6	808	17	47.52	3-47	0	3.67	11	
JPL		5	5	2	133	78*	44.33	0	1	177	7	25.28	3-22	0	4.87	3	
BH		4	4	0	170	76	42.50	0	2	161	6	26.83	3-51	0	3.83	2	
NW		1	1	0	10	10	10.00	0	0	54	3	18.00	3-54	0	4.62	0	
FC	1984	23	40	5	1531	136	43.74	4	10	1520	41	37.07	4-53	0	3.39	23	
	MOLES, Andrew James				b Solihull 12.2.1961			RHB RM									
FC		11	18	3	738	102	49.20	2	5	198	5	39.60	2-57	0	3.06	4	
JPL		10	8	2	142	85	23.66	0	1	107	1	107.00	1-25	0	6.68	2	
NW		1	1	0	14	14	14.00	0	0	27	0				4.50	0	
	MONKHOUSE, Steven				b Bury 24.11.1962			RHB LFM									
FC		1	1	0	0	0	0.00	0	0	34	1	34.00	1-34	0	3.40	1	
FC	1985	2	3	1	7	5	3.50	0	0	95	2	47.50	1-34	0	3.51	0	
	MUNTON, Timothy Alan				b Melton Mowbrey 30.7.1965					RHB RFM							
FC		19	15	6	58	19	6.44	0	0	905	32	28.28	4-60	0	3.04	1	
JPL		11	3	2	10	5*	10.00	0	0	309	10	30.90	2-27	0	4.98	0	
BH		3	2	2	0	0*		0	0	102	4	25.50	2-25	0	3.18	1	
FC	1985	20	15	6	58	19	6.44	0	0	940	32	29.37	4-60	0	3.06	1	
	PARSONS, Gordon James (Griqualand West)									b Slough 17.10.1959		LHB RMF (Leics 1978-85)					
FC		21	24	5	322	58*	16.94	0	1	1179	31	38.03	5-24	2	3.17	3	
JPL		12	7	3	43	23	10.75	0	0	340	14	24.28	3-11	0	4.41	2	
BH		4	4	1	43	20	14.33	0	0	170	7	24.28	3-36	0	3.98	2	
NW		3	3	0	15	7	5.00	0	0	69	2	34.50	1-14	0	2.46	0	
FC	1978	159	201	44	2974	76	18.94	0	15	11152	367	30.38	9-72	9	3.17	44	
JPL	1979	91	47	14	316	24*	9.57	0	0	2617	90	29.07	4-19	3	4.42	12	
BH	1981	28	15	7	171	29*	21.37	0	0	983	38	25.86	4-33	1	3.54	8	
NW	1980	14	8	0	69	23	8.62	0	0	502	12	41.83	2-11	0	3.77	2	
	PIERSON, Adrian Roger Kirshaw						b Enfield 21.7.1963			RHB OB							
FC		2	2	2	42	42*		0	0	133	2	66.50	1-33	0	3.69	0	
JPL		2	1	1	5	5*		0	0	78	1	78.00	1-48	0	5.20	0	
BH		2	2	0	11	11	5.50	0	0	58	2	29.00	1-25	0	2.63	1	
FC	1985	14	16	9	132	42*	18.85	0	0	720	10	72.00	3-92	0	3.76	3	
JPL	1985	7	4	1	12	5*	4.00	0	0	232	2	116.00	1-29	0	4.64	4	
NW	1985	1	1	0	1	1*		0	0	32	0				2.66	0	
	SMALL, Gladstone Cleophas (England, South Australia)									b St George, Barbados 18.10.1961						RHB RFM	
Test		2	2	1	14	12	14.00	0	0	134	4	33.50	3-88	0	2.09	0	
FC		25	26	7	304	45*	16.00	0	0	1781	77	23.12	5-35	2	2.78	4	
JPL		12	5	1	36	23	9.00	0	0	317	15	21.13	4-26	1	3.81	3	
BH		3	3	1	9	5*	4.50	0	0	137	4	34.25	2-36	0	4.17	1	
NW		3	2	1	3	3*	3.00	0	0	68	3	22.66	2-25	0	2.83	0	
FC	1979	148	180	43	1820	57	13.28	0	1	11841	399	29.67	7-42	13	3.20	38	
JPL	1980	80	39	14	216	40*	8.64	0	0	2691	122	22.05	5-29	5	4.65	17	
BH	1980	26	16	5	76	19	6.90	0	0	922	32	28.81	3-41	0	3.77	6	
NW	1980	17	10	4	99	33	16.50	0	0	552	22	25.09	3-22	0	3.32	4	
	SMITH, Paul Andrew				b Newcastle-upon-Tyne 15.4.1964					RHB RFM							
FC		25	44	4	1508	119	37.70	1	13	743	13	57.15	3-36	0	4.67	7	
JPL		14	12	2	131	28*	13.10	0	0	209	5	41.80	2-35	0	5.09	3	
BH		4	4	0	83	35	20.75	0	0							1	
NW		3	3	0	109	79	36.33	0	1	57	2	28.50	2-28	0	3.35	0	
FC	1982	95	155	15	4204	119	30.02	2	31	4105	90	45.61	4-25	0	4.34	34	
JPL	1982	60	52	16	790	50*	21.94	0	1	1184	34	34.82	4-23	1	5.52	12	
BH	1982	15	14	3	205	37	18.63	0	0	184	5	36.80	2-30	0	4.82	4	
NW	1984	9	9	2	220	79	31.42	0	2	189	7	27.00	3-10	0	4.32	0	
	THORNE, David Anthony (Oxford U, Combined Univ)									b Coventry 12.12.1964		RHB LM					
FC		14	21	4	490	104*	28.82	1	3	591	11	53.72	3-42	0	2.46	4	
JPL		4	3	1	55	24	27.50	0	0	66	1	66.00	1-18	0	4.71	0	
BH		4	4	1	53	36*	17.66	0	0	73	0				3.56	1	
NW		2	2	0	42	21	21.00	0	0	4	0				4.00	0	
FC	1983	40	64	13	1707	124	33.47	2	12	2009	41	49.00	5-39	1	2.93	22	
JPL	1983	21	16	4	189	42	15.75	0	0	548	11	49.81	3-48	0	5.96	5	
BH	1984	12	12	2	157	36*	15.70	0	0	230	1	230.00	1-67	0	4.07	4	
NW	1984	3	3	0	50	21	16.66	0	0	4	0				4.00	0	

WORCESTERSHIRE

Formation of Present Club: 3 March 1865 in Worcester

First First-Class Match: Worcestershire v Yorkshire (Worcester) May 4, 5, 6 1899

Present Principal Ground: County Ground, New Road, Worcester

County Champions: 1964, 1965 and 1974
Results in 1986: 5th; won 7, lost 5, drawn 12

JPL Champions: 1971
Results in 1986: 16th; won 5, lost 11

B&H Cup: Losing finalist in 1973 and 1976
Result in 1986: Lost in semi-final

Nat West Trophy: Losing finalist in 1963 and 1966
Result in 1986: Lost in semi-final

FIRST CLASS RECORDS

Highest Team Total: 633 v Warwickshire (Worcester) 1906

Lowest Team Total: 24 v Yorkshire (Huddersfield) 1903

Highest Individual Innings: 311* G.M.Turner v Warwickshire (Worcester) 1982

Best Innings Analysis: 9-23 C.F.Root v Lancashire (Worcester) 1931

Highest Wicket Partnership: 393 (5th) E.G.Arnold & W.B.Burns v Warwickshire (Edgbaston) 1909

Hundreds in 1986: G.A.Hick (6) 103 v Surrey (Worcester); 227* v Notts (Worcester); 219* v Glamorgan (Neath); 100 v Sussex (Hove); 134 v Gloucs (Worcester); 107 v Glamorgan (Worcester)
    D.N.Patel (3) 108 v Middlesex (Worcester); 128 v Essex (Scotland); 132* v Surrey (Oval)
    D.M.Smith (3) 102 v Warwickshire (Edgbaston); 165* v Somerset (Weston-super-Mare); 100 v Glamorgan (Worcester)
    T.S.Curtis (2) 122* v Yorkshire (Worcester); 153 v Somerset (Worcester)
    D.B.D'Oliveira (1) 146* v Gloucs (Bristol)
    P.A.Neale (1) 118* v Middlesex (Worcester)

Five Wickets in Innings in 1986: N.V.Radford (6) 5-77 v Lancashire (Worcester); 5-80 v Middlesex (Worcester); 5-66 and 5-63 v Northants (Northampton); 7-94 v Sussex (Worcester); 9-70 v Somerset (Worcester)
    P.J.Newport (5) 5-52 and 6-48 v Hampshire (Worcester); 6-49 v Derbyshire (Derby); 5-76 v Leics (Worcester); 5-74 v Hampshire (Bournemouth)
    R.K.Illingworth (1) 5-64 v Derbyshire (Derby)
    D.N.Patel (1) 5-88 v Gloucs (Bristol)
    A.P.Pridgeon (1) 6-52 v Middlesex (Worcester)

LIMITED OVERS MATCHES RECORDS

Highest Team Totals
    JPL: 307-4 v Derbyshire (Worcester) 1975
    BH: 314-5 v Lancashire (Old Trafford) 1980
    NW: 312-5 v Lancashire (Old Trafford) 1985

Lowest Team Totals
    JPL: 86 v Yorkshire (Headingley) 1969
    BH: 81 v Leics (Worcester) 1983
    NW: 98 v Durham (Chester-le-Street) 1968

Highest Individual Innings
    JPL: 147 G.M.Turner v Sussex (Horsham) 1980
    BH: 143* G.M.Turner v Warwickshire (Edgbaston) 1976
    NW: 117* G.M.Turner v Lancashire (Worcester) 1971

Best Innings Analyses
 JPL: 6-26 A.P.Pridgeon v Surrey (Worcester) 1978
 BH: 6-8 N.Gifford v Minor Counties South (Amersham) 1979
 NW: 6-14 J.A.Flavell v Lancashire (Worcester) 1963

Highest Wicket Partnerships
 JPL: 224 (1st) J.A.Ormrod & D.N.Patel v Hants (Southampton) 1982
 BH: 191 (1st) J.A.Ormrod & G.M.Turner v Gloucs (Worcester) 1976; 191 (2nd)
   G.M.Turner & P.A.Neale v Lancs (Old Trafford) 1980
 NW: 153 (3rd) D.M.Smith & P.A.Neale v Lancs (Old Trafford) 1985

Hundreds in 1986
 JPL: (1) T.S.Curtis 102* v Glamorgan (Worcester)
 BH: (2) G.A.Hick (2) 103* v Notts (Worcester); 103* v Northants (Worcester)
 NW: Nil. Highest Innings: 99 D.B.D'Oliveira v Oxfordshire (Worcester)

Five Wickets in Innings in 1986
 JPL: Nil. Best Bowling: 4-25 R.K.Illingworth v Glamorgan (Worcester)
 BH: Nil. Best Bowling: 3-12 D.B.D'Oliveira v Scotland (Glasgow)
 NW: Nil. Best Bowling: 3-20 N.V.Radford v Sussex (Worcester)

1986 AND CAREER RECORDS FOR WORCESTERSHIRE PLAYERS

Cmp	Debut	M	I	NO	Runs	HS	Avge	100	50	Runs	Wkts	Avge	BB	5wi	RpO	ct	st
\multicolumn{18}{l}{CURTIS, Timothy Stephen b Chislehurst 15.1.1960 RHB OB}
FC		24	40	10	1498	153	49.93	2	10							9	
JPL		12	12	0	442	102	36.83	1	2							2	
BH		2	2	1	43	40*	43.00	0	0							0	
NW		4	4	1	181	94	60.33	0	2							1	
FC	1979	110	189	26	5672	153	34.79	6	38	194	4	48.50	2-58	0	3.62	52	
JPL	1980	46	45	9	1197	102	33.25	1	7							9	
BH	1983	14	14	1	356	75	27.38	0	2	4	0				12.00	1	
NW	1981	11	11	2	473	94	52.55	0	5							4	
\multicolumn{18}{l}{D'OLIVEIRA, Damian Basil b Cape Town, South Africa 19.10.1960 RHB RM/OB}
FC		25	41	3	1093	146*	28.76	1	3	118	5	23.60	2-17	0	4.26	15	
JPL		16	15	1	347	59	24.78	0	1							2	
BH		6	6	0	135	66	22.50	0	1	12	3	4.00	3-12	0	1.50	2	
NW		4	4	0	181	99	45.25	0	2	24	1	24.00	1-24	0	3.00	0	
FC	1982	101	167	11	4198	146*	26.91	4	20	776	20	38.80	2-17	0	3.43	68	
JPL	1982	65	59	3	1100	103	19.64	1	2	232	7	33.14	3-23	0	5.94	11	
BH	1983	18	17	2	306	66	20.40	0	2	148	5	29.60	3-12	0	3.89	3	
NW	1983	11	11	1	298	99	29.80	0	2	89	5	17.80	2-28	0	3.17	0	
\multicolumn{18}{l}{ELLCOCK, Ricardo McDonald b Bridgetown, Barbados 17.6.1965 RHB RF}
FC		2	2	2	4	4*		0	0	117	4	29.25	3-77	0	3.65	0	
FC	1982	28	36	10	344	45*	13.23	0	0	2128	67	31.76	4-34	0	3.58	4	
JPL	1983	10	5	2	6	5*	2.00	0	0	235	13	18.07	4-43	1	3.82	0	
BH	1983	3	2	1	16	12	16.00	0	0	98	3	32.66	2-45	0	3.92	1	
NW	1983	1	1	0	6	6	6.00	0	0	49	3	16.33	3-49	0	4.90	0	
\multicolumn{18}{l}{HICK, Graeme Ashley (Zimbabwe) b Salisbury, Rhodesia 23.5.1966 RHB OB}
FC		24	37	6	2004	227*	64.64	6	11	109	3	36.33	2-24	0	3.80	29	
JPL		16	16	1	507	68*	33.80	0	4	70	2	35.00	1-23	0	5.00	2	
BH		6	6	2	345	103*	86.25	2	1	47	3	15.66	2-25	0	3.91	4	
NW		4	4	1	37	27	12.33	0	0	25	1	25.00	1-21	0	2.50	3	
FC	1983	57	91	11	4262	230	53.27	12	18	1161	21	55.28	3-39	0	3.35	62	
JPL	1985	24	24	2	712	90	32.36	0	6	136	5	27.20	2-36	0	5.66	5	
\multicolumn{18}{l}{ILLINGWORTH, Richard Keith b Bradford 23.8.1963 RHB SLA}
FC		18	15	4	191	39	17.36	0	0	1361	28	48.60	5-64	1	2.41	10	
JPL		15	8	4	50	14*	12.50	0	0	437	20	21.85	4-25	1	4.41	2	
BH		5	2	2	22	17*		0	0	148	4	37.00	2-49	0	3.52	1	
NW		1	1	0	8	8	8.00	0	0	12	0				3.00	0	
FC	1982	95	106	29	1166	55	15.14	0	1	6920	188	36.80	7-50	6	2.62	40	
JPL	1982	48	29	15	128	21	9.14	0	0	1234	61	20.22	5-24	3	4.45	7	
BH	1983	16	7	4	52	17*	17.33	0	0	462	17	27.17	4-36	1	3.63	3	
NW	1983	7	3	0	38	22	12.66	0	0	179	3	59.66	2-14	0	3.02	1	
\multicolumn{18}{l}{INCHMORE, John Darling b Ashington 22.2.1949 RHB RFM}
FC		9	8	2	55	23*	9.16	0	0	562	13	43.23	2-41	0	2.54	3	
JPL		11	6	2	16	5*	4.00	0	0	381	9	42.33	3-23	0	4.70	2	
BH		5	3	2	31	18*	31.00	0	0	185	8	23.12	2-33	0	3.49	0	
NW		3								86	3	28.66	2-40	0	2.86	0	

	Cmp	Debut	M	I	NO	Runs	HS	Avge	100	50	Runs	Wkts	Avge	BB	5wi	RpO	ct	st
FC		1973	218	246	53	3137	113	16.25	1	7	14777	510	28.97	8-58	18	2.93	72	
JPL		1973	148	96	28	992	45	14.58	0	0	4240	169	25.08	4-9	2	4.25	33	
BH		1974	56	38	12	352	49*	13.53	0	0	1811	71	25.50	6-29	4	3.45	14	
NW		1973	22	15	4	118	32*	10.72	0	0	842	37	22.75	5-25	2	3.46	1	

LAMPITT, Stuart Richard b Wolverhampton 29.7.1966 RHB RM

	Cmp	Debut	M	I	NO	Runs	HS	Avge	100	50	Runs	Wkts	Avge	BB	5wi	RpO	ct	st
FC			1	1	1	11	11*		0	0	21	0				3.00	0	
FC		1985	2	2	1	11	11*	11.00	0	0	22	0				2.75	0	

McEWAN, Steven Michael b Worcester 5.5.1962 RHB RFM

	Cmp	Debut	M	I	NO	Runs	HS	Avge	100	50	Runs	Wkts	Avge	BB	5wi	RpO	ct	st
FC			8	3	2	13	7	13.00	0	0	638	16	39.87	3-33	0	3.54	7	
JPL			6	2	2	13	7*		0	0	209	8	26.12	4-35	1	4.97	1	
FC		1985	18	11	7	38	13*	9.50	0	0	1273	32	39.78	3-33	0	3.55	8	
JPL		1985	12	3	2	13	7*	13.00	0	0	385	13	29.61	4-35	1	5.20	3	

NEALE, Phillip Anthony b Scunthorpe 5.6.1954 RHB RM

	Cmp	Debut	M	I	NO	Runs	HS	Avge	100	50	Runs	Wkts	Avge	BB	5wi	RpO	ct	st
FC			25	34	7	987	118*	36.55	1	6							7	
JPL			16	15	2	230	49*	17.69	0	0							11	
BH			6	4	0	133	53	33.25	0	2							0	
NW			4	3	0	79	42	26.33	0	0							2	
FC		1975	248	417	58	12912	163*	35.96	20	69	201	1	201.00	1-15	0	4.72	92	
JPL		1975	157	148	20	3423	102	28.52	1	14	50	2	25.00	2-46	0	6.00	35	
BH		1976	47	42	6	1135	128	31.52	1	6							7	
NW		1976	20	19	0	560	81	29.47	0	4							3	

NEWPORT, Philip John b High Wycombe 11.10.1962 RHB RFM

	Cmp	Debut	M	I	NO	Runs	HS	Avge	100	50	Runs	Wkts	Avge	BB	5wi	RpO	ct	st
FC			23	17	4	285	68	21.92	0	1	2146	85	25.24	6-48	5	3.39	8	
JPL			9	7	1	46	17*	7.66	0	0	323	4	80.75	2-52	0	5.66	2	
BH			3	2	0	20	15	10.00	0	0	91	1	91.00	1-39	0	3.50	0	
NW			3	1	0	15	15	15.00	0	0	114	4	28.50	3-62	0	3.16	0	
FC		1982	58	63	21	920	68	21.90	0	1	4405	161	27.36	6-48	9	3.42	13	
JPL		1983	28	15	5	128	24	12.80	0	0	759	18	42.16	3-20	0	5.06	7	
NW		1984	7	3	1	44	25	22.00	0	0	227	5	45.40	3-62	0	3.58	0	

PATEL, Dipak Narshibhai (Auckland) b Nairobi, Kenya 25.10.1958 RHB OB

	Cmp	Debut	M	I	NO	Runs	HS	Avge	100	50	Runs	Wkts	Avge	BB	5wi	RpO	ct	st
FC			24	30	9	1005	132*	47.85	3	2	1255	30	41.83	5-88	1	2.76	6	
JPL			14	14	2	315	48	26.25	0	0	370	9	41.11	3-34	0	5.44	2	
BH			6	4	0	85	76	21.25	0	1	120	4	30.00	2-12	0	2.79	2	
NW			4	3	1	57	31*	28.50	0	0	99	4	24.75	3-36	0	2.75	2	
FC		1976	246	381	32	10379	197	29.73	18	42	14022	393	35.67	7-46	14	2.47	136	
JPL		1976	138	131	11	2523	125	21.02	1	6	2841	91	31.21	5-27	2	4.90	33	
BH		1976	45	36	4	727	90*	22.71	0	4	886	29	30.55	3-42	0	3.49	13	
NW		1978	17	16	2	309	54	22.07	0	1	435	14	31.07	4-22	1	3.34	4	

PRIDGEON, Alan Paul b Wall Heath 22.2.1954 RHB RM

	Cmp	Debut	M	I	NO	Runs	HS	Avge	100	50	Runs	Wkts	Avge	BB	5wi	RpO	ct	st
FC			20	10	3	44	10*	6.28	0	0	1396	59	23.66	6-52	1	2.60	9	
JPL			12	1	1	0	0*		0	0	388	13	29.84	3-23	0	4.52	2	
BH			5	1	1	1	1*		0	0	189	7	27.00	3-57	0	4.10	0	
NW			4	1	1	4	4*		0	0	94	3	31.33	2-28	0	2.17	0	
FC		1972	208	195	78	1076	67	9.19	0	1	15636	477	32.77	7-35	9	2.98	71	
JPL		1972	130	49	27	143	17	6.50	0	0	4030	124	32.50	6-26	4	4.59	21	
BH		1975	38	17	9	71	13*	8.87	0	0	1404	30	46.80	3-57	0	3.99	9	
NW		1972	14	9	6	38	13*	12.66	0	0	441	11	40.09	3-25	0	2.97	2	

RADFORD, Neal Victor (England, Transvaal) b Luanshya, N Rhodesia 7.6.1957 RHB RFM (Lancs 1980-84)

	Cmp	Debut	M	I	NO	Runs	HS	Avge	100	50	Runs	Wkts	Avge	BB	5wi	RpO	ct	st
Test			2	3	1	13	12*	13.00	0	0	219	3	73.00	2-131	0	3.47	0	
FC			20	16	3	178	30	13.69	0	0	2164	81	26.71	9-70	6	3.24	12	
JPL			10	10	7	89	37*	29.66	0	0	351	12	29.25	2-24	0	4.64	3	
BH			6	4	2	45	29*	22.50	0	0	235	6	39.16	2-58	0	3.91	1	
NW			4	1	0	0	0	0.00	0	0	84	6	14.25	3-20	0	2.65	4	
FC		1978	126	136	34	1763	76*	17.28	0	3	11467	424	27.04	9-70	19	3.20	55	
JPL		1980	51	36	19	347	48*	20.41	0	0	1471	64	22.98	4-24	1	4.48	11	
BH		1981	14	9	3	77	29*	12.83	0	0	465	11	42.27	2-27	0	3.77	2	
NW		1980	12	6	2	45	16	11.25	0	0	359	20	17.95	3-20	0	2.95	7	

RHODES, Steven John (Eng B to SL) b Bradford 17.6.1964 RHB WK (Yorks 1981-84)

	Cmp	Debut	M	I	NO	Runs	HS	Avge	100	50	Runs	Wkts	Avge	BB	5wi	RpO	ct	st
FC			25	27	10	509	77*	29.94	0	3							58	8
JPL			16	15	2	304	46	23.38	0	0							12	7
BH			6	4	0	10	4	2.50	0	0							4	3
NW			4	3	2	46	32*	46.00	0	0	1	0				1.00	4	
FC		1981	61	73	28	1380	77*	30.66	0	6							124	14
JPL		1984	33	28	5	518	46	22.52	0	0							25	8
BH		1985	11	8	0	67	27*	11.16	0	0							11	4
NW		1985	8	6	4	67	32*	33.50	0	0	1	0				1.00	9	1

SMITH, David Mark (Eng to WI) b Balham 9.1.1956 LHB RM (Surrey 1973-83)

	Cmp	Debut	M	I	NO	Runs	HS	Avge	100	50	Runs	Wkts	Avge	BB	5wi	RpO	ct	st
FC			20	28	4	1041	165*	43.37	3	5	35	2	17.50	2-35	0	3.18	9	
JPL			9	9	1	272	64*	34.00	0	3							1	
BH			5	5	2	191	90*	63.66	0	2							1	
NW			4	4	0	101	62	25.25	0	1	5	1	5.00	1-0	0	2.50	0	
Test		1985	2	4	0	80	47	20.00	0	0							0	
FC		1973	202	312	62	8662	189*	34.64	16	40	1520	30	50.66	3-40	0	3.33	129	
Int		1985	1	1	1	10	10*		0	0							0	
JPL		1973	120	107	24	2154	87*	25.95	0	9	606	12	50.50	2-21	0	4.85	38	

	Cmp Debut	M	I	NO	Runs	HS	Avge	100	50	Runs	Wkts	Avge	BB	5wi	RpO	ct	st
BH	1976	44	40	7	1109	126	33.60	1	4	266	8	33.25	4-29	1	4.75	25	
NW	1973	24	23	5	942	109	52.33	2	7	118	4	29.50	3-39	0	3.80	7	
	SMITH, Lawrence Kilner						b Mirfield 6.1.1964		RHB								
FC		1	2	0	4	2	2.00	0	0							1	
FC	1985	2	3	0	32	28	10.66	0	0							1	
JPL	1985	1	1	0	3	3	3.00	0	0							0	
	WESTON, Martin John						b Worcester 8.4.1959		RHB RM								
FC		8	12	2	167	49	16.70	0	0	376	5	75.20	2-29	0	2.78	3	
JPL		14	13	3	169	47	16.90	0	0	385	10	38.50	2-24	0	4.62	3	
BH		5	5	0	94	42	18.80	0	0	96	4	24.00	2-35	0	2.82	2	
NW		1	1	1	44	44*		0	0	20	0				2.22	0	
FC	1979	97	162	9	3776	145*	24.67	3	18	1913	46	41.58	4-44	0	2.89	41	
JPL	1981	68	64	7	1104	109	19.36	1	3	987	31	31.83	4-24	1	4.74	17	
BH	1982	20	20	0	415	56	20.75	0	3	218	8	27.25	2-27	0	3.46	5	
NW	1982	8	8	2	148	44*	24.66	0	0	176	5	35.20	4-30	1	3.67	2	

YORKSHIRE

Foundation of Present Club: 7 March 1861 at Sheffield, but not truly representative of the whole county until re-organised 10 December 1891

First First-Class Match: Surrey v Yorkshire (Oval) May 23, 24 1861, however the Sheffield Club had organised 'great' matches since 1827

Present Principal Ground: Headingley, Leeds

County Champions: 1867, 1869, 1870, 1893, 1896, 1898, 1900, 1901, 1902, 1905, 1908,1912, 1919, 1922, 1923, 1924, 1925, 1931, 1932, 1933, 1935, 1937, 1938, 1939, 1946, 1949, 1959, 1960, 1962, 1963, 1966, 1967 and 1968
Results in 1986: 10th; won 4, lost 5, drawn 15

JPL Champions: 1983
Results in 1986: 8th; won 7, lost 6, no result 2, tied 1

B&H Cup: Losing finalist in 1972
Result in 1986: 3rd in Group B

Nat West Trophy: Winners in 1965 and 1969
Result in 1986: Lost in quarter-final

FIRST CLASS RECORDS

Highest Team Total: 887 v Warwickshire (Edgbaston)1896

Lowest Team Total: 23 v Hampshire (Middlesbrough) 1965

Highest Individual Innings: 341 G.H.Hirst v Leicestershire (Leicester) 1905

Best Innings Analysis: 10-10 H.Verity v Notts (Headingley) 1932

Highest Wicket Partnership: 555 (1st) P.Holmes & H.Sutcliffe v Essex (Leyton) 1932

Hundreds in 1986: A.A.Metcalfe (6) 108 v Worcs (Worcester) ; 151 v Northants (Luton); 123 v Kent (Scarborough); 108 v Notts (Sheffield); 151 v Lancashire (Old Trafford); 149 v Glamorgan (Headingley)
M.D.Moxon (3) 123 and 112* v Indians (Scarborough); 147 v Lancashire (Old Trafford)
G.Boycott (2) 127 v Leics (Middlesbrough); 135* v Surrey (Headingley)
K.Sharp (2) 181 v Gloucs (Harrogate); 114* v Warwicks (Headingley)
J.D.Love (1) 109 v Northants (Scarborough)
P.E.Robinson (1) 104* v Kent (Scarborough)

Five Wickets in Innings in 1986: P.W.Jarvis (5) 6-78 v Essex (Chelmsford); 5-86 v Lancashire (Headingley); 5-45 and 6-47 v Middlesex (Lord's); 7-55 v Surrey (Headingley)
S.J.Dennis (1) 5-71 v Middlesex (Headingley)
S.D.Fletcher (1) 5-90 v Middlesex (Headingley)
P.J.Hartley (1) 6-68 v Notts (Sheffield)
C.Shaw (1) 5-38 v Northants (Scarborough)
A.Sidebottom (1) 8-72 v Leics (Middlesbrough)

LIMITED OVERS MATCHES RECORDS

Highest Team Totals
JPL: 263-8 v Surrey (Bradford) 1985
BH: 317-5 v Scotland (Headingley) 1986
NW: 317-4 v Surrey (Lord's) 1965

Lowest Team Totals
JPL: 74 v Warwicks (Edgbaston) 1972
BH: 114 v Kent (Canterbury) 1978
NW: 76 v Surrey (Harrogate) 1970

Highest Individual Innings
JPL: 119 J.H.Hampshire v Leics (Hull) 1971
BH: 142 G.Boycott v Worcs (Worcester) 1980
NW: 146 G.Boycott v Surrey (Lord's) 1965

Best Innings Analyses
JPL: 7-15 R.A.Hutton v Worcs (Headingley) 1969
BH: 6-27 A.G.Nicholson v Minor Counties North (Middlesbrough) 1972
NW: 6-15 F.S.Trueman v Somerset (Taunton) 1965

Highest Wicket Partnerships
JPL: 164* (2nd) G.Boycott & C.W.J.Athey v Worcs (Worcester) 1981
BH: 149* (7th) J.D.Love & C.M.Old v Scotland (Bradford) 1981
NW: 202 (2nd) G.Boycott & C.W.J.Athey v Kent (Headingley) 1980

Hundreds in 1986
   JPL: (1) J.D.Love 104* v Notts (Hull)
   BH: (2) M.D.Moxon 106* v Lancs (Old Trafford); K.Sharp 105* v Scotland (Headingley)
   NW: Nil. Highest Innings: 75 M.D.Moxon v Cambridgeshire (Headingley)

Five Wickets in Innings in 1986
   JPL: Nil. Best Bowling: 4-13 P.W.Jarvis v Worcs (Headingley)
   BH: (1) P.J.Hartley 5-43 v Scotland (Headingley)
   NW: Nil. Best Bowling: 3-32 P.W.Jarvis v Middlesex (Headingley)

1986 AND CAREER RECORDS FOR YORKSHIRE PLAYERS

Cmp	Debut	M	I	NO	Runs	HS	Avge	100	50	Runs	Wkts	Avge	BB	5wi	RpO	ct	st
\multicolumn{18}{l}{BAIRSTOW, David Leslie b Bradford 1.9.1951 RHB WK RM}
FC		24	33	4	796	88	27.44	0	3	7	0				1.40	40	3
JPL		14	12	3	210	83*	23.33	0	1							9	
BH		4	3	0	59	31	19.66	0	0							3	1
NW		2	2	0	11	8	5.50	0	0							1	1
Test	1979	4	7	1	125	59	20.83	0	1							12	1
FC	1980	407	576	111	12262	145	26.36	7	67	254	6	42.33	3-82	0	3.02	855	132
Int	1979	21	20	6	206	23*	14.71	0	0							17	4
JPL	1970	240	191	45	3016	83*	20.65	0	11							195	19
BH	1972	68	47	9	677	103*	17.81	1	0							95	5
NW	1971	28	24	5	424	92	22.31	0	2							29	3
\multicolumn{18}{l}{BERRY, Philip John b Saltburn 28.12.1966 RHB OB}
FC		1	1	1	4	4*		0	0	83	1	83.00	1-10	0	2.12	2	
\multicolumn{18}{l}{BLAKEY, Richard John b Huddersfield 15.1.1967 RHB WK}
FC		4	7	0	143	46	20.42	0	0	68	1	68.00	1-68	0	6.47	4	
JPL		1	1	0	3	3	3.00	0	0							0	
NW		1														3	
FC	1985	18	29	2	661	90	24.48	0	2	68	1	68.00	1-68	0	6.47	16	
\multicolumn{18}{l}{BOYCOTT, Geoffrey (D.B.Close's XI) b Fitzwilliam 21.10.1940 RHB RM}
FC		13	20	1	992	135*	52.21	2	8							4	
BH		2	2	1	82	55	82.00	0	1							0	
NW		1	1	0	31	31	31.00	0	0							0	
Test	1964	108	193	23	8114	246*	47.72	22	42	382	7	54.57	3-47	0	2.42	33	
FC	1962	609	1014	162	48426	261*	56.83	151	238	1459	45	32.42	4-14	0	2.37	264	
Int	1972	36	34	4	1082	105	36.06	1	9	105	5	21.00	2-14	0	3.75	5	
JPL	1969	163	157	24	5051	108*	37.97	2	37	611	14	43.64	3-15	0	4.02	71	
BH	1972	57	55	9	2052	142	44.60	3	16	227	2	113.50	1-16	0	3.60	14	
NW	1963	40	39	4	1378	146	39.37	1	9	238	8	29.75	2-12	0	3.05	9	
\multicolumn{18}{l}{BYAS, David b Kilham 26.8.1963 LHB RM}
FC		1	1	0	0	0	0.00	0	0	15	0				7.50	1	
JPL		1	1	0	10	10	10.00	0	0							0	
JPL	1985	2	2	0	25	15	12.50	0	0							0	
BH	1985	2	1	0	2	2	2.00	0	0							0	

78

Cmp	Debut	M	I	NO	Runs	HS	Avge	100	50	Runs	Wkts	Avge	BB	5wi	RpO	ct	st
\multicolumn{18}{l}{CARRICK, Phillip   b Armley 16.7.1952   RHB SLA}
FC		25	33	7	637	51	24.50	0	3	1550	36	43.05	4-111	0	2.49	11	
JPL		15	12	3	157	39*	17.44	0	0	449	19	23.63	4-32	1	4.48	3	
BH		4	2	0	24	14	12.00	0	0	135	6	22.50	2-14	0	3.68	0	
NW		3	2	0	54	54	27.00	0	1	69	5	13.80	3-40	0	1.91	3	
FC	1970	312	391	73	7003	131*	22.02	3	26	22780	756	30.13	8-33	35	2.50	159	
JPL	1970	132	89	27	879	43*	14.17	0	0	2718	86	31.60	4-13	2	4.41	32	
BH	1973	37	22	4	230	53	12.77	0	1	928	28	33.14	3-40	0	3.40	4	
NW	1973	19	15	2	206	54	15.84	0	1	389	14	27.78	3-27	0	2.75	6	
\multicolumn{18}{l}{DENNIS, Simon John   b Scarborough 18.10.1960   RHB LFM}
FC		16	12	4	82	18*	10.25	0	0	1318	43	30.65	5-71	1	3.23	4	
JPL		7	6	5	17	10	17.00	0	0	224	4	56.00	2-27	0	4.37	2	
NW		1								39	0				3.25	0	
FC	1980	65	63	24	395	53*	10.12	0	1	5556	182	30.52	5-35	5	3.19	17	
JPL	1980	40	19	11	87	16*	10.87	0	0	1172	27	43.40	3-19	0	4.54	6	
BH	1981	8	2	0	10	10	5.00	0	0	291	7	41.57	3-41	0	3.82	1	
NW	1981	5	2	0	14	14	7.00	0	0	202	6	33.66	2-45	0	3.85	0	
\multicolumn{18}{l}{FLETCHER, Stuart David   b Keighley 8.9.1964   RHB RMF}
FC		15	10	3	67	14	9.57	0	0	1273	31	41.06	5-90	1	3.07	3	
JPL		10	1	1	2	2*		0	0	334	10	33.40	4-32	1	4.30	3	
NW		3	2	2	3	2*		0	0	128	6	21.33	3-53	0	3.65	0	
FC	1983	40	29	13	152	28*	9.50	0	0	3183	79	40.29	5-90	1	3.25	6	
JPL	1984	26	5	4	14	8	14.00	0	0	1040	28	37.14	4-32	1	5.39	10	
BH	1984	7	1	1	0	0*		0	0	291	4	72.75	2-42	0	4.58	1	
NW	1985	5	2	2	3	2*		0	0	197	9	21.88	3-34	0	3.33	0	
\multicolumn{18}{l}{HARTLEY, Peter John   b Keighley 18.4.1960   RHB RMF (Warwicks 1982)}
FC		15	17	4	441	87*	33.92	0	4	1095	41	26.70	6-68	1	3.40	7	
JPL		11	7	2	60	35	12.00	0	0	364	14	26.00	3-47	0	4.43	3	
BH		4	2	1	29	29*	29.00	0	0	185	8	23.12	5-43	1	4.51	3	
NW		2	1	0	23	23	23.00	0	0	96	6	16.00	3-47	0	4.00	0	
FC	1982	30	32	8	631	87*	26.29	0	4	2485	74	33.58	6-68	3	3.58	9	
JPL	1982	14	9	2	62	35	8.85	0	0	419	15	27.93	3-47	0	4.31	3	
\multicolumn{18}{l}{HARTLEY, Stuart Neil   b Shipley 18.3.1956   RHB RM}
FC		21	30	2	785	87	28.03	0	4	206	4	51.50	3-59	0	4.23	5	
JPL		15	15	1	254	57	18.14	0	1	120	2	60.00	1-32	0	5.45	4	
BH		4	3	0	41	28	13.66	0	0	30	1	30.00	1-30	0	3.75	0	
NW		2	2	0	24	24	12.00	0	0								
FC	1978	130	194	25	4309	114	25.49	4	23	2107	46	45.80	4-51	0	3.63	49	
JPL	1979	97	90	15	1565	73	20.86	0	8	1193	37	32.24	3-31	0	5.83	36	
BH	1981	20	19	5	401	65*	28.64	0	2	311	12	25.91	4-39	1	3.83	7	
NW	1980	13	10	0	239	69	23.90	0	2	102	1	102.00	1-41	0	3.64	4	
\multicolumn{18}{l}{JARVIS, Paul William   b Redcar 29.6.1965   RHB RFM}
FC		15	17	7	183	47	18.30	0	0	1332	60	22.20	7-55	5	3.10	10	
JPL		11	5	2	37	27*	12.33	0	0	369	11	33.54	4-13	1	4.45	3	
BH		4	2	1	6	6*	6.00	0	0	120	3	40.00	1-24	0	2.72	0	
NW		3	2	1	19	10	19.00	0	0	92	3	30.66	3-32	0	2.66	0	
FC	1981	50	55	18	520	47	14.05	0	0	4440	147	30.20	7-55	10	3.41	23	
JPL	1981	38	18	9	79	27*	8.77	0	0	1153	58	19.87	4-13	3	4.40	9	
BH	1985	8	4	1	29	20	9.66	0	0	270	14	19.28	3-31	0	3.33	0	
NW	1982	5	3	1	35	16	17.50	0	0	269	6	44.83	3-32	0	3.92	0	
\multicolumn{18}{l}{LOVE, James Derek   b Leeds 22.4.1955   RHB OB}
FC		21	29	5	831	109	34.62	1	4	146	0				3.71	7	
JPL		14	13	1	408	104*	34.00	1	1	31	0				6.20	7	
BH		4	4	1	99	34*	33.00	0	1							0	
NW		2	2	1	20	12	20.00	0	0							1	
FC	1975	200	316	48	8637	170*	32.22	13	45	387	2	193.50	1-8	0	3.70	100	
Int	1981	3	3	0	61	43	20.33	0	0							1	
JPL	1976	125	114	13	2321	104*	22.98	2	9	38	1	38.00	1-6	0	4.75	20	
BH	1978	29	29	7	841	118*	38.22	1	4							7	
NW	1977	16	14	3	114	61*	10.36	0	1							2	
\multicolumn{18}{l}{METCALFE, Ashley Anthony (TCCB)   b Horsforth 25.12.1963   RHB OB}
FC		26	41	1	1803	151	45.07	6	8	75	0				4.12	10	
JPL		14	14	1	341	74*	26.23	0	1							3	
BH		2	2	0	42	31	21.00	0	0							0	
NW		3	3	0	29	23	9.66	0	0							0	
FC	1983	42	68	1	2405	151	35.89	8	11	85	0				3.66	17	
JPL	1984	33	33	2	789	115*	25.45	1	2							8	
NW	1984	5	5	0	62	33	12.40	0	0							0	
\multicolumn{18}{l}{MOXON, Martyn Douglas (England, Eng B to SL)   b Stairfoot 4.5.1960   RHB RM}
Test		2	4	0	111	74	27.75	0	1							1	
FC		20	33	4	982	147	33.86	3	4	113	2	56.50	1-18	0	3.16	13	
JPL		8	8	1	177	48	25.28	0	0							1	
BH		4	4	1	231	106*	77.00	1	1							1	
NW		3	3	0	146	75	48.66	0	2							1	
FC	1981	103	174	9	5905	168	35.78	14	27	972	17	57.17	3-26	0	3.57	68	
Int	1984	5	5	0	132	70	26.40	0	1							4	

Cmp	Debut	M	I	NO	Runs	HS	Avge	100	50	Runs	Wkts	Avge	BB	5wi	RpO	ct	st
JPL	1980	46	38	5	944	86	28.60	0	5	197	3	65.66	1-16	0	6.35	16	
BH	1981	15	15	1	593	106*	42.35	1	4	111	2	55.50	1-23	0	4.44	5	
NW	1981	8	8	2	323	82*	53.83	0	4	17	1	17.00	1-17	0	4.25	2	

PICKLES, Christopher Stephen   b Mirfield 30.1.1966   RHB RM

Cmp	Debut	M	I	NO	Runs	HS	Avge	100	50	Runs	Wkts	Avge	BB	5wi	RpO	ct	st
JPL		1	1	1	16	16*		0	0	51	1	51.00	1-51	0	6.37	0	
FC	1985	6	3	1	52	31*	26.00	0	0	385	6	64.16	2-31	0	3.04	3	
JPL	1985	10	7	4	48	16*	16.00	0	0	339	8	42.37	2-28	0	4.70	5	

ROBINSON, Phillip Edward   b Keighley 3.8.1963   RHB LM

Cmp	Debut	M	I	NO	Runs	HS	Avge	100	50	Runs	Wkts	Avge	BB	5wi	RpO	ct	st
FC		8	13	2	392	104*	35.63	1	3	115	0				10.45	7	
JPL		12	11	1	340	76*	34.00	0	3							2	
NW		2	2	0	66	66	33.00	0	1							1	
FC	1984	36	53	8	1598	104*	35.51	1	12	127	0				9.76	16	
JPL	1984	30	29	2	722	78*	26.74	0	5							6	
BH	1984	4	3	0	59	42	19.66	0	0							1	
NW	1985	3	3	0	66	66	22.00	0	1							1	

SHARP, Kevin   b Leeds 6.4.1959   LHB OB

Cmp	Debut	M	I	NO	Runs	HS	Avge	100	50	Runs	Wkts	Avge	BB	5wi	RpO	ct	st
FC		19	31	6	958	181	38.32	2	5	192	3	64.00	1-20	0	6.62	10	
JPL		11	11	0	328	94	29.81	0	3							3	
BH		4	4	1	136	105*	45.33	1	0							1	
NW		2	2	1	35	33*	35.00	0	0							2	
FC	1976	165	276	25	7953	181	31.68	13	34	602	11	54.72	2-13	0	3.80	82	
JPL	1976	104	98	9	2244	114	25.21	2	12	1	0				6.00	30	
BH	1978	35	32	2	868	105*	28.93	1	4							11	
NW	1978	10	9	2	129	33*	18.42	0	0	7	0				7.00	3	

SHAW, Christopher   b Hemsworth 17.2.1964   RHB RFM

Cmp	Debut	M	I	NO	Runs	HS	Avge	100	50	Runs	Wkts	Avge	BB	5wi	RpO	ct	st
FC		14	10	4	57	21	9.50	0	0	848	31	27.35	5-38	1	2.82	2	
JPL		7	1	1	4	4*		0	0	205	4	51.25	2-35	0	4.04	1	
NW		2	2	0	2	2	1.00	0	0	90	4	22.50	2-34	0	3.75	0	
FC	1984	34	28	11	146	21	8.58	0	0	2311	68	33.98	5-38	2	2.99	7	
JPL	1984	21	11	4	85	26	12.14	0	0	697	25	27.88	5-41	1	5.06	5	
NW	1985	3	3	1	8	6	4.00	0	0	104	5	20.80	2-34	0	3.04	0	

SIDEBOTTOM, Arnold   b Barnsley 1.4.1954   RHB RFM

Cmp	Debut	M	I	NO	Runs	HS	Avge	100	50	Runs	Wkts	Avge	BB	5wi	RpO	ct	st
FC		10	9	2	65	18	9.28	0	0	671	25	26.84	8-72	1	2.96	3	
JPL		10	6	3	41	35*	13.66	0	0	292	12	24.33	3-36	0	4.26	2	
BH		4	2	1	31	18*	31.00	0	0	152	9	16.88	4-24	1	3.80	3	
NW		1	1	0	1	1	1.00	0	0	31	1	31.00	1-31	0	2.58	1	
Test	1985	1	1	0	2	2	2.00	0	0	65	1	65.00	1-65	0	3.48	0	
FC	1973	168	187	45	3248	124	22.87	1	11	10131	415	24.41	8-72	15	2.99	41	
JPL	1974	107	59	21	634	52*	16.68	0	1	3132	108	29.00	4-24	3	4.33	15	
BH	1974	35	21	7	231	32	16.50	0	1	1149	53	21.67	5-27	2	3.33	9	
NW	1975	16	11	4	172	45	24.57	0	0	477	26	18.34	4-35	2	2.95	4	

STEVENSON, Graham Barry   b Ackworth 16.12.1955   RHB RFM

Cmp	Debut	M	I	NO	Runs	HS	Avge	100	50	Runs	Wkts	Avge	BB	5wi	RpO	ct	st
FC		2	1	1	58	58*		0	1	75	2	37.50	2-27	0	2.58	0	
JPL		3	3	2	26	22*	26.00	0	0	77	2	38.50	1-31	0	4.81	1	
BH		4	3	1	58	27*	29.00	0	0	148	7	21.14	3-58	0	4.11	0	
Test	1979	2	2	1	28	27*	28.00	0	0	183	5	36.60	3-111	0	3.51	0	
FC	1973	187	227	34	3963	115*	20.53	2	16	14008	486	28.82	8-57	18	3.16	73	
Int	1979	4	4	3	43	28*	43.00	0	0	125	7	17.85	4-33	1	3.90	2	
JPL	1973	153	116	16	1275	81*	12.75	0	2	4641	186	24.95	5-41	4	4.53	25	
BH	1975	44	28	6	234	36	10.63	0	0	1567	74	21.17	5-28	6	3.78	8	
NW	1974	19	13	1	190	34	15.83	0	0	612	30	20.40	5-27	2	3.16	5	

SWALLOW, Ian Geoffrey   b Barnsley 18.12.1962   RHB OB

Cmp	Debut	M	I	NO	Runs	HS	Avge	100	50	Runs	Wkts	Avge	BB	5wi	RpO	ct	st
FC		9	11	5	152	43*	25.33	0	0	510	6	85.00	3-109	0	2.96	0	
FC	1983	32	34	12	408	43*	18.54	0	0	1882	35	53.77	4-52	0	2.86	14	
JPL	1984	1	1	0	2	2	2.00	0	0	31	0				7.75	0	
BH	1984	4	3	2	18	10*	18.00	0	0	151	2	75.50	1-40	0	4.19	5	

TOURING TEAMS

INDIA IN ENGLAND 1986

AMARNATH, M.

		M	I	NO	Runs	HS	Avge	100	50	Runs	Wkts	Avge	BB	5wi	RpO	ct
Test		2	4	0	172	79	43.00	0	0	20	0				1.81	3
FC		9	13	3	473	101	47.30	1	2	68	4	17.00	3-39	0	1.56	7

AZHARUDDIN, M.

		M	I	NO	Runs	HS	Avge	100	50	Runs	Wkts	Avge	BB	5wi	RpO	ct
Test		3	6	1	157	64	31.40	0	1							3
FC		10	14	3	596	142	54.18	2	3	68	0				3.40	12
Int		2	2	1	110	83*	110.00	0	1	14	0				7.00	3

Cmp Debut	M	I	NO	Runs	HS	Avge	100	50	Runs	Wkts	Avge	BB	5wi	RpO	ct	st
BINNY, R.M.H.																
Test	3	4	0	81	40	20.25	0	0	251	12	20.91	5-40	1	2.87	3	
FC	8	9	1	182	64	22.75	0	1	637	16	39.81	5-40	1	3.49	6	
Int	2								85	4	21.25	2-38	0	4.04	2	
GAVASKAR, S.M.																
Test	3	6	0	175	54	29.16	0	1							3	
FC	8	12	1	372	136*	33.81	1	1							5	
Int	2	2	1	69	65*	69.00	0	1							0	
KAPIL DEV																
Test	3	5	1	81	31*	20.25	0	0	306	10	30.60	4-52	0	2.38	2	
FC	6	9	4	273	115*	54.60	1	1	461	20	23.05	5-35	1	2.47	5	
Int	2	1	0	51	51	51.00	0	1	73	1	73.00	1-41	0	3.47	3	
LAMBA, R.																
FC	5	7	0	301	116	43.00	1	2	49	1	49.00	1-15	0	3.06	1	
MADAN LAL																
Test	1	2	0	42	22	21.00	0	0	48	3	16.00	3-18	0	2.30	0	
MANINDER SINGH																
Test	3	4	1	10	6	3.33	0	0	187	12	15.58	4-26	0	1.63	1	
FC	8	5	2	16	6*	5.33	0	0	612	21	29.14	4-26	0	2.37	3	
Int	2								86	1	86.00	1-31	0	3.90	0	
MORE, K.S.																
Test	3	5	2	156	48	52.00	0	0							16	
FC	7	8	2	228	52	38.00	0	1							22	1
PANDIT, C.S.																
Test	1	2	0	40	23	20.00	0	0							1	
FC	6	8	2	252	91	42.00	0	3	14	0				6.46	10	
Int	2															
PATIL, S.M.																
FC	6	8	0	188	57	23.50	0	2	122	2	61.00	1-19	0	3.21	4	
Int	2	1	0	12	12	12.00	0	0							0	
PRABHAKAR, M.																
FC	6	6	1	77	33	15.40	0	0	353	9	39.22	3-42	0	2.96	1	
SHARMA, C.																
Test	2	2	0	11	9	5.50	0	0	300	16	18.75	6-58	2	2.92	0	
FC	9	5	2	79	39	26.33	0	0	736	31	23.80	6-58	2	3.32	2	
Int	2	1	1	8	8*		0	0	74	3	24.66	3-25	0	3.55	0	
SHASTRI, R.J.																
Test	3	6	1	74	32	14.80	0	0	161	5	32.20	1-5	0	2.01	2	
FC	8	10	2	220	70*	27.50	0	2	494	12	41.16	3-44	0	2.27	4	
Int	2	1	1	62	62*		0	1	62	2	31.00	2-25	0	2.81	0	
SRIKKANTH, K.																
Test	3	6	0	105	31	17.50	0	0							3	
FC	9	14	0	344	90	24.57	0	1	91	3	30.33	1-16	0	4.55	5	
Int	2	2	0	67	67	33.50	0	1							0	
VENGSARKAR, D.B.																
Test	3	6	2	360	126*	90.00	2	1							1	
FC	8	11	3	536	126*	67.00	2	3							3	
Int	2	1	0	29	29	29.00	0	0							0	
YADAV, N.S.																
FC	7	2	2	22	13*		0	0	534	15	35.60	6-30	1	2.83	3	

NEW ZEALAND IN ENGLAND 1986

	M	I	NO	Runs	HS	Avge	100	50	Runs	Wkts	Avge	BB	5wi	RpO	ct	st
BARRETT, B.J.																
FC	8	4	3	8	5*	8.00	0	0	610	15	40.66	3-32	0	3.86	1	
BLAIN, T.E.																
Test	1	1	0	37	37	37.00	0	0							0	
FC	9	9	2	172	37	24.57	0	0							19	3
BRACEWELL, J.G.																
Test	3	3	1	114	110	57.00	1	0	213	6	35.50	3-29	0	2.81	0	
FC	12	11	1	386	110	77.20	2	0	1042	37	28.16	6-55	2	2.53	2	
Int	2	1	1	10	10*		0	0	94	3	31.33	2-27	0	4.49	0	
CHATFIELD, E.J.																
Test	1	1	0	5	5	5.00	0	0	73	3	24.33	3-73	0	3.47	0	
FC	7	2	1	5	5	5.00	0	0	457	13	35.15	3-73	0	2.38	3	
Int	1								24	0				3.00	1	
CONEY, J.V.																
Test	3	4	1	133	51	44.33	0	1	48	0				3.00	2	
FC	13	17	5	688	140*	57.33	1	4	194	7	27.71	2-14	0	2.58	7	
Int	2	2	0	28	27	14.00	0	0	78	3	26.00	2-59	0	4.87	1	
CROWE, J.J.																
Test	3	4	0	51	23	12.75	0	0							2	
FC	13	19	2	624	159	36.70	1	4							11	
Int	2	2	0	114	66	57.00	0	1							0	

Cmp Debut	M	I	NO	Runs	HS	Avge	100	50	Runs	Wkts	Avge	BB	5wi	RpO	ct	st
CROWE, M.D.																
Test	3	5	2	206	106	68.66	1	0	51	0				4.25	4	
FC	12	18	6	787	106	66.58	2	6	190	2	95.00	1-37	0	3.81	10	
Int	2	2	1	102	93*	102.00	0	1	51	1	51.00	1-36	0	5.10	0	
EDGAR, B.A.																
Test	3	5	1	92	83	23.00	0	1							0	
FC	12	19	5	590	110*	42.14	1	4	2	0				2.00	5	
Int	2	2	0	5	5	2.50	0	0							0	
FRANKLIN, T.J.																
FC	7	10	0	227	96	22.70	0	1	5	0				5.00	5	
GRAY, E.J.																
Test	3	3	0	91	50	30.33	0	1	271	5	54.20	3-83	0	2.31	2	
FC	13	13	4	467	108	51.88	1	4	1087	37	29.37	7-61	3	2.47	9	
Int	2	1	1	30	30*		0	0	94	2	47.00	2-55	0	6.26	0	
HADLEE, R.J.																
Test	3	3	0	93	68	31.00	0	1	390	19	20.52	6-80	2	2.53	0	
Int	2	2	1	29	18*	29.00	0	0	63	2	31.50	2-29	0	3.04	0	

Note: Excluding Tests, Hadlee did not play any first-class matches for the Tourists. See under Notts for his full 1986 f.c. record.

RUTHERFORD, K.R.																
Test	1	2	1	24	24*	24.00	0	0	8	0				2.66	0	
FC	12	19	3	848	317	53.00	2	3	25	0				5.00	7	
Int	2	2	0	74	63	37.00	0	1							1	
SMITH, I.D.S.																
Test	2	2	0	20	18	10.00	0	0							7	
FC	9	9	3	215	48	35.83	0	0	8	0				4.00	17	2
Int	2	1	0	4	4	4.00	0	0							0	
STIRLING, D.A.																
Test	2	2	1	44	26	44.00	0	0	181	3	60.33	2-48	0	4.11	1	
FC	11	7	3	116	26	29.00	0	0	1025	28	36.60	5-98	1	4.01	4	
WATSON, W.																
Test	2	2	1	9	8*	9.00	0	0	196	4	49.00	2-51	0	2.69	2	
FC	12	6	3	30	10	10.00	0	0	963	26	37.03	4-31	0	3.12	3	
Int	1								46	0				4.18	0	
WRIGHT, J.G.																
Test	3	6	1	191	119	38.20	1	1							0	
FC	12	19	1	668	119	37.11	1	5	13	0				3.25	4	
Int	2	2	0	60	39	30.00	0	0							1	

Note: The above FC record is for NZ only; see under Derbyshire for Wright's complete 1986 FC record.

PLAYERS WHO DID NOT APPEAR FOR THE FIRST-CLASS COUNTIES OR TOURISTS IN 1986

AHLUWALIA, Manraj Singh (Cambridge U) b Isleworth 27.12.1965 RHB OB

FC		6	11	0	198	36	18.00	0	0							0	
FC	1985	10	18	1	253	36	14.88	0	0							3	

ALLIN, Anthony William (Devon) b Bideford 20.4.1954 RHB SLA (Glamorgan 1976)

NW		1	1	1	1	1*		0	0	45	2	22.50	2-45	0	3.75	0	
FC	1976	13	16	8	108	32	13.50	0	0	1011	44	22.97	8-63	4	3.03	3	
JPL	1976	3	1	1	8	8*	8.00	0	0	88	3	29.33	1-22	0	4.98	0	
BH	1980	5	3	1	12	6	6.00	0	0	191	3	63.66	3-37	0	3.82	1	
NW	1979	6	5	1	25	17	6.25	0	0	226	4	56.50	2-45	0	3.53	0	

ANGROVE, Trevor John (Cornwall) b Troon 15.1.1959 RHB

NW		1	1	0	13	13	13.00	0	0							0	

ARCHER, Nicholas John (Staffs) b Walsall 30.8.1955 RHB

NW		1	1	0	15	15	15.00	0	0							1	
NW	1984	3	3	0	25	15	8.33	0	0							3	

ARNOLD, Keith Andrew (Minor Counties, Oxfordshire) b Solihull 27.5.1960 RHB RFM

BH		1								16	2	8.00	2-16	0	2.28	0	
NW		1								79	0				6.58	0	
FC	1985	1								108	5	21.60	5-57	1	3.17	1	
BH	1985	3	2	1	5	3*	2.50	0	0	95	2	47.50	2-16	0	4.75	1	
NW	1981	5	4	1	9	9*	3.00	0	0	305	4	76.25	2-55	0	5.98	1	

Cmp	Debut	M	I	NO	Runs	HS	Avge	100	50	Runs	Wkts	Avge	BB	5wi	RpO	ct	st
ASHLEY, Derek John (Minor Counties) b Whitchurch 22.1.1956 RHB WK
FC		1	2	0	4	4	2.00	0	0							0	1
NW	1983	4	3	1	24	13	12.00	0	0							5	1
ATKINSON, Stephen Robert (Minor Counties) b Birtley 8.12.1952 RHB
BH		1	1	0	4	4	4.00	0	0							0	
FC	1985	1	1	0	63	63	63.00	0	1							1	
NW	1973	12	12	0	263	80	21.91	0	1							7	
BH	1974	5	5	0	112	84	22.40	0	1							1	
BAILEY, Mark David (Suffolk) b Castleford 21.10.1960 RHB RMF
NW		1	1	0	4	4	4.00	0	0	24	1	24.00	1-24	0	3.34	0	
BANKS, David Andrew (Staffs) b Pennsett 11.1.1961 RHB RM (Worcs 1983-85)
NW		1	1	0	37	37	37.00	0	0							0	
FC	1983	19	29	3	691	100	26.57	1	3	17	0				4.25	9	
JPL	1982	13	11	1	91	23	9.10	0	0							3	
NW	1985	2	2	1	48	37	48.00	0	1							1	
BENJAMIN, Joseph Emmanuel (Staffs) b St Kitts 2.2.1961 RHB RMF
NW		1	1	0	19	19	19.00	0	0	37	2	18.50	2-37	0	3.36	0	
BENSON, Justin David Ramsey (Cambs) b Dublin 1.3.1967 RHB RM
NW		1	1	0	85	85	85.00	0	1	13	0				6.00	0	
BLANK, David Clifford (Staffs) b Stoke-on-Trent 9.12.1959 RHB RFM
NW		1	1	0	7	7	7.00	0	0	33	0				3.66	0	
NW	1984	3	3	2	50	23*	50.00	0	0	94	1	94.00	1-25	0	3.03	0	
BOUSTEAD, William Neil (Cumberland) b Carlisle 13.8.1953 LHB WK
NW		1														0	
NW	1984	3	2	2	22	17*		0	0							2	
BROOKS, Kevin Graham (Suffolk) b Reading 15.10.1959 RHB OB (Derbyshire 1980)
NW		1	1	1	26	26*		0	0							0	
FC	1980	1	2	0	11	8	5.50	0	0							2	
JPL	1980	4	4	0	23	12	5.75	0	0							3	
BH	1980	4	3	1	15	10	7.50	0	0	51	0				5.66	1	
NW	1983	2	2	1	77	51	77.00	0	1	23	0				7.66	0	
BROWN, Alexander (Scotland) b Coatbridge 7.10.1950 RHB WK
FC		1	1	0	74	74	74.00	0	1							1	
BH		2	2	0	38	26	19.00	0	0							0	
FC	1977	8	11	0	241	74	21.90	0	2							11	3
BH	1981	17	17	1	253	47	15.81	0	0							12	2
NW	1983	3	3	0	10	6	3.33	0	0							3	1
BROWN, Adrian Desmond (Cambridge U, Combined Univ) b Clacton-on-Sea 18.5.1962 RHB WK
FC		9	11	1	86	30	8.60	0	0							15	2
BH		4	4	2	24	10*	12.00	0	0							1	1
NW	1984	2	2	0	10	9	5.00	0	0							3	2
BROWN, Paul Anthony (Devon) b Crediton 13.5.1965 RHB RM
NW		1	1	0	14	14*		0	0	49	2	24.50	2-49	0	4.08	0	
BROWNE, David William (Cambridge U) b Stamford 4.4.1964 RHB
FC		7	13	4	228	61*	25.33	0	1	76	1	76.00	1-13	0	3.30	4	
FC	1985	8	14	4	238	61*	23.80	0	1	76	1	76.00	1-13	0	3.30	5	
BURNETT, Neil William (Scotland) b Newcastle-under-Lyme 16.12.1961 RHB RM
FC		1	1	0	4	4	4.00	0	0	30	0				2.30	0	
BH		4	4	0	52	27	13.00	0	0	70	3	23.33	2-60	0	5.38	0	
NW		1	1	0	21	21	21.00	0	0	28	0				3.00	0	
BUSBY, Roger Neil (Oxfordshire) b Oxford 18.9.1946 RHB RFM
NW		1								40	0				3.33	0	
NW	1975	8	6	1	38	22	7.60	0	0	288	5	57.60	1-15	0	3.22	4	
CALEY, Philip John (Suffolk) b Harwich 18.10.1962 RHB OB
NW		1	1	0	12	12	12.00	0	0							0	
NW	1983	4	4	0	58	29	14.50	0	0	24	2	12.00	2-24	0	4.00	2	
CARTLEDGE, David (Staffs) b Stoke-on-Trent 11.7.1956 RHB OB
NW		1	1	0	13	13	13.00	0	0	21	2	10.50	2-21	0	2.62	0	
NW	1984	3	3	0	29	13	9.66	0	0	21	2	10.50	2-21	0	2.62	0	
CLEMENS, Simon Mark (Suffolk) b Felixstowe 29.4.1956 LHB RM
NW		1	1	0	13	13	13.00	0	0							0	
FC	1976	29	47	5	860	91	20.47	0	4	205	3	68.33	1-29	0	3.94	18	
BH	1979	5	4	0	47	28	11.75	0	0	23	0				4.60	0	
NW	1978	7	7	0	118	59	16.85	0	1	145	5	29.00	3-30	0	3.81	1	
CLOSE, Dennis Brian (D.B.Close's XI) b Rawdon 24.2.1931 LHB OB (Yorks 1949-70, Som 1971-77)
FC		1	2	0	26	22	13.00	0	0	71	1	71.00	1-71	0	7.10	2	
Test	1949	22	37	2	887	70	25.34	0	4	532	18	29.55	4-35	0	2.63	24	
FC	1949	786	1225	173	34946	198	33.26	52	170	30947	1171	26.42	8-41	43	2.62	813	1
Int	1972	3	3	0	49	43	16.33	0	0	21	0				7.00	1	
JPL	1969	108	84	7	2278	131	29.58	2	7	754	34	22.17	4-9	1	4.50	36	
BH	1972	23	20	1	444	88	23.36	0	1	240	6	40.00	3-59	0	4.07	4	
NW	1963	27	26	2	567	96	23.62	0	3	421	24	17.54	4-60	1	2.86	11	
COCKBAIN, Ian (Cheshire) b Bootle 19.4.1958 RHB SLA (Lancs 1979-83)
NW		1	1	0	15	15	15.00	0	0							0	

Cmp	Debut	M	I	NO	Runs	HS	Avge	100	50	Runs	Wkts	Avge	BB	5wi	RpO	ct	st
FC	1979	46	78	9	1456	98	21.10	0	7	14	0				1.75	22	
JPL	1980	23	17	1	246	53*	15.37	0	1							4	
BH	1980	5	3	0	67	53	22.33	0	1							4	
NW	1983	6	5	0	67	25	13.40	0	0							1	

COHEN, Mark Francis (Ireland) b Cork 27.3.1961 RHB

FC		1	2	0	39	29	19.50	0	0							0	
NW		1	1	0	32	32	32.00	0	0							1	
FC	1980	4	6	0	70	29	11.66	0	0							1	

COLLARD, Douglas Christopher (Cambs) b Barnet 26.9.1952 RHB RMF

NW	1975	2	2	1	13	9	13.00	0	0	65	2	32.50	2-34	0	2.95	0	
NW		1	1	1	4	4*		0	0	31	0				2.81		

COLLYER, Francis Edward (Herts) b Brentford 4.2.1947 RHB WK

NW		1	1	0	26	26	26.00	0	0							0	
FC	1967	5	8	1	96	46	13.71	0	0							11	1
BH	1972	45	41	4	588	49	15.89	0	0							29	4
NW	1969	13	13	2	188	58*	17.09	0	1							19	

CONN, Ian Edward (Durham) b Sunderland 16.4.1962 RHB RMF

NW		1	1	0	0	0	0.00	0	0	27	0				6.75	0	

COPE, James Edward Bailye (Oxford U) b Southend 5.5.1966 RHB WK

FC		4	5	2	11	8*	3.66	0	0							5	

CORBY, Kevin (Northumberland) b Newcastle-upon-Tyne 12.7.1959 RHB WK

NW		1	1	1	3	3*		0	0							1	
NW	1984	2	2	1	10	7	10.00	0	0							2	

CORLETT, Simon Charles (Ireland) b Blantyre, Nyasaland 18.1.1950 RHB RFM

FC		1	2	1	67	44*	67.00	0	0	113	4	28.25	4-113	0	2.82	0	
NW		1								53	1	53.00	1-53	0	4.41	0	
FC	1970	32	45	8	613	60	16.56	0	2	2295	78	29.42	7-82	4	2.67	24	
NW	1970	7	6	2	26	11	6.50	0	0	312	11	28.36	3-43	0	4.05	2	

CORMACK, Paul Gregory (Northumberland) b Blyth 15.4.1962 RHB

NW		1	1	0	5	5	5.00	0	0							0	

CRADICK, Julian Michael (Cornwall) b St Dominic 27.11.1947 RHB

NW		1	1	0	10	10	10.00	0	0							0	

CRAWLEY, Stephen Thomas (Cheshire) b Bebington 16.9.1962 RHB RM

NW		1	1	0	17	17	17.00	0	0	23	1	23.00	1-23	0	2.30	1	

CROSSLEY, Alan (Oxfordshire) b Oldham 14.5.1941 RHB WK

NW		1														1	
NW	1972	8	7	2	67	38	13.40	0	0							6	2

CUMMINGS, Stuart (Cheshire) b Whitehaven 17.11.1960 RHB WK

NW		1	1	1	1*			0	0							0	2

CURTIS, Ian James (Oxfordshire) b Purley 13.5.1959 LHB SLA (Surrey 1983-84)

NW		1								47	1	47.00	1-47	0	5.87	1	
FC	1980	31	30	14	77	20*	4.81	0	0	2109	51	41.35	6-28	2	2.63	7	
JPL	1983	5	2	2	0	0		0	0	82	1	82.00	1-35	0	5.12	0	
BH	1980	7	3	3	13	12*		0	0	181	3	60.33	1-18	0	2.64	0	

DAVIDSON, John Edward (Cambridge U, Combined Univ) b Aberystwyth 23.10.1964 RHB RFM

FC		9	10	3	108	41*	15.42	0	0	998	30	33.26	5-35	2	3.06	2	
BH		1	1	0	0	0	0.00	0	0	12	0				3.00	0	
FC	1985	13	14	5	133	41*	14.77	0	0	1252	34	36.82	5-35	2	3.08	4	

DAWSON, Timothy Andrew John (Oxford U) b Munster, Germany 29.1.1963 RHB OB

FC		7	9	5	32	10*	8.00	0	0	649	13	49.92	3-65	0	3.32	2	

DEAN, Stephen Anthony (Herts) b Welwyn Garden City 15.5.1964 RHB

NW		1	1	0	6	6	6.00	0	0							0	
NW	1983	2	2	0	12	6	6.00	0	0							0	

DEAN, Steven John (Staffs) b Cosford 16.11.1960 RHB

NW		1	1	0	23	23	23.00	0	0							0	

DE NEEF, Dale Nicholas (Scotland) b Trinidad 21.3.1956 RHB RFM

BH		1	1	0	5	5	5.00	0	0	68	1	68.00	1-68	0	6.18	0	
BH	1983	10	9	1	48	18*	6.00	0	0	374	8	46.75	3-14	0	5.10	0	
NW	1984	1	1	0	15	15	15.00	0	0	37	3	12.33	3-37	0	3.08	0	

DENNISON, David George (Ireland) b Banbridge 22.12.1961 RHB

NW		1	1	0	12	12	12.00	0	0							0	
FC	1983	1	2	0	17	16	8.50	0	0							1	
NW	1985	2	2	0	16	12	8.00	0	0							0	

DONALD, William Alexander (Scotland) b Huntly 29.7.1953 RHB RM

FC		1	1	0	29	29	29.00	0	0	37	3	12.33	3-17	0	1.15	1	
BH		4	4	0	61	52	15.25	0	1	96	2	48.00	1-20	0	3.09	1	
NW		1	1	0	9	9	9.00	0	0	17	0				3.40	0	
FC	1978	8	13	2	221	45	20.09	0	0	164	5	32.80	3-17	0	2.07	4	
BH	1980	25	25	0	412	59	16.48	0	2	390	11	35.45	2-30	0	3.36	5	
NW	1983	3	3	0	24	10	8.00	0	0	55	0				3.43	0	

DONOHUE, Keith (Devon) b Chatham 11.10.1963 RHB RMF

NW		1	1	0	9	9	9.00	0	0	42	3	14.00	3-42	0	3.50	1	

Cmp	Debut	M	I	NO	Runs	HS	Avge	100	50	Runs	Wkts	Avge	BB	5wi	RpO	ct	st

DOSHI, Dilip Rasiklal (D.B.Close's XI, Saurashtra) b Rajkot, India 22.12.1947
LHB SLA (Notts 1973-78, Warwicks 1980-81)

Cmp	Debut	M	I	NO	Runs	HS	Avge	100	50	Runs	Wkts	Avge	BB	5wi	RpO	ct	st
FC		1	1	1	9	9*		0	0	142	1	142.00	1-142	0	6.45	0	
Test	1979	33	38	10	129	20	4.60	0	0	3502	114	30.71	6-102	6	2.25	10	
FC	1968	238	253	70	1442	44	7.87	0	0	23874	898	26.58	7-29	43	2.43	62	
Int	1980	15	5	2	9	5*	3.00	0	0	524	22	23.81	4-30	2	3.96	3	
JPL	1977	18	3	1	10	6	5.00	0	0	525	24	21.87	3-32	0	3.88	3	
BH	1977	8	5	5	34	19*		0	0	295	4	73.75	2-60	0	3.55	0	
NW	1976	5	2	0	4	4	2.00	0	0	140	10	14.00	4-23	1	2.64	0	

DREYER, Richard (Northumberland) b Morpeth 24.11.1960 RHB

| NW | | 1 | 1 | 0 | 26 | 26 | 26.00 | 0 | 0 | | | | | | | 1 | |

DUNSTAN, Malcolm Stephen Thomas (Cornwall) b Redruth 14.10.1950 RHB RM (Gloucs 1971-74)

NW		1	1	0	11	11	11.00	0	0							0	
FC	1971	12	20	3	283	52	16.64	0	1							4	
JPL	1973	10	9	2	29	8*	4.14	0	0							0	
BH	1977	7	7	0	114	33	16.28	0	0							3	
NW	1970	6	6	0	73	28	12.16	0	0							1	

DUTHIE, Peter Gordon (Scotland) b Greenock 16.4.1959 RHB RM

FC		1	1	1	54	54*		0	1	63	3	21.00	2-29	0	2.10	0	
BH		4	3	1	49	33	24.50	0	1	149	6	24.83	3-31	0	3.46	0	
NW		1	1	0	1	1	1.00	0	0	22	0				2.44	0	
FC	1984	3	4	1	119	54*	39.66	0	1	208	6	34.66	2-29	0	2.44	2	
BH	1985	8	7	1	64	33	10.66	0	0	312	12	26.00	3-31	0	3.62	1	
NW	1984	3	3	0	1	1	0.33	0	0	86	1	86.00	1-35	0	3.18	0	

EDWARDS, John Hiley (Devon) b Newton Abbot 10.3.1951 LHB

| NW | | 1 | 1 | 0 | 5 | 5 | 5.00 | 0 | 0 | | | | | | | 2 | |
| NW | 1985 | 2 | 2 | 1 | 27 | 22* | 27.00 | 0 | 0 | | | | | | | 2 | |

ELLERAY, John Bernard (Cumberland) b Windermere 13.5.1946 RHB RFM

| NW | | 1 | 1 | 0 | 8 | 8 | 8.00 | 0 | 0 | 26 | 0 | | | | 3.25 | 1 | |
| NW | 1985 | 2 | | | | | | | | 63 | 0 | | | | 3.70 | 1 | |

ELLISON, Charles Christopher (Cambridge U, Combined Univ) b Pembury 11.2.1962 RHB RM

FC		5	3	1	54	51*	27.00	0	1	325	14	23.21	5-82	1	2.55	1	
BH		3	2	1	2	1*	2.00	0	0	83	0				4.36	0	
FC	1982	23	22	7	268	51*	17.86	0	2	1383	39	35.46	5-82	1	2.75	7	
BH	1984	5	4	3	3	1*	3.00	0	0	115	0				4.08	0	

ESTWICK, Roderick Orville (D.B.Close's XI, Barbados) b Christchurch, Barbados 28.6.1961 RHB RFM

FC		1	1	0	2	2	2.00	0	0	95	3	31.66	3-95	0	4.13	0	
FC	1982	19	30	6	177	34*	7.37	0	0	1722	63	27.33	6-68	3	3.47	9	
NW	1983	1	1	0	5	5	5.00	0	0	76	2	38.00	2-76	0	6.33	1	

EVA, Stephen Paul (Cornwall) b Redruth 17.7.1967 RHB WK

| NW | | 1 | 1 | 1 | 0 | 0* | | 0 | 0 | | | | | | | 0 | |

EVANS, Rupert Aloysius (Oxfordshire) b Kingston, Jamaica 24.2.1954 RHB OB

| NW | | 1 | | | | | | | | 33 | 1 | 33.00 | 1-33 | 0 | 2.75 | 0 | |
| NW | 1983 | 4 | 3 | 0 | 9 | 9 | 3.00 | 0 | 0 | 158 | 4 | 39.50 | 2-35 | 0 | 3-29 | 2 | |

FELL, David John (Cambridge U, Combined Univ) b Stafford 27.10.1964 RHB LB

FC		9	17	3	388	114	27.71	1	0							1	
BH		4	4	0	61	44	15.25	0	0							0	
FC	1985	18	33	4	720	114	24.82	2	1							5	
BH	1985	8	8	0	112	44	14.00	0	0	7	0				5.25	0	

FELL, Mark Andrew (Minor Counties) b Newark 17.11.1960 RHB SLA (Notts 1982-83, Derbys 1985)

BH		1	1	0	12	12	12.00	0	0							0	
FC	1982	20	35	0	506	108	14.45	1	0	157	1	157.00	1-20	0	3.27	13	
JPL	1981	18	15	2	109	28	8.38	0	0	131	4	32.75	2-31	0	5.03	9	

FLEMING, David (Scotland) b Broxburn 7.4.1964 RHB WK

| FC | | 1 | | | | | | | | | | | | | | 3 | |

FLOWER, Russell William (Staffs) b Stone 6.11.1942 LHB SLA (Warwicks 1978)

NW		1	1	0	4	4	4.00	0	0	34	2	17.00	2-34	0	2.83	0	
FC	1978	9	8	4	23	10*	5.75	0	0	554	10	55.40	3-45	0	3.20	0	
BH	1982	2								43	0				3.07	1	
NW	1984	3	3	1	20	9*	10.00	0	0	114	2	57.00	2-34	0	3.93	0	

FOLLAND, Nicholas Arthur (Devon) b Bristol 17.9.1963 LHB

| NW | | 1 | 1 | 0 | 4 | 4 | 4.00 | 0 | 0 | | | | | | | 2 | |
| NW | 1984 | 3 | 3 | 0 | 55 | 39 | 18.33 | 0 | 0 | 3 | 0 | | | | 9.00 | 5 | |

FOLLAND, Neil Geoffrey (Devon) b Bristol 27.6.1960 RHB

| NW | | 1 | 1 | 0 | 30 | 30 | 30.00 | 0 | 0 | | | | | | | 0 | |

FORD, Geoffrey Charles (Oxfordshire) b Oxford 26.9.1961 RHB RM

| NW | | 1 | 1 | 0 | 50 | 50 | 50.00 | 0 | 1 | | | | | | | 0 | |
| NW | 1984 | 3 | 3 | 0 | 130 | 62 | 43.33 | 0 | 2 | | | | | | | 0 | |

FURSE, Ronald Godfrey (Cornwall) b Launceston 27.8.1960 RHB RM

| NW | | 1 | 0 | 1 | 1 | 1.00 | 0 | 0 | | 52 | 0 | | | | 4.33 | 0 | |

GADSBY, Nigel Timothy (Cambs) b Wimpole 1.2.1961 RHB LB

| NW | | 1 | 1 | 0 | 25 | 25 | 25.00 | 0 | 0 | | | | | | | 0 | |
| NW | 1982 | 3 | 3 | 0 | 88 | 63 | 29.33 | 0 | 1 | 7 | 0 | | | | 7.00 | 2 | |

GARNER, Phillip John (Oxfordshire) b Liverpool 26.3.1946 RHB OB

NW		1	1	0	24	24*		0	0							0	
BH	1985	2	2	0	22	17	11.00	0	0							0	
NW	1975	8	8	1	132	53	18.85	0	1	79	1	79.00	1-58	0	7.18	2	

85

Cmp	Debut	M	I	NO	Runs	HS	Avge	100	50	Runs	Wkts	Avge	BB	5wi	RpO	ct	st

GARNHAM, Michael Anthony (Cambs) b Johannesburg, South Africa 20.8.1960
RHB WK (Gloucs 1979, Leics 1980-85)
NW		1	1	0	8	8	8.00	0	0							0	
FC	1979	75	104	18	2083	100	24.22	1	11							160	23
JPL	1978	80	63	13	893	79*	17.86	0	1							77	10
BH	1981	25	18	6	289	55	24.08	0	1							25	
NW	1980	11	10	3	137	29*	19.57	0	0							8	1

GAROFALL, Alan Robert (Herts) b Kingston-upon-Thames 1.6.1946 RHB RM
NW		1	1	0	6	6	6.00	0	0	11	0				3.66	1	
FC	1966	27	47	1	874	99	18.59	0	4	8	0				12.00	19	
BH	1972	9	9	0	91	38	10.11	0	0	179	6	29.83	3-71	0	3.80	1	
NW	1971	11	11	1	66	26	6.60	0	0	307	12	25.58	3-28	0	3.46	6	

GARTH, Jonathan Digby (Ireland) b Johannesburg, South Africa 12.1.1965 RHB RM
| FC | | 1 | 2 | 0 | 7 | 6 | 3.50 | 0 | 0 | 34 | 0 | | | | 1.78 | 0 | |
| NW | | 1 | 1 | 0 | 8 | 8* | | 0 | 0 | 43 | 0 | | | | 3.58 | 1 | |

GAYWOOD, Nicholas Richard (Devon) b Newton Abbot 30.4.1963 LHB SLA
| NW | | 1 | 1 | 0 | 49 | 49 | 49.00 | 0 | 0 | | | | | | | 1 | |
| NW | 1985 | 2 | 2 | 0 | 54 | 49 | 27.00 | 0 | 0 | | | | | | | 1 | |

GOLDING, Andrew Kenneth (Cambridge U, Combined Univ) b Colchester 5.10.1963
RHB SLA (Essex 1983)
FC		7	11	3	188	47	23.50	0	0	685	10	68.50	3-51	0	2.71	2	
BH		4	4	1	35	31*	11.66	0	0	167	1	167.00	1-20	0	5.47	1	
FC	1983	16	26	5	385	47	18.33	0	0	1604	18	89.11	3-51	0	3.44	4	

GORMAN, David Brian (Berkshire) b Havant 13.8.1955 RHB
| NW | | 1 | 1 | 0 | 1 | 1 | 1.00 | 0 | 0 | | | | | | | 0 | |
| NW | 1984 | 3 | 3 | 0 | 44 | 28 | 14.66 | 0 | 0 | | | | | | | 0 | |

GORMAN, Shaun Rodney (Cambridge U) b Middlesbrough 28.4.1965 RHB OB
| FC | | 6 | 9 | 3 | 76 | 37 | 12.66 | 0 | 0 | 184 | 2 | 92.00 | 1-28 | 0 | 3.75 | 4 | |
| FC | 1985 | 15 | 24 | 8 | 253 | 43 | 15.81 | 0 | 0 | 649 | 5 | 129.80 | 1-27 | 0 | 3.89 | 7 | |

GRAHAM, Peter Colin (Northumberland) b Newcastle-upon-Tyne 25.12.1954 RHB RFM
| NW | | 1 | | | | | | | | 28 | 2 | 14.00 | 2-28 | 0 | 2.33 | 2 | |
| BH | 1985 | 1 | | | | | | | | 35 | 1 | 35.00 | 1-35 | 0 | 4.37 | 0 | |

GREEN, Russell Christopher (Suffolk) b St Albans 30.7.1959 RHB RFM (Glam 1984)
NW		1	1	0	6	6	6.00	0	0	16	1	16.00	1-16	0	2.28	1	
FC	1984	2	1	1	3	3*		0	0	92	2	46.00	2-65	0	2.89	1	
JPL	1984	1								13	0				4.33	0	
BH	1984	1								36	1	36.00	1-36	0	3.27	0	
NW	1983	3	3	2	21	8*	21.00	0	0	101	3	33.66	1-14	0	3.25	1	

GREENSWORD, Stephen (Minor Counties, Devon) b Gateshead 6.9.1943 RHB RM (Leics 1963-66)
FC		1	2	0	69	35	34.50	0	0	33	1	33.00	1-33	0	2.53	7	
NW		1	1	0	9	9	9.00	0	0	50	1	50.00	1-50	0	4.16	0	
FC	1963	42	73	8	1094	84*	16.83	0	3	950	29	32.75	3-22	0	2.78	29	
BH	1973	13	13	2	221	30	20.09	0	0	338	5	67.60	2-20	0	3.63	1	
NW	1965	19	18	2	336	73	21.00	0	1	528	20	26.40	4-28	1	2.78	7	

GRIFFITHS, Alan (Staffs) b Newcastle-under-Lyme 18.9.1957 RHB WK
NW		1	1	0	2	2	2.00	0	0							0	2
FC	1981	1	1	0	26	26	26.00	0	0							0	
BH	1981	7	7	2	73	17	14.60	0	0							4	1
NW	1984	3	3	0	41	33	13.66	0	0							1	2

HAGAN, David Andrew (Oxford U, Combined Univ) b Wide Open 25.6.1966 RHB OB
FC		9	16	1	364	88	24.26	0	2	4	0				24.00	2	
BH		2	2	0	21	11	10.50	0	0							0	
FC	1985	14	26	2	512	88	21.33	0	2	10	0				8.57	6	

HAILEY, Robert John (Herts) b Gosforth 25.7.1952 RHB RM
NW		1	1	0	7	7*		0	0	32	4	8.00	4-32	1	2.66	0	
BH	1982	1	1	1	1	1*		0	0	45	0				4.09	0	
NW	1983	4	3	2	10	7*	10.00	0	0	144	6	24.00	4-32	1	3.42	2	

HALLIDAY, Gordon Donald (Northumberland) b Edinburgh 11.11.1950 RHB RM
NW		1	1	0	57	57	57.00	0	1	75	2	37.50	2-75	0	6.25	0	
BH	1983	2	2	0	3	2	1.50	0	0	10	0				2.00	0	
NW	1984	2	2	0	60	57	30.00	0	1	88	2	44.00	2-75	0	5.86	0	

HALLIDAY, Michael (Ireland) b Dublin 20.8.1948 RHB OB
FC		1	2	0	22	15	11.00	0	0	74	0				2.64	0	
NW		1								41	0				5.85	0	
FC	1970	12	12	4	144	47	18.00	0	0	732	31	23.61	5-39	1	2.07	5	
NW	1980	6	5	2	6	3	2.00	0	0	222	8	27.75	4-22	1	3.46	0	

HALLIDAY, Simon John (Dorset) b Haverfordwest 13.7.1960 RHB RM
NW		1	1	0	2	2	2.00	0	0							0	
FC	1980	9	14	2	348	113*	29.00	1	0							3	
NW	1983	2	2	0	10	8	5.00	0	0							1	

HALLIWELL, David (Cumberland) b Leyland 11.12.1948 LHB RFM
| NW | | 1 | | | | | | | | 29 | 1 | 29.00 | 1-29 | 0 | 2.41 | 0 | |
| NW | 1983 | 3 | 2 | 0 | 3 | 3 | 1.50 | 0 | 0 | 118 | 5 | 23.60 | 4-57 | 1 | 3.57 | 0 | |

HARPER, Mark Anthony (D.B.Close's XI, Guyana) b Georgetown, British Guiana 31.10.1957 RHB RM
| FC | | 1 | 2 | 0 | 55 | 55 | 27.50 | 0 | 1 | | | | | | | 2 | |
| FC | 1974 | 32 | 53 | 5 | 1674 | 149* | 34.87 | 4 | 9 | 267 | 6 | 44.50 | 2-10 | 0 | 2.40 | 29 | |

Cmp	Debut	M	I	NO	Runs	HS	Avge	100	50	Runs	Wkts	Avge	BB	5wi	RpO	ct	st
	HARRISON, Garfield David (Ireland) b Lurgan 8.5.1962 LHB RFM																
FC		1	2	0	81	68	40.50	0	1	27	0				2.25	0	
FC	1983	4	6	1	230	86	46.00	0	2	92	2	46.00	2-30	0	1.70	0	
NW	1983	2	2	0	1	1	0.50	0	0	50	4	12.50	3-42	0	3.33	0	
	HARVEY, John Frank (Berkshire) b Cambridge 27.9.1939 RHB OB (Derbyshire 1963-72)																
NW		1	1	0	0	0	0.00	0	0							0	
FC	1961	206	344	32	7538	168	24.16	4	33	21	1	21.00	1-0	0	1.77	87	
JPL	1969	56	54	5	1028	67	20.97	0	4							17	
BH	1972	8	8	2	195	56	32.50	0	1	20	0				20.00	4	
NW	1964	20	19	1	193	54*	10.72	0	1	27	1	27.00	1-27	0	3.00	5	
	HAYES, Peter James (Suffolk) b Crowborough 20.5.1954 RHB RM																
NW		1	1	0	0	0	0.00	0	0	8	1	8.00	1-8	0	0.88	0	
FC	1974	27	44	11	343	56*	10.39	0	1	1832	51	35.92	5-48	1	2.57	19	
BH	1974	6	5	1	8	4	2.00	0	0	147	2	73.50	1-28	0	2.88	3	
NW	1981	3	3	1	12	12*	6.00	0	0	54	3	18.00	2-20	0	2.07	0	
	HEAD, Timothy John (Cambridge U) b Hammersmith 22.9.1957 RHB WK (Sussex 1976-81)																
FC		3	5	1	62	40*	15.50	0	0							1	
FC	1976	25	31	7	397	52*	16.54	0	1							55	6
JPL	1978	9	8	3	50	24	10.00	0	0							7	2
	HEATH, Stephen David (Cambridge U) b Bristol 7.7.1967 RHB LB																
FC		1	2	0	16	10	8.00	0	0	39	0				5.57	0	
	HENRY, Omar (Scotland, Boland) b Stellenbosch, South Africa 23.1.1952 LHB SLA																
BH		4	4	0	24	10	6.00	0	0	111	6	18.50	2-17	0	2.58	1	
NW		1	1	0	2	2	2.00	0	0	34	1	34.00	1-34	0	3.40	1	
FC	1977	64	95	21	1906	117	25.75	2	7	4617	212	21.77	7-22	12	2.37	72	
BH	1982	16	16	0	347	59	21.68	0	4	575	12	47.91	2-17	0	3.36	7	
NW	1984	3	3	0	30	20	10.00	0	0	106	1	106.00	1-34	0	4.24	1	
	HERBERT, Reuben (Minor Counties, Suffolk) b Cape Town, South Africa 1.12.1957 RHB OB (Essex 1976-80)																
FC		1	2	0	33	23	16.50	0	0	24	0				3.00	0	
BH		4	4	1	42	26*	14.00	0	0	136	5	27.20	3-26	0	3.40	1	
NW		1	1	0	2	2	2.00	0	0	24	0				3.00	0	
FC	1976	8	12	1	138	43	12.54	0	0	262	6	43.66	3-64	0	3.24	6	
JPL	1980	3	2	1	9	8	9.00	0	0	119	2	59.50	1-24	0	6.26	1	
NW	1984	3	3	0	26	17	8.66	0	0	82	1	82.00	1-37	0	3.15	0	
	HITCHMOUGH, John Jeffrey (Cheshire) b Liverpool 20.1.1962 RHB																
NW		1	1	0	20	20	20.00	0	0							0	
NW	1985	2	2	0	42	22	21.00	0	0							0	
	HITCHMOUGH, John Sutton (Minor Counties, Cheshire) b Hale 18.4.1958 RHB RM																
BH		3	2	0	6	5	3.00	0	0	76	2	38.00	2-41	0	4.00	0	
NW		1	1	0	22	22	22.00	0	0	37	2	18.50	2-37	0	3.08	3	
BH	1985	5	4	0	19	9	4.75	0	0	128	3	42.66	2-41	0	4.12	0	
NW	1982	3	3	0	31	22	10.33	0	0	89	4	22.25	2-37	0	3.70	3	
	HOBBINS, Graham Raymund (Oxfordshire) b Eastbourne 27.2.1946 RHB RM																
NW		1	1	1	15	15*		0	0	25	1	25.00	1-25	0	5.00	0	
NW	1975	4	4	1	36	15*	12.00	0	0	149	3	49.66	2-57	0	4.13	1	
	HODGSON, Geoffrey Dean (Cumberland) b Carlisle 22.10.1966 RHB																
NW		1	1	0	35	35	35.00	0	0							0	
	HUNT, Simon A. (Cornwall) b Guildford 26.5.1962 RHB RM																
NW		1	1	0	2	2	2.00	0	0	87	0				7.25	0	
	HURST, Graham (Durham) b Newcastle-upon-Tyne 22.9.1960 RHB																
NW		1	1	0	6	6	6.00	0	0							0	
NW	1982	4	3	0	14	7	4.66	0	0							1	
	JACKSON, Barry Scott (Berkshire) b Maidenhead 13.9.1966 RHB RMF																
NW		1	1	0	14	14	14.00	0	0	30	1	30.00	1-30	0	2.50	1	
	JACKSON, Paul Brian (Ireland) b Belfast 9.12.1959 RHB WK																
FC		1	1	0	2	2	2.00	0	0							1	
NW		1														0	
FC	1981	6	7	1	136	46	22.66	0	0							12	1
NW	1981	4	3	0	8	4	2.66	0	0							3	1
	JAVED MIANDAD (D.B.Close's XI, Habib Bank, Pakistan, Pak to SL) b Karachi, Pakistan 12.6.1957 RHB LBG (Sussex 1976-79, Glam 1980-85)																
FC		1	2	1	143	102*	143.00	1	0							0	
Test	1976	74	115	17	5413	280*	55.23	14	28	672	17	39.52	3-74	0	2.78	65	1
FC	1973	324	518	84	23133	311	53.30	65	114	6363	191	33.31	7-39	6	3.12	295	3
Int	1975	95	90	21	2863	119*	41.49	3	18	209	5	41.80	2-22	0	3.56	33	
JPL	1976	97	93	16	3137	107*	40.74	1	27	68	2	34.00	1-5	0	4.91	24	
BH	1977	24	21	2	828	95	43.57	0	7	14	0				7.00	8	
NW	1976	11	11	2	378	75	42.00	0	3	12	1	12.00	1-12	0	6.00	7	
	JOHNSON, Graham (Durham) b Hetton 1.5.1958 LHB RFM																
NW		1	1	0	6	6	6.00	0	0	50	1	50.00	1-50	0	5.00	0	
NW	1984	4	3	1	33	20*	16.50	0	0	164	4	41.00	2-35	0	3.64	2	
	JONES, Jefferson Harcourt (Berkshire) b Christchurch, Barbados 6.1.1954 RHB RFM																
NW		1	1	0	12	12*		0	0	95	1	95.00	1-95	0	7.91	0	
NW	1976	6	4	3	18	12*	18.00	0	0	336	9	37.33	4-35	1	4.80	0	

Cmp	Debut	M	I	NO	Runs	HS	Avge	100	50	Runs	Wkts	Avge	BB	5wi	RpO	ct	st
\multicolumn{18}{l}{KENNEDY, Andrew (Dorset) b Blackburn 4.11.1949 LHB RM (Lancs 1970-82)}
NW		1	1	0	39	39	39.00	0	0	6	1	6.00	1-6	0	1.50	1	
FC	1970	150	243	20	6298	180	28.24	6	26	398	10	39.80	3-58	0	3.03	85	
JPL	1972	104	99	4	2641	89	27.80	0	19	194	4	48.50	2-22	0	4.61	23	
BH	1975	30	27	2	664	91	26.56	0	4	64	3	21.23	2-1	0	3.72	8	
NW	1974	16	16	1	557	131	37.13	2	1	25	1	25.00	1-6	0	2.27	4	
\multicolumn{18}{l}{KER, John Edward (Scotland) b Kelso 17.10.1952 RHB RM}
FC		1	1	1	7	7*		0	0	25	1	25.00	1-15	0	1.20	0	
BH		1	1	0	8	8	8.00	0	0	16	1	16.00	1-16	0	3.20	0	
FC	1977	10	14	6	158	50	19.75	0	1	373	13	28.69	3-45	0	2.35	3	
BH	1980	16	15	4	106	31	9.63	0	0	366	13	28.15	3-29	0	3.42	2	
NW	1983	3	2	1	32	19*	32.00	0	0	151	2	75.50	1-31	0	5.03	2	
\multicolumn{18}{l}{KILBORN, Michael John (Oxford U) b Australia 20.9.1962}
FC		7	12	1	219	59	19.90	0	1							4	
\multicolumn{18}{l}{KING, Collis Llewellyn (D.B.Close's XI, Natal) b Fairview, Barbados 11.6.1951 RHB RM (Glam 1977, Worcs 1983)}
FC		1	2	0	49	48	24.50	0	0	39	0				9.75	0	
Test	1976	9	16	3	418	100*	32.15	1	2	282	3	94.00	1-30	0	2.90	5	
FC	1972	119	192	24	6620	163	39.40	14	34	4189	125	33.51	5-91	1	2.87	97	
Int	1976	18	14	2	280	86	23.33	0	1	529	11	48.09	4-23	1	4.26	6	
JPL	1977	20	20	1	586	127	30.84	2	2	502	12	41.83	2-17	0	4.87	11	
BH	1977	7	7	0	167	61	23.85	0	2	145	1	145.00	1-32	0	3.37	1	
NW	1977	5	5	0	104	55	20.80	0	1	153	6	25.50	2-31	0	3.61	0	
\multicolumn{18}{l}{KIPPAX, Peter John (Durham) b Huddersfield 15.10.1940 RHB LBG (Yorks 1961-62)}
NW		1	1	0	6	6	6.00	0	0	61	3	20.33	3-61	0	5.08	0	
FC	1961	4	7	2	37	19	7.40	0	0	279	8	34.87	5-74	1	2.93	0	
BH	1977	2	2	0	54	42	27.00	0	0	20	0				1.81	0	
NW	1978	8	8	0	127	39	15.87	0	0	336	18	18.66	3-24	0	3.53	1	
\multicolumn{18}{l}{KIRKWOOD, G.R. (Scotland)}
BH		1	1	1	1*			0	0	12	0				12.00	0	
\multicolumn{18}{l}{KNIGHT, John Dolan (Scotland) b Broughty Ferry 22.6.1945 RHB WK}
BH		3	2	2	1*			0	0							1	1
NW		1	1	0	2	2	2.00	0	0							0	1
BH	1984	7	4	3	12	8*	12.00	0	0							1	2
\multicolumn{18}{l}{LAWRENCE, Ian Seth (Cambs) b Ely 1.4.1963 RHB}
NW		1	1	0	4	4	4.00	0	0							0	
\multicolumn{18}{l}{LAWRENCE, Mark Philip (Oxford U) b Warrington 6.5.1962 LHB SLA}
FC		6	10	2	12	10*	1.50	0	0	554	7	79.14	2-28	0	3.57	2	
FC	1982	30	35	10	101	18	4.04	0	0	2979	42	70.92	3-79	0	3.33	9	
\multicolumn{18}{l}{LEA, Antony Edward (Cambridge U) b Wolverhampton 29.9.1962 RHB LB}
FC		5	8	0	79	19	9.87	0	0	191	6	31.83	3-61	0	3.53	6	
FC	1984	22	41	2	772	119	19.79	1	1	292	8	36.50	3-61	0	3.89	11	
\multicolumn{18}{l}{LETHBRIDGE, Christopher (Cambs) b Castleford 23.6.1961 RHB RM (Warwicks 1981-85)}
NW		1	1	0	0	0	0.00	0	0	20	0				2.22	0	
FC	1981	50	58	13	1033	87*	22.95	0	3	2996	77	38.90	5-68	1	3.59	16	
JPL	1981	37	20	12	210	57*	26.25	0	1	1250	39	32.05	5-47	1	5.17	13	
BH	1982	11	6	2	34	13*	8.50	0	0	337	10	33.70	3-49	0	4.55	2	
NW	1982	9	4	0	27	19	6.75	0	0	336	8	42.00	2-26	0	3.46	0	
\multicolumn{18}{l}{LEWINGTON, Peter John (Berkshire) b Finchampstead 30.1.1950 RHB OB}
NW		1	1	0	0	0	0.00	0	0	23	3	7.66	3-23	0	1.91	0	
FC	1970	72	73	21	383	34	7.36	0	0	5705	191	29.86	7-52	6	2.74	31	
JPL	1971	2	1	1	0	0*		0	0	71	2	35.50	1-30	0	7.10	0	
BH	1978	1	1	0	0	0	0.00	0	0	25	1	25.00	1-25	0	4.16	0	
NW	1979	4	3	2	12	9*	12.00	0	0	119	5	23.80	3-23	0	2.47	0	
\multicolumn{18}{l}{LEWIS, Richard Victor (Dorset) b Winchester 6.8.1947 RHB LB (Hants 1967-76)}
NW		1	1	0	0	0	0.00	0	0							0	
FC	1967	105	190	14	3471	136	19.72	2	15	104	1	104.00	1-59	0	4.72	65	
JPL	1969	64	59	7	969	79	18.63	0	5							14	
BH	1972	27	24	2	339	76	15.40	0	1							7	
NW	1972	6	6	1	57	28	11.40	0	0							1	
\multicolumn{18}{l}{LEWIS, Victor Barry (Dorset) b Sherborne 9.12.1952 RHB WK}
NW		1	1	0	11	11	11.00	0	0							0	
NW	1983	2	2	0	13	11	6.50	0	0							0	
\multicolumn{18}{l}{LICKLEY, Martin Gregory (Berkshire) b Windsor 15.8.1957 RHB RM}
NW		1	1	0	18	18	18.00	0	0							1	
NW	1983	4	4	0	93	44	23.25	0	0	19	1	19.00	1-15	0	3.16	1	
\multicolumn{18}{l}{LISTER, John Wilton (Durham) b Darlington 1.4.1959 RHB (Derbys 1978-79)}
NW		1	1	0	19	19	19.00	0	0							0	
FC	1978	5	10	0	205	48	20.50	0	0							1	
NW	1983	5	5	0	75	42	15.00	0	0	35	1	35.00	1-35	0	5.83	1	
\multicolumn{18}{l}{LORD, Timothy Michael (Cambridge U) b 10.2.1966 RHB}
FC		2	4	0	31	23	7.75	0	0							0	
\multicolumn{18}{l}{LOVELL, Christopher Charles (Cornwall) b St Austell 1.6.1967 RHB RMF}
NW		1	1	0	0	0	0.00	0	0	83	1	83.00	1-83	0	6.91	0	
\multicolumn{18}{l}{McBRINE, Alexander (Ireland) b Omagh 16.9.1963 RHB SLA}
FC		1	1	0	0	0	0.00	0	0	64	3	21.33	3-64	0	2.78	0	

Cmp	Debut	M	I	NO	Runs	HS	Avge	100	50	Runs	Wkts	Avge	BB	5wi	RpO	ct	st
NW		1								65	0				5.41	0	
FC	1985	2	2	0	24	24	12.00	0	0	92	3	30.66	3-64	0	2-35	0	
NW	1985	2	1	0	7	7	7.00	0	0	87	1	87.00	1-22	0	3-62	0	

McBRINE, James (Ireland) b Omagh 16.9.1963 RHB RM

FC		1	2	2	29	27*	0	0	67	0				2.48	1	

McEVOY, Michael Stephen Anthony (Suffolk) b Jorhat, Inda 25.1.1956
RHB RM (Essex 1976-81, Worcs 1983-84)

NW		1	1	0	19	19	19.00	0	0							0	
FC	1976	69	113	2	2128	103	19.17	1	10	103	3	34.33	3-20	0	3.43	70	
JPL	1978	20	16	4	169	27*	14.08	0	0							6	
BH	1981	4	4	1	63	24	21.00	0	0							0	
NW	1982	3	3	0	92	52	30.66	0	1							0	

MacLARNON, Patrick Craig (Oxford U) b Nottingham 24.9.1963 RHB RM

FC		4	5	1	9	4	2.25	0	0	89	2	44.50	2-25	0	3.31	0	
FC	1985	11	15	2	177	56	13.61	0	1	318	3	106.00	2-25	0	3.64	3	

MAGUIRE, Keith Robert (Staffs) b Marston Green 20.3.1961 RHB RFM (Warwicks 1982)

NW		1	1	1	0	0*		0	0	24	0				3.00	0	
FC	1982	3	3	0	3	2	1.00	0	0	123	1	123.00	1-32	0	3.51	0	
JPL	1982	2	1	0	0	0	0.00	0	0	85	1	85.00	1-43	0	5.31	1	
NW	1984	3	1	1	0	0*		0	0	127	4	31.75	3-64	0	4.10	0	

MALONE, Steven John (Minor Counties, Durham) b Chelmsford 19.10.1953
RHB RMF (Essex 1975-78, Hants 1980-84, Glam 1985)

BH		3	3	2	2	1*	2.00	0	0	95	4	23.75	3-26	0	3.56	0	
NW		1	1	0	6	6	6.00	0	0	51	2	25.50	2-51	0	4.25	0	
FC	1975	57	46	15	182	23	5.87	0	0	4236	118	35.89	7-55	3	3.34	13	
JPL	1980	47	11	5	16	8*	2.66	0	0	1639	64	25.60	4-39	2	5.17	4	
BH	1980	16	12	7	23	16	4.60	0	0	454	25	18.16	4-25	1	3.29	0	
NW	1980	8	4	3	17	7*	17.00	0	0	270	16	16.87	5-34	1	3.00	2	

MASOOD, Mohammad Afzal (Ireland) b Lahore, Pakistan 2.5.1952 RHB RM

FC		1	2	0	12	12	6.00	0	0							0	
NW		1	1	0	26	26	26.00	0	0	35	0				7.00	0	
FC	1967	24	41	3	1069	114	28.13	1	5	72	2	36.00	1-4	0	4.40	19	
NW	1982	3	3	0	124	69	41.33	0	1	35	0				7.00	0	

MEE, Adrian Alexander Graham (Oxford U) b Johannesburg, South Africa 29.5.1963 RHB

FC		8	14	1	183	51	14.07	0	1							3	
FC	1984	9	15	1	185	51	13.21	0	1							4	

MERCER, Richard Anthony David (Durham) b Stockholm, Sweden 14.1.1951 RHB WK

NW		1	1	1	0	0*		0	0							0	
BH	1979	2	1	0	0	0	0.00	0	0							0	
NW	1977	9	9	2	47	23	6.71	0	0							1	2

MERRIMAN, Richard Peter (Dorset) b Loughborough 12.10.1958 RHB

NW		1	1	0	11	11	11.00	0	0							0	

MERRY, William Gerald (Minor Counties, Herts) b Newbury 8.8.1955 RHB RFM (Middx 1979-82)

FC		1	2	0	8	5	4.00	0	0	47	1	47.00	1-47	0	2.35	0	
BH		4	3	2	9	5*	9.00	0	0	102	2	51.00	2-37	0	3.40	0	
NW		1	1	0	0	0	0.00	0	0	27	2	13.50	2-27	0	2.25	0	
FC	1979	29	19	11	50	14*	6.25	0	0	1724	52	33.15	4-24	0	2.94	6	
JPL	1979	25	8	4	26	13	6.50	0	0	726	27	26.88	3-29	0	4.52	2	
BH	1978	12	7	3	28	8	7.00	0	0	277	10	27.70	3-19	0	2.97	1	
NW	1977	6	5	2	9	5*	3.00	0	0	190	9	21.11	3-27	0	2.85	1	

MILLER, Geoffrey Vernon (Cambs) b Walsall 18.8.1937 RHB OB

NW		1	1	0	9	9	9.00	0	0							0	
NW	1982	3	3	0	30	21	10.00	0	0							1	

MILLING, Hugh (Ireland) b Carrickfergus 4.9.1962 RHB RFM

NW		1								63	4	15.75	4-63	1	5.25	0	

MOIR, Dallas Gordon (Scotland) b Mtarfa, Malta 13.4.1957 RHB SLA (Derbys 1981-85)

FC		1	0	4	4	4.00	0	0	117	7	16.71	4-53	0	2.25	0		
BH		4	4	1	44	21	14.66	0	0	136	2	68.00	1-22	0	3.69	2	
NW		1	1	0	0	0	0.00	0	0	32	0				2.90	0	
FC	1980	73	87	11	1172	107	15.42	1	3	6795	206	32.98	6-60	9	2.79	64	
JPL	1982	21	16	0	182	79	11.37	0	1	629	12	52.41	3-54	0	4.46	9	
BH	1980	11	11	2	127	44	14.11	0	0	353	4	88.25	2-43	0	3.87	2	
NW	1984	3	2	0	23	23	11.50	0	0	90	3	30.00	2-39	0	2.57	0	

MORGAN, Gordon (Suffolk) b Uganda 31.8.1959 RHB RM

NW		1	1	0	7	7	7.00	0	0							0	
NW	1984	3	3	0	10	7	3.33	0	0							0	

MORRIS, Graeme Reginald (Northumberland) b Newcastle-upon-Tyne 5.2.1963 LHB

NW		1														0	

MOYES, John Robert (Cumberland) b Ipswich 2.12.1946 RHB

NW		1	1	0	9	9	9.00	0	0							0	
NW	1984	3	3	0	50	37	16.66	0	0							1	

MUDASSAR NAZAR (Cheshire, United Bank, Pakistan, Pak to SL) b Lahore, Pakistan 6.4.1956
RHB RM

NW		1	1	0	0	0	0.00	0	0	31	1	31.00	1-31	0	3.10	0	
Test	1976	58	90	7	3445	231	41.50	8	16	1948	50	38.96	6-32	1	2.57	40	
FC	1971	178	294	28	12394	241	46.59	38	52	4123	117	35.23	6-32	2	2.65	122	

Cmp	Debut	M	I	NO	Runs	HS	Avge	100	50	Runs	Wkts	Avge	BB	5wi	RpO	ct	st
Int	1977	89	87	7	2063	95	25.79	0	13	2393	85	28.15	5-28	2	4.28	18	
BH	1985	2	2	0	22	13	11.00	0	0	62	1	62.00	1-56	0	3.95	0	
NW	1981	4	4	0	58	32	14.50	0	0	90	4	22.50	2-26	0	2.81	0	

MURRAY, Kevin Stuart (Berkshire) b Brisbane, Australia 3.1.1963 LHB

NW		1	1	0	1	1	1.00	0	0							0	

NEAL, Edward Peter (Herts) b Edinburgh 2.6.1961 RHB RM

NW		1	1	0	0	0	0.00	0	0	29	0				3.62	0	
NW	1981	3	3	0	60	52	20.00	0	1	63	0				3.93	1	

NEW, Paul Michael (Berkshire) b Wokingham 30.9.1953 LHB RFM

NW		1	1	0	4	4	4.00	0	0	58	3	19.33	3-58	0	4.83	1	
NW	1983	4	4	0	25	13	6.25	0	0	152	6	25.33	3-58	0	3.25	1	

NURTON, Michael Dennis (Oxfordshire) b Botley 11.4.1943 LHB

NW		1	1	0	31	31	31.00	0	0							0	
BH	1974	16	16	1	285	51	19.00	0	2							1	
NW	1970	10	10	1	312	70	34.66	0	3							0	

O'BRIEN, Neil Terence (Cheshire) b Heaton Moor 9.3.1945 RHB RM

NW		1	1	0	23	23	23.00	0	0	26	0				3.25	1	
FC	1979	2	2	0	27	14	13.50	0	0	101	1	101.00	1-23	0	3.25	1	
BH	1977	24	21	1	227	51*	11.35	0	1	524	18	29.11	4-15	1	3.12	8	
NW	1981	5	5	0	63	23	12.60	0	0	93	1	93.00	1-16	0	2.81	1	

OLD, Christopher Middleton (D.B.Close's XI, Northumberland) b Middlesbrough 22.12.1948 LHB RFM (Yorks 1966-82, Warwicks 1983-85)

FC		1	1	0	0	0	0.00	0	0	46	0				5.75	0	
NW		1								73	1	73.00	1-73	0	6.08	1	
Test	1972	46	66	9	845	65	14.82	0	2	4020	143	28.11	7-50	4	2.72	22	
FC	1966	379	463	91	7756	116	20.84	6	27	25127	1070	23.48	7-20	39	2.60	214	
Int	1973	32	25	7	338	51*	18.77	0	1	999	45	22.20	4-8	2	3.41	8	
JPL	1969	167	126	30	1994	82*	20.77	0	7	4593	212	21.66	5-33	10	3.81	40	
BH	1972	59	38	9	724	78*	24.96	0	4	1601	84	19.05	5-19	3	2.73	12	
NW	1967	36	27	3	349	55*	14.54	0	1	1103	50	22.06	4-9	3	3.01	9	

OLLEY, Martin William Charles (Herts) b Romford 27.11.1963 RHB WK (Northants 1983)

NW		1	1	0	20	20	20.00	0	0							1	
FC	1983	1	1	0	8	8	8.00	0	0							3	
NW	1985	2	2	0	25	20	12.50	0	0							1	

OSMAN, Wayne Miles (Herts) b Athens, Greece 19.8.1950 LHB LM (Northants 1970-71)

NW		1	1	0	20	20	20.00	0	0							1	
FC	1970	9	16	2	287	60	17.93	0	1							6	
JPL	1971	6	5	1	56	27	14.00	0	0							2	
BH	1978	21	21	1	277	62	13.85	0	1	2	0				3.00	1	
NW	1971	11	11	0	243	54	22.09	0	1							6	

OTTLEY, David George (Herts) b Worcester Park 23.6.1944 RHB (Middx 1967)

NW		1	1	0	4	4	4.00	0	0	4	0				12.00	1	
FC	1967	8	10	1	156	47	17.33	0	0	1	0				0.50	3	
BH	1976	12	10	0	128	34	12.80	0	0	6	0				12.00	3	
NW	1976	8	8	4	127	54*	18.14	0	1	4	0				12.00	3	

PARRY, Derick Recaldo (Cambs) b Cotton Ground, Nevis 22.12.1954 RHB OB

NW		1	1	0	6	6	6.00	0	0	42	0				3.50	0	
Test	1977	12	20	3	381	65	22.41	0	3	936	23	40.69	5-15	1	2.94	4	
FC	1975	77	119	24	2552	96	26.86	0	14	7268	251	28.95	9-76	12	2.68	50	
Int	1977	6	5	1	61	32	15.25	0	0	259	11	23.54	3-47	0	3.59	8	
NW	1982	3	3	0	70	43	23.33	0	0	121	0				3.55	0	

PATEL, Ashok Sitaram (Minor Counties, Durham) b Nairobi, Kenya 23.9.1956 LHB SLA (Middx 1978)

FC		1	2	0	37	30	18.50	0	0	41	0				3.72	1	
BH		2	2	0	50	35	25.00	0	0							0	
NW		1	1	0	59	59	59.00	0	1							0	
FC	1978	3	5	1	93	30	23.25	0	0	96	2	48.00	2-55	0	4.17	2	
JPL	1977	3	2	1	47	27*	47.00	0	0	26	3	8.66	3-26	0	6.50	0	
NW	1982	7	7	2	155	59	31.00	0	1	82	3	27.33	3-57	0	3.41	3	

PATEL, Tikendra (Oxford U) b Ahmedabad, India 9.10.1965 RHB OB

FC		6	6	0	63	18	7.87	0	0	12	0				6.00	1	
FC	1985	15	25	4	222	47	10.57	0	0	12	0				6.00	6	

PEARSON, Kenneth (Northumberland) b Bedlington 30.8.1951 RHB

NW		1	1	0	61	61	61.00	0	0							0	
FC	1976	1	2	0	13	9	6.50	0	0							1	
BH	1976	10	10	0	176	74	17.60	0	1	1	0				6.00	1	
NW	1977	4	4	0	105	61	26.25	0	1							1	

PHILBROOK, Simon Douglas (Cumberland) b Luton 11.10.1965 RHB

NW		1	1	0	14	14*	0	0								0	

PHILIP, Iain Lindsay (Scotland) b Falkirk 9.6.1958 RHB SLA

FC		1	2	0	145	145	145.00	1	0							1	
BH		4	4	0	113	73	28.25	0	1							0	
NW		1	1	0	27	27	27.00	0	0							0	

PLUMB, Stephen George (Minor Counties) b Wimbush 17.1.1954 RHB OB

FC		1	2	0	98	69	49.00	0	0	33	1	33.00	1-33	0	3.66	0	
BH		4	4	1	82	37*	27.33	0	0	77	1	77.00	1-20	0	3.30	2	

Cmp	Debut	M	I	NO	Runs	HS	Avge	100	50	Runs	Wkts	Avge	BB	5wi	RpO	ct	st
FC	1975	5	8	1	216	69	30.85	0	1	124	3	41.33	2-47	0	3.26	2	
BH	1980	23	23	4	417	48*	21.94	0	0	482	13	37.07	2-3	0	3.97	5	
NW	1982	4	4	0	54	33	13.50	0	0	132	2	66.00	1-39	0	2.80	1	

PORTER, Simon Robert (Oxfordshire) b Oxford 9.8.1950 RHB OB

Cmp	Debut	M	I	NO	Runs	HS	Avge	100	50	Runs	Wkts	Avge	BB	5wi	RpO	ct	st
NW		1								58	3	19.33	3-58	0	5.27	1	
FC	1973	7	12	2	76	20	7.60	0	0	600	18	33.33	4-26	0	2.62	2	
BH	1973	3	3	1	16	9*	8.00	0	0	91	1	91.00	1-30	0	4.33	0	
NW	1975	7	5	0	11	4	2.20	0	0	382	9	42.44	3-58	0	5.02	2	

PRICE, David Gregory (Cambridge U, Combined Univ) b Luton 7.2.1965 RHB OB

Cmp	Debut	M	I	NO	Runs	HS	Avge	100	50	Runs	Wkts	Avge	BB	5wi	RpO	ct	st
FC		8	15	1	207	60	14.78	0	1	11	0				8.25	4	
BH		4	4	0	68	30	17.00	0	0							0	
FC	1984	21	35	2	506	60	15.33	0	1	18	0				7.71	8	

PRIESTLEY, Neil (Minor Counties) b Blyborough 23.6.1961 RHB WK (Northants 1981)

Cmp	Debut	M	I	NO	Runs	HS	Avge	100	50	Runs	Wkts	Avge	BB	5wi	RpO	ct	st
BH		4	4	0	63	37	15.75	0	0							1	1
FC	1981	1	1	1	20	20*		0	0							1	2
NW	1983	1	1	0	24	24	24.00	0	0							0	

PRIOR, John Andrew (Ireland) b Dublin 14.6.1960 RHB RM

Cmp	Debut	M	I	NO	Runs	HS	Avge	100	50	Runs	Wkts	Avge	BB	5wi	RpO	ct	st
FC		1	2	0	13	12	6.50	0	0							0	
FC	1981	6	10	1	232	87	25.77	0	2	119	3	39.66	2-7	0	2.29	3	
NW	1983	3	3	0	53	40	17.66	0	1	56	0				3.29	1	

PYBUS, Richard Alexander (Suffolk) b Newcastle-upon-Tyne 5.7.1964 RHB RFM

Cmp	Debut	M	I	NO	Runs	HS	Avge	100	50	Runs	Wkts	Avge	BB	5wi	RpO	ct	st
NW		1	1	0	4	4	4.00	0	0	27	0				6.75	0	

QUINLAN, Jeremy David (Oxford U) b Watford 18.4.1965 RHB RM

Cmp	Debut	M	I	NO	Runs	HS	Avge	100	50	Runs	Wkts	Avge	BB	5wi	RpO	ct	st
FC		5	5	1	46	24*	11.50	0	0	369	4	92.25	2-98	0	3.56	2	
FC	1985	12	11	3	80	24*	10.00	0	0	1004	14	71.71	4-76	0	3.43	3	

REIDY, Bernard Wilfrid (Cumberland) b Bramley Meade 18.9.1953 LHB LM (Lancs 1973-82)

Cmp	Debut	M	I	NO	Runs	HS	Avge	100	50	Runs	Wkts	Avge	BB	5wi	RpO	ct	st
NW		1	1	0	33	33	33.00	0	0	34	1	34.00	1-34	0	2.83	0	
FC	1973	107	162	26	3641	131*	26.77	2	18	2508	60	41.80	5-61	1	3.19	65	
JPL	1975	88	68	11	854	74	14.98	0	4	1320	38	34.73	4-28	1	4.55	21	
BH	1979	18	14	5	411	109*	45.66	1	2	575	16	35.93	4-27	1	4.38	1	
NW	1975	18	15	0	165	33	11.00	0	0	477	13	36.69	3-22	0	3.69	6	

RICE, Kevin Geoffrey (Devon) b Morchard Bishop 13.1.1965 RHB

Cmp	Debut	M	I	NO	Runs	HS	Avge	100	50	Runs	Wkts	Avge	BB	5wi	RpO	ct	st
NW		1	1	0	6	6	6.00	0	0							0	
NW	1985	2	2	0	113	107	56.50	1	0							0	

RIDDELL, Neil Anthony (Minor Counties, Durham) b Staindrop 16.7.1947 LHB

Cmp	Debut	M	I	NO	Runs	HS	Avge	100	50	Runs	Wkts	Avge	BB	5wi	RpO	ct	st
FC		1	2	0	27	20	13.50	0	0	5	0				5.00	2	
BH		4	4	0	106	74	26.50	0	1							0	
NW		1	1	0	33	33	33.00	0	0							0	
FC	1976	3	5	0	84	23	16.80	0	0	5	0				5.00	4	
BH	1976	34	34	3	751	109*	24.22	1	3	8	0				9.60	12	
NW	1973	16	16	1	318	52	21.20	0	1							4	

RIDLEY, David Anthony (Dorset) b Stourbridge 5.5.1954 RHB WK

Cmp	Debut	M	I	NO	Runs	HS	Avge	100	50	Runs	Wkts	Avge	BB	5wi	RpO	ct	st
NW		1	1	0	5	5	5.00	0	0							1	
NW	1983	2	2	0	8	5	4.00	0	0							1	

ROOPE, Graham Richard James (Minor Counties, Berkshire) b Fareham 12.7.1946 RHB RM (Surrey 1964-82)

Cmp	Debut	M	I	NO	Runs	HS	Avge	100	50	Runs	Wkts	Avge	BB	5wi	RpO	ct	st
FC		1	2	0	18	15	9.00	0	0	9	0				4.50	0	
BH		4	4	0	59	26	14.75	0	0							2	
NW		1	1	0	12	12	12.00	0	0	32	1	32.00	1-32	0	2.66	1	
Test	1972	21	32	4	860	77	30.71	0	7	76	0				2.65	35	
FC	1964	403	647	129	19116	171	36.90	26	106	8404	225	37.35	5-14	4	2.88	602	2
Int	1973	8	8	0	173	44	21.62	0	0							2	
JPL	1967	188	175	27	4434	120*	29.95	1	23	2407	89	27.04	4-31	2	4.76	83	2
BH	1972	61	58	13	1192	115*	21.67	1	4	802	25	32.08	3-31	0	4.30	26	
NW	1966	37	33	5	657	77	23.46	0	2	595	13	45.76	5-23	1	4.07	21	

RUSSELL, Alexander Bruce (Scotland) b Stirling 18.1.1958 RHB RM

Cmp	Debut	M	I	NO	Runs	HS	Avge	100	50	Runs	Wkts	Avge	BB	5wi	RpO	ct	st
FC		1	1	0	24	24	24.00	0	0							2	
BH		4	4	0	24	8	6.00	0	0							1	
NW		1	1	0	17	17	17.00	0	0							0	
FC	1985	2	2	0	75	51	37.50	0	1							2	
BH	1985	8	8	1	160	73*	22.85	0	1							4	
NW	1985	2	2	0	18	17	9.00	0	0							0	

RUTNAGUR, Richard Sohrab (Oxford U, Combined Univ) b Bombay, India 9.8.1964 RHB RM

Cmp	Debut	M	I	NO	Runs	HS	Avge	100	50	Runs	Wkts	Avge	BB	5wi	RpO	ct	st
FC		6	9	2	88	26	9.77	0	0	528	14	37.71	3-50	0	3.21	2	
BH		4	4	1	41	32	13.66	0	0	39	3	13.00	2-31	0	2.43	0	
FC	1985	17	24	2	334	66	15.18	0	2	1256	29	43.31	5-112	1	3.55	5	

RYDON, Robert Anthony (Oxford U) b Chanctonbury 27.11.1964 LHB

Cmp	Debut	M	I	NO	Runs	HS	Avge	100	50	Runs	Wkts	Avge	BB	5wi	RpO	ct	st
FC		5	9	1	64	20	8.00	0	0	471	5	94.20	3-106	0	3.95	1	

SADIQ MOHAMMAD (D.B.Close's XI) b Junagadh, India 5.5.1945 LHB LBG (Gloucs 1972-82)

Cmp	Debut	M	I	NO	Runs	HS	Avge	100	50	Runs	Wkts	Avge	BB	5wi	RpO	ct	st
FC		1	2	0	114	77	57.00	0	1	21	1	21.00	1-21	0	5.25	2	
Test	1969	41	74	2	2579	166	35.81	5	10	98	0				2.95	28	
FC	1959	387	684	40	24160	203	37.51	50	120	7476	235	31.81	7-34	8	3.40	326	
Int	1972	19	19	1	383	74	21.27	0	2	26	2	13.00	2-20	0	4.10	5	
JPL	1972	107	103	6	2729	131	28.13	1	15	569	22	25.89	3-27	0	5.47	23	
BH	1972	43	43	1	1583	128	37.69	3	8	174	8	21.75	3-20	0	3.67	13	
NW	1972	17	17	0	666	122	39.17	2	4	61	3	20.33	3-19	0	7.47	4	

Cmp	Debut	M	I	NO	Runs	HS	Avge	100	50	Runs	Wkts	Avge	BB	5wi	RpO	ct	st
\multicolumn{18}{l}{SALVI, Neil Vijay (Oxford U) b 21.5.1965 RHB}
FC		4	7	1	126	36	21.00	0	0							1	
\multicolumn{18}{l}{SAMPLE, Edward Kevin (Cumberland) b Barrow-in-Furness 19.2.1961 RHB RFM}
NW		1								29	0				3.10	0	
NW	1985	2	1	0	4	4	4.00	0	0	87	4	21.75	4-58	1	4.07	0	
\multicolumn{18}{l}{SANDERS, Ian Edward Wakefield (Dorset) b Edinburgh 26.2.1961 RHB RMF}
NW		1	1	0	2	2	2.00	0	0	20	0				5.00	0	
FC	1984	1	2	0	9	9	4.50	0	0	93	3	31.00	2-78	0	3.72	0	
\multicolumn{18}{l}{SCOTT, Stephen Paul (Northumberland) b Newcastle-upon-Tyne 18.2.1962 RHB RMF}
NW		1								55	2	27.50	2-55	0	4.58	0	
\multicolumn{18}{l}{SHANTRY, Brian Keith (Dorset) b Southmead 26.5.1955 LHB LFM (Gloucs 1978-79)}
NW		1	1	0	6	6	6.00	0	0	48	0				4.64	0	
FC	1978	3								167	3	55.66	2-63	0	4.28	0	
JPL	1978	5	1	1	0	0*		0	0	136	1	136.00	1-38	0	4.12	0	
NW	1983	2	2	0	9	6	4.50	0	0	80	0				3.75	0	
\multicolumn{18}{l}{SHARP, Steven (Cumberland) b Barrow-in-Furness 22.9.1962 RHB}
NW		1	1	1	40	40*		0	0							0	
\multicolumn{18}{l}{SIMMONS, Mark Lawrence (Berkshire) b Windsor 2.6.1955 LHB SLA}
NW		1	1	0	26	26	26.00	0	0							1	
NW	1979	5	5	0	64	28	12.80	0	0	43	2	21.50	2-43	0	4.30	1	
\multicolumn{18}{l}{SMITH, Timothy Stewart (Herts) b Henham 29.12.1953 RHB SLA}
NW		1	1	0	7	7	7.00	0	0	17	0				2.83	0	
FC	1985	1	1	0	9	9	9.00	0	0	137	7	19.57	5-79	1	2.24	1	
BH	1984	4	3	2	7	4*	7.00	0	0	127	0				5.08	1	
NW	1983	4	4	0	76	36	19.00	0	0	108	1	108.00	1-28	0	3.08	5	
\multicolumn{18}{l}{SNODGRASS, David Lang (Scotland) b Partick Hill 21.11.1958 RHB RM}
BH		3	3	1	38	20*	19.00	0	0							1	
NW		1	1	0	0	0	0.00	0	0							0	
FC	1982	2	2	0	18	12	9.00	0	0	80	3	26.66	2-30	0	2.22	3	
BH	1982	8	8	1	65	20*	9.28	0	0	145	4	36.25	3-44	0	4.35	2	
NW	1985	2	2	0	24	24	12.00	0	0	11	0				6.62	0	
\multicolumn{18}{l}{SNOWDON, Andrew Edward (Cornwall) b Plymouth 26.9.1965 LHB RM}
NW		1	1	0	9	9	9.00	0	0	97	0				8.08	0	
\multicolumn{18}{l}{STEPHENS, Phillip John (Cornwall) b Hertford 7.5.1960 RHB}
NW		1	1	0	54	54	54.00	0	1							0	
\multicolumn{18}{l}{STEPHENSON, Franklyn Da Costa (D.B.Close's XI) b Halls, Barbados 8.4.1959 RHB RF (Gloucs 1982-83)}
FC		1	2	1	55	33	55.00	0	0	90	1	90.00	1-90	0	3.91	0	
FC	1981	31	47	5	973	165	23.16	1	5	2561	110	23.28	6-19	6	3.10	19	
JPL	1982	8	7	2	92	27	18.40	0	0	288	14	20.57	3-18	0	4.50	1	
NW	1982	2	1	0	7	7	7.00	0	0	62	4	15.50	2-17	0	2.81	1	
\multicolumn{18}{l}{STEPHENSON, Martin Graham (Cambs) b Huntingdon 25.3.1949 RHB RM}
NW		1	1	1	8	8*		0	0	42	1	42.00	1-42	0	4.20	0	
NW	1972	2	2	1	12	8*	12.00	0	0	42	1	42.00	1-42	0	4.20	0	
\multicolumn{18}{l}{STEVENS, Mark Edward (Berkshire) b Taunton 16.3.1959 RHB WK}
NW		1	1	0	23	23	23.00	0	0							1	1
\multicolumn{18}{l}{STEVENSON, Alan William John (Scotland) b Coatbridge 2.10.1962 RHB OB}
FC		1								77	2	38.50	1-26	0	2.85	0	
BH		2								58	1	58.00	1-20	0	2.80	0	
NW		1	1	0	0	0	0.00	0	0	31	1	31.00	1-31	0	3.44	0	
FC	1985	2	1	0	9	9	9.00	0	0	186	6	31.00	4-66	0	2.54	0	
NW	1985	2	2	1	1	1	0.50	0	0	42	1	42.00	1-31	0	3.81	0	
\multicolumn{18}{l}{STOCKDALE, Christopher James (Cumberland) b Carlisle 15.5.1965 RHB RM}
NW		1	1	0	8	8	8.00	0	0							0	
\multicolumn{18}{l}{STONE, Christopher (Dorset) b St Neots 11.5.1951 RHB OB}
NW		1	1	1	32	32*		0	0	26	0				4.33	0	
NW	1983	2	2	1	38	32*	38.00	0	0	55	0				4.23	0	
\multicolumn{18}{l}{STURGEON, Michael John (Suffolk) b Bury St Edmunds 1.12.1958 RHB WK}
NW		1	1	0	0	0	0.00	0	0							0	
\multicolumn{18}{l}{SURRIDGE, David (Minor Counties) b Bishop's Stortford 6.1.1956 RHB RFM (Gloucs 1980-82)}
FC		1	2	2	1	1*		0	0	61	2	30.50	2-61	0	3.21	0	
BH		2								55	0				3.92	1	
FC	1979	35	30	18	104	14*	8.66	0	0	2660	89	29.88	5-78	1	2.80	7	
JPL	1980	22	9	5	12	4	3.00	0	0	805	10	80.50	3-35	0	4.95	2	
BH	1979	20	10	5	21	11*	4.20	0	0	601	22	27.31	4-26	1	3.23	2	
NW	1981	6	3	0	2	2	0.66	0	0	169	6	28.16	2-17	0	2.40	1	
\multicolumn{18}{l}{SUTTON, John Arthur (Cheshire) b Longsight 26.6.1939 LHB OB}
NW		1	1	0	8	8	8.00	0	0	19	0				2.37	0	
FC	1969	4	8	0	164	57	20.50	0	1	197	4	49.25	2-44	0	2.69	2	
BH	1975	1	1	0	54	54	54.00	0	1	27	1	27.00	1-27	0	2.45	1	
NW	1964	8	8	1	84	18	12.00	0	0	193	5	38.60	3-29	0	2.71	1	
\multicolumn{18}{l}{SWAN, Richard Gilroy (Scotland) b Duns 6.12.1951 RHB}
FC		1	1	0	30	30	30.00	0	0							1	
BH		3	3	0	55	31	18.33	0	0							0	
NW		1	1	1	64	64*		0	1							0	
FC	1980	7	12	1	235	66	21.36	0	1	0	0				0.00	4	

Cmp	Debut	M	I	NO	Runs	HS	Avge	100	50	Runs	Wkts	Avge	BB	5wi	RpO	ct	st
BH	1980	26	26	0	484	69	18.61	0	2							8	
NW	1983	4	4	1	159	64*	53.00	0	1							2	

SYGROVE, Malcolm Robert (Oxford U) b Lutterworth 17.2.1966 RHB

Cmp	Debut	M	I	NO	Runs	HS	Avge	100	50	Runs	Wkts	Avge	BB	5wi	RpO	ct	st
FC		1	2	0	8	6	4.00	0	0	85	2	42.50	1-19	0	5.00	0	

TAYLOR, Darren Philip (Oxford U) b Burnley 15.2.1965 RHB WK

Cmp	Debut	M	I	NO	Runs	HS	Avge	100	50	Runs	Wkts	Avge	BB	5wi	RpO	ct	st
FC		4	6	0	39	17	6.50	0	0							6	
FC	1985	8	12	2	44	17	4.40	0	0							7	2

TAYLOR, Robert William (D.B.Close's XI) b Stoke-on-Trent 17.7.1941 RHB WK (Derbys 1961-84)

Cmp	Debut	M	I	NO	Runs	HS	Avge	100	50	Runs	Wkts	Avge	BB	5wi	RpO	ct	st
FC		1	1	0	21	21	21.00	0	0							2	
Test	1970	57	83	12	1156	97	16.28	0	3	6	0				3.00	167	7
FC	1960	638	879	167	12061	100	16.93	1	23	75	1	75.00	1-23	0	3.84	1473	175
Int	1977	27	17	7	130	26*	13.00	0	0							26	6
JPL	1969	202	147	53	1341	43*	14.86	0	0							187	49
BH	1972	56	40	16	323	31*	13.45	0	0							65	12
NW	1963	39	30	11	349	53*	18.36	0	1							58	8

TEASDALE, Keith (Cheshire) b Castle Eden 26.3.1954 LHB RM

Cmp	Debut	M	I	NO	Runs	HS	Avge	100	50	Runs	Wkts	Avge	BB	5wi	RpO	ct	st
NW		1	1	0	18	18	18.00	0	0							0	
NW	1984	2	2	0	64	46	32.00	0	0							0	

TIERNEY, John Kevin (Devon) b Ashford, Kent 17.6.1964 RHB RFM

Cmp	Debut	M	I	NO	Runs	HS	Avge	100	50	Runs	Wkts	Avge	BB	5wi	RpO	ct	st
NW		1	1	0	0	0	0.00	0	0	38	0				3.16	0	
NW	1985	2	2	0	5	5	2.50	0	0	85	3	28.33	3-47	0	3.54	0	

TODD, Paul Adrian (Minor Counties) b Morton, Notts 12.3.1953 RHB RM (Notts 1972-82)

Cmp	Debut	M	I	NO	Runs	HS	Avge	100	50	Runs	Wkts	Avge	BB	5wi	RpO	ct	st
FC		1	2	0	25	21	12.50	0	0	4	0				4.00	1	
BH		4	4	0	80	44	20.00	0	0							0	
FC	1972	157	278	16	7193	178	27.45	8	39	7	0				2.33	106	
JPL	1972	88	86	1	1479	79	17.40	0	6							16	
BH	1976	36	36	1	709	59	20.25	0	3							3	
NW	1973	9	9	0	344	105	38.22	1	1							1	

TOOGOOD, Giles John (Oxford U, Combined Univ) b West Bromwich 19.11.1961 RHB RMF

Cmp	Debut	M	I	NO	Runs	HS	Avge	100	50	Runs	Wkts	Avge	BB	5wi	RpO	ct	st
FC		2	2	0	12	11	6.00	0	0	155	4	38.75	2-56	0	2.67	0	
BH		2	2	0	8	5	4.00	0	0	64	1	64.00	1-50	0	4.57	0	
FC	1982	33	56	6	1384	149	27.68	2	6	1067	25	42.68	8-52	1	3.31	11	
BH	1982	14	14	0	90	18	6.42	0	0	77	1	77.00	1-50	0	4.81	0	

TOOLEY, Christopher Donald Michael (Oxford U, Combined Univ) b Farnborough, Kent 19,4.1964 RHB RM

Cmp	Debut	M	I	NO	Runs	HS	Avge	100	50	Runs	Wkts	Avge	BB	5wi	RpO	ct	st
FC		6	10	1	221	60	24.55	0	1							5	
BH		4	4	0	86	62	21.50	0	1	6	0				6.00	0	
FC	1985	17	26	1	478	66	19.12	0	2							7	

TOSELAND, David Anthony (Cornwall) b Redruth 22.12.1952 RHB OB

Cmp	Debut	M	I	NO	Runs	HS	Avge	100	50	Runs	Wkts	Avge	BB	5wi	RpO	ct	st
NW		1	1	0	39	39	39.00	0	0	41	2	20.50	2-41	0	3.41	0	
NW	1975	4	4	2	46	39	23.00	0	0	149	7	21.28	3-27	0	3.10	0	

TREMELLEN, Jonathon Michael (Cambridge U) b Carmarthen 30.10.1965 RHB

Cmp	Debut	M	I	NO	Runs	HS	Avge	100	50	Runs	Wkts	Avge	BB	5wi	RpO	ct	st
FC		1	2	1	7	4*	7.00	0	0	32	0				4.57	0	

TURPIN, Richard Charles (Devon) b Solihull 5.5.1967 RHB WK

Cmp	Debut	M	I	NO	Runs	HS	Avge	100	50	Runs	Wkts	Avge	BB	5wi	RpO	ct	st
NW		1	1	0	14	14	14.00	0	0							2	

TURRILL, Simon John (Dorset) b Nottingham 25.5.1962 RHB SLA

Cmp	Debut	M	I	NO	Runs	HS	Avge	100	50	Runs	Wkts	Avge	BB	5wi	RpO	ct	st
NW		1	1	0	0	0	0.00	0	0							0	

VINCENT, Deryck Andrew (Ireland) b Dublin 16.9.1964 LHB WK

Cmp	Debut	M	I	NO	Runs	HS	Avge	100	50	Runs	Wkts	Avge	BB	5wi	RpO	ct	st
NW		1	1	1	22	22*		0	0							1	

VINCENT, Douglas Ronald (Cambs) b Glasgow 2.9.1954 RHB

Cmp	Debut	M	I	NO	Runs	HS	Avge	100	50	Runs	Wkts	Avge	BB	5wi	RpO	ct	st
NW		1	1	0	6	6	6.00	0	0							0	

WARKE, Stephen John Simon (Ireland) b Belfast 11.7.1959 RHB

Cmp	Debut	M	I	NO	Runs	HS	Avge	100	50	Runs	Wkts	Avge	BB	5wi	RpO	ct	st
FC		1	2	0	57	47	28.50	0	0							0	
NW		1	1	0	12	12	12.00	0	0							0	
FC	1981	5	8	1	432	144*	61.71	1	3							3	
NW	1981	5	5	0	95	77	19.00	0	1							2	

WARNER, Graham Sydney (Staffs) b Darlaston 27.11.1945 RHB OB (Warwicks 1966-71)

Cmp	Debut	M	I	NO	Runs	HS	Avge	100	50	Runs	Wkts	Avge	BB	5wi	RpO	ct	st
NW		1	1	0	19	19	19.00	0	0							0	
FC	1966	30	48	7	965	118*	23.53	2	2	14	0				2.62	13	
JPL	1969	9	8	0	83	39	10.37	0	0							3	
NW	1976	4	4	0	127	56	31.75	0	2							1	

WASIM HASAN RAJA (Durham, Lahore City Whites) b Multan, Pakistan 3.7.1952 LHB LBG

Cmp	Debut	M	I	NO	Runs	HS	Avge	100	50	Runs	Wkts	Avge	BB	5wi	RpO	ct	st
NW		1	1	0	18	18	18.00	0	0	71	0				7.10	1	
Test	1972	57	92	14	2821	125	36.16	4	18	1826	51	35.80	4-50	0	2.67	20	
FC	1967	249	377	54	11403	165	35.30	17	64	16195	558	29.02	8-65	31	2.89	155	
Int	1972	54	45	10	782	60	22.34	0	2	687	21	32.71	4-25	1	3.97	24	
NW	1979	5	5	0	140	53	28.00	0	2	205	3	68.33	2-50	0	5.00	1	

WEALE, Simon David (Oxford U) b Westminster 16.9.1967 RHB

Cmp	Debut	M	I	NO	Runs	HS	Avge	100	50	Runs	Wkts	Avge	BB	5wi	RpO	ct	st
FC		1	2	1	40	28	20.00	0	0							0	

WEBSTER, Andrew John (Minor Counties, Staffs) b Rolleston-on-Dove 5.3.1959 LHB RM (Worcs 1981-82)

Cmp	Debut	M	I	NO	Runs	HS	Avge	100	50	Runs	Wkts	Avge	BB	5wi	RpO	ct	st
BH		3	3	0	13	5	4.33	0	0	140	2	70.00	2-31	0	4.82	0	
NW		1	1	0	0	0	0.00	0	0	43	1	43.00	1-43	0	3.58	0	
FC	1981	9	11	5	81	25	13.50	0	0	734	15	48.93	5-87	1	3.52	3	
JPL	1982	7	4	3	13	9*	13.00	0	0	213	5	42.60	2-26	0	4.43	1	
NW	1985	2	2	0	30	30	15.00	0	0	81	5	16.20	4-38	1	3.37	0	

Cmp	Debut	M	I	NO	Runs	HS	Avge	100	50	Runs	Wkts	Avge	BB	5wi	RpO	ct	st
\multicolumn{18}{l}{WILLCOCK, Eric George (Cornwall) b St Ives 28.9.1947 LHB OB}
NW		1	1	0	5	5	5.00	0	0							1	
NW	1970	5	5	0	79	43	15.80	0	0							5	
\multicolumn{18}{l}{WILLIAMS, Kelvin Claudius (Northumberland, Trinidad) b Carapichaima, Trinidad 29.5.1959 RHB RFM}
NW		1	1	0	33	33	33.00	0	0	52	2	26.00	2-52	0	4.33	0	
FC	1981	19	29	9	608	91	30.40	0	3	1217	47	25.89	5-29	2	3.31	8	
NW	1984	2	2	0	36	33	18.00	0	0	101	3	33.66	2-52	0	4.20	0	
\multicolumn{18}{l}{WING, Derek Charles (Cambs) b Wisbech 11.2.1943 RHB RMF}
NW		1								25	0				2.77	0	
FC	1967	5	5	1	59	42	14.75	0	0	375	7	53.57	3-20	0	2.84	1	
BH	1972	19	14	4	52	12	5.20	0	0	545	12	45.41	3-31	0	3.04	5	
NW	1964	9	7	2	19	11*	3.80	0	0	306	13	23.53	4-40	1	3.26	2	
\multicolumn{18}{l}{WINGFIELD DIGBY, Andrew Richard (Dorset) b Sherborne 25.7.1950 LHB RM}
NW		1	1	0	7	7	7.00	0	0	30	1	30.00	1-30	0	3.33	0	
FC	1971	39	62	4	720	69	12.41	0	3	3252	96	33.87	5-79	4	2.90	20	
BH	1975	9	8	0	34	9	4.25	0	0	321	11	29.18	3-28	0	3.77	1	
\multicolumn{18}{l}{WISE, David Arthur James (Oxfordshire) b Tiddington 21.3.1963 RHB RM}
NW		1	1	0	14	14	14.00	0	0							1	
NW	1985	2	2	0	17	14	8.50	0	0							1	
\multicolumn{18}{l}{WOOD, Barry (Cheshire) b Ossett 26.12.1942 RHB RM (Yorks 1964, Lancs 1966-79, Derbys 1980-83)}
NW		1	1	0	1	1	1.00	0	0	56	4	14.00	4-56	1	4.66	0	
Test	1972	12	21	0	454	90	21.61	0	2	50	0				3.06	6	
FC	1964	357	591	75	17453	198	33.82	30	81	9160	298	30.73	7-52	8	2.54	283	
Int	1972	13	12	2	314	78*	31.40	0	2	224	9	24.88	2-14	0	3.20	6	
JPL	1969	173	140	28	2721	90*	24.29	0	15	4141	195	21.23	5-19	3	3.88	66	
BH	1972	49	46	4	1439	106	34.26	1	13	1268	61	20.78	5-12	3	2.74	10	
NW	1967	45	45	7	1355	116	35.65	2	8	1122	55	20.40	4-17	3	2.72	15	
\multicolumn{18}{l}{WOODS, Malcolm Dale (Cumberland) b Carlisle 22.7.1955 RHB OB}
NW		1	1	0	22	22	22.00	0	0	44	0				4.40	0	
NW	1984	3	3	0	76	36	25.33	0	0	77	0				4.27	0	
\multicolumn{18}{l}{WRIGHT, Martin Charles Gerrard (Hertfordshire) b Hemel Hempstead 13.7.1963 RHB}
NW		1	1	0	1	1	1.00	0	0							0	
\multicolumn{18}{l}{YATES, Steven Colin (Cheshire) b Manchester 30.8.1951 RHB}
NW		1	1	0	20	20	20.00	0	0							1	
NW	1985	2	2	0	26	20	13.00	0	0							1	
\multicolumn{18}{l}{YEABSLEY, Douglas Ian (Devon) b Exeter 3.1.1942 LHB LMF}
NW		1								32	1	32.00	1-32	0	2.66	0	
FC	1974	4	6	3	27	14*	9.00	0	0	384	13	29.92	3-45	0	2.75	1	
BH	1972	32	26	16	130	21*	13.00	0	0	847	30	28.23	3-21	0	2.84	4	
NW	1969	8	6	4	29	22*	14.50	0	0	265	6	44.16	2-15	0	3.18	1	
\multicolumn{18}{l}{YOUNGER, Michael Edward (Northumberland) b Corbridge 29.11.1951 LHB SLA}
NW		1	1	1	19	19*		0	0							0	
NW	1984	2	2	1	76	57	76.00	0	1	32	0				3.20	0	

AUSTRALIA

First First-Class Match: Tasmania v Victoria (Launceston) 1850-51

First First-Class Tour to England: 1878

First Test Match: Australia v England (Melbourne) 1876-77

Present First-Class Teams: New South Wales (since 1855-56), Queensland (1892-93), South Australia (1877-78), Tasmania (1850-51), Victoria (1850-51), Western Australia (1892-93)

First-Class Competition: Sheffield Shield was instituted for the 1892-93 season for competition between the three leading Australian Colonies, Victoria, New South Wales and South Australia. Over the years it has been expanded and now includes all six first-class States.

FIRST CLASS RECORDS

Highest Team Total: 1107 Victoria v New South Wales (Melbourne) 1926-27
Best in 1985-86: 600-4 dec India v Australia (Sydney); 561 New South Wales v Tasmania (Hobart); 553-7 dec New Zealand v Australia (Brisbane); 553-7 dec Western Australia v Tasmania (Hobart); 539 Queensland v Victoria (Brisbane)

Lowest Team Total: 15 Victoria v MCC (Melbourne) 1903-04
Worst in 1985-86: 78 Victoria v New South Wales (Newcastle); 83 New South Wales v Western Australia (Perth); 94 Western Australia v Victoria (Perth); 102 Tasmania v Western Australia (Perth); 105 Western Australia v New South Wales (Sydney)

Highest Individual Innings: 452* D.G.Bradman New South Wales v Queensland (Sydney) 1929-30
Best in 1985-86: 243 D.W.Hookes South Australia v New South Wales (Adelaide); 242* M.D.Crowe New Zealanders v South Australia (Adelaide); 224* G.A.Bishop South Australia v Tasmania (Adelaide); 202 G.A.Bishop South Australia v New Zealanders (Adelaide); 196 D.C.Boon Tasmania v New South Wales (Hobart)

Most Runs In Season: 1,690 (av 93.88) D.G.Bradman (New South Wales) 1928-29
Most in 1985-86: 1,247 (av 73.31) A.R.Border (Queensland); 1,030 (av 49.04) K.C.Wessels (Queensland); 1,001 (av 47.66) D.W.Hookes (South Australia); 965 (av 48.25) G.A.Bishop (South Australia); 937 (av 49.31) M.A.Taylor (New South Wales)

Most Runs In Career: 28,067 (av 95.14) D.G.Bradman (New South Wales, Queensland) 1927-28 to 1948-49
Most by Current Batsmen: 14,820 (av 53.69) A.R.Border (New South Wales, Queensland, Gloucs, Essex) 1976-77 to date; 14,163 (av 49.34) K.C.Wessels (Queensland, Sussex, Western Province, Orange Free State, N Transvaal) 1973-74 to date; 11,063 (av 45.34) G.N.Yallop (Victoria) 1972-73 to date; 10,765 (av 36.36) K.J.Hughes (Western Australia) 1975-76 to date. B.F.Davison (26,923, av 40.36) played for Tasmania in 1985-86

Best Innings Analyses: 10-36 T.W.Wall South Australia v New South Wales (Sydney) 1932-33
Best in 1985-86: 9-52 R.J.Hadlee New Zealand v Australia (Brisbane); 8-33 R.G.Holland New South Wales v Indians (Sydney); 8-106 Kapil Dev India v Australia (Adelaide); 7-42 G.C.Small South Australia v New South Wales (Adelaide); 7-80 R.L.Brown Tasmania v South Australia (Adelaide)

Most Wickets In Season: 106 (av 13.59) C.T.B.Turner (New South Wales) 1887-88
Most in 1985-86: 48 (av 32.39) R.G.Holland (New South Wales); 42 (av 32.97) J.R.Thomson (Queensland); 41 (av 33.29) R.L.Brown (Tasmania); 40 (av 32.72) A.K.Zesers (South Australia); 39 (av 31.89) P.R.Sleep (South Australia)

Most Wickets In Career: 1,424 (av 22.28) C.V.Grimmett (South Australia, Wellington) 1911-12 to 1940-41
Most by Current Bowler: 675 (av 26.46) J.R.Thomson (New South Wales, Queensland, Middlesex) 1972-73 to date; 579 (av 23.52) T.M.Alderman (Western Austr Kent) 1974-75 to date; 428 (av 31.60) R.J.Bright (Victoria) 1972-73 to date; 399 (av .44) G.F.Lawson (New South Wales) 1977-78 to date; 356 (av 24.62) R.M.Hogg (South Australia, Victoria) 1975-76 to date

Record Wicket Partnerships

1st	456	W.H.Ponsford & R.E.Mayne	Victoria v Qld (Melbourne)	1923-24
2nd	378	L.A.Marks & K.D.Walters	NSW v S Australia (Adelaide)	1964-65
3rd	390*	J.M.Wiener & J.K.Moss	Vic v W Australia (Melbourne)	1981-82
4th	424	I.S.Lee & S.O.Quin	Victoria v Tasmania (Melbourne)	1933-34
5th	405	S.G.Barnes & D.G.Bradman	Australia v England (Sydney)	1946-47
6th	346	J.H.W.Fingleton & D.G.Bradman	Australia v England (Melbourne)	1936-37
7th	335	C.W.Andrews & E.C.Bensted	Queensland v NSW (Sydney)	1934-35
8th	270	V.T.Trumper & E.P.Barbour	NSW v Victoria (Sydney)	1912-13
9th	232	C.Hill & E.Walkley	S Australia v NSW (Adelaide)	1900-01
10th	307	A.F.Kippax & J.E.H.Hooker	NSW v Victoria (Melbourne)	1928-29

Highest Partnerships in 1985-86

1st	217	G.R.Marsh & D.C.Boon	Australia v India (Sydney)
2nd	254	M.R.J.Veletta & G.R.Marsh	W Australia v Queensland (Brisbane)
3rd	245	M.D.Crowe & J.V.Coney	New Zealanders v S Australia (Adelaide)
4th	297	G.A.Bishop & P.R.Sleep	S Australia v New Zealanders (Adelaide)
5th	216	G.M.Wood & W.S.Andrews	W Australia v New South Wales (Perth)
6th	200	M.D.O'Neill & G.C.Dyer	NSW v S Australia (Adelaide)
7th	185	P.A.Hibbert & R.J.Bright	Victoria v NSW (Melbourne)
8th	98	W.M.Darling & A.K.Zesers	S Australia v Indians (Adelaide)
9th	96	C.J.McDermott & H.Frei	Queensland v Victoria (Brisbane)
10th	124	J.G.Bracewell & S.L.Boock	New Zealand v Australia (Sydney)

Most Wicketkeeping Dismissals In Innings: 8 (8ct) A.T.W.Grout Queensland v Western Australia (Brisbane) 1959-60

Most in 1985-86: 6 (5ct 1st) R.B.Phillips Queensland v New South Wales (Sydney); 6 (6ct) M.G.D. Dimattina Victoria v South Australia (Adelaide)

Most Wicketkeeping Dismissals In Match: 12 (9ct 3st) D.Tallon Queensland v New South Wales (Sydney) 1938-39; 12 (9ct 3st) H.B.Taber New South Wales v South Australia (Adelaide) 1968-69

Most in 1985-86: 9 (9ct) M.G.D.Dimattina Victoria v South Australia (Adelaide); 8 (8ct) R.B.Phillips Queensland v Tasmania (Brisbane); 7 (4ct 3st) G.C.Dyer New South Wales v Western Australia (Sydney); 7 (7ct) M.G.D.Dimattina Victoria v Queensland (Melbourne); 7 (5ct 2st) T.J.Zoehrer Western Australia v Tasmania (Perth)

Most Wicketkeeping Dismissals In Season: 67 (63ct 4st) R.W.Marsh (W Australia) 1975-76

Most in 1985-86: 42 (41ct 1st) R.B.Phillips (Queensland); 38 (31ct 7st) G.C.Dyer (New South Wales); 36 (34ct 2st) M.G.D.Dimattina (Victoria); 26 (26ct) W.B.Phillips (South Australia); 26 (22ct 4st) T.J.Zoehrer (Western Australia)

Most Wicketkeeping Dismissals In Career: 869 (803ct 66st) R.W.Marsh (Western Australia) 1968-69 to 1983-84

Most by Current Wicketkeeper: 416 (353ct 63st) S.J.Rixon (New South Wales) 1974-75 to date; 286 (271ct 15st) R.B.Phillips (Queensland) 1978-79 to date; 158 (142ct 16st) R.D.Woolley (Tasmania) 1977-78 to date; 118 (115ct 3st) W.B.Phillips (South Australia) 1977-78 to date; 90 (76ct 14st) T.J.Zoehrer (Western Australia) 1980-81 to date

Most Catches By Fielder In Innings: 6 J.S.F.Sheppard Queensland v New South Wales (Brisbane) 1914-15

Most in 1985-86: 5 K.C.Wessels Queensland v South Australia (Brisbane); 4 R.B.Kerr Queensland v South Australia (Adelaide)

Most Catches By Fielder In Match: 7 J.A.Atkinson Tasmania v Victoria (Melbourne) 1928-29; 7 E.W.Freeman South Australia v Western Australia (Adelaide) 1971-72; 7 G.S.Chappell Australia v England (Perth) 1974-75

Most in 1985-86: 5 K.C.Wessels Queensland v South Australia (Brisbane)

Most Catches By Fielder In Season: 27 I.M.Chappell (South Australia) 1968-69

Most in 1985-86: 19 D.W.Hookes (South Australia); 17 D.F.Whatmore (Victoria); 16 M.A.Taylor (New South Wales); 13 K.C.Wessels (Queensland)

Most Catches By Fielder In Career: 383 R.B.Simpson (New South Wales, Western Australia) 1952-53 to 1977-78
Most by Current Fielder: 180 A.R.Border (New South Wales, Queensland, Gloucs, Essex) 1976-77 to date; 135 K.J.Hughes (Western Australia) 1975-76 to date; 127 K.C.Wessels (Queensland, Sussex, Western Province, Orange Free State, N Transvaal) 1973-74 to date; 124 T.M.Alderman (Western Australia, Kent) 1974-75 to date; B.F.Davison (330) played for Tasmania in 1985-86.

DOMESTIC LIMITED OVERS RECORDS

Highest Team Total: 310-4 (50 overs) New South Wales v South Australia (Sydney) 1981-82
Best in 1985-86: 235-5 (50 overs) New South Wales v Western Australia (Sydney); 235-8 (50 overs) Queensland v Tasmania (Sydney)

Lowest Team Total: 59 (21.3 overs) Western Australia v Victoria (Melbourne) 1969-70; 62 (20.3 overs) Queensland v Western Australia (Perth) 1976-77.
Worst in 1985-86: 148 (36.5 overs) Victoria v Western Australia (Melbourne)

Highest Individual Innings: 164 R.B.McCosker New South Wales v South Australia (Sydney) 1981-82; 115 Majid Khan Queensland v South Australia (Adelaide) 1973-74; 112 R.J.Crippin New South Wales v Western Australia (Sydney) 1973-74
Best in 1985-86: 105* M.R.J.Veletta Western Australia v Queensland (Brisbane). 16 hundreds have been scored in the Competition. R.B.McCosker (New South Wales) and J.Dyson (New South Wales) have each scored two.

Most Runs In Season: 346 (av 115.33) R.B.McCosker (New South Wales) 1981-82
Most in 1985-86: 240 (av 80.00) P.W.Young (Victoria)

Most Runs In Career: 1,003 (av 55.72) J.M.Wiener (Victoria) 1977-78 to 1984-85; 891 (av 34.26) G.S.Chappell (South Australia, Queensland) 1969-70 to 1983-84; 847 (av 44.57) R.B.McCosker (New South Wales) 1973-74 to 1983-84
Most by Current Batsman: 681 (av 34.05) D.W.Hookes (South Australia) 1975-76 to date.

Best Innings Analyses: 6-18 J.R.Thomson Queensland v South Australia (Brisbane) 1978-79; 5-15 D.L.Boyd Western Australia v Victoria (Perth) 1982-83; 5-20 G.D.Watson Victoria v Western Australia (Melbourne) 1969-70
Best in 1985-86: 5-26 D.J.Hickey Victoria v Western Australia (Melbourne); 5-29 M.A.Hill Tasmania v Queensland (Brisbane). Five Wickets in an Innings has been achieved on 13 occasions.

Most Economical Bowling: 8-3-10-2 R.O.Collinge New Zealand v Western Australia (Perth) 1970-71; 5-0-5-3 E.J.Chatfield New Zealand v Western Australia (Melbourne) 1974-75

Most Expensive Bowling: 10-0-85-1 D.D.Smith Western Australia v South Australia (Adelaide) 1984-85

Most Wickets In Season: 11 (av 13.63) D.K.Lillee (Western Australia) 1979-80
Most in 1985-86: 10 (av 10.20) D.J.Hickey (Victoria)

Most Wickets In Career: 48 (av 15.95) D.K.Lillee (Western Australia) 1969-70 to 1983-84; 39 (av 19.20) G.Dymock (Queensland) 1972-73 to 1981-82; 37 (av 25.24) J.R.Thomson (New South Wales, Queensland) 1972-73 to date

Most Wicketkeeping Dismissals In Innings: 4 (4ct) R.D.Woolley Tasmania v Queensland (Brisbane) 1985-86

Most Wicketkeeping Dismissals In Season: 7 (6ct 1st) N.M.Carlyon (Victoria) 1969-70; 7(7ct) R.W.Marsh (Western Australia) 1982-83
Most in 1985-86: 5 (5ct) R.D.Woolley (Tasmania)

Most Wicketkeeping Dismissals In Career: 51 (50ct 1st) R.W.Marsh (Western Australia) 1969-70 to 1983-84; 33 (32ct 1st) J.A.Maclean (Queensland) 1969-70 to 1978-79
Most by Current Wicketkeeper: 31 (25ct 6st) S.J.Rixon (New South Wales) 1974-75 to 1984-85

Most Catches By Fielder In Season: 6 W.J.Scholes (Victoria) 1971-72
Most in 1985-86: 4 T.M.Moody (Western Australia); 4 J.D.Siddons (Victoria); 4 M.R.J.Veletta (Western Australia)

Most Catches By Fielder In Career: 20 G.S.Chappell (South Australia, Queensland) 1969-70 to 1983-84; 17 R.J.Inverarity (Western Australia, South Australia) 1969-70 to 1983-84; 14 R.Edwards (Western Australia, New South Wales) 1969-70 to 1979-80
Most by Current Fielder: 13 D.W.Hookes (South Australia) 1975-76 to date.

Most Appearances In Competition: 33 R.W.Marsh (Western Australia) 1969-70 to 1983 84; 28 K.J.Hughes (Western Australia) 1975-76 to 1984-85; 28 R.J.Inverarity (Western Australia, South Australia) 1969-70 to 1983-84; 28 J.R.Thomson (New South Wales, Queensland) 1972-73 to date.

Record Wicket Partnerships

1st	253	R.B.McCosker & J.Dyson	NSW v S Australia (Sydney)	1981-82
2nd	145	I.M.Chappell & B.A.Richards	S Australia v Qld (Adelaide)	1976-77
3rd	172	G.Shipperd & R.S.Langer	W Australia v Tasmania (Perth)	1981-82
4th	147*	J.Dyson & Imran Khan	NSW v Victoria (Melbourne)	1984-85
5th	133*	A.M.J.Hilditch & M.D.Haysman	S Australia v Qld (Brisbane)	1984-85
6th	100	G.E.Vivian & K.J.Wadsworth	N Zealand v S Australia (Adelaide)	1972-73
7th	111*	R.W.Marsh & B.Yardley	W Australia v NSW (Sydney)	1973-74
8th	88*	R.J.Inverarity & M.F.Malone	W Australia v Victoria (Perth)	1975-76
9th	73	R.C.Jordon & R.K.Rowan	Victoria v S Australia (Adelaide)	1970-71
10th	36	K.H.MacLeay & P.M.Clough	W Australia v NSW (Perth)	1984-85

There were three partnerships of over a hundred in 1985-86, the highest being 113 for the 2nd wkt by G.M.Wood & G.R.Marsh for Western Australia v New South Wales (Sydney)

CHAMPION TEAMS

Sheffield Shield Table 1985-86

	P	W	L	D	1st Inns	Pts
New South Wales	10	4	1	5	3	56
Queensland	10	4	0	6	1	54
South Australia	10	2	1	7	6	48
Western Australia	10	2	1	7	4	42
Victoria	10	2	4	4	1	28
Tasmania	10	0	7	3	0	4

Sheffield Shield

1892-93	Victoria	1915-19	No Matches	1946-47	Victoria
1893-94	South Australia	1919-20	New South Wales	1947-48	W Australia
1894-95	Victoria	1920-21	New South Wales	1948-49	New South Wales
1895-96	New South Wales	1921-22	Victoria	1949-50	New South Wales
1896-97	New South Wales	1922-23	New South Wales	1950-51	Victoria
1897-98	Victoria	1923-24	Victoria	1951-52	New South Wales
1898-99	Victoria	1924-25	Victoria	1952-53	South Australia
1899-00	New South Wales	1925-26	New South Wales	1953-54	New South Wales
1900-01	Victoria	1926-27	South Australia	1954-55	New South Wales
1901-02	New South Wales	1927-28	Victoria	1955-56	New South Wales
1902-03	New South Wales	1928-29	New South Wales	1956-57	New South Wales
1903-04	New South Wales	1929-30	Victoria	1957-58	New South Wales
1904-05	New South Wales	1930-31	Victoria	1958-59	New South Wales
1905-06	New South Wales	1931-32	New South Wales	1959-60	New South Wales
1906-07	New South Wales	1932-33	New South Wales	1960-61	New South Wales
1907-08	Victoria	1933-34	Victoria	1961-62	New South Wales
1908-09	New South Wales	1934-35	Victoria	1962-63	Victoria
1909-10	South Australia	1935-36	South Australia	1963-64	South Australia
1910-11	New South Wales	1936-37	Victoria	1964-65	New South Wales
1911-12	New South Wales	1937-38	New South Wales	1965-66	New South Wales
1912-13	South Australia	1938-39	South Australia	1966-67	Victoria
1913-14	New South Wales	1939-40	New South Wales	1967-68	W Australia
1914-15	Victoria	1940-46	No Matches	1968-69	South Australia

1969-70	Victoria	1975-76	South Australia	1981-82	South Australia
1970-71	South Australia	1976-77	W Australia	1982-83	W Australia
1971-72	W Australia	1977-78	W Australia	1983-84	W Australia
1972-73	W Australia	1978-79	Victoria	1984-85	New South Wales
1973-74	Victoria	1979-80	Victoria	1985-86	New South Wales
1974-75	W Australia	1980-81	W Australia		

Note: The competition is run on a League basis, but from 1984-85 the two leading teams in the League meet in a Final deciding match. In the event of this match being drawn, the team winning the League become Champions.

Limited Overs Competitions

For the first ten years, the Competition was played on a knock-out basis. The six states (including Tasmania) have been regular participants from the outset and the New Zealand national side played until the 1974-75 season. When McDonald's took over the sponsorship in 1979-80, the present format was introduced: two qualifying groups each comprise three teams playing two matches; the top two teams in each group then contest the semi-finals. A total of nine games per season are now played. The over limit was 40 8-ball overs per innings until 1978-79, in the following season the present 50 6-ball overs were introduced.

V&G Australasian Knock Out Competition
1969-70 New Zealand 140-4 (31.4 overs) beat Victoria 129 (34.6 overs) by 6 wkts
1970-71 W Australia 170 (38.2 overs) beat Queensland (23.5 overs) by 91 runs

Australasian Coca-Cola Competition
1971-72 Victoria 192-2 (33.4 overs) beat S Australia (38.7 overs) by 8 wkts
1972-73 New Zealand 170-9 (35 overs) beat Queensland 132 (31.3 overs) by 38 runs

Gillette Cup
1973-74 W Australia 151-3 (26.6 overs) beat New Zealand 150 (36.3 overs) by 7 wkts
1974-75 New Zealand 77-2 (17 overs) beat W Australia 76 (26.1 overs) by 8 wkts
1975-76 Queensland 236-7 (40 overs) beat W Australia 232 (39 overs) by 4 runs
1976-77 W Australia 165-9 (39.3 overs) beat Victoria 164 (37.3 overs) by 1 wkt
1977-78 W Australia 185-3 (37.1 overs) beat Tasmania 184-9 (40 overs) by 7 wkts
1978-79 Tasmania 180-6 (40 overs) beat W Australia 133 (50 overs) by 47 runs

McDonald's Cup
1979-80 Victoria 199-6 (47.4 overs) beat New South Wales 198-8 (50 overs) by 4 wkts
1980-81 Queensland 188-9 (48 overs) beat W Australia 116 (32.5 overs) by 72 runs
1981-82 Queensland 224-8 (47 overs) beat New South Wales 197 (44.4 overs) by 27 runs
1982-83 W Australia 198-6 (49.1 overs) beat New South Wales 195-6 (50 overs) by 4 wkts
1983-84 S Australia 256-6 (49 overs) beat W Australia 248-9 (49 overs) by 8 runs
1984-85 New South Wales 278-7 (50 overs) beat S Australia 190 (45.5 overs) by 88 runs
1985-86 At Melbourne. Western Australia 167 (38 overs) (W.S.Andrews 71, D.J.Hickey 5-26) beat Victoria 148 (36.5 overs) (G.D.Porter 3-28) by 19 runs. Replay after original match abandoned when WA 129-2 (26.2 overs) v Victoria.

Results 1985-86: Group A: Western Australia beat South Australia by 2 wkts; New South Wales beat Western Australia by 1 run; New South Wales beat South Australia by 4 wkts; Group B: Queensland v Tasmania abandoned; Victoria beat Tasmania by 8 runs; Queensland beat Victoria by faster scoring rate. Semi-Finals: Victoria beat New South Wales by 4 wkts; Western Australia beat Queensland by 7 wkts.

Table of Results 1969-70 to 1985-86

	Played	Won	Lost	NR	Winners	R-up
Western Australia	50	36	14	0	6	5
Queensland	39	22	16	1	3	2
New South Wales	38	19	19	0	1	3
Victoria	38	16	24	0	2	3
South Australia	36	13	23	0	1	2
Tasmania	31	8	22	1	1	1
New Zealand	10	7	3	0	3	1

1985-86 AND CAREER RECORDS FOR AUSTRALIAN PLAYERS

Cmp	Debut	M	I	NO	Runs	HS	Avge	100	50	Runs	Wkts	Avge	BB	5wi	RpO	ct	st
ALDERMAN, Terence Michael (Aust to SAf, Kent) b Subiaco 12.6.1956 RHB RFM																		
Test	1981	22	33	15	113	23	6.27	0	0	2597	79	32.87	6-128	5	2.90	17	
FC	1974	146	166	76	773	52*	8.58	0	1	13623	579	23.52	8-46	34	2.90	124	
Int	1981	23	9	3	27	9*	4.50	0	0	803	29	27.68	5-17	1	3.73	12	
McD	1974	20	7	3	6	2	1.50	0	0	668	27	24.74	4-40	1	3.56	3	
ANDREWS, Wayne Stewart (WA) b Melbourne 19.11.1958 LHB SLA																		
FC		10	14	2	482	139	40.16	1	1	231	8	28.87	2-17	0	2.20	11	
McD		4	3	1	105	71	52.50	0	1	112	2	56.00	1-35	0	5.33	1	
FC	1982	14	21	3	641	139	35.61	1	1	318	10	31.80	2-17	0	2.39	12	
McD	1982	6	5	2	138	71	46.00	0	1	112	2	56.00	1-35	0	5.33	1	
BARSBY, Trevor John (Qld) b Herston 16.1.1964 RHB																		
FC		6	9	2	209	67	29.85	0	2							4	
McD		2	2	1	107	55*	107.00	0	2							1	
FC	1984	11	18	2	670	137	41.87	2	3							6	
BAYLISS, Trevor Harley (NSW to Zimb) b Goulburn 21.12.1961 RHB WK																		
FC	1985	1	2	0	51	46	25.50	0	0							0	
BENNETT, Murray John (NSW) b Brisbane 6.11.1956 RHB SLA																		
FC		12	18	9	300	57*	33.33	0	2	877	32	27.40	4-38	0	1.96	5	
McD		2	1	0	6	6	6.00	0	0	80	1	80.00	1-33	0	4.00	0	
Test	1984	3	5	2	71	23	23.66	0	0	325	6	54.16	3-79	0	2.93	5	
FC	1982	56	71	23	1214	59*	25.29	0	4	4238	144	29.43	6-32	5	2.11	46	
Int	1984	8	4	1	9	6*	3.00	0	0	275	4	68.75	2-27	0	4.04	1	
McD	1982	9	5	1	24	10	6.00	0	0	325	8	40.62	2-19	0	3.73	0	
BENNETT, Richard John (Tas) b Launceston 5.6.1965 RHB																		
FC		5	10	0	249	110	24.90	1	0							4	
McD		1	1	0	3	3	3.00	0	0							0	
FC	1984	13	24	2	606	110	27.54	1	2	2	1	2.00	1-2	0	2.00	7	
BISHOP, Glenn Andrew (SA, Young Aust to Zimb) b North Adelaide 25.2.1960 RHB																		
FC		11	21	1	965	224*	48.25	3	2							11	
McD		2	2	0	16	14	8.00	0	0							0	
FC	1982	36	66	3	2343	224*	37.19	4	11	52	0				3.94	32	
McD	1982	9	8	0	161	41	20.12	0	0							2	
BLIZZARD, Phillip Ashley (NSW) b Burnie 6.2.1958 RHB LMF																		
FC		5	6	2	70	24	17.50	0	0	322	11	29.27	4-118	0	2.68	2	
McD		1								46	2	23.00	2-46	0	4.60	0	
FC	1979	32	48	11	569	51	15.37	0	1	2548	63	40.44	4-62	0	3.11	14	
McD	1980	8	5	2	31	10*	10.33	0	0	274	8	34.25	2-28	0	3.55	3	
BOON, David Clarence (Tas, Aust, Aust to NZ, Aust to Sharjah) b Launceston 29.12.1960 RHB RM																		
Test		6	12	1	498	131	45.27	2	2							2	
FC		9	17	1	818	196	51.12	3	3	2	0				3.00	2	
Int		12	11	0	418	83	38.00	0	4							2	
McD		1														10	
Test	1984	16	29	2	930	131	34.44	2	6							10	
FC	1978	86	144	13	5668	227	43.26	16	26	102	2	51.00	1-12	0	5.46	60	
Int	1983	29	27	0	866	83	32.07	0	5	24	0				6.55	7	
McD	1978	17	15	1	468	94	33.42	0	4	14	0				14.00	6	
BORDER, Allan Robert (Qld, Aust, Aust to NZ, Essex) b Cremorne 27.7.1955 LHB SLA																		
Test		6	11	1	577	163	57.70	2	2	0	0				0.00	4	
FC		11	19	2	1247	194	73.35	6	3	24	0				3.36	9	
Int		12	11	1	284	65*	28.40	0	3	74	3	24.66	3-23	0	4.62	11	
McD		1	1	0	25	25	25.00	0	0							0	
Test	1978	81	143	24	6199	196	52.09	18	31	626	15	41.73	3-20	0	2.33	88	
FC	1976	194	324	48	14820	200	53.69	45	75	2013	55	36.60	4-61	0	2.58	180	
Int	1978	130	121	17	3254	127*	31.29	3	21	791	23	34.39	3-21	0	4.77	44	
McD	1977	20	20	4	614	97	38.37	0	6	161	2	80.50	1-33	0	3.87	11	
BOWER, Rodney John (NSW, NSW to Zimb) b Bankstown 30.11.1959 RHB																		
FC		8	13	2	294	63	26.72	0	2	113	2	56.50	1-28	0	4.52	5	
McD		2	2	2	73	45*		0	0							0	
FC	1983	12	20	3	399	63	23.47	0	2	142	2	71.00	1-28	0	4.17	7	
McD	1984	3	2	2	73	45*		0	0							0	
BRADSHAW, Keith (Tas) b Hobart 2.10.1963 RHB																		
FC		10	18	0	450	112	25.00	1	2	285	6	47.50	2-40	0	3.56	6	
McD		1	1	0	43	43	43.00	0	0							0	
FC	1984	17	30	2	869	121	31.03	2	4	302	6	50.33	2-40	0	3.55	8	
McD	1984	3	3	0	48	43	16.00	0	0							2	
BREMAN, Todd George (WA) b Subiaco 28.10.1965 RHB RM																		
FC		5	8	3	139	45*	27.80	0	0	382	17	22.47	6-76	1	2.59	2	
McD		2	1	1	10	10		0	0	94	3	31.33	2-64	0	5.52	0	
BRIGHT, Raymond James (Vic, Aust, Aust to NZ, Aust to Sharjah) b Footscray 13.7.1954 RHB SLA																		
Test		4	6	2	57	28	14.25	0	0	408	6	68.00	3-39	0	2.33	3	
FC		12	17	4	392	69	30.15	0	3	1024	27	37.92	6-74	2	2.04	4	
Test	1977	22	37	8	407	33	14.03	0	0	1889	45	41.97	7-87	3	2.25	11	

100

Cmp	Debut	M	I	NO	Runs	HS	Avge	100	50	Runs	Wkts	Avge	BB	5wi	RpO	ct	st
FC	1972	163	224	46	3946	108	22.16	2	12	13525	428	31.60	7-87	23	2.38	98	
Int	1973	11	8	4	66	19*	16.50	0	0	350	3	116.66	1-28	0	4.55	2	
McD	1973	20	17	5	270	70	22.50	0	2	692	20	34.60	3-30	0	3.91	5	

BROWN, Anthony Norman (Qld) b Brisbane 30.3.1961 RHB LBG

| FC | | 1 | 1 | 0 | 12 | 12 | 12.00 | 0 | 0 | 34 | 2 | 17.00 | 2-34 | 0 | 3.34 | 0 | |
| FC | 1983 | 2 | 3 | 0 | 44 | 32 | 14.66 | 0 | 0 | 59 | 2 | 29.50 | 2-34 | 0 | 2.92 | 1 | |

BROWN, Roger Leedham (Tas, Young Aust to Zimb) b Launceston 9.8.1959 RHB RFM

FC		10	17	4	160	31	12.30	0	0	1365	41	33.29	7-80	1	3.55	3	
McD		2	1	1	1	1*		0	0	96	2	48.00	1-46	0	4.80	1	
FC	1984	21	30	11	247	31	13.00	0	0	2538	73	34.76	7-80	1	3.83	9	
McD	1984	3	2	1	8	7	8.00	0	0	138	2	69.00	1-46	0	4.60	1	

BUCKINGHAM, Danny James (Tas) b Burnie 2.12.1964 RHB

FC		10	18	1	687	121	40.41	1	4	9	1	9.00	1-9	0	4.50	7	
McD		2	1	1	43	43*		0	0							1	
FC	1983	20	36	2	1106	121	32.52	1	6	10	1	10.00	1-9	0	3.33	16	
McD	1983	4	3	1	60	43*	30.00	0	0							1	

BUSH, Giles Edmund Wreford (WA) b Subiaco 9.9.1956 LHB LBG

FC		5	6	0	17	5	2.83	0	0	421	9	46.77	3-31	0	2.34	4	
McD		1								30	0				7.50	0	
FC	1984	7	10	1	39	21	4.33	0	0	608	12	50.66	3-31	0	2.50	5	

CAPES, Peter Andrew (WA) b East Fremantle 26.2.1962 LHB LFM

| FC | | 1 | | | | | | | | 67 | 1 | 67.00 | 1-14 | 0 | 3.04 | 0 | |

CARMICHAEL, Ian Robert (SA) b Hull, England 17.12.1960 RHB LFM

FC		3	2	1	9	8*	9.00	0	0	308	1	308.00	1-68	0	3.04	0	
McD		1								45	0				4.50	0	
FC	1983	32	33	15	136	24	7.55	0	0	3722	86	43.27	6-112	4	2.98	9	
McD	1983	9	1	1	6	6*		0	0	320	10	32.00	4-50	1	4.10	1	

CHAPPELL, Trevor Martin (NSW) b Glenelg 21.10.1952 RHB RM

McD		2	2	0	47	28*		0	0	84	1	84.00	1-29	0	4.20	0	
Test	1981	3	6	1	79	27	15.80	0	0							2	
FC	1972	88	151	14	4049	150	29.55	5	21	1462	59	24.77	4-12	0	2.61	47	
Int	1980	20	13	0	229	110	17.61	1	0	538	19	28.31	3-31	0	4.38	3	
McD	1972	24	19	4	384	75*	25.60	0	1	684	27	25.33	4-35	2	3.90	8	

CLIFFORD, Peter Stanley (NSW, Young Aust to Zimb, NSW to Zimb) b Bellingen 4.11.1959 RHB

FC		8	15	0	396	98	30.46	0	2							2	
McD		3	3	0	127	73	42.33	0	2							0	
FC	1983	27	46	6	1858	152*	46.45	4	9	4	0				2.00	17	
McD	1983	9	9	0	244	73	27.11	0	3							3	

CLOUGH, Peter Michael (WA) b Sydney 17.8.1956 RHB RFM

FC		2	2	1	1	1	1.00	0	0	183	5	36.60	3-71	0	2.69	0	
McD		1								36	2	18.00	2-36	0	4.00	0	
FC	1980	43	58	22	421	34	11.69	0	0	4342	139	31.23	8-95	5	2.92	12	
McD	1980	16	5	3	18	12*	9.00	0	0	450	13	34.61	3-31	0	4.16	1	

COOLEY, Troy James (Tas) b Launceston 9.12.1965 RHB RFM

| FC | | 3 | 4 | 0 | 0 | 0 | 0.00 | 0 | 0 | 365 | 6 | 60.83 | 3-33 | 0 | 4.94 | 1 | |

COURTICE, Brian Andrew (Qld, Young Aust to Zimb) b Brisbane 30.3.1961 RHB RM

FC		12	20	3	614	112	36.11	2	2	11	0				3.66	7	
McD		3	3	0	60	52	20.00	0	1							0	
FC	1982	34	62	6	1952	144	34.85	4	10	100	0				3.22	24	
McD	1982	4	4	0	165	105	41.25	1	1							0	

COX, Michael John (WA) b Newcastle 26.4.1957 RHB WK

| FC | | 2 | 3 | 0 | 36 | 31 | 12.00 | 0 | 0 | | | | | | | 6 | 1 |
| McD | | 2 | 1 | 0 | 38 | 38 | 38.00 | 0 | 0 | | | | | | | 4 | |

CRUSE, Bruce (Tas) b Launceston 26.4.1967 RHB SLA

| FC | | 1 | 2 | 0 | 16 | 16 | 8.00 | 0 | 0 | 36 | 0 | | | | 2.76 | 1 | |

DARLING, Warwick Maxwell (SA) b Waikerie 1.5.1957 RHB

FC		8	14	3	350	107*	31.81	1	2							0	
McD		1	1	0	41	41	41.00	0	0							0	
Test	1977	14	27	1	697	91	26.80	0	6							5	
FC	1975	98	177	22	5554	134	35.83	9	32	23	0				4.31	30	
Int	1977	18	18	1	363	74	21.35	0	1							6	
McD	1976	13	13	2	395	101*	35.90	1	2							2	

DAVIS, Simon Peter (Vic, Aust, Aust to NZ, Aust to Sharjah) b Brighton 8.11.1959 RHB RFM

FC		7	6	4	8	3*	4.00	0	0	550	25	22.00	6-19	3	2.26	2	
Int		12	2	1	6	6	6.00	0	0	299	18	16.61	3-10	0	2.92	1	
McD		2	1	0	0	0	0.00	0	0	43	3	14.33	2-24	0	2.38	0	
Test	1985	1	1	0	0	0	0.00	0	0	70	0				2.80	0	
FC	1983	27	29	15	46	15*	3.28	0	0	2707	80	33.83	7-104	4	2.78	8	
Int	1985	17	5	3	7	6	3.50	0	0	455	23	19.78	3-10	0	3.07	2	
McD	1984	5	2	2	1	1*		0	0	125	7	17.85	2-24	0	2.84	1	

DAVIS, Winston Walter (Tas) b Kingstown, St Vincent 18.9.1958 RHB RF

FC		8	14	2	82	21	6.83	0	0	768	22	34.90	7-128	1	2.66	3	
McD		2								90	1	90.00	1-42	0	4.50	0	
Test	1982	11	12	4	157	77	19.62	0	1	1082	32	33.81	4-19	0	3.09	7	
FC	1979	97	122	42	1114	77	13.92	0	4	9014	313	28.79	7-70	14	3.23	33	
Int	1983	32	4	3	18	8	18.00	0	0	1139	36	31.63	7-51	1	3.90	1	

Cmp	Debut	M	I	NO	Runs	HS	Avge	100	50	Runs	Wkts	Avge	BB	5wi	RpO	ct	st

DAVISON, Brian Fettes (Tas) b Bulawayo, Rhodesia 21.12.1946 RHB RM

McD		1														1	
FC	1967	456	745	78	26923	189	40.36	53	145	2660	82	32.43	5-52	1	2.77	330	
McD	1979	14	13	2	309	56*	28.09	0	1							5	

DELL, Christopher Ronald (Tas) b Devonport 27.10.1960 RHB LFM

| FC | | 1 | 2 | 0 | 4 | 4 | 2.00 | 0 | 0 | 55 | 0 | | | | 7.85 | 1 | |

DIMATTIA, Michael Gerard David (Vic, Young Aust to Zimb) b Malvern 11.5.1965 RHB WK

FC		11	14	5	239	54*	26.55	0	1	4	0				4.00	34	2
McD		4	4	3	30	12*	30.00	0	0							2	
FC	1984	23	30	11	398	64*	20.94	0	2	4	0				4.00	63	8
McD	1984	5	4	3	30	12*	30.00	0	0							4	

DODEMAIDE, Anthony Ian Christopher (Vic, Young Aust to Zimb) b Williamstown 5.10.1963 RHB RFM

FC		10	15	4	361	80	32.81	0	2	888	18	49.33	4-151	0	2.64	8	
McD		4	4	0	46	25	11.50	0	0	115	2	57.50	1-28	0	3.28	2	
FC	1983	25	37	8	824	80	28.41	0	4	2315	52	44.51	5-67	1	2.90	13	
McD	1983	7	6	1	106	40	21.20	0	0	223	4	55.75	1-28	0	3.74	2	

DONE, Richard Philip (NSW, NSW to Zimb) b Ryde 5.8.1955 RHB RFM

McD		1	1	1	6	6*		0	0	24	0				2.40	1	
FC	1978	10	7	1	53	15	8.83	0	0	877	21	41.76	4-54	0	3.39	7	
McD	1979	2	1	1	6	6*		0	0	60	0				4.28	1	

DYER, Gregory Charles (NSW, NSW to Zimb) b Parramatta 16.3.1959 RHB WK

FC		12	17	2	503	88*	33.53	0	4							31	7
McD		3	1	0	22	22	22.00	0	0							1	1
FC	1983	18	24	5	715	88*	37.63	0	5							46	12
McD	1984	5	2	0	26	22	13.00	0	0							2	2

DYSON, John (Aust to SAf) b Randwick 11.6.1954 RHB

Test	1977	30	58	7	1359	127*	26.64	2	5							10	
FC	1975	131	234	24	8514	241	40.54	15	46	58	1	58.00	1-18	0	4.14	82	
Int	1980	29	27	4	755	79	32.82	0	4							12	
McD	1977	16	16	2	726	101	51.85	2	5							2	

EMERSON, David Alan (Vic) b Malvern 10.3.1961 LHB SLC

| FC | | 1 | 1 | 0 | 14 | 14 | 14.00 | 0 | 0 | 108 | 0 | | | | 3.27 | 0 | |
| FC | 1983 | 8 | 13 | 2 | 236 | 50 | 21.45 | 0 | 1 | 707 | 7 | 101.00 | 4-93 | 0 | 3.48 | 6 | |

EPHRAIMS, Michael Conrad (Vic) b Colombo, Ceylon 24.2.1963 RHB

| McD | | 3 | 3 | 0 | 41 | 21 | 13.66 | 0 | 0 | | | | | | | 2 | |

FAULKNER, Peter Ian (Aust to SAf) b Launceston 18.4.1960 RHB RFM

| FC | 1982 | 28 | 44 | 9 | 1289 | 109 | 36.82 | 2 | 6 | 2537 | 62 | 40.91 | 4-55 | 0 | 2.92 | 9 | |
| McD | 1980 | 7 | 7 | 1 | 140 | 45 | 23.33 | 0 | 0 | 197 | 5 | 39.40 | 2-29 | 0 | 3.47 | 2 | |

FRANCKE, Frederick Malcom (Qld) b Ceylon 21.3.1941 RHB LBG

FC		3	3	0	25	22	8.33	0	0	285	6	47.50	2-31	0	2.62	0	
FC	1956	61	84	18	696	37*	10.54	0	0	5523	178	31.02	6-62	8	2.72	31	
McD	1971	11	7	3	50	26	12.50	0	0	319	16	19.93	4-23	1	3.34	3	

FREI, Harald (Qld) b Nuremberg, Germany 1.5.1951 RHB LFM

FC		12	12	3	122	43	13.55	0	0	1216	32	38.00	4-71	0	2.70	6	
McD		3	2	1	9	2	3.00	0	0	98	2	49.00	2-34	0	3.92	0	
FC	1982	31	38	3	445	57	12.71	0	0	2919	83	35.16	6-52	2	2.69	18	
McD	1982	8	6	3	10	5	3.33	0	0	265	8	33.12	2-27	0	3.68	3	

GARTRELL, Robert Boyd (WA) b Middle Swan 9.3.1962 LHB OB

FC		4	8	2	313	104	52.16	1	0							1	
McD		2	2	1	15	14*	15.00	0	0							2	
FC	1984	7	13	2	400	104	36.36	1	1	3	0				1.00	2	

GILBERT, David Robert (NSW, Aust, Young Aust to Zimb, Aust to NZ) b Darlinghurst 19.12.1960 RHB RFM

Test		5	8	3	40	12*	8.00	0	0	513	12	42.75	3-48	0	2.76	0	
FC		9	13	4	78	22	8.66	0	0	794	28	28.35	4-16	0	2.73	4	
Int		9	5	2	29	8	9.66	0	0	376	13	28.92	5-46	1	4.82	2	
McD		1								38	2	19.00	2-38	0	3.80	0	
Test	1985	7	11	4	56	15	8.00	0	0	724	15	48.26	3-48	0	3.02	0	
FC	1983	43	46	25	249	38*	11.85	0	0	3976	122	32.59	7-43	2	2.94	11	
Int	1985	11	7	2	36	8	7.20	0	0	440	15	29.33	5-46	1	4.73	2	
McD	1983	6	3	2	1	1*	1.00	0	0	195	11	17.72	3-9	0	3.60	0	

GLADIGAU, Peter Wayne (SA) b Whyalla 23.5.1965 RHB RF

| FC | | 2 | 2 | 0 | 22 | 12* | | 0 | 0 | 155 | 2 | 77.50 | 2-56 | 0 | 2.64 | | |

GONNELLA, Peter (WA) b Canberra 14.1.1963 LHB SLA

FC		5	9	0	354	134	39.33	1	1							6	
McD		2	2	0	41	33	20.50	0	0							0	
FC	1984	10	17	2	553	134	36.86	1	1	50	0				3.12	8	

GOODMAN, Gary Weech (Tas) b Sydney 6.12.1953 RHB OB

FC		4	6	0	75	38	12.50	0	0							1	
McD		1	1	1	23	23*		0	0							0	
FC	1978	33	59	3	1437	123	25.66	1	9	492	5	98.40	1-6	0	3.39	17	
McD	1980	10	10	2	301	100	37.62	1	1	49	1	49.00	1-18	0	3.58	2	

HARMS, Christopher Louis (SA) b Albury 21.4.1956 LHB OB

| FC | | 4 | 6 | 3 | 145 | 43* | 48.33 | 0 | 0 | 428 | 9 | 47.55 | 4-60 | 0 | 2.83 | 2 | |
| FC | 1982 | 14 | 25 | 5 | 453 | 46* | 22.65 | 0 | 0 | 1044 | 23 | 45.39 | 4-60 | 0 | 2.82 | 13 | |

	Cmp	Debut	M	I	NO	Runs	HS	Avge	100	50	Runs	Wkts	Avge	BB	5wi	RpO	ct	st
HARRIS, Errol John (Tas) b Cairns 2.5.1963 RHB																		
FC			5	10	0	348	118	34.80	1	1	3	1	3.00	1-3	0	6.00	2	
HAYSMAN, Michael Donald (Aust to SAf) b North Adelaide 22.4.1961 RHB OB																		
FC	1982		42	76	11	2590	172	39.84	7	10	367	0				2.99	57	
McD	1982		9	9	3	417	100*	69.50	1	3							2	
HENSCHELL, Allan Brett (Qld) b Dalby 6.6.1961 RHB OB																		
FC			11	17	7	461	110	46.10	1	1	774	16	48.37	2-36	0	2.53	7	
McD			2	2	1	9	7*	9.00	0	0							3	
FC	1981		42	69	11	1694	162	29.20	2	10	1994	45	44.31	5-60	2	2.74	26	
McD	1981		8	7	2	63	45	12.60	0	0							5	
HIBBERT, Paul Anthony (Vic) b Brunswick 23.7.1952 LHB LM																		
FC			10	16	3	695	148	53.46	3	2	45	0				1.95	7	
McD			1	1	0	28	28	28.00	0	0							0	
Test	1977		1	2	0	15	13	7.50	0	0							1	
FC	1974		66	115	10	4004	163	38.13	7	22	276	15	18.40	4-28	0	2.59	29	
McD	1975		12	12	0	214	56	17.83	0	1	44	1	44.00	1-14	0	4.71	3	
HICKEY, Denis Jon (Vic, Glamorgan) b Mooroopna 31.12.1964 RHB RFM																		
FC			4	4	0	8	8*	8.00	0	0	363	17	21.35	7-81	2	3.14	1	
McD			3	2	1	2	2	2.00	0	0	102	10	10.20	5-26	1	3.64	0	
FC	1985		17	11	6	27	9*	5.10	0	0	1465	41	35.73	7-81	3	3.68	4	
HILDITCH, Andrew Mark Jefferson (SA, Aust) b North Adelaide 20.5.1956 RHB																		
Test			1	2	0	12	12	6.00	0	0							0	
FC			11	22	2	369	84*	18.45	0	2							7	
McD			1	1	0	31	31	31.00	0	0							0	
Test	1978		18	34	0	1073	119	31.55	2	6							13	
FC	1976		92	164	5	5639	230	35.46	8	33	91	0				2.50	68	
Int	1978		8	8	0	226	72	28.25	0	1							1	
McD	1983		9	9	1	312	92*	39.00	0	1	58	1	58.00	1-51	0	5.27	1	
HILL, Mark Anthony (Tas) b Perth 27.7.1964 RHB RFM																		
FC			5	8	5	22	10	7.33	0	0	355	6	59.16	2-54	0	2.84	1	
McD			2								72	7	10.28	5-29	1	3.60	0	
HOGAN, Tom George (Aust to SAf) b Merredin 23.9.1956 RHB SLA																		
Test	1982		7	12	1	205	42*	18.63	0	0	706	15	47.06	5-66	1	2.94	2	
FC	1981		53	71	7	1092	72*	17.06	0	4	5549	155	35.34	8-86	7	2.58	38	
Int	1982		16	12	4	72	27	9.00	0	0	574	23	24.95	4-33	1	3.75	10	
McD	1981		9	6	4	60	25*	30.00	0	0	350	13	26.92	3-25	0	3.97	3	
HOGG, Rodney Malcolm (Aust to SAf) b Richmond 5.3.1951 RHB RFM																		
Test	1978		38	58	13	439	52	9.75	0	1	3499	123	28.24	6-74	6	2.75	7	
FC	1975		101	137	28	1170	52	10.73	0	1	8768	356	24.62	7-53	19	2.85	23	
Int	1978		70	35	20	137	22	9.13	0	0	2418	85	28.44	4-29	5	3.94	8	
McD	1977		12	6	2	30	21*	7.50	0	0	306	8	38.25	2-18	0	2.66	1	
HOHNS, Trevor Victor (Aust to SAf) b Brisbane 23.1.1954 LHB LB																		
FC	1972		100	163	25	3991	103	28.92	2	25	6627	157	42.21	6-56	3	2.79	63	
McD	1972		17	12	4	130	47	16.25	0	0	44	2	22.00	2-19	0	6.28	2	
HOLLAND, Robert George (NSW, Aust, NSW to Zimb) b Camperdown 19.10.1946 RHB LB																		
Test			4	6	2	5	4	1.25	0	0	483	14	34.50	6-106	1	2.69	3	
FC			16	20	4	151	53	9.43	0	1	1555	48	32.39	8-33	4	2.35	9	
McD			1								53	1	53.00	1-53	0	5.30	0	
Test	1984		11	15	4	35	10	3.18	0	0	1352	34	39.76	6-54	3	2.80	5	
FC	1978		80	82	18	600	53	9.37	0	1	8353	268	31.16	9-83	11	2.49	46	
Int	1984		2								99	2	49.50	2-49	0	4.71	0	
HOOKES, David William (SA, Aust) b Mile End 3.5.1955 LHB LM																		
Test			4	7	1	135	42	22.50	0	0	6	1	6.00	1-4	0	2.00	4	
FC			12	22	1	1001	243	47.66	3	3	256	4	64.00	1-3	0	3.93	19	
Int			2	1	0	5	5	5.00	0	0							0	
McD			2	2	0	5	4	2.50	0	0	49	1	49.00	1-27	0	5.44	2	
Test	1986		23	41	3	1306	143*	34.36	1	8	41	1	41.00	1-4	0	2.56	12	
FC	1975		113	194	10	7941	243	43.15	19	43	1670	31	53.87	3-114	0	3.45	98	
Int	1977		38	35	2	808	76	24.48	0	5	28	1	28.00	1-2	0	5.79	10	
McD	1975		20	20	0	681	101	34.05	1	4	361	7	51.57	2-45	0	4.83	13	
HUGHES, Kimberley John (Aust to SAf) b Margaret River 26.1.1954 RHB																		
Test	1977		70	124	6	4415	213	37.41	9	22	28	0				1.97	50	
FC	1975		184	314	18	10765	213	36.36	25	63	59	2	29.50	1-0	0	2.15	135	
Int	1977		95	87	6	1955	98	24.13	0	17	4	0				24.00	26	
McD	1975		28	28	1	560	69	20.74	0	4	2	0				12.00	9	
HUGHES, Mervyn Gregory (Vic, Aust) b Euroa 23.11.1961 RHB RFM																		
Test			1	1	0	0	0	0.00	0	0	123	1	123.00	1-123	0	3.23	1	
FC			11	11	1	120	47	12.00	0	0	1125	37	30.40	5-53	2	2.88	1	
McD			3	2	1	12	9*	12.00	0	0	136	3	45.33	1-24	0	5.03	1	
FC	1981		30	30	8	229	47	10.40	0	0	3330	88	37.84	5-53	2	3.18	6	
McD	1981		9	4	2	17	9*	8.50	0	0	388	8	48.50	2-31	0	4.97	4	
HYATT, Roland Shane (Tas) b Hobart 30.12.1961 RHB OB																		
FC			8	14	2	236	80	19.66	0	1	369	6	61.50	3-54	0	3.02	5	
McD			2	1	0	15	15	15.00	0	0	53	1	53.00	1-53	0	5.30	2	
FC	1983		21	33	9	609	80	25.37	0	3	1114	15	74.26	3-30	0	2.90	13	
McD	1983		5	4	0	62	26	15.50	0	0	150	3	50.00	1-30	0	4.16	2	

	Cmp	Debut	M	I	NO	Runs	HS	Avge	100	50	Runs	Wkts	Avge	BB	5wi	RpO	ct	st
IRELAND, Gary John (WA) b Collie 3.10.1961 RHB																		
FC			6	7	0	129	50	18.42	0	1							5	
McD			1	1	0	8	8	8.00	0	0							0	
FC		1984	8	9	0	151	50	16.77	0	1							6	
JACKSON, Paul William (Vic) b East Melbourne 1.11.1961 RHB SLA																		
FC			3	3	1	2	2	1.00	0	0	164	3	54.66	2-51	0	1.95	1	
McD			1								33	3	11.00	3-33	0	3.30	0	
JELICH, Neville (Qld) b Belgrade, Yugoslavia 11.3.1962 LHB																		
FC			1	1	0	30	30	30.00	0	0	6	0				6.00	0	
McD			1														2	
JONES, Dean Mervyn (Vic, Aust, Young Aust to Zimb, Aust to Sharjah) b Coburg 24.3.1961 RHB RM																		
FC			11	17	1	603	113	37.68	1	5	113	1	113.00	1-30	0	2.89	7	
Int			4	4	2	135	53	67.50	0	1							3	
McD			4	4	0	65	48	16.25	0	0	23	1	23.00	1-23	0	5.75	2	
Test	1983		2	4	0	65	48	16.25	0	0							1	
FC	1981		42	72	4	3230	243	47.50	7	21	317	3	105.66	1-10	0	3.50	30	
Int	1983		26	25	8	624	99*	36.70	0	4	4	0				6.00	6	
McD	1981		13	12	1	308	61	28.00	0	1	148	4	37.00	2-40	0	5.28	6	
KELLY, David John (SA) b North Adelaide 28.1.1959 RHB WK																		
FC			8	13	0	410	85	31.53	0	3							16	1
FC	1984		15	24	2	720	100*	32.72	1	4							38	3
McD	1984		2	2	0	46	30	23.00	0	0							3	
KERR, Robert Byers (Qld, Aust, Young Aust to Zimb) b Aspley 16.6.1961 RHB LBG																		
Test			2	4	0	31	17	7.75	0	0							1	
FC			12	20	1	609	102	32.05	1	4							11	
McD			2	2	0	124	74	62.00	0	2							0	
FC	1981		58	104	7	3737	201*	38.42	12	14	16	1	16.00	1-12	0	2.66	55	
Int	1984		4	4	1	97	87*	32.33	0	1							1	
McD	1981		13	13	1	472	92*	39.33	0	6							4	
KING, Peter Denis (Vic) b Melbourne 24.5.1959 RHB RFM																		
McD			2	2	0	3	2	1.50	0	0	61	2	30.50	2-35	0	3.58	0	
FC	1982		7	12	2	269	65	26.90	0	2	655	15	43.66	5-88	1	3.65	4	
LAWRENCE, Ronald Ernest (Vic) b Coburg 15.12.1959 RHB RFM																		
McD			1	1	0	0	0	0.00	0	0	28	0				2.80		
LAWSON, Geoffrey Francis (NSW, Aust) b Wagga Wagga 7.12.1957 RHB RF																		
Test			2	4	0	47	21	11.75	0	0	210	5	42.00	4-79	0	2.00	2	
FC			7	9	0	210	63	23.33	0	1	513	21	24.42	4-79	0	2.06	1	
McD			1								42	1	42.00	1-42	0	4.20	0	
Test	1980		36	59	10	743	57*	15.16	0	3	4250	145	29.31	8-112	10	3.03	7	
FC	1977		111	141	29	1669	63	14.90	0	4	10152	399	25.44	8-112	18	2.81	45	
Int	1980		70	48	17	373	33*	12.03	0	0	2270	79	28.73	4-26	1	3.61	17	
McD	1978		18	7	3	36	16*	9.00	0	0	517	21	24.61	2-11	0	3.20	4	
McCARTHY, Richard Charles Arthur Marum (Vic) b Geelong 21.12.1961 RHB RFM																		
FC			1								59	0				2.45	2	
FC	1984		3	3	0	38	36	12.66	0	0	306	8	38.25	4-80	0	3.18	3	
McCURDY, Rodney John (Aust to SAf) b Melbourne 30.12.1959 RHB RFM																		
FC	1979		47	61	14	509	55	10.82	0	1	5436	169	32.16	7-55	11	3.61	17	
Int	1984		11	6	2	33	13*	8.25	0	0	375	12	31.25	3-19	0	4.36	1	
McD	1979		12	4	1	49	42	16.33	0	0	490	17	28.82	5-23	2	4.37	1	
McDERMOTT, Craig John (Qld, Aust, Aust to NZ, Aust to Sharjah) b Ipswich 14.4.1965 RHB RF																		
Test			4	7	0	64	36	9.14	0	0	412	6	68.66	3-131	0	2.82	0	
FC			8	12	0	149	72	12.41	0	1	867	22	39.40	4-116	0	2.79	2	
Int			12	9	3	47	24*	7.83	0	0	383	10	38.30	3-20	0	3.78	3	
McD			1	1	0	0	0	0.00	0	0	9	0				2.25	2	
Test	1984		14	21	1	188	36	9.40	0	0	1742	49	35.55	8-141	2	3.44	3	
FC	1983		43	52	7	671	72	14.91	0	2	4311	134	32.17	8-141	4	3.25	10	
Int	1984		34	21	6	139	37	9.27	0	0	1327	41	32.37	3-20	0	4.24	7	
McD	1984		3	2	0	5	5	2.50	0	0	68	4	17.00	2-27	0	3.67	1	
MacLEAY, Kenneth Hervey (WA) b Bedford-on-Avon, England 2.4.1959 RHB RM																		
FC			10	10	3	186	60	26.57	0	1	913	35	26.08	6-93	1	2.41	4	
McD			4	3	1	37	14	18.50	0	0	108	7	15.42	3-29	0	3.10	1	
FC	1981		48	62	7	1267	100	23.03	1	6	3890	132	29.46	6-93	5	2.50	28	
Int	1982		8	7	0	47	15	6.71	0	0	344	10	34.40	6-39	1	4.36	2	
McD	1981		17	14	4	205	39	20.50	0	0	553	29	19.06	5-30	2	3.60	4	
McPHEE, Mark William (WA) b Katanning 25.1.1964 RHB																		
FC			5	8	1	62	25	8.85	0	0							1	
McD			1	1	0	25	25	25.00	0	0							0	
FC	1984		13	21	1	575	135	28.75	1	4	2	0				1.00	3	
MAGUIRE, John Norman (Aust to SAf) b Murwillumbah 15.9.1956 RHB RFM																		
Test	1983		3	5	1	28	15*	7.00	0	0	324	10	32.40	4-57	0	3.15	2	
FC	1977		62	78	26	499	61	9.59	0	1	6071	195	31.13	6-48	8	2.44	19	
Int	1982		21	10	5	41	14*	8.20	0	0	760	17	44.70	3-61	0	4.71	2	
McD	1978		11	2	1	24	21	24.00	0	0	392	16	24.50	3-26	0	3.72	4	
MARANTA, Michael Gerard (Qld) b Brisbane 20.3.1961 RHB LM																		
FC			2	1	0	4	4	4.00	0	0	147	0				3.41	2	

Cmp	Debut	M	I	NO	Runs	HS	Avge	100	50	Runs	Wkts	Avge	BB	5wi	RpO	ct	st
McD		2	1	0	0	0	0.00	0	0	25	0				2.50	1	
FC	1982	3	2	0	15	11	7.50	0	0	147	0				3.41	2	
McD	1982	3	1	0	0	0	0.00	0	0	78	2	39.00	2-53	0	3.90	2	

MARSH, Geoffrey Robert (WA, Aust, Aust to NZ, Aust to Sharjah) b Northam 31.12.1958 RHB

Test		3	6	1	176	92	35.20	0	1							1	
FC		8	14	3	563	138	51.18	2	2							3	
Int		10	10	0	344	125	34.40	1	1	4	0				4.00	4	
McD		2	2	1	165	92*	165.00	0	2							1	
Test	1985	6	11	1	380	118	38.00	1	1							2	
FC	1977	57	99	8	3378	176	37.12	9	15	4	0				4.00	28	
Int	1985	15	15	0	486	125	32.40	1	2	4	0				4.00	6	
McD	1981	9	9	2	396	104*	56.57	1	2							5	

MATTHEWS, Christopher Darrell (WA) b Cunderdin 22.9.1962 LHB LFM

FC		7	5	1	42	24	10.50	0	0	757	31	24.41	5-23	2	2.67	3	
McD		4	3	0	7	6	2.33	0	0	136	3	45.33	2-32	0	3.61	1	
FC	1984	8	6	1	48	24	9.60	0	0	855	34	25.14	5-23	2	2.72	3	

MATTHEWS, Gregory Richard John (NSW, Aust, Aust to NZ, Aust to Sharjah)
b Newcastle 15.12.1959 LHB OB

Test		6	11	1	438	115	43.80	2	1	452	8	56.60	3-110	0	2.67	4	
FC		11	19	2	890	184	52.35	4	1	639	20	31.93	5-22	1	2.32	5	
Int		11	9	2	131	46*	18.71	0	0	290	9	32.22	3-27	0	3.71	6	
McD		2	2	0	10	5	5.00	0	0	84	3	28.00	2-27	0	4.20	2	
Test	1983	14	24	2	725	130	32.95	3	2	1005	23	43.69	4-61	0	2.64	6	
FC	1982	60	91	17	2933	184	39.63	6	12	4248	112	37.92	5-22	2	2.58	34	
Int	1983	24	21	4	337	54	19.82	0	1	782	21	37.24	3-27	0	4.14	11	
McD	1982	9	9	2	111	61*	15.85	0	1	322	13	24.76	3-29	0	3.92	3	

MAY, Timothy Brian Alexander (SA) b North Adelaide 26.1.1962 RHB OB

FC		7	11	2	98	42*	10.88	0	0	670	15	44.66	4-67	0	2.71	2	
FC	1984	13	23	4	252	42*	13.26	0	0	1381	33	41.84	6-24	1	2.75	4	

MILLER, Colin Reid (Vic) b Footscray 6.2.1964 RHB RFM

FC		2	3	0	9	9	3.00	0	0	167	6	27.83	2-19	0	2.60	1	

MOODY, Thomas Masson (WA) b Adelaide 2.10.1965 RHB RM

FC		5	9	0	302	94	33.55	0	2	96	2	48.00	1-27	0	2.52	1	
McD		4	4	0	82	38	20.50	0	0	112	5	22.40	2-35	0	4.66	4	

MULDER, Brett (WA) b Subiaco 6.2.1964 RHB OB

FC		4	3	1	7	4	3.50	0	0	590	15	39.33	6-125	1	2.75	4	
FC	1983	6	4	1	10	4	3.33	0	0	814	18	45.22	6-125	1	2.75	4	

O'CONNOR, Donald Frederick Gregory (SA) b Gilgandra 20.7.1958 LHB OB

FC		5	8	1	141	58	20.14	0	1	30	0				15.00	3	
McD		1	1	0	61	61	61.00	0	1							1	
FC	1983	20	35	4	1094	118	35.29	1	11	86	2	43.00	1-2	0	5.00	11	
McD	1981	9	9	2	214	96*	42.80	0	2							7	

O'DONNELL, Simon Patrick (Vic, Aust) b Deniliquin 26.1.1963 RHB RFM

Test		1	2	1	22	20*	22.00	0	0	17	0				1.54	1	
FC		4	7	2	89	25	17.80	0	0	281	14	20.07	5-66	1	2.20	4	
McD		1	1	0	2	2	2.00	0	0	41	0				5.12	0	
Test	1985	6	10	3	206	48	29.42	0	0	504	6	84.00	3-37	0	3.21	4	
FC	1985	22	32	8	1065	130	44.37	3	2	1675	41	40.85	5-66	1	3.15	12	
Int	1984	21	17	4	326	74*	25.07	0	2	816	22	37.09	2-19	0	4.39	5	
McD	1984	4	4	1	82	45*	27.33	0	0	143	0				3.81	2	

O'NEILL, Mark Dorian (NSW, NSW to Zimb) b Sutherland 5.3.1959 RHB RM

FC		6	9	2	588	178*	84.00	3	3	217	3	72.33	2-55	0	2.67	4	
McD		1	1	0	0	0	0.00	0	0							0	
FC	1979	30	49	6	1631	178*	37.93	5	5	621	8	77.62	2-19	0	2.91	10	
McD	1980	7	5	0	65	52	13.00	0	1	66	6	11.00	3-27	0	4.35	2	

PARKER, Geoffrey Ross (Vic) b Malvern 31.3.1968 RHB RM

FC		2	3	1	17	15	8.50	0	0	30	2	15.00	1-7	0	2.30	1	
McD		3	3	0	35	31	11.66	0	0	81	0				5.16	0	

PARKINSON, Samuel David Haslam (SA) b Adelaide 8.7.1960 LHB LFM

FC		8	10	4	118	62	19.66	0	1	913	27	33.81	6-56	1	3.49	5	
McD		2	2	0	5	3	2.50	0	0	67	1	67.00	1-28	0	4.46	0	
FC	1981	30	34	9	325	62	13.00	0	1	2863	84	34.08	7-98	3	3.17	14	
McD	1981	7	2	0	5	3	2.50	0	0	242	5	48.40	2-43	0	4.33	3	

PHILLIPS, Raymond Berry (Qld) b Paddington 23.5.1954 RHB WK

FC		12	15	3	320	77*	26.66	0	3							41	1
McD		3	2	0	21	11	10.50	0	0							1	
FC	1978	89	129	28	2925	111*	28.96	1	21	11	0				3.66	271	15
McD	1980	18	12	5	112	19	16.00	0	0							22	

PHILLIPS, Wayne Bentley (SA, Aust, Aust to NZ) b Adelaide 1.3.1958 LHB WK

Test		6	11	0	244	63	22.18	0	1							15	
FC		10	18	0	431	63	25.35	0	1							26	
Int		10	9	2	109	28*	15.57	0	0							12	1
McD		2	2	1	75	66*	75.00	0	1							1	
Test	1983	27	48	2	1485	159	32.28	2	7							52	
FC	1977	81	145	11	5060	260	37.76	9	25	9	0				2.25	115	3
Int	1982	47	41	6	852	75*	24.34	0	6							41	7
McD	1977	15	15	1	323	66*	23.07	0	2							11	

Cmp	Debut	M	I	NO	Runs	HS	Avge	100	50	Runs	Wkts	Avge	BB	5wi	RpO	ct	st
\multicolumn{18}{l}{PLUMMER, Neil Robert (SA) b Lobethal 6.7.1955 LHB OB}
FC		1	2	0	91	49	45.50	0	0	101	1	101.00	1-48	0	3.22	0	
\multicolumn{18}{l}{PORTER, Graham David (WA) b Middle Swan 18.3.1955 RHB RM}
FC		1	1	0	0	0	0.00	0	0	38	0				2.23	0	
McD		2	1	0	0	0	0.00	0	0	47	3	15.66	3-28	0	2.61	1	
FC	1977	30	40	9	666	64	21.48	0	4	1678	52	32.26	4-59	0	2.29	20	
Int	1979	2	1	0	3	3	3.00	0	0	33	3	11.00	2-13	0	1.83	1	
McD	1978	6	4	1	29	16	9.66	0	0	193	11	17.54	3-28	0	3.42	1	
\multicolumn{18}{l}{PYKE, James Kendrick (SA) b Cottesloe 7.6.1966 RHB RM}
FC		1	2	1	85	77	85.00	0	1	111	6	18.50	4-27	0	3.36	1	
McD		1	1	0	9	9	9.00	0	0	31	2	15.50	2-31	0	3.10	0	
\multicolumn{18}{l}{QUINN, Michael Brian (Vic) b Adelaide 2.7.1962 RHB}
FC		11	18	0	535	103	29.72	1	3	5	0				2.50	2	
FC	1983	18	31	1	968	103	32.26	1	8	9	0				3.00	6	
McD	1984	1	0	1	1	1	1.00	0	0							0	
\multicolumn{18}{l}{RACKEMANN, Carl Grey (Aust to SAf) b Brisbane 3.6.1960 RHB RF}
Test	1982	5	5	0	16	12	3.20	0	0	539	23	23.48	6-86	3	3.45	2	
FC	1979	56	60	22	268	25*	7.05	0	0	5422	210	25.81	8-84	11	2.86	14	
Int	1982	26	10	4	20	9*	3.33	0	0	996	45	22.13	5-16	3	4.16	4	
McD	1979	11	5	3	2	1*	1.00	0	0	361	16	22.56	3-24	0	3.47	1	
\multicolumn{18}{l}{RAY, Mark (Tas) b Sydney 2.10.1952 LHB SLA}
FC		10	18	0	342	52	19.00	0	1	585	14	41.78	5-79	1	2.53	6	
McD		2	2	0	46	26	46.00	0	0	35	1	35.00	1-35	0	3.50	0	
FC	1981	44	76	4	1948	94	27.05	0	10	2036	41	49.65	5-79	1	3.62	41	
McD	1982	5	5	1	93	45	23.25	0	0	129	2	64.50	1-35	0	5.16	0	
\multicolumn{18}{l}{REID, Bruce Anthony (WA, Young Aust to Zimb, Aust to NZ, Aust to Sharjah)}
\multicolumn{18}{l}{b Osborne Park 14.3.1963 LHB LFM}
Test		3	4	0	20	13	5.00	0	0	325	11	29.54	4-100	0	2.43	0	
FC		8	10	3	83	23*	11.85	0	0	875	30	29.16	6-54	1	2.38	3	
Int		12	4	2	10	4*	5.00	0	0	428	17	25.17	5-53	1	3.92	1	
McD		2	1	1	13	13*		0	0	75	4	18.75	4-40	1	3.75	0	
Test	1985	6	8	3	29	13	5.80	0	0	619	20	30.95	4-90	0	2.63	1	
FC	1984	20	24	10	192	28*	13.71	0	0	2005	66	30.37	6-54	1	2.55	7	
Int	1985	17	7	2	16	4*	3.20	0	0	638	23	27.74	5-53	1	4.14	1	
\multicolumn{18}{l}{RITCHIE, Gregory Michael (Qld, Aust, Aust to NZ, Aust to Sharjah) b Stanthorpe 23.1.1960 RHB}
Test		5	9	1	339	128	42.37	1	1							2	
FC		11	20	3	738	128	43.41	1	4	3	0				3.00	7	
Int		7	6	0	106	68	17.66	0	1							1	
McD		1	1	1	74	74*		0	1							0	
Test	1982	23	42	3	1392	146	35.23	3	7	10	0				10.00	10	
FC	1980	95	153	15	6174	196	44.73	14	37	75	3	25.00	1-4	0	4.54	64	
Int	1982	32	30	2	668	84	26.72	0	5							5	
McD	1980	15	14	4	428	74*	42.80	0	1							3	
\multicolumn{18}{l}{RIXON, Stephen John (Aust to SAf) b Albury 25.2.1954 RHB WK}
Test	1977	13	24	3	394	54	18.76	0	2							42	5
FC	1974	139	206	34	3984	128	23.16	6	12	20	0				6.66	353	63
Int	1977	6	6	0	3	40	20*	13.33	0	0						9	2
McD	1974	25	18	4	267	52	19.07	0	1							25	6
\multicolumn{18}{l}{ROWLANDS, Lynton Geoffrey (Tas) b Ulverstone 19.1.1961 LHB}
McD		1	1	0	5	5	5.00	0	0							0	
\multicolumn{18}{l}{SAUNDERS, Stuart Lucas (Tas, Young Aust to Zimb) b Hobart 27.6.1960 RHB LBG}
FC		5	8	2	151	51	21.57	0	1	172	1	172.00	1-59	0	4.52	2	
FC	1979	56	88	11	2063	130*	26.79	4	13	3817	69	55.31	5-114	1	3.30	27	
McD	1985	5	5	0	76	43	15.20	0	0	25	1	25.00	1-11	0	8.33	3	
\multicolumn{18}{l}{SEABROOK, Wayne John Stephen (NSW) b Ryde 6.9.1961 RHB}
FC		1	1	0	8	8	8.00	0	0							0	
FC	1984	4	5	0	204	165	40.80	1	0	1	0				1.00	0	
McD	1984	1	1	0	5	5	5.00	0	0							0	
\multicolumn{18}{l}{SHIPPERD, Gregory (Aust to SAf) b Subiaco 13.11.1956 RHB WK}
FC	1977	75	131	17	4829	167*	42.35	10	24	13	0				2.60	53	1
McD	1980	13	13	2	470	86	42.72	0	5							5	
\multicolumn{18}{l}{SIDDONS, James Darren (Vic) b Robinvale 25.4.1964 RHB}
FC		11	16	0	540	107	33.75	1	3	70	0				3.88	10	
McD		4	4	0	63	25	15.75	0	0							4	
FC	1984	16	25	0	820	107	32.80	1	5	134	0				3.19	17	
\multicolumn{18}{l}{SLEEP, Peter Raymond (SA) b Penda 4.5.1957 RHB LBG}
FC		12	22	4	793	139	44.05	3	2	943	17	55.47	3-71	0	3.25	5	
McD		2	2	0	28	28	14.00	0	0	29	1	29.00	1-29	0	5.80	1	
Test	1978	4	8	0	114	64	14.25	0	1	381	3	127.00	1-16	0	3.88	0	
FC	1976	92	158	19	4488	144	33.74	9	25	7760	212	36.60	8-133	7	3.23	56	
McD	1978	14	14	1	501	90	38.53	0	4	71	2	35.50	1-10	0	6.45	5	
\multicolumn{18}{l}{SMALL, Gladstone Cleophas (SA, Warwickshire) b St George, Barbados 18.10.1961 RHB RFM}
FC		10	15	4	144	33	11.07	0	0	1244	39	31.89	7-42	2	2.99	2	
McD		2	2	2	17	16*		0	0	72	3	24.00	3-42	0	3.78	0	
Test	1986	2	2	1	14	12	14.00	0	0	134	4	33.50	3-88	0	2.09	0	
FC	1979	148	180	43	1820	57	13.28	0	1	11841	399	29.67	7-42	13	3.20	38	

Cmp	Debut	M	I	NO	Runs	HS	Avge	100	50	Runs	Wkts	Avge	BB	5wi	RpO	ct	st
\multicolumn{18}{l}{SMALL, Stephen Mark (NSW, NSW to Zimb) b Canterbury 2.3.1955 LHB}
FC		9	14	0	605	123	43.21	2	3							9	
McD		3	3	0	67	28	22.33	0	0							2	
FC	1978	27	42	1	1124	123	27.41	3	4							23	
McD	1982	7	7	0	80	28	11.42	0	0							2	
\multicolumn{18}{l}{SMART, Christopher Boddington (Qld) b Port Moresby 17.10.1958 RHB}
FC		5	9	0	190	133	21.11	1	0							7	
FC	1982	17	31	1	787	133	26.23	1	6	7	0				3.50	16	
\multicolumn{18}{l}{SMITH, Steven Barry (Aust to SAf) b Sydney 18.10.1961 RHB}
Test	1983	3	5	0	41	12	8.20	0	0							1	
FC	1981	46	80	5	2821	263	37.61	8	13	6	0				3.00	27	
Int	1982	26	23	2	853	117	40.61	2	8	5	0				4.28	7	
McD	1981	13	11	2	181	73	20.11	0	2	0	0				0.00	1	
\multicolumn{18}{l}{SOULE, Richard Eric (Tas) b Launceston 5.9.1966 RHB WK}
FC		10	17	4	293	53	22.53	0	2	11	0				6.60	24	
FC	1983	11	19	4	293	53	19.53	0	2	11	0				6.60	28	
\multicolumn{18}{l}{TAME, Michael Peter (Tas) b Hobart 6.1.1956 RHB RFM}
FC		2	4	0	46	32	11.50	0	0	243	2	121.50	2-127	0	3.85	0	
McD		2	1	0	33	33	33.00	0	0	92	1	92.00	1-53	0	4.60	0	
FC	1984	6	9	3	123	35*	20.50	0	0	596	14	42.57	5-74	1	3.62	1	
McD	1984	4	3	0	49	33	16.33	0	0	141	2	70.50	1-34	0	3.52	2	
\multicolumn{18}{l}{TAYLOR, Mark Anthony (NSW, NSW to Zimb) b Leeton 27.10.1964 LHB}
FC		12	20	1	937	118	49.31	2	5							16	
McD		3	3	0	83	59	27.66	0	1							2	
FC	1985	14	24	1	983	118	42.73	2	5							18	
\multicolumn{18}{l}{TAYLOR, Michael David (Aust to SAf) b Chelsea 9.6.1955 RHB}
FC	1977	48	81	14	3569	234*	53.26	11	18	28	0				4.80	27	
McD	1982	8	7	2	137	54*	27.40	0	1							2	
\multicolumn{18}{l}{TAYLOR, Peter Laurence (NSW, NSW to Zimb) b North Sydney 22.8.1956 LHB OB}
FC		3	4	0	104	43	26.00	0	0	224	7	32.00	4-31	0	2.63	4	
McD		1	1	0	8	8	8.00	0	0	56	2	28.00	2-56	0	5.60	0	
FC	1985	5	6	1	128	43	25.60	0	0	396	20	19.80	5-39	1	2.72	6	
\multicolumn{18}{l}{TAZELAAR, Dirk (Qld) b Ipswich 13.1.1963 RHB LFM}
FC		4	4	4	56	29*		0	0	418	13	32.15	3-48	0	3.11	4	
McD		1	1	0	2	2	2.00	0	0	22	0				4.40	0	
\multicolumn{18}{l}{THOMSON, Jeffrey Robert (Qld) b Greenacre 16.8.1950 RHB RFM}
FC		12	9	4	105	24	21.00	0	0	1385	42	32.97	6-72	2	3.71	1	
McD		3	1	0	1	1	1.00	0	0	105	3	35.00	3-42	0	5.62	0	
Test	1972	51	73	20	669	49	12.62	0	0	5601	200	28.00	6-46	8	3.18	20	
FC	1972	187	216	64	2065	61	13.58	0	0	17864	675	26.46	7-27	28	3.21	61	
Int	1974	50	30	6	181	21	7.54	0	0	1942	55	35.30	4-67	1	4.32	9	
McD	1972	28	15	3	95	14	7.91	0	0	934	37	25.24	6-18	1	3.86	8	
\multicolumn{18}{l}{TRIMBLE, Glenn Samuel (Qld, Aust) b Herston 1.1.1963 RHB}
FC		11	19	3	605	112	37.81	1	3	759	29	26.17	5-50	1	2.88	7	
Int		2	2	1	4	4	4.00	0	0	32	0				8.00	0	
McD		3	3	0	46	27	15.33	0	0	52	0				4.72	0	
FC	1982	29	50	6	1452	112	33.00	1	9	759	29	26.17	5-50	1	2.87	19	
McD	1984	5	5	1	90	32	22.50	0	0	52	0				4.72	1	
\multicolumn{18}{l}{TWIBLE, Paul William (Qld) b Brisbane 14.12.1957 RHB LM}
FC		3	2	1	57	39	57.00	0	0	195	2	97.50	2-82	0	2.45	1	
McD		2	1	0	1	1	1.00	0	0	53	4	13.25	2-21	0	2.65	0	
FC	1982	5	5	2	72	39	24.00	0	0	350	5	70.00	3-82	0	2.67	1	
McD	1982	3	1	0	1	1	1.00	0	0	84	5	16.80	2-21	0	2.80	0	
\multicolumn{18}{l}{VELETTA, Michael Robert John (WA, Young Aust to Zimb) b Subiaco 30.10.1963 RHB}
FC		10	16	1	715	130	47.66	2	6	1	0				1.00	10	
McD		4	4	1	116	105*	38.66	1	0							4	
FC	1983	33	55	4	1813	143	35.54	4	10	2	0				1.00	24	
McD	1983	9	9	2	300	105*	42.85	1	2							6	
\multicolumn{18}{l}{WATSON, Andrew Simon (SA) b Woomera 14.10.1955 RHB}
FC		5	9	0	335	97	37.22	0	2	2	0				2.00	5	
\multicolumn{18}{l}{WAUGH, Mark Edward (NSW, NSW to Zimb) b Canterbury 2.6.1965 RHB RMF}
FC		7	11	0	167	41	15.18	0	0	352	11	32.00	4-130	0	2.82	6	
McD		1	1	0	13	13	13.00	0	0	28	1	28.00	1-28	0	3.11	0	
FC	1985	9	15	2	343	83	26.38	0	2	462	13	35.53	4-130	0	2.75	10	
\multicolumn{18}{l}{WAUGH, Stephen Rodger (NSW, Aust, Young Aust to Zimb, Aust to NZ, Aust to Sharjah) b Canterbury 2.6.1965 RHB RM}
Test		2	4	0	26	13	6.50	0	0	69	2	34.50	2-36	0	3.83	0	
FC		7	12	2	378	119*	37.80	2	0	190	4	47.50	2-36	0	2.79	4	
Int		12	10	3	266	81	38.00	0	2	231	7	33.00	2-28	0	4.35	2	
McD		1	1	0	47	47	47.00	0	0	37	3	12.33	3-37	0	3.70	0	
Test	1985	5	9	0	113	74	12.55	0	1	152	7	21.71	4-56	0	2.81	2	
FC	1984	18	28	2	755	119*	29.03	2	3	582	16	36.43	4-56	0	2.72	16	
Int	1985	17	15	3	403	81	33.58	0	3	415	11	37.72	2-28	0	4.41	4	
McD	1984	2	1	0	47	47	47.00	0	0	84	3	28.00	3-37	0	4.20	1	
\multicolumn{18}{l}{WELLHAM, Dirk MacDonald (NSW, Aust) b Summer Hill 13.3.1959 RHB}
FC		12	19	0	562	86	29.57	0	5							4	

Cmp	Debut	M	I	NO	Runs	HS	Avge	100	50	Runs	Wkts	Avge	BB	5wi	RpO	ct	st
Int		3	3	1	61	43	30.50	0	0							1	
McD		3	3	0	79	62	26.33	0	1							3	
Test	1981	5	9	0	239	103	26.55	1	0							2	
FC	1980	80	129	18	4833	136*	43.54	11	28	11	1	11.00	1-11	0	3.66	33	
Int	1981	6	6	1	122	43	24.40	0	0							2	
McD	1981	17	15	2	464	65*	35.69	0	6							4	

WESSELS, Kepler Christoffel (Qld, Aust) b Bloemfontein, S Africa 14.9.1957 LHB RM

Cmp	Debut	M	I	NO	Runs	HS	Avge	100	50	Runs	Wkts	Avge	BB	5wi	RpO	ct	st
Test		1	2	0	73	70	36.50	0	1	7	0				7.00		
FC		13	22	1	1030	167	49.04	3	4	172	6	28.66	2-25	0	2.26	13	
McD		3	3	1	82	47	41.00	0	0	48	2	24.00	1-21	0	4.80	1	
Test	1982	24	42	1	1761	179	42.95	4	9	42	0				2.80	18	
FC	1973	179	311	24	14163	254	49.34	36	75	428	11	38.90	2-25	0	3.14	127	
Int	1982	53	51	3	1740	107	36.25	1	14	655	18	36.38	2-16	0	5.34	19	
McD	1979	19	19	2	656	73	38.58	0	6	108	7	15.42	4-24	1	4.15	11	

WHATMORE, Davenell Frederick (Vic) b Colombo, Ceylon 16.3.1954 RHB

Cmp	Debut	M	I	NO	Runs	HS	Avge	100	50	Runs	Wkts	Avge	BB	5wi	RpO	ct	st
FC		11	18	1	676	127	39.76	2	4	4	0				4.00	17	
McD		4	4	0	110	51	27.50	0	1							1	
Test	1978	7	13	0	293	77	22.53	0	2	11	0				2.20	13	
FC	1975	77	134	8	4087	127	32.43	6	24	44	3	14.66	1-0	0	2.16	107	
Int	1979	1	1	0	2	2	2.00	0	0							0	
McD	1976	16	15	0	289	51	19.26	0	1	3	1	3.00	1-3	0	3.00	5	

WHITNEY, Michael Roy (NSW, NSW to Zimb) b Surry Hills 24.2.1959 RHB LFM

Cmp	Debut	M	I	NO	Runs	HS	Avge	100	50	Runs	Wkts	Avge	BB	5wi	RpO	ct	st
FC		6	7	3	33	19	8.25	0	0	483	22	21.95	6-65	1	2.47	1	
McD		1	1	1	0	0*		0	0	32	2	16.00	2-32	0	3.49	0	
Test	1981	2	4	0	4	4	1.00	0	0	246	5	49.20	2-50	0	3.15	0	
FC	1980	42	39	11	123	28*	4.39	0	0	3964	136	29.14	6-65	5	2.95	27	
McD	1980	11	3	1	13	9	6.50	0	0	379	13	29.15	3-27	0	3.54	2	

WOOD, Graeme Malcolm (WA) b East Fremantle 6.11.1956 LHB RM

Cmp	Debut	M	I	NO	Runs	HS	Avge	100	50	Runs	Wkts	Avge	BB	5wi	RpO	ct	st
FC		10	15	3	741	133	61.75	3	5	1	0				6.00	5	
McD		4	4	0	97	59	24.25	0	1							3	
Test	1977	53	101	5	3109	172	32.38	8	13							38	
FC	1976	160	273	21	9428	172*	37.41	23	46	133	5	26.60	3-18	0	3.12	112	
Int	1977	76	71	9	2129	114*	34.33	3	11							17	
McD	1977	23	23	1	501	108*	22.77	1	1	16	0				5.33	8	

WOOLLEY, Roger Douglas (Tas) b Hobart 16.9.1954 RHB WK

Cmp	Debut	M	I	NO	Runs	HS	Avge	100	50	Runs	Wkts	Avge	BB	5wi	RpO	ct	st
FC		10	18	2	490	124*	30.62	1	2	33	0				3.41	8	
McD		2	2	0	12	12	12.00	0	0							5	
Test	1982	2	2	0	21	13	10.50	0	0							7	
FC	1977	73	118	16	4162	144	40.80	6	27	33	0				2.60	142	16
Int	1982	4	3	0	31	16	31.00	0	0							1	1
McD	1978	18	16	0	271	56	16.93	0	1							16	1

WUNDKE, Stephen Christopher (SA) b North Adelaide 2.7.1961 LHB LMF

Cmp	Debut	M	I	NO	Runs	HS	Avge	100	50	Runs	Wkts	Avge	BB	5wi	RpO	ct	st
FC		2	4	0	144	42	36.00	0	0	12	0				3.00	2	
McD		2	2	0	81	45	40.50	0	0	51	4	12.75	4-36	1	4.19	0	
McD	1983	7	6	1	149	45	29.80	0	0	222	11	20.18	4-36	1	5.00	5	

YALLOP, Graham Neil (Aust to SAf) b Balwyn 7.10.1952 LHB

Cmp	Debut	M	I	NO	Runs	HS	Avge	100	50	Runs	Wkts	Avge	BB	5wi	RpO	ct	st
Test	1975	39	70	3	2756	268	41.13	8	9	116	1	116.00	1-21	0	3.62	23	
FC	1972	156	272	28	11063	268	45.34	29	55	772	11	70.18	4-63	0	3.50	115	1
Int	1977	29	27	6	823	66*	39.19	0	7	119	3	39.66	2-28	0	5.17	5	
McD	1974	24	24	2	586	91	26.63	0	3	53	0				4.96	3	

YOUNG, Peter William (Vic) b Geelong 31.12.1961 RHB LM

Cmp	Debut	M	I	NO	Runs	HS	Avge	100	50	Runs	Wkts	Avge	BB	5wi	RpO	ct	st
FC		5	7	0	124	37	17.71	0	0	22	0				3.14	1	
McD		4	4	1	240	97*	80.00	0	2							1	
FC	1984	8	13	1	258	55	21.50	0	1	22	0				3.14	1	

ZADOW, Robert John (SA) b Mannum 17.1.1955 RHB

Cmp	Debut	M	I	NO	Runs	HS	Avge	100	50	Runs	Wkts	Avge	BB	5wi	RpO	ct	st
FC		11	20	1	540	144	28.41	2	1	6	0				6.00	5	
McD		1	1	0	6	6	6.00	0	0							0	
FC	1979	30	56	3	1407	144	26.54	2	5	7	0				5.25	21	
McD	1980	3	3	0	39	22	13.00	0	0							0	

ZESERS, Andris Karlis (SA) b Medindie 11.3.1967 RHB RFM

Cmp	Debut	M	I	NO	Runs	HS	Avge	100	50	Runs	Wkts	Avge	BB	5wi	RpO	ct	st
FC		12	17	4	182	32	14.00	0	0	1309	40	32.72	6-73	1	2.32	5	
McD		2	1	1	2	2*		0	0	51	2	25.50	2-29	0	3.02	1	
FC	1984	17	23	5	319	85	17.72	0	1	1743	54	32.27	6-73	2	2.36	6	
McD	1984	3	1	1	2	2*		0	0	96	2	48.00	2-29	0	3.57	3	

ZOEHRER, Timothy Joseph (WA, Aust, Aust to NZ, Aust to Sharjah) b Armadale 25.9.1961 RHB WK

Cmp	Debut	M	I	NO	Runs	HS	Avge	100	50	Runs	Wkts	Avge	BB	5wi	RpO	ct	st
FC		8	10	1	233	94*	25.88	0	1							22	4
Int		2	1	0	11	11	11.00	0	0							2	
McD		2	2	0	2	2	2.00	0	0							1	
Test	1985	3	5	0	71	30	14.20	0	0							4	1
FC	1980	34	48	5	1127	104	26.20	1	5							76	14
Int	1985	3	2	0	11	11	5.50	0	0							2	
McD	1981	6	4	2	29	22*	14.50	0	0							7	

Cmp Debut	M	I	NO	Runs	HS	Avge	100	50	Runs	Wkts	Avge	BB	5wi	RpO	ct	st
						INDIA IN AUSTRALIA 1985/86										
AMARNATH, M.																
Test	3	4	1	223	138	74.33	1	0	18	0				3.00	1	
FC	5	7	2	297	138	59.40	1	0	37	0				2.31	1	
Int	11	11	1	369	74	36.90	0	3	163	4	40.75	1-21	0	4.17	4	
AZHARUDDIN, M.																
Test	3	3	1	113	59*	56.50	0	1							3	
FC	5	6	1	245	77	49.00	0	2							4	
Int	12	11	3	188	69*	23.50	0	1	117	2	58.50	2-26	0	4.33	8	
BINNY, R.M.H.																
Test	2	2	0	38	38	19.00	0	0	67	1	67.00	1-56	0	2.48	0	
FC	3	3	0	82	44	27.33	0	0	91	2	45.50	1-24	0	2.33	0	
Int	11	6	0	64	24	10.66	0	0	316	12	26.33	3-26	0	4.10	2	
GAVASKAR, S.M.																
Test	3	4	1	352	172	117.33	2	0							2	
FC	4	5	1	360	172	90.00	2	0							3	
Int	10	10	1	385	92*	42.77	0	4							5	
GHAI, R.S.																
FC	1	1	1	0	0*		0	0	40	1	40.00	1-40	0	3.07	1	
Int	1	1	0	1	1	1.00	0	0	54	1	54.00	1-54	0	5.40	0	
KAPIL DEV																
Test	3	3	0	135	55	45.00	0	1	276	12	23.00	8-106	1	2.33	5	
FC	4	5	0	223	88	44.60	0	2	356	18	19.77	8-106	1	2.32	6	
Int	12	11	2	202	54*	22.44	0	1	391	20	19.54	4-30	1	3.46	7	
KIRMANI, S.M.H.																
Test	3	2	0	42	35	21.00	0	0							3	2
FC	4	4	0	69	35	17.25	0	0							8	2
Int	2	1	0	27	27	27.00	0	0							2	
KULKARNI, R.R.																
FC	1								27	0				2.45	0	
Int	3	2	1	14	9	14.00	0	0	121	3	40.33	2-28	0	4.32	2	
MALHOTRA, A.																
FC	1	2	0	79	67	39.50	0	1							1	
Int	8	7	0	125	39	17.85	0	0							3	
MORE, K.S.																
FC	1	1	1	35	35*		0	0							1	1
Int	10	6	2	7	2	1.75	0	0							5	1
SHARMA, C.																
Test	2	1	0	54	54	54.00	0	1	128	0				3.45	2	
FC	3	3	1	148	67	74.00	0	2	257	5	51.40	4-55	0	3.56	6	
Int	12	8	4	124	38*	31.00	0	0	490	17	28.82	3-26	0	4.98	2	
SHASTRI, R.J.																
Test	3	2	0	91	49	45.50	0	0	386	14	27.57	4-87	0	1.88	1	
FC	4	3	0	92	49	30.66	0	0	495	14	35.35	4-87	0	1.91	1	
Int	12	9	1	202	55	25.25	0	1	404	12	33.66	2-31	0	3.48	3	
SIVARAMAKRISHNAN, L.																
Test	2	1	0	15	15	15.00	0	0	210	3	70.00	2-51	0	3.68	6	
FC	4	2	0	19	15	9.50	0	0	427	11	38.81	3-75	0	3.53	8	
Int	4	1	1	2	2*		0	0	127	1	127.00	1-37	0	5.52	1	
SRIKKANTH, K.																
Test	3	4	0	291	116	72.75	1	2							5	
FC	5	7	0	342	116	48.85	1	2							5	
Int	12	12	0	219	50	18.25	0	1							3	
VENGSARKAR, D.B.																
Test	3	4	2	120	75	60.00	0	1							2	
FC	5	7	2	187	75	37.40	0	1							2	
Int	8	8	1	283	77*	40.42	0	1							4	
YADAV, N.S.																
Test	3	2	1	47	41	47.00	0	0	334	15	22.26	5-99	1	1.74	1	
FC	5	4	2	67	41	33.50	0	0	478	19	25.15	5-99	1	1.94	1	
Int	4	2	2	1	1*		0	0	153	3	51.00	2-51	0	4.50	0	

Cmp Debut	M	I	NO	Runs	HS	Avge	100	50	Runs	Wkts	Avge	BB	5wi	RpO	ct	st
						NEW ZEALAND IN AUSTRALIA 1985/86										
BLAIR, B.R.																
Int	5	5	2	79	29*	26.33	0	0	34	1	34.00	1-7	0	6.80	0	
BOOCK, S.L.																
Test	1	2	0	40	37	20.00	0	0	102	3	34.00	2-53	0	1.96	0	
FC	4	3	0	40	37	13.33	0	0	560	17	32.94	4-83	0	2.76	1	
Int	3	1	0	0	0	0.00	0	0	106	1	106.00	1-55	0	5.88	0	
BRACEWELL, J.G.																
Test	2	3	3	113	83*		0	1	195	7	27.85	3-91	0	2.17	3	
Int	6	5	0	38	20	7.60	0	0	172	6	28.66	2-3	0	4.24	3	

Cmp	Debut	M	I	NO	Runs	HS	Avge	100	50	Runs	Wkts	Avge	BB	5wi	RpO	ct	st
BROWN, V.R.																	
Test		2	3	1	51	36*	25.50	0	0	176	1	176.00	1-17	0	3.08	3	
FC		5	8	3	121	36*	24.20	0	0	624	14	44.57	4-75	0	3.30	6	
CAIRNS, B.L.																	
Test		1	1	0	0	0	0.00	0	0	109	0				2.72	0	
FC		4	3	0	29	25	9.66	0	0	389	6	64.83	2-46	0	2.66	3	
CHATFIELD, E.J.																	
Test		2	1	0	3	3	3.00	0	0	184	7	26.28	3-33	0	1.91	3	
FC		3	2	0	3	3	1.50	0	0	252	8	31.50	3-33	0	1.81	3	
Int		10	5	4	9	4*	9.00	0	0	261	14	18.64	4-28	1	3.09	2	
CONEY, J.V.																	
Test		3	5	0	72	22	14.40	0	0	79	3	26.33	2-43	0	1.61	4	
FC		6	11	2	303	89	33.66	0	1	132	3	44.00	2-43	0	2.00	10	
Int		10	10	2	278	58	34.75	0	1	197	1	197.00	1-18	0	4.80	7	
CROWE, J.J.																	
Test		3	5	1	73	35	18.25	0	0							3	
FC		6	11	4	252	79*	36.00	0	1							8	
Int		8	8	1	158	63	22.57	0	1							2	
CROWE, M.D.																	
Test		3	5	1	309	188	77.25	1	1	55	0				2.61	4	
FC		4	7	2	562	242*	112.40	2	1	55	0				2.61	4	
Int		10	10	0	330	76	33.00	0	3	149	3	49.66	1-16	0	3.72	6	
EDGAR, B.A.																	
Test		3	5	0	209	74	41.80	0	3							1	
FC		6	10	0	389	122	38.90	1	3							3	
Int		10	10	0	252	75	25.20	0	2							0	
FRANKLIN, T.J.																	
FC		1	1	0	13	13	13.00	0	0							1	
GILLESPIE, S.R.																	
Int		8	5	1	27	15*	6.75	0	0	265	13	20.38	4-30	1	3.88	2	
HADLEE, R.J.																	
Test		3	4	0	111	54	27.75	0	1	401	33	12.15	9-52	5	2.36	2	
FC		5	6	0	151	54	25.16	0	1	537	37	14.51	9-52	5	2.22	3	
Int		10	10	3	199	71	28.42	0	1	282	15	18.79	3-14	0	3.43	0	
McSWEENEY, E.B.																	
FC		1	1	1	26	26*		0	0							1	1
Int		10	9	3	26	6	4.33	0	0							10	1
REID, J.F.																	
Test		3	5	0	169	108	33.80	1	0							1	
FC		5	9	0	241	108	26.77	1	0							4	
Int		8	8	0	133	37	16.62	0	0							1	
SMITH, I.D.S.																	
Test		3	4	1	54	28	18.00	0	0							7	2
FC		5	7	3	93	28	23.25	0	0							8	2
SNEDDEN, M.C.																	
Test		1								111	1	111.00	1-66	0	3.70	0	
FC		3	1	0	26	26	26.00	0	0	364	6	60.66	4-88	0	3.40	0	
Int		3	2	1	1	1	1.00	0	0	89	5	17.80	3-23	0	3.70	2	
WRIGHT, J.G.																	
Test		3	5	0	182	46	36.40	0	0							1	
FC		6	11	0	331	46	30.09	0	0							4	
Int		9	9	0	182	61	20.22	0	1							5	

INDIA

First First-Class Match: Europeans v Parsis (Bombay) 1892-93

First First-Class Tour to England: 1911

First Test Match: England v India (Lord's) 1932

Present First-Class Teams: Andhra, Assam, Baroda, Bengal, Bihar, Bombay, Delhi, Gujarat, Goa, Haryana, Himachal Pradesh, Hyderabad, Jammu & Kashmir, Karnataka, Kerala, Madhya Pradesh, Maharashtra, Orissa, Punjab, Railways, Rajasthan, Saurashtra, Services, Tamil Nadu, Tripura, Uttar Pradesh, Vidarbha.

First-Class Competitions: the National Championship of India for the Ranji Trophy was instituted for the 1934-35 season, and has been India's equivalent of the County Championship since that date. The second major First-Class competition is the Duleep Trophy instituted in 1961-62 and for which India is divided into five zones. The annual match between Ranji Trophy winners and Rest of India played at the start of the season for the Irani Trophy is also first-class. (A complete list of every first-class match ever played in India is given in the ACS Guide to Indian First-Class Matches, which also contains expensive notes on this complex subject as well as 120 full match scores.)

Ranji Trophy Winners 1985-86: Delhi

FIRST CLASS RECORDS

Highest Team Total: 912-8 dec Holkar v Mysore (Indore) 1945-46
Best in 1985-86: 638 Delhi v Haryana (Delhi); 604 Delhi v Maharashtra (Pune); 593-9 dec Andhra v Tamil Nadu (Vizianagram); 585 Maharashtra v Bengal (Pune); 575-7 dec West Zone v North Zone (Trivandrum)

Lowest Team Total: 21 Muslims v Europeans (Poona) 1915-16
Worst in 1985-86: 79 Tripura v Assam (Nowgong); 82 Gujarat v Bombay (Surat); 83 Jammu & Kashmir v Delhi (Srinagar); 86 Tripura v Bengal (Calcutta); 88 Tripura v Bihar (Ranchi)

Highest Individual Innings: 443* B.B.Nimbalkar Maharashtra v Kathiawar (Poona) 1948-49
Best in 1985-86: 231 R.Lamba Delhi v Maharashtra (Pune); 221 L.S.Rajput West Zone v North Zone (Trivandrum); 215 Kirti Azad Delhi v Himachal Pradesh (Delhi); 195 B.S.Gossain Bihar v Assam (Ranchi); 193 A.Burrows Railways v Vidarbha (Yavatmal)

Most Runs In Season: 1,604 (av 64.16) C.G.Borde (Maharashtra) 1964-65
Most in 1985-86: 858 (av 85.80) Kirti Azad (Delhi); 691 (av 69.10) R.Lamba (Delhi); 677 (av 84.62) M.D.Gunjal (Maharashtra); 670 (av 47.85) L.S.Rajput (Bombay); 581 (av 52.81) R.Chadha (Haryana)

Most Runs In Career: 24,749 (av 51.24) S.M.Gavaskar (Bombay, Somerset) 1966-67 to date
Most by Current Batsman: see Gavaskar above, then: 17,592 (av 41.29) G.R.Viswanath (Karnataka) 1967-68 to date; 12,646 (av 44.37) M.Amarnath (Punjab, Delhi, Baroda) 1966-67 to date; 12,583 (av 48.58) D.B.Vengsarkar (Bombay) 1975-76 to date; 10,704 (av 43.51) B.P.Patel (Karnataka) 1969-70 to date

Best Innings Analyses: 10-20 P.M.Chatterjee Bengal v Assam (Jorhat) 1956-57
Best in 1985-86: 10-78 P.Sunderam Rajasthan v Vidarbha (Jodhpur); 8-54 Maninder Singh Delhi v Haryana (Delhi); 8-108 T.S.Mahadevan Kerala v Hyderabad (Tellicherry); 8-145 R.J.Shastri West Zone v North Zone (Trivandrum); 7-44 S.Talwar Haryana v Services (Chandigarh)

Most Wickets In Season: 88 (av 15.02) B.S.Bedi (Delhi) 197-75; 88 (av 19.30) B.S.Bedi (Delhi) 1976-77
Most in 1985-86: 46 (av 24.93) S.Talwar (Haryana); 39 (av 17.71) Maninder Singh (Delhi); 29 (av 14.00) S.Vasudevan (Tamil Nadu); 28 (av 20.64) A.Kumar (Bihar)

Most Wickets In Career: 1,560 (av 2.69) B.S.Bedi (Northern Punjab, Delhi, Northants) 1961-62 to 1981-82
Most By Current Bowler: 898 (av 26.58) D.R.Doshi (Bengal, Notts, Warwickshire, Saurashtra) 1968-69 to date; 619 (av 26.52) Kapil Dev (Haryana, Northants, Worcs) 1975-

76 to date; 576 (av 24.28) Madan Lal (Punjab, Delhi) 1968-69 to date; 300 (av 24.32) S.Talwar (Punjab, Haryana) 1967-68 to date; 295 (av 24.53) R.C.Shukla (Bihar, Delhi, Bengal) 1969-70 to date.

Record Wicket Partnerships

1st	451*	R.M.H.Binny & S.Desai	Karnataka v Kerala (Chickmagalur)	1977-78
2nd	455	K.V.Bhandarkar & B.B.Nimbalkar	Maharashtra v Kathiawar (Poona)	1948-49
3rd	410*	R.S.Modi & L.Amarnath	Indian Tourists v Rest of India (Calcutta)	1946-47
4th	577	Gul Mohammad & V.S.Hazare	Baroda v Holkar (Baroda)	1946-47
5th	360	U.M.Merchant & M.N.Raiji	Bombay v Hyderabad (Bombay)	1947-48
6th	371	V.M.Merchant & R.S.Modi	Bombay v Maharashtra (Bombay)	1943-44
7th	274	K.C.Ibrahim & K.M.Rangnekar	Bijapur Famine XI v Bengal Cyclone (Bombay)	1942-43
8th	236	C.T.Sarwate & R.P.Singh	Holkar v Delhi (New Delhi)	1949-50
9th	245	V.S.Hazare & N.D.Nagarwala	Maharastra v Baroda (Poona)	1939-40
10th	150	Abdus Salaam & Ahsan-ul-Haq	Muslims v Sikhs (Lahore)	1923-24

Highest Partnerships in 1985-86

1st	257	A.Dayal & R.Deora	Bihar v Bengal (Ranchi)
2nd	235	M.Amarnath & A.Malhotra	North Zone v West Zone (Trivandrum)
3rd	259	R.Deora & B.S.Gossain	Bihar v Assam (Ranchi)
4th	318	Kirti Azad & K.Bhaskar Pillai	Delhi v Himachal Pradesh (Delhi)
5th	206	R.M.H.Binny & R.D.Khanwilkar	South Zone v West Zone (Bangalore)
6th	161	A.D.Gaekwad & M.S.Narula	Baroda v Saurashtra (Gandhidham)
7th	202	M.Amarnath & A.Sharma	Delhi v Haryana (Delhi)
8th	202	K.S.B.Ramamurthy & J.K.Ghiya	Andhra v Tamil Nadu (Visianagram)
9th	135	C.S.Pandit & R.R.Kulkarni	Bombay v Rest (Nagpur)
10th	75	R.Venkatesh & B.Reddy	Tamil Nadu v Uttar Pradesh (Kanpur)

Most Wicketkeeping Dismissals In Innings: 7 (6ct 1st) S.Benjamin Central Zone v North Zone (Bombay) 1973-74; 7 (7ct) R.W.Taylor England v India (Bombay) 1979-80

Most in 1985-86: 5 (5ct) Ehteshamuddin Hyderabad v Kerala (Tellicherry); 5 (4ct 1st) S.Kaushik Rajasthan v Vidarbha (Jodhpur); 5 (5ct) S.C.Khanna Delhi v Jammu & Kashmir (Srinagar)

Most Wicketkeeping Dismissals In Match: 10 (10ct) R.W.Taylor England v India (Bombay) 1979-80; 10 (9ct 1st) A.Ghosh Bihar v Assam (Bhagalpur) 1981-82; 10 (8ct 2st) Z.Parkar Bombay v Maharashtra (Bombay) 1981-82

Most in 1985-86: 7 (5ct 2st) A.K.Sharma Punjab v Himachal Pradesh (Jullundur); 6 (5ct) Ehteshamuddin Hyderabad v Kerala (Tellicherry); 6 (6ct) S.C.Khanna Delhi v Jammu & Kashmir (Srinagar)

Most Wicketkeeping Dismissals In Season: 43 (32ct 11st) F.M.Engineer (Bombay) 1964-65

Most in 1985-86: 19 (17ct 2st) S.C.Khanna (Delhi); 19 (12ct 7st) Saleem Ahmed (Haryana); 19 (17ct 2st) S.Viswanath (Karnataka); 18 (15ct 3st) Ehteshamuddin (Hyderabad)

Most Wicketkeeping Dismissals In Career: 824 (704ct 120st) F.M.Engineer (Bombay, Lancashire) 1958-59 to 1976

Most by Current Wicketkeeper: 414 (316ct 98 st) S.M.H.Kirmani (Karnataka) 1967-68 to date; 223 (171ct 52st) S.C.Khanna (Delhi) 1976-77 to date; 220 (171 ct 49 st) B.Reddy (Tamil Nadu) 1973-74 to date; 155 (103 ct 52 st) Ved Raj (Punjab, Railways) 1974-75 to date; 116 (91ct 25st) K.S.More (Baroda) 1980-81 to date.

Most Catches By Fielder In Innings: 6 L.M.R.Deas Europeans v Parsis (Poona) 1898-99

Most in 1985-86: 5 S.Santosh Kerala v Goa (Vasco Da Gama); 4 A.V.Mudkavi Rajasthan v Delhi (Kota); 4 S.J.Kalyani Maharashtra v Delhi (Pune)

Most Catches By Fielder In Match: 7 J.G.Greig Europeans v Parsis (Bombay) 1893-94; 7 L.M.R. Deas Europeans v Parsis (Poona) 1898-99; 7 E.D.Solkar Bombay v Rest of India (Bombay) 1968-69; 7 Yajuvindra Singh India v England (Bangalore) 1974-75; 7 S.Dukanwala Baroda v Saurashtra (Bhavnagar) 1981-82
Most in 1985-86: 6 A.V.Mudkavi Rajasthan v Delhi (Kota)

Most Catches By Fielder In Season: 28 S.M.Gavaskar (Bombay) 1972-73
Most in 1985-86: 12 S.J.Kalyani (Maharashtra); 12 A.V.Mudkarni (Rajasthan); 10 D.Sharma (Haryana); 10 K.Bhaskar Pillai (Delhi); 9 A.Asawa (Rajasthan); 9 S.M.Patil (Bombay)

Most Catches By Fielder In Career: 317 S.Venkataraghavan (Tamil Nadu, Derbyshire) 1963-64 to 1984-85
Most by Current Fielder: 280 S.M.Gavaskar (Bombay, Somerset) 1966-67 to date; 221 G.R.Viswanath (Karnataka) 1967-68 to date; 143 M.Amarnath (Punjab, Delhi, Baroda) 1966-67 to date; 138 Kapil Dev (Haryana) 1975-76 to date; 135 D.B.Vengsarkar (Bombay) 1975-76 to date.

Domestic limited Overs Records

WILLS TROPHY

Highest Team Totals: 299-8 (60 overs) Karnataka v Uttar Pradesh (Bangalore) 1977-78; 293-6 (60 overs) Delhi v President's XI (Ahmedabad) 1978-79; 269-6 (42 overs) President's XI v Karnataka (Bangalore) 1983-84
Best in 1985-86: 265-5 (50 overs) Bombay v Uttar Pradesh (Patiala)

Lowest Team Totals: 73 (41 overs) Rajasthan v Bombay (Delhi) 1980-81; 97 (22.3 overs) Orissa v Wills' XI (Secunderabad) 1983-84; 99 (42.1 overs) Delhi v Bombay (Calcutta) 1982-83

Highest Individual Innings: 145 J.Bakrania Gujarat v Board President's XI (Hyderabad) 1977-78; 136* M.R.Srinivasaprasad Karnataka v Wills' XI (Hyderabad) 1983-84; 113 S.M.Gavaskar Bombay v Board President's XI (Kanpur) 1981-82
Best in 1985-86: 112 S.C.Khanna Delhi v Karnataka (Delhi). There have been 13 hundreds in the Competition of which S.M.Gavaskar has scored 3.

Most Runs In Season: 271 (av 135.50) S.M.Gavaskar (Bombay) 1981-82
Most in 1985-86: 196 (av 65.33) A.Sippy (Bombay)

Most Runs In Career: 614 (av 76.75) S.M.Gavaskar (Bombay) 1977-78 to 1984-85; 613 (av 43.78) D.B.Vengsarkar (Bombay) 1977-78 to date; 542 (av 45.16) Yashpal Sharma (Wills' XI, President's XI) 1977-78 to date; 538 (av 38.42) S.C.Khanna (Delhi) 1977-78 to date

Best Innings Analyses: 5-30 B.S.Bedi Delhi v President's XI (Ahmedabad) 1978-79; 5-35 R.J.Shastri Bombay v Wills' XI (Indore) 1981-82
Best in 1985-86: 4-37 N.S.Yadav President's XI v Orissa (Delhi)

Most Economical Analyses: 8-7-2-1 S.Valson Delhi v President's XI (Gauhati) 1982-83; 12-3-17-3 S.Venkataraghavan Wills' XI v Delhi (Madras) 1977-78

Most Expensive Analyses: 9-0-66-0 R.M.H.Binny Karnataka v Delhi (Delhi) 1985-86

Most Wickets In Season: 10 (av 6.70) M.Prabhakar (Delhi) 1982-83
Most in 1985-86: 7 (av 19.42) Madan Lal (Delhi); 7 (av 17.28) Maninder Singh (Delhi)

Most Wickets In Career: 16 (av 19.06) R.J.Shastri (Bombay) 1980-81 to date; 15 (av 40.40) R.M.H.Binny (Karnataka) 1977-78 to date; 15 (av 34.40) Madan Lal (Delhi) 1977-78 to date.

Record Wicket Partnerships

1st	184	S.M.Gavaskar & V.Sivaramakrishnan	President's XI v Gujarat (Hyderabad)	1977-78
2nd	162	S.M.Gavaskar & P.Sharma	President's XI v Karnataka (Bangalore)	1977-78
3rd	165	S.Amarnath & Arun Lal	Delhi v Uttar Pradesh (Ahmed'd)	1978-79
4th	99	Kirti Azad & S.C.Khanna	Delhi v President's XI (Gauhati)	1982-83
5th	103*	Yashpal Sharma & R.B.Bhalekar	President's XI v Wills' XI (Madras)	1977-78
6th	123	S.Amarnath & Madan Lal	Delhi v President's XI (Ahmed'd)	1978-79

7th	62	Yashpal Sharma & S.V.Mudkavi	Wills' XI v Orissa (Secunderabad)	1983-84
8th	69	Kirti Azad & Maninder Singh	Wills' XI v Karnataka (Hyder'd)	1983-84
9th	38	A.Jabbar & B.Arun	Tamil Nadu v Railways (Calcutta)	1982-83
10th	45	Maninder Singh & Randhir Singh	Wills' XI v Karnataka (Hyder'd)	1983-84

There were 4 hundred partnerships in 1985-86 the highest being 134 for 1st wkt by R.Lamba & S.C.Khanna Delhi v Bombay (Delhi)

Most Wicketkeeping Dismissals In Innings: 4 (4ct) C.S.Pandit Bombay v Railways (Cuttack) 1982-83; 4 (4ct) C.S.Pandit Bombay v Wills' XI (Pune) 1984-85
Most in 1985-86: 3 (3ct) S.C.Khanna Delhi v Wills' XI (Faridabad)

Most Wicketkeeping Dismissals In Season: 6 (5ct 1st) C.S.Pandit (Bombay) 1982-83; 6 (5ct 1st) Z.Parkar (Bombay) 1978-79; 6 (5ct 1st) S.Viswanath (Karnataka) 1983-84; 6 (6ct) C.S.Pandit (Bombay) 1984-85
Most in 1985-86: 5 (5ct) S.C.Khanna (Delhi)

Most Wicketkeeping Dismissals in Career: 21 (18ct 3st) S.C.Khanna (Delhi) 1977-78 to date; 19 (16ct 3st) C.S.Pandit (Bombay) 1982-83 to date

Most Catches By Fielder In Innings: 3 each by E.A.S.Prasanna (Karnataka, R.V.Mankad (Wills' XI), B.S.Bedi (Delhi), Madan Lal (President's XI) and P.Shastri (President's XI)

Most Catches By Fielder In Season: 4 P.Shastri (President's XI) 1984-85; 4 R.J.Shastri (Bombay) 1985-86; 4 Maninder Singh (Delhi) 1985-86

Most Catches By Fielder In Career: 8 A.Malhotra (Haryana, President's XI) 1978-79 to date; 8 Maninder Singh (Delhi) 1983-84 to date

Most Appearances in Competition: 17 G.A.Parkar (Bombay) 1978-79 to date; 17 Yashpal Sharma (President's XI, Wills' XI) 1977-78 to date

DEODHAR TROPHY

Highest Team Totals: 320-9 (60 overs) West Zone v East Zone (Bombay) 1975-76; 309 (48.4 overs) West Zone v North Zone (Sholapur) 1983-84; 291-5 (57.2 overs) North Zone v South Zone (Pune) 1977-78
Best in 1985-86: 241 (50 overs) West Zone v Central Zone (Hyderabad)

Lowest Team Totals: 86 (31.3 overs) North Zone v Central Zone (Chandigarh) 1976-77; 98 (30 overs) North Zone v West Zone (Pune) 1973-74; 101 (38 overs) West Zone v South Zone (Bombay) 1973-74

Highest Individual Innings: 129 T.E.Srinivasan South Zone v West Zone (Madras) 1980-81; 122* M.D.Gunjal West Zone v Central Zone (Sholapur) 1983-84; 113 G.A.Parkar West Zone v North Zone (Sholapur) 1983-84; 13 hundreds in all have been scored in the Competition.
Best in 1985-86: 73 Yashpal Sharma North Zone v West Zone (Madras)

Most Runs In Season: 183 (av 183.00) S.Rao (Central Zone) 1981-82
Most in 1985-86: 96 (av 48.00) R.J.Shastri (West Zone)

Most Runs In Career: 603 (av 33.50) A.D.Gaekwad (West Zone) 1975-76 to date; 561 (av 37.40) B.P.Patel (South Zone) 1973-74 to 1983-84; 519 (av 43.25) V.Sivaramakrishnan (South Zone, East Zone) 1975-76 to 1981-82; 518 (av 47.09) G.R.Viswanath (South Zone) 1973-74 to 1981-82

Best Innings Analyses: 6-24 K.D.Ghavri West Zone v North Zone (Pune) 1973-74; 6-29 P.Sharma Central Zone v North Zone (Chandigarh) 1976-77
Best in 1985-86: 3-24 Randhir Singh East Zone v Central Zone (Hyderabad)

Most Economical Bowling: 11-3-13-1 Haseen Ahmed Central Zone v South Zone (Bangalore) 1975-76

Most Expensive Bowling: 12-1-91-2 R.C.Shukla North Zone v West Zone (Bombay) 1975-76

Most Wickets In Season: 7 (15.28) A.V.Jayaprakash (South Zone) 1978-79; 7 (av 11.85) D.V.Pardeshi (West Zone) 1979-80; 7 (av 11.00) V.Ramanarayan (South Zone) 1978-79

Most Wickets In Career: 22 (av 24.68) Madan Lal (N Zone) 1973-74 to date; 21 (av 26.33) R.M.H.Binny (S Zone) 1975-76 to date; 16 (av 24.68) R.S.Hans (Cent Zone) 1977-78 to date.

Record Wicket Partnerships

1st	211	A.D.Gaekwad & G.A.Parkar	West Zone v North Zone (Sholapur)	1983-84
2nd	108	G.A.Parkar & M.D.Gunjal	W Zone v Central Zone (Sholapur)	1983-84
3rd	154*	D.B.Vengsarkar & A.V.Mankad	W Zone v East Zone (Ahmedabad)	1976-77
4th	147	S.Rao & Ved Raj	Centr'l Zone v E Zone (Chan'garh)	1981-82
5th	141	H.Gidwani & V.Lamba	North Zone v East Zone (Calcutta)	1975-76
6th	95	Yashpal Sharma & Kapil Dev	N Zone v Central Zone (Cuttack)	1982-83
7th	89	Jodh Singh & B.A.Burman	East Zone v North Zone (Calcutta)	1978-79
8th	101	Yajuvindra Singh & A.N.Shroff	West Zone v North Zone (Pune)	1977-78
9th	56	V.Sivaramakrishnan & A.Bhattacharya	East Zone v North Zone (Calcutta)	1975-76
10th	37*	B.A.Burman & Randhir Singh	East Zone v North Zone (Cuttack)	1982-83

The only hundred partnership in 1985-86 was 108 for 4th wkt by A.D.Gaekwad and S.M.Patil West Zone v East Zone (Hyderabad)

Most Wicketkeeping Dismissals In Innings: 4 (4ct) Ved Raj Central Zone v North Zone (Cuttack) 1982-83; 4 (4ct) S.C.Khanna North Zone v South Zone (Sholapur) 1983-84; 4 (2ct 2st) S.Chaturvedi Central Zone v West Zone (Hyderabad) 1985-86

Most Wicketkeeping Dismissals In Season: 7 (4ct 3st) S.Chaturvedi (Central Zone) 1985-86

Most Wicketkeeping Dismissals In Career: 16 (13ct 3st) S.M.H.Kirmani (South Zone) 1974-75 to 1981-82; 13 (10ct 3st) S.C.Khanna (North Zone) 1977-78 to date

Most Catches By Fielder In Innings: 3 each by R.Chadha (North Zone), S.Abid Ali (South Zone), S.M.Gavaskar (West Zone), N.S.Yadav (South Zone), A.Bhattacharya (East Zone) and R.P.Tandon (as sub) (West Zone)

Most Catches By Fielder In Season: 3 which has been achieved 11 times, S.M.Gavaskar twice

Most Catches By Fielder In Career: 8 A.D.Gaekwad (West Zone) 1975-76 to date

Most Appearances in Competitions: 19 A.D.Gaekwad (West Zone) 1975-76 to date; 19 Madan Lal (North Zone) 1973-74 to date; 19 B.P.Patel (South Zone) 1973-74 to 1983-84.

CHAMPION TEAMS

Ranji Trophy

The competing teams were originally divided into four zones, each zone champion being decided on a knock-out basis and the four winners playing a semi-final and final to decide the ultimate champion. For the 1948-49 season only the zones were abolished and an open draw system used. In 1953-54 a fifth zone was added. Since 1957-58 the zones have been run on a league basis and from 1970-71 each zonal runner-up, as well as the winner, competes in a final knock-out section.

1934-35	Bombay	1952-53	Holkar	1970-71	Bombay
1935-36	Bombay	1953-54	Bombay	1971-72	Bombay
1936-37	Nawanagar	1954-55	Madras	1972-73	Bombay
1937-38	Hyderabad	1955-56	Bombay	1973-74	Karnataka
1938-39	Bengal	1956-57	Bombay	1974-75	Bombay
1939-40	Maharashtra	1957-58	Baroda	1975-76	Bombay
1940-41	Maharashtra	1958-59	Bombay	1976-77	Bombay
1941-42	Bombay	1959-60	Bombay	1977-78	Karnataka
1942-43	Baroda	1960-61	Bombay	1978-79	Delhi
1943-44	Western India	1961-62	Bombay	1979-80	Delhi
1944-45	Bombay	1962-63	Bombay	1980-81	Bombay
1945-46	Holkar	1963-64	Bombay	1981-82	Delhi
1946-47	Baroda	1964-65	Bombay	1982-83	Karnataka
1947-48	Holkar	1965-66	Bombay	1983-84	Bombay
1948-49	Bombay	1966-67	Bombay	1984-85	Bombay
1949-50	Baroda	1967-68	Bombay	1985-86	Delhi
1950-51	Holkar	1968-69	Bombay		
1951-52	Bombay	1969-70	Bombay		

Duleep Trophy

The Trophy is run on a knock-out basis between the five zones, into which India is divided for the Ranji Trophy.

1961-62	West	1970-71	South	1979-80	North
1962-63	West	1971-72	Central	1980-81	West
1963-64	West	1972-73	West	1981-82	West
1964-65	West	1973-74	North	1982-83	North
1965-66	South	1974-75	South	1983-84	North
1966-67	South	1975-76	South	1984-85	South
1967-68	South	1976-77	West	1985-86	West
1968-69	West	1977-78	West		
1969-70	West	1978-79	North		

Deodhar Trophy

The Trophy is played between the five zonal teams in a knock-out series of four matches. Since 1979-80 the Competition has been held at a single venue during one week. The overs limit per innings was 60 between 1973-74 and 1979-80 and thereafter has been reduced to 50.

Cup Final Results

1973-74 South Zone 185 (52.1 overs) beat West Zone 101 (38 overs) by 84 runs
1974-75 South Zone 263-5 (60 overs) beat West Zone 255-9 (60 overs) by 8 runs
1975-76 West Zone 185 (55.2 overs) beat South Zone 161 (49 overs) by 24 runs
1976-77 Central Zone 207-7 (56 overs) beat South Zone 206-9 (60 overs) by 3 wkts
1977-78 North Zone 177-0 (38.5 overs) beat West Zone 174 (53 overs) by 10 wkts
1978-79 South Zone 247 (59.4 overs) beat North Zone 218 (56.1 overs) by 29 runs
1979-80 West Zone 246-6 (48 overs) beat North Zone 245-9 (50 overs) by 4 wkts
1980-81 South Zone 275-5 (50 overs) beat West Zone 189-7 (50 overs) by 86 runs
1981-82 South Zone 260-5 (50 overs) beat Central Zone 147 (50 overs) by 113 runs
1982-83 West Zone 198-9 (46 overs) beat North Zone 185-9 (46 overs) by 13 runs
1983-84 West Zone 309 (48.4 overs) beat North Zone 266 (47.2 overs) by 43 runs
1984-85 West Zone 218-4 (37.5 overs) beat North Zone 214-8 (45 overs) by 6 wkts
1985-86 At Madras. West Zone 227-9 (47 overs) (R.J.Shastri 50, Madan Lal 3-42) beat North Zone 196 (44.4 overs) (Yashpal Sharma 73, R.R.Kulkarni 3-45) by 31 runs
Results 1985-86: 1st Round: Central Zone beat East Zone by scoring rate; Semi-Finals: West Zone beat Central Zone by 19 runs; North Zone beat South Zone by 3 wkts

Table of Results 1973-74 to 1985-86

	Played	Won	Lost	NR	Winners	R-up
South Zone	25	17	8	0	5	2
West Zone	25	17	7	1	6	4
North Zone	22	10	12	0	1	6
Central Zone	18	6	12	0	1	1
East Zone	14	1	12	1	0	0

Wills Trophy

The Trophy is a knock-out cup played between the five zonal winners of the previous season's Ranji Trophy plus two representative sides, who choose their players from the other Ranji Trophy teams. Six matches are played each season and the overs limit per innings is 50, although in the first two seasons 60 overs per side were played.

Cup Final Results

1977-78 Wills' XI 214-3 (52.3 overs) beat Board President's XI 213-4 (60 overs) by 7 wkts
1978-79 Delhi 253-7 (60 overs) beat Bombay 253 (56.1 overs) by losing fewer wickets
1979-80 No competition

1980-81	Wills' XI 218-7 (49.3 overs) beat Board President's XI 216-8 (50 overs) by 3 wkts
1981-82	Bombay 225-7 (50 overs) beat Board Presidents's XI 210-8 (50 overs) by 15 runs
1982-83	Bombay 158 (47.1 overs) beat Delhi 99 (42.1 overs) by 59 runs
1983-84	Board President's XI 269-9 (42 overs) beat Karnataka 242-9 (42 overs) by 27 runs
1984-85	Wills' XI 252-4 (46.1 overs) beat President's XI 249 (49.4 overs) by 6 wkts
1985-86	At New Delhi. Bombay 228-9 (46.2 overs) (A.Sippy 90, A.Sharma 3-47) beat Delhi 226-5 (47 overs) (R.Lamba 67, S.C.Khanna 62) by 1 wkt

Results 1985-86: lst Round: Bombay beat Uttar Pradesh by 70 runs; Delhi beat Karnataka by 6 wkts; President's XI beat Orissa by 39 runs; Semi-Finals: Bombay beat President's XI by 3 wkts; Delhi beat Wills' XI by 19 runs

Table of Results 1977-78 to 1985-86

	Played	Won	Lost	NR	Winners	R-up
Bombay	15	12	3	0	3	1
Board President's XI	19	12	7	0	1	4
Wills' XI	16	11	5	0	3	0
Delhi	11	7	4	0	1	2
Karnataka	6	3	3	0	0	1
Bengal	7	1	5	1	0	0
Railways	2	1	1	0	0	0
Uttar Pradesh	6	0	6	0	0	0
Haryana	3	0	3	0	0	0
Tamil Nadu	3	0	3	0	0	0
Hyderabad	2	0	1	1	0	0
Orissa	2	0	2	0	0	0

The following have played and lost one match each: Baroda, Bihar, Gujarat and Rajasthan.
Bengal won the No Result game with Hyderabad on the toss of a coin.

1985-86 AND CAREER RECORDS FOR INDIAN PLAYERS

Cmp	Debut	M	I	NO	Runs	HS	Avge	100	50	Runs	Wkts	Avge	BB	5wi	RpO	ct	st
ABDUL AZEEM (Hyderabad, President's XI)
FC		5	5	0	317	136	63.40	1	2							4	
Wlls		2	2	0	68	63	34.00	0	1							1	
FC	1979	18	25	1	843	136	35.12	2	4	84	3	28.00	2-20	0	4.84	6	
Deo	1983	3	3	0	119	57	39.66	0	2							0	
ABHIRAM, Jayasoorya (Karnataka) b Bangalore 30.8.1959 RHB RMF
FC		5	8	2	118	38	19.66	0	0	302	9	33.55	4-42	0	3.05	1	
Wlls		1								33	1	33.00	1-33	0	4.12	1	
FC	1979	32	50	15	1126	81	32.17	0	8	1151	32	35.96	4-42	0	3.27	11	
Deo	1982	1	1	1	30	30*		0	0	18	0				4.50	0	
Wlls	1983	4	1	0	1	1	1.00	0	0	137	4	34.25	2-40	0	4.15	2	
ADISHESHU, Lalit Kumar (Andhra)
FC		6	11	0	275	88	25.00	0	2							0	
AFTAB AHMED (Jammu and Kashmir)
FC		1	2	2	5	5*		0	0	82	2	41.00	2-32	0	5.46	0	
AGARWAL, Pawan (Orissa)
FC		3								110	6	18.33	3-42	0	2.95	0	
Wlls		1	1	0	12	12	12.00	0	0	53	2	26.50	2-53	0	5.30	1	
FC	1982	7	3	2	13	9	13.00	0	0	410	9	45.55	3-42	0	3.27	0	
Wlls	1983	2	2	1	12	12	12.00	0	0	100	3	33.33	2-53	0	5.00	2	
AGASTI, M. (Vidarbha)
FC		1	1	0	4	4	4.00	0	0	0	1	0.00	1-0	0	0.00	1	
AJIT KUMAR, T.P. (Kerala)
FC		1	2	0	42	27	21.00	0	0							2	
FC	1984	3	6	0	94	27	15.66	0	0							2	
AKHTAR AIJAJ (Jammu and Kashmir)
FC		5	7	0	300	121	42.85	2	0	20	0				4.00	2	
FC	1983	17	31	0	784	121	25.29	2	2	33	0				4.71	5	
AMARJIT, K.P. (Punjab)
FC		4	6	1	219	86	43.80	0	3								
FC	1980	21	31	4	999	167	37.00	3	4	17	1	17.00	1-17	0	5.66	19	
Deo	1982	1	1	0	4	4	4.00	0	0	7	0				7.00	1	

117

Cmp	Debut	M	I	NO	Runs	HS	Avge	100	50	Runs	Wkts	Avge	BB	5wi	RpO	ct	st
AMARNATH, Mohinder (Delhi, North Zone, Ind to SL, Ind to Aust, Ind to Sharjah, Ind to Eng) b Patiala 24.9.1950 RHB RM
FC		3	4	0	374	194	93.50	2	0							0	
Deo		2	2	0	28	27	14.00	0	0							0	
Wlls		1	1	0	0	0	0.00	0	0							0	
Test	1969	56	95	9	3852	138	44.79	10	22	1698	30	56.60	4-63	0	2.93	41	
FC	1966	220	344	59	12646	207	44.37	28	63	8723	268	32.54	7-27	2	2.60	143	
Int	1975	60	50	7	1049	90	24.39	0	8	1469	34	43.20	3-12	0	4.47	18	
Deo	1974	9	9	1	247	63*	30.87	0	2	159	6	26.50	3-25	0	3.11	2	
Wlls	1978	8	8	2	248	82	41.33	0	2	287	8	35.87	3-46	0	4.47	1	
AMARNATH, Surinder (Gujarat) b Patiala 30.12.1948 LHB RM
FC		4	8	1	228	89	32.57	0	2	8	0				2.66	2	
Test	1975	10	18	0	550	124	30.55	1	3	5	1	5.00	1-5	0	2.72	4	
FC	1963	145	230	28	8175	235*	40.47	16	46	260	4	65.00	1-5	0	3.55	47	
Int	1978	3	3	0	100	62	33.33	0	1							1	
Deo	1974	7	7	1	166	60	27.66	0	1							2	
Wlls	1977	6	6	2	279	102*	69.75	1	1							0	
AMONKAR, Guru (Goa)
FC		1	2	0	12	7	6.00	0	0	6	2	3.00	1-2	0	2.00	0	
ANAND, Sekhar (Uttar Pradesh) b Allahabad 8.3.1961 LHB
FC		3	2	0	69	58	34.50	0	1							2	
FC	1981	16	17	4	544	120*	41.84	2	1	21	1	21.00	1-12	0	7.00	8	
Wlls	1984	1	1	0	5	5	5.00	0	0							0	
ANEY, Pradeep Keshav (Vidarbha) b Nagpur 26.10.1958 RHB WK
FC		1	2	0	4	2	2.00	0	0							0	
FC	1980	16	29	9	124	24	6.20	0	0							26	6
ANGLE, Hemanth (Goa)
FC		3	6	1	127	49	25.40	0	0	295	4	73.75	2-86	0	3.73	1	
ANIL KUMAR, K.P. (Kerala)
FC		2	4	0	6	2	1.50	0	0	13	0				3.25	1	
ANSARI, Mazhar Ali (Uttar Pradesh) b Lucknow 17.7.1961
FC		5	1	1	2	2*		0	0	236	5	47.20	4-120	0	2.95	0	
Wlls		1								62	6				6.20	0	
FC	1984	6	3	2	16	13	16.00	0	0	270	6	45.00	4-120	0	2.62	0	
ANSARI, Suhail (Madhya Pradesh) b Bhopal 23.10.1960 RHB LB
FC		2	3	0	35	33	11.66	0	0	34	0				4.85	0	
FC	1982	14	27	1	889	200	34.19	2	3	425	10	42.50	2-27	0	3.85	5	
Deo	1984	1	1	0	3	3	3.00	0	0							0	
AROLKAR, Anil (Goa)
FC		2	4	0	57	28	14.25	0	0							3	
AROTHE, Tushar Bhalchandra (Baroda) b Baroda 17.9.1966 LHB OB
FC		3	4	1	51	44	17.00	0	0	222	10	22.20	6-57	1	3.83	1	
ARSHAD AYUB (Hyderabad, South Zone) b Hyderabad 2.8.1958 RHB OB
FC		2	3	2	55	28	55.00	0	0	44	2	22.00	2-15	0	1.89	0	
Deo		1	1	0	1	1	1.00	0	0	27	1	27.00	1-27	0	4.50	0	
FC	1978	32	41	8	1038	81*	31.45	0	7	2542	94	27.04	6-47	3	2.62	18	
Deo	1979	4	3	1	8	5	4.00	0	0	130	4	32.50	2-46	0	3.61	1	
Wlls	1980	3	3	0	15	6	5.00	0	0	125	2	62.50	1-35	0	5.00	1	
ARUN, B. (Tamil Nadu, South Zone) b Vijayawada 14.12.1962 RM
FC		8	10	2	183	38	22.87	0	0	532	12	44.33	3-142	0	4.33	4	
FC	1982	14	19	3	346	83	21.62	0	1	1059	29	36.51	5-84	1	4.22	7	
Wlls	1982	2	2	1	37	21	37.00	0	0	49	1	49.00	1-42	0	6.25	0	
ARUNLAL (Bengal, East Zone) b Moradabad 1.8.1955 RHB
FC		6	8	1	427	113	61.00	1	4	125	6	20.83	4-79	0	2.71	2	
Deo		1	1	0	20	20	20.00	0	0							0	
Test	1982	4	7	0	164	63	23.42	0	2	6	0				5.14	5	
FC	1974	77	122	8	4136	157*	36.28	10	23	172	6	28.66	4-79	0	2.90	81	
Int	1981	5	5	0	31	16	6.20	0	0							1	
Deo	1977	11	10	1	312	76*	34.66	0	2							3	
Wlls	1977	10	10	1	331	74*	36.77	0	2							5	
ARUN PAUL (Hyderabad)
FC		6	10	1	160	72	53.33	0	2	24	1	24.00	1-24	0	4.00	2	
FC	1983	8	9	0	267	72	29.66	0	3	67	2	33.50	1-18	0	3.94	3	
ARYA, Mukesh (Haryana) b Rohtak 24.2.1962
FC		4	5	1	121	39	30.25	0	0	22	0				3.14	5	
FC	1982	15	21	2	380	39	20.00	0	0	92	1	92.00	1-38	0	3.17	14	
Wlls	1983	2	2	0	46	33	23.00	0	0	33	1	33.00	1-33	0	3.30	1	
ASAWA, Amit (Rajasthan) b Jaipur 12.9.1963 LB
FC		6	10	1	163	47*	18.11	0	0							9	
FC	1984	10	15	4	407	89*	37.00	0	3	22	0				3.66	13	
ASHOK, C. (Goa)
FC		5	10	3	194	50*	27.71	0	1	308	2	154.00	2-32	0	3.75	4	
ASHOK SINGH (Jammu and Kashmir)
FC		1	1	0	17	17	17.00	0	0							0	
FC	1979	19	37	1	361	48	10.02	0	0	157	3	52.33	1-21	0	5.60	4	

Cmp	Debut	M	I	NO	Runs	HS	Avge	100	50	Runs	Wkts	Avge	BB	5wi	RpO	ct	st
	AZHARUDDIN, Mohammad (South Zone, Rest of India, Wills' XI, Ind to SL, Ind to Aust, Ind to Sharjah, Ind to Eng) b Hyderabad 8.2.1963 RHB RM																
FC		3	5	1	179	100*	44.75	1	0	37	1	37.00	1-35	0	4.11	2	
Deo		1	1	0	18	18	18.00	0	0							0	
Wlls		1	1	0	12	12	12.00	0	0	47	1	47.00	1-47	0	6.71	0	
Test	1984	12	20	3	821	122	48.29	3	3	8	0				8.00	11	
FC	1981	46	70	12	3080	226	53.10	11	13	162	1	162.00	1-35	0	3.54	42	
Int	1984	32	30	6	758	93*	31.58	0	3	145	2	72.50	2-26	0	4.67	15	
Deo	1983	4	4	1	114	65*	38.00	0	1							2	
Wlls	1983	3	2	0	18	12	9.00	0	0	47	1	47.00	1-47	0	6.71	0	
	BADIYANI, Raju (Saurashtra) b Porbandar 17.11.1960 RHB																
FC		4	8	1	260	108*	37.14	1	1	43	0				4.44	3	
FC	1981	15	29	1	724	108*	25.85	1	2	43	0				4.44	6	
	BAKSHI, Jitendra S. (Services)																
FC		1	1	1	4	4*		0	0	21	0				3.50	0	
FC	1972	16	23	8	117	27	7.80	0	0	1131	50	22.62	7-87	4	2.97	4	
	BALKAR SINGH (Punjab) LHB SLA																
FC		4	7	1	207	82	34.50	0	2							2	
FC	1982	12	20	1	552	82	29.05	0	2	15	1	15.00	1-8	0	2.50	5	
Wlls	1982	2	2	0	7	6	3.50	0	0							0	
	BAMBI, Ashok (Uttar Prakesh)																
FC		1	1	0	21	21	21.00	0	0							0	
FC	1975	31	43	7	1462	145	40.61	3	6	10	0				2.00	9	
Deo	1980	1	1	1	8	8*		0	0							0	
Wlls	1981	2	2	1	59	45*	59.00	0	0							1	
	BANERJEE, Pradeep (Railways) b Allahabad 30.7.1957																
FC		4	8	2	148	57	24.66	0	1	267	4	66.75	2-43	0	4.30	1	
FC	1977	38	53	20	509	57	15.42	0	1	2946	96	30.68	6-59	3	3.68	13	
Deo	1982	1	1	0	23	23	23.00	0	0	47	0				7.83	0	
Wlls	1982	1	1	1	2	2*		0	0	52	1	52.00	1-36	0	5.20	0	
	BANERJEE, Udaybhanu (Bengal)																
FC		1	1	0	32	32	32.00	0	0	29	0				9.66	1	
FC	1972	24	34	9	1070	165*	42.80	1	7	214	5	42.80	2-0	0	4.65	12	
Deo	1981	1	1	0	16	16	16.00	0	0							0	
	BANTOO SINGH (Delhi)																
FC		1								4	1	4.00	1-4	0	8.00	0	
	BAROAH, Hemanga (Assam)																
FC		4	7	5	20	8*	10.00	0	0	323	14	23.07	4-29	0	3.62	1	
FC	1984	6	11	7	33	10	8.25	0	0	429	20	21.45	5-52	1	3.75	1	
	BAROAH, S. (Assam)																
FC		3	5	0	92	38	18.40	0	0							1	
	BEHERA, S. (Orissa)																
FC										59	2	29.50	2-45	0	2.68		
	BHALEKAR, Rajendra Balkrishna (Maharashtra) b Poona 17.2.1952 RHB RM																
FC		1	1	0	19	19	19.00	0	0	18	0				2.00	2	
FC	1972	74	117	18	3877	207*	39.16	7	18	1544	35	44.11	4-31	0	2.91	55	
Deo	1977	8	7	1	181	64	30.16	0	1	97	4	24.25	2-27	0	3.52	1	
Wlls	1977	3	1	1	41	41*		0	0	72	1	72.00	1-55	0	4.80	0	
	BHALLA, M.R. (Bihar)																
FC		3	2	1	18	14*	18.00	0	0	171	10	17.10	4-32	0	2.47	1	
FC	1975	34	33	7	149	16	5.73	0	0	2472	115	21.49	7-13	5	2.23	34	
	BHAN, S. (Jammu and Kashmir)																
FC		3	4	0	29	20	7.25	0	0	84	1	84.00	1-57	0	3.65	1	
	BHARDWAJ, Anil (Orissa) b Delhi 2.1.1956 LB																
FC		4	5	1	134	71	33.50	0	1	28	1	28.00	1-8	0	2.80	4	
FC	1975	37	60	6	1528	125*	28.29	2	11	324	8	40.50	3-30	0	3.48	32	
Deo	1981	1	1	0	7	7	7.00	0	0							0	
Wlls	1981	4	3	0	11	6	3.66	0	0	38	2	19.00	2-38	0	6.33	1	
	BHASKAR, Vidya (Jammu and Kashmir)																
FC		2	3	0	33	29	11.00	0	0							3	
FC	1982	7	13	0	127	39	9.76	0	0							4	
	BHASKAR PILLAI, Krishna (Delhi, Rest of India) b 27.2.1963 RHB																
FC		9	13	5	544	140	68.00	3	1	6	0				3.00	10	1
Wlls		3	3	1	80	47*	40.00	0	0							1	
FC	1982	25	36	9	1384	149*	51.25	5	5	20	0				5.00	21	1
Deo	1984	2	2	1	57	32*	57.00	0	0							1	
Wlls	1982	8	8	2	146	47*	24.33	0	0							1	
	BHAT, Adwai Raghuram (Karnataka, South Zone) b Puttur 16.4.1958 LHB SLA																
FC		4	3	0	30	17	10.00	0	0	370	13	28.46	4-46	0	2.22	4	
Deo		1	1	0	4	4*		0	0	26	0				4.33	0	
Test	1983	2	3	1	6	6	3.00	0	0	151	4	37.75	2-65	0	2.06	0	
FC	1979	42	47*	15	354	47*	13.11	0	0	4371	198	22.07	8-70	13	2.41	21	
Deo	1984	2	2	1	11	7*		0	0	50	0				3.12	1	
Wlls	1983	5	2	2	3	2*		0	0	189	7	27.00	3-31	0	3.78	1	

Cmp	Debut	M	I	NO	Runs	HS	Avge	100	50	Runs	Wkts	Avge	BB	5wi	RpO	ct	st
	BHATT, Manojit (Orissa) b Cuttack 6.9.1966 LHB SLA																
FC		1	2	0	32	27	16.00	0	0	82	2	41.00	2-81	0	2.56	1	
Wlls		1	1	1	0	0*		0	0	39	3	13.00	3-39	0	3.90	0	
FC	1983	5	6	1	49	27	9.80	0	0	310	14	22.14	6-17	1	2.36	5	
	BHATT, Zahoor (Jammu and Kashmir)																
FC		4	5	0	97	77	19.40	0	1	21	1	21.00	1-6	0	3.50	4	
FC	1981	13	22	0	316	77	14.36	0	1	148	4	37.00	3-29	0	4.00	6	
	BHATTACHARJEE, Anup (Bengal, East Zone) b Calcutta 20.1.1963 LHB SLA																
FC		6	7	2	144	71*	28.80	0	1	574	18	31.88	3-17	0	2.68	3	
Deo		1	1	0	1	1	1.00	0	0	9	0				3.17	0	
FC	1980	22	26	5	540	123	25.71	1	1	1887	72	26.20	5-29	3	2.45	11	
Deo	1983	4	4	0	84	36	21.00	0	0	132	4	33.00	3-25	0	4.14	3	
Wlls	1984	2	2	0	18	9	9.00	0	0	48	1	48.00	1-48	0	6.54	0	
	BHATTACHARJEE, D. (Tripura)																
FC		1	2	0	4	2	2.00	0	0							0	
	BHATTACHARJEE, H. (Tripura)																
FC		4	8	0	44	16	5.50	0	0							1	
	BHUPENDER SINGH (Madhya Pradesh)																
FC		1	2	0	47	43	23.50	0	0							1	
	BINNY, Roger Michael Humphrey (Karnataka, South Zone, Ind to SL, Ind to Aust, Ind to Sharjah, Ind to Eng) b Bangalore 19.7.1955 RHB RM																
FC		2	3	0	140	115	46.66	1	0	90	3	30.00	2-75	0	2.90	2	
Deo		1	1	0	28	28	28.00	0	0	21	0				4.84	1	
Wlls		1	1	0	11	11	11.00	0	0	66	0				7.33	0	
Test	1979	24	37	3	756	83*	22.23	0	4	1408	39	36.10	5-40	1	3.28	11	
FC	1975	106	170	16	5093	211*	33.07	10	26	6215	172	36.13	8-22	4	3.30	63	
Int	1980	62	44	8	616	57	17.11	0	1	1910	70	27.28	4-29	3	4.45	11	
Deo	1975	15	14	2	259	46	21.58	0	0	553	21	26.33	3-23	0	4.06	5	
Wlls	1977	14	14	0	315	69	22.50	0	3	606	15	40.40	3-32	0	4.70	4	
	BORA, P. (Assam)																
FC		2	4	1	51	43*	17.00	0	0	34	0				5.82	0	
FC	1984	3	6	1	63	43*	12.60	0	0	44	1	44.00	1-10	0	4.06	2	
	BORA, Rajesh (Assam, East Zone) b 1.12.1968																
FC		5	9	1	417	107	52.12	1	2	60	0				5.00	2	
FC	1983	11	21	1	737	107	36.85	1	4	106	2	53.00	2-31	0	5.04	5	
Deo	1983	1	1	0	0	0	0.00	0	0							0	
	BOSE, Pannalal (Orissa) b Cuttack 1.6.1961 RHB WK																
FC		1														5	
FC	1981	6	5	2	34	25*	11.33	0	0							15	2
Deo	1984	2	2	2	21	14*		0	0							2	
	BURROWS, Arnold (Railways)																
FC		3	5	0	251	193	50.20	1	0							1	
FC	1978	20	35	1	1267	193	37.26	4	5	59	4	14.75	3-11	0	2.68	4	
	CHADHA, Ravinder (Haryana) b Jullundur 16.3.1951 RHB RM																
FC		8	13	2	581	159*	52.81	2	2							6	
FC	1967	103	158	14	4730	168	32.84	9	23	3327	124	26.83	6-35	4	2.92	90	
Deo	1974	10	8	1	89	22*	12.71	0	0	340	12	28.33	4-31	1	3.69	5	
Wlls	1981	3	3	0	52	33	17.33	0	0	12	0				3.00	2	
	CHAKRABORTY, S. (Assam)																
FC		1	1	0	1	1	1.00	0	0	39	2	19.50	2-30	0	2.43	1	
FC	1982	5	8	0	46	21	5.75	0	0	275	4	69.00	2-30	0	2.68	2	
	CHAKRABORTY, T. (Orissa)																
FC		1								16	0				1.60	0	
	CHAMUNDESWARANATH, Vankenna (Andhra) b Rajahmundry 25.6.1958																
FC		2	3	0	92	63	30.66	0	1							0	
FC	1978	24	43	3	750	83	18.75	0	4	82	2	41.00	1-5	0	4.82	9	
	CHATTERJEE, Utpal (Bengal)																
FC		4	3	0	27	23	9.00	0	0	318	6	53.00	2-39	0	3.51	5	
FC	1984	5	4	1	38	23	12.66	0	0	356	7	50.85	2-39	0	3.37	6	
Wlls	1984	2	1	0	32	19*	32.00	0	0	65	0				4.06	0	
	CHATURVEDI, Sunil (Uttar Pradesh, Central Zone) b Kanpur 5.7.1961 RHB WK																
FC		5	8	2	414	122	69.00	1	2							17	
Deo		2	2	0	63	43	31.50	0	0							4	3
Wlls		1	1	0	28	28	28.00	0	0							0	
FC	1979	41	71	10	2348	182	38.49	5	12	123	4	30.75	2-42	0	3.96	62	10
Deo	1981	6	6	0	183	60	30.50	0	2							5	3
Wlls	1981	5	5	0	67	36	13.40	0	0							1	2
	CHAUHAN, Kirit (Saurashtra) b Bhavnagar 4.8.1956 RHB																
FC		4	7	0	330	143	47.14	1	1							2	
FC	1976	42	76	5	2119	143	29.84	3	11	21	0				4.20	57	
	CHAVAN, S. (Railways)																
FC		1	2	0	42	30	21.00	0	0							1	
	CHOPRA, Deepak Sudarshan (Punjab) b Amritsar 8.8.1955 LHB SLA																
FC		4	5	1	157	81*	39.25	0	2	368	17	21.64	5-43	1	2.40	3	
FC	1972	61	84	16	2390	130	35.14	4	12	3915	168	23.30	7-32	8	2.04	46	
Deo	1977	8	5	2	55	30	18.33	0	0	220	10	22.00	3-56	0	3.79	4	
Wlls	1978	10	9	6	79	24*	26.33	0	0	354	8	44.25	3-20	0	3.86	2	

Cmp	Debut	M	I	NO	Runs	HS	Avge	100	50	Runs	Wkts	Avge	BB	5wi	RpO	ct	st
CHOWDHURY, Sanjeeva (Jammu and Kashmir)																	
FC		5	6	0	178	54	29.66	0	1							7	
FC	1984	9	14	0	366	67	26.14	0	3							7	
CHOWDHURY, U. (Tripura)																	
FC		3	6	0	31	24	5.16	0	0							1	
CHOWGHULE, Vijay V. (Goa)																	
FC		2	4	1	33	15*	11.00	0	0							1	
CHURI, Naresh Kamlakar (Railways, Central Zone) b Bombay 10.5.1964 LHB																	
FC		3	6	0	81	45	13.50	0	0	6	0				1.50	3	
Deo		2	2	0	17	16	8.50	0	0							1	
FC	1982	16	32	0	876	113	27.37	1	5	24	0				1.60	7	
Deo	1983	4	4	0	124	99	31.00	0	1							2	
Wlls	1982	2	2	0	57	34		0	0	2	0				2.00	1	
DALBIR SINGH (Rajasthan) WK																	
FC		2	3	0	143	109	47.66	1	0							1	
FC	1983	12	20	1	484	109	25.47	1	2							10	1
DANI, Rajesh (Bengal) WK																	
FC		4	3	2	90	69*	90.00	0	1							2	
FC	1979	10	9	2	118	69*	16.85	0	1							8	2
Wlls	1981	1	1	0	15	15	15.00	0	0							0	
DARSHAN SINGH (Himachal Pradesh)																	
FC		5	10	0	252	50	25.20	0	1	97	0				4.85	0	
DAS, Abhijit (Tripura)																	
FC		4	8	4	38	18*	9.50	0	0	298	9	33.11	6-76	1	3.58	1	
DAS, Amal (Asam)																	
FC		4	7	0	137	73	19.57	0	1	115	0				4.25	2	
FC	1972	29	54	1	807	107	15.22	1	2	311	4	77.75	1-0	0	3.83	14	
Deo	1977	1	1	0	30	30	30.00	0	0							0	
DAS, A. (Bengal)																	
FC		1								87	0				5.11	0	
DAS, Bipul (Assam)																	
FC		1	2	0	1	1	0.50	0	0							0	
DAS, Kamal (Assam)																	
FC		2	4	0	57	34	14.25	0	0	113	1	113.00	1-75	0	4.49	0	
FC	1975	24	44	3	697	71	17.00	0	4	1344	34	39.52	5-49	2	3.23	7	
DAS, Mintoo (Bengal) WK																	
FC		5	5	0	87	55	17.40	0	1							12	4
DAS, Mukut (Assam)																	
FC		1	1	0	1	1	1.00	0	0							0	
FC	1975	14	24	2	314	59	14.27	0	1	374	9	41.55	4-85	0	3.28	5	
DAS, Rattan (Services) WK																	
FC		5	7	1	285	111	47.50	1	1							7	3
FC	1974	26	42	2	1161	129	29.02	2	7							32	0
DAS, Sritam (Orissa)																	
FC		4	4	0	228	124	57.00	1	0	10	1	10.00	1-5	0	5.00	3	
Wlls		1	1	0	34	34	34.00	0	0							0	
DAS, Subroto (Bihar) RHB																	
FC		2	2	0	10	9	5.00	0	0							1	
FC	1972	46	73	4	1885	151	27.31	4	6	22	0				4.40	15	
Deo	1983	1	1	0	73	73	73.00	0	1							1	
Wlls	1982	1	1	0	6	6	6.00	0	0							2	
DAS, Ujjal (Bihar)																	
FC		2	2	0	55	53	27.50	0	1	10	0				5.00	4	
FC	1984	4	5	0	128	73	25.60	0	2	10	0				5.00	5	
DAS GUPTA, M. (Tripura)																	
FC		2	4	1	0	0*	0.00	0	0	79	0				4.64	0	
DAS GUPTA, S. (Tripura)																	
FC		4	8	0	78	38	9.75	0	0	177	9	19.66	5-51	1	2.78	2	
DAYAL, Amiker (Bihar) LHB OB																	
FC		3	5	1	300	174	75.00	1	1	29	2	14.50	2-29	0	4.46	1	
DEB BURMAN, Anku (Tripura)																	
FC		4	8	0	106	34	13.25	0	0	186	4	46.50	4-124	0	4.07	2	
DEB BURMAN, Rajiv (Tripura)																	
FC		4	8	0	82	18	10.25	0	0	195	0				4.33	2	
DEB ROY, T. (Tripura) WK																	
FC		4	8	0	147	57	18.37	0	1							0	
DEORA, Rajiv (Bihar) WK																	
FC		5	7	1	408	145	68.00	2	2	19	0				9.50	4	2
FC	1984	10	17	1	657	145	41.06	2	3	19	0				9.50	17	5
DESAI, Mahesh (Goa)																	
FC		1	2	0	91	57	45.50	0	1	48	2	24.00	2-29	0	3.20	1	
DESAI, Pravin Ravjibhai (Gujarat) b Karamsad 20.4.1953 RHB WK																	
FC		4	7	1	214	70	35.66	0	2							2	3
FC	1971	48	83	11	1915	112	26.59	1	11							31	4
Deo	1980	1														0	
Wlls	1977	1	1	0	6	6	6.00	0	0							0	

	Cmp	Debut	M	I	NO	Runs	HS	Avge	100	50	Runs	Wkts	Avge	BB	5wi	RpO	ct	st
	DESAI, Rajeev Dineshbhai (Gujarat)							b Ahmedabad 16.1.1963			RHB RMF							
FC			2	3	1	24	11*	12.00	0	0	91	2	45.50	1-12	0	3.37	0	
FC	1982		9	16	4	100	18*	8.33	0	0	604	9	67.11	3-56	0	4.16	2	
	DESHMUKH, Ravi Yashwantrao (Baroda)							b Baroda 3.2.1956			RHB WK							
FC			4	7	0	78	32	11.14	0	0	9	0				9.00	2	
FC	1973		45	75	6	1679	111	24.33	1	6	19	0				4.75	44	4
	DHAMASKAR, Vinod (Goa) WK																	
FC			2	4	0	16	14	4.00	0	0							4	
	DHAR, Kalyan (Bengal)																	
FC			2	3	0	20	12	6.66	0	0							2	
FC	1984		4	6	0	102	43	17.00	0	0							4	
	D'MONTE, Gregory (West Zone)							b Hubli 30.10.1958			RHB RFM							
Deo			2	2	1	3	3*	3.00	0	0	77	0				4.52	0	
FC	1981		11	8	3	41	14*	8.20	0	0	1019	29	35.13	5-102	1	3.77	3	
Deo	1984		3	2	1	3	3*	3.00	0	0	120	3	40.00	3-43	0	4.44	0	
Wlls	1983		5	1	1	1	1*		0	0	151	4	37.75	4-37	1	5.39	1	
	DOGRA, Rakesh (Haryana)																	
FC			4	7	0	114	57	16.28	0	1							2	
FC	1984		7	13	0	272	83	20.92	0	2							3	
	DOSHI, Dilip Rasiklal (Saurashtra, D.B.Close's XI)										b Rajkot 22.12.1947		LHB SLA					
FC			3	2	0	26	18	13.00	0	0	407	7	58.14	3-110	0	3.60	0	
Test	1979		33	38	10	129	20	4.60	0	0	3502	114	30.71	6-102	6	2.25	10	
FC	1968		238	253	70	1442	44	7.87	0	0	23874	898	26.58	7-29	43	2.43	62	
Int	1980		15	5	2	9	5*	3.00	0	0	524	22	23.81	4-30	2	3.96	3	
Deo	1976		4	3	0	18	9	6.00	0	0	171	6	28.50	3-34	0	3.88	0	
Wlls	1978		3	3	1	19	11	6.33	0	0	130	1	130.00	1-37	0	4.19	0	
	DRABHU, Khalid (Jammu and Kashmir)																	
FC			2	2	0	62	62	31.00	0	1							2	
	DUBEY, Karun (Orissa, East Zone)							b Delhi 30.5.1955			RHB							
FC			5	6	0	210	56	35.00	0	3	0	0				0.00	1	
Wlls			1	1	0	60	60	60.00	0	1							0	
FC	1978		36	62	5	1931	153	33.87	4	13	27	0				2.25	14	
Deo	1979		7	7	0	223	59	31.85	0	2							2	
Wlls	1982		4	4	0	133	60	33.25	0	1							1	
	DUTTA, R. (Himachal Pradesh)																	
FC			5	10	0	126	46	12.60	0	0							0	
	DUTTA, Sumit (Assam)																	
FC			4	7	0	301	71	43.00	0	3							2	
FC	1981		14	27	1	681	71	26.19	0	3							7	
	DUTTA, Yogesh (Punjab)																	
FC			4	7	1	218	67	36.33	0	2	0	0				0.00	2	
FC	1977		32	47	5	1273	104	30.30	1	9	15	0				2.50	15	
	EBRAHIM, Akbar (Tamil Nadu)																	
FC			3	4	0	52	27	13.00	0	0							0	
Wlls	1984		1	1	0	5	5	5.00	0	0							0	
	EHTESHAMUDDIN (Hyderabad)							b Hyderabad 15.7.1965			RHB WK							
FC			5	3	1	126	59	63.00	0	2							15	3
FC	1984		6	4	2	193	67*	96.50	0	3							17	4
	ESHWALKAR, A. (Bombay) LB																	
FC			2								132	0				5.07	0	
	FERNANDES, K. (Railways)																	
FC			1	2	0	42	42	21.00	0	0							2	
	GADKARI, Nitin (Services)																	
FC			3	4	0	37	19	9.25	0	0							0	
FC	1983		10	16	5	361	116*	32.81	1	1	8	0				4.00	6	
	GAEKWAD, Anshuman Dattajirao (Baroda, West Zone)										b Bombay 23.9.1952		RHB OB					
FC			6	9	0	388	108	43.11	0	2	175	5	35.00	3-56	0	3.36	4	
Deo			2	2	0	88	61	44.00	0	1							1	
Test	1974		40	70	4	1985	201	30.07	2	10	187	2	93.50	1-4	0	3.35	15	
FC	1969		175	283	28	10296	225	40.37	28	42	3853	115	33.50	6-49	2	2.58	127	
Int	1975		13	12	1	257	78*	23.36	0	1							5	
Deo	1975		19	19	1	603	106	33.50	1	5	72	4	18.00	4-31	1	3.42	8	
Wlls	1977		12	12	1	469	111*	42.63	1	3	89	11	8.09	4-23	2	3.92	2	
	GANI, U. (Vidarbha)																	
FC			1	2	2	10	8*		0	0	124	5	24.80	5-115	1	6.88	1	
	GAURISHANKAR (Services)																	
FC			3	5	0	8	6	1.60	0	0							3	
FC	1980		12	22	1	223	62	10.61	0	2	53	0				4.81	6	
	GAUTHAM, M. (Tamil Nadu) OB																	
FC			5	4	1	134	56	44.66	0	1	250	10	25.00	4-16	0	3.01	6	
FC	1977		7	7	3	134	56	33.50	0	1	373	10	37.30	4-16	0	3.13	7	
	GAVASKAR, Sunil Manohar (West Zone, Ind to SL, Ind to Aust, Ind to Sharjah, Ind to Eng)																	
	b Bombay 10.7.1949 RHB RM																	
FC			2	3	0	235	119	78.33	1	1							3	
Test	1970		115	201	16	9367	236*	50.63	32	40	187	1	187.00	1-34	0	3.20	100	
FC	1966		333	544	61	24749	340	51.24	78	97	1221	22	55.50	3-43	0	3.80	280	

Cmp	Debut	M	I	NO	Runs	HS	Avge	100	50	Runs	Wkts	Avge	BB	5wi	RpO	ct	st
Int	1974	81	76	11	2169	92*	33.36	0	18	25	1	25.00	1-10	0	7.50	18	
Deo	1975	6	6	0	165	74	27.50	0	2	6	0				6.00	7	
Wlls	1977	11	10	2	614	113	76.75	3	3	9	0				4.50	1	

GAWATE, Vikas Shamrao (Vidarbha, Central Zone) b Nagpur 2.12.1960 RHB RM

FC		4	6	2	159	61	39.75	0	2	297	12	24.75	4-30	0	3.59	2	
Deo		2	1	1	16	16*		0	0	39	2	19.50	2-22	0	7.80	0	
FC	1980	20	36	6	654	68	21.80	0	3	1201	42	28.59	4-30	0	3.55	13	

GHAI, Rajinder Singh (North Zone, Rest of India, Wills' XI, Ind to SL, Ind to Aust, Ind to Sharjah)
b Jullundur 12.6.1960 RHB RFM

FC		1	2	0	8	8	4.00	0	0	184	6	30.66	6-130	1	3.69	0	
Deo		2	1	1	1	1*		0	0	36	2	18.00	1-14	0	4.00	1	
Wlls		1	1	0	3	3	3.00	0	0	40	4	10.00	4-40	1	4.00	2	
FC	1979	28	34	8	434	66	16.69	0	2	1995	75	26.60	7-110	4	3.33	7	
Int	1984	5	1	0	1	1	1.00	0	0	223	3	74.33	1-38	0	5.64	0	
Deo	1980	4	3	2	97	74*	97.00	0	1	97	3	32.33	1-14	0	4.61	2	
Wlls	1978	10	7	2	51	34	10.20	0	0	356	13	27.38	4-40	1	4.12	4	

GHIYA, Jugal Kishore (Andhra) b Visakhapatnam 26.6.1955 LHB LM/SLA

FC		6	11	1	261	110	26.10	1	1	572	24	23.83	7-74	2	2.56	0	
FC	1977	40	71	10	1834	137	30.06	3	8	2780	85	32.70	7-74	4	3.35	15	
Deo	1978	5	4	2	47	19*	23.50	0	0	143	4	35.75	3-30	0	4.46	2	

GHOSH, Bhaskar (Services) LHB

FC		5	7	0	160	72	22.85	0	1	102	6	17.00	6-56	1	2.91	4	
FC	1978	33	52	2	1933	153	38.66	5	9	246	11	22.36	6-56	1	2.58	10	1

GHULAM MOHAMMAD (Jammu and Kashmir)

FC		2	2	0	3	3	1.50	0	0							0	
FC	1984	6	10	0	68	31	6.80	0	0							0	

GIDWANI, Hari (Bihar, East Zone) b Delhi 20.10.1954 RHB

FC		5	6	1	295	69	59.00	0	4	131	4	32.75	2-6	0	4.22	3	
Deo		1	1	0	2	2	2.00	0	0	14	0				7.00	0	
FC	1972	86	134	14	4477	164	37.30	6	27	505	14	36.07	2-6	0	3.06	53	
Deo	1975	9	9	0	207	88	23.00	0	1	90	1	90.00	1-37	0	5.00	0	
Wlls	1977	3	3	0	36	24	12.00	0	0	13	1	13.00	1-13	0	4.58	2	

GOHIL, K.K. (Services) SLA

FC		5	6	1	120	33	24.00	0	0	342	10	34.20	5-54	1	2.80	1	
FC	1982	13	17	6	226	33	20.54	0	0	1010	29	34.82	5-54	1	2.60	3	

GOSSAIN, Baldev Singh (Bihar) b Delhi 4.4.1960 RHB

FC		5	6	1	402	195	80.40	2	0	11	0				3.66	5	
FC	1983	11	18	1	745	195	43.82	2	2	21	0				5.25	8	

GUDGE, Sunil Chandrakant (Maharashtra) b Poona 31.12.1959 RHB LB

FC		6	8	4	128	39	32.00	0	0	709	18	39.38	4-214	0	3.09	3	
FC	1979	30	32	11	450	59	21.42	0	0	2876	66	43.57	5-46	3	3.27	17	

GUNJAL, Milind Dattatrya (Maharashtra, President's XI) b Poona 4.4.1959 RHB RM

FC		6	8	0	677	176	84.62	3	3	34	0				6.80	6	
Wlls		2	2	0	75	54	37.50	0	1							0	
FC	1978	46	73	13	1793	176	46.55	7	15	336	6	56.00	2-21	0	4.20	43	
Deo	1980	6	6	1	180	122*	36.00	1	0							1	
Wlls	1982	3	3	0	87	54	29.00	0	1							0	

GURINDER SINGH (Punjab)

FC		1	2	0	13	13	6.50	0	0							1	

GURSHARAN SINGH (Delhi) b Amritsar 8.3.1963 RHB

FC		6	7	1	208	114*	34.66	1	0	24	0				8.00	5	
Wlls		2	2	0	28	25	14.00	0	0							0	
FC	1981	43	65	7	1849	114*	31.87	4	10	38	0				5.42	33	
Deo	1982	4	4	0	62	34	15.50	0	0							0	
Wlls	1982	7	7	0	114	40	16.28	0	0							1	

HANS, Rajendra Singh (Uttar Pradesh, Central Zone) b Bombay 10.3.1953 LHB SLA

FC		5	1	0	0	0	0.00	0	0	298	13	22.91	6-66	1	1.89	2	
Deo		2	1	1	10	10*		0	0	90	4	22.50	2-40	0	4.50	2	
Wlls		1								56	1	56.00	1-56	0	5.60	0	
FC	1976	74	72	26	533	43	11.58	0	0	7252	323	22.45	9-152	25	2.24	36	
Deo	1977	12	3	1	15	10*	7.50	0	0	395	16	24.68	3-15	0	3.23	5	
Wlls	1977	8	6	2	38	12	9.50	0	0	330	10	33.00	3-25	0	4.17	2	

HAQUE, A. (Assam)

FC		1	1	0	3	3	3.00	0	0							0	

HARI MOHAN (Hyderabad)

FC		5	1	1	3	3*		0	0	409	12	34.08	4-56	0	3.67	2	

HARJINDER SINGH (Punjab)

FC		3	1	1	11	11*		0	0	187	9	20.77	6-72	1	3.52	1	
FC	1984	6	3	1	23	11*	11.50	0	0	365	14	26.07	6-72	1	3.37	1	

HASSAN, Mohammad (Madhya Pradesh) b 4.1.1954

FC		4	7	1	163	68	27.16	0	2	214	7	30.57	2-9	0	2.93	1	
FC	1978	35	61	11	1853	119	35.63	2	12	780	21	37.14	3-29	0	2.56	30	

HATTANGADI, Shishir S. (Bombay) b Calcutta 30.7.1961 RHB

FC		7	13	4	473	141*	52.55	1	2	19	0				2.71	6	
FC	1981	29	50	10	1755	141*	43.87	2	13	33	0				3.30	37	
Wlls	1984	2	2	0	42	41	21.00	0	0							0	

Cmp	Debut	M	I	NO	Runs	HS	Avge	100	50	Runs	Wkts	Avge	BB	5wi	RpO	ct	st
HAZARE, Sanjay Sukhanand (Baroda) b Baroda 18.2.1961 RHB LB																	
FC		4	7	1	159	65	26.50	0	1	356	7	50.85	2-25	0	3.63	1	
FC	1981	21	27	8	363	65	19.10	0	1	1435	42	34.16	6-46	4	3.62	7	
HAZARIKA, G. (Assam) WK																	
FC		4	8	1	128	50	18.28	0	1							3	
FC	1983	8	16	1	179	50	11.93	0	1							6	
HEDAOO, Sunil Gangadhar (Vidarbha) b Nagpur 4.8.1955 RHB																	
FC		4	7	1	166	95	27.66	0	1							4	
FC	1976	23	44	7	998	95	26.97	0	6							16	
HINGNIKAR, Pradeep Bhaskar (Vidarbha) b Nagpur 16.7.1966 RHB WK																	
FC		3	5	0	162	100	32.40	1	1							8	2
FC	1983	9	17	0	382	100	22.47	1	1							16	7
HIRWANI, N. (Madhya Pradesh)																	
FC		4	5	3	31	10*	15.50	0	0	478	24	19.91	7-64	3	2.82	2	
FC	1984	8	8	5	40	10*	13.33	0	0	1004	37	27.13	7-64	4	3.13	4	
IDRIS GUNDROO (Jammu and Kashmir)																	
FC		2	2	2	18	15*		0	0	151	7	21.57	4-31	0	5.08	1	
FC	1984	3	4	4	18	15*		0	0	216	8	27.00	4-31	0	5.44	1	
INDERJIT SINGH (Himachal Pradesh)																	
FC		5	10	0	250	74	25.00	0	2							1	
INDER SINGH, Mahesh (Punjab)																	
FC		5	5	0	97	54	19.40	0	1	260	13	20.00	6-61	1	2.31	2	
FC	1977	20	23	0	244	54	10.60	0	1	825	34	24.26	6-61	1	2.32	17	
JABBAR, Abdul (Tamil Nadu) b Hyderabad 18.4.1952 LHB OB																	
FC		7	8	2	239	51*	39.83	0	1	66	5	13.20	4-63	0	1.46	6	
FC	1971	82	118	17	4011	201*	39.71	4	25	1055	38	27.76	4-63	0	2.04	98	
Deo	1984	1	1	0	34	34	34.00	0	0							0	
Wlls	1978	3	3	0	143	60	47.66	0	2	96	2	48.00	1-29	0	3.55	1	
JADEJA, Bimal Mulabhai (Saurashtra) b Ribada 22.11.1962 LHB LB																	
FC		4	8	1	302	78*	43.14	0	3	17	0				4.25	1	
FC	1980	24	42	7	1278	113*	36.51	1	9	164	0				5.02	19	
JADEJA, Rajendra (Saurashtra) b Palanpur 29.11.1955 RHB RF																	
FC		4	3	1	10	8	5.00	0	0	254	5	50.80	3-29	0	4.30	0	
FC	1974	55	71	9	1546	97	24.93	0	11	3868	145	26.67	7-58	5	2.76	11	
Deo	1977	5	5	3	97	48*	48.50	0	0	170	10	17.00	3-39	0	3.54	0	
Wlls	1977	6	1	0	7	7	7.00	0	0	203	4	50.75	2-20	0	2.90	3	
JADHAV, Deepak B. (Bombay)																	
Wlls		3	2	2	9	9*		0	0	109	5	21.80	2-25	0	4.36	0	
FC	1982	3	3	1	42	42	21.00	0	0	254	4	63.50	2-78	0	3.02	1	
Wlls	1982	7	5	3	40	14*	20.00	0	0	193	10	19.30	3-25	0	3.86	0	
JADHAV, R. (Railways)																	
FC		3	5	0	143	59	28.60	0	1							2	
FC	1984	5	7	0	244	79	34.85	0	2	8	1	8.00	1-0	0	2.40	3	
JADHAV, Shrikant Jayawantrao (Maharashtra) b Poona 15.3.1960 RHB OB																	
FC		6	10	4	226	93	37.66	0	2	423	15	28.20	3-40	0	2.75	4	
FC	1982	14	22	8	628	123*	44.85	1	4	838	24	34.91	4-47	0	3.10	8	
JAIN, Deepak (Rajasthan) WK																	
FC		2	3	1	72	37*	36.00	0	0							2	3
JAIN, Sohain (Rajasthan)																	
FC		4	6	0	84	30	14.00	0	0							1	
JAIN, S. (Madhya Pradesh)																	
FC		2	3	2	8	7*	8.00	0	0	145	12	12.08	4-17	0	1.75	2	
JAISIMHA, Vivek (Hyderabad) b Hyderabad 18.3.1964 RHB OB																	
FC		5	5	1	181	80*	45.25	0	2	12	1	12.00	1-4	0	4.00	5	
FC	1982	13	13	1	328	80*	27.33	0	3	62	2	31.00	1-4	0	3.72	9	
JAYAPRAKASH, Asjit (Orissa) OB																	
FC		4	5	1	228	142*	57.00	1	1	184	5	36.80	3-53	0	4.15	1	
Wlls		1	1	0	21	21	21.00	0	0							0	
FC	1980	27	47	7	1408	208*	35.20	3	6	1563	59	26.49	6-38	3	3.01	16	
Deo	1981	4	4	0	38	16	9.50	0	0	78	0				4.33	2	
Wlls	1982	3	3	0	32	21	10.66	0	0	11	0				5.50	3	
JAYARAM, K. (Kerala)																	
FC		5	10	1	269	73	29.88	0	3	5	0				5.00	2	
FC	1977	31	59	1	1565	111	26.98	1	9	119	0				6.26	12	
JESHWANT, Salim (Karnataka) SLA																	
FC		3	4	0	81	60	20.25	0	1	322	14	23.00	4-56	0	3.02	4	
Wlls		1	1	1	0	0*		0	0	48	2	24.00	2-48	0	4.80	0	
JHA, Ajay (Services) RFM																	
FC		5	6	1	107	74	21.40	0	1	410	16	25.62	3-24	0	3.72	2	
FC	1974	47	65	9	712	78	12.71	0	4	4479	150	29.86	6-76	9	3.38	19	
Deo	1981	8	5	1	39	25	9.75	0	0	226	9	25.11	2-24	0	3.96	2	
Wlls	1982	1	1	1	9	9*		0	0	29	1	29.00	1-29	0	2.90	0	
JOGLEKAR, Bhalchandra (Maharashtra) b Poona 2.3.1964																	
FC		5	5	1	195	177	48.75	1	0							5	
JOLLY, Rakesh (Haryana) RM																	
FC		8	13	0	486	100	37.38	1	2	278	5	55.60	3-128	0	2.92	5	

Cmp	Debut	M	I	NO	Runs	HS	Avge	100	50	Runs	Wkts	Avge	BB	5wi	RpO	ct	st
FC	1979	30	39	4	977	105	27.91	2	4	1342	30	44.73	5-31	1	3.14	13	
Deo	1982	3	3	2	23	15*	23.00	0	0	111	4	27.75	2-25	0	4.26	3	
Wlls	1981	3	3	0	37	17	12.33	0	0	120	3	40.00	3-43	0	4.61	1	

JOSHI, Harshad (Railways) LHB SLA
| FC | | 4 | 7 | 0 | 97 | 36 | 13.85 | 0 | 0 | 387 | 17 | 22.76 | 5-54 | 1 | 2.31 | 1 | |
| FC | 1982 | 11 | 17 | 4 | 205 | 67 | 15.76 | 0 | 1 | 755 | 24 | 31.45 | 5-54 | 1 | 2.64 | 2 | |

JOSHI, Vijay Prabhakar (Vidarbha) b Nagpur 25.1.1958 RHB OB
| FC | | 1 | 2 | 1 | 19 | 13 | 19.00 | 0 | 0 | 43 | 1 | 43.00 | 1-29 | 0 | 3.30 | 0 | |
| FC | 1979 | 3 | 6 | 2 | 46 | 13 | 11.50 | 0 | 0 | 44 | 1 | 44.00 | 1-29 | 0 | 3.14 | 0 | |

JUGALE, Sanjay Vasant (Vidarbha) b Nagpur 13.1.1962 RM
| FC | | 1 | 1 | 0 | 15 | 15 | 15.00 | 0 | 0 | 15 | 0 | | | | 3.00 | 0 | |
| FC | 1983 | 3 | 4 | 1 | 35 | 16 | 11.66 | 0 | 0 | 149 | 4 | 37.25 | 2-46 | 0 | 4.02 | 0 | |

KACHROO, P. (Jammu and Kashmir)
| FC | | 1 | 2 | 0 | 0 | 0 | 0.00 | 0 | 0 | 36 | 1 | 36.00 | 1-36 | 0 | 3.27 | 1 | |

KAHAR, Harish Ramprasad (Baroda) b Baroda 10.11.1960 RHB RM
| FC | | 2 | 1 | 0 | 19 | 19 | 19.00 | 0 | 0 | 245 | 3 | 81.66 | 1-21 | 0 | 4.46 | 1 | |
| FC | 1981 | 3 | 1 | 0 | 19 | 19 | 19.00 | 0 | 0 | 286 | 7 | 40.85 | 4-40 | 0 | 3.92 | 1 | |

KALA, Kishen Behari (Uttar Pradesh) b Allahabad 5.2.1965 RHB
FC		5	4	2	104	51*	52.00	0	1	13	0				4.33		2
Wlls		1	1	0	17	17	17.00	0	0							1	
FC	1982	13	19	5	506	88	36.14	0	4	67	2	33.50	1-17	0	4.18	3	
Wlls	1984	2	2	0	22	17	11.00	0	0	16	1	16.00	1-16	0	4.00	1	

KALITA, Arun (Assam)
| FC | | 4 | 7 | 0 | 24 | 12 | 3.42 | 0 | 0 | 175 | 5 | 35.00 | 3-24 | 0 | 3.11 | 4 | |
| FC | 1984 | 5 | 9 | 0 | 68 | 40 | 7.55 | 0 | 0 | 244 | 6 | 40.66 | 3-24 | 0 | 2.96 | 5 | |

KALITA, Prafulla (Assam)
| FC | | 2 | 4 | 0 | 34 | 34 | 8.50 | 0 | 0 | | | | | | | 0 | |
| FC | 1982 | 11 | 22 | 1 | 324 | 46 | 15.42 | 0 | 0 | 16 | 0 | | | | 8.00 | 0 | |

KALSI, Rajdeep (Punjab)
| FC | | 1 | 2 | 0 | 97 | 87 | 43.50 | 0 | 1 | | | | | | | 0 | |

KALYANI, Shrikant Jagannath (Maharashtra, West Zone, Wills' XI) b Poona 21.8.1964 RHB OB
FC		6	9	0	387	95	43.00	0	4	15	0				2.50	12	
Deo		1	1	0	0	0	0.00	0	0							0	
Wlls		1	1	1	75	75*		0	1							0	
FC	1983	15	24	1	962	103	41.82	1	9	25	0				2.77	17	
Deo	1984	3	3	0	79	67	26.33	0	1							1	
Wlls	1984	4	4	1	179	75*	59.66	0	1							1	

KAMALUDDIN, S. (Railways)
| FC | | 1 | 2 | 0 | 26 | 26 | 13.00 | 0 | 0 | | | | | | | 0 | |

KAMARAJU, Kommireddi Venkata Sai Dattatraya (Andhra) b Kakinada 1.6.1961 OB
FC		6	11	1	552	110*	55.20	2	3	79	4	19.75	3-14	0	3.85	1	
FC	1982	18	32	2	997	110*	33.23	2	7	148	7	21.14	3-14	0	3.63	10	
Deo	1983	2	1	0	13	13	13.00	0	0							0	

KAMATH, Rajesh (Karnataka)
| FC | | 3 | 6 | 1 | 74 | 21 | 14.80 | 0 | 0 | | | | | | | 3 | |

KANGRALKAR, Subhash (Goa)
| FC | | 5 | 10 | 0 | 207 | 69 | 20.70 | 0 | 1 | 14 | 0 | | | | 3.50 | 3 | |

KANT, K. (Himachal Pradesh)
| FC | | 1 | 2 | 0 | 28 | 28 | 14.00 | 0 | 0 | | | | | | | 1 | |

KANWALJIT SINGH (Hyderabad) OB
| FC | | 5 | 1 | 0 | 5 | 5 | 5.00 | 0 | 0 | 434 | 13 | 33.38 | 5-39 | 1 | 3.00 | 3 | |
| FC | 1980 | 16 | 11 | 5 | 37 | 17 | 6.16 | 0 | 0 | 1150 | 40 | 28.75 | 5-13 | 4 | 2.91 | 10 | |

KANWAR, Naba (Assam) LM
| FC | | 3 | 6 | 1 | 66 | 20* | 13.20 | 0 | 0 | 418 | 13 | 32.15 | 4-18 | 0 | 3.25 | 2 | |
| FC | 1980 | 12 | 23 | 4 | 289 | 53* | 15.21 | 0 | 1 | 1016 | 33 | 30.78 | 6-64 | 1 | 3.36 | 4 | |

KAORE, M. (Vidarbha) b Nagpur 21.12.1960
| FC | | 2 | 4 | 1 | 58 | 23 | 19.33 | 0 | 0 | | | | | | | 0 | |
| FC | 1984 | 6 | 12 | 1 | 280 | 70 | 25.45 | 0 | 2 | 6 | 0 | | | | 3.00 | 0 | |

KAPIL DEV (Haryana, North Zone, Rest of India, Wills' XI, Ind to SL, Ind to Aust, Ind to Sharjah, Ind to Eng) b Chandigarh 6.1.1959 RHB RFM
FC		5	9	2	273	70	39.00	0	1	456	16	28.50	4-44	0	2.73	6	
Deo		2	2	0	29	16	14.50	0	0	55	4	13.75	2-27	0	4.23	2	
Wlls		1	1	0	26	26	26.00	0	0	14	0				1.75	0	
Test	1978	77	115	10	3132	126*	29.82	3	17	8360	291	28.72	9-83	19	2.98	34	
FC	1975	192	280	32	7888	193	31.80	10	40	16417	619	26.52	9-83	31	2.91	138	
Int	1978	83	77	12	1679	175*	25.83	1	8	2632	105	25.06	5-43	2	3.61	33	
Deo	1978	8	8	0	276	73	34.50	0	3	191	12	15.91	3-26	0	3.14	4	
Wlls	1977	9	6	1	169	57	33.80	0	2	290	7	41.42	2-31	0	3.22	2	

KAPOOR, Ashwini (Delhi) b Delhi 30.6.1965
| FC | | 1 | 1 | 0 | 11 | 11 | 11.00 | 0 | 0 | | | | | | | 1 | |
| FC | 1984 | 3 | 3 | 0 | 32 | 21 | 10.66 | 0 | 0 | | | | | | | 2 | |

KARIA, P. (Saurashtra)
| FC | | 2 | 2 | 1 | 9 | 9* | 9.00 | 0 | 0 | 8 | 0 | | | | 8.00 | 0 | |

KARIM, Syed Saba (Bihar, East Zone, President's XI) WK
| FC | | 6 | 7 | 0 | 222 | 59 | 31.71 | 0 | 2 | | | | | | | 7 | 5 |
| Deo | | 1 | 1 | 0 | 1 | 1 | 1.00 | 0 | 0 | | | | | | | 3 | |

Cmp	Debut	M	I	NO	Runs	HS	Avge	100	50	Runs	Wkts	Avge	BB	5wi	RpO	ct	st
Wlls		2	2	0	18	17	9.00	0	0							0	
FC	1982	13	16	2	421	70	30.07	0	3							12	9
Deo	1982	3	3	0	26	14	8.66	0	0							4	
Wlls	1982	3	3	0	32	17	10.66	0	0							0	1

KARKERA, Prakash Sanjeeva (Railways) b Bombay 20.3.1961 RHB

| FC | | 4 | 8 | 0 | 223 | 59 | 27.87 | 0 | 2 | | | | | | | 0 | |
| FC | 1983 | 13 | 26 | 1 | 786 | 81 | 31.44 | 0 | 6 | | | | | | | 9 | |

KASLIWAL, Pradeep (Bombay)

| FC | | 5 | 1 | 0 | 17 | 17 | 17.00 | 0 | 0 | 564 | 14 | 40.28 | 5-91 | 1 | 3.86 | 2 | |
| Wlls | | 3 | 1 | 0 | 13 | 13 | 13.00 | 0 | 0 | 97 | 1 | 97.00 | 1-39 | 0 | 3.46 | 0 | |

KAUL, Ashwinder (Jammu and Kashmir) LHB SLA

| FC | | 3 | 4 | 0 | 49 | 34 | 12.25 | 0 | 0 | 229 | 3 | 76.33 | 2-60 | 0 | 3.71 | 0 | |
| FC | 1974 | 29 | 55 | 12 | 430 | 34 | 10.00 | 0 | 0 | 1860 | 58 | 32.06 | 7-54 | 4 | 3.11 | 6 | |

KAUSHIK, Shailendra (Rajasthan) WK

FC		4	7	0	108	39	15.42	0	0							8	6
FC	1979	23	25	4	305	41	14.52	0	0							51	14
Wlls	1980	1	1	1	0	0*		0	0							0	

KENI, V. (Goa) WK

| FC | | 3 | 6 | 1 | 41 | 15 | 8.20 | 0 | 0 | | | | | | | 3 | 5 |

KESHWALA, Suresh (Saurashtra, West Zone) b Uganda 22.12.1958 RHB RFM

FC		4	7	1	355	80*	59.16	0	4	302	6	50.33	3-37	0	4.71	2	
Deo		2	2	0	48	40	24.00	0	0	63	3	21.00	3-35	0	4.20	1	
FC	1979	33	53	8	1812	102	40.26	3	12	2315	47	49.25	7-58	3	3.87	16	
Deo	1982	8	5	1	78	40	19.50	0	0	299	15	19.93	4-28	1	4.27	2	
Wlls	1982	6	5	1	120	66	30.00	0	1	123	6	20.50	4-34	1	4.92	3	

KHAN, Azim Kuddus (Maharashtra) b Sholapur 7.2.1965 LHB SLA

| FC | | 6 | 7 | 2 | 200 | 64 | 40.00 | 0 | 1 | 454 | 26 | 17.46 | 5-17 | 2 | 2.34 | 2 | |
| FC | 1983 | 10 | 12 | 3 | 300 | 64 | 33.33 | 0 | 1 | 924 | 38 | 24.31 | 5-17 | 2 | 2.75 | 5 | |

KHANDAY, Nissar (Jammu and Kashmir)

| FC | | 5 | 6 | 0 | 60 | 27 | 10.00 | 0 | 0 | 450 | 18 | 25.00 | 5-64 | 1 | 4.15 | 1 | |
| FC | 1984 | 8 | 12 | 1 | 69 | 27 | 6.27 | 0 | 0 | 698 | 28 | 24.92 | 5-64 | 1 | 4.02 | 2 | |

KHANDEKAR, Shashikant Sakharam (Uttar Pradesh, Central Zone) b Kanpur 10.12.1961 RHB RM

FC		5	9	4	374	131*	74.80	2	1							2	
Deo		2	2	0	12	10	6.00	0	0							0	
Wlls		1	1	0	55	55	55.00	0	1							0	
FC	1979	40	69	8	2197	261*	36.01	5	7	178	4	44.50	2-55	0	4.56	32	
Deo	1981	7	7	0	72	45	10.28	0	0	2	0				3.00	0	
Wlls	1981	5	5	0	153	58	30.60	0	2							1	

KHANNA, Surinder Chamanlal (Delhi, North Zone) b Delhi 3.6.1956 RHB WK

FC		9	11	0	464	155	42.18	1	4	29	0				7.25	17	2
Deo		2	2	0	48	47	24.00	0	0							0	1
Wlls		3	3	0	178	112	59.33	1	1							5	
FC	1976	89	122	16	4407	155	41.57	13	18	50	0				7.14	171	52
Int	1979	9	9	2	173	56	24.71	0	2							4	4
Deo	1977	14	12	1	336	111*	30.54	1	1							10	3
Wlls	1977	16	14	0	538	112	38.42	1	4							18	3

KHANWILKAR, Ranjit Dhairyalheel (Karnataka, South Zone) b Akola 30.8.1960 RHB RM

FC		7	12	1	477	98	43.36	0	5	232	7	33.14	3-30	0	3.00	4	
Deo		1	1	0	10	10	10.00	0	0	18	2	9.00	2-18	0	6.00	0	
Wlls		1	1	0	49	49	49.00	0	0							0	
FC	1980	33	45	5	1458	156	36.45	3	8	1712	41	41.75	5-94	1	3.61	31	
Deo	1983	4	3	0	48	19	16.00	0	0	159	4	39.75	2-18	0	6.11	0	
Wlls	1983	7	5	0	133	70	26.60	0	1	191	8	23.87	3-40	0	4.65	1	

KHATWA, Avinash (Orissa)

FC		2	3	1	60	34	30.00	0	0	69	0				5.30	2	
Wlls		1	1	0	10	10	10.00	0	0	12	0				12.00	1	
FC	1984	4	4	1	65	34	21.66	0	0	93	0				4.89	4	

KHEDKAR, Vinayak (Maharashtra) b Poona 3.6.1967

| FC | | 5 | 8 | 0 | 444 | 127 | 55.50 | 2 | 2 | 9 | 0 | | | | 3.00 | 2 | |

KHER, Aniruddha (Maharashtra) b Poona 8.10.1964 LM

| FC | | 3 | 1 | 1 | 9 | 9* | | 0 | 0 | 210 | 3 | 70.00 | 2-63 | 0 | 3.40 | 1 | |

KHURANA, Shashikant (Delhi) WK

| FC | | 2 | 2 | 0 | 8 | 7 | 4.00 | 0 | 0 | | | | | | | 6 | 2 |
| FC | 1984 | 3 | 3 | 0 | 21 | 13 | 7.00 | 0 | 0 | | | | | | | 8 | 2 |

KIRMANI, Syed Mujtaba Hussein (Karnataka, South Zone, Ind to Aust, Ind to Sharjah)
b Madras 29.12.1949 RHB WK

FC		3	3	1	89	61*	44.50	0	1							4	1
Wlls		1	1	1	30	30*		0	0							0	
Test	1975	88	124	22	2759	102	27.04	2	12	13	1	13.00	1-9	0	4.10	160	38
FC	1967	226	316	61	6953	116	27.26	4	28	68	1	68.00	1-9	0	4.20	316	98
Int	1975	49	31	13	373	48*	20.72	0	0							27	9
Deo	1974	10	7	3	118	31	29.50	0	0							13	3
Wlls	1977	8	8	2	183	64	30.50	0	2							7	

KIRTI AZAD (Delhi, North Zone, Ind to Sharjah) b Purnea 2.1.1959 RHB OB

| FC | | 9 | 11 | 1 | 858 | 215 | 85.80 | 4 | 2 | 532 | 21 | 25.33 | 4-42 | 0 | 2.81 | 8 | |
| Deo | | 2 | 2 | 0 | 28 | 22 | 14.00 | 0 | 0 | 38 | 0 | | | | 5.42 | 1 | |

Cmp	Debut	M	I	NO	Runs	HS	Avge	100	50	Runs	Wkts	Avge	BB	5wi	RpO	ct	st
Wlls		3	3	0	95	43	31.66	0	0	35	0				3.88	2	
Test	1980	7	12	0	135	24	11.25	0	0	373	3	124.33	2-84	0	2.98	3	
FC	1976	81	113	8	3874	215	36.89	11	12	3997	144	27.75	7-63	4	2.67	62	
Int	1980	24	21	2	269	39*	14.15	0	0	273	7	39.00	2-48	0	4.20	7	
Deo	1978	12	11	0	171	37	15.54	0	0	260	11	23.63	3-31	0	4.72	4	
Wlls	1977	13	13	1	515	94	42.91	0	5	324	13	24.92	3-18	0	3.72	3	

KRIPAL SINGH, Sharan

| FC | | 2 | 2 | 0 | 29 | 21 | 14.50 | 0 | 0 | | | | | | | 0 | |

KRISHNAMOHAN, R. (Andhra) b Visakhapatnam 22.12.1962 RHB WK

| FC | | 6 | 9 | 1 | 135 | 37 | 16.87 | 0 | 0 | | | | | | | 11 | 3 |
| FC | 1982 | 10 | 16 | 1 | 230 | 37 | 15.33 | 0 | 0 | 4 | 0 | | | | 24.00 | 14 | 3 |

KULDIP SINGH (Bihar)

| FC | | 1 | 1 | 0 | 0 | 0 | 0.00 | 0 | 0 | 103 | 3 | 34.33 | 3-68 | 0 | 3.41 | 2 | |

KULKARNI, Rajiv Ramesh (Bombay, West Zone, Ind to Aust) b Bombay 25.9.1962 RHB RFM

FC		4	5	1	157	97	39.25	0	1	405	9	45.00	3-93	0	3.58	1	
Deo		2	2	0	15	10	7.50	0	0	69	4	17.25	3-25	0	3.90	0	
Wlls		1	1	1	0	0*		0	0	20	0				4.00	0	
FC	1982	32	29	4	417	97	16.68	0	1	3198	108	29.61	8-111	7	3.55	11	
Int	1983	4	3	2	15	9	15.00	0	0	147	3	49.00	2-28	0	3.97	2	
Deo	1983	6	3	0	15	10	5.00	0	0	242	7	34.57	3-25	0	4.34	1	
Wlls	1983	5	4	2	11	7*	5.50	0	0	172	9	19.11	3-45	0	4.50	0	

KULKARNI, Ravi Vasant (Bombay) b Bombay 28.2.1956 RHB RFM

FC		1								84	1	84.00	1-69	0	3.36	0	
FC	1978	14	11	5	94	43	15.66	0	0	919	30	30.63	5-60	1	2.51	4	
Deo	1980	2								79	1	79.00	1-55	0	3.95	1	
Wlls	1980	5	2	1	33	31*	33.00	0	0	118	11	10.72	3-13	0	2.93	0	

KULKARNI, Sudhir Bhalchandra (Railways) b Chikodi 1.1.1949

| FC | | 2 | 4 | 1 | 54 | 20 | 18.00 | 0 | 0 | | | | | | | 2 | 1 |
| FC | 1970 | 36 | 59 | 3 | 1192 | 68 | 21.28 | 0 | 3 | 33 | 0 | | | | 4.12 | 26 | 1 |

KULWANT SINGH (Punjab)

| FC | | 4 | 6 | 2 | 144 | 51 | 36.00 | 0 | 1 | | | | | | | 0 | |
| FC | 1979 | 6 | 8 | 2 | 170 | 51 | 28.33 | 0 | 1 | | | | | | | 1 | |

KUMAR, Abinash (Bihar, East Zone) b Patna 14.12.1962 SLA

FC		6	5	1	74	36	18.50	0	0	578	28	20.64	7-83	2	2.69	7	
Deo		1	1	1	29	29*		0	0	29	0				4.14	0	
FC	1984	11	12	4	149	39	18.62	0	0	1087	50	21.74	7-83	5	2.57	9	

KUMAR, Aman (Haryana)

FC		8	13	0	233	43	17.92	0	0							3	
FC	1976	41	59	6	1372	100*	25.88	2	7	5	0				5.00	20	
Wlls	1984	1	1	0	9	9	9.00	0	0							0	

KUMAR, Ashwini (Haryana)

FC		8	14	1	345	74	26.53	0	1	15	0				5.00	3	
FC	1982	25	39	3	988	134	27.44	1	4	21	0				3.50	12	
Wlls	1981	3	3	1	22	15	11.00	0	0							0	

KUMAR, Devinder (Himachal Pradesh)

| FC | | 2 | 4 | 1 | 76 | 27 | 25.33 | 0 | 0 | 149 | 1 | 149.00 | 1-62 | 0 | 5.51 | 0 | |

KUMAR, Harish (Himachal Pradesh)

| FC | | 1 | 2 | 0 | 78 | 66 | 39.00 | 0 | 1 | | | | | | | 0 | |

KUMAR, M.Surendra (Andhra) b Visakhapatnam 2.11.1962 LHB

| FC | | 4 | 6 | 1 | 127 | 57* | 25.40 | 0 | 1 | 49 | 2 | 24.50 | 2-49 | 0 | 4.08 | 3 | |
| FC | 1983 | 10 | 16 | 2 | 382 | 60* | 27.28 | 0 | 2 | 60 | 2 | 30.00 | 2-49 | 0 | 3.52 | 9 | |

KUMAR, Pawan (Himachal Pradesh)

| FC | | 1 | 2 | 0 | 16 | 16 | 8.00 | 0 | 0 | | | | | | | 1 | |

KUMAR, Ramesh (Himachal Pradesh)

| FC | | 1 | 2 | 0 | 20 | 20 | 10.00 | 0 | 0 | | | | | | | 0 | |

KUMAR, Sanat (Karnataka)

| Wlls | | 1 | | | | | | | | 54 | 1 | 54.00 | 1-54 | 0 | 5.40 | 0 | |

KUMAR, Satish (Punjab) RM

| FC | | 3 | 4 | 1 | 58 | 28 | 19.33 | 0 | 0 | 155 | 4 | 38.75 | 2-53 | 0 | 3.20 | 0 | |
| FC | 1978 | 29 | 37 | 4 | 530 | 108 | 16.06 | 1 | 1 | 929 | 43 | 21.60 | 5-31 | 1 | 2.79 | 11 | |

KUMAR, Umesh (Punjab) OB

| FC | | 5 | 4 | 2 | 13 | 6* | 6.50 | 0 | 0 | 345 | 13 | 26.53 | 4-5 | 0 | 2.06 | 2 | |
| FC | 1969 | 67 | 77 | 29 | 796 | 69* | 16.58 | 0 | 2 | 4243 | 200 | 21.21 | 8-37 | 9 | 2.06 | 21 | |

KUMAR, Vinod (Himachal Pradesh)

| FC | | 5 | 10 | 2 | 58 | 14* | 7.25 | 0 | 0 | 428 | 7 | 61.14 | 3-62 | 0 | 2.95 | 0 | |

KUMAR, Virendra (Haryana)

| FC | | 1 | | | | | | | | 12 | 0 | | | | 3.00 | 0 | |
| Wlls | 1984 | 1 | 1 | 1 | 8 | 8* | | 0 | 0 | 28 | 0 | | | | 14.00 | 0 | |

LAGHATE, Abhay (Madhya Pradesh)

| FC | | 4 | 7 | 0 | 165 | 48 | 23.57 | 0 | 0 | | | | | | | 7 | |
| FC | 1984 | 8 | 15 | 0 | 407 | 61 | 27.13 | 0 | 2 | | | | | | | 13 | |

LAGHATE, S. (Madhya Pradesh)

| FC | | 1 | 1 | 0 | 14 | 14 | 14.00 | 0 | 0 | 10 | 0 | | | | 1.20 | 1 | |

LAHORE, S. (Madhya Pradesh)

| FC | | 1 | 2 | 0 | 74 | 53 | 37.00 | 0 | 1 | 96 | 1 | 96.00 | 1-58 | 0 | 3.84 | 2 | |

Cmp	Debut	M	I	NO	Runs	HS	Avge	100	50	Runs	Wkts	Avge	BB	5wi	RpO	ct	st
LAMBA, Raman (Delhi, Ind to Eng) b Meerut 2.1.1960 RHB RM
FC		7	11	1	691	231	69.10	3	2							4	
Wlls		3	3	0	168	67	56.00	0	2							0	
FC	1978	47	74	6	2952	231	43.41	8	13	336	6	56.00	2-9	0	3.05	26	
Deo	1982	5	5	0	128	60	25.60	0	1	19	0				19.00	0	
Wlls	1978	10	8	2	247	67	41.16	0	3	110	2	55.00	2-45	0	3.54	2	
LELE, Sriram R. (Bombay)
FC		2								144	7	20.57	3-40	0	3.08	1	
FC	1980	5	3	3	10	6*		0	0	303	9	33.66	3-40	0	3.45	2	
LOBO, Peter (Karnataka)
FC		2	1	1	4	4*		0	0	179	6	29.83	3-59	0	4.16	1	
MADAN LAL (Delhi, North Zone, Ind to Sharjah, Ind to Eng) b Amritsar 20.3.1951 RHB RFM
FC		9	10	4	255	56	42.50	0	1	515	21	24.52	4-49	0	2.97	7	
Deo		2	2	1	20	15*	20.00	0	0	71	4	17.75	3-42	0	4.43	0	
Wlls		3	3	2	44	22*	44.00	0	0	136	7	19.42	3-31	0	5.33	0	
Test	1974	39	62	16	1042	74	22.65	0	5	2846	71	40.08	5-23	4	2.84	15	
FC	1968	204	299	86	9373	223	44.00	20	47	13988	556	25.15	9-31	26	2.85	127	
Int	1974	52	27	12	308	53*	20.53	0	1	1681	66	25.46	4-20	2	3.92	14	
Deo	1973	19	18	5	442	57	34.00	0	2	543	22	24.68	3-10	0	3.85	2	
Wlls	1977	13	11	3	201	54	25.12	0	1	516	15	34.40	3-31	0	4.28	6	
MADAN LAL (Punjab)
FC		1	1	0	9	9	9.00	0	0	74	4	18.50	2-36	0	2.58	1	
MADHAVAN, Rangachari (Tamil Nadu, South Zone) LHB SLA
FC		7	9	0	156	79	17.33	0	1	217	7	31.00	3-11	0	3.01	2	
Deo		1	1	0	12	12	12.00	0	0								
FC	1982	26	39	4	1392	153*	39.77	5	5	471	17	27.70	5-32	1	3.14	15	
Wlls	1982	2	2	0	5	4	2.50	0	0	11	0				5.50	0	
MAHADEVAN, Suresh (Goa)
FC		5	10	0	188	79	18.80	0	1	444	12	37.00	5-98	1	3.24	1	
MAHADEVAN, T.S. (Kerala)
FC		4	7	2	48	9*	9.60	0	0	397	18	22.05	8-108	1	3.39	2	
FC	1979	15	26	6	104	14	5.20	0	0	1326	54	24.55	8-108	2	3.34	5	
MAHAPATRA, Lalitendu (Orissa) b Cuttack 19.1.1967 RHB LBG
FC		4	2	2	14	11*		0	0	223	3	74.33	2-44	0	4.84	2	
FC	1984	7	5	3	19	11*	9.50	0	0	550	12	45.83	5-123	1	4.37	4	
MAJUMBAR, B. (Bengal)
FC		1								67	2	33.50	2-21	0	2.68	0	
FC	1982	2	1	1	9	9*		0	0	122	2	61.00	2-21	0	3.29	0	
Wlls	1982	2	1	0	0	0	0.00	0	0	77	3	25.66	2-34	0	4.27	0	
MALHOTRA, Ashok (Haryana, North Zone, Rest of India, President's XI, Ind to Aust) b Amritsar 26.1.1957 RHB RM
FC		7	12	1	549	116	46.90	1	3	17	0				2.12	1	
Deo		2	2	0	44	44	22.00	0	0							1	
Wlls		2	2	0	46	27	23.00	0	0	35	1	35.00	1-35	0	5.83	1	
Test	1981	7	10	1	226	72*	25.11	0	1	3	0				1.00	2	
FC	1973	101	159	24	6346	228	47.00	15	33	99	1	99.00	1-37	0	3.24	44	
Int	1981	20	19	4	457	65	30.46	0	1	0	0				0.00	4	
Deo	1976	17	17	1	438	87	27.37	0	2	23	0				4.60	4	
Wlls	1978	11	11	2	274	69*	30.44	0	2	62	1	62.00	1-35	0	3.87	8	
MANINDER SINGH (Delhi, North Zone, Rest of India, Ind to SL, Ind to Sharjah, Ind to Eng) b Poona 13.6.1965 RHB SLA
FC		8	7	4	49	23*	16.33	0	0	691	39	17.71	8-54	2	2.12	1	
Deo		2	1	0	1	1	1.00	0	0	71	4	17.75	2-25	0	4.43	1	
Wlls		3	1	1	11	11*		0	0	121	7	17.28	3-44	0	4.17	2	
Test	1982	18	22	7	71	15	4.73	0	0	1459	34	42.91	4-26	0	2.32	6	
FC	1980	71	66	32	340	61*	10.00	0	0	6912	291	23.75	8-48	20	2.39	33	
Int	1982	9	1	0	4	4	4.00	0	0	297	8	37.12	3-23	0	4.06	3	
Deo	1983	6	3	1	3	2*	1.50	0	0	234	13	18.00	4-55	1	4.25	6	
Wlls	1983	8	4	2	55	44	27.50	0	0	269	14	19.21	3-44	0	3.87	8	
MANJREKAR, Sanjay Vijay (Bombay) b Mangalore 12.7.1965 RHB OB
FC		6	7	2	212	51*	42.40	0	1	57	0				4.38	4	
Wlls		2	2	0	21	21	10.50	0	0							0	
FC	1984	8	9	2	272	57	38.85	0	2	79	0				4.38	4	
MANOHAR, S. (Vidarbha)
FC		1	2	0	18	12	9.00	0	0							0	
MATHEW, Thomas (Kerala)
FC		5	10	0	267	111	26.70	1	0	32	0				4.57	3	
FC	1981	19	38	0	653	111	17.18	1	0	32	0				4.57	10	
MATHUR, Anil Govind (Uttar Pradesh) b Delhi 8.11.1951 LHB LM
FC		2	1	0	48	48	48.00	0	0	59	2	29.50	1-10	0	3.27	1	
FC	1970	76	102	12	2399	201*	26.65	1	17	4290	171	25.08	7-12	6	2.95	70	
Deo	1979	7	7	4	97	39*	32.33	0	0	245	6	40.83	2-33	0	4.45	4	
Wlls	1977	10	9	0	114	32	12.66	0	0	318	8	39.75	3-53	0	4.35	0	
MATHUR, Harsh Govind (Railways) b 25.1.1960 RHB LB
FC		2	4	0	42	21	10.50	0	0	119	2	59.50	1-29	0	3.60	0	
FC	1982	11	20	2	322	68	17.88	0	2	791	25	31.64	4.37	0	3.28	7	

	Cmp	Debut	M	I	NO	Runs	HS	Avge	100	50	Runs	Wkts	Avge	BB	5wi	RpO	ct	st
Wlls		1982	1	1	0	11	11	11.00	0	0	17	0				8.50	0	
MEHERBABA, Daitala (Andhra) b Rajahmundry LHB SLA																	
FC			6	11	1	557	134*	55.70	1	5	341	11	31.00	3-63	0	2.72	6	
FC		1971	63	109	5	2477	134*	23.81	1	19	4858	157	30.94	5-32	4	2.89	49	
Deo		1976	8	1	1	16	16*		0	0	295	7	42.14	2-35	0	3.35	2	
MEHTA, Narinder (Himachal Pradesh) WK																	
FC			5	10	1	74	27*	8.22	0	0							7	1
MEHTA, S. (Jammu and Kashmir)																	
FC			1	1	0	1	1	1.00	0	0							0	
MHASKAR, P.B. (Services)																	
FC			3	3	0	21	17	7.00	0	0	146	2	73.00	1-11	0	3.10	1	
FC		1983	4	4	0	21	17	5.25	0	0	180	2	90.00	1-11	0	3.15	1	
MISHRA, Ravi (Tamil Nadu)																	
FC			4	5	0	101	75	20.20	0	1	33	4	8.25	4-11	0	1.65	1	
FC		1984	5	7	0	141	75	20.14	0	1	81	6	13.50	4-11	0	2.61	1	
MISTRY, Bharat Hasmukhbhai (Gujarat, West Zone) b Mehmedabad 17.10.1958 LHB SLA																	
FC			6	11	2	178	58	19.77	0	2	354	10	35.40	3-47	0	3.07	2	
FC		1981	21	41	3	1012	77	26.63	0	10	1408	36	39.11	4-40	0	2.91	6	
Deo		1984	1								39	2	19.50	2-39	0	3.90	1	
MITRA, Aveek (Bengal, East Zone, Wills' XI)																	
FC			6	9	4	355	106	71.00	1	1	33	0				3.66	2	
Deo			1	1	0	71	71	71.00	0	1							0	
Wlls			1	1	0	5	5	5.00	0	0							0	
FC		1978	18	28	6	1040	137*	47.27	3	4	39	1	39.00	1-6	0	3.54	10	
Deo		1983	4	4	0	97	71	24.25	0	1							0	
Wlls		1978	5	5	0	41	17	8.20	0	0							1	
MITRA, Swapan Upendranath (Orissa) b Cuttack 3.8.1959 LHB LB																	
FC			4	5	1	190	103*	47.50	1	0	216	14	15.42	5-16	2	2.86	5	
Wlls			1	1	0	2	2	2.00	0	0							1	
FC		1984	8	11	2	348	103*	38.66	1	2	497	21	23.66	5-16	2	2.96	9	
MOHANRAJ, Vijay (Hyderabad, South Zone) b 9.9.1955																	
FC			6	5	0	330	113	66.00	1	3	0	0				0.00	3	
FC		1975	43	65	8	2438	122	42.77	3	18	24	4	6.00	1-0	0	2.21	15	1
Deo		1982	1	1	0	5	5	5.00	0	0							0	
MOHANTY, Bishnu Dev (Orissa) b Cuttack 30.5.1968 LHB WK																	
FC			3	2	0	31	20	15.50	0	0							5	1
Wlls			1	1	0	3	3	3.00	0	0							1	
FC		1984	4	4	1	31	20	10.33	0	0							5	2
MOHANTY, Debasis (Orissa, East Zone)																	
FC			5	6	0	211	70	35.16	0	2	89	4	22.25	4-35	0	2.63	0	
Deo			1	1	0	42	42	42.00	0	0							0	
Wlls			1	1	0	50	50	50.00	0	1	54	2	27.00	2-54	0	5.40	0	
FC		1982	7	10	1	274	70	30.44	0	3	89	4	22.25	4-35	0	2.63	0	
MOKASHI, Kiran Damodar (Bombay) b Bombay 21.6.1956 RHB OB																	
FC			7	5	2	7	7*	2.33	0	0	987	26	37.96	6-140	1	2.93	2	
FC		1980	24	19	9	173	80	17.30	0	1	2828	72	39.27	6-66	3	2.74	11	
MORE, Kiran Shankar (West Zone, Wills' XI, Ind to Aust, Ind to Eng) b Baroda 4.9.1962 RHB WK																	
FC			2	3	2	32	17*	32.00	0	0							4	
Deo			1	1	1	5	5*		0	0							0	
Wlls			1	1	0	0	0	0.00	0	0							0	
Test		1986	3	5	2	156	48	52.00	0	0							16	
FC		1980	42	55	14	1205	181*	29.39	2	1							91	25
Int		1984	12	6	2	7	2	1.75	0	0							5	1
Deo		1982	5	2	1	13	8	13.00	0	0							3	1
Wlls		1982	5	3	1	36	31	18.00	0	0							1	4
MUDKAVI, Anju Vasant (Rajasthan) b Mount Abu 9.7.1966 RHB RFM																	
FC			6	10	1	157	50*	17.44	0	1	42	0				3.50	12	
FC		1983	13	20	2	451	100*	25.05	1	1	95	1	95.00	1-15	0	2.96	15	
MUDKAVI, Sanju Vasant (Rajasthan, Central Zone, President's XI) b Jaipur 19.1.1962 OB																	
FC			6	10	0	325	88	32.50	0	2	348	14	24.85	4-42	0	2.37	4	
Deo			2	2	0	44	44	22.00	0	0	68	2	34.00	2-37	0	3.40	0	
Wlls			2	2	0	20	11	10.00	0	0	48	2	24.00	2-27	0	2.66	0	
FC		1979	35	58	8	1550	184	31.00	1	10	2120	79	26.83	8-60	2	2.41	48	
Deo		1981	6	6	1	169	64	33.80	0	1	191	5	38.20	2-37	0	3.97	1	
Wlls		1983	6	6	1	112	46*	22.40	0	0	98	5	19.60	2-7	0	3.26	0	
MUKHERJEE, Sujan (Bengal) b Calcutta 10.2.1955																	
FC			5	4	1	69	42	23.00	0	0	269	6	44.83	3.12		3.00	2	
FC		1980	12	12	1	132	42	12.00	0	0	865	18	48.05	3-12		2.89	5	
Wlls		1984	2	2	0	23	15	11.50	0	0	41	0				6.83	0	
NAIK, Udal (Goa) SLA																	
FC			4	8	3	5	5*	1.00	0	0	265	7	37.85	3-65	0	3.63	0	
NANDY, A. (Railways)																	
FC			3	6	1	75	36	15.00	0	0	40	1	40.00	1-7	0	2.66	1	
FC		1984	6	12	3	187	46	20.77	0	0	236	3	78.66	1-7	0	3.80	2	
NANDY, Pranab (Bengal) b Calcutta 23.5.1955 RM																	
FC			3	3	0	121	105	40.33	1	0	184	9	20.44	5-24	1	3.20	1	

129

Cmp	Debut	M	I	NO	Runs	HS	Avge	100	50	Runs	Wkts	Avge	BB	5wi	RpO	ct	st
FC	1979	16	23	4	653	105	34.36	1	3	332	14	23.71	5-24	1	3.23	10	
Deo	1979	2	2	0	18	17	9.00	0	0	21	2	10.50	2-21	0	5.25	1	
Wlls	1980	1	1	0	10	10	10.00	0	0	41	0				5.12	0	

NARASIMHA RAO, Modireddy Venkat (Hyderabad) b Secunderabad 11.8.1954 RHB LB

Cmp	Debut	M	I	NO	Runs	HS	Avge	100	50	Runs	Wkts	Avge	BB	5wi	RpO	ct	st
FC		5	5	1	118	78*	29.50	0	1	529	19	27.84	6-112	2	3.35	7	
Test	1978	4	6	1	46	20*	9.20	0	0	227	3	75.66	2-46	0	2.94	7	
FC	1971	89	119	21	3965	160*	40.45	8	24	5559	197	28.21	7-21	12	3.12	99	
Deo	1975	10	8	1	61	21	8.71	0	0	202	3	67.33	1-33	0	3.96	6	
Wlls	1977	6	5	2	170	52*	56.66	0	1							1	

NARAYANAN MENON, S.

Cmp	Debut	M	I	NO	Runs	HS	Avge	100	50	Runs	Wkts	Avge	BB	5wi	RpO	ct	st
FC		4	7	0	73	24	10.42	0	0							5	
FC	1981	9	17	0	174	36	10.23	0	0	11	0				5.50	10	

NARULA, Mukesh Shamsunder (Baroda) b Delhi 2.9.1962 RHB RM

Cmp	Debut	M	I	NO	Runs	HS	Avge	100	50	Runs	Wkts	Avge	BB	5wi	RpO	ct	st
FC		4	7	2	260	100*	52.00	1	1	189	1	189.00	1-41	0	3.43	3	

NAYEEN AHMED (Jammu and Kashmir)

Cmp	Debut	M	I	NO	Runs	HS	Avge	100	50	Runs	Wkts	Avge	BB	5wi	RpO	ct	st
FC		1	1	0	9	9	9.00	0	0							1	

NAYYAR, S. (Himachal Pradesh)

Cmp	Debut	M	I	NO	Runs	HS	Avge	100	50	Runs	Wkts	Avge	BB	5wi	RpO	ct	st
FC		1	2	0	48	36	24.00	0	0							0	

NILOSEY, D. (Madhya Pradesh)

Cmp	Debut	M	I	NO	Runs	HS	Avge	100	50	Runs	Wkts	Avge	BB	5wi	RpO	ct	st
FC		4	7	1	110	40	18.33	0	0	260	6	43.33	4-93	0	4.64	2	
FC	1984	5	9	2	124	40	17.71	0	0	339	8	42.37	4-93	0	4.58	2	

OAK, Vasudeo Vishnu (Maharashtra, Wills' XI) b Poona 1.11.1959 RHB RFM

Cmp	Debut	M	I	NO	Runs	HS	Avge	100	50	Runs	Wkts	Avge	BB	5wi	RpO	ct	st
FC		6	4	0	54	26	13.50	0	0	563	12	46.91	3-63	0	3.93	2	
Wlls		1	1	0	1	1	1.00	0	0	25	0				5.00	0	
FC	1981	18	20	9	251	43*	22.81	0	0	1626	49	33.18	6-55	2	3.67	10	
Deo	1982	2	1	0	6	6*		0	0	95	3	31.66	2-57	0	5.27	0	
Wlls	1982	3	2	1	3	2*	3.00	0	0	99	2	49.50	1-37	0	3.96	1	

OZA, N. (Saurashtra)

Cmp	Debut	M	I	NO	Runs	HS	Avge	100	50	Runs	Wkts	Avge	BB	5wi	RpO	ct	st
FC		4	7	3	156	56	39.00	0	1	14	0				7.00	0	

PANDIT, Chandrakant Sitaram (Bombay, West Zone, Ind to Sharjah, Ind to Eng) b Bombay 30.9.1961 RHB WK

Cmp	Debut	M	I	NO	Runs	HS	Avge	100	50	Runs	Wkts	Avge	BB	5wi	RpO	ct	st
FC		7	11	5	570	130*	95.00	2	3							15	2
Deo		2	2	0	39	38	19.50	0	0							4	
Wlls		3	3	0	124	57	41.33	0	1							1	2
Test	1986	1	2	0	40	23	20.00	0	0							1	
FC	1979	36	54	12	2117	150*	50.40	5	11	42	1	42.00	1-26	0	3.18	93	16
Int	1985	5	3	2	35	33*	35.00	0	0							1	
Deo	1983	6	5	2	117	60*	39.00	0	1							6	1
Wlls	1982	9	8	2	240	57	40.00	0	2							16	3

PANDIT, Deepak (Jammu and Kashmir)

Cmp	Debut	M	I	NO	Runs	HS	Avge	100	50	Runs	Wkts	Avge	BB	5wi	RpO	ct	st
FC		2	2	0	5	3	2.50	0	0	117	7	16.71	4-44	0	3.44	2	
FC	1982	7	12	0	82	35	6.83	0	0	268	13	20.61	4-44	0	3.00	4	

PANDIT, P.P. (Vidarbha)

Cmp	Debut	M	I	NO	Runs	HS	Avge	100	50	Runs	Wkts	Avge	BB	5wi	RpO	ct	st
FC		1	2	0	61	53	30.50	0	1							0	

PANDIT, Ravinder (Jammu and Kashmir) RM

Cmp	Debut	M	I	NO	Runs	HS	Avge	100	50	Runs	Wkts	Avge	BB	5wi	RpO	ct	st
FC		5	7	1	179	87	29.83	0	1	349	13	26.84	4-34	0	4.12	4	
FC	1978	16	29	1	450	87	16.07	0	2	837	29	28.86	4-34	0	3.82	6	

PANDYA, Atul (Saurashtra) b Jamnagar 23.10.1951 RHB RFM

Cmp	Debut	M	I	NO	Runs	HS	Avge	100	50	Runs	Wkts	Avge	BB	5wi	RpO	ct	st
FC		4	7	1	294	138	49.00	2	0	42	1	42.00	1-42	0	7.00	1	
FC	1982	15	25	2	806	138	35.04	3	2	51	1	51.00	1-42	0	7.28	4	

PANICKER, Anil (Kerala) WK

Cmp	Debut	M	I	NO	Runs	HS	Avge	100	50	Runs	Wkts	Avge	BB	5wi	RpO	ct	st
FC		5	9	3	49	16	8.16	0	0							10	1
FC	1984	7	12	3	50	16	5.55	0	0							14	2

PANKULE, Pradeep Manikrao (Vidarbha) b Nagpur 5.12.1955 RHB OB

Cmp	Debut	M	I	NO	Runs	HS	Avge	100	50	Runs	Wkts	Avge	BB	5wi	RpO	ct	st
FC		1	1	0	76	76	76.00	0	1	78	1	78.00	1-68	0	2.54	0	
FC	1977	26	50	2	960	76	20.00	0	4	1384	43	32.18	5-61	1	2.64	17	

PANWAR, R. (Himachal Pradesh)

Cmp	Debut	M	I	NO	Runs	HS	Avge	100	50	Runs	Wkts	Avge	BB	5wi	RpO	ct	st
FC		1	2	0	17	14	8.50	0	0							0	

PARAMPAL SINGH (Punjab)

Cmp	Debut	M	I	NO	Runs	HS	Avge	100	50	Runs	Wkts	Avge	BB	5wi	RpO	ct	st
FC		1	1	0	3	3	3.00	0	0	63	2	31.50	2-49	0	3.31		

PARDESHI, Dashrat Vithhubhai (Baroda) b Valsad 12.5.1950 LHB SLA

Cmp	Debut	M	I	NO	Runs	HS	Avge	100	50	Runs	Wkts	Avge	BB	5wi	RpO	ct	st
FC		4	4	0	100	42	25.00	0	0	392	12	32.66	4-66	0	2.41	0	
FC	1974	40	49	15	533	66	15.67	0	1	3168	150	21.12	8-17	5	1.95	10	
Deo	1979	5	2	2	1	1*		0	0	193	9	21.44	4-54	1	4.90	0	

PARIKH, Rakesh Bipinbhai (Baroda) b Halol 13.12.1963 RHB

Cmp	Debut	M	I	NO	Runs	HS	Avge	100	50	Runs	Wkts	Avge	BB	5wi	RpO	ct	st
FC		4	7	0	271	123	38.71	1	1							1	
FC	1983	9	14	0	506	123	36.14	1	3							4	

PARIKH, Suchal Hawarharbhai (Baroda) b Baroda 25.5.1960 RHB

Cmp	Debut	M	I	NO	Runs	HS	Avge	100	50	Runs	Wkts	Avge	BB	5wi	RpO	ct	st
FC		1	2	0	22	22	11.00	0	0							0	
FC	1981	8	12	0	300	104	25.00	1	1							1	

PARKAR, Ghulam Ahmed (Bombay, West Zone) b Kaluste 25.10.1955 RHB RM

Cmp	Debut	M	I	NO	Runs	HS	Avge	100	50	Runs	Wkts	Avge	BB	5wi	RpO	ct	st
FC		4	7	1	223	53	37.16	0	2	6	0				2.00	6	
Deo		2	2	0	36	34	18.00	0	0							2	
Wlls		3	3	0	41	26	13.66	0	0							1	
Test	1982	1	2	0	7	6	3.50	0	0							1	
FC	1978	66	109	10	4167	170*	42.09	11	20	131	2	65.50	1-5	0	4.22	46	1

	Cmp	Debut	M	I	NO	Runs	HS	Avge	100	50	Runs	Wkts	Avge	BB	5wi	RpO	ct	st
Int		1982	9	9	1	153	42	19.12	0	0							4	
Deo		1979	13	13	1	490	113	40.83	1	3							7	
Wlls		1978	17	16	2	491	92*	35.07	0	3							6	

PARMINDER SINGH (Rajasthan)

			M	I	NO	Runs	HS	Avge	100	50	Runs	Wkts	Avge	BB	5wi	RpO	ct	st
FC			6	10	0	158	58	15.80	0	1	207	7	29.57	3-26	0	3.28	2	

PARVEZ, Shahid (Jammu and Kashmir)

| FC | | | 2 | 4 | 0 | 14 | 7 | 3.50 | 0 | 0 | 17 | 1 | 17.00 | 1-17 | 0 | 3.40 | 1 | |
| FC | | 1980 | 21 | 42 | 0 | 383 | 66 | 9.11 | 0 | 1 | 49 | 4 | 12.25 | 3-17 | 0 | 3.50 | 17 | |

PATEL, Ashok (Saurashtra, West Zone, Wills' XI)   b Bhavnagar 6.3.1957   RHB OB

FC			6	5	1	96	46	24.00	0	0	750	12	62.50	4-86	0	3.17	2	
Deo			2	2	1	12	11*	12.00	0	0	87	4	21.75	3-48	0	4.35	2	
Wlls			1	1	0	2	2	2.00	0	0	43	0				4.30	0	
FC		1979	38	53	10	1192	73	27.72	0	6	2914	88	33.11	6-32	5	2.95	19	
Int		1984	7	2	0	6	6	3.00	0	0	263	7	37.57	3-43	0	4.38	1	
Wlls		1984	4	2	1	30	28*	30.00	0	0	150	4	37.50	2-28	0	3.94	1	

PATEL, B. (Goa)

| FC | | | 2 | 4 | 0 | 25 | 19 | 6.25 | 0 | 0 | | | | | | | 0 | |

PATEL, Bharat Kundanlal (Gujarat)   b Ahmedabad 27.1.1960   RHB WK

| FC | | | 1 | 2 | 0 | 71 | 53 | 35.50 | 0 | 1 | | | | | | | 1 | 2 |
| FC | | 1984 | 5 | 10 | 0 | 217 | 70 | 21.70 | 0 | 2 | | | | | | | 10 | 6 |

PATEL, Brijesh Pursuram (Karnataka)   b Baroda 24.11.1952   RHB OB

FC			5	8	3	176	54*	35.20	0	1							1	
Wlls			1	1	0	44	44	44.00	0	0							1	
Test		1974	21	38	5	972	115*	29.45	1	5							17	
FC		1969	190	291	45	10704	216	43.51	32	51	215	7	30.71	1-0	0	3.17	82	
Int		1974	10	9	1	243	82	30.37	0	1							1	
Deo		1973	19	17	2	561	81	37.40	0	5	4	2	2.00	1-0	0	2.00	2	
Wlls		1977	14	13	2	508	83*	46.18	0	4	5	0				5.00	4	

PATEL, Dhansukh Thakorbhai (Gujarat)   b Rundhmagdalla 3.4.1964   RHB RMF

| FC | | | 2 | 4 | 2 | 32 | 14 | 16.00 | 0 | 0 | 106 | 0 | | | | 3.31 | 1 | |
| FC | | 1983 | 9 | 12 | 8 | 91 | 20* | 22.75 | 0 | 0 | 794 | 15 | 52.93 | 3-67 | 0 | 3.64 | 3 | |

PATEL, H. (Gujarat)

| FC | | | 3 | 5 | 0 | 59 | 29 | 11.80 | 0 | 0 | 279 | 8 | 34.87 | 4-71 | 0 | 3.21 | 0 | |

PATEL, Jawalant (Gujarat) RM

| FC | | | 1 | 1 | 0 | 1 | 1 | 1.00 | 0 | 0 | 35 | 0 | | | | 3.18 | 0 | |
| FC | | 1981 | 9 | 15 | 1 | 235 | 33 | 16.78 | 0 | 0 | 675 | 9 | 75.00 | 2-33 | 0 | 3.73 | 3 | |

PATEL, Mayur Shantilal (Baroda)   b Baroda 30.7.1957   RHB WK

| FC | | | 4 | 5 | 3 | 26 | 15* | 13.00 | 0 | 0 | | | | | | | 6 | 3 |
| FC | | 1980 | 8 | 8 | 3 | 27 | 15* | 5.40 | 0 | 0 | | | | | | | 9 | 5 |

PATEL, Natu (Gujarat)

| FC | | | 4 | 7 | 2 | 42 | 17* | 8.40 | 0 | 0 | 412 | 11 | 37.45 | 4-75 | 0 | 3.35 | 2 | |
| FC | | 1982 | 10 | 16 | 6 | 93 | 20* | 9.30 | 0 | 0 | 1036 | 39 | 26.56 | 7-122 | 1 | 3.51 | 4 | |

PATEL, S. (Jammu and Kashmir)

| FC | | | 1 | 1 | 1 | 5 | 5* | | 0 | 0 | 42 | 1 | 42.00 | 1-42 | 0 | 2.80 | 0 | |

PATEL, Vasudev Surendrabhai (Baroda)   b Baroda 26.8.1958   LHB LM

| FC | | | 2 | 3 | 1 | 14 | 13* | | 0 | 0 | 95 | 1 | 95.00 | 1-37 | 0 | 4.31 | 1 | |
| FC | | 1979 | 15 | 15 | 5 | 97 | 34 | 9.70 | 0 | 0 | 937 | 24 | 39.04 | 4-50 | 0 | 3.88 | 5 | |

PATHAK, Sunil Dilipbhai (Gujarat)   b Nadiad 10.9.1965   RHB

| FC | | | 3 | 6 | 0 | 82 | 29 | 13.66 | 0 | 0 | 1 | 0 | | | | 1.00 | 3 | |
| FC | | 1983 | 8 | 16 | 0 | 304 | 74 | 19.00 | 0 | 2 | 1 | 0 | | | | 1.00 | 6 | |

PATIL, Sandeep Madhusudan (Bombay, West Zone, Ind to Sharjah, Ind to Eng)
  b Bombay 18.8.1956   RHB RM

FC			8	10	1	462	111	51.33	1	5	359	18	19.94	6-20	1	2.54	9	
Deo			2	2	0	78	51	39.00	0	1	24	2	12.00	2-24	0	4.80	1	
Test		1979	29	47	4	1588	174	36.93	4	7	240	9	26.66	2-28	0	2.23	12	
FC		1975	105	161	11	6151	210	41.00	16	33	2027	60	33.78	6-20	1	2.42	58	
Int		1980	45	42	1	1005	84	24.51	0	9	589	15	39.26	2-28	0	4.09	11	
Deo		1980	11	11	0	254	57*	28.22	0	2	293	10	29.30	3-37	0	4.37	7	
Wlls		1978	10	9	2	399	103*	57.00	1	3	325	12	27.08	3-36	0	3.42	3	

PAUL, C. (Tripura)

| FC | | | 1 | 2 | 0 | 27 | 17 | 13.50 | 0 | 0 | | | | | | | 0 | |

PAUL, Sanjib (Tripura)

| FC | | | 4 | 8 | 0 | 175 | 100 | 21.87 | 1 | 0 | | | | | | | 0 | |

PEDNEKAR, Rajesh (Goa)

| FC | | | 3 | 5 | 1 | 65 | 25 | 16.25 | 0 | 0 | 56 | 1 | 56.00 | 1-56 | 0 | 4.30 | 1 | |

PEDNEKAR, Sharad (Goa)

| FC | | | 5 | 10 | 0 | 122 | 44 | 12.20 | 0 | 0 | 351 | 15 | 23.40 | 4-69 | 0 | 3.98 | 5 | |

PETIWALE, Amar Manohar (Baroda)   b Baroda 4.5.1962   RHB SLA

| FC | | | 1 | 1 | 0 | 11 | 11 | 11.00 | 0 | 0 | 57 | 0 | | | | 3.56 | 0 | |
| FC | | 1981 | 11 | 10 | 2 | 38 | 18 | 4.75 | 0 | 0 | 930 | 30 | 31.00 | 5-65 | 1 | 2.94 | 1 | |

PHADKAR, Suhash Jagannath (Vidarbha)   b Bombay 20.11.1954   RHB LB

FC			4	6	0	230	127	38.33	1	1	70	1	70.00	1-56	0	5.38	1	
FC		1974	41	75	3	1802	161	25.02	2	8	584	15	38.93	4-56	0	4.67	18	1
Deo		1	1	0	14	14	14.00	0	0							0		

PHADTE, Namdev (Goa)

| FC | | | 5 | 10 | 0 | 347 | 156 | 34.70 | 1 | 1 | 4 | 0 | | | | 4.00 | 1 | |

Cmp	Debut	M	I	NO	Runs	HS	Avge	100	50	Runs	Wkts	Avge	BB	5wi	RpO	ct	st
	POONAWALLA, Riaz (Maharashtra, Wills' XI) b Poona 8.5.1961																
FC		6	11	2	471	111	52.33	1	2	96	2	48.00	2-8	0	3.20	2	
Wlls		1	1	0	30	30	30.00	0	0							1	
FC	1982	19	35	3	1293	133	40.40	2	8	143	3	47.66	1-3	0	2.97	7	
Deo	1984	1	1	0	1	1	1.00	0	0							0	
Wlls	1983	4	4	0	81	48	20.25	0	0							1	
	PRABHAKAR, Manoj (Delhi, Rest of India, North Zone, Ind to Eng) b Ghaziabad 15.4.1963 RHB RM																
FC		9	10	3	502	119	71.71	3	1	463	18	25.72	4-42	0	3.04	6	
Deo		2	2	0	25	15	12.50	0	0	50	1	50.00	1-29	0	5.00	2	
Wlls		3	2	1	19	19*	19.00	0	0	110	3	36.66	1-33	0	4.58	0	
Test	1984	2	1	1	86	35*	28.66	0	0	102	1	102.00	1-68	0	3.51	0	
FC	1982	33	43	7	1351	122	37.52	4	5	1981	75	26.41	5-28	3	2.81	11	
Int	1983	7	1	0	4	4	4.00	0	0	171	4	42.75	2-16	0	3.28	4	
Deo	1983	4	3	0	31	15	10.33	0	0	117	2	58.50	1-29	0	4.87	2	
Wlls	1982	6	4	3	32	19*	32.00	0	0	177	13	13.61	4-12	2	3.40	1	
	PRADHAN, Prasad Ramakant (Maharashtra) b Poona 14.6.1964 RHB WK																
FC		6	9	3	208	50	34.66	0	1							9	
FC	1981	17	26	4	715	110	32.50	1	2	0	1	0.00	1-0	0	0.00	18	1
	PRAHARAJ, Harmohan (Orissa, East Zone) b Cuttack 21.7.1957 RHB RM																
FC		5	6	1	112	43	22.40	0	0	217	10	21.70	4-28	0	2.33	0	
Deo		1	1	0	1	1	1.00	0	0	29	2	14.50	2-29	0	2.90	1	
Wlls		1	1	0	9	9	9.00	0	0	37	1	37.00	1-37	0	4.11	0	
FC	1978	26	41	3	922	197	24.26	1	2	1665	71	23.45	6-39	3	2.98	12	
Deo	1984	3	3	0	22	14	7.33	0	0	84	4	21.00	2-29	0	4.20	1	
Wlls	1983	2	2	0	20	11	10.00	0	0	75	3	25.00	2-38	0	4.16	0	
	PRAKASH, P.C. (Tamil Nadu, President's XI)																
FC		7	9	2	484	125*	69.14	2	2							1	
Wlls		2	2	0	59	33	29.50	0	0							2	
	PRASAD, V. (Andhra)																
FC		5	8	0	151	39	18.87	0	0	159	3	53.00	1-17	0	2.52	0	
FC	1982	6	9	0	151	39	16.77	0	0	223	6	37.16	3-48	0	2.78	1	
	PRASAD, V.Satya V. (Andhra) LHB SLA																
FC		1	1	1	0	0*		0	0	50	0				3.33	0	
FC	1981	13	22	18	58	16	14.50	0	0	1068	28	38.14	4-77	0	3.21	11	
	PRATAPKUMAR, G.A. (Andhra) b Venkatagiri 17.9.1957 RHB OB																
FC		6	10	3	221	79*	31.57	0	1	54	1	54.00	1-11	0	3.00	7	
FC	1981	21	38	4	904	79*	26.58	0	5	250	10	25.00	3-6	0	3.06	15	
	PUJARA, Bipia (Saurashtra) b Rajkot 7.10.1963 RHB WK																
FC		4	5	2	120	103*	40.00	1	0							1	4
FC	1983	11	16	3	348	103*	26.76	1	2							5	5
	QAYUM, Abdul (Jammu and Kashmir)																
FC		1	2	2	0	0*		0	0	30	0				5.00	0	
FC	1968	17	33	13	61	10	3.05	0	0	846	32	26.43	5-56	2	3.36	4	
	QAYYUM, Khalid Abdul (Hyderabad, South Zone) LHB SLA																
FC		6	5	1	196	65*	49.00	0	2	17	0				4.25	7	
Deo		1	1	1	41	41*		0	0							0	
FC	1976	42	56	9	1899	135	40.40	2	13	692	16	43.25	3-10	0	2.68	23	
Deo	1982	4	4	2	108	41*	54.00	0	0	94	0				4.94	0	
Wlls	1980	1	1	1	68	68*		0	1							0	
	QURESHI, Bashir (Saurashtra) b Bhavnagar 5.7.1957 LHB SLA																
FC		1	1	0	23	23	23.00	0	0	91	2	45.50	2-61	0	3.03	1	
FC	1984	5	7	1	70	40	11.66	0	0	534	18	29.66	6-87	1	3.19	1	
	RADIA, Bhavin (Saurashtra)																
FC		2	1	1	5	5*		0	0	152	8	19.00	5-61	1	2.54	0	
	RAJAN, L. (Kerala)																
FC		1	2	0	25	25	12.50	0	0							0	
FC	1983	7	14	0	263	48	18.78	0	0							3	
	RAJESH, S. (Kerala)																
FC		4	8	0	175	65	21.87	0	1							0	
FC	1981	15	30	0	614	65	20.46	0	3							1	
	RAJKUMAR, T. (Railways)																
FC		4	5	1	17	16	4.25	0	0	318	13	24.46	4.62	0	3.93	0	
	RAJPUT, Lalchand Sitaram (Bombay, West Zone, Ind to SL) b Bombay 18.12.1961 RHB RM																
FC		9	16	2	670	221	47.85	1	4	148	1	148.00	1-48	0	3.02	5	
Deo		1	1	0	5	5	5.00	0	0							0	
Wlls		3	3	0	50	23	16.66	0	0	78	3	26.00	2-31	0	3.71	0	
Test	1985	2	4	0	105	61	26.25	0	1							1	
FC	1981	34	62	7	2300	221	41.81	4	14	534	11	48.54	2-6	0	3.05	32	
Int	1984	2	2	1	1	1*	1.00	0	0							1	
Wlls	1982	7	7	0	92	23	13.14	0	0	143	6	23.83	2-31	0	3.48	0	
	RAMAMURTHY, Kommireddi Surya Bhaskara (Andhra) b Kakinada 7.11.1954 RHB RM																
FC		6	10	3	315	100*	45.00	1	3	315	1	315.00	3-32	0	3.17	2	
FC	1976	41	73	3	1640	106	23.42	2	7	978	28	34.92	6-4	1	4.48	16	
	RAMAN, W.V. (Tamil Nadu) LHB SLA																
FC		2	3	0	109	58	36.33	0	1	39	1	39.00	1-39	0	1.62	0	
FC	1982	12	18	6	319	58	26.58	0	1	830	28	29.64	5-59	1	2.87	6	

Cmp	Debut	M	I	NO	Runs	HS	Avge	100	50	Runs	Wkts	Avge	BB	5wi	RpO	ct	st
	RAMESH, S. (Kerala)																
FC		5	9	1	219	64	27.37	0	2	392	10	39.20	2-36	0	3.62	5	
FC	1977	37	70	5	1115	69	17.15	0	4	2248	64	35.12	4-48	0	3.71	25	
	RAM MOHAN (Kerala)																
FC		1	2	0	3	3	1.50	0	0	82	3	27.33	2-35	0	4.31	1	
FC	1984	3	5	0	5	3	1.00	0	0	134	3	44.66	2-35	0	3.72	1	
	RANDHIR SINGH (Bihar, East Zone) b Delhi 16.8.1957 RHB RFM																
FC		6	5	2	88	28	29.33	0	0	584	17	34.35	3-44	0	4.01	1	
Deo		1	1	0	6	6	6.00	0	0	24	3	8.00	3-24	0	2.66	0	
FC	1978	45	50	18	392	40	12.25	0	0	4057	108	37.56	6-141	3	3.15	9	
Int	1981	2								48	1	48.00	1-30	0	4.00	0	
Deo	1979	7	6	3	39	30*	13.00	0	0	244	11	22.18	3-24	0	4.73	1	
Wlls	1981	9	2	1	17	16*	17.00	0	0	235	8	29.37	3-18	0	3.73	2	
	RANGANATHAN, P.V. (Kerala)																
FC		4	8	0	78	24	9.75	0	0	9	0				9.00	3	
FC	1982	12	24	2	324	38*	14.72	0	0	254	1	254.00	1-86	0	4.53	5	
	RANJANE, Subash Vasant (Maharashtra) b Poona 1.6.1967																
FC		3	4	1	5	4	1.66	0	0	225	7	32.14	5-72	1	3.12	4	
FC	1984	4	5	1	11	6	2.75	0	0	288	9	32.00	5-72	1	2.84	5	
	RAO, Sanjeeva (Madhya Pradesh) b Indore 9.7.1956 RHB																
FC		4	7	0	233	79	33.28	0	2							2	
FC	1974	52	94	8	3249	188	37.77	7	15	96	1	96.00	1-17	0	7.38	16	
Deo	1979	6	6	2	284	104*	71.00	1	2							0	
Wlls	1980	4	4	0	140	51	35.00	0	1							0	
	RAO, Sharad Gururaj (Karnataka) b Bombay 21.3.1957 RM																
FC		1	1	0	0	0	0.00	0	0	60	1	60.00	1-60	0	4.28	0	
Wlls		1								46	0				4.60	0	
FC	1980	10	8	2	118	40	19.66	0	0	541	16	33.81	4-27	0	3.47	4	
Deo	1983	2	1	1	5	5*		0	0	82	1	82.00	1-49	0	5.46	0	
Wlls	1983	4	1	0	6	6	6.00	0	0	171	6	28.50	3-60	0	4.50	0	
	RATAN SINGH (Rajasthan) SLA																
FC		5	9	2	38	19	5.42	0	0	310	8	38.75	5-72	1	3.12	4	
	RATHOD, Prakash K. (Karnataka) b 19.9.1960 LHB SLA																
FC		5	5	1	37	10*	9.25	0	0	401	15	26.73	4-84	0	2.00	7	
FC	1983	14	14	3	120	42	10.90	0	0	1100	50	22.00	4-38	0	2.41	12	
	RATHORE, Rakesh (Punjab)																
FC		1	2	1	37	24*	37.00	0	0							0	
FC	1981	7	12	2	247	65	24.70	0	1							0	
	RATHORE, Rajiv S. (Rajasthan)																
FC		3	5	3	25	12*	12.50	0	0	148	3	49.33	2-23	0	2.50	0	
	RAVANKAR, Pramod (Goa)																
FC		3	6	0	23	6	3.83	0	0							1	
	RAVI KANT (Jammu and Kashmir)																
FC		2	2	0	3	2	1.50	0	0	69	3	23.00	2-45	0	3.28	0	
FC	1979	16	30	0	166	23	5.53	0	0	821	17	48.29	5-76	1	3.56	3	
	RAVISHANKAR, K. (Andhra) b Vijayawada 22.9.1960 RHB RM																
FC		6	7	4	19	6	6.33	0	0	339	7	48.42	2-28	0	3.85	2	
FC	1981	14	22	10	139	25*	11.58	0	0	825	21	39.28	3-27	0	4.00	5	
	REDDY, Bharath (Tamil Nadu) b Madras 12.11.1954 RHB WK																
FC		7	7	1	141	45	23.50	0	0							6	1
Test	1979	4	5	1	38	21	9.50	0	0							9	2
FC	1973	95	117	19	1743	88	17.78	0	9							171	49
Int	1978	3	2	2	11	8*		0	0							2	
Deo	1976	3	2	1	23	21*	23.00	0	0							2	1
Wlls	1977	9	5	0	84	36	16.80	0	0							4	1
	REHMAN, Mohammad Fasse-ur (Andhra) LHB SLA																
FC		6	11	0	348	141	31.63	0	1	21	4	5.25	4-11	0	2.33	4	
	ROSHAN, K.M.																
FC		4	5	0	132	69	26.40	0	1							4	
	ROY, Amiya (Orissa)																
Wlls		1	1	0	3	3	3.00	0	0	58	0				5.80	0	
	ROY, Pranab (Bengal, East Zone) b Calcutta 10.2.1957 RHB RM																
FC		5	8	1	367	177	52.42	1	0	52	0				3.25	1	
Deo		1	1	0	0	0	0.00	0	0							0	
Test	1981	2	3	1	71	60*	35.50	0	1							1	
FC	1978	48	81	10	2734	206*	38.50	8	8	101	1	101.00	1-3	0	3.38	28	
Deo	1982	2	2	0	12	12	6.00	0	0							0	
Wlls	1978	9	9	0	81	36	16.20	0	0							1	
	ROY, Shyanlal (Bihar) LHB																
FC		3	4	0	146	56	36.50	0	1	31	0				3.10	1	
FC	1980	17	22	4	654	83*	36.33	0	5	31	0				3.10	7	
	SAHA, Alok (Tripura)																
FC		4	8	2	27	6*	4.50	0	0	335	5	67.00	2-62	0	3.61	0	
	SAHASRABUDHE, Prakash Gajanan (Vidarbha) b Amravati 27.7.1949 RHB																
FC		3	4	0	99	46	24.75	0	0							1	
FC	1968	50	85	8	2134	133	27.71	2	9	118	2	59.00	1-3	0	3.37	29	

	Cmp	Debut	M	I	NO	Runs	HS	Avge	100	50	Runs	Wkts	Avge	BB	5wi	RpO	ct	st
		SAHEBA, Amish Maheshbhai (Gujarat) b Ahmedabad 15.11.1959 RHB																
FC			4	8	0	303	86	37.87	0	3							0	
FC		1983	11	22	0	664	86	30.18	0	5							6	
		SAHNI, Mukesh (Madhya Pradesh) LHB																
FC			4	7	0	199	123	28.42	1	1	27	0				3.37	2	
FC		1984	7	12	2	283	123	28.30	1	1	93	1	93.00	1-21	0	4.04	4	
		SAIGAL, Jayendra Puranchand (Gujarat) b Ahmedabad 18.12.1956 LHB RFM																
FC			3	5	0	98	37	19.60	0	0	140	2	70.00	1-40	0	5.18	0	
FC		1979	15	27	3	469	85	19.54	0	1	938	18	52.11	2-29	0	4.25	2	
		SALDANHA, Carlton (Karnataka) b Bombay 12.8.1962																
FC			5	8	2	210	91	35.00	0	1							5	
FC		1980	19	27	9	700	118*	38.88	1	4	7	1	7.00	1-7	0	1.75	19	
		SALIM AHMED (Haryana) b Saharanpur 15.4.1960 RHB WK																
FC			8	13	0	220	55	16.92	0	1							12	7
FC		1978	45	63	4	1181	72	20.01	0	2	1	0				1.00	73	32
Wlls		1981	3	3	0	34	21	11.33	0	0							1	2
		SANCHES, Emmanuel (Goa)																
FC			2	4	1	127*		4.00	0	0	73	1	73.00	1-20	0	4.05	0	
		SANDHU, Balwinder Singh (Bombay, West Zone) b Bombay 3.8.1956 RHB RM																
FC			5	6	1	48	17	9.60	0	0	450	7	64.28	2-61	0	3.94	2	
Wlls			2	2	1	50	32*	50.00	0	0	83	2	41.50	1-37	0	4.15	0	
Test		1982	8	11	4	214	71	30.57	0	2	557	10	55.70	3-87	0	3.27	1	
FC		1980	50	55	13	895	98	21.30	0	7	4322	153	28.24	6-64	5	3.02	18	
Int		1982	22	7	3	51	16*	12.75	0	0	763	16	47.68	3-27	0	4.12	5	
Deo		1981	7	3	1	28	16*	14.00	0	0	279	7	39.85	3-45	0	4.29	1	
Wlls		1980	11	7	4	80	32*	26.66	0	0	379	13	29.15	2-13	0	3.71	5	
		SANGHANI, Jignesh Indravadan (Bombay) b Bombay 3.2.1962																
FC			3	4	0	202	80	50.50	0	2							1	
FC		1982	11	15	1	474	80	33.85	0	3	13	0				3.25	6	
Wlls		1982	2	2	1	83	73*	83.00	0	1							0	
		SANTOSH, S. (Kerala) OB																
FC			5	10	0	316	79	31.60	0	1	394	17	23.17	5-43	1	3.19	8	
FC		1983	13	26	0	655	79	25.19	0	3	1117	31	36.03	5-43	1	3.53	14	
		SAPRU, Rahul (Uttar Pradesh, Central Zone) b Kanpur 13.6.1964 RHB																
FC			5	6	3	143	60	47.66	0	1							4	
Deo			2	2	0	50	31	25.00	0	0							2	
Wlls			1	1	0	12	12	12.00	0	0							0	
FC		1982	15	22	4	718	120	39.88	2	3							14	
Deo		1984	3	3	0	69	31	23.00	0	0							3	
Wlls		1983	3	3	0	26	12	8.66	0	0							0	
		SATISH SINGH (Bihar)																
FC			3	4	1	21	18*	7.00	0	0							5	
FC		1984	6	9	2	86	42	12.28	0	0							6	
		SATOKAR, M. (Madhya Pradesh) WK																
FC			3	5	2	77	37	25.66	0	0							9	1
FC		1983	8	10	2	210	41	26.25	0	0							18	5
		SATYA DEV (Haryana)																
FC			5	7	1	213	49	35.50	0	0	9	0				9.00	2	
FC		1984	8	12	1	453	72	41.18	0	3	25	0				2.08	3	
Wlls		1984	1	1	0	12	12	12.00	0	0	28	0				5.60	0	
		SAWANT, Ajit (Bombay) LB																
FC			2	3	1	22	20	11.00	0	0	103	4	25.75	2-26	0	2.34	2	
FC		1982	5	5	2	44	21*	14.66	0	0	404	14	28.85	3-61	0	2.77	3	
		SAWANT, Sanjiv Madhavrao (Baroda) b Baroda 16.6.1964 RHB																
FC			1	1	0	23	23	23.00	0	0							0	
FC		1982	3	4	0	35	23	8.75	0	0	174	2	87.00	1-36	0	4.46	1	
		SEKAR, Tirumalai Ananthanpillai (South Zone) b Madras 28.3.1956 RHB RFM																
FC			1								43	1	43.00	1-43	0	3.30	0	
Deo			1	1	0	3	3	3.00	0	0	23	1	23.00	1-23	0	3.83	0	
Test		1982	2	1	1	0	0*		0	0	129	0				3.79	0	
FC		1976	34	33	11	373	58	16.95	0	1	2887	96	30.07	9-54	4	3.65	11	
Int		1982	4								128	5	25.60	3-24	0	4.92	0	
Deo		1981	5	3	0	11	7	3.66	0	0	144	6	24.00	3-18	0	3.60	2	
Wlls		1981	5	2	2	4	4*		0	0	142	3	47.33	2-32	0	3.55	0	
		SEN, P. (Himachal Pradesh)																
FC			3	6	1	41	15	8.20	0	0	248	3	82.66	2-131	0	4.67	0	
		SEN, Vijay (Himachal Pradesh)																
FC			5	10	0	225	76	22.50	0	2	301	6	50.16	3-89	0	3.85	2	
		SENGUPTA, R.K. (Tripura)																
FC			4	8	1	62	44*	8.85	0	0							0	
		SETH, Avinash K. (Services)																
FC			5	7	1	21	11	3.50	0	0	134	4	33.50	2-34	0	3.43	0	
FC		1982	15	23	2	352	130*	16.76	1	1	436	12	36.33	3-19	0	4.01	3	
		SHARANJIT SINGH (Haryana) LB																
FC			6	7	4	28	10	9.33	0	0	481	21	22.90	6-79	1	2.96	7	
FC		1978	16	16	6	72	18*	7.20	0	0	907	34	26.67	6-79	2	2.98	17	

	Cmp	Debut	M	I	NO	Runs	HS	Avge	100	50	Runs	Wkts	Avge	BB	5wi	RpO	ct	st
\multicolumn{19}{l}{SHARMA, Ajay (Delhi) b Delhi 3.4.1964 RHB SLA}
FC			6	5	0	187	110	37.40	1	0	102	1	102.00	1-60	0	2.31	4	
Wlls			3	1	0	20	20	20.00	0	0	88	5	17.60	3-47	0	5.17	1	
FC		1984	10	10	0	465	131	46.50	2	2	151	3	50.33	1-0	0	2.44	10	
\multicolumn{19}{l}{SHARMA, A. (Railways)}
FC			1	2	1	10	6*	10.00	0	0	70	1	70.00	1-70	0	4.37	1	
FC		1984	3	4	2	12	6*	6.00	0	0	284	9	31.55	4-66	0	4.50	1	
\multicolumn{19}{l}{SHARMA, Arun Kumar (Punjab) RHB WK}
FC			5	4	1	50	32	16.66	0	0							10	5
FC		1978	33	42	9	608	78	18.42	0	2							57	21
\multicolumn{19}{l}{SHARMA, Chetan (Haryana, North Zone, President's XI, Ind to SL, Ind to Aust, Ind to Sharjah,}
\multicolumn{19}{l}{Ind to Eng) b Ludhiana 3.1.1966 RHB RFM}
FC			6	10	5	228	72*	45.60	0	1	499	16	31.18	4-46	0	3.08	2	
Deo			2	2	1	8	7	8.00	0	0	33	1	33.00	1-13	0	5.50	0	
Wlls			2	2	1	26	25*	26.00	0	0	59	5	11.80	3-23	0	3.24	1	
Test		1984	12	14	6	184	54	23.00	0	1	1244	38	32.73	6-58	3	3.45	3	
FC		1982	46	51	19	1024	72*	32.00	0	5	4272	160	26.70	7-83	10	3.59	24	
Int		1983	31	15	8	193	38*	27.57	0	0	1140	41	27.80	3-22	0	4.72	4	
Deo		1983	4	3	1	24	16	12.00	0	0	104	3	34.66	2-49	0	4.95	0	
Wlls		1983	3	3	2	55	29*	55.00	0	0	111	5	22.20	3-23	0	4.41	1	
\multicolumn{19}{l}{SHARMA, C. (Services)}
FC			3	3	1	78	39*	39.00	0	0							0	
\multicolumn{19}{l}{SHARMA, Deepak (Haryana) b Delhi 11.2.1961 RHB OB}
FC			7	12	0	383	93	31.91	0	1	300	10	30.00	3-12	0	2.38	10	
FC		1981	26	41	3	1113	102	29.28	1	3	490	18	27.22	3-12	0	2.58	33	
Wlls		1983	1	1	0	31	31	31.00	0	0	17	0				6.37	0	
\multicolumn{19}{l}{SHARMA, Dinesh (Himachal Pradesh)}
FC			3	6	0	71	23	11.83	0	0	36	1	36.00	1-26	0	3.60	0	
\multicolumn{19}{l}{SHARMA, Gopal (Uttar Pradesh, Central Zone, Rest of India, Ind to SL) b Kanpur 3.8.1960 RHB OB}
FC			6	5	1	108	46	27.00	0	0	498	18	27.66	6-64	1	2.42	2	
Deo			2	2	1	16	12	16.00	0	0	85	2	42.50	2-31	0	4.25	0	
Wlls			1	1	1	14	14*		0	0	32	0				3.20	0	
Test		1984	2	2	1	11	10*	11.00	0	0	167	3	55.66	3-115	0	1.94	1	
FC		1978	61	76	15	1518	101*	24.88	1	9	5723	184	31.10	8-155	9	2.64	33	
Int		1985	3								49	2	24.50	1-21	0	3.26	1	
Deo		1979	10	6	1	44	13	8.80	0	0	366	13	28.15	3-28	0	3.85	5	
Wlls		1978	8	5	1	34	14*	8.50	0	0	283	7	40.42	3-39	0	3.62	2	
\multicolumn{19}{l}{SHARMA, Kishore Kumar (Uttar Pradesh)}
FC			4	1	0	1	1	1.00	0	0	339	14	24.21	7-63	1	4.44	2	
Wlls			1								58	1	58.00	1-58	0	5.80	0	
FC		1984	6	3	2	50	33*	50.00	0	0	504	20	25.20	7-63	1	4.36	3	
\multicolumn{19}{l}{SHARMA, Narinder (Jammu and Kashmir)}
FC			1	2	0	0	0	0.00	0	0	50	0				3.33	0	
FC		1977	21	41	14	165	23*	6.11	0	0	1160	29	40.00	4-63	0	3.03	2	
\multicolumn{19}{l}{SHARMA, Rakesh (Himachal Pradesh)}
FC			2	4	1	30	15*	10.00	0	0	172	2	86.00	1-49	0	4.66	0	
\multicolumn{19}{l}{SHARMA, Ravinder (Himachal Pradesh)}
FC			5	10	4	39	11*	6.50	0	0	467	7	66.71	3-110	0	3.92	1	
\multicolumn{19}{l}{SHARMA, Sanjeev K. (Delhi) b Delhi 25.8.1965 RHB RM}
FC			1								11	1	11.00	1-3	0	1.69	0	
Wlls			3	1	1	6	6*		0	0	54	0				4.15	0	
FC		1983	5	3	1	55	35	27.50	0	0	169	7	24.14	3-45	0	3.19	1	
Deo		1984	2	2	1	13	9	13.00	0	0	75	1	75.00	1-49	0	5.42	1	
Wlls		1981	6	2	1	18	12	18.00	0	0	184	4	46.00	2-52	0	4.48	0	
\multicolumn{19}{l}{SHASTRI, Padam (Rajasthan, rest of India, Central Zone, Wills' XI) b Pali 1.10.1959 RHB}
FC			7	13	1	267	69	22.25	0	2	112	7	16.00	3-26	0	2.85	4	
Deo			2	2	0	64	54	32.00	0	1							1	
Wlls			1	1	0	11	11	11.00	0	0							0	
FC		1981	30	51	6	1997	159	44.37	5	11	528	17	31.05	3-26	0	2.75	11	
Deo		1983	4	4	0	108	54	27.00	0	1							1	
Wlls		1984	3	3	0	159	102	53.00	1	0							4	
\multicolumn{19}{l}{SHASTRI, Ravishankar Jayadritha (Bombay, West Zone, Ind to SL, Ind to Aust, Ind to Sharjah,}
\multicolumn{19}{l}{Ind to Eng) b Bombay 27.5.1962 RHB SLA}
FC			4	6	1	358	112	71.60	1	4	501	21	23.85	8-145	2	2.18	1	
Deo			2	2	0	96	50	48.00	0	1	75	2	37.50	2-38	0	3.75	0	
Wlls			3	3	1	53	41*	26.50	0	0	103	5	20.60	2-31	0	3.43	4	
Test		1980	43	67	9	1998	142	34.44	5	8	3764	98	38.40	5-75	2	2.22	19	
FC		1979	100	144	23	4653	200*	38.45	10	26	8327	273	30.50	9-101	11	2.19	57	
Int		1981	61	49	10	1300	102	33.33	2	8	1842	55	33.49	4-40	1	3.93	18	
Deo		1980	8	8	2	206	54	34.33	0	1	310	11	28.18	3-30	0	3.97	3	
Wlls		1980	10	9	1	109	41*	27.25	0	0	305	16	19.06	5-35	1	3.48	7	
\multicolumn{19}{l}{SHASTRI, Suresh (Rajasthan) SLA}
FC			2	3	0	86	52	28.66	0	1	224	13	17.23	7-94	1	2.40	1	
FC		1972	49	63	16	896	103	19.06	1	4	3728	148	25.18	7-94	8	2.31	24	
Deo		1977	2	1	0	3	3*		0	0	90	4	22.50	2-41	0	3.75	0	
Wlls		1977	6	2	1	6	3*	6.00	0	0	179	8	22.37	2-18	0	3.49	1	

Cmp	Debut	M	I	NO	Runs	HS	Avge	100	50	Runs	Wkts	Avge	BB	5wi	RpO	ct	st
\multicolumn{18}{l}{SHETTY, Suresh J. (Bombay)}
Wlls		3	1	1	2	2*		0	0	86	0				5.05	0	
FC	1982	6	5	3	85	33	42.50	0	0	455	16	28.43	4-50	0	2.75	5	
\multicolumn{18}{l}{SHETTY, Vijay Bhagwan (Maharashtra) b Poona 30.4.1952 WK}
FC		1	1	0	4	4	4.00	0	0							2	1
FC	1975	42	61	7	1012	107	18.74	1	4							71	18
Deo	1977	1														1	
Wlls	1977	3														1	3
\multicolumn{18}{l}{SHOME, Gautam (snr) (Bengal, President's XI)}
FC		4	1	0	37	37	37.00	0	0	199	6	33.16	3-12	0	2.84	1	
Wlls		2	2	2	4	3*		0	0	91	0				5.35	0	
FC	1984	7	3	0	42	37	14.00	0	0	374	17	22.00	3-12	0	2.33	1	
Deo	1984	2	1	1	5	5*		0	0	83	1	83.00	1-21	0	4.36	0	
Wlls	1984	4	4	3	4	3*	4.00	0	0	136	4	34.00	2-17	0	4.12	0	
\multicolumn{18}{l}{SHOME, Gautam (jnr) (Bengal, East Zone)}
FC		6	7	1	120	38	20.00	0	0	599	19	31.52	4-46	0	3.44	0	
Deo		1	1	0	6	6	6.00	0	0	31	0				3.87	1	
Deo	1983	2	2	0	7	6	3.50	0	0	79	1	79.00	1-48	0	4.98	0	
Wlls	1984	2	2	0	30	25	15.00	0	0	78	3	26.00	3-27	0	3.90	0	
\multicolumn{18}{l}{SHROFF, Amit Navinchandra (Gujarat) b Pardi 17.11.1956 RHB WK}
FC		2	4	0	26	11	6.50	0	0							0	3
FC	1976	35	56	5	988	67*	19.37	0	2							64	21
Deo	1977	4	3	1	17	14*	8.50	0	0							3	3
Wlls	1977	3	2	0	4	4	2.00	0	0							2	
\multicolumn{18}{l}{SHUKLA, Rakesh Chandra (Delhi) b Kanpur 4.2.1948 RHB LBG}
FC		3	5	1	56	18*	14.00	0	0	295	5	59.00	2-44	0	2.86	3	
Test	1982	1								152	2	76.00	2-82	0	3.10	0	
FC	1969	116	148	29	3798	163*	31.91	6	16	7239	295	24.53	7-83	6	2.57	71	
Deo	1975	11	8	1	173	40	24.71	0	0	263	7	37.57	3-25	0	4.38	1	
Wlls	1977	10	9	2	135	31	19.28	0	0	238	7	34.00	2-14	0	4.23	0	
\multicolumn{18}{l}{SHYAMKUMAR (Kerala)}
FC		1	2	0	1	1	0.50	0	0	46	1	46.00	1-34	0	5.11	0	
\multicolumn{18}{l}{SIDHU, Navjot Singh (Punjab, North Zone, President's XI) b Patiala 20.10.1963 RHB}
FC		6	9	0	297	85	33.00	0	2							1	
Wlls		2	2	0	88	87	44.00	0	1							0	
Test	1983	2	3	0	39	20	13.00	0	0	9	0				9.00	1	
FC	1981	29	45	1	1149	124	26.11	2	6	9	0				9.00	14	
\multicolumn{18}{l}{SINGH, C.P. (Madhya Pradesh)}
FC		3	5	0	206	68	41.20	0	2	9	0				9.00	1	
\multicolumn{18}{l}{SINGH, Robin (Tamil Nadu) LHB}
FC		6	6	3	190	73*	63.33	0	2	196	0				4.55	4	
\multicolumn{18}{l}{SINGH, Rudra Prasad (Uttar Pradesh, Central Zone) b Lucknow 6.1.1963 RHB RFM}
FC		5	2	1	24	14*	24.00	0	0	419	18	23.17	6-75	1	4.05	0	
Deo		2	2	1	18	14	18.00	0	0	70	4	17.50	3-46	0	3.92	0	
Wlls		1	1	0	1	1	1.00	0	0	50	1	50.00	1-50	0	5.00	1	
FC	1982	17	15	3	174	30	14.50	0	0	1340	55	24.36	7-67	2	3.62	10	
Deo	1984	3	3	1	36	18	18.00	0	0	114	6	19.00	3-46	0	4.24	0	
Wlls	1983	3	3	0	12	10	4.00	0	0	93	1	93.00	1-50	0	3.69	2	
\multicolumn{18}{l}{SINGH, Vivek Bhan (Rajasthan) RM}
FC		1	2	1	9	6*	9.00	0	0	10	0				2.50	1	
FC	1980	21	33	8	746	104*	29.84	2	1	568	36	15.77	8-64	2	2.70	4	
\multicolumn{18}{l}{SINHA, Akilesh (Bihar) LM}
FC		3	2	1	25	25*	25.00	0	0	160	4	40.00	2-42	0	4.52	3	
FC	1984	7	9	2	108	37*	15.42	0	0	392	10	39.20	3-59	0	3.86	3	
\multicolumn{18}{l}{SINHA, T. (Tripura)}
FC		1	2	0	10	10	5.00	0	0							1	
\multicolumn{18}{l}{SIPPY, Alan Nanik (Bombay) b Bombay 7.2.1962 LHB}
FC		5	6	3	226	112*	75.33	1	1	112	3	37.33	3-33	0	3.73	7	
Wlls		3	3	0	196	90	65.33	0	3							2	
FC	1984	8	9	3	298	112*	49.66	1	2	175	4	43.75	3-33	0	3.88	9	
\multicolumn{18}{l}{SIVARAMAKRISHNAN, Laxman (Tamil Nadu, South Zone, Rest of India, Ind to SL, Ind to Aust, Ind to Sharjah) b Madras 31.12.1965 RHB LBG}
FC		4	6	0	47	14	7.83	0	0	495	7	70.71	3-132	0	3.74	2	
Deo		1	1	0	5	5	5.00	0	0	24	2	12.00	2-24	0	6.00	2	
Test	1982	9	14	3	130	25	16.25	0	0	1145	26	44.03	6-64	3	2.90	9	
FC	1981	41	45	6	800	130	20.51	1	2	4085	114	38.81	7-28	6	3.53	31	
Int	1984	14	4	2	5	2*	2.50	0	0	468	14	33.42	3-25	0	4.29	6	
Deo	1982	2	2	0	5	5	2.50	0	0	67	3	22.33	2-24	0	4.78	2	
\multicolumn{18}{l}{SIVARAMAKRISHNAN, Venkataraman (Tamil Nadu) b Quilon 13.5.1952 LHB RM}
FC		7	9	1	425	110	53.12	1	3	10	0				5.00	6	
FC	1973	83	137	9	4997	177	39.03	10	28	319	8	39.87	2-19	0	2.80	97	1
Deo	1975	13	13	1	519	104	43.25	1	5							1	
Wlls	1977	8	8	0	200	92	25.00	0	1	7	0				3.81	2	
\multicolumn{18}{l}{SOOD, Ashwini (Jammu and Kashmir)}
FC		3	3	1	65	31	32.50	0	0							4	

Cmp	Debut	M	I	NO	Runs	HS	Avge	100	50	Runs	Wkts	Avge	BB	5wi	RpO	ct	st
\multicolumn{18}{l}{SRIKANT, Kate (Services)}
FC		5	7	0	285	157	40.71	1	0							3	
FC	1983	11	16	0	536	157	33.50	1	1	114	5	22.80	2-22	0	2.85	6	
Deo	1984	2	2	0	67	60	33.50	0	1							1	
\multicolumn{18}{l}{SRIKKANTH, Krishnamachari (Tamil Nadu, South Zone, Ind to SL, Ind to Aust, Ind to Sharjah, Ind to Eng) b Madras 12.12.1959 RHB RM}
FC		3	4	0	211	120	52.75	1	0	6	0				2.00	0	
Deo		1	1	0	4	4	4.00	0	0							0	
Test	1981	17	29	1	871	116	31.10	1	5	21	0				2.62	12	
FC	1978	73	120	1	4373	172	36.74	7	27	567	8	70.87	2-39	0	4.27	42	
Int	1981	58	58	1	1549	99	27.17	0	12	27	0				13.50	13	
Deo	1979	10	10	1	435	82	48.33	0	4							1	
Wlls	1978	9	9	0	369	101	41.00	1	1	7	0				7.00	1	
\multicolumn{18}{l}{SRINIVASAPRASAD, M.R. (Karnataka) b Salem 13.6.1959 RHB OB}
FC		4	7	0	344	106	49.14	1	3	20	0				3.33	2	
Wlls		1	1	0	38	38	38.00	0	0							0	
FC	1979	40	68	5	2263	166*	35.92	4	10	298	9	33.11	3.16	0	3.14	40	
Deo	1984	1	1	0	0	0	0.00	0	0							1	
Wlls	1983	4	4	1	230	136*	76.66	1	0							1	
\multicolumn{18}{l}{SRIVASTAVA, Shirish (Delhi) b Delhi 1.12.1963 RHB LB}
FC		2	1	0	7	7	7.00	0	0	93	4	23.25	2-21	0	3.32	0	
FC	1984	7	6	1	43	13*	8.60	0	0	382	16	23.87	5-21	1	3.07	3	
\multicolumn{18}{l}{SUBRAMANIAM, M. (Services)}
FC		4	5	2	36	15*	12.00	0	0	214	5	42.80	2-47	0	3.19	1	
\multicolumn{18}{l}{SUKHVINDER SINGH (Rajasthan)}
FC		1	2	0	25	21	12.50	0	0							0	
\multicolumn{18}{l}{SUNDERAM, Pradeep (Rajasthan, Central Zone, President's XI) b Jaipur 21.3.1960 RHB RM}
FC		5	9	2	40	14	5.71	0	0	486	26	18.69	10-78	3	3.54	3	
Deo		2								69	4	17.25	2-29	0	4.05	0	
Wlls		2	1	1	10	10*		0	0	86	1	86.00	1-33	0	5.37	0	
FC	1982	21	22	8	118	34	8.42	0	0	2312	75	30.82	10-78	6	3.28	6	
Deo	1983	4	1	1	1	1*		0	0	147	7	21.00	3-33	0	4.74	0	
Wlls	1984	4	2	1	13	10*	13.00	0	0	159	5	31.80	2-22	0	4.81	1	
\multicolumn{18}{l}{SURENDRA, H. (Karnataka) b Hassan 6.2.1961 RHB OB}
FC		5	5	1	24	12	6.00	0	0	578	17	34.00	5-111	1	3.03	3	
FC	1984	6	7	3	24	12	6.00	0	0	704	22	32.00	5-111	2	3.16	3	
\multicolumn{18}{l}{SURESH, T.G. (Kerala)}
FC		3	6	3	100	32	33.33	0	0							4	
FC	1984	6	12	4	135	32	16.87	0	0							4	
\multicolumn{18}{l}{SURESHKUMAR, C.S. (Tamil Nadu, South Zone) b 6.10.1959 RHB}
FC		4	6	0	51	13	8.50	0	0	4	0				4.00	1	
FC	1982	22	38	3	1204	162	34.40	6	1	11	0				5.50	6	
\multicolumn{18}{l}{TAKLE, Satish Padmakar (Vidarbha) b Nagpur 19.7.1957 RHB RM}
FC		4	6	0	90	66	15.00	0	1	319	15	21.26	4-39	0	3.30	2	
FC	1980	18	33	5	610	69	21.78	0	3	957	33	29.00	5-46	1	3.63	9	
\multicolumn{18}{l}{TALATI, Sanjay Shantilal (Gujarat) b Ahmedabad 5.11.1960 RHB}
FC		4	8	0	327	82	40.87	0	2	0	0				0.00	4	
FC	1980	22	44	0	1437	127	32.65	2	10	0	0				0.00	12	
\multicolumn{18}{l}{TALWAR, Rohit (Madhya Pradesh) b Kanpur 16.9.1955 LHB SLA}
FC		3	5	0	110	28	22.00	0	0	128	1	128.00	1-91	0	3.55	1	
FC	1982	12	22	2	535	93	26.75	0	3	305	2	152.50	1-37	0	3.21	6	
\multicolumn{18}{l}{TALWAR, Sarkar (Haryana, North Zone) b Agra 22.9.1952 RHB OB}
FC		9	12	3	163	79	18.11	0	1	1147	46	24.93	7-44	3	2.74	4	
FC	1967	92	128	19	1568	143	14.38	1	2	7297	300	24.32	7-32	20	2.55	45	
Deo	1977	2	1	1	16	16*		0	0	87	1	87.00	1-58	0	4.14	0	
Wlls	1981	3	3	1	12	7*	6.00	0	0	151	5	30.20	2-37	0	5.32	0	
\multicolumn{18}{l}{TANK, G. (Rajasthan)}
FC		4	7	4	120	46	40.00	0	0	285	7	40.71	2-38	0	2.52	0	
\multicolumn{18}{l}{TELANG, Vijay Shankar (Vidarbha) b Nagpur 13.3.1952}
FC		4	7	1	101	48	16.83	0	0	5	0				5.00	2	
FC	1970	50	95	3	2724	155	29.60	4	15	345	7	49.28	3-18	0	3.12	13	
Deo	1974	7	7	0	82	49	11.71	0	0	1	0				2.00	1	
Wlls	1978	1	1	0	27	27	27.00	0	0							0	
\multicolumn{18}{l}{TENDULKAR, Chandrakanth (Goa)}
FC		2	4	0	19	17	4.75	0	0							2	
\multicolumn{18}{l}{THAKKAR, D. (Gujarat)}
FC		1	2	1	1	1	1.00	0	0	44	3	14.66	3-39	0	6.13	1	
\multicolumn{18}{l}{THAKKAR, Ravindra Champak (Bombay) b Bombay 22.10.1962 SLA}
FC		4	1	0	29	29	29.00	0	0	265	7	37.85	2-53	0	2.57	5	
FC	1981	25	14	7	126	44	18.00	0	0	2217	92	24.09	8-102	6	2.35	16	
Wlls	1982	2	1	1	0	0*		0	0	36	2	18.00	1-17	0	2.25	0	
\multicolumn{18}{l}{THAKRE, B. (Vidarbha)}
FC		4	5	1	36	23	9.00	0	0	301	13	23.15	5-44	1	3.90	1	
\multicolumn{18}{l}{THAKUR, Prem (Himachal Pradesh)}
FC		4	8	0	65	22	8.12	0	0	180	1	180.00	1-50	0	4.00	1	

Cmp	Debut	M	I	NO	Runs	HS	Avge	100	50	Runs	Wkts	Avge	BB	5wi	RpO	ct	st
THAPA, R.S. (Services)																	
FC		1	1	0	7	7	7.00	0	0							0	
TILAK RAJ (Baroda) b Delhi 15.1.1960 LHB SLA																	
FC		4	7	1	230	66	38.33	0	3	7	0				7.00	4	
FC	1980	20	31	3	731	66	26.10	0	4	313	4	78.25	1-1	0	3.92	19	
Wlls	1982	3	3	1	27	18	13.50	0	0	63	2	31.50	2-35	0	2.35	1	
TIWARI, M. (Madhya Pradesh)																	
FC		1	2	0	19	19	9.50	0	0	17	0				2.83	0	
FC	1983	2	3	1	23	19	11.50	0	0	73	1	73.00	1-56	0	3.65	0	
UZIR, Sushil (Assam) b 12.3.1957																	
FC		4	8	1	114	54*	16.28	0	1	237	5	47.40	3-46	0	5.15	2	
FC	1975	19	36	1	456	62	13.02	0	3	725	25	29.00	5-29	1	3.58	6	
VALSON, Sunil (Delhi) b Secunderabad 2.10.1958 RHB LFM																	
FC		6	1	0	2	2	2.00	0	0	264	20	13.20	6-40	1	2.69	0	
Wlls		3								88	0				3.66	0	
FC	1977	69	60	23	335	38	9.05	0	0	4907	193	25.42	8-40	5	3.20	32	
Deo	1977	9	4	4	13	11*		0	0	313	12	26.08	3-43	0	3.59	2	
Wlls	1977	12	3	1	3	3	1.50	0	0	333	10	33.30	3-24	0	3.17	1	
VARMA, Ajay (Kerala)																	
FC		5	9	1	26	16*	3.25	0	0	465	15	31.00	5-82	1	3.94	6	
FC	1983	13	24	5	60	16*	3.15	0	0	1148	27	42.51	5-82	1	4.42	8	
VASUDEVAN, S. (Tamil Nadu) LHB SLA																	
FC		6	4	0	126	65	31.50	0	1	406	29	14.00	6-27	2	2.29	6	
FC	1974	46	49	13	1071	115*	29.75	3	2	3955	171	23.12	6-27	10	2.25	37	
Deo	1979	3	2	0	26	18	13.00	0	0	100	1	100.00	1-23	0	3.33	1	
Wlls	1978	3	3	1	7	6*	3.50	0	0	124	3	41.33	2-35	0	4.27	0	
VATS, Vipin (Uttar Pradesh)																	
Wlls		1	1	0	1	1	1.00	0	0							1	
VEDRAJ (Railways) b 1.4.1961 RHB WK																	
FC		4	8	0	152	47	19.00	0	0							6	3
FC	1974	63	102	8	1806	67	19.21	0	5	12	0				3.00	103	52
Deo	1977	10	8	3	109	60	21.80	0	1							8	3
Wlls	1978	6	4	1	31	17	10.33	0	0							0	1
VEGAD, J. (Madhya Pradesh)																	
FC		3	5	1	73	35*	18.25	0	0	321	4	80.25	2-70	0	3.86	0	
VENGSARKAR, Dilip Balwant (Bombay, West Zone, Ind to SL, Ind to Aust, Ind to Sharjah, Ind to Eng) b Rajapur 6.4.1956 RHB RM																	
FC		4	6	0	358	147	59.66	2	1							3	
Deo		1	1	0	18	18	18.00	0	0							0	
Wlls		3	3	0	75	64	25.00	0	1							0	
Test	1975	85	140	16	4985	159	40.20	11	26	36	0				4.59	58	
FC	1975	190	294	35	12583	210	48.58	36	63	126	1	126.00	1-31	0	3.79	135	
Int	1975	71	68	9	2105	105	35.67	1	13	4	0				4.00	23	
Deo	1975	10	10	2	279	85*	34.87	0	2	4	0				4.00	2	
Wlls	1977	16	15	1	613	76	43.78	0	6							7	
VENKATAPATHY RAJU, E. (Hyderabad) SLA																	
FC		5	2	1	1	1	1.00	0	0	313	13	24.07	3-6	0	2.89	4	
VENKATESH, R. (Tamil Nadu) OB																	
FC		3	4	1	66	38*	22.00	0	0	167	7	23.57	5-16	1	2.48	1	
VENKATRAM, V. (Bihar) OB																	
FC		5	4	1	88	34	29.33	0	0	428	23	18.60	5-17	3	3.03	5	
FC	1973	33	35	9	690	63	26.53	0	4	2986	112	26.66	8-130	7	2.78	20	
Wlls	1982	1								38	0				3.80	0	
VERMA, R.K. (Services)																	
FC		3	4	2	27	11*	13.50	0	0	285	10	28.50	4-92	0	4.03	4	
VISWANATH, Gundappa Rangnath (Karnataka) b Bhadravati 12.2.1949 RHB LB																	
FC		5	8	3	362	160*	72.40	1	2							1	
Wlls		1	1	0	57	57	57.00	0	1							0	
Test	1969	91	155	10	6080	222	41.93	14	35	46	1	46.00	1-11	0	3.94	63	
FC	1967	298	472	46	17592	247	41.29	44	86	723	15	48.20	2-21	0	3.86	221	
Int	1974	28	24	2	446	75	20.27	0	2							4	
Deo	1973	13	13	2	518	108*	47.09	1	3	30	4	7.50	4-13	1	5.00	6	
Wlls	1977	11	11	0	328	60	29.81	0	2	19	0				8.14	4	
VISWANATH, Sadanand (Karnataka, Rest of India, South Zone, Ind to SL) b Bangalore 29.11.1962 RHB WK																	
FC		6	10	0	218	59	21.80	0	1							17	2
Deo		1	1	0	9	9	9.00	0	0							2	
Wlls		1	1	0	5	5	5.00	0	0							1	
Test	1985	3	5	0	31	20	6.20	0	0							11	
FC	1980	41	64	6	1753	102	30.22	1	12							98	15
Int	1984	10	4	3	40	23*	40.00	0	0							13	5
Deo	1982	5	5	0	96	54	19.20	0	1							3	
Wlls	1982	6	6	1	57	43	11.40	0	0							8	3
VYAS, Sanjay (Rajasthan)																	
FC		6	10	0	146	43	14.60	0	0	324	19	17.05	6-43	1	2.63	2	
FC	1979	13	16	3	162	43	12.46	0	0	808	32	25.25	6-43	2	2.59	3	

Cmp	Debut	M	I	NO	Runs	HS	Avge	100	50	Runs	Wkts	Avge	BB	5wi	RpO	ct	st
	WADKAR, Vinit Sharadchandra (Baroda) b Bombay 4.2.1955 RHB RFM																
FC		2	3	0	42	26	14.00	0	0	72	1	72.00	1-33	0	4.50	0	
FC	1978	31	38	4	503	66	14.79	0	2	2252	71	31.71	5-89	1	3.53	7	
Deo	1980	2								70	3	23.33	2-45	0	3.50	2	
	WANKHEDE, A. (Vidarbha)																
FC		1	2	0	16	15	8.00	0	0	13	0				3.25	0	
FC	1979	5	10	4	22	15	3.66	0	0	300	6	50.00	5-111	1	3.82	0	
	WASU, Hemant Ramdas (Vidarbha) b Nagpur 3.10.1960 RHB SLA																
FC		3	4	0	46	16	11.50	0	0	125	5	25.00	4-92	0	2.97	0	
FC	1979	24	42	11	399	38	12.87	0	0	1894	57	33.22	7-102	2	3.40	14	
	YADAV, Nandlal Shivlal (South Zone, President's XI, Ind to Aust, Ind to Eng) b Hyderabad 26.1.1957 RHB OB																
FC		1	2	2	26	19*		0	0	127	7	18.14	6-109	1	2.11	0	
Wlls		2	2	0	11	10	5.50	0	0	76	5	15.20	4-37	1	4.00	1	
Test	1979	26	32	10	355	43	16.13	0	0	2670	75	35.60	5-99	2	2.58	8	
FC	1977	82	82	24	1067	50	18.39	0	1	7675	228	33.66	6-30	9	2.72	36	
Int	1985	4	2	2	1	1*		0	0	153	3	51.00	2-51	0	4.50	0	
Deo	1981	4	2	1	19	11	19.00	0	0	148	7	21.14	3-28	0	3.91	3	
Wlls	1980	7	4	0	48	19	12.00	0	0	209	11	19.00	4-37	1	3.54	1	
	YADAV, Rajesh (Hyderabad) b Hyderabad 20.2.1965 RHB RM																
FC		5	3	1	73	47	36.50	0	0	476	20	23.80	7-58	1	3.83	2	
FC	1984	8	4	1	77	47	25.66	0	0	802	37	21.67	7-58	3	4.13	3	
	YASHPAL SHARMA (Punjab, North Zone, Wills' XI) b Ludhiana 11.8.1954 RHB RM																
FC		5	6	1	366	129*	73.20	1	2	136	4	34.00	2-41	0	2.72	1	
Deo		2	2	0	90	73	45.00	0	1							2	
Wlls		1	1	0	12	12	12.00	0	0	39	1	39.00	1-39	0	3.90	0	
Test	1979	37	59	11	1606	140	33.45	2	9	17	1	17.00	1-6	0	3.40	16	
FC	1973	133	209	43	7519	201*	45.29	16	38	1159	31	37.38	3-98	0	2.63	69	2
Int	1978	42	40	9	883	89	28.48	0	4	199	1	199.00	1-27	0	5.94	10	
Deo	1978	10	10	1	344	73	38.22	0	2	95	6	15.83	4-41	1	4.01	7	
Wlls	1977	17	16	4	542	91	45.16	0	6	148	4	37.00	2-39	0	4.85	7	
	YUNUS ALI (Rajasthan)																
FC		1	2	1	14	8*	14.00	0	0	21	0				1.50	0	
	YUSUF ALI KHAN (Uttar Pradesh)																
FC		5	7	2	294	139	58.80	1	2							3	
Wlls		1	1	1	51	51*		0	1							0	
FC	1982	14	24	3	795	139	37.85	2	4							10	
Wlls	1983	3	3	1	111	51*	55.50	0	1							0	
	ZINTO, Joy Jivan (Gujarat) b Ahmedabad 7.8.1965 RHB SLA																
FC		2	3	0	28	17	9.33	0	0	212	5	42.40	2-65	0	3.18	1	
FC	1984	5	9	3	126	35*	21.00	0	0	418	8	52.25	2-65	0	3.46	3	

NEW ZEALAND

First First-Class Match: Otago v Canterbury (Dunedin) 1863-64

First First-Class Tour to England: 1927

First Test Match: New Zealand v England (Christchurch) 1929-30

Present First-Class Teams: Auckland, Canterbury, Central Districts, Northern Districts, Otago, Wellington

First-Class Competition: Plunket Shield 1906-07 to 1974-75; Shell Cup and Trophy 1975-76 to 1978-79; Shell Trophy 1979-80 to date

Shell Trophy Champions 1985-86: Otago

FIRST CLASS RECORDS

Highest Team Total: 752-8 dec New South Wales v Otago (Dunedin) 1923-24
Best in 1985-86: 454-5 dec Auckland v Canterbury (Christchurch); 435 Australia v New Zealand (Wellington); 433-6 dec Central Districts v Wellington (Wellington); 431-6 dec Northern Districts v Central Districts (Hamilton); 403 Otago v Canterbury (Dunedin)

Lowest Team Total: 13 Auckland v Canterbury (Auckland) 1877-78
Worst in 1985-86: 68 Canterbury v Central Districts (Levin); 100 Central Districts v Otago (Palmerston North); 102 Otago v Northern Districts (Hamilton); 103 Australia v New Zealand (Auckland); 103 Northern Districts v Otago (Hamilton)

Highest Individual Innings: 385 B.Sutcliffe Otago v Canterbury (Christchurch) 1952-53
Best in 1985-86: 209 D.J.White Northern Districts v Central Districts (Hamilton); 207 R.T.Hart Central Districts v Wellington (Wellington); 176 T.J.Franklin Auckland v Canterbury (Christchurch); 174 D.N.Patel Auckland v Canterbury (Christchurch); 153 A.Nathu Canterbury v Central Districts (Levin)

Most Runs In Season: 1,244 (av 77.75) G.M.Turner (Otago) 1975-76
Best in 1985-86: 753 (av 50.20) K.R.Rutherford (Otago); 674 (av 39.64) C.J.Smith (Central Districts); 592 (av 39.46) T.J.Franklin (Auckland); 585 (av 48.75) S.J.McCullum (Otago); 578 (av 38.53) D.J.White (Northern Districts)

Most Runs In Career: 34,346 (av 49.70) G.M.Turner (Otago, Northern Districts, Worcs) 1964-65 to 1982-83
Most by Current Batsmen: 17,783 (av 40.50) J.G.Wright (Northern Districts, Canterbury, Derbyshire); 17,294 (av 31.90) G.P.Howarth (Auckland, Northern Districts, Surrey) 1968-69 to date; 9,806 (av 30.26) R.J.Hadlee (Canterbury, Notts) 1971-72 to date; 8,554 (av 37.68) B.A.Edgar (Wellington) 1975-76 to date; 8,270 (av 49.52) M.D.Crowe (Auckland, Central Districts, Somerset) 1979-80 to date; D.N.Patel (10,379, av 29.73) played
for Auckland in 1985-86

Best Innings Analyses: 1028 A.E.Moss Canterbury v Wellington (Christchurch) 1889-90
Best in 1985-86: 8-37 E.J.Gray Wellington v Canterbury (Lower Hutt); 7-42 K.Tresber Northern Districts v Otago (Hamilton); 7-116 R.J.Hadlee New Zealand v Australia (Christchurch); 6-29 P.J.Visser Central Districts v Canterbury (Levin); 6-32 J.G.Bracewell New Zealand v Australia (Auckland)

Most Wickets In Season: 66 (av 16.48) S.L.Boock (Canterbury) 1977-78
Most in 1985-86: 34 (av 22.00) E.J.Gray (Wellington); 32 (av 30.21) G.K.Robertson (Central Districts); 31 (av 22.93) J.A.J.Cushen (Otago); 30 (av 15.33) P.J.W.Allott (Wellington); 30 (av 23.16) G.B.Troup (Auckland)

Most Wickets In Career: 1,221 (av 18.46) R.J.Hadlee (Canterbury, Notts) 1971-72 to date
Most by Current Bowler: see Hadlee above, then: 481 (av 21.56) E.J.Gray (Wellington) 1975-76 to date; 476 (av 22.62) S.L.Boock (Otago, Canterbury) 1973-74 to date; 469 (av 26.72) B.L.Cairns (Otago, Northern Districts) 1971-72 to date. P.J.W.Allott (436, av 25.38) played for Wellington in 1985-86.

Record Wicket Partnerships

1st	373	B.Sutcliffe & L.Watt	Otago v Auckland (Auckland)	1950-51
2nd	317	R.T.Hart & P.S.Briasco	Central Districts v Canterbury (New Plymouth)	1983-84
3rd	445	P.E.Whitelaw & W.N.Carson	Auckland v Otago (Dunedin)	1936-37
4th	350	Mushtaq Mohammad & Asif Iqbal	Pakistan v New Zealand (Dunedin)	1972-73
5th	266	B.Sutcliffe & W.S.Haig	Otago v Auckland (Dunedin)	1949-50
6th	269	V.T.Trumper & C.Hill	Australia v NZ (Wellington)	1904-05
7th	265	J.L.Powell & N.Dorreen	Canterbury v Otago (Christchurch)	1929-30
8th	433	V.T.Trumper & A.Sims	Australians v Canterbury (Christchurch)	1913-14
9th	239	H.B.Cave & I.B.Leggat	Central Dist v Otago (Dunedin)	1952-53
10th	184	R.C.Blunt & W.Hawksworth	Otago v Canterbury (Christchurch)	1931-32

Highest Partnerships in 1985-86

1st	250	R.T.Hart & C.J.Smith	Central Districts v Wellington (Wellington)
2nd	199	R.E.W.Mawhinney & D.J.White	Northern Dist v Central Dist (Hamilton)
3rd	278	T.J.Franklin & D.N.Patel	Auckland v Canterbury (Christchurch)
4th	125	L.M.Crocker & B.G.Cooper	Northern Dist v Canterbury (Christchurch)
5th	213	G.M.Ritchie & G.R.J.Matthews	Australia v New Zealand (Wellington)
6th	177	A.R.Border & S.R.Waugh	Australia v New Zealand (Christchurch)
7th	137	T.D.Ritchie & G.R.Larsen	Wellington v Northern Districts (Gisborne)
8th	70	G.K.Robertson & S.W.Duff	Central Dist v Northern Dist (Hamilton)
9th	115	G.K.Robertson & R.T.Hart	Central Districts v Otago (Oamaru)
10th	103	P.J.Kelly & G.B.Troup	Auckland v Northern Districts (Auckland)

Most Wicketkeeping Dismissals In Innings: 7 (7ct) R.M.Schofield Central Districts v Wellington (Wellington) 1964-65; 7 (7ct) Wasim Bari Pakistan v New Zealand (Auckland) 1978-79.

Most in 1985-86: 4 (4ct) A.W.Hart Canterbury v Northern Districts (Christchurch); 4 (4ct) P.J.Kelly Auckland v Otago (Dunedin); 4 (4ct) P.J.Kelly Auckland v Northern Districts (Tauranga); 4 (4ct) W.K.Lees Otago v Northern Districts (Alexandra); 4 (4ct) E.B.McSweeney Wellington v Central Districts (Napier)

Most Wicketkeeping Dismissals In Match: 9 (9ct) R.M.Schofield Central Districts v Wellington (Wellington) 1964-65; 9 (9ct) R.H.Vance Wellington v Otago (Wellington) 1977-78; 9 (8ct 1st) E.B.McSweeney Wellington v Otago (Wellington) 1983-84

Most in 1985-86: 7 (6ct 1st) W.K.Lees Otago v Northern Districts (Alexandra); 6 (6ct) E.B.McSweeney Wellington v Central Districts (Napier)

Most Wicketkeeping Dismissals In Season: 41 (31ct 10st) E.B.McSweeney (Wellington) 1984-85

Most in 1985-86: 28 (25ct 3st) I.D.S.Smith (Central Districts); 25 (24ct 1st) W.K.Lees (Otago); 24 (21ct, 3st) B.A.Young (Northern Districts); 23 (22ct 1st) P.J.Kelly (Auckland); 21 (20ct 1st) J.D.Milne (Wellington)

Most Wicketkeeping Dismissals In Career: 423 (311ct 112st) K.C.James (Wellington, Northants) 1923-24 to 1946-47

Most by Current Wicketkeeper: 306 (270ct 36st) W.K.Lees (Otago) 1970-71 to date; 272 (249ct 23 st) I.D.S.Smith (Central Districts) 1977-78 to date; 165 (143ct 22st) E.B.McSweeney (Central Districts, Wellington) 1979-80 to date.

Most Catches By Fielder In Innings: 5 J.R.Lamason Wellington v Otago (Dunedin) 1937-38; 5 J.R.Lamason NIs Army v SIs Army (Wellington) 1942-43; 5 N.T.Williams Auckland v Hawke's Bay (Napier) 1894-95; 5 J.T.Ikin MCC v Auckland (Auckland) 1946-47; 5 J.F.M.Morrison Wellington v Northern Districts (Wellington) 1980-81; 5 G.K.MacDonald Canterbury v Pakistan (Christchurch) 1984-85

Best in 1985-86: 3 J.V.Coney New Zealand v Australia (Auckland); 3 T.J.Franklin Auckland v Canterbury (Christchurch); 3 M.J.Greatbach Auckland v Canterbury (Auckland); 3 P.A.Horne Auckland v Canterbury (Christchurch)

Most Catches By Fielder In Match: 7 J.F.M.Morrison Wellington v Northern Districts (Wellington) 1980-81
Most in 1985-86: 4 D.J.Hartshorn Canterbury v Wellington (Wellington); 4 A.Nathu Canterbury v Wellington (Christchurch)

Most Catches By Fielder In Season: 23 B.A.G.Murray (Wellington) 1967-68
Most in 1985-86: 11 P.N.Webb (Auckland); 10 T.J.Franklin (Auckland); 10 K.R.Rutherford (Otago); 10 C.M.Kuggeleijn (Northern Districts); 9 M.J.Greatbach (Auckland)

Most Catches By Fielder In Career: 410 G.M.Turner (Northern Districts, Otago, Worcs) 1964-65 to 1982-83
Most by Current Fielder: 229 G.P.Howarth (Auckland, Northern Districts, Surrey) 1968-69 to date; 183 J.V.Coney (Wellington) 1970-71 to date; 165 R.J.Hadlee (Canterbury, Notts) 1971-72 to date; 159 J.G.Wright (Northern Districts, Canterbury, Derbyshire) 1975-76 to date.

DOMESTIC LIMITED OVERS RECORDS

Highest Team Totals: 309-8 (49.2 overs) Auckland v Northern Districts (Gisborne) 1982-83; 306-2 (50 overs) Northern Districts v Auckland (Gisborne) 1982-83; 289-8 (50 overs) Central Districts v Northern Districts (Wanganui) 1984-85
Best in 1985-86: 261-7 (50 overs) Auckland v Central Districts (Auckland)

Lowest Team Totals: 64 (38.4 overs) Otago v Wellington (Alexandra) 1984-85; 70 (24.3 overs) Auckland v Northern Districts (Pukeekohe) 1977-78; 75 (27.1 overs) Canterbury v Otago (Christchurch) 1973-74
Worst in 1985-86: 89 (45.1 overs) Central Districts v Wellington (Wellington)

Highest Individual Innings: 147* B.A.Edgar Wellington v Northern Districts (Gisborne) 1981-82; 128* B.A.Edgar Wellington v Central Districts (Wanganui) 1982-83; 126 G.E.Vivian Auckland v Wellington (Auckland) 1977-78
Best in 1985-86: 118 J.F.Reid Auckland v Central Districts (Auckland); 102 J.G.Wright Canterbury v Wellington (Wellington). There have been 13 hundreds, B.A.Edgar making three.

Most Runs In Season: 528 (av 176.00) B.A.Edgar (Wellington) 1981-82
Most in 1985-86: 312 (av 104.00) J.F.Reid (Auckland); 272 (av 54.40) J.G.Wright (Canterbury)

Most Runs In Career: 1,410 (av 58.75) J.F.Reid (Auckland) 1975-76 to date; 1,340 (av 74.44) B.A.Edgar (Wellington) 1976-77 to date; 937 (av 42.59) J.G.Wright (Northern Districts, Canterbury) 1976-77 to date

Best Innings Analyses: 7-23 W.Watson Auckland v Otago (Auckland) 1984-85
Best in 1985-86: 5-20 P.J.Visser Central Districts v Otago (New Plymouth); 5-27 A.J.Hunt Auckland v Canterbury (Ashburton)

Most Economical Analysis: 9-6-6-1 V.R.Brown Canterbury v Wellington (Rangiora) 1984-85
Most Economical in 1985-86: 9.4-2-12-4 P.J.W.Allott Wellington v Northern Districts (Tauranga)

Most Expensive Analysis: 10-0-93-2 C.M.Presland Northern Districts v Auckland (Gisborne) 1982-83
Most Expensive in 1985-86: 10-0-69-2 N.A.Mallender Otago v Canterbury (Oamuru); 10-1-69-2 D.A.Stirling Central Districts v Auckland (Auckland)

Most Wickets In Season: 15 (av 11.46) E.J.Gray (Wellington) 1983-84
Most in 1985-86: 14 (av 10.14) R.J.Hadlee (Canterbury)

Most Wickets In Career: 48 (av 19.06) S.L.Boock (Otago, Canterbury) 1973-74 to date; 47 (av 13.76) R.J.Hadlee (Canterbury) 1972-73 to date; 46 (av 19.73) D.W.Stead (Canterbury) 1971-72 to date; 44 (av 21.75) L.W.Stott (Auckland) 1972-73 to 1983-84

Record Wicket Partnerships

1st	191	B.A.Edgar & R.H.Vance	Wellington v N Dist (Gisborne)	1981-82
2nd	143	T.J.Franklin & J.F.Reid	Auckland v N Dist (Auckland)	1981-82
3rd	199*	J.M.Parker & B.G.Cooper	N Dist v Auckland (Gisborne)	1982-83
4th	117	J.V.Coney & E.J.Gray	Wellington v N Dist (Tauranga)	1983-84
5th	171*	G.E.Vivian & J.F.Reid	Auckland v Wellington (Auckland)	1977-78
6th	98	R.E.Hayward & I.D.S.Smith	Central Dist v Auckland (Levin)	1984-85
7th	85	W.K.Lees & G.C.Osborne	Otago v N Dist (Dunedin)	1979-80
8th	98*	B.R.Taylor & R.O.Collinge	Well'on v Cent Dist (Lower Hutt)	1971-72
9th	61	M.D.Crowe & G.K.Robertson	Central Dist v N Dist (Whangerai)	1983-84
10th	26*	P.B.McGregor & E.J.Chatfield	Well'ton v Auckland (Wellington)	1973-74
	26	S.J.Gill & D.A.Stirling	Cent Dist v Wellington (Wanganui)	1982-83

There were three one hundred partnerships in 1985-86, the highest being 108 J.G.Bracewell & J.F.Reid for 2nd wkt, Auckland v Northern Districts (Auckland)

Most Wicketkeeping Dismissals In Innings: 6 (6ct) E.B.McSweeney Wellington v Auckland (Wellington) 1982-83

Most Wicketkeeping Dismissals In Season: 10 (10ct) E.B.McSweeney (Wellington) 1982-83
Most in 1985-86: 8 (4ct 4st) A.W.Hart (Canterbury)

Most Wicketkeeping Dismissals In Career: 46 (35ct 11st) E.B.McSweeney (Wellington, Central Districts) 1980-81 to date; 42 (37ct 5st) W.K.Lees (Otago) 1971-72 to date; 34 (30ct 4st) M.J.E.Wright (Northern Districts) 1975-76 to 1983-84

Most Catches By Fielder In Innings: 4 H.C.Sampson Otago v Canterbury (Christchurch) 1973-74; 4 C.W.Dickeson Northern Districts v Canterbury (Hamilton) 1980-81

Most Catches By Fielder In Season: 6 C.W.Dickeson (Northern Districts) 1980-81
Most in 1985-86: 5 P.E.McEwan (Canterbury)

Most Catches By Fielder In Career: 18 C.W.Dickeson (Northern Districts) 1974-75 to 1984-85; 18 J.F.Reid (Auckland) 1975-76 to date; 16 P.E.McEwan(Canterbury) 1976-77 to date

Most Appearances In Domestic Limited Overs Matches: 41 D.W.Stead (Canterbury) 1971-72 to date; 36 B.R.Blair (Otago, Northern Districts) 1976-77 to date; 35 R.H.Vance (Wellington) 1976-77 to date; 34 J.F.Reid (Auckland) 1975-76 to date.

PROVINCIAL CHAMPIONS

Plunket Shield

Until 1920-21, the Shield was run on a challenge basis and the holders were:
Canterbury to Dec 17, 1907; Auckland Dec 17, 1907 to Feb 1, 1911; Canterbury Feb 1, 1911 to Feb 12, 1912; Auckland Feb 12, 1912 to Jan 31, 1913; Canterbury Jan 31, 1913 to Dec 27, 1918; Wellington Dec 27, 1918 to Jan 24, 1919; Canterbury Jan 24, 1919 to Jan 4, 1920; Auckland Jan 4, 1920 to Jan 10, 1921; Wellington Jan 10, 1921.

From 1921-22 the Shield was run on a League basis, the winners being:

1921-22	Auckland	1938-39	Auckland	1960-61	Wellington
1922-23	Canterbury	1939-40	Auckland	1961-62	Wellington
1923-24	Wellington	1945-46	Canterbury	1962-63	Northern Districts
1924-25	Otago	1946-47	Auckland	1963-64	Auckland
1925-26	Wellington	1947-48	Otago	1964-65	Canterbury
1926-27	Auckland	1948-49	Canterbury	1965-66	Wellington
1927-28	Wellington	1949-50	Wellington	1966-67	Central Districts
1928-29	Auckland	1950-51	Otago	1967-68	Central Districts
1929-30	Wellington	1951-52	Canterbury	1968-69	Auckland
1930-31	Canterbury	1952-53	Otago	1969-70	Otago
1931-32	Wellington	1953-54	Central Districts	1970-71	Central Districts
1932-33	Otago	1954-55	Wellington	1971-72	Otago
1933-34	Auckland	1955-56	canterbury	1972-73	Wellington
1934-35	Canterbury	1956-57	Wellington	1973-74	Wellington
1935-36	Wellington	1957-58	Otago	1974-75	Otago
1936-37	Auckland	1958-59	Auckland		
1937-38	Auckland	1959-60	Canterbury		

Shell Series

Since 1975-76 the first-class Provincial Competition has been sponsored by Shell. For the first four seasons, there were two awards, the Shell Cup for the League winners and the Shell Trophy for winners of a knock-out competition; since 1979-80 however the Shell Trophy only has been awarded to the League winners, the Shell Cup being allocated to Limited Overs Competition.

1975-76	Canterbury (Cup), Canterbury (Trophy)
1976-77	Northern Districts (Cup), Otago (Trophy)
1977-78	Canterbury (Cup), Auckland (Trophy)
1978-79	Otago (Cup), Otago (Trophy)

1979-80	Northern Districts (Trophy)	1983-84	Canterbury (Trophy)
1980-81	Auckland (Trophy)	1984-85	Wellington (Trophy)
1981-82	Wellington (Trophy)	1985-86	Otago (Trophy)
1982-83	Wellington (Trophy)		

Limited Overs Competitions

Between 1971-72 and 1979-80 the New Zealand One Day Competition was played on a knock-out basis in a series of five matches each season involving the six Provinces. From 1980-81 the competition has been played on a league basis with the top two teams in the Qualifying table playing off in the Final, 16 matches being played per season. The Competition is now sponsored by Shell, having as previous sponsors the New Zealand Motor Corporation (1971-72 to 1976-77) and Gillette (1977-78 and 1978-79).

Cup Final Results

NZ Motor Corporation Tournament
1971-72 Canterbury 129-3 (33.3 overs) beat Wellington 127 (36.5 overs) by 7 wkts
1972-73 Auckland 209-6 (40 overs) beat Otago 144 (34 overs) by 65 runs
1973-74 Wellington 212-9 (34 overs) beat Auckland 209-7 (35 overs) by 1 wkt
1974-75 Wellington 181-7 (35 overs) beat N Districts 165-8 (35 overs) by 80 runs
1975-76 Canterbury 233-6 (35 overs) beat Wellington 153-7 (35 overs by 80 runs)
1976-77 Canterbury 178-7 (34.1 overs) beat N Districts 176-7 (35 overs) by 80 runs

Gillette Cup
1977-78 Canterbury 211-9 (30 overs) beat N Districts 154-9 (30 overs) by 57 runs
1978-79 Auckland 156 (34.6 overs) beat Canterbury 143-9 (35 overs) by 13 runs

National Knock-Out Tournament
1979-80 N Districts 183-8 (50 overs) beat Otago 182-8 (50 overs) by 2 wkts

Shell Cup
1980-81 Auckland 188-7 (49.1 overs) beat Canterbury 186 (49.3 overs) by 3 wkts
1981-82 Wellington 205-2 (47.5 overs) beat Canterbury 204-7 (50 overs) by 8 wkts
1982-83 Auckland 212-5 (49.1 overs) beat N Districts 210 (49.2 overs) by 5 wkts
1983-84 Auckland 130-5 (33.3 overs) beat Wellington 129-6 (35 overs) by 5 wkts
1984-85 Central Districts 156-2 (43.2 overs) beat Wellington 153 (48.2 overs) by 8 wkts
1985-86 Canterbury (on league basis)

Results 1985-86

	P	W	L	NR	Pts
Canterbury	5	4	1	0	8
Auckland	5	3	1	1	7
Wellington	5	3	1	1	7
Otago	5	3	2	0	6
Northern Districts	5	1	4	0	2
Central Districts	5	0	5	0	0

Table of Results 1971-72 to 1985-86

	P	W	L	T	NR	Winner	R-up
Auckland	50	30	17	0	3	5	2*
Wellington	49	30	16	1	2	3	5*
Canterbury	48	27	21	0	0	5	3
Northern Districts	45	17	26	0	2	1	4
Central Districts	42	15	25	0	2	1	0
Otago	46	15	29	1	1	0	2

* includes shared runners-up 1985-86
The No Result Column includes two abandoned Knock-out matches which were decided on the toss of a coin.

1985-86 AND CAREER RECORDS FOR NEW ZEALAND PLAYERS

Cmp Debut M   I NO Runs HS   Avge 100 50   Runs Wkts   Avge   BB 5wi RpO   ct st

ABERHART, Wayne Maurice (Wellington) Motueka 10.5.1958 RHB RM
FC   2   3   1   28   24   14.00 0   0   119   1   119.00   1-50   0   3.05   0

ALLOTT, Paul John Walter (Wellington, Lancashire) b Altrincham, England 14.9.1956 RHB RFM
FC   7   7   2   135 66* 27.00 0   1   460   30   15.33   5-40   3   1.99   3
SC   4   3   1   3   2*   1.50   0   0   90   11   8-18   4.12   1   2.38   0
Test 1981 13 18   3   213 52* 14.20 0   1   1084 26   41.69   6-61   1   2.92   4
FC   1978 158 161 43   1953 78   16.55 0   5   11068 436 25.38   8-48   23 2.71   52
Int 1982 13   6   1   15   8   3.00   0   0   552   15   36.80   3-41   0   4.04   2

BARRETT, Brian Joseph (Auckland, NZ to Eng) b Auckland 16.11.1966 RHB RFM
FC   3   1   1   0   0*   0   0   210   10   21.00   4-51   0   3.26   0
FC   1985 12   5   4   8   5*   8.00   0   0   860   26   33.07   4-51   0   3.58   1

BEYELER, Fred (Wellington) b Wellington 5.11.1965 RHB RFM
FC   3   3   1   44   30   22.00 0   0   219   5   43.80   2-45   0   2.43   2

BLAIN, Tony Elston (Central Districts, NZ, NZ to Eng, NZ to Sharjah) b Nelson 17.2.1962 RHB WK
FC   7 14   2   399 77* 33.25 0   3   7   1
Int   4   4   2   42   24* 21.00 0   0   4
SC   5   5   0   91   28   18.20 0   0   7
Test 1986 1   1   0   37   37   37.00 0   0   0
FC   1982 30 48   8   1440 129 36.00 2   8   21   1   21.00   1-12   0   2.33   52 11
Int 1985 8   8   3   67   25* 13.40 0   0   5
SC   1982 18 18   1   275 57* 16.17 0   2   22 4

BLAIR, Bruce Robert (Northern Districts, NZ, NZ to Aust, NZ to SL, NZ to Sharjah)
b Dunedin 27.12.1957 LHB RM
FC   2   4   1   109 51* 36.33 0   1   45   0   5.00   2
Int   4   4   0   55   19   13.75 0   0   1
SC   5   5   0   100 52   20.00 0   1   112   6   18.66   4-58   1   4.74   4
FC   1977 74 132   5   3814 143 30.03 2 27   1490 49   30.40   4-26   0   2.62   60
Int 1981 14 14   2   174 29* 14.50 0   0   34   1   34.00   1-7   0   6.80   2
SC   1976 36 36   3   828 82   25.09 0   5   787   32   24.59   4-37   3   3.90   13

BOOCK, Stephen Lewis (Otago, NZ to Aust) b Dunedin 20.9.1951 RHB SLA
FC   1   57   1   57.00   1-57   0   1.58   0
SC   5   1   0   0   0   0.00   0   0   116   10   11.60   4-16   1   2.32   1
Test 1977 26 37   8   192 37   6.62   0   0   2102 65   32.33   7-87   4   2.24   13
FC   1973 129 156 52   870 37   8.36   0   0   10771 476 22.62   8-59   28 2.12   65
Int 1978 9   3   1   10   8*   5.00   0   0   312   10   31.20   3-28   0   4.21   3
SC   1973 33 22 13   59   9*   6.55   0   0   915   48   19.06   4-16   2   3.00   9

BOYLE, David John (Canterbury) b Christchurch 14.2.1961 RHB OB
FC   3   6   1   267 149 53.40 1   1   1
FC   1980 9 15   1   377 149 26.92 1   2   74   3   24.66   3-38   0   2.84   3
SC   1981 1   0

BOYLE, Justin Gregory (Wellington) b Christchurch 13.4.1959 RHB LB
FC   8 13   0   252 70   19.38 0   2   3
SC   3   3   0   49   38   16.33 0   0   0
FC   1982 29 51   1   1237 89   24.74 0   9   24   0   8.00   10
SC   1982 12 12   0   191 46   15.91 0   0   2

BRACEWELL, John Garry (Auckland, NZ, NZ to Aust, NZ to Eng, NZ to SL, NZ to Sharjah)
b Auckland 15.4.1958 RHB OB
Test   2   2   0   24   20   12.00 0   0   229   15   15.26   6-32   1   1.82   3
FC   3   4   0   78   54   19.50 0   1   358   22   16.27   6-32   1   2.00   3
Int   4   3   1   22   20   11.00 0   0   144   4   36.00   2-30   0   4.00   1
SC   4   4   0   94   56   23.50 0   1   153   6   25.50   2-24   0   3.92   1
Test 1980 20 29   7   441 110 20.04 1   1   1732 58   29.86   6-32   2   2.46   16
FC   1978 96 136 26   2741 110 24.91 3 12   8652 346 25.00   7-9   22 2.68   79
Int 1983 29 23   9   245 34   17.50 0   0   1035 23   45.00   2-3   0   4.39   9
SC   1981 23 18   1   406 66   23.88 0   2   561   29   19.34   3-19   0   3.11   4

BRADBURN, Grant Eric (Northern Districts) b Hamilton 26.5.1966 RHB OB
FC   5   6   1   62   19* 12.40 0   0   425   17   25.00   4-40   0   2.59   4

BRADLEY, Martin John (Auckland) b Auckland 27.5.1964 RHB OB
FC   3   2   0   16   10   8.00   0   0   170   10   17.00   3-37   0   2.42   1

Cmp	Debut	M	I	NO	Runs	HS	Avge	100	50	Runs	Wkts	Avge	BB	5wi	RpO	ct	st
\multicolumn{18}{l}{BRIASCO, Peter Scott (Central Districts) b Napier 14.10.1958 RHB RM}
FC		9	17	1	535	109	33.43	1	3	117	2	58.50	1-11	0	3.44	6	
SC		5	5	0	61	26	12.20	0	0	35	0				5.00	2	
FC	1982	35	62	6	2066	157	36.89	3	14	358	7	51.14	3-28	0	2.67	31	
SC	1982	21	21	1	307	42	15.35	0	0	126	3	42.00	1-0	0	3.83	5	
\multicolumn{18}{l}{BROWN, Vaughan Raymond (Canterbury, NZ to Aust) b Christchurch 3.11.1959 LHB OB}
FC		8	14	0	269	134	19.21	1	0	487	20	24.35	6-53	1	2.31	3	
SC		5	4	0	20	19	5.00	0	0	118	4	29.50	2-25	0	3.18	3	
Test	1985	2	3	1	51	36*	25.50	0	0	176	1	176.00	1-17	0	3.08	3	
FC	1978	69	112	15	2938	134	30.28	5	16	4432	166	26.69	7-28	4	2.43	38	
SC	1978	31	30	3	498	65	18.44	0	2	559	15	37.26	2-25	0	3.40	8	
\multicolumn{18}{l}{BURNS, Kevin James (Otago) b Invercargill 7.7.1960 LHB RM}
FC		8	12	1	297	93	27.00	0	1							6	
SC		5	5	0	92	48	18.40	0	0							2	
FC	1980	11	18	2	432	111*	27.00	1	1	21	0				2.62	7	
\multicolumn{18}{l}{CAIRNS, Bernard Lance (Northern Districts, NZ to Aust) b Picton 19.10.1949 RHB RM}
SC		5	5	0	123	60	24.60	0	2	177	4	44.25	2-33	0	3-84	1	
Test	1973	43	65	8	928	64	16.28	0	2	4280	130	32.92	7-74	6	2.41	30	
FC	1971	147	224	25	4143	110	20.81	1	23	12534	469	26.72	8-46	24	2.44	89	
Int	1973	77	64	6	986	60	17.00	0	2	2689	89	30.21	5-28	3	4.04	18	
SC	1972	31	28	2	451	95*	17.34	0	3	966	42	23.00	4-19	2	3.54	10	
\multicolumn{18}{l}{CARRINGTON, Sidney Mark (Northern Districts) b Gisborne 19.8.1961 RHB RFM}
FC		9	11	2	91	53	10.11	0	1	792	25	31.68	4-38	0	3.04	1	
SC		4	2	0	8	7	4.00	0	0	152	2	76.00	1-42	0	4.40	2	
FC	1981	39	50	15	340	53	9.71	0	1	2922	98	29.81	5-69	1	3.08	15	
SC	1981	23	14	8	48	10*	8.00	0	0	688	14	49.14	3-25	0	4.01	2	
\multicolumn{18}{l}{CEDERWALL, Grant Newton (Wellington) b Dunedin 4.7.1958 RHB RFM}
FC		1	2	0	3	3	1.50	0	0	110	4	27.50	3-58	0	3.85	0	
FC	1978	19	31	7	486	68	20.25	0	2	1235	40	30.87	4-47	0	3.17	11	
SC	1982	14	9	1	65	21	8.12	0	0	279	15	18.60	5-17	2	3.57	4	
\multicolumn{18}{l}{CHATFIELD, Ewen John (Wellington, NZ, NZ to Aust, NZ to Eng, NZ to SL, NZ to Sharjah)}
\multicolumn{18}{l}{b Dannevirke 3.7.1950 RHB RFM}
Test		3	2	2	3	2*		0	0	254	8	31.75	3-19	0	1.86	0	
FC		4	3	2	3	2*	3.00	0	0	323	10	32.30	3-19	0	1.71	0	
Int		4	1	1	7	7*		0	0	142	6	23.66	2-37	0	3.98	0	
SC		4	2	1	8	5	8.00	0	0	108	4	27.00	2-8	0	2.98	0	
Test	1974	29	36	23	137	21*	10.53	0	0	2719	88	30.89	6-73	3	2.38	6	
FC	1973	121	110	55	513	24*	9.32	0	0	10373	481	21.56	8-24	23	2.09	44	
Int	1979	81	34	26	101	19*	12.62	0	0	2504	105	23.84	5-34	2	3.46	13	
SC	1973	30	6	3	20	6*	6.66	0	0	861	35	24.60	3-16	0	3.17	6	
\multicolumn{18}{l}{CHILD, Murray John (Northern Districts) b Whangerai 1.9.1953 RHB LM}
FC		6	9	1	154	66*	19.25	0	1	438	18	24.33	4-26	0	2.72	3	
SC		5	5	3	42	15*	21.00	0	0	144	5	28.80	2-38	0	3.89	2	
FC	1977	18	29	8	420	66*	20.00	0	1	1166	42	27.76	4-26	0	2.56	13	
SC	1975	9	8	4	82	25	20.50	0	0	289	8	36.12	2-17	0	4.76	2	
\multicolumn{18}{l}{CONEY, Jeremy Vernon (Wellington, NZ, NZ to Aust, NZ to Eng) b Wellington 21.6.1952 RHB RM}
Test		3	3	1	292	101*	146.00	1	2	103	3	34.33	3-47	0	2.94	7	
Int		4	4	0	104	64	26.00	0	1	38	0				5.42	1	
SC		4	3	0	67	47	22.33	0	0	51	1	51.00	1-28	0	3.00	0	
Test	1973	49	79	14	2591	174*	39.86	3	16	936	27	34.66	3-28	0	2.04	59	
FC	1970	155	256	46	7528	174*	35.84	8	46	3241	108	30.00	6-17	1	2.65	183	
Int	1979	84	76	19	1767	66*	31.00	0	7	1974	52	37.96	4-46	1	4.16	41	
SC	1972	31	28	5	618	73*	26.86	0	4	529	14	37.78	2-11	0	4.25	12	
\multicolumn{18}{l}{COOPER, Barry George (Northern Districts) b Whangarei 30.11.1958 RHB OB}
FC		6	10	0	245	83	24.50	0	1	34	0				4.97	2	
SC		5	5	0	85	30	17.00	0	0							1	
FC	1980	38	68	2	1710	105	25.90	1	11	547	17	32.17	5-40	1	3.08	21	
SC	1980	27	26	2	693	97*	28.87	0	5						6.80	11	
\multicolumn{18}{l}{CROCKER, Lindsay Mervyn (Northern Districts) b Taumarunui 16.5.1958 RHB}
FC		9	18	2	499	105	31.18	1	1	3	0				4.50	7	
SC		5	5	0	174	74	34.80	0	1							1	
FC	1982	34	64	2	1790	126	28.88	2	7	7	0				7.00	28	
SC	1982	19	19	0	469	74	24.68	0	2							4	
\multicolumn{18}{l}{CROWE, Jeffrey John (Auckland, NZ, NZ to Aust, NZ to Eng, NZ to SL, NZ to Sharjah)}
\multicolumn{18}{l}{b Auckland 14.9.1958 RHB}
Int		1	1	0	16	16	16.00	0	0							0	
SC		2	2	0	76	45	38.00	0	0							0	
Test	1982	26	42	2	1060	128	26.50	2	5	9	0				3.00	30	
FC	1977	105	177	18	5355	159	33.67	9	31	48	1	48.00	1-10	0	3.06	116	
Int	1982	53	51	9	1074	66	25.57	0	6	1	0				1.00	18	
SC	1982	12	12	0	307	45	34.11	0	0							9	
\multicolumn{18}{l}{CROWE, Martin David (Central Districts, NZ, NZ to Aust, NZ to Eng, NZ to SL, NZ to Sharjah)}
\multicolumn{18}{l}{b Auckland 22.9.1962 RHB RM}
Test		3	4	1	179	137	59.66	1	0	8	0				1.60	0	
FC		4	6	1	318	137	63.60	1	1	14	0				2.33	1	
Int		4	4	0	101	47	25.25	0	0	109	5	21.80	2-23	0	4.03	3	

Cmp	Debut	M	I	NO	Runs	HS	Avge	100	50	Runs	Wkts	Avge	BB	5wi	RpO	ct	st
SC		5	5	0	95	45	19.00	0	0	14	0				14.00	5	
Test	1981	32	52	5	1807	188	38.44	5	5	559	12	46.58	2-25	0	3.01	35	
FC	1979	121	198	31	8270	242*	49.52	25	38	3244	102	31.80	5-18	4	3.04	127	
Int	1981	56	53	6	1538	105*	32.72	1	10	710	24	29.58	2-9	0	4.27	21	
SC	1980	29	28	4	869	101*	36.20	1	7	699	23	30.39	3-24	0	4.08	14	

CUSHEN, John Arthur James (Otago) b Dunedin 15.2.1950 RHB RFM

Cmp	Debut	M	I	NO	Runs	HS	Avge	100	50	Runs	Wkts	Avge	BB	5wi	RpO	ct	st
FC		8	8	5	37	12	12.33	0	0	711	31	22.93	6-34	2	2.00	2	
SC		5	1	0	5	5	5.00	0	0	146	5	29.20	2-35	0	3.29	1	
FC	1967	64	64	25	435	44	11.15	0	0	5178	182	28.45	6-27	4	2.56	17	
SC	1972	27	12	4	40	19*	5.00	0	0	821	41	20.02	4-30	2	3.32	7	

DUFF, Stuart William (Central Districts) b Hastings 14.12.1962 RHB SLA

Cmp	Debut	M	I	NO	Runs	HS	Avge	100	50	Runs	Wkts	Avge	BB	5wi	RpO	ct	st
FC		7	11	4	236	71	33.71	0	2	604	21	28.76	6-36	1	2.76	7	

EDGAR, Bruce Adrian (Wellington, NZ, NZ to Aust, NZ to Eng) b Wellington 23.11.1956 LHB WK

Cmp	Debut	M	I	NO	Runs	HS	Avge	100	50	Runs	Wkts	Avge	BB	5wi	RpO	ct	st
Test		3	5	0	80	38	16.00	0	0							0	
Int		4	4	0	160	74	40.00	0	1							0	
SC		4	4	1	210	84	70.00	0	1							0	
Test	1978	39	68	4	1958	161	30.59	3	12	3	0				1.00	14	
FC	1975	141	248	21	8554	203	37.68	16	49	47	1	47.00	1-17	0	2.51	79	1
Int	1978	63	63	5	1809	102*	31.18	1	10	5	0				2.50	11	
SC	1976	26	25	7	1340	147*	74.44	3	7	12	0				12.00	14	

FRANKLIN, Trevor John (Auckland, NZ, NZ to Aust, NZ to Eng) b Mount Eden 18.3.1962 RHB RM

Cmp	Debut	M	I	NO	Runs	HS	Avge	100	50	Runs	Wkts	Avge	BB	5wi	RpO	ct	st
Test		1	1	0	0	0	0.00	0	0							0	
FC		9	16	0	592	176	39.46	1	5	21	1	21.00	1-21	0	3.50	10	
SC		4	4	0	56	25	14.00	0	0							0	
Test	1983	2	3	0	9	7	3.00	0	0							0	
FC	1980	71	125	11	3880	181	34.03	7	20	41	1	41.00	1-21	0	3.15	45	
Int	1983	1	1	0	6	6	6.00	0	0							0	
SC	1980	30	30	1	772	102	26.62	1	3	42	1	42.00	1-23	0	5.25	8	

GILL, Stephen John (Central Districts) b Nelson 28.9.1957 LHB LM

Cmp	Debut	M	I	NO	Runs	HS	Avge	100	50	Runs	Wkts	Avge	BB	5wi	RpO	ct	st
SC		3	3	0	34	27	11.33	0	0	63	2	31.50	1-12	0	2.70	1	
FC	1981	18	28	7	638	107	30.58	1	3	1032	29	35.58	4-28	0	2.71	8	
SC	1981	18	15	0	282	55	18.80	0	1	469	15	31.26	2-26	0	3.22	4	

GILLESPIE, Stuart Ross (Auckland, NZ, NZ to Aust) b Wanganui 2.3.1957 RHB RFM

Cmp	Debut	M	I	NO	Runs	HS	Avge	100	50	Runs	Wkts	Avge	BB	5wi	RpO	ct	st
Test		1	1	0	28	28	28.00	0	0	79	1	79.00	1-79	0	2.92	0	
FC		2	3	0	32	28	10.66	0	0	127	5	25.40	3-15	0	2.30	1	
Int		4	2	2	18	18*		0	0	190	3	63.33	1-39	0	5.27	1	
SC		4	3	2	2	1*	2.00	0	0	136	3	45.33	2-45	0	3.88	2	
FC	1979	29	41	5	447	60	12.41	0	2	2321	91	25.50	5-30	3	2.53	11	
Int	1985	12	7	3	45	18*	11.25	0	0	455	16	28.43	4-30	1	4.36	3	
SC	1979	23	19	5	181	23	12.92	0	0	749	32	23.40	4-55	1	3.78	10	

GLOVER, Ross Lewis (Central Districts) b Masterton 5.5.1964 RHB OB

Cmp	Debut	M	I	NO	Runs	HS	Avge	100	50	Runs	Wkts	Avge	BB	5wi	RpO	ct	st
FC		2	3	0	36	28	12.00	0	0							2	

GRAY, Evan John (Wellington, NZ, NZ to Eng, NZ to SL, NZ to SL, NZ to Sharjah)
  b Wellington 18.11.1954 RHB SLA

Cmp	Debut	M	I	NO	Runs	HS	Avge	100	50	Runs	Wkts	Avge	BB	5wi	RpO	ct	st
FC		8	13	2	545	128*	49.54	2	3	748	34	22.00	8-37	2	2.26	8	
Int		1	1	0	7	7	7.00	0	0	45	1	45.00	1-45	0	5.62	0	
SC		4	2	0	17	9	8.50	0	0	134	7	19.14	2-18	0	3.62	4	
Test	1983	7	11	0	177	50	16.09	0	1	582	13	44.76	3-73	0	2.59	4	
FC	1975	109	166	31	4123	128*	30.54	6	22	8187	323	25.34	8-37	14	2.39	81	
Int	1984	8	5	1	57	30*	14.25	0	0	236	5	47.20	2-55	0	4.42	2	
SC	1976	31	27	7	526	53	26.30	0	2	766	36	21.27	4-30	2	3.64	15	

GREATBACH, Mark John (Auckland) b Auckland 11.12.1963 LHB WK

Cmp	Debut	M	I	NO	Runs	HS	Avge	100	50	Runs	Wkts	Avge	BB	5wi	RpO	ct	st
FC		7	12	4	316	119*	39.50	1	1	2	0				4.00	9	
SC		2	2	0	15	8	7.50	0	0							0	
FC	1982	24	42	7	884	119*	25.25	1	4	2	0				4.00	16	
SC	1982	9	8	0	202	75	25.25	0	1							4	

GRIFFITHS, Adrian Alfred (Wellington) b Blenheim 23.5.1951 LHB OB

Cmp	Debut	M	I	NO	Runs	HS	Avge	100	50	Runs	Wkts	Avge	BB	5wi	RpO	ct	st
FC		1								57	0				3.00	0	
FC	1984	9	19	5	15*		0	0		270	5	54.00	3-49	0	2.51	2	

GUTHARDT, David John (Central Districts) b Nelson 24.10.1958 RHB WK

Cmp	Debut	M	I	NO	Runs	HS	Avge	100	50	Runs	Wkts	Avge	BB	5wi	RpO	ct	st
FC		3	5	0	58	17	11.60	0	0							4	

HADLEE, Richard John (Canterbury, NZ, NZ to Aust, NZ to Eng, Notts) b Christchurch 3.7.1951
LHB RFM

Cmp	Debut	M	I	NO	Runs	HS	Avge	100	50	Runs	Wkts	Avge	BB	5wi	RpO	ct	st
Test		3	3	1	105	72*	52.50	0	1	387	16	24.18	7-116	1	2.45	2	
Int		4	4	1	79	40	26.33	0	1	112	9	12.44	4-15	1	3.00	0	
SC		4	4	0	44	17	11.00	0	0	142	14	10.14	4-19	2	3.02	2	
Test	1972	66	106	13	2397	103	25.77	1	13	7520	334	22.51	9-52	27	2.62	33	
FC	1971	287	398	74	9806	210*	30.26	11	49	22566	1221	18.48	9-52	74	2.40	165	
Int	1972	91	77	12	1259	79	19.36	0	2	2606	126	20.68	5-25	3	3.21	22	
SC	1972	29	25	3	396	63	18.00	0	1	647	47	13.76	4-15	4	2.51	11	

HANCOCK, Kim Bruce (Northern Districts) b Matamata 22.7.1966 RHB RFM

Cmp	Debut	M	I	NO	Runs	HS	Avge	100	50	Runs	Wkts	Avge	BB	5wi	RpO	ct	st
FC		3	5	4	10	10*	10.00	0	0	274	7	39.14	3-37	0	4.64	2	

HART, Ashley William (Canterbury) b Blenheim 10.7.1956 LHB WK

Cmp	Debut	M	I	NO	Runs	HS	Avge	100	50	Runs	Wkts	Avge	BB	5wi	RpO	ct	st
FC		8	14	3	123	44	11.18	0	0	1	0				1.00	17	2
SC		5	4	2	47	32*	23.50	0	0							4	4
FC	1981	31	44	12	506	70*	15.81	0	1	1	0				1.00	72	11
SC	1981	17	12	4	80	32*	10.00	0	0							18	7

	Cmp	Debut	M	I	NO	Runs	HS	Avge	100	50	Runs	Wkts	Avge	BB	5wi	RpO	ct	st
\multicolumn{19}{l}{HART, Ronald Terence (Central Districts) b Lower Hutt 7.11.1961 RHB OB WK}
FC			6	11	1	380	207	38.00	1	1							1	
SC			2	2	0	39	26	19.50	0	0							0	
FC		1980	31	56	2	1764	207	32.66	4	9	12	0				2.40	22	2
Int		1984	1	1	0	3	3	3.00	0	0							0	
SC		1982	12	12	0	358	81	29.83	0	3	14	1	14.00	1-14	0	4.66	1	
\multicolumn{19}{l}{HARTSHORN, David John (Canterbury) b Christchurch 17.5.1966 RHB LB}
FC			5	9	1	204	47*	25.50	0	0	175	3	58.33	2-70	0	3.01	6	
FC		1984	8	15	3	395	103	32.91	1	0	388	5	77.60	2-70	0	3.31	8	
\multicolumn{19}{l}{HAYWARD, Richard Edward (Central Districts) b Ickenham, England 15.2.1954 LHB LM}
FC			8	14	1	342	69*	26.30	0	2	8	0				0.72	5	
SC			5	5	0	45	16	9.00	0	0							1	
FC		1981	50	80	14	1766	102	26.75	3	9	63	0				2.03	27	
SC		1983	16	15	1	355	63	25.35	0	3							6	
\multicolumn{19}{l}{HILL, Robert John (Otago) b Gore 1.2.1954 RHB RM}
SC			3	2	2	9	7*		0	0	90	3	30.00	2-32	0	6.00	0	
FC		1976	9	12	2	93	36	9.30	0	0	250	7	35.71	4-55	0	2.32	5	
SC		1976	4	3	2	10	7*	10.00	0	0	121	3	40.33	2-32	0	5.26	0	
\multicolumn{19}{l}{HILLS, Peter William (Otago) b Ranfurly 3.12.1958 RHB LFM}
SC			2	2	0	1	1	0.50	0	0	89	3	29.66	2-40	0	4.45	0	
FC		1978	21	29	6	150	20	6.52	0	0	1269	38	33.39	5-57	2	3.21	13	
SC		1979	13	12	1	92	25	8.36	0	0	410	15	27.33	3-48	0	3.79	3	
\multicolumn{19}{l}{HINTZ, Andrew John (Canterbury) b Christchurch 8.12.1963 RHB RFM}
FC			1	1	1	1	1*		0	0	75	2	37.50	2-75	0	3.57	0	
\multicolumn{19}{l}{HORNE, Philip Andrew (Auckland) b Upper Hutt 21.1.1960 LHB}
FC			6	10	1	279	116	31.00	1	1							4	
FC		1979	16	29	2	759	116	28.11	1	5	1	0				1.00	11	
SC		1984	4	3	0	32	24	10.66	0	0							1	
\multicolumn{19}{l}{HOSKIN, Richard Neville (Otago) b Invercargill 18.10.1959 RHB LB WK}
FC			8	12	2	401	111	40.10	1	2	3	0				0.75	5	
SC			5	5	0	122	56	24.40	0	1							0	
FC		1980	46	80	4	1878	117	24.71	3	11	4	0				0.68	28	
SC		1980	28	27	0	588	61	21.77	0	3	9	0				2.45	6	
\multicolumn{19}{l}{HOWARTH, Geoffrey Philip (Northern Districts) b Auckland 29.3.1951 RHB OB}
FC			6	9	0	168	79	18.66	0	1							3	
SC			5	5	1	66	34*	16.50	0	0							1	
Test		1974	47	83	5	2531	147	32.44	6	11	271	3	90.33	1-13	0	2.64	29	
FC		1968	338	584	42	17294	183	31.90	32	88	3593	112	32.08	5-32	1	2.50	229	
Int		1974	69	64	5	1378	76	23.35	0	6	68	3	22.66	1-4	0	4.53	15	
SC		1972	29	29	2	562	81	20.81	0	4	267	12	22.25	3-29	0	3.95	7	
\multicolumn{19}{l}{HUNT, Alan James (Auckland) b Dunedin 27.9.1959 RHB OB}
FC			6	8	2	186	79*	31.00	0	1	214	5	42.80	2-45	0	3.01	4	
SC			4	4	0	78	32	19.50	0	0	54	6	9.00	5-27	1	3.85	1	
FC		1980	32	54	10	1110	79*	25.22	0	7	622	15	41.46	4-26	0	2.62	27	
SC		1981	18	15	3	294	39	24.50	0	0	77	6	12.83	5-27	1	4.52	6	
\multicolumn{19}{l}{IBADULLA, Kassem Ben Khalid (Otago) b Birmingham, England 13.10.1964 RHB OB}
FC			1	1	0	5	5	5.00	0	0	64	1	64.00	1-64	0	2.66	0	
FC		1982	5	4	2	45	30*	22.50	0	0	234	9	26.00	5-22	1	2.56	3	
\multicolumn{19}{l}{JONES, Andrew Howard (Wellington) b Wellington 9.5.1959 RHB}
FC			7	11	3	286	99	35.75	0	2	109	3	36.33	2-26	0	2.41	3	
SC			4	3	1	85	33*	42.50	0	0							2	
FC		1979	40	70	13	1817	102*	31.87	1	9	344	12	28.66	4-28	0	2.49	23	
SC		1980	18	17	1	306	33*	19.12	0	0	22	3	7.33	3-22	0	2.20	6	
\multicolumn{19}{l}{KELLY, Paul James (Auckland) b Palmerston North 15.2.1960 RHB WK}
FC			8	9	1	292	93	36.50	0	2							22	1
SC			4	3	2	14	12*	14.00	0	0							4	
FC		1980	32	43	7	623	93	17.30	0	2							86	7
SC		1981	17	11	3	95	36*	11.87	0	0							12	2
\multicolumn{19}{l}{KENNEDY, Peter Gerard (Canterbury) b Christchurch 20.4.1965 RHB}
FC			7	12	0	260	81	21.66	0	2							4	
SC			5	5	1	35	25	8.75	0	0							0	
\multicolumn{19}{l}{KUGGELEIJN, Christopher Mark (Northern Districts) b Auckland 10.5.1956 RHB OB}
FC			9	14	2	424	74	35.33	0	3	320	5	64.00	2-66	0	2.82	10	
SC			5	5	0	100	38	20.00	0	0	117	4	29.25	2-33	0	3.44	4	
FC		1975	45	77	4	1700	116	23.28	1	9	1095	17	64.41	3-46	0	2.75	47	
SC		1976	24	21	3	301	41*	16.72	0	0	257	7	36.71	2-33	0	4.05	13	
\multicolumn{19}{l}{LARSEN, Gavin Rolf (Wellington) b Wellington 27.9.1962 RHB RM}
FC			8	12	4	229	92	28.62	0	1	437	11	39.72	2-34	0	2.17	4	
SC			4	2	1	3	3*	3.00	0	0	73	2	36.50	2-22	0	2.80	1	
FC		1984	12	17	6	272	92	24.72	0	1	526	16	32.87	2-23	0	2.11	4	
SC		1984	8	6	2	48	26	12.00	0	0	208	8	26.00	2-22	0	3.20	2	
\multicolumn{19}{l}{LATHAM, Rodney Terry (Canterbury) b Christchurch 12.6.1961 RHB RM}
FC			8	14	1	423	81	32.53	0	3	53	0				5.30	6	
SC			5	4	0	32	18	8.00	0	0	30	2	15.00	1-11	0	4.86	1	
FC		1980	39	69	5	1818	109	28.40	1	10	374	6	62.33	3-75	0	3.10	29	
SC		1980	32	29	1	717	83	25.60	0	3	167	8	20.87	3-13	0	3.39	14	

	Cmp Debut	M	I	NO	Runs	HS	Avge	100	50	Runs	Wkts	Avge	BB	5wi	RpO	ct	st
\multicolumn{18}{l}{LEES, Warren Kenneth (Otago) b Dunedin 19.3.1952   RHB WK RM}
FC		8	10	3	151	62*	21.57	0	1							24	1
SC		5	5	2	83	28	27.66	0	0							5	
Test	1976	21	37	4	778	152	23.57	1	1	4	0				4.80	52	7
FC	1970	131	219	38	4435	152	24.50	4	16	103	2	51.50	1-34	0	2.60	270	36
Int	1979	30	23	5	211	26	11.72	0	0							24	2
SC	1971	36	36	9	695	73*	25.74	0	3	1	0				6.00	37	5
\multicolumn{18}{l}{LINDSAY, John Kenneth (Otago) b Winton 2.4.1957   RHB OB}
FC		8	11	2	289	65*	32.11	0	2	647	20	32.35	3-38	0	3.45	7	
FC	1980	16	25	3	462	65*	21.00	0	2	1052	28	37.57	3-38	0	3.37	10	
SC	1980	4	4	2	52	35*	26.00	0	0	21	3	7.00	3-21	0	3.00	3	
\multicolumn{18}{l}{McCULLUM, Stuart James (Otago) b Eltham 6.12.1956   LHB WK}
FC		8	13	1	585	134	48.75	1	3							4	
SC		5	5	0	61	29	12.20	0	0							2	
FC	1976	54	95	1	2359	134	25.09	2	11	0	1	0.00	1-0	0	0.00	43	1
SC	1976	24	24	0	380	48	15.83	0	0	8	1	8.00	1-2	0	5.33	11	
\multicolumn{18}{l}{MacDONALD, Garry Kevin (Canterbury) b Blenheim 12.8.1956   LHB SLA}
FC		3	6	1	25	14	5.00	0	0	187	1	187.00	1-21	0	3.06	3	
FC	1984	18	28	6	188	25*	9.83	0	0	636	21	30.28	6-62	1	2.92	15	
\multicolumn{18}{l}{McEWAN, Paul Ernest (Canterbury) b Christchurch 19.11.1953   RHB RM}
FC		8	14	0	418	118	29.85	1	2	179	3	59.66	2-70	0	3.14	2	
SC		5	5	1	203	68	50.75	0	2	47	3	15.66	2-3	0	3.81	5	
Test	1979	4	7	1	96	40*	16.00	0	0	13	0				2.16	5	
FC	1976	70	127	12	4124	155	35.86	8	24	955	29	32.93	3-25	0	2.77	56	
Int	1979	17	15	0	204	41	13.60	0	0	353	6	58.83	2-29	0	5.04	1	
SC	1976	28	28	3	829	68	33.16	0	6	371	13	28.53	3-31	0	3.82	16	
\multicolumn{18}{l}{McKECHNIE, Brian John (Otago) b Gore 6.11.1953   RHB RM}
FC		8	8	0	84	35	10.50	0	0	458	17	26.94	4-38	0	2.12	4	
SC		5	5	2	57	22*	19.00	0	0	146	8	18.25	3-25	0	2.92	1	
FC	1971	50	73	9	1169	51	18.26	0	2	3065	100	30.65	4-24	0	2.25	24	
Int	1975	14	8	4	54	27	13.50	0	0	495	19	26.05	3-23	0	3.63	2	
SC	1973	12	10	2	114	32	14.25	0	0	303	13	23.30	3-25	0	2.87	1	
\multicolumn{18}{l}{McKENZIE, Grant William (Northern Districts) b Napier 11.5.1961   RHB SLA}
FC		4	7	1	169	49	28.16	0	0	10	0				5.00	5	
FC	1983	5	9	3	202	49	33.66	0	0	82	1	82.00	1-25	0	6.30	5	
\multicolumn{18}{l}{McNALLY, Stephen Roy (Canterbury) b Christchurch 28.9.1958   RHB LM}
FC		7	12	0	123	29	10.25	0	0	592	17	34.82	4-39	0	3.03	1	
SC		2	1	0	1	1	1.00	0	0	53	2	26.50	2-18	0	4.35	0	
FC	1978	33	47	2	469	47	10.42	0	0	2696	77	35.01	4-33	0	2.88	11	
SC	1980	19	13	2	141	24	12.81	0	0	688	32	21.50	5-21	2	4.14	2	
\multicolumn{18}{l}{McSWEENEY, Ervin Bruce (Wellington, NZ to Aust, NZ to SL, NZ to SL, NZ to Sharjah)}
\multicolumn{18}{l}{ b Wellington 8.3.1957   RHB WK}
FC		1	2	1	52	32	52.00	0	0							6	
SC		4	3	0	42	38	14.00	0	0							2	3
FC	1979	47	64	12	1651	130	31.75	1	10	8	0				8.00	143	22
Int	1985	13	11	4	51	18*	7.28	0	0							13	2
SC	1980	32	24	4	360	59	18.00	0	2							35	11
\multicolumn{18}{l}{MAGUINESS, Stephen James (Wellington) b Palmerston North 27.1.1959   RHB RM}
FC		5	6	1	122	54	24.40	0	1	371	14	26.50	4-32	0	1.97	6	
SC		4	2	0	5	5	2.50	0	0	132	6	22.00	2-29	0	3.38	0	
FC	1981	35	42	8	426	54	12.52	0	1	2457	98	25.07	7-17	2	2.11	33	
SC	1981	25	12	2	82	22	8.20	0	0	734	39	18.82	4-26	1	3.26	10	
\multicolumn{18}{l}{MALLENDER, Neil Alan (Otago, Northants) b Kirk Sandall, England 13.8.1961   RHB RFM}
FC		8	8	2	149	52*	24.83	0	1	597	24	24.87	4-31	0	2.62	3	
SC		5	2	2	21	18*		0	0	160	6	26.66	3-16	0	3.32	1	
FC	1980	158	174	55	1628	88	13.68	0	4	11575	389	29.75	7-27	2	2.96	56	
SC	1983	15	12	7	123	28*	24.60	0	0	468	20	23.40	3-16	0	3.49	4	
\multicolumn{18}{l}{MARTIN, Kenneth Wayne (Central Districts) b New Plymouth 28.4.1953   RHB RM}
FC		2	1	0	14	14	14.00	0	0	235	4	58.75	2-37	0	3.61	1	
SC		5	5	0	40	26	8.00	0	0	158	4	39.50	2-35	0	3.67	2	
FC	1984	5	4	2	22	14	11.00	0	0	480	13	36.92	4-59	0	2.87	4	
SC	1984	6	5	0	40	26	8.00	0	0	193	6	32.16	2-35	0	3.71	2	
\multicolumn{18}{l}{MAWHINNEY, Russell Eric Wilson (Northern Districts) b Ranfurly 28.3.1960   LHB LM}
FC		9	18	1	469	110	27.58	1	1	5	0				2.50	7	
SC		5	5	0	94	50	18.80	0	1							0	
FC	1983	11	20	1	524	110	27.57	1	1	77	2	38.50	2-22	0	2.56	8	
\multicolumn{18}{l}{MILNE, James Damian (Wellington) b Wellington 2.12.1961   RHB WK}
FC		7	7	0	92	36	13.14	0	0							20	1
\multicolumn{18}{l}{MOLONY, David Matthews (Wellington) b Wellington 30.5.1966   RHB RFM}
FC		4	4	1	35	14*	11.66	0	0	326	10	32.60	3-62	0	3.21	1	
\multicolumn{18}{l}{MORRISON, David Kyle (Auckland) b Auckland 3.2.1966   RHB RFM}
FC		5	6	3	27	17	9.00	0	0	296	8	37.00	3-68	0	2.82	0	
\multicolumn{18}{l}{MURPHY, Anthony John (Central Districts, Lancashire) b Manchester, England 6.8.1962   RHB RFM}
FC		3	4	1	1	1	0.33	0	0	190	6	31.66	2-31	0	2.92	0	
SC		2	2	1	25	14*		0	0	60	1	60.00	1-40	0	3.00	0	
FC	1984	10	12	5	12	6	1.71	0	0	685	22	31.13	3-67	0	3.22	2	

	Cmp	Debut	M	I	NO	Runs	HS	Avge	100	50	Runs	Wkts	Avge	BB	5wi	RpO	ct	st
\multicolumn{19}{l}{NATHU, Anup (Canterbury) b Wellington 8.10.1960 RHB RM}
FC			8	15	1	417	153	29.78	1	0	37	1	37.00	1-28	0	2.31	6	
SC			5	5	0	74	29	14.80	0	0							1	
FC		1980	21	39	2	1129	153	30.51	2	3	41	1	41.00	1-28	0	2.27	12	
SC		1984	10	10	0	122	30	12.20	0	0							2	
\multicolumn{19}{l}{ORMISTON, Ross William (Wellington) b New Plymouth 19.10.1955 RHB}
FC			8	13	0	257	52	19.76	0	1	10	0				3.33	8	
FC		1975	56	94	12	2166	179	26.41	2	9	173	1	173.00	1-26	0	5.06	47	
SC		1980	23	18	5	206	37	15.84	0	0							4	
\multicolumn{19}{l}{PATEL, Dipak Narshibhai (Auckland, Worcestershire) b Nairobi, Kenya 25.10.1958 RHB OB}
FC			8	14	1	469	174	36.07	1	1	756	29	26.06	5-41	1	2.12	1	
FC		1976	246	381	32	10379	197	29.73	18	42	14022	393	35.67	7-46	14	2.47	136	
\multicolumn{19}{l}{REID, John Fulton (Auckland, NZ, NZ to Aust) b Auckland 3.3.1956 LHB LB WK}
Test			3	4	1	50	32	16.66	0	0	0	0				0.00	1	
FC			4	6	1	102	32	20.40	0	0	0	0				0.00	1	
SC			4	4	1	312	118	104.00	1	1							2	
Test		1978	19	31	3	1296	180	46.28	6	2	7	0				2.33	9	
FC		1975	100	169	22	5538	180	37.67	10	29	221	6	36.83	2-5	0	2.74	116	9
Int		1979	25	24	1	633	88	27.52	0	4							6	
SC		1975	34	34	10	1410	118	58.75	1	9							18	
\multicolumn{19}{l}{REID, Richard Bruce (Auckland) b Lower Hutt 3.12.1958 RHB}
FC			2	4	1	70	25	23.33	0	0	9	0				3.00	0	
FC		1976	13	23	5	340	88	18.88	0	1	14	2	7.00	2-5	0	3.50	9	
\multicolumn{19}{l}{RITCHIE, Tim David (Wellington) b Christchurch 10.1.1964 RHB SLA}
FC			8	13	3	420	60	42.00	0	2	2	0				1.00	4	
SC			1	1	0	9	9	9.00	0	0							1	
FC		1982	21	35	9	862	105*	33.15	1	4	30	0				3.75	11	
SC		1982	9	7	1	91	35*	15.16	0	0							5	
\multicolumn{19}{l}{ROBERTS, Stuart John (Canterbury) b Christchurch 22.3.1965 RHB RFM}
FC			2	2	1	1	1*	1.00	0	0	204	8	25.50	5-77	1	3.61	0	
\multicolumn{19}{l}{ROBERTSON, Gary Keith (Central Districts, NZ, NZ to SL, NZ to Sharjah)}
\multicolumn{19}{l}{ b New Plymouth 15.7.1960 RHB RFM}
Test			1	1	0	12	12	12.00	0	0	91	1	91.00	1-91	0	3.79	0	
FC			10	11	4	303	99*	43.28	0	3	967	32	30.21	5-47	1	3.58	2	
SC			5	5	1	46	17	11.50	0	0	143	5	28.60	3-43	0	3.45	0	
FC		1979	59	74	15	1340	99*	22.71	0	7	5120	178	28.76	6-47	5	3.18	19	
Int		1980	6	5	0	45	17	9.00	0	0	180	2	90.00	2-29	0	4.00	1	
SC		1980	26	23	4	303	57	15.94	0	1	773	34	22.73	5-36	1	3.53	2	
\multicolumn{19}{l}{ROBERTSON, Stephen Paul (Central Districts) b New Plymouth 21.10.1963 RHB RM}
FC			4	7	2	70	35	14.00	0	0							6	
\multicolumn{19}{l}{RUTHERFORD, Kenneth Robert (Otago, NZ, NZ to Eng, NZ to SL, NZ to Sharjah)}
\multicolumn{19}{l}{ b Dunedin 26.10.1965 RHB RM}
Test			3	4	1	115	65	38.33	0	2							2	
FC			11	17	2	753	126	50.20	3	4	42	0				3.15	10	
Int			4	4	0	178	79	44.50	0	2							1	
SC			5	5	0	175	74	35.00	0	1							0	
Test		1984	8	13	2	151	65	13.72	0	2	56	1	56.00	1-38	0	4.42	3	
FC		1982	47	78	8	2765	317	39.50	7	13	174	3	58.00	1-13	0	4.11	32	
Int		1984	12	12	0	329	79	27.41	0	3	12	1	12.00	1-12	0	4.00	2	
SC		1983	13	13	0	455	90	35.00	0	3	46	1	46.00	1-46	0	5.11	4	
\multicolumn{19}{l}{SCOTT, Derek Grant (Auckland) RHB RM}
FC			6	11	1	307	79	30.70	0	3	131	3	43.66	2-44	0	2.72	4	
SC		1984	1	1	0	21	21	21.00	0	0							1	
\multicolumn{19}{l}{SCOTT, Stephen James (Northern Districts) b Matamata 2.4.1955 RHB RM}
FC			9	12	0	168	32	14.00	0	0	721	24	30.04	4-42	0	2.65	4	
SC			2	1	0	14	14	14.00	0	0	69	0				3.45	0	
FC		1978	35	49	11	520	60*	13.68	0	1	2624	73	35.94	5-21	3	2.83	21	
SC		1979	15	9	5	64	14	16.00	0	0	548	25	21.92	4-42	3	3.94	3	
\multicolumn{19}{l}{SMITH, Campbell John (Central Districts) b Nelson 21.3.1960 RHB}
FC			9	17	0	674	103	39.64	2	3							3	
SC			3	3	0	61	55	20.33	0	1							1	
FC		1983	17	31	3	1039	103*	37.10	3	5							5	
SC		1984	5	5	1	91	55	22.75	0	1							3	
\multicolumn{19}{l}{SMITH, Ian David Stockley (Central Districts, NZ, NZ to Aust, NZ to Eng) b Nelson 28.2.1957 RHB WK}
Test			3	2	0	25	22	12.50	0	0							11	1
FC			10	13	2	298	84	27.09	0	2							25	3
SC			5	5	0	60	37	12.00	0	0	9	0				3.85	3	
Test		1980	33	45	9	808	113*	22.44	1	2	5	0				1.66	92	6
FC		1977	109	160	21	3424	145	24.99	4	12	38	0				2.81	249	23
Int		1980	42	32	6	381	59	14.65	0	1							34	5
SC		1979	23	21	0	281	70	13.38	0	1	9	0				3.85	28	1
\multicolumn{19}{l}{SNEDDEN, Martin Colin (Auckland, NZ to Aust, NZ to SL, NZ to Sharjah) b Auckland 23.11.1958}
\multicolumn{19}{l}{ LHB RFM}
FC			1	1	0	20	20	20.00	0	0	87	3	29.00	3-47	0	2.55	0	
SC			4	4	1	21	7	7.00	0	0	105	3	35.00	1-27	0	4.37	4	
Test		1980	11	12	2	147	32	14.70	0	0	930	24	38.75	3-21	0	2.97	2	

Cmp	Debut	M	I	NO	Runs	HS	Avge	100	50	Runs	Wkts	Avge	BB	5wi	RpO	ct	st
FC	1977	71	78	16	1255	69	20.24	0	3	5985	241	24.83	8-73	8	2.77	36	
Int	1980	53	27	11	267	40	16.68	0	0	1872	65	28.80	3-23	0	4.42	15	
SC	1979	22	18	4	278	79	19.85	0	2	602	38	15.84	5-19	3	3.37	9	

STEAD, David William (Canterbury) b Christchurch 26.5.1947 LHB RM LB

Cmp	Debut	M	I	NO	Runs	HS	Avge	100	50	Runs	Wkts	Avge	BB	5wi	RpO	ct	st
FC		8	14	2	313	52	26.08	0	1	348	6	58.00	2-35	0	2.97	4	
SC		5	4	1	42	16*	14.00	0	0	139	8	17.37	3-24	0	2.83	0	
FC	1868	80	139	11	3205	193*	25.03	1	20	5063	170	29.78	7-99	6	2.62	69	
SC	1971	41	38	6	511	67*	15.96	0	1	908	46	19.73	3-24	0	3.55	9	

STIRLING, Derek Alexander (Central Districts, NZ to Eng) b Upper Hutt 5.10.1961 RHB RFM

Cmp	Debut	M	I	NO	Runs	HS	Avge	100	50	Runs	Wkts	Avge	BB	5wi	RpO	ct	st
FC		9	15	4	306	51*	27.81	0	1	863	26	33.19	5-82	1	3.97	4	
SC		5	5	0	82	32	16.40	0	0	201	5	40.20	2-37	0	4.27	0	
Test	1984	6	9	2	108	26	15.42	0	0	601	13	46.23	4-88	0	3.99	1	
FC	1081	59	75	24	1057	51*	20.72	0	1	4917	150	32.78	6-75	4	3.60	15	
Int	1983	6	5	2	21	14*	7.00	0	0	206	6	34.33	2-28	0	5.02	3	
SC	1981	23	17	8	168	32	18.66	0	0	809	31	26.09	4-19	4	4.32	4	

THIELE, Craig Harvey (Canterbury) b Nelson 14.11.1953 RHB RFM

Cmp	Debut	M	I	NO	Runs	HS	Avge	100	50	Runs	Wkts	Avge	BB	5wi	RpO	ct	st
FC		6	11	5	69	17	11.50	0	0	562	19	29.57	4-74	0	3.03	3	
SC		3	2	1	6	6	6.00	0	0	63	3	21.00	3-22	0	3.50	0	
FC	1980	34	46	21	260	49	10.40	0	0	2882	107	26.93	6-45	3	3.06	11	
SC	1980	24	17	7	33	7*	3.30	0	0	687	39	17.61	4-37	2	3.55	5	

TRACY, Sean Robert (Canterbury) b Auckland 7.6.1963 RHB RF

Cmp	Debut	M	I	NO	Runs	HS	Avge	100	50	Runs	Wkts	Avge	BB	5wi	RpO	ct	st
FC		6	10	1	27	7	3.00	0	0	466	13	35.84	5-19	1	3.85	0	
SC		5	3	2	20	10*	20.00	0	0	123	2	61.50	1-18	0	3.23	1	
FC	1982	25	27	5	101	33	4.59	0	0	1955	67	29.17	5-19	2	3.61	6	
SC	1982	14	7	4	30	10*	10.00	0	0	382	9	42.44	2-21	0	3.53	1	

TREIBER, Karl (Northern Districts) b Lendava, Yugoslavia 4.12.1955 LHB LFM

Cmp	Debut	M	I	NO	Runs	HS	Avge	100	50	Runs	Wkts	Avge	BB	5wi	RpO	ct	st
FC		4	5	1	29	21	7.25	0	0	322	15	21.46	7-42	1	2.94	2	
SC		4	3	2	1	1*	1.00	0	0	139	7	19.85	4-28	1	4.08	1	
FC	1979	18	20	11	91	31	10.11	0	0	1349	48	28.10	7-42	1	2.78	5	
SC	1979	12	5	4	3	2*	3.00	0	0	463	20	23.15	4-28	1	4.14	2	

TROUP, Gary Bertram (Auckland, NZ) b Taumarunui 3.10.1952 RHB LFM

Cmp	Debut	M	I	NO	Runs	HS	Avge	100	50	Runs	Wkts	Avge	BB	5wi	RpO	ct	st
Test		2	1	0	10	10	10.00	0	0	240	3	80.00	2-86	0	3.11	0	
FC		10	9	3	107	29*	17.83	0	0	695	30	23.16	5-43	2	2.42	3	
SC		4	1	0	10	10	10.00	0	0	120	9	13.33	4-51	1	3.46	1	
Test	1976	15	18	6	55	13*	4.58	0	0	1454	39	37.28	6-95	1	2.74	2	
FC	1974	95	108	37	842	58*	11.85	0	2	7328	266	27.54	6-48	5	2.72	36	
Int	1976	22	12	8	101	39	25.25	0	0	791	32	24.71	4-19	3	4.02	2	
SC	1974	29	15	4	67	19	6.09	0	0	762	40	19.05	4-51	3	3.10	7	

VANCE, Robert Howard (Wellington) b Wellington 31.3.1955 RHB WK

Cmp	Debut	M	I	NO	Runs	HS	Avge	100	50	Runs	Wkts	Avge	BB	5wi	RpO	ct	st
FC		8	13	0	488	114	37.53	1	3	29	1	29.00	1-11	0	2.63	5	
SC		4	4	1	48	37*	16.00	0	0							2	
FC	1976	77	132	8	3388	114	27.32	3	22	48	1	48.00	1-11	0	2.28	109	4
SC	1976	35	34	1	812	106	24.60	1	6							19	1

VERRY, Ross Alexander (Wellington) b Wellington 25.10.1964 RHB OB

Cmp	Debut	M	I	NO	Runs	HS	Avge	100	50	Runs	Wkts	Avge	BB	5wi	RpO	ct	st
FC		1	2	0	32	16	16.00	0	0	14	0				2.80	1	

VISSER, Peter John (Central Districts) b Waikari 10.5.1960 RHB RFM

Cmp	Debut	M	I	NO	Runs	HS	Avge	100	50	Runs	Wkts	Avge	BB	5wi	RpO	ct	st
FC		9	8	3	1	1	0.20	0	0	903	26	34.73	6-29	1	3.01	6	
SC		5	5	2	9	4	3.00	0	0	148	9	16.44	5-20	1	3.79	0	
FC	1983	16	14	3	9	8	0.81	0	0	1336	45	29.68	7-40	2	2.90	10	
SC	1983	10	7	3	11	4	2.75	0	0	290	17	17.05	5-20	1	3.53	0	

WALKER, Derek John (Otago) b Dunedin 23.11.1959 LHB RM

Cmp	Debut	M	I	NO	Runs	HS	Avge	100	50	Runs	Wkts	Avge	BB	5wi	RpO	ct	st
FC		8	11	2	341	106	37.89	1	2	77	3	25.66	3-42	0	3.66	5	
SC		5	5	1	109	34	27.25	0	0	40	0				4.00	1	
FC	1980	23	38	5	713	113	21.60	2	3	691	19	36.36	4-50	0	2.57	11	
SC	1980	18	18	3	312	63*	20.80	0	1	537	13	41.30	4-22	1	4.46	3	

WALTON, Gary William (Central Districts) b Nelson 27.4.1959 RHB OB

Cmp	Debut	M	I	NO	Runs	HS	Avge	100	50	Runs	Wkts	Avge	BB	5wi	RpO	ct	st
FC		4	5	1	64	36	16.00	0	0	418	3	139.33	1-57	0	3.29	1	

WATSON, Willie (Auckland, NZ to Eng, NZ to SL) b Auckland 31.8.1965 RHB RFM

Cmp	Debut	M	I	NO	Runs	HS	Avge	100	50	Runs	Wkts	Avge	BB	5wi	RpO	ct	st
FC		6	3	2	4	4*	4.00	0	0	353	8	44.12	3-44	0	3.15	0	
SC		4	1	1	1	1*		0	0	115	2	57.50	2-68	0	4.42	1	
Test	1986	2	2	1	9	8*	9.00	0	0	196	4	49.00	2-51	0	2.69	2	
FC	1984	24	14	8	44	10	7.33	0	0	1863	58	32.12	5-36	2	2.96	8	
Int	1985	3	1	1	1	1*		0	0	76	3	25.33	3-15	0	2.81	0	
SC	1984	7	3	2	1	1*	1.00	0	0	168	9	18.66	7-23	1	3.90	1	

WEBB, Peter Neil (Auckland) b Auckland 24.7.1957 RHB WK

Cmp	Debut	M	I	NO	Runs	HS	Avge	100	50	Runs	Wkts	Avge	BB	5wi	RpO	ct	st
FC		8	13	5	441	115	55.12	1	2	34	2	17.00	2-34	0	4.25	11	
SC		4	4	0	67	37	16.75	0	0							1	
Test	1979	2	3	0	11	5	3.66	0	0							2	
FC	1976	66	114	15	3196	136	32.28	5	18	177	4	44.25	2-34	0	3.62	49	2
Int	1982	5	5	1	38	10*	9.50	0	0							3	
SC	1978	26	26	0	583	70	22.42	0	4							5	1

WHITE, David John (Northern Districts) b Gisborne 26.6.1961 RHB OB

Cmp	Debut	M	I	NO	Runs	HS	Avge	100	50	Runs	Wkts	Avge	BB	5wi	RpO	ct	st
FC		9	17	2	578	209	38.53	1	3	61	0				4.69	6	
FC	1979	34	60	7	1206	209	22.75	1	5	1293	33	39.18	6-45	1	3.31	22	
SC	1980	9	8	1	183	46*	26.14	0	0							2	

Cmp	Debut	M	I	NO	Runs	HS	Avge	100	50	Runs	Wkts	Avge	BB	5wi	RpO	ct	st
WILSON, Thomas John (Otago) b Invercargill 7.7.1957 LHB RM																	
FC		6	8	1	107	31	15.28	0	0	217	8	27.12	3-42	0	3.00	2	
FC	1985	10	15	1	264	55	18.85	0	2	356	18	19.77	4-57	1	2.77	5	
SC	1982	4	4	0	56	35	14.00	0	0	115	5	23.00	4-46	1	4.69	0	
WRIGHT, John Geoffrey (Canterbury, NZ, NZ to Aust, NZ to SL, NZ to Sharjah, NZ to Eng, Derbyshire) b Darfield 5.7.1954 LHB RM																	
Test		2	4	1	129	59	43.00	0	2							0	
Int		2	2	0	12	6	6.00	0	0							2	
SC		5	5	0	272	102	54.40	1	2							1	
Test	1977	49	86	4	2635	141	32.13	5	12	5	0				1.00	23	
FC	1975	273	471	32	17783	190	40.50	41	90	239	2	119.50	1-4	0	4.62	159	
Int	1978	86	85	1	2087	84	24.84	0	12	8	0				2.00	37	
SC	1976	25	24	2	937	102	42.59	1	8							4	
YOUNG, Brian Andrew (Northern Districts) b Whangarei 3.11.1964 RHB WK																	
FC		9	14	5	170	31	18.88	0	0							21	3
SC		5	4	1	51	34*	17.00	0	0							4	
FC	1983	22	37	9	538	65*	19.21	0	2							47	3
SC	1983	11	10	1	150	34*	16.66	0	0							8	3

AUSTRALIA IN NEW ZEALAND 1985/86

Cmp	M	I	NO	Runs	HS	Avge	100	50	Runs	Wkts	Avge	BB	5wi	RpO	ct	st
BOON, D.C.																
Test	3	5	1	176	70	44.00	0	2							2	
FC	4	7	1	302	109	50.33	1	2							2	
Int	4	4	0	101	47	25.25	0	0	11	0				11.00	2	
BORDER, A.R.																
Test	3	5	1	290	140	72.50	2	0	1	0				0.25	3	
FC	4	6	1	367	140	73.40	2	1	1	0				0.25	3	
Int	4	4	0	72	27	18.00	0	0							1	
BRIGHT, R.J.																
Test	2	4	1	47	21*	15.66	0	0	138	2	69.00	2-58	0	2.19	0	
FC	4	7	1	82	21*	13.66	0	0	305	9	33.88	5-42	1	2.64	1	
Int	2	2	1	6	6	6.00	0	0	31	0				5.16	0	
DAVIS, S.P.																
Test	1	1	0	0	0	0.00	0	0	70	0				2.80	0	
FC	3	3	2	3	2*	3.00	0	0	214	3	71.33	1-23	0	3.01	1	
Int	4	3	2	1	1*	1.00	0	0	128	5	25.60	2-37	0	3.36	1	
GILBERT, D.R.																
Test	1	1	0	15	15	15.00	0	0	115	2	57.50	2-106	0	3.48	0	
FC	2	2	0	15	15	7.50	0	0	184	3	61.33	2-106	0	3.60	0	
Int	2	2	0	7	5	3.50	0	0	64	2	32.00	2-35	0	4.26	0	
McDERMOTT, C.J.																
Test	2	3	0	17	9	5.66	0	0	156	3	52.00	2-47	0	2.76	0	
FC	3	5	0	40	19	8.00	0	0	240	6	40.00	3-61	0	3.01	1	
Int	4	4	2	53	37	26.50	0	0	154	3	51.33	1-41	0	3.94	1	
MARSH, G.R.																
Test	3	5	0	204	118	40.80	1	0							1	
FC	5	8	1	349	118	49.85	2	0							3	
Int	4	4	0	116	53	29.00	0	1							2	
MATTHEWS, G.R.J.																
Test	3	5	0	148	130	29.60	1	0	236	8	29.50	4-61	0	2.12	1	
FC	5	8	1	223	130	31.85	1	1	388	12	32.33	4-61	0	2.53	5	
Int	4	4	0	102	54	25.50	0	1	104	5	20.80	3-33	0	4.33	4	
PHILLIPS, W.B.																
Test	3	5	0	135	62	27.00	0	1							2	
FC	5	9	0	251	62	27.88	0	1	6	0				3.00	2	
Int	4	4	0	98	53	24.50	0	1							3	1
REID, B.A.																
Test	3	4	3	9	8	9.00	0	0	294	9	32.66	4-90	0	2.90	1	
FC	5	6	4	54	28*	27.00	0	0	372	13	28.61	4-25	0	2.80	1	
Int	4	3	0	6	3	2.00	0	0	159	5	31.80	4-41	0	2.30	0	
RITCHIE, G.M.																
Test	3	5	0	164	92	32.80	0	2							0	
FC	5	8	1	292	92	41.71	0	3							1	
Int	4	4	0	94	53	23.50	0	1							2	
WAUGH, S.R.																
Test	3	5	0	87	74	17.40	0	1	83	5	16.60	4-56	0	2.30	2	
FC	5	8	0	124	74	15.50	0	1	151	7	21.57	4.56	0	2.90	4	
Int	4	4	0	111	71	27.75	0	1	159	4	39.75	1-31	0	4.54	2	
ZOEHRER, T.J.																
Test	3	5	0	71	30	14.20	0	0							4	1
FC	5	8	0	172	71	21.50	0	1							7	2

152

PAKISTAN

First First-class Match: Punjab University v West Punjab Governor's XI (Lahore) 1947-48
First First-Class Tour to England: 1954
First Test Match: India v Pakistan (New Delhi) 1952-53
Present First-Class Teams: Agricultural Development Bank of Pakistan (ADBP) Habib Bank, Housing Building Finance Company (HBFC), Karachi, Lahore, Pakistan Automobile Corporation (PACO), Railways, United Bank, Zone A, Zone B, Zone C, Zone D (Qaid-I-Azam Trophy); Bahawalpur, Dera Ismail Khan, Faisalabad, Gujranwala, Hazara, Hyderabad, Karachi Blues, Karachi Whites, Lahore City Blues, Lahore City Whites, Lahore Division, Multan, Peshawar, Quetta, Rawalpindi, Sargodha, Sukkur (Patron's Trophy). Muslim Commercial Bank, National Bank, Pakistan International Airlines (PIA), Water and Power Development Authority (WAPDA) played in the Wills Cup.
First-Class Competitions: The Qaid-I-Azam Trophy was established in 1953-54 and is the principal Competition. The PACO Pentangular and BCCP Patron's Trophy are also First-Class.

FIRST CLASS RECORDS

Highest Team Total: 951-7 dec Sind v Baluchistan (Karachi) 1973-74
Best in 1985-86: 555-3 Pakistan v Sri Lanka (Faisalabad); 492 Habib Bank v PACO (Karachi); 479 Sri Lanka v Pakistan (Faisalabad); 454-8 Lahore City Whites v Karachi Blues (Lahore); 446 Zone B v Zone D(Rawalpindi)

Lowest Team Total: 27 Dera Ismail Khan v Railways (Lahore) 1964-65
Worst in 1985-86: 35 Zone A v United Bank (Bahawalpur); 49 Zone A v United Bank (Bahawalpur); 65 Hazara v Rawalpindi (Rawalpindi); 65 Zone A v HBFC (Bahawalpur); 72 United Bank v HBFC (Lahore)

Highest Individual Innings: 499 Hanif Mohammad Karachi v Bahawalpur (Karachi) 1958-59
Best in 1985-86: 229* Ali Zia Lahore City Whites v Faisalabad (Lahore); 206 Qasim Umar Pakistan v Sri Lanka (Faisalabad); 203* Javed Miandad Pakistan v Sri Lanka (Faisalabad); 203* Moin-ul-Atiq Karachi v Zone A (Karachi); 202* Masood Anwar Rawalpindi v Hazara (Rawalpindi)

Most Runs In Season: 1,649 (av 63.42) Saadat Ali (HBFC) 1983-84
Most in 1985-86: 1,476 (av 46.12) Ijaz Ahmed (PACO, Gujranwala); 1,279 (av 42.63) Shahid Anwar (Lahore, Lahore City Whites); 1,210 (av 48.40) Shahid Saeed (Railways); 1,210 (av 43.21) Saadat Ali (United Bank, Lahore City Blues); 1,198 (av 92.15) Rizwan-uz-Zaman (Karachi, Karachi Blues)

Most Runs In Career: 34,289 (av 52.11) Zaheer Abbas (Karachi, PIA, Glos) 1965-66 to date
Most Runs by Current Batsmen: See Zaheer Abbas above, then: 23,133 (av 53.30) Javed Miandad (Karachi, Habib Bank, Sussex, Glamorgan) 1973-74 to date; 15,461 (av 50.36) Shafiq Ahmed (Lahore, National Bank, United Bank) 1967-68 to date; 15,349 (av 36.03) Imran Khan (Lahore, PIA, Sussex, Worcs, NSW) 1969-70 to date; 12,394 (av 46.59) Mudassar Nazar (Lahore, PIA, Habib Bank, United Bank) 171-72 to date

Best Innings Analyses: 10-58 Shahid Mahmood Karachi Whites v Khairpur (Karachi) 1969-70
Best in 1985-86: 8-60 Ali Zia Lahore City Whites v Faisalabad (Lahore); 8-66 Mohammad Riaz Zone D v United Bank (Rawalpindi); 8-69 Tariq Mahmood Zone C v Zone A (Sialkot); 8-70 Mohammad Riaz Zone D v Habib Bank (Rawalpindi); 8-83 J.R.Ratneyeke Sri Lanka v Pakistan (Sialkot)

Most Wickets In Season: 107 (av 16.06) Ijaz Faqih (Karachi, Karachi Whites) 1985-86
Most in 1985-86: see Ijaz Faqih above, then: 96 (av 16.93) Sajjad Akbar (Lahore, Lahore City Blues); 88 (av 14.42) Mohammad Nazir (Railways); 87 (av 19.28) Nadeem Ghauri (Railways); 80 (av 19.23) Saleem Jaffar (United Bank, Karachi Whites)

Most Wickets In Career: 1,571 (av 27.67) Intikhab Alam (Karachi, PIA, PWD, Sind, Punjab, Surrey) 1957-58 to 1982

Most by Current Bowler: 1,145 (av 21.84) Imran Khan (Lahore, PIA, Sussex, Worcs, NSW) 1969-70 to date; 783 (av 19.65) Mohammad Nazir (Railways) 1964-65 to date; 719 (av 21.51) Abdul Qadir (Lahore, Habib Bank) 1975-76 to date; 677 (av 20.97) Iqbal Qasim (Karachi, National Bank) 1971-72 to date; 642 (av 21.59) Abdur Raqeeb (Karachi, Habib Bank) 1964-65 to date

Record Wicket Partnerships

1st	561	Waheed Mirza & Mansoor Akhtar	Karachi Whites v Quetta (Karachi)	1976-77
2nd	426	Arshad Pervez & Mohsin Khan	Habib Bank v Income Tax (Lahore)	1977-78
3rd	456	Khalid Irtiza & Aslam Ali	United Bank v Multan (Karachi)	1975-76
4th	346	Zafar Altaf & Majid Khan	Lahore Greens v Bahawalpur (Lahore)	1965-66
5th	355	Altaf Shah & Tariq Bashir	HBFC v Multan (Multan)	1976-77
6th	353	Salahuddin & Zaheer Abbas	Karachi v E Pakistan (Karachi)	1968-69
7th	308	Waqar Hassan & Imtiaz Ahmed	Pakistan v New Zealand (Lahore)	1955-56
8th	240	Gulfraz Khan & Raja Sarfraz	Railways v Universities (Lahore)	1976-77
9th	181	Rashid Israr & Abdur Raqeeb	Habib Bank v National Bank (Lahore)	1976-77
10th	196*	Nadeem Yousuf & Maqsood Kundi	M.C.Bank v Nat Bank (Lahore)	1981-82

Highest Partnerships in 1985-86

1st	248	Moin-ul-Atiq & Sajid Ali	Karachi v ADBP (Karachi)
2nd	265*	Moin-ul-Atiq & Zafar Ahmed	Karachi v Zone A (Karachi)
3rd	397	Qasim Umar & Javed Miandad	Pakistan v Sri Lanka (Faisalabad)
4th	237	Asif Mujtaba & Ijaz Faqih	Karachi Whites v Quetta (Karachi)
5th	227	Mansoor Rana & Wasim Raja	Lahore City Whites v Karachi Blues (Lahore)
6th	170	Tahir Rasheed & Tariq Alam	HBFC v ADBP (Lahore)
7th	162	Shahid Saeed & Muslehuddin Butt	Railways v Zone C (Faisalabad)
8th	144	Nadeem Jamal & Rasheed Ghanchi	Hyderabad v Sukkur (Hyderabad)
9th	95	Mohammad Nazir & Shahid Pervez	Railways v Zone C (Faisalabad)
10th	99	Bilal Rana & Imran Adil	Zone B v Railways (Rawalpindi)

Most Wicketkeeping Dismissals In Innings: 7 (3ct 4st) Arifuddin United Bank v PACO (Sahiwal) 1983-84; 7 (6ct 1st) Shahid Israr Karachi Whites v Quetta (Karachi) 1976-77; 7 (5ct 2st) Taslim Arif National Bank v Punjab (Lahore) 1978-79; 7 (4ct 3st) Wasim Bari PIA v Sind (Lahore) 1977-78; 7 (3ct 4st) Masood Iqbal Habib Bank v Lahore (Lahore) 1982-83

Most in 1985-86 : 6 (4ct 2st) Anil Dalpat Karachi v United Bank (Lahore)

Most Wicketkeeping Dismissals in Match: 10 (8ct 2st) Taslim Arif National Bank v Punjab (Lahore) 1978-79; 10 (9ct 1st) Arifuddin United Bank v Karachi B (Karachi) 1978-79; 10 (9ct 1st) Kamal Najamuddin Karachi v Lahore (Multan) 1982-83; 10(7ct 3st) Azhar Abbas Bahawalpur v Lahore City Greens (Bahawalpur) 1983-84; 10 (8ct 2st) Anil Dalpat Karachi v United Bank (Lahore) 1985-86

Most in 1985-86: See Anil Dalpat above, then: 9 (9ct) Tahir Rasheed HBFC v United Bank (Lahore); 8 (8ct) Ashraf Ali United Bank v Railways (Lahore); 8 (3ct 5st) Anil Dalpat Karachi Whites v Quetta (Karachi); 8 (8ct) Maqsood Kundi ADBP v PACO (Bahawalpur); 8 (5ct 3st) Tahir Pirzada Bahawalpur v Multan (Bahawalpur)

Most Wicketkeeping Dismissals in Season: 69 (52ct 17st) Anil Dalpat (PIA, Karachi) 1983-84
Most in 1985-86: 67 (39ct 28st) Anil Dalpat (Karachi); 62 (53ct 9st) Ashraf Ali (United Bank, Lahore City Blues); 46 (39ct 7st) Maqsood Kundi (ADBP, Peshawar); 35 (26ct 9st) Babar Altaf (Railways); 25 (16ct 9st) Zaheer Ahmed (Habib Bank)

Most Wicketkeeping Dismissals in Career: 810 (665ct 145st) Wasim Bari (Karachi, PIA) 1964-65 to 1983-84
Most by Current Wicketkeeper: 361 (308ct 53st) Masood Iqbal (Lahore, Habib Bank) 1969-70 to date; 312 (265ct 47st) Taslim Arif (Karachi, National Bank) 1967-68 to date; 277 (196ct 81st) Anil Dalpat (PIA, Karachi) 1976-77 to date; 267 (207ct 60st) Arifuddin (United Bank, Karachi) 1974-75 to date; 249 (196ct 53st) Ashraf Ali (Universities, Lahore, Railways, United Bank) 1974-75 to date

Most Catches by Fielder in Innings: 6 Gulfraz Khan Railways v MCB (Sialkot) 1981-82; 6 Masood Anwar Rawalpindi v Lahore Division (Rawalpindi) 1983-84
Most in 1985-86: 4 Arshad Pervez Sargodha v Lahore Division (Sargodha); 4 Sohail Fazal Lahore v Karachi (Lahore)

Most Catches by Fielder in Match: 8 Masood Anwar Rawalpindi v Lahore Division (Rawalpindi) 1983-84
Most in 1985-86: 7 Arshad Pervez Sargodha v Lahore Division (Sargodha); 7 Sahail Fazal Lahore v Karachi (Lahore)

Most Catches by Fielder in Season: 25 Ali Zia (National Bank) 1983-84
Most in 1985-86: 20 Ijaz Ahmed (PACO, Gujranwala); 20 Iqbal Qasim (Karachi); 19 Mohammad Altaf (Bahawalpur, Zone B); 19 Mansoor Rana (ADBP, Lahore)

Most Catches by Fielder in Career: 410 Majid Khan (Lahore, PIA, Rawalpindi, Glamorgan, Queensland) 1961-62 to 1984-85
Most by Current Fielder: 295 Javed Miandad (Karachi, Habib Bank, Sussex, Glamorgan) 1973-74 to date; 262 Zaheer Abbas (Karachi, PIA, Gloucs) 1965-66 to date; 211 Sultan Rana (Punjab Univ, Habib Bank) 1969-70 to date; 176 Shafiq Ahmed (Lahore, Nat Bank, United Bank) 1967-68 to date; 155 Wasim Raja (Lahore, Nat bank) 1965-66 to date.

DOMESTIC LIMITED OVERS RECORDS

Highest Team Total: 341-5 (45 overs) Railways v South Zone (Hyderabad) 1981-82
Best in 1985-86: 272-8 (45 overs) United Bank v Railways (Karachi)

Lowest Team Total: 48 (16 overs) HBFC v National Bank (Rawalpindi) 1985-86 (20 over match); 61 (35.5 overs) South Zone v United Bank (Karachi) 1981-82

Highest Individual Innings: 163* Abdus Sami Railways v South Zone (Hyderabad) 1981-82; 158* Zaheer Abbas PIA v Lahore City (Lahore) 1981-82; 152* Javed Miandad Habib Bank v Railways (Lahore) 1982-83
Best in 1985-86: 111* Shoaib Mohammad PIA v United Bank (Lahore); 21 hundreds have been scored in the Competition

Most Runs In Season: 355 (av 71.00) Shoaib Mohammad (PIA) 1985-86

Most Runs In Career: 1,018 (av 48.47) Mansoor Akhtar (United Bank) 1980-81 to date; 1,009 (av 38.80) Rizwan-uz-Zaman (PIA) 1980-81 to date; 983 (av 39.32) Zaheer Abbas (PIA) 1980-81 to date

Best Innings Analyses: 7-32 Saleem Jaffar Karachi v Railways (Karachi) 1985-86; 5-11 Agha Zahid Habib Bank v Karachi City (Karachi) 1981-82; 5-11 Kamal Merchant United Bank v South Zone (Karachi) 1981-82. Five wickets in an innings have been taken 11 times, two of which are by Imram Khan. Imran Khan scored 105* and took 5-22 for PIA v MCB (Hyderabad) 1980-81

Most Wickets in Season: 16 (av 7.81) Imran Khan (PIA) 1980-81; 14 (av 8.50) Iqbal Qasim (National Bank) 1980-81
Best in 1985-86: 12 (av 11.25) Shahid Pervez (WAPDA)

Most Wickets In Career: 38 (av 24.00) Rashid Khan (PIA) 1980-81 to date; 37 (av 21.94) Naeem Ahmed 1980-81 to 1983-84; 34 (av 21.32) Agha Zahid (Habib Bank) 1980-81 to date; 34 (av 21.58) Tauseef Ahmed (United Bank) 1980-81 to date.

Most Economical Bowling: 9-3-7-1 Shafiq Ahmed Nat Bank v Rawalpindi (Lahore) 1981-82
Most Economical in 1985-86: 7-6-9-1 Noman Shabbir Habib Bank v PIA (Rawalpindi)

Most Expensive Bowling: 9-0-79-1 Azhar Khan Habib Bank v Railways (Lahore) 1982-83
Most Expensive in 1985-86: 9-0-78-1 Qasim Shera Railways v United Bank (Karachi)

Record Wicket Partnerships

1st	225*	Agha Zahid & Arshad Pervez	Habib Bank v Railways (Hyder'd)	1981-82

Habib Bank scored 241-0 (45 overs) Mohsin Khan replacing Arshad Pervez who retired hurt

2nd	139*	Arshad Pervez & Mohsin Khan	Habib Bank v S Zone (Hyder'd)	1981-82
3rd	193*	Ijaz Faqih & Anwar-ul-Haq	MCB v Railways (Karachi)	1985-86
4th	126	Qasim Umar & Ijaz Faqih	MCB v PIA (Hyderabad)	1980-81
5th	163*	Zaheer Abbas & Hasan Jamil	PIA v Lahore City (Lahore)	1981-82
6th	101	Aamer Sohail & Shaheed Khan	Lahore City v MCB (Lahore)	1983-84
7th	108*	Shaukat Mirza & Rafat Alam	HBFC v Lahore (Lahore)	1985-86
8th	67	Ijaz Amed & Anwar Khan	National Bank v HBFC (Faisalabad)	1984-84
9th	78	Mansoor Rana & Ghayyur Qureshi	Lahore v Habib Bank (Lahore)	1985-86
10th	30	Naeem Taj & Waheed Niazi	Lahore v PACO (Lahore)	1985-86

There were 9 partnerships of 100 or more in 1985-86, the highest being for the 3rd wicket above.

Most Wicketkeeping Dismissals In Innings: 4 (3ct 1st) Tahir Rasheed HBFC v WAPDA (Rawalpindi) 1985-86 4 (4ct) Masood Iqbal Habib Bank v Lahore (Lahore) 1985-86; also on 5 other occasions

Most Wicketkeeping Dismissals In Season: 12 (8ct 4st) Arifuddin (United Bank) 1980-81
Most in 1985-86: 10 (6ct 4st) Anil Dalpat (PIA); 10 (8ct 2st) Taslim Arif (National Bank)

Most Wicketkeeping Dismissals in Career: 32 (25ct 7st) Taslim Arif (National Bank) 1980-81 to date; 25 (18ct 7st) Zulqarnain (Lahore, Railways) 1981-82 to date; 25 (19ct 6st) Wasim Bari (PIA) 1980-81 to 1982-83

Most Catches by Fielder in Innings: 4 Mohsin Khan Habib Bank v Railways (Hyderabad) 1981-82

Most in 1985-86: 3 Moin-ul-Atiq Karachi v Railways (Karachi); 3 Nadeem Moosa Karachi v Railways (Karachi); 3 Asad Rauf National Bank v PACO (Lahore)

Most Catches by Fielder in Season: 7 Ghaffar Kazmi (Lahore) 1985-86; 6 Shahzad Khan (Lahore) 1983-84; 6 Asad Rauf (National Bank) 1985-86

Most Catches by Fielder in Career: 17 Zaheer Abbas (PIA) 1980-81 to date; 16 Mohsin Khan (Habib Bank) 1980-81 to date

Most Appearances in Competition: 31 Rashid Khan (PIA) 1980-81 to date; 31 Zaheer Abbas (PIA) 1980-81 to date; 29 Rizwan-ul-Zaman (PIA) 1980-81 to date; 26 Agha Zahid (Habib Bank) 1980-81 to date.

CHAMPION TEAMS

Qaid-I-Azam Trophy

Until 1978-79 the Trophy was decided by a knock-out Final. In 1979-80 three teams played a round robin in the final stages. From 1980-81 the Competition has been run on a league basis; in 1984-85 only, there were two leagues producing a semi-final and final.

1953-54	Bahawalpur	1961-62	Karachi Blues	1969-70	PIA
1954-55	Karachi	1962-63	Karachi A	1970-71	Karachi Blues
1956-57	Punjab	1963-64	Karachi Blues	1972-73	Railways
1957-58	Bahawalpur	1964-66	Karachi Blues	1973-74	Railways
1958-59	Karachi	1966-68	Karachi	1974-75	Punjab A
1959-60	Karachi	1968-69	Lahore	1975-76	National Bank

1976-77	United Bank	1980-81	United Bank	1984-85	United Bank
1977-78	Habib Bank	1981-82	National Bank	1985-86	Karachi
1978-79	National Bank	1982-83	United Bank		
1979-80	PIA	1983-84	National Bank		

PATRON'S TROPHY

Originally the B.C.C.P. Trophy it was re-named in 1970-71. The Competition was not first-class between 1979-80 and 1982-83 being a qualifying Competition for the Qaid-I-Azam Trophy. The Trophy has always been decided by a Knock-out Final.

1970-71	PIA	1976-77	Habib Bank	1982-83	PACO
1971-72	PIA	1977-78	Habib Bank	1983-84	Karachi Blues
1972-73	Karachi Blues	1978-79	National Bank	1984-85	Karachi Whites
1973-74	Railways	1979-80	IDBP	1985-86	Karachi Whites
1974-75	National Bank	1980-81	Rawalpindi		
1975-76	National Bank	1981-82	Allied Bank		

PACO PENTANGULAR

A league Competition now open to the first five teams in the Qaid-I-Azam Trophy sponsored by the Pakistan Automobile Corporation since 1980-81. Six teams took part in 1974, 1975. From 1977-78 to 1979-80 BCCP Invitation Tournament replaced the Pentangular in the calendar. The Competition was to played in 1983-84.

1973-74	PIA	1977-78	Habib Bank	1981-82	Habib Bank
1974-75	National Bank	1978-79	PIA/Habib Bank	1982-83	Habib Bank
1975-76	PIA	1979-80	PIA	1984-85	United Bank
1976-77	PIA	1980-81	PIA	1985-86	PACO

LIMITED OVERS COMPETITION

The Wills Cup consists of two leagues with the top two teams entering the knock-out semi-finals and Final. The Competition was not played in 1984-85 but is held once each calendar year.

Cup Final Resuslts
1980-81 PIA 230 (45 overs) beat United Bank 225 (44.1 overs) by 5 runs
1981-82 PIA 132-3 (32.5 overs) beat Lahore 131 (42.3 overs) by 7 wkts
1982-83 PIA 206-9 (45 overs) beat Habib Bank 173 (43.2 overs) by 33 runs
1983-84 Habib Bank 182-3 (41 overs) beat PIA 181 (39.4 overs) by 7 wkts
1985-86 At Lahore. PIA 257-3 (45 overs) (Shoaib Mohammad 111*, Zaheer Abbas 65, Asif Mujtaba 55) beat United Bank 254-9 (45 overs) (Saadat Ali 83, Shafiq Ahmed 46) by 3 runs

Table of Results 1980-81 to 1985-86

	P	W	L	NR	Winner	R-up
PIA	32	27	4	4	1	1
United Bank	26	20	8	0	2	2
Habib Bank	29	18	7	1	1	1
National Bank	25	12	8	0	0	0
Lahore	26	8	15	0	1	1
MCB	22	8	11	0	0	0
HBFC	15	6	6	0	0	0
Karachi	21	6	14	0	0	0
Railways	23	5	15	0	0	0
PACO	10	3	5	0	0	0

Also played: Allied Bank 9-3-6-0; Rawalpindi 9-2-6-1; IDBP 4-1-3-0; State Bank 5-1-4-0; WAPDA 5-1-4-0; North Zone 5-0-4-1; South Zone 4-0-4-0

1985-86 AND CAREER RECORDS FOR PAKISTANI PLAYERS

Cmp	Debut	M	I	NO	Runs	HS	Avge	100	50	Runs	Wkts	Avge	BB	5wi	RpO	ct	st
AAMER MALIK (Lahore City Blues, Lahore, ADBP) b Lahore 3.1.1963 RHB RFM
FC		14	24	1	938	122	40.78	4	3	126	0				4.06	14	
Wlls		5	5	0	38	17	7.60	0	0	107	1	107.00	1-46	0	6.29	0	
FC	1979	33	59	3	2087	132*	37.26	7	9	433	9	48.11	4-46	0	3.51	19	
Wlls	1982	9	9	1	209	57	26.12	0	2	174	4	43.50	2-40	0	5.27	0	
AAMER MIRZA (Peshawar, Zone D) b Peshawar 11.6.1965 RHB OB
FC		10	18	1	520	82	30.58	0	4							1	
FC	1983	17	29	4	814	105*	32.56	1	4	66	12	5.50	6-29	1	1.63	1	
AAMER SOHAIL (Lahore City Whites, Lahore) b Lahore 14.9.1966 LHB SLA
FC		14	22	3	727	101	38.26	1	1	167	4	41.75	1-20	0	3.57	6	
Wlls		3	2	1	59	38	59.00	0	0	48	1	48.00	1-24	0	6.85	1	
FC	1983	23	37	4	1063	101	32.31	1	3	725	15	48.33	3-78	0	3.27	17	
Wlls	1983	8	7	1	167	55	27.83	0	1	131	2	65.50	1-24	0	5.69	2	
AAMER WASIM (Zone C) b Sialkot 28.10.1965 LHB SLA
FC		8	13	4	63	19*	7.00	0	0	1124	34	33.05	6-121	2	3.28	4	
FC	1983	13	21	6	131	28*	8.73	0	0	1487	47	31.63	6-56	3	3.12	9	
ABDUL QADIR (Habib Bank, Pak, Pak to SL, Pak to Sharjah) b Lahore 15.9.1955 RHB LBG
Test		3	2	0	29	19	14.50	0	0	279	9	31.00	5-44	1	2.72	1	
FC		4	4	1	76	46*	25.33	0	0	499	17	29.35	5-44	2	2.86	2	
Int		9	4	3	62	37	62.00	0	0	240	11	21.81	4-17	1	3.71	0	
Wlls		4	4	1	59	35*	19.66	0	0	123	7	17.57	3-36	0	3.65	0	
Test	1977	38	44	4	610	54	15.25	0	2	4455	128	34.80	7-142	9	2.73	11	
FC	1975	144	175	31	2870	112	19.93	1	6	15472	719	21.51	9-49	62	2.72	63	
Int	1983	37	25	9	284	41*	17.75	0	0	1204	58	20.75	5-44	5	3.75	9	
Wlls	1980	11	7	1	79	35*	13.16	0	0	301	17	17.70	3-27	0	4.01	4	
ABDUL SHAKOOR (Sargodha) b Sargodha 4.4.1966 RHB WK
FC		1	2	1	8	7	8.00	0	0							0	1
ABDUL WAHEED (Gujranwala, Zone C) b Sialkot 19.4.1964 RHB RFM
FC		4	7	0	214	100	30.57	1	0							2	
ABDUL WAHEED RASHID (Hyderabad) b Hyderabad 5.10.1961 RHB WK
FC		2	4	0	81	34	20.35	0	0							2	4
FC	1983	7	12	2	166	34	16.60	0	0	17	1	17.00	1-17	0	3.40	7	7
ABDUR RAHIM (Bahawalpur, Zone B) b Bahawalpur 13.7.1931 RHB OB
FC		11	22	1	534	132	25.42	1	2	188	3	62.66	1-25	0	3.76	4	
FC	1965	54	93	3	3027	162*	33.63	4	18	1537	47	32.70	6-17	1	2.98	37	3
Wlls	1981	1	1	0	88	88	88.00	0	1	36	0				4.00	1	
ABDUR RAHIM (Peshawar) b Peshawar 16.2.1958 RHB RFM
FC	1978	4	6	1	98	55	19.60	0	1							0	
FC	1978	12	18	3	366	87	24.40	0	2							5	
ABDUR RAQEEB (Habib Bank) b Gorakhpur, India 18.11.1947 LHB SLA
FC		10	14	7	45	17*	6.42	0	0	1071	47	22.78	6-23	4	2.77	4	
Wlls		3	3	2	8	6*	8.00	0	0	95	4	23.75	4-29	1	4.31	1	
FC	1964	156	169	63	1040	62	9.81	0	1	13867	642	21.59	8-62	39	2.42	115	
Wlls	1980	20	10	4	25	10	4.16	0	0	674	27	24.96	4-29	2	4.21	2	
ABDUR RAUF (Dera Ismail Khan) b Bannu 1.6.1966 RHB WK
FC		1	1	0	29	29	29.00	0	0							2	
FC	1984	2	3	0	38	29	12.66	0	0							2	
ABDUR RAUF (Zone A) WK
FC		2	4	0	26	21	6.50	0	0							0	2
ABDUS SAMI (Railways) b Lahore 17.12.1958 RHB RM
FC		14	26	1	602	100	24.08	1	2	6	0				1.50	16	
Wlls		4	4	0	30	17	7.50	0	0	106	4	26.50	3-49	0	6.62	1	
FC	1976	77	143	8	3528	122	26.13	3	19	1237	25	49.48	6-27	1	2.90	57	
Wlls	1980	21	20	1	476	163*	25.05	1	0	672	23	29.21	4-52	1	4.97	8	
ABID, S.M. (Zone A)
FC		1	2	0	7	7	3.50	0	0	32	0				5.33	0	
FC	1984	2	4	2	10	7	5.00	0	0	151	1	151.00	1-52	0	3.97	0	
ABID BALOCH (Hyderabad) b Kotri 24.3.1967 RHB SLA
FC		3	5	2	7	4	7.00	0	0	219	6	36.50	3-35	0	3.47	0	
ABID PIRZADA (Hyderabad, Zone A) b Karachi 1.12.1963 RHB RM
FC		5	10	3	120	30*	17.14	0	0	387	8	48.37	3-44	0	4.25	3	
ABID SARWAR (Railways) b Lahore 22.8.1963 RHB RM
FC		12	23	0	633	142	27.52	2	2							5	
Wlls		2	2	1	19	11	19.00	0	0							0	
FC	1983	15	28	0	735	142	26.25	2	3	21	0				2.62	6	
ADNAN RAZA (Gujranwala) b Gujrat 27.12.1965 LHB LFM
FC		4	4	0	10	10*		0	0	134	5	26.80	3-42	0	3.63	0	
AFTAB MUNAWWAR (Zone A)
FC		1	2	0	26	26	13.00	0	0							0	
AFTAB SOOMRO (Sukkur) b Sukkur 26.4.1959 RHB LBG
FC		2	4	0	52	26	13.00	0	0							0	
FC	1984	3	6	0	106	54	17.66	0	1							0	

Cmp	Debut	M	I	NO	Runs	HS	Avge	100	50	Runs	Wkts	Avge	BB	5wi	RpO	ct	st
\multicolumn{18}{l}{AFZAAL BUTT (Lahore City Blues, Lahore, National Bank) b Lahore 17.5.1959 RHB RFM}
FC		10	11	6	81	35*	16.20	0	0	767	28	27.39	4-39	0	3.24	2	
Wlls		5	2	2	2*			0	0	101	8	12.62	3-14	0	2.87	1	
FC	1979	53	71	24	574	37	12.21	0	0	5008	204	24.54	9-41	11	3.28	18	
Wlls	1980	17	11	7	60	16	15.00	0	0	479	23	20.82	4-42	1	3.85	2	
\multicolumn{18}{l}{AFZAL CHAUDRI (Hyderabad, Zone A) b Hala 1.12.1956 RHB OB}
FC		7	13	0	166	46	12.76	0	0	489	13	37.61	5-118	1	4.39	1	
FC	1975	9	17	0	230	53	13.52	0	1	632	14	45.14	5-118	1	3.81	4	
\multicolumn{18}{l}{AFZAL H.KHAN (Karachi Whites)}
FC		1	1	1	4	4*		0	0							0	
\multicolumn{18}{l}{AGHA ZAHID (Habib Bank) b Lahore 7.1.1953 RHB RM}
FC		10	18	0	460	147	25.55	1	1	467	19	24.57	4-65	0	2.63	5	
Wlls		5	5	0	120	73	24.00	0	1	129	8	16.12	3-30	0	3.48	0	
Test	1974	1	2	0	15	14	7.50	0	0							0	
FC	1970	164	280	17	10680	183*	40.60	25	55	2239	70	31.98	5-24	1	2.53	99	
Wlls	1980	26	26	2	759	101*	31.62	1	6	725	34	21.32	5-11	1	3.71	10	
\multicolumn{18}{l}{AJMAL HUSSAIN (Railways) b Lahore 10.10.1965 RHB RFM}
FC		5	9	1	159	60	19.87	0	1							2	
\multicolumn{18}{l}{AKRAM CHAUDHRI (Bahawalpur, Zone B) b Bahawalpur 1.9.1965 LHB LFM}
FC		2	3	0	2	1	0.66	0	0	71	0				4.17		
FC	1984	4	5	0	14	11	2.80	0	0	203	7	29.00	5-37	1	3.32	1	
\multicolumn{18}{l}{AKRAM RAZA (Lahore City Whites, Lahore, WADPA) b Lahore 22.11.1964 RHB OB}
FC		14	21	3	475	76	26.38	0	4	1179	58	20.32	7-82	4	2.38	13	
Wlls		5	5	0	59	26	11.80	0	0	82	6	13.66	2-7	0	2.54	1	
FC	1981	36	50	10	1092	101*	27.30	1	7	2685	101	26.58	7-82	5	2.66	30	
\multicolumn{18}{l}{ALI AHMED (HBFC) b Lahore 15.4.1960 RHB RMF}
FC		8	14	2	86	28*	9.55	0	0	723	39	18.53	7-70	2	3.00	5	
Wlls		5	1	0	0	0	0.00	0	0	132	3	44.00	2-11	0	4.88	1	
FC	1977	48	73	13	772	61*	12.86	0	2	4145	152	27.26	7-40	8	3.14	27	
Wlls	1980	21	10	4	61	27	10.16	0	0	685	16	42.81	4-36	1	4.80	4	
\multicolumn{18}{l}{ALI BAHADUR (WAPDA)}
Wlls		2	2	0	28	20	14.00	0	0							1	
\multicolumn{18}{l}{ALI ZIA (Lahore City Whites, United Bank) b Lahore 20.3.1957 RHB RM/LB}
FC		17	26	2	1091	229*	45.45	3	4	902	41	22.00	8-60	1	2.84	15	
Wlls		6	6	1	174	55*	34.80	0	2	84	0				5.04	2	
FC	1974	121	207	17	6866	229*	36.13	11	36	5668	206	27.51	8-60	5	2.79	154	1
Wlls	1980	21	19	2	556	104	32.70	1	5	473	19	24.89	4-25	2	4.90	10	
\multicolumn{18}{l}{ALTAF SHAH (Lahore Division) b Okara 14.8.1949 RHB LB}
FC		4	6	0	102	55	17.00	0	1	43	0				3.90	0	
FC	1974	14	22	3	744	276	39.15	2	2	43	0				3.90	2	
\multicolumn{18}{l}{AMEER AKBAR BABAR (Lahore City Blues, Lahore, National Bank) b Lahore 18.4.1964 RHB RFM}
FC		14	24	2	624	82	28.36	0	3	37	3	12.33	2-4	0	2.64	11	
Wlls		5	5	1	166	60	41.50	0	1	20	6	3.33	4-7	1	3.52	0	
FC	1983	29	50	4	1517	107	32.97	2	7	137	6	22.83	2-4	0	3.27	22	
Wlls	1983	10	10	1	330	74	36.66	0	2	94	6	15.66	4-7	1	4.77	2	
\multicolumn{18}{l}{AMIN LAKHANI (Karachi) b Karachi 1.10.1959 RHB SLA}
FC		1								14	0				4.66	3	
FC	1975	75	96	18	714	54*	9.15	0	1	5553	217	25.58	8-82	12	2.48	58	
Wlls	1980	9	6	1	56	35	11.20	0	0	219	7	31.28	2-34	0	3.22	4	
\multicolumn{18}{l}{AMJAD BHATTI (Zone A) b Khairpur 24.7.1961 RHB OB}
FC		3	6	2	46	19	11.50	0	0	118	1	118.00	1-34	0	4.06	1	
FC	1983	6	11	2	102	36	11.33	0	0	371	8	46.37	3-24	0	3.74	2	
\multicolumn{18}{l}{AMJAD HUSSAIN (Lahore Division, Zone B) b Bhaipheru 9.9.1964 RHB WK}
FC		7	13	0	130	33	10.00	0	0							5	
FC	1984	9	17	0	160	33	9.41	0	0							7	2
\multicolumn{18}{l}{AMJAD SADDIQ (WAPDA)}
Wlls		2	2	0	13	13	6.50	0	0							1	
FC	1984	1	2	0	26	26	13.00	0	0							0	
\multicolumn{18}{l}{ANIL DALPAT SONAVARIA (Karachi Whites, Karachi, PIA) b Karachi 20.9.1963 RHB WK}
FC		15	15	2	231	61	17.76	0	2							39	28
Wlls		6	4	1	55	27	18.33	0	0							6	4
Test	1983	9	12	1	167	52	15.18	0	1							22	3
FC	1976	85	95	21	1340	61	18.10	0	5							196	81
Int	1983	14	9	2	84	37	12.00	0	0							13	2
Wlls	1981	14	10	4	114	27	19.00	0	0							14	9
\multicolumn{18}{l}{ANIS AHMED SHAIKH (Lahore Division) b Muredke 2.9.1965 RHB SLA}
FC		3	5	1	35	9	8.75	0	0	317	6	52.83	3-44	0	2.88	3	
FC	1983	6	11	4	79	21	11.28	0	0	452	10	45.20	3-44	0	2.91	3	
\multicolumn{18}{l}{ANWAR AWAIS (Faisalabad, Zone C) b Lyallpur 12.3.1962 RHB OB}
FC		8	18	0	411	75	27.40	0	4							6	
FC	1983	15	29	1	627	102	23.22	1	4							9	
\multicolumn{18}{l}{ANWAR IQBAL (Hyderabad) b Hyderabad 11.3.1962 RHB WK}
FC		3	6	1	51	28	8.50	0	0	78	6	13.00	6-43	1	3.25	0	1
FC	1983	8	14	1	196	47	14.00	0	0	109	6	18.16	6-43	1	3.20	4	1
\multicolumn{18}{l}{ANWAR MIANDAD (Habib Bank) b Karachi 11.3.1960 RHB SLA}
FC		10	18	2	501	88	31.31	0	4	221	10	22.10	4-22	0	2.08	5	

Cmp	Debut	M	I	NO	Runs	HS	Avge	100	50	Runs	Wkts	Avge	BB	5wi	RpO	ct	st
Wlls		5	4	0	87	43	21.75	0	0	11	1	11.00	1-10	0	1.78	0	
FC	1978	67	114	17	2511	118*	25.88	1	15	1317	38	34.65	4-22	0	3.43	43	
Wlls	1980	21	16	3	279	43	21.46	0	0	219	10	21.90	4-32	1	4.05	7	

ANWAR-UL-HAQ (Karachi Blues, Muslim Commercial Bank)

FC		1	1	0	34	34	34.00	0	0							0	
Wlls		4	4	1	227	82*	75.66	0	2							0	
FC	1978	84	150	13	4675	147	34.12	10	26	340	5	68.00	3-55	0	3.29	42	
Wlls	1980	18	18	1	540	82*	31.76	0	2							3	

AQEEL AHMED (Sukkur) b Sukkur 24.10.1965 RHB WK OB

FC		2	4	0	24	12	6.00	0	0							1	
FC	1963	8	15	0	286	83	19.06	0	1	14	0				7.00	5	3

AQIL BALOCH (Zone A) b Quetta 1.4.1967 RHB

FC		5	10	0	87	26	8.70	0	0	5	0				7.50	0	
FC	1984	6	12	1	101	26	9.18	0	0	5	0				7.50	0	

ARIF AMIN (Sukkur) b Sukkur 1.7.1964 RHB RFM

FC		2	4	0	50	44	12.50	0	0	173	6	28.83	3-33	0	3.26	0	
FC	1983	8	14	2	115	44	9.58	0	0	512	14	36.57	4-54	0	3.87	0	

ARIF MAHMOOD KHATTAK (Dera Ismail Khan) b Dera Ismail Khan 10.11.1961 RHB OB

FC		3	5	0	74	32	14.80	0	0	84	1	84.00	1-22	0	3.81	0	
FC	1983	10	19	1	268	59	14.88	0	1	359	14	25.64	5-46	1	3.26	2	

ARIF-UD-DIN (United Bank) b Karachi 5.12.1955 RHB WK

FC		2	2	1	24	17*	24.00	0	0							5	1
FC	1974	81	127	9	2730	99	23.13	0	12	7	0				5.25	207	60
Wlls	1980	6	2	1	19	16*	19.00	0	0							8	4

ARSHAD ALI (Sukkur, Zone A) b Nawabshah 1.1.1962 RHB

FC		4	8	0	63	19	7.87	0	0							1	
FC	1983	10	20	1	349	105*	18.36	1	1							2	

ARSHAD KHATTAK (Hazara) b Haripur 4.4.1967 RHB WK

FC		2	4	0	49	33	12.25	0	0							1	
FC	1983	7	13	0	195	48	15.00	0	0							8	1

ARSHAD NADEEM (Zone A) b Quetta 25.7.1965 RHB

FC		1	2	0	8	8	4.00	0	0							0	

ARSHAD NAWAZ (PACO) b Sargodha 23.5.1955 RHB SLA

FC		1								71	1	71.00	1-68	0	2.62	0	
FC	1971	22	34	12	277	33	12.59	0	0	1708	51	33.49	6-85	2	2.34	7	
Wlls	1983	1	1	0	0	0	0.00	0	0	26	1	26.00	1-26	0	4.33	0	

ARSHAD PERVEZ (Sargodha, Habib Bank) b Sargodha 1.10.1953 RHB RM/OB

FC		14	24	3	1113	119	53.00	3	9	19	2	9.50	2-3	0	2.32	17	
Wlls		4	4	0	42	23	10.50	0	0							3	
FC	1969	167	283	28	11089	251*	43.48	32	46	724	22	32.90	3-37	0	3.39	149	
Int	1977	2	2	0	11	8	5.50	0	0							0	
Wlls	1980	20	20	3	558	102*	32.82	1	3	26	2	13.00	1-11	0	5.20	6	

ARSHAD PERVEZ (Zone A) b Hyderabad 4.4.1968 RHB OB

FC		1	2	0	20	11	10.00	0	0							0	

ASAD RAUF (National Bank)

Wlls		4	3	1	48	32*	24.00	0	0	64	2	32.00	1-32	0	4.57	6	
FC	1980	45	84	2	2535	130	30.91	2	17	402	2	201.00	1-3	0	3.69	22	
Wlls	1980	20	17	1	323	66	20.18	0	2	230	7	32.85	2-27	0	4.46	10	

ASHFAQ AHMED (WAPDA)

Wlls		1	1	0	6	6	6.00	0	0							0	
FC	1984	4	8	0	130	58	16.25	0	1	80	0				2.75	3	

ASHRAF ALI (United Bank, Lahore City Blues, Pak) b Lahore 22.4.1958 RHB WK

Test		1														3	
FC		16	24	7	677	72*	39.82	0	7							53	9
Int		1														1	
Wlls		6	4	1	48	24	16.00	0	0							1	1
Test	1981	5	5	3	206	65	103.00	0	2							9	2
FC	1974	94	148	38	4296	136*	39.05	2	31	5	0				3.75	196	53
Int	1980	16	9	5	69	19*	17.25	0	0							17	3
Wlls	1980	22	14	3	203	45	18.45	0	0							14	3

ASHRAF BUTT (Hazara)

FC		1	1	0	23	23	23.00	0	0	35	3	11.66	3-35	0	1.75	0	

ASIF ALI (Muslim Commercial Bank)

Wlls		4	3	0	31	16	10.33	0	0	40	2	20.00	2-40	0	5.00	2	
FC	1975	50	91	9	2687	176	32.76	3	12	140	4	35.00	4-71	0	2.60	28	1
Wlls	1981	10	9	0	154	46	17.11	0	0	40	2	20.00	2-40	0	5.00	5	

ASIF ANSARI (Bahawalpur) b Bahawalpur 7.5.1954 RHB RFM

FC		1	2	0	6	5	6.00	0	0							0	
FC	1972	9	13	3	192	50	19.20	0	1	95	1	95.00	1-18	0	4.13	1	

ASIF BALOCH (Quetta, Zone A) b Quetta 2.12.1956 RHB SLA

FC		7	14	1	110	31	8.46	0	0	536	10	53.60	3 37	0	3.38	0	
FC	1972	25	44	2	618	71	14.71	0	2	2410	51	47.25	7-46	1	3.06	2	
Wlls	1981	4	4	0	21	7	5.25	0	0	165	3	55.00	2-78	0	6.30	0	

ASIF FARIDI (Rawalpindi, ADBP) b Rawalpindi 4.4.1964 RHB RFM

FC		9	8	2	39	25*	6.50	0	0	490	18	27.22	3-62	0	3.26	9	
FC	1981	28	29	7	167	40	7.59	0	0	1799	64	28.10	4-18	0	3.20	12	
Wlls	1981	10	6	3	27	11	9.00	0	0	321	10	32.10	5-23	1	4.28	0	

Cmp	Debut	M	I	NO	Runs	HS	Avge	100	50	Runs	Wkts	Avge	BB	5wi	RpO	ct	st
ASIF MOHAMMAD (PIA) b Karachi 21.12.1965 RHB OB
Wlls		6	6	1	134	44*	26.80	0	0							3	
FC	1978	30	52	5	1653	132	35.17	3	9	78	0				3.90	21	
Wlls	1982	15	14	1	248	44*	19.07	0	0							4	
ASIF MUJTABA (Karachi Whites, Karachi, PIA) b Karachi 4.11.1967 LHB SLA
FC		16	22	6	869	131*	54.31	1	6	176	9	19.55	4-39	0	3.11	8	
Wlls		6	6	3	100	55*	33.33	0	1	44	2	22.00	1-7	0	6.28	4	
FC	1984	29	44	8	1711	131*	47.52	1	15	465	16	29.06	4-39	0	2.97	22	
Wlls	1983	9	9	4	125	55*	25.00	0	1	84	2	42.00	1-7	0	5.60	5	
ASIM BUTT (Lahore City Blues, Lahore) b Lahore 24.10.1967 RHB SLA
FC		6	8	4	93	44	23.25	0	0	257	15	17.13	4-21	0	2.69	3	
FC	1983	14	17	7	181	44	18.10	0	0	628	32	19.62	5-53	1	2.66	10	
Wlls	1983	1	1	0	6	6	6.00	0	0							1	
ATIF RAUF (ADBP) b Lahore 3.3.1964 RHB
FC		11	17	2	446	102*	29.73	1	3	96	1	96.00	1-75	0	6.00	4	
FC	1980	17	28	2	574	102*	22.07	1	3	138	1	138.00	1-75	0	6.90	5	
ATIQ QASURIA (Dera Ismail Khan) b Dera Ismail Khan 4.8.1964 RHB RFM
FC		3	5	1	39	18	9.75	0	0	120	4	30.00	2-40	0	3.52	0	
ATIQ-UR-REHMAN (Habib Bank) b Karachi 1.1.1964 RHB RFM
FC		7	9	4	90	26*	18.00	0	0	417	10	41.70	2-24	0	4.12	4	
Wlls		2	2	1	32	31*	32.00	0	0	32	1	32.00	1-12	0	5.64	1	
FC	1981	34	40	14	284	27	10.92	0	0	2598	77	33.74	6-60	5	4.16	17	
Wlls	1982	6	5	2	36	35*	12.00	0	0	165	6	27.50	3-30	0	4.75	1	
AWAIS QURESHI (Hazara)
FC		1	2	0	9	5	4.50	0	0							0	
FC	1983	5	9	0	70	22	7.77	0	0							0	
AYAZ JILANI (PACO) b Karachi 5.12.1968 RHB OB
FC		6	8	3	79	36*	15.80	0	0	83	2	41.50	1-4	0	2.86	3	
Wlls		1	1	0	13	13	13.00	0	0								
AZAM KHAN, Mohammad (Faisalabad, Zone C) b Lyallpur 21.8.1964 LHB SLA
FC		5	9	1	130	33	16.25	0	0	149	5	29.80	2-62	0	5.41	0	
FC	1983	11	19	2	245	54*	14.41	0	1	393	9	43.66	2-28	0	3.99	0	
AZEEM HAFEEZ (Karachi Blues, Karachi, PIA) b Jhelum 29.7.1963 LHB LFM
FC		6	10	3	52	31*	7.42	0	0	494	15	32.93	5-90	1	3.96	3	
Wlls		6	2	1	1	1*	1.00	0	0	183	8	22.87	4-22	1	3.94	0	
Test	1983	18	21	5	134	24	8.37	0	0	2204	63	34.98	6-46	4	3.03	1	
FC	1982	40	46	15	301	31*	9.70	0	0	4259	120	35.49	7-68	6	3.28	8	
Int	1983	15	10	7	45	15	15.00	0	0	586	15	39.07	4-22	1	4.89	3	
Wlls	1982	9	5	4	52	29*	52.00	0	0	294	10	29.40	4-22	1	4.16	0	
AZHAR ABBAS (Bahawalpur, Zone B) b Bahawalpur 28.11.1958 RHB WK
FC		10	19	2	304	33	17.88	0	0							15	3
FC	1977	22	39	4	835	108	23.85	1	4							39	7
Wlls	1981	1	1	0	6	6	6.00	0	0							0	2
AZHAR KHAN (Habib Bank) b Gujranwala 7.9.1955 RHB OB
FC		9	14	2	229	77*	19.08	0	1	218	9	24.22	3-32	0	3.11	5	
Wlls		4	4	1	62	32	20.66	0	0	34	0				8.50	0	
Test	1979	1	1	0	14	14	14.00	0	0	2	1	2.00	1-1	0	0.66	0	
FC	1971	127	194	28	6225	209*	37.50	14	33	3013	119	25.31	6-34	4	2.46	89	
Wlls	1980	24	18	3	301	62	20.06	0	1	568	22	25.81	4-24	2	4.86	8	
AZHAR SULTAN KHAN (Sargodha) b Sargodha 1.4.1961 LHB SLA
FC		4	7	1	150	61	25.00	0	1	11	1	11.00	1-11	0	2.75	4	
FC	1983	12	21	5	494	61	30.87	0	3	18	1	18.00	1-11	0	3.00	7	
AZIZ AHMED (Rawalpindi, Zone D) b Karachi 14.10.1957 RHB SLA
FC		2	2	2	25	25*		0	0	85	3	28.33	3-36	0	2.29	1	
FC	1976	15	22	15	130	26*	18.57	0	0	1224	47	26.04	6-62	2	2.58	4	
Wlls	1983	4	3	3	18	16*		0	0	73	5	14.60	2-15	0	2.43	2	
AZIZ MALIK (Lahore Division) b Muredke 25.7.1959 LHB SLA
FC		2	2	0	19	10	9.50	0	0	52	0				4.72	1	
FC	1983	5	8	0	88	25	11.00	0	0	267	10	26.70	4-22	0	3.03	2	
AZIZULLAH (Dera Ismail Khan)
FC		3	5	2	29	16	9.66	0	0	60	0				4.00	0	
FC	1984	4	7	3	30	16	7.50	0	0	85	0				3.86	0	
AZIZ-UR-REHMAN (Sargodha, Zone C) b Sargodha 31.3.1966 LHB SLA
FC		5	6	0	77	20	12.83	0	0	484	27	17.92	7-67	1	2.65	4	
FC	1983	13	17	1	166	22*	10.37	0	0	1198	66	18.15	7-45	4	2.71	11	
AZMAT JALIL (Rawalpindi) b Rawalpindi 28.3.1960 RHB OB
FC		3	5	2	96	62	32.00	0	1	1	0				1.00	1	
FC	1981	28	50	3	1321	129	28.10	2	7	5	0				1.66	25	
Wlls	1981	4	4	0	40	17	10.00	0	0							2	
AZMAT RANA (Muslim Commercial Bank) b Lahore 3.11.1951 LHB
Wlls		2	2	0	22	15	11.00	0	0							0	
Test	1979	1	1	0	49	49	49.00	0	0							0	
FC	1969	95	143	18	6060	206*	48.48	16	29	85	0				3.86	74	
Wlls	1980	11	10	2	224	58*	28.00	0	2							3	
Int	1978	2	2	1	42	22*	42.00	0	0							0	

Cmp	Debut	M	I	NO	Runs	HS	Avge	100	50	Runs	Wkts	Avge	BB	5wi	RpO	ct	st

BABAR ALTAF BUTT (Railways) b Lahore 9.12.1965 RHB WK
| FC | | 12 | 21 | 0 | 372 | 80 | 17.71 | 0 | 2 | | | | | | | 26 | 9 |
| FC | 1983 | 15 | 26 | 1 | 448 | 80 | 17.92 | 0 | 3 | | | | | | | 29 | 9 |

BABAR BASHARAT (Muslim Commercial Bank)
Wlls		4	3	0	74	56	24.66	0	1	117	6	19.50	3-34	0	4.01	0	
FC	1976	68	119	7	2967	111	24.70	1	18	1148	35	32.80	4-93	0	3.29	44	
Wlls	1980	13	12	0	212	63	17.66	0	2	159	7	22.71	3-34	0	4.00	2	

BABAR ZAMAN (Lahore)
| Wlls | | 1 | 1 | 0 | 7 | 7 | 7.00 | 0 | 0 | 50 | 0 | | | | 5.55 | 0 | |

BARKATULLAH (Karachi, National Bank) b Karachi 25.2.1967 RHB RFM
FC		7	8	1	27	17	3.85	0	0	361	16	22.56	4-59	0	3.98	6	
Wlls		5	3	2	27	19	27.00	0	0	135	7	19.28	3-34	0	3.85	0	
FC	1984	9	10	3	28	17	4.00	0	0	443	19	23.31	4-59	0	3.75	6	
Wlls	1983	8	4	3	27	19	27.00	0	0	232	14	16.57	4-39	1	3.74	0	

BASHARAT HUSSAIN (Zone A) b Quetta 15.6.1963 LHB SLA
| FC | | 1 | 2 | 1 | 1 | 1* | 1.00 | 0 | 0 | 37 | 0 | | | | 5.28 | 0 | |
| FC | 1984 | 2 | 4 | 2 | 3 | 2 | 1.50 | 0 | 0 | 117 | 2 | 58.50 | 2-80 | 0 | 4.33 | 0 | |

BASIT ALI (Karachi) b Karachi 30.6.1968 RHB OB
| FC | | 11 | 18 | 0 | 551 | 101 | 30.61 | 1 | 3 | 10 | 0 | | | | 10.00 | 4 | |

BILAL AHMED (Faisalabad, Zone C) b Lyallpur 10.11.1965 RHB WK
| FC | | 11 | 21 | 0 | 350 | 47 | 16.66 | 0 | 0 | | | | | | | 15 | 8 |
| FC | 1983 | 18 | 35 | 0 | 623 | 54 | 17.80 | 0 | 2 | 68 | 3 | 22.66 | 3-47 | 0 | 5.23 | 29 | 8 |

BILAL AHSAN (Dera Ismail Khan) b Dera Ismail Khan 7.4.1968 RHB RFM
| FC | | 2 | 3 | 0 | 88 | 38 | 29.33 | 0 | 0 | 10 | 0 | | | | 2.50 | 0 | |

BILAL RANA (Multan, Zone B) b Sahiwal 5.9.1970 RHB SLA
| FC | | 12 | 22 | 4 | 503 | 117 | 27.94 | 1 | 2 | 964 | 37 | 26.05 | 5-79 | 2 | 2.86 | 8 | |
| FC | 1984 | 13 | 24 | 4 | 545 | 117 | 27.25 | 1 | 2 | 1012 | 38 | 26.63 | 5-79 | 2 | 2.90 | 8 | |

EHTESHAM KHALIQ (Rawalpindi) b Rawalpindi 27.6.1966 LHB
| FC | | 1 | 1 | 0 | 14 | 14 | 14.00 | 0 | 0 | | | | | | | 2 | |
| FC | 1982 | 6 | 8 | 1 | 123 | 37 | 17.57 | 0 | 0 | | | | | | | 2 | |

EHTESHAM-UD-DIN (United Bank) b Lahore 4.9.1950 RHB RFM
FC		3	4	3	9	7	9.00	0	0	181	10	18.10	4-56	0	3.19	0	
Test	1979	5	3	1	2	2	1.00	0	0	375	14	23.43	5-47	1	2.39	2	
FC	1969	134	145	52	1059	83	11.38	0	2	10414	507	20.54	9-124	37	2.98	39	
Wlls	1980	12	3	2	4	3*	4.00	0	0	256	8	32.00	2-14	0	2.94	1	

FAHIM ABBASI (Zone D) b Rawalpindi 11.7.1967 RHB OB
| FC | | 1 | 2 | 0 | 20 | 20 | 10.00 | 0 | 0 | | | | | | | 0 | |

FAISAL RASHEED (WAPDA)
| Wlls | | 4 | 4 | 0 | 66 | 23 | 16.50 | 0 | 0 | 20 | 0 | | | | 20.00 | 2 | |

FAISAL WAHEED (Multan) b Lahore 20.12.1968 RHB OB
| FC | | 2 | 4 | 0 | 71 | 35 | 17.75 | 0 | 0 | | | | | | | 0 | |
| FC | 1983 | 4 | 7 | 1 | 74 | 35 | 12.33 | 0 | 0 | 25 | 0 | | | | 5.00 | 1 | |

FAREEDULLAH (Dera Ismail Khan) b Bannu 2.12.1962 RHB RFM
| FC | | 3 | 5 | 1 | 40 | 24 | 10.00 | 0 | 0 | 105 | 3 | 35.00 | 2-27 | 0 | 2.44 | 0 | |
| FC | 1984 | 6 | 11 | 2 | 62 | 24 | 6.88 | 0 | 0 | 281 | 13 | 21.61 | 3-35 | 0 | 2.70 | 0 | |

FARHAT MASOOD (Gujranwala, Zone C) b Gujranwala 15.6.1960 RHB RFM
FC		6	11	0	286	80	26.00	0	2	393	21	18.71	6-37	2	3.09	1	
FC	1983	14	26	2	551	80	22.95	0	2	816	33	24.72	6-37	2	3.16	5	
Wlls	1981	2	2	0	29	21	14.50	0	0	9	0				4.50	0	

FARIDOON KHAN (Zone D) b Peshawar 5.7.1964 RHB OB
| FC | | 1 | 2 | 0 | 3 | 2 | 1.50 | 0 | 0 | 49 | 3 | 16.33 | 2-34 | 0 | 2.77 | 0 | |
| FC | 1983 | 4 | 3 | 1 | 36 | 33* | 18.00 | 0 | 0 | 305 | 14 | 21.78 | 3-31 | 0 | 2.26 | 1 | |

FAROOQ SHERA (Bahawalpur, Zone B) b Bahawalpur 14.8.1951 RHB RFM
FC		11	21	3	709	135	39.38	2	3	125	1	125.00	1-27	0	3.80	2	
FC	1969	97	165	16	4727	135	31.72	11	24	4639	135	34.36	5-24	4	3.59	59	
Wlls	1980	8	5	1	41	20*	10.25	0	0	139	9	15.44	2-15	0	4.08	4	

FARRUKH RAZA (Sargodha) b Sargodha 23.3.1961 RHB WK
| FC | | 2 | 3 | 0 | 62 | 32 | 20.66 | 0 | 0 | | | | | | | 3 | 1 |
| FC | 1984 | 6 | 11 | 0 | 270 | 58 | 24.54 | 0 | 1 | | | | | | | 8 | 1 |

FARRUKH ZAMAN (Peshawar, Zone D, Muslim Commercial Bank) b Peshawar 2.4.1956 RHB SLA
FC		5	6	0	102	54	17.00	0	1	223	15	14.86	6-32	1	2.43	0	
Wlls		1								25	5				5.00	0	
Test	1976	1								15	0				1.12	0	
FC	1975	82	110	32	870	54	11.15	0	2	6370	215	29.62	6-32	6	2.71	36	
Wlls	1980	15	7	4	24	17*	8.00	0	0	395	13	30.38	3-12	0	4.76	3	

GHAFFAR KAZMI (Lahore City Blues, ADBP, Lahore) b Lahore 25.12.1962 RHB LBG
FC		13	20	2	533	96*	29.61	0	4	1490	65	22.92	7-55	4	2.90	12	
Wlls		6	4	1	117	52	39.00	0	2	158	3	52.66	1-19	0	5.44	7	
FC	1981	29	43	6	1049	131	28.35	1	7	3284	114	28.80	7-55	6	3.19	29	
Wlls	1983	9	7	1	150	52	25.00	0	2	289	4	29.87	2-9	0	5.37	8	

GHAYYUR QURESHI (Lahore City Whites, Lahore) b Lahore 4.8.1967 RHB LFM
| FC | | 11 | 6 | 2 | 23 | 9* | 5.75 | 0 | 0 | 725 | 27 | 26.85 | 6-44 | 2 | 3.17 | 1 | |
| Wlls | | 5 | 2 | 0 | 24 | 24 | 12.00 | 0 | 0 | 132 | 9 | 14.66 | 3-27 | 0 | 3.30 | 1 | |

GHULAM ABBAS (Zone A) b Hyderabad 23.10.1965 RHB LB
| FC | | 1 | 2 | 0 | 32 | 24 | 16.00 | 0 | 0 | 35 | 1 | 35.00 | 1-35 | 0 | 3.88 | 0 | |

Cmp	Debut	M	I	NO	Runs	HS	Avge	100	50	Runs	Wkts	Avge	BB	5wi	RpO	ct	st
							GHULAM ABBAS, Raja (Sargodha, Zone C)		b Sargodha 12.10.1964			RHB SLA					
FC		7	11	6	52	19*	10.40	0	0	652	19	34.31	7-42	1	2.62	1	
FC	1983	15	20	11	55	19*	6.55	0	0	1335	55	24.27	7-42	2	2.51	4	
							GHULAM ALI (Hyderabad, Zone A)		b Hyderabad 1.7.1960			RHB LBG					
FC		7	14	0	285	64	20.35	0	1	72	2	36.00	1-18	0	4.50	2	
FC	1983	10	19	0	464	78	24.42	0	2	106	2	53.00	1-18	0	3.78	2	5
Wlls		4	4	0	98	48	24.50	0	0								0
							GHULAM HUSSAIN (Hyderabad, Zone A)		b Hyderabad 4.4.1964			RHB OB					
FC		6	12	2	130	39	13.00	0	0	531	12	44.25	3-122	0	3.99	3	
FC	1984	8	14	2	138	39	11.50	0	0	819	25	32.76	7-128	2	3.81	3	
							HAAFIZ SHAHID YAQOOB (Lahore City Blues, Lahore, WAPDA)				b Lahore 10.5.1963				RHB RFM		
FC		2	3	2	68	47*	68.00	0	0	197	4	49.25	1-19	0	4.47	0	
Wlls		4	4	0	13	7	3.25	0	0	121	3	40.33	2-18	0	5.04	0	
FC	1984	8	14	6	304	64*	38.00	0	2	680	25	27.50	7-59	1	3.75	0	
							HAARIS AHMED KHAN (Karachi Blues, Karachi)		b Karachi 3.9.1964			LHB OB					
FC		1	2	0	61	35	30.50	0	0	63	2	31.50	1-24	0	4.50	0	
Wlls		4	2	1	19	12	19.00	0	0	116	4	29.00	2-35	0	4.14	1	
FC	1983	14	19	7	40	18.91	0	0	1244	41	30.34	5-51	2	2.81	9		
							HABIB BALOCH (Quetta, Zone A)		b Quetta 15.8.1964			RHB RM					
FC		10	18	7	62	19*	5.63	0	0	745	22	33.86	5-74	1	4.30	2	
FC	1983	15	26	8	92	19*	5.11	0	0	979	26	37.65	5-74	1	4.11	4	
							HABIB KHAN (Rawalpindi, Zone B)		b Jhelum 11.3.1962			RHB RFM					
FC		3	2	0	30	17	15.00	0	0	22	3	7.33	3-8	0	2.20	2	
							HAFEEZ-UR-REHMAN (Hyderabad, Zone A)		b Bahawalpur 1.4.1958			RHB RFM					
FC		11	22	3	155	33	8.15	0	0	338	8	42.25	2-18	0	3.28	4	
FC	1977	15	26	4	166	33	7.54	0	0	721	17	42.41	4-71	0	3.10	5	
Wlls	1981	1	0	0	0	0	0.00	0	0	101	3	33.66	2-61	0	5.61	1	
							HAFEEZ-UR-REHMAN (National Bank)		b Lahore 25.12.1962			RHB OB					
Wlls		2	1	0	1	1	1.00	0	0	38	3	12.66	3-20	0	2.11	0	
FC	1980	10	15	5	87	18*	8.70	0	0	847	24	35.29	4-44	0	2.69	8	
Wlls	1983	4	3	0	11	7	3.66	0	0	115	5	23.00	3-20	0	3.83	1	
							HAMEED-UL-HAQ (Zone A)		b Karachi 15.12.1968			RHB RFM					
FC		1	2	0	85	81	42.50	0	1							0	
							HAMEEDULLAH (Habib Bank)										
FC		1	2	0	47	34	23.00	0	0							0	
							HAMID KHAN (Peshawar)		b Bannu 5.5.1951			RHB RM					
FC		1								10	0				1.00	1	
FC	1973	9	13	3	200	59*	20.00	0	2	183	9	20.33	3-32	0	2.48	3	
							HAMMAD BUTT (Railways)		b Lahore 19.6.1963			LHB LBG					
FC		14	26	2	676	69	28.16	0	3	5	1	5.00	1-5	0	5.00	6	
							HANIF AHMED (Lahore Division)		b Pattoky 1.3.1954			RHB OB					
FC		1	2	0	19	15	9.50	0	0							2	
							HANIF MAMON (Zone A)		b Hyderabad 7.4.1964			RHB RM					
FC		1	2	0	29	17	14.50	0	0	5	0				5.00	0	
							HANIF SOOMRO (Zone A)		b Hyderabad 7.5.1970			RHB LB					
FC		2	4	3	0	0*	0.00	0	0	174	2	87.00	2-123	0	4.46	2	
FC	1984	4	3	0	0*	0.00	0	0	292	3	97.33	2-123	0	4.05	4		
							HAROON RASHEED (Lahore)		b Lahore 3.7.1962			RHB LBG					
FC		8	8	3	77	18	15.40	0	0	574	15	38.26	5-78	1	3.56	1	
FC	1980	23	31	8	192	32*	8.34	0	0	1529	40	38.22	5-78	1	3.33	8	
Wlls	1983	2	2	1	32	28*	32.00	0	0	60	2	30.00	2-43	0	5.45		
							HASAN ALI, Mohammad (Hyderabad)		b Sukkur 3.9.1967			RHB LB					
FC		2	4	0	55	22	13.75	0	0	3	0				3.00	2	
							HASAN ASKARI (Karachi)		b Karachi 4.11.1965			LHB LFM					
FC		2								73	7	10.42	4-46	0	2.35	2	
Wlls										10	0				1.66	0	
							HASEEB-UL-HASAN (Karachi Whites, Karachi)			b Karachi 11.5.1964			LHB LM					
FC		4	4	1	98	46	32.66	0	0	254	8	31.75	5-75	1	3.94	1	
Wlls		4	3	1	24	12	12.00	0	0	118	1	118.00	1-39	0	4.37	2	
FC	1984	16	26	9	590	57	34.70	0	4	906	26	34.84	5-75	1	3.52	11	
Wlls	1982	10	8	1	73	23	10.42	0	0	282	5	56.40	2-21	0	4.14	3	
							HASNAIN BAQIR (Multan)		b Multan 1.2.1962			RHB RM					
FC		1	1	6	4*	6.00	0	0	44	1	44.00	1-36	0	2.75	0		
							HILAL ABBAS (Sukkur)		b Khairpur 17.6.1968			RHB SLA					
FC		2	4	0	55	22	13.75	0	0	22	0				4.40	1	
							HUMAYUN FARKHAN (Faisalabad)		b Lyallpur 5.4.1947			RHB SLA					
FC		4	4	0	17	10	4.25	0	0	342	14	24.42	5-90	1	2.36	1	
FC	1964	37	52	5	604	52	12.85	0	1	3112	146	21.31	6-23	9	2.33	27	
							HUMAYUN MUZAMMIL (Multan)		b Multan 14.6.1955			LHB OB					
FC		1	2	0	18	16	9.00	0	0							1	
FC	1970	19	33	4	769	90*	26.51	0	4	220	8	27.50	3-42	0	2.94	19	
							IBRAHIM KHAN (Rawalpindi, Zone D)		b Karachi 13.4.1964			RHB RFM					
FC		1	2	0	1	1	1.00	0	0	85	0				3.86	2	
							IBRAR-UL-HAQ (Peshawar, Zone D)		b Karachi 7.1.1955			LHB LFM					
FC		5	8	1	294	138	42.00	2	0							9	
FC	1973	18	29	3	563	138	21.65	2	0							13	
Wlls	1981	1	1	0	12	12	12.00	0	0							0	

163

	Cmp	Debut	M	I	NO	Runs	HS	Avge	100	50	Runs	Wkts	Avge	BB	5wi	RpO	ct	st
\multicolumn{19}{l	}{IFTIKHAR AHMED (Habib Bank) b Karachi 30.1.1962 RHB LB}
FC			1	1	0	9	9	9.00	0	0	19	0				2.71	0	
FC		1977	6	8	1	56	14	8.00	0	0	215	2	107.50	2-45	0	4.18	3	
\multicolumn{19}{l	}{IJAZ AHMED (HBFC) b Sahiwal 1.3.1960 RHB OB}
FC			6	10	0	167	54	16.70	0	1							5	
Wlls			2	1	0	0	0	0.00	0	0							1	
FC		1976	68	119	12	3619	145	33.82	7	19	173	2	86.50	1-38	0	4.85	31	
Wlls		1980	16	15	3	306	55	25.50	0	1							2	
\multicolumn{19}{l	}{IJAZ AHMED (Railways) b Lahore 24.11.1961 RHB RM}
FC			2	4	0	33	22	8.25	0	0							0	
Wlls			4	4	0	147	73	36.75	0	2							1	
FC		1980	4	8	0	73	22	9.12	0	0							2	
\multicolumn{19}{l	}{IJAZ AHMED (Lahore Division) b Lahore 19.2.1964 RHB RFM}
FC			3	6	0	56	34	9.33	0	0							0	
\multicolumn{19}{l	}{IJAZ AHMED (Gujranwala, PACO) b Sialkot 20.9.1968 RHB SLA}
FC			18	33	1	1476	182	46.12	5	4	87	2	43.50	1-3	0	2.48	20	
Wlls			4	4	0	59	40	14.75	0	0							2	
FC		1983	35	66	3	2681	201*	42.55	7	10	292	14	20.85	4-50	0	3.16	32	
Wlls		1983	7	7	0	175	54	25.00	0	2	12	0				12.00	2	
\multicolumn{19}{l	}{IJAZ ASLAM (Multan) b Sahiwal 1.9.1964 RHB WK}
FC			3	5	0	22	12	4.40	0	0							9	2
FC		1984	5	9	2	54	23	7.71	0	0							11	5
\multicolumn{19}{l	}{IJAZ FAQIH (Karachi Whites, Karachi, Muslim Commercial Bank) b Karachi 24.3.1956 RHB OB}
FC			18	21	4	589	112	34.64	1	4	1719	107	16.06	6-20	11	2.31	11	
Wlls			4	4	1	133	105*	44.33	1	0	111	2	55.50	1-29	0	3.08	1	
Test		1980	2	4	0	63	34	15.75	0	0	85	1	85.00	1-76	0	3.26	0	
FC		1973	104	150	24	4509	183	35.78	10	25	10331	443	23.32	8-51	31	2.46	87	
Int		1980	23	18	2	191	42*	11.93	0	0	727	12	60.58	4-43	1	4.32	2	
Wlls		1980	17	17	1	409	105*	25.56	1	1	566	20	28.30	4-29	1	4.08	9	
\multicolumn{19}{l	}{IJAZ HUSSAIN AKHTAR (Bahawalpur) b Bahawalpur 21.11.1962 RHB RFM}
FC			1	2	1	10	7*	10.00	0	0	40	1	40.00	1-30	0	6.66	0	
\multicolumn{19}{l	}{IJAZ KHAN (Dera Ismail Khan) b Bannu 1.7.1960 RHB RM}
FC			3	5	0	18	10	3.60	0	0	10	0				3.33	0	
FC		1983	5	9	0	36	13	4.00	0	0	10	0				3.33	0	
\multicolumn{19}{l	}{IJAZ SULTAN (Multan, Zone B) b Chichawatni 5.3.1962 RHB RM}
FC			4	7	3	11	4	2.75	0	0	276	5	55.20	2-44	0	4.56	2	
FC		1983	5	8	3	12	4	2.40	0	0	291	5	58.20	2-44	0	4.58	2	
\multicolumn{19}{l	}{ILYAS KHAN (Muslim Commercial Bank)}
Wlls			3	1	1	4	4*		0	0	92	2	46.00	1-33	0	5.75	0	
FC		1975	73	101	15	1000	46*	11.62	0	0	6765	234	28.91	7-90	11	2.50	61	
Wlls		1980	9	4	1	19	13	6.33	0	0	243	10	24.30	3-30	0	5.06	3	
\multicolumn{19}{l	}{IMRAN ADIL (Bahawalpur, Zone B) b Bahawalpur 20.11.1970 RHB RFM}
FC			9	15	5	45	18*	4.50	0	0	400	9	44.44	2-22	0	3.99	4	
\multicolumn{19}{l	}{IMRAN KHAN (Pak, Pak to SL, Pak to Sharjah, Sussex) b Lahore 25.11.1952 RHB RF}
Test			3	2	0	69	63	34.50	0	1	271	17	15.94	5-40	1	2.24	0	
Int			8	7	3	105	45	26.25	0	0	252	7	36.00	3-39	0	4.42	2	
Test		1971	57	83	12	2140	123	30.14	2	8	5857	264	22.18	8-58	17	2.51	20	
FC		1969	328	508	82	15349	170	36.03	25	80	25011	1145	21.84	8-34	62	2.64	104	
Int		1974	72	58	18	1212	102*	30.30	1	3	1548	69	22.43	6-14	1	3.40	24	
Wlls		1980	12	12	2	419	105*	41.90	1	3	234	25	9.36	5-20	2	2.54	2	
\multicolumn{19}{l	}{IMRAN KHAN (Quetta) b Quetta 27.7.1963 RHB WK}
FC			2	4	0	90	66	22.50	0	1							4	2
FC		1984	3	6	0	111	66	18.50	0	1							5	3
\multicolumn{19}{l	}{IMTIAZ AHMED (Gujranwala) b Gujrat 12.9.1967 RHB RFM}
FC			2	4	0	17	10	4.25	0	0							1	
FC		1983	5	9	2	89	38*	12.71	0	0							5	
\multicolumn{19}{l	}{IMTIAZ BASHIR (Gujranwala) b Sialkot 22.12.1967 RHB RFM}
FC			2	4	1	24	14*	8.00	0	0	148	7	21.14	4-78	0	4.35	0	
\multicolumn{19}{l	}{IMTINAN ZAMIR (ADBP) b Rawalpindi 26.1.1955 RHB OB}
FC			2	2	0	37	32	18.50	0	0	69	2	34.50	2-5	0	4.50	0	
FC		1972	28	45	1	1361	120	30.93	4	6	358	8	44.75	2-5	0	3.04	12	
\multicolumn{19}{l	}{INZAMAN-UL-HAQ (Multan) b Multan 30.4.1968 RHB SLA}
FC			1	2	0	19	19	9.50	0	0	28	3	9.33	3-3	0	1.66	1	
\multicolumn{19}{l	}{IQBAL BUTT (Peshawar) b Peshawar 20.12.1956 LHB SLA}
FC			4	4	0	13	7	3.25	0	0	179	12	14.91	3-18	0	2.46	0	
FC		1971	68	95	24	1126	105*	15.85	1	2	4401	205	21.46	8-78	10	2.87	38	
Wlls		1980	1								21	1	21.00	1-21	0	2.33	0	
\multicolumn{19}{l	}{IQBAL MALIK (Zone A) b Hyderabad 15.7.1968 RHB OB}
FC			2	4	0	93	53	23.25	0	1							0	
FC		1983	3	6	0	95	53	15.83	0	1							2	
\multicolumn{19}{l	}{IQBAL QASIM (Karachi Whites, Karachi, National Bank) b Karachi 6.8.1953 LHB SLA}
FC			14	5	2	48	23	16.00	0	0	1024	62	16.51	7-39	3	2.25	20	
Wlls			5	2	0	11	7	5.50	0	0	125	8	15.62	4-33	1	3.28	3	
Test		1976	41	46	14	380	56	11.87	0	1	3994	137	29.15	7-49	5	2.22	31	
FC		1971	166	156	41	1667	61	14.49	0	3	14202	677	20.97	9-80	43	2.27	131	
Int		1977	14	7	1	39	13*	6.50	0	0	487	9	54.11	2-16	0	4.79	3	
Wlls		1980	21	10	3	76	23*	10.85	0	0	581	30	19.36	4-23	3	3.57	10	

164

Cmp	Debut	M	I	NO	Runs	HS	Avge	100	50	Runs	Wkts	Avge	BB	5wi	RpO	ct	st
							IQBAL SAEED (Railways)			b Lahore 23.4.1964		RHB WK					
FC		2	4	0	40	21	10.00	0	0							3	
Wlls		4	4	1	63	42	21.00	0	0							4	
							IQBAL SIKANDER (Karachi Whites, Karachi, PIA)			b Karachi 19.12.1958		RHB LBG					
FC		14	11	5	125	29*	20.83	0	0	1038	65	15.96	6-29	5	3.02	11	
Wlls		5	3	0	28	21	9.33	0	0	23	0				7.66	0	
FC	1976	85	106	21	1943	111*	22.85	1	12	7630	326	23.40	9-81	26	2.89	65	
Wlls	1980	21	17	2	207	34	13.80	0	0	56	1	56.00	1-0	0	4.66	9	
							IRFAN AFZAL (Sargodha)			b Sargodha 16.4.1966		RHB RFM					
FC		1	1	0	8	8	8.00	0	0	49	0				2.94	0	
							IRSHAD AHMED (Dera Ismail Khan)			b Bannu 14.6.1961		RHB OB					
FC		2	4	0	37	21	9.25	0	0	49	0				3.50	0	
FC	1984	5	10	0	75	21	7.50	0	0	49	0				3.50	1	
							ISHTIAQ AHMED (Peshawar)										
FC		2	2	1	11	11	11.00	0	0	59	2	29.50	2-27	0	3.47	2	
FC	1975	7	12	3	71	24	7.88	0	0	344	16	20.87	7-66	1	2.74	3	
							ISHTIAQ AHMED (WAPDA)										
Wlls		1	1	0	4	4	4.00	0	0	12	0				4.00	0	
							ISRAR AHMED TUNIO (Sukkur)			b Larkana 23.5.1960		RHB OB					
FC		1	2	0	120	60	60.00	0	1	24	0				3.42	0	
							IZHAR AHMED (HBFC)			b Lahore 20.8.1944		RHB SLA					
FC		4	8	2	45	17	7.50	0	0	111	2	55.50	2-15	0	2.64	4	
FC	1965	63	99	25	1770	97	23.91	0	7	3385	128	26.44	6-86	2	2.02	49	
Wlls	1980	3	2	1	22	12	22.00	0	0	76	4	19.00	3-36	0	3.80	1	
							JABBAR SALEEM (Railways)										
Wlls		1	1	0	0	0	0.00	0	0	29	0				7.25	0	
							JAHANGIR ALVI (Bahawalpur)			b Bahawalpur 4.4.1961		RHB RFM					
FC		2	4	0	108	50	27.00	0	1	18	0				4.50	1	
FC	1974	6	10	0	147	50	14.70	0	1	29	0				5.43	2	
							JAHANZEB KHAN (National Bank)										
Wlls		1								33	0				6.60	0	
FC	1972	59	79	25	298	30*	5.51	0	0	3524	120	29.36	5-28	2	3.19	24	
Wlls	1980	12	4	1	18	12*	6.00	0	0	349	14	24.92	3-22	0	4.38	0	
							JAHANZEB KHAN BURKI (Gujranwala)			b Gujranwala 24.10.1963		RHB OB					
FC		1	2	0	16	14	8.00	0	0							0	
FC	1984	3	6	0	100	31	16.66	0	0							1	
							JALAL-UD-DIN (Karachi Whites, Karachi, Pak)			b Karachi 12.6.1959		RHB RFM					
Test		1								89	1	89.00	1-89	0	2.28	0	
FC		10	5	3	9	6	4.50	0	0	676	23	29.39	5-32	2	3.36	2	
Wlls		2	2	1	1	1*	1.00	0	0	55	1	55.00	1-29	0	3.43	0	
Test	1982	6	3	2	3	2	3.00	0	0	537	11	48.81	3-77	0	2.69	0	
FC	1975	66	78	23	653	45	11.87	0	0	5984	251	23.84	7-43	18	2.97	8	
Int	1981	8	2	0	5	5	2.50	0	0	211	14	15.07	4-32	1	4.13	1	
Wlls	1980	14	12	3	82	28*	9.11	0	0	409	16	25.56	2-22	0	3.76	4	
							JAMAL A. NASIR (Dera Ismail Khan)										
FC		1	2	0	11	8	5.50	0	0	40	0				2.85	0	
FC	1984	5	5	0	39	21	7.80	0	0	179	11	16.27	4-45	0	2.55	0	
							JAMSHEED HUSSAIN (Habib Bank)			b Lahore 10.4.1956		RHB RFM					
Wlls		2	1	0	3	3	3.00	0	0	41	1	41.00	1-25	0	4.24	0	
FC	1973	69	88	18	898	68	12.82	0	2	4198	161	26.07	6-44	2	3.21	25	
Wlls	1980	17	8	2	43	16	7.16	0	0	483	23	21.00	4-37	1	4.14	7	
							JAVED AHMED (Hazara)										
FC		1	2	0	0	0	0	0	0	17	0				5.66	0	
							JAVED ALI (Sukkur, Zone A)			b Hyderabad 16.3.1963		RHB RFM					
FC		4	8	0	31	13	3.87	0	0	159	8	19.87	4-59	0	3.31	0	
FC	1984	5	10	1	39	13	4.33	0	0	187	8	23.37	4-59	0	3.33	0	
							JAVED CHAUGHTAI (Dera Ismail Khan)			b Dera Ismail Khan 15.5.1962		RHB RM					
FC		2	3	0	7	4	2.33	0	0							0	
FC	1983	7	13	0	119	35	9.15	0	0							1	
							JAVED HAYAT (Lahore, WAPDA)			b Lahore 25.11.1964		LHB SLA					
FC		1	2	1	21	20*				26	2	13.00	2-13	0	3.18	0	
Wlls		1	1	0	8	8	8.00	0	0	17	0				3.40	1	
FC	1984	5	10	4	104	20*	17.33	0	0	357	9	39.66	3-55	0	2.80	0	
							JAVED ILYAS (Multan, Zone B)			b Multan 25.8.1955		RHB OB					
FC		8	16	1	295	52	19.66	0	1	191	1	191.00	1-38	0	3.82	9	
FC	1971	28	51	5	1218	102*	26.47	1	6	1063	21	50.63	4-95	0	3.20	26	
							JAVED IQBAL (Lahore Division)			b Okara 3.4.1967		RHB LB					
FC		2	4	0	46	19	11.50	0	0							0	
							JAVED MIANDAD (Habib Bank, Pak, Pak to SL, Pak to Sharjah, D.B.Close's XI)											
							b Karachi 12.6.1957		RHB LBG								
Test		3	3	1	306	203*	153.00	1	1							3	
FC		5	5	1	337	203*	84.25	1	1							3	
Int		9	9	3	325	91*	54.16	0	3							1	
Test	1976	74	115	17	5413	280*	55.23	14	28	672	17	39.52	3-74	0	2.78	65	1
FC	1973	324	518	84	23133	311	53.30	65	114	6363	191	33.31	7-39	6	3.12	295	3
Int	1975	95	90	21	2863	119*	41.49	3	18	209	5	41.80	2-22	0	3.56	33	
Wlls	1980	18	17	6	628	152*	57.09	1	3	78	6	13.00	3-20	0	4.10	9	

	Cmp	Debut	M	I	NO	Runs	HS	Avge	100	50	Runs	Wkts	Avge	BB	5wi	RpO	ct	st

JUNAID ALVI (PACO) b Karachi 25.12.1965 RHB
	Cmp	Debut	M	I	NO	Runs	HS	Avge	100	50	Runs	Wkts	Avge	BB	5wi	RpO	ct	st
FC			2	4	0	47	16	11.75	0	0							2	
FC		1983	9	18	0	259	31	14.38	0	0	4	0				24.00	15	

JUNAID QURESHI (Hazara) b Abbottabad 1.9.1967 RHB LB
	Cmp	Debut	M	I	NO	Runs	HS	Avge	100	50	Runs	Wkts	Avge	BB	5wi	RpO	ct	st
FC			1	2	0	22	22	11.00	0	0							0	

KAMAL MERCHANT (United Bank) b Karachi 2.12.1956 RHB RM
	Cmp	Debut	M	I	NO	Runs	HS	Avge	100	50	Runs	Wkts	Avge	BB	5wi	RpO	ct	st
FC			2	3	1	40	32	20.00	0	0	58	2	29.00	2-34	0	2.23	1	
Wlls			6	3	1	7	5	3.50	0	0	194	6	32.33	3-26	0	4.58	4	
FC		1974	64	95	25	2108	112	30.11	1	9	1270	56	22.67	6-69	3	2.12	30	
Wlls		1980	23	11	4	66	16	9.42	0	0	613	30	20.43	5-11	2	3.54	6	

KASHIF KAZMI (Hazara) b Abbottabad 12.3.1966 RHB LB
	Cmp	Debut	M	I	NO	Runs	HS	Avge	100	50	Runs	Wkts	Avge	BB	5wi	RpO	ct	st
FC			2	3	0	7	4	2.33	0	0							0	
FC		1984	4	7	1	46	13	7.66	0	0							1	

KAZIM MEHDI (HBFC) b Karachi 26.5.1958 LHB SLA
	Cmp	Debut	M	I	NO	Runs	HS	Avge	100	50	Runs	Wkts	Avge	BB	5wi	RpO	ct	st
FC			8	9	3	61	22	10.16	0	0	758	34	22.29	6-13	4	2.62	4	
Wlls			5	1	1	1	1*		0	0	125	6	20.83	3-16	0	3.78	1	
FC		1975	37	50	16	320	30	9.41	0	0	3849	170	22.64	8-56	15	2.42	12	
Wlls		1980	9	4	2	4	2*	2.00	0	0	246	9	27.33	3-16	0	4.24	1	

KHALID ALVI (PACO) b Karachi 20.12.1957 RHB WK
	Cmp	Debut	M	I	NO	Runs	HS	Avge	100	50	Runs	Wkts	Avge	BB	5wi	RpO	ct	st
FC			14	26	3	494	64	21.47	0	1							11	3
Wlls			3	3	0	18	18	6.00	0	0							0	
FC		1971	59	109	8	2724	219	26.97	3	9	122	3	40.66	1-5	0	4.69	35	9
Wlls		1981	10	10	0	202	65	20.20	0	2							3	

KHALID JAVED (Lahore City Whites, Railways) b Lahore 14.10.1965 RHB LB
	Cmp	Debut	M	I	NO	Runs	HS	Avge	100	50	Runs	Wkts	Avge	BB	5wi	RpO	ct	st
FC			4	6	0	49	34	8.16	0	0	18	0				3.60	3	
FC		1984	5	8	1	168	60	24.00	0	2	123	2	61.50	2-53	0	3.84	4	
Wlls		1982	1	1	0	18	18	18.00	0	0							0	

KHALID MAHMOOD (Lahore City Whites) b Lahore 11.1.1968 RHB OB
	Cmp	Debut	M	I	NO	Runs	HS	Avge	100	50	Runs	Wkts	Avge	BB	5wi	RpO	ct	st
FC			2	2	2	35	35*		0	0	68	0				3.40	0	

KHALIL AHMED (Peshawar)
	Cmp	Debut	M	I	NO	Runs	HS	Avge	100	50	Runs	Wkts	Avge	BB	5wi	RpO	ct	st
FC			1								31	0				2.38	0	

KHATIB RIZWAN (ADBP) b Karachi 3.5.1954 LHB LM/SLA
	Cmp	Debut	M	I	NO	Runs	HS	Avge	100	50	Runs	Wkts	Avge	BB	5wi	RpO	ct	st
FC			10	12	7	73	24*	14.60	0	0	772	30	25.73	5-104	1	2.46	1	
FC		1970	68	91	30	916	90	15.01	0	1	4649	209	22.24	6-19	13	2.59	19	
Wlls		1981	8	7	4	92	35*	30.66	0	0	185	9	20.55	4-7	1	3.65	3	

KHAWAR MALIK (Zone C) b Sialkot 13.10.1958 RHB WK
	Cmp	Debut	M	I	NO	Runs	HS	Avge	100	50	Runs	Wkts	Avge	BB	5wi	RpO	ct	st
FC			3	5	0	78	59	15.60	0	1							6	3
Wlls		1981	4	4	0	76	42	19.00	0	0	2	0				12.00	1	

KHAWAR NADEEM (Hazara) b Haripur 20.9.1964 RHB OB
	Cmp	Debut	M	I	NO	Runs	HS	Avge	100	50	Runs	Wkts	Avge	BB	5wi	RpO	ct	st
FC			3	5	0	108	43	21.60	0	0							2	

KHAWAR RASHEED (Zone B)
	Cmp	Debut	M	I	NO	Runs	HS	Avge	100	50	Runs	Wkts	Avge	BB	5wi	RpO	ct	st
FC			1	2	0	11	11	5.50	0	0							1	

KHURSHID AKHTAR (Peshawar) b Peshawar 15.1.1957 RHB LB
	Cmp	Debut	M	I	NO	Runs	HS	Avge	100	50	Runs	Wkts	Avge	BB	5wi	RpO	ct	st
FC			4	5	0	70	26	14.00	0	0	141	9	15.66	4-16	0	2.97	3	
FC		1975	16	28	0	339	65	12.10	0	1	562	23	24.43	4-16	0	3.17	7	

LIAQAT ALI (Habib Bank) b Karachi 21.5.1955 RHB LFM
	Cmp	Debut	M	I	NO	Runs	HS	Avge	100	50	Runs	Wkts	Avge	BB	5wi	RpO	ct	st
FC			7	7	4	18	10*	6.00	0	0	492	16	30.75	7-42	1	3.07	4	
Wlls			4	2	2	0	0*		0	0	123	6	20.50	3-34	0	4.24	0	
Test		1974	5	7	3	28	12	7.00	0	0	359	6	59.83	3-80	0	2.66	1	
FC		1970	157	160	68	712	51	7.73	0	1	11430	465	24.58	8-44	24	3.05	60	
Int		1977	3	1	0	7	7	7.00	0	0	111	2	55.50	1-41	0	3.54	0	
Wlls		1980	8	5	5	3	3	1.66	0	0	634	25	25.36	3-34	0	4.08	2	

MAHBOOB ELAHI (Lahore City Blues) b Lahore 14.8.1968 LHB SLA
	Cmp	Debut	M	I	NO	Runs	HS	Avge	100	50	Runs	Wkts	Avge	BB	5wi	RpO	ct	st
FC			1	2	1	5	5*	5.00	0	0	65	0				4.33	0	

MAHFOOZ-UR-REHMAN (Rawalpindi, Zone D) b Rawalpindi 15.6.1959 RHB
	Cmp	Debut	M	I	NO	Runs	HS	Avge	100	50	Runs	Wkts	Avge	BB	5wi	RpO	ct	st
FC			3	3	0	40	39	13.33	0	0							2	
Wlls		1983	3	3	0	32	14	10.66	0	0							0	

MAHMOOD AHMED (Untitl Bank) b Lahore 1.12.1947 RHB OB
	Cmp	Debut	M	I	NO	Runs	HS	Avge	100	50	Runs	Wkts	Avge	BB	5wi	RpO	ct	st
FC			1	2	0	5	4	2.50	0	0	134	2	67.00	2-83	0	2.79	2	
FC		1973	39	62	3	1673	204	28.35	3	6	528	15	35.20	2-7	0	2.62	32	

MAHMOOD RASHEED (United Bank) b Karachi 22.6.1955 RHB RM
	Cmp	Debut	M	I	NO	Runs	HS	Avge	100	50	Runs	Wkts	Avge	BB	5wi	RpO	ct	st
FC			6	10	1	126	39	14.00	0	0	14	0				14.00	7	
Wlls			4	3	2	64	48	64.00	0	0	19	0				3.80	2	
FC		1976	70	115	16	2633	116*	26.59	2	14	53	2	26.50	2-14	0	3.00	94	
Wlls		1980	23	18	5	243	57*	18.69	0	1						3.80	8	

MANSOOR AKHTAR (Karachi Whites, United Bank) b Karachi 25.12.1957 RHB RM
	Cmp	Debut	M	I	NO	Runs	HS	Avge	100	50	Runs	Wkts	Avge	BB	5wi	RpO	ct	st
FC			18	29	3	743	101*	28.57	1	4	115	6	19.16	3-24	0	3.37	8	
Wlls			6	6	1	262	110*	52.40	1	1	29	0				4.83	2	
Test		1980	13	22	3	484	111	25.47	1	2							7	
FC		1974	110	188	19	6165	224*	36.47	9	33	498	13	38.30	3-24	0	3.52	73	2
Int		1980	29	23	2	398	47	18.09	0	0	72	1	72.00	1-44	0	4.23	10	
Wlls		1980	25	25	4	1018	113	48.47	2	7	137	2	68.50	2-38	0	4.41	4	

MANSOOR KHAN (Zone C) b Karachi 23.3.1956 RHB RM
	Cmp	Debut	M	I	NO	Runs	HS	Avge	100	50	Runs	Wkts	Avge	BB	5wi	RpO	ct	st
FC			8	15	1	359	109*	25.64	1	0	14	1	14.00	1-14	0	7.00	3	
FC		1978	12	23	1	635	109*	28.86	1	2	14	1	14.00	1-14	0	7.00	7	
Wlls		1981	4	4	0	57	24	14.25	0	0							2	

Cmp	Debut	M	I	NO	Runs	HS	Avge	100	50	Runs	Wkts	Avge	BB	5wi	RpO	ct	st

MANSOOR KHAN (Quetta, Zone A) b Quetta 7.8.1963 RHB WK
FC		8	15	1	264	71	18.85	0	1							8	2
FC	1983	12	23	2	306	71	14.57	0	1							16	10
Wlls	1981	1	1	0	11	11	11.00	0	0							0	

MANSOOR RANA (Lahore City Blues, Lahore, ADBP) b Lahore 27.12.1962 RHB
FC		19	31	3	1124	140	40.14	2	7	31	0				2.38	19	
Wlls		6	6	2	167	76	41.75	0	1	13	0				8.66	3	
FC	1978	52	87	7	2402	140	30.02	3	13	67	1	67.00	1-22	0	2.71	37	
Wlls	1982	15	14	2	334	76	27.83	0	2	27	0				10.80	3	

MANZOOR AHMED (Hazara) b Abbottabad 20.3.1966 RHB LB
| FC | | 3 | 5 | 2 | 57 | 39 | 19.00 | 0 | 0 | 106 | 3 | 35.33 | 3-48 | 0 | 3.90 | 1 | |
| FC | 1984 | 5 | 9 | 4 | 70 | 39 | 14.00 | 0 | 0 | 194 | 7 | 27.71 | 3-20 | 0 | 2.80 | 2 | |

MANZOOR ALI (Karachi Blues, Karachi) b Karachi 7.1.1971 RHB LBG
| FC | | 3 | 3 | 0 | 9 | 8 | 3.00 | 0 | 0 | 194 | 7 | 27.71 | 3-35 | 0 | 4.28 | 3 | |

MANZOOR ELAHI (Multan, ADBP, Pak to SL, Pak to Sharjah) b Sahiwal 15.4.1963 RHB RFM
FC		13	21	0	740	129	35.23	2	3	900	26	34.61	4-52	0	3.70	14	
Test	1984	2	3	1	49	26	24.50	0	0	76	1	76.00	1-74	0	2.81	3	
FC	1982	38	63	8	1707	129	31.03	2	9	2236	51	43.84	4-52	0	3.71	29	
Int	1984	13	11	2	199	39*	22.11	0	0	320	9	35.55	3-22	0	4.21	1	
Wlls	1983	5	5	1	62	21	15.50	0	0	81	0				5.06	1	

MAQSOOD KUNDI (Peshawar, ADBP) b Dera Ismail Khan 6.11.1959 LHB WK
FC		15	22	8	316	74*	22.57	0	1							39	7
FC	1978	39	66	14	1031	109*	19.82	1	2							64	26
Wlls	1981	4	4	0	47	38	11.75	0	0							2	

MAQSOOD RAZA (Lahore Division, WAPDA) b Lahore 5.12.1966 RHB RFM
FC		4	8	0	223	58	27.87	0	2	53	2	26.50	1-14	0	4.41	4	
Wlls		3	3	0	14	13	4.66	0	0	65	2	32.50	2-38	0	4.64	1	
FC	1983	12	23	2	551	77	26.23	0	5	360	7	51.42	1-14	0	3.33	8	
Wlls	1983	8	8	1	148	61	21.14	0	0	123	2	61.50	2-38	0	5.34	4	

MASOOD ANWAR (Rawalpindi, ADBP) b Rawalpindi 5.8.1959 RHB RM
FC		14	22	2	903	202*	45.15	2	4	4	0				4.00	17	
FC	1978	52	90	8	3460	202*	42.19	9	14	80	4	20.00	3-11	0	3.07	61	
Wlls	1981	4	4	1	86	47	28.66	0	0	8	0				12.00	0	

MASOOD ANWAR (PACO) b Khaniwal 12.12.1967 LHB LFM
FC		12	15	5	146	36	14.60	0	0	1328	55	24.14	6-55	3	2.47	7	
Wlls		4	4	1	21	9	7.00	0	0	74	4	18.50	2-16	0	2.84	0	
FC	1983	27	40	10	562	72*	18.73	0	2	2700	114	23.68	8-44	7	2.61	14	
Wlls	1981	5	5	1	21	9	5.25	0	0	121	4	30.25	2-16	0	3.78	1	

MASOOD IQBAL (Lahore City Blues, Habib Bank) b Lahore 17.4.1952 RHB WK
FC		3	5	0	91	38	18.20	0	0							2	2
Wlls		3	2	1	9	9*	9.00	0	0							5	1
FC	1969	143	215	33	2634	69	14.47	0	5	134	3	44.66	1-12	0	4.78	308	53
Int	1984	1	1	0	2	2	2.00	0	0							0	
Wlls	1980	15	9	3	59	14	9.83	0	0							15	4

MASOOD MIRZA (Hazara) b Abbottabad 9.3.1961 LHB LFM
| FC | | 3 | 5 | 2 | 46 | 16 | 15.33 | 0 | 0 | 171 | 4 | 42.75 | 2-50 | 0 | 4.07 | 0 | |
| FC | 1984 | 5 | 9 | 3 | 52 | 16 | 8.50 | 0 | 0 | 266 | 6 | 44.33 | 2-45 | 0 | 3.80 | 1 | |

MASOOD QADIR (Zone C) b Lyallpur 21.2.1964 RHB LB
| FC | | 1 | 2 | 0 | 53 | 29 | 26.50 | 0 | 0 | | | | | | | 0 | |

MATEEN BASSEY (Lahore) b Lahore 2.12.1962 RHB RFM
| FC | | 1 | 2 | 0 | 0 | 0 | 0.00 | 0 | 0 | | | | | | | 0 | |

MAZHAR HUSSAIN (Lahore City Whites, Lahore) b Lahore 25.10.1967 RHB LB
| FC | | 4 | 8 | 3 | 212 | 87 | 53.00 | 0 | 1 | 24 | 1 | 24.00 | 1-24 | 0 | 2.40 | 7 | |
| FC | 1984 | 21 | 6 | 392 | 87 | 26.13 | 0 | 2 | 191 | 7 | 27.28 | 4-24 | 0 | 3.03 | 11 | | |

MEER HAIDER ALI KHAN TALPUR (Hyderabad, Zone A) b Karachi 10.8.1949 RHB OB
FC		4	8	1	69	16	9.85	0	0	233	6	38.83	3-69	0	3.81	0	
FC	1983	9	16	1	369	96	24.60	0	3	534	11	48.54	3-69	0	3.62	2	
Wlls	181	4	4	1	50	29	16.66	0	0	131	0				5.38	2	

MIAN FAYYAZ (PACO) b Lahore 29.4.1959 RHB OB
FC		14	11	7	25	6*	6.25	0	0	1502	45	33.37	6-37	3	2.52	3	
FC	1980	40	48	16	356	68	11.12	0	1	3733	115	32.46	6-37	6	2.59	13	
Wlls	1981	1								40	0				6.66	0	

MOHAMMAD AKRAM (Lahore Division) b Kasur 11.5.1964 RHB RFM
| FC | | 1 | 2 | 0 | 20 | 20 | 10.00 | 0 | 0 | | | | | | | 2 | |
| FC | 1984 | 4 | 8 | 0 | 129 | 33 | 16.12 | 0 | 0 | | | | | | | 2 | |

MOHAMMAD ALI RAJPUT (Zone A)
| FC | | 1 | 2 | 0 | 6 | 4 | 3.00 | 0 | 0 | | | | | | | 0 | |

MOHAMMAD ALTAF (Bahawalpur, Zone B) b Bahawalpur 10.12.1966 RHB SLA
| FC | | 13 | 23 | 6 | 242 | 41 | 14.23 | 0 | 0 | 1217 | 53 | 22.96 | 6-63 | 3 | 3.06 | 19 | |
| FC | 1983 | 20 | 31 | 9 | 323 | 52* | 14.68 | 0 | 1 | 2023 | 88 | 22.98 | 7-52 | 7 | 2.91 | 30 | |

MOHAMMAD ARIF (Zone D) b Rawalpindi 10.6.1960 RHB OB
FC		8	15	4	276	55*	25.09	0	1	347	8	43.37	3-56	0	2.62	15	
FC	1983	17	31	4	545	58	20.18	0	3	1090	29	37.58	4-84	0	2.80	21	
Wlls	1983	4	4	1	25	12	8.33	0	0	88	2	44.00	1-28	0	3.37	0	

MOHAMMAD ARIF (Rawalpindi, Zone D) b Rawalpindi 12.3.1963 RHB WK
| FC | | 8 | 10 | 1 | 90 | 50 | 10.00 | 0 | 1 | | | | | | | 8 | 7 |

Cmp	Debut	M	I	NO	Runs	HS	Avge	100	50	Runs	Wkts	Avge	BB	5wi	RpO	ct	st
FC	1983	15	21	3	198	50	11.00	0	1							16	10
Wlls	1983	1	1	0	8	8	8.00	0	0							0	

MOHAMMAD ASHRAF (Faisalabad, Zone C, WAPDA) b Lyallpur 30.11.1964 RHB WK

Cmp	Debut	M	I	NO	Runs	HS	Avge	100	50	Runs	Wkts	Avge	BB	5wi	RpO	ct	st
FC		13	24	1	647	108	28.13	1	3							11	2
Wlls		4	4	0	87	30	21.75	0	0							2	
FC	1983	26	50	3	1480	140	31.48	5	4	0	1	0.00	1-0	0	0.00	35	6
Wlls	1981	5	5	0	121	34	24.20	0	0							2	

MOHAMMAD ASLAM (Sargodha) b Sargodha 6.7.1958 RHB LB

Cmp	Debut	M	I	NO	Runs	HS	Avge	100	50	Runs	Wkts	Avge	BB	5wi	RpO	ct	st
FC		1	1	0	4	4	4.00	0	0							0	
FC	1975	12	20	2	687	167	38.16	1	3	345	17	20.29	6-52	1	3.00	10	
Wlls	1981	3	3	1	19	14*	9.50	0	0	70	0				5.00	0	

MOHAMMAD ASLAM (Karachi Blues, Karachi) b Karachi 7.9.1961 RHB RFM

Cmp	Debut	M	I	NO	Runs	HS	Avge	100	50	Runs	Wkts	Avge	BB	5wi	RpO	ct	st
FC		2	4	0	56	27	14.00	0	0							1	
Wlls		2	2	0	104	64	52.00	0	1							0	
FC	1983	12	21	2	717	164	37.73	2	3	6	0				1.50	7	
Wlls	1982	6	6	0	198	64	33.00	0	2							2	

MOHAMMAD ASLAM SHER (Zone A) b Quetta 15.3.1965 RHB WK

Cmp	Debut	M	I	NO	Runs	HS	Avge	100	50	Runs	Wkts	Avge	BB	5wi	RpO	ct	st
FC		1	2	0	16	15	8.00	0	0							1	

MOHAMMAD AYUB (Gujranwala) b Gujranwala 10.6.1965 RHB RFM

Cmp	Debut	M	I	NO	Runs	HS	Avge	100	50	Runs	Wkts	Avge	BB	5wi	RpO	ct	st
FC		1	1	0	43	43	43.00	0	0							0	

MOHAMMAD FAROOQ AHMED (Quetta) b Lahore 7.7.1962 RHB

Cmp	Debut	M	I	NO	Runs	HS	Avge	100	50	Runs	Wkts	Avge	BB	5wi	RpO	ct	st
FC		1	2	0	10	8	5.00	0	0							0	

MOHAMMAD HASNAIN (Sargodha) b Karachi 24.3.1964 RHB OB

Cmp	Debut	M	I	NO	Runs	HS	Avge	100	50	Runs	Wkts	Avge	BB	5wi	RpO	ct	st
FC		3	6	0	73	32	12.16	0	0							0	

MOHAMMAD IRFAN (Dera Ismail Khan) b Dera Ismail Khan 17.11.1963 RHB WK

Cmp	Debut	M	I	NO	Runs	HS	Avge	100	50	Runs	Wkts	Avge	BB	5wi	RpO	ct	st
FC		2	4	0	17	8	4.25	0	0							0	
FC	1983	7	14	1	124	29	9.53	0	0							5	3

MOHAMMAD ISHAQ (Lahore City Whites, Lahore) b Lahore 7.3.1963 RHB RM

Cmp	Debut	M	I	NO	Runs	HS	Avge	100	50	Runs	Wkts	Avge	BB	5wi	RpO	ct	st
FC		5	10	0	287	119	28.70	1	0							2	
Wlls		3	3	0	48	25	16.00	0	0							0	
FC	1984	9	17	0	618	119	36.25	2	2							2	

MOHAMMAD JAMIL (Lahore, National Bank) b Lahore 12.1.1957 RHB WK

Cmp	Debut	M	I	NO	Runs	HS	Avge	100	50	Runs	Wkts	Avge	BB	5wi	RpO	ct	st
FC		8	14	1	385	101	29.61	1	1							10	6
Wlls		1	1	0	3	3	3.00	0	0							0	
FC	1975	75	125	18	2474	139	23.12	2	11	3	0				3.00	126	32
Wlls	1980	11	9	3	129	49*	21.50	0	0							4	1

MOHAMMAD JAVED (HBFC, Muslim Commercial Bank) b Multan 25.12.1964 RHB RM

Cmp	Debut	M	I	NO	Runs	HS	Avge	100	50	Runs	Wkts	Avge	BB	5wi	RpO	ct	st
FC		2	3	0	141	88	47.00	0	1							0	
Wlls		1								32	0				5.33	0	
FC	1982	9	14	1	307	88	23.61	0	1	93	2	46.50	2-35	0	2.90	6	

MOHAMMAD KHALIL (Gujranwala) b Sialkot 30.6.1965 RHB RFM

Cmp	Debut	M	I	NO	Runs	HS	Avge	100	50	Runs	Wkts	Avge	BB	5wi	RpO	ct	st
FC		2	3	1	33	19	16.50	0	0	91	3	30.33	3-36	0	4.13	1	

MOHAMMAD MUNIR (WAPDA)

Cmp	Debut	M	I	NO	Runs	HS	Avge	100	50	Runs	Wkts	Avge	BB	5wi	RpO	ct	st
Wlls		1	1	0	8	8	8.00	0	0							2	

MOHAMMAD NAEEM (Lahore) WK

Cmp	Debut	M	I	NO	Runs	HS	Avge	100	50	Runs	Wkts	Avge	BB	5wi	RpO	ct	st
Wlls		1	1	0	4	4	4.00	0	0							0	
FC	1982	5	8	0	192	51	24.00	0	1							13	
Wlls	1982	2	2	0	21	17	10.50	0	0							0	

MOHAMMAD NAWAZ (Sargodha, Zone C) b Sargodha 28.11.1970 RHB RFM

Cmp	Debut	M	I	NO	Runs	HS	Avge	100	50	Runs	Wkts	Avge	BB	5wi	RpO	ct	st
FC		8	14	0	292	65	20.85	0	1	74	3	24.66	1-12	0	2.24		

MOHAMMAD NAZIR (Railways) b Rawalpindi 8.3.1946 RHB OB

Cmp	Debut	M	I	NO	Runs	HS	Avge	100	50	Runs	Wkts	Avge	BB	5wi	RpO	ct	st
FC		14	25	2	390	49	16.95	0	0	1269	88	14.42	6-41	9	1.62	3	
Wlls		3	2	0	21	15	10.50	0	0	86	2	43.00	1-33	0	4.09	1	
Test	1969	14	18	10	144	29*	18.00	0	0	1124	34	33.05	7-99	3	2.06	4	
FC	1964	172	243	58	4140	113*	22.37	2	13	15386	783	19.65	7-35	59	1.89	80	
Int	1980	4	3	3	4	2*		0	0	156	3	52.00	2-37	0	4.21	0	
Wlls	1980	15	11	3	167	38	20.87	0	0	388	22	17.63	4-25	2	3.20	5	

MOHAMMAD RIAZ (Lahore City Blues, Zone D) b Lahore 6.7.1957 LHB SLA

Cmp	Debut	M	I	NO	Runs	HS	Avge	100	50	Runs	Wkts	Avge	BB	5wi	RpO	ct	st
FC		8	15	0	463	78	30.86	0	3	1049	61	17.19	8-66	7	2.60	2	
FC	1973	61	98	10	2353	134	26.73	4	10	4941	232	21.29	8-66	18	2.59	34	
Wlls	1981	7	7	1	121	33	20.16	0	0	120	3	40.00	2-8	0	3.91	1	

MOHAMMAD SALEEM KHAN (Peshawar, Zone D) b Peshawar 6.8.1966 RHB RFM

Cmp	Debut	M	I	NO	Runs	HS	Avge	100	50	Runs	Wkts	Avge	BB	5wi	RpO	ct	st
FC		8	10	2	126	44	15.75	0	0	213	12	17.75	4-37	0	3.13	1	

MOHAMMAD SARWAR (Gujranwala) b Sialkot 25.9.1967 LHB SLA

Cmp	Debut	M	I	NO	Runs	HS	Avge	100	50	Runs	Wkts	Avge	BB	5wi	RpO	ct	st
FC		2	4	1	28	20	9.33	0	0	82	2	41.00	1-26	0	2.82	0	

MOHAMMAD SIDDIQ (Sukkur) b Shikarpur 20.12.1967 RHB RM

Cmp	Debut	M	I	NO	Runs	HS	Avge	100	50	Runs	Wkts	Avge	BB	5wi	RpO	ct	st
FC		1	1	0	10	10	10.00	0	0	15	1	15.00	1-15	0	5.00	1	

MOHAMMAD YOUNUS (Sukkur, Zone A) b Sukkur 20.11.1967 RHB SLA

Cmp	Debut	M	I	NO	Runs	HS	Avge	100	50	Runs	Wkts	Avge	BB	5wi	RpO	ct	st
FC		3	5	1	37	25	9.25	0	0	261	7	37.28	5-87	1	4.50	0	

MOHAMMAD ZAHID (Bahawalpur, Zone B) b Bahawalpur 12.8.1965 LHB SLA

Cmp	Debut	M	I	NO	Runs	HS	Avge	100	50	Runs	Wkts	Avge	BB	5wi	RpO	ct	st
FC		4	7	0	79	25	11.28	0	0	376	16	23.50	5 27	2	3.34	4	

MOHAMMAD ZIA (Hazara) b Abbottabad 17.9.1967 RHB

Cmp	Debut	M	I	NO	Runs	HS	Avge	100	50	Runs	Wkts	Avge	BB	5wi	RpO	ct	st
FC		2	2	0	16	16	8.00	0	0							0	

MOHINDER KUMAR (HBFC) b Karachi 11.6.1959 RHB RFM

Cmp	Debut	M	I	NO	Runs	HS	Avge	100	50	Runs	Wkts	Avge	BB	5wi	RpO	ct	st
FC		6	8	3	81	34*	16.20	0	0	472	15	31.46	5-36	1	3.39	4	
Wlls		5	1	0	2	2	2.00	0	0	134	4	33.50	2-38	0	4.29	0	

Cmp	Debut	M	I	NO	Runs	HS	Avge	100	50	Runs	Wkts	Avge	BB	5wi	RpO	ct	st
FC	1976	44	68	15	906	70*	17.09	0	2	3266	120	27.21	7-24	7	3.27	25	
Wlls	1980	20	16	5	224	66	20.36	0	1	585	22	26.59	4-18	1	4.37	5	

MOHIUDDIN AHMED KHAN (Karachi Blues, Muslim Commercial Bank)   b Karachi 5.7.1957   LHB LFM

FC		4	6	0	56	21	9.66	0	0	186	5	37.20	2-34	0	3.57	1	
Wlls		4	3	1	27	19*	13.50	0	0	166	6	27.66	3-43	0	5.53	1	
FC	1975	62	103	11	1743	105	18.94	2	4	5003	166	30.13	7-84	9	3.42	43	
Wlls	1980	19	17	2	255	50	17.00	0	1	648	22	29.45	4-43	2	4.59	3	

MOHSIN KALAL (Lahore City Whites, Lahore, Pak, Pak to SL, Pak to Sharjah)   b Lyallpur 16.6.1963   RHB RF

Test		1	1	1	4	4*		0	0	88	4	22.00	3-50	0	3.03	0	
FC		2	2	1	9	5	9.00	0	0	166	6	27.66	3-50	0	3.32	1	
Int		7	1	0	5	5	5.00	0	0	240	5	48.00	2-26	0	5.39	2	
Wlls		3	1	1	13	13*		0	0	78	5	11.14	5-14	1	3.00	0	
Test	1983	3	4	3	18	13*	18.00	0	0	265	8	33.12	3-50	0	3.48	0	
FC	1980	33	32	14	135	20*	7.50	0	0	2250	70	32.14	5-78	1	3.44	9	
Int	1984	13	3	2	10	5*	10.00	0	0	493	16	30.81	4-47	1	5.32	9	
Wlls	1982	5	2	2	14	13*		0	0	148	10	14.80	5-14	1	3.79	1	

MOHSIN KHAN (Habib Bank, Pak, Pak to SL, Pak to Sharjah)   b Karachi 15.3.1955   RHB RM

Test		2	4	1	143	50	47.66	0	1							0	
FC		3	6	1	168	50	33.60	0	1							1	
Int		5	5	0	126	54	25.20	0	1							3	
Wlls		5	5	0	71	17	14.20	0	0	55	1	55.00	1-25	0	4.23	3	
Test	1977	45	73	6	2661	200	39.71	7	9	30	0				2.09	33	
FC	1970	188	314	31	11206	246	39.59	31	46	546	14	39.00	2-13	0	2.94	134	
Int	1976	71	71	5	1834	117*	27.78	2	8	5	1	5.00	1-2	0	2.50	13	
Wlls	1980	24	23	4	813	119	42.78	1	6	90	2	45.00	1-0	0	5.62	16	

MOHSIN RIAZ BUTT (Lahore City Blues, Lahore)   b Lahore 1.5.1963   RHB

FC		3	5	0	49	19	9.80	0	0							0	
FC	1984	12	20	1	477	80	25.10	0	4							3	

MOIN MUMTAZ (Karachi Blues, PACO)   b Karachi 13.11.1964   RHB RFM

FC		15	25	2	640	71	27.82	0	6	35	0				4.37	11	
Wlls		3	3	0	19	17	6.33	0	0								
FC	1983	35	62	6	1891	135*	33.76	3	9	711	14	50.78	3-52	0	3.84	19	
Wlls	1981	9	9	1	93	34	11.62	0	0	70	3	23.33	2-31	0	3.04	2	

MOIN-UL-ATIQ (Karachi Blues, Karachi)   b Karachi 5.8.1964   RHB LB

FC		12	17	5	972	203*	81.00	4	2							8	
Wlls		4	4	0	172	73	43.00	0	2							3	
FC	1984	25	41	7	1891	203*	55.61	7	5	48	1	48.00	1-4	0	3.23	22	
Wlls	1982	9	9	0	247	73	27.44	0	2							5	

MUDASSAR NAZAR (United Bank, Pak, Pak to SL, Pak to Sharjah, Cheshire)   b Lahore 6.4.1956   RHB RM

Test		3	5	2	253	78	84.33	0	3	69	4	17.25	2-28	0	2.00	1	
FC		7	12	2	315	78	31.50	0	3	111	4	27.75	2-28	0	2.25	5	
Int		7	7	0	207	77	29.57	0	1	215	8	26.87	2-23	0	4.77	0	
Wlls		6	6	0	159	54	26.50	0	1	195	4	48.75	2-35	0	4.53	0	
Test	1976	58	90	7	3445	231	41.50	8	16	1948	50	38.96	6-32	1	2.57	40	
FC	1971	178	294	28	12394	241	46.59	38	52	4123	117	35.23	6-32	1	2.65	122	
Int	1977	89	87	7	2063	95	25.78	0	13	2393	85	28.15	5-28	2	4.28	18	
Wlls	1980	22	21	3	754	109*	41.88	1	5	562	15	37.46	3-26	0	3.98	6	

MUJAHID HAMEED (Rawalpindi, Zone D)   b Rawalpindi 23.3.1969   RHB WK RM

FC		7	11	0	347	89	31.54	0	2	13	0				4.33	8	2
FC	1984	9	15	1	439	89	31.35	0	3	13	0				4.33	8	2

MUJAHID JAMSHED (Lahore Division)   b Muredke 9.1.1971   RHB

FC		2	4	0	31	21	7.75	0	0	7	0				4.66	1	

MUMTAZ ALI (Sukkur)   b Sukkur 1.5.1969   LHB LM

FC		1	2	0	9	5	4.50	0	0	48	0				3.20	1	

MUNAWWAR JAVED (WAPDA)

Wlls		4	3	1	80	58*	40.00	0	1							4	
FC	1980	19	35	3	643	64	20.09	0	5	38	2	19.00	2-36	0	2.53	7	
Wlls	1980	8	6	2	102	58*	25.50	0	1	37	0				3.70	4	

MUNIR-UL-HAQ (Karachi Whites, HBFC)   b Karachi 7.1.1961   RHB

FC		8	15	2	320	134*	24.61	1	1	20	0				2.85	0	
Wlls		4	4	1	17	6*	5.66	0	0							0	
FC	1981	29	53	10	1676	135*	38.97	6	7	134	3	44.66	2-32	0	3.04	15	
Wlls	1982	9	9	1	217	92	27.12	0	2							1	

MUSHTAQ SOHAIL (Faisalabad)   b Lyallpur 9.9.1956   RHB OB

FC		4	7	0	122	42	17.42	0	0							4	

MUSLEHUDDIN BUTT (Railways)   b Lahore 17.9.1961   RHB RM

FC		7	14	2	309	81	25.75	0	0	232	6	38.66	3-30	0	5.15	7	
Wlls		4	3	1	24	15	12.00	0	0	119	5	23.80	3-32	0	3.71	4	
FC	1978	52	91	16	1545	97	20.60	0	7	2707	75	36.09	6-23	2	3.71	26	
Wlls	1980	16	13	4	46*	26.55	0	0	423	12	35.25	3-32	0	4.18	5		

NADEEM AHSAN (Gujranwala, PACO)   b Sialkot 10.7.1963   RHB WK

FC		14	21	7	240	55*	17.14	0	2							21	1
Wlls		3	1	0	20	20	20.00	0	0							0	
FC	1983	18	28	7	294	55*	14.00	0	2							29	5

Cmp	Debut	M	I	NO	Runs	HS	Avge	100	50	Runs	Wkts	Avge	BB	5wi	RpO	ct	st

NADEEM ARSHAD (Faisalabad) b Lyallpur 19.12.1965 RHB LB
| FC | | 1 | 1 | 0 | 6 | 6 | 6.00 | 0 | 0 | | | | | | | 0 | |

NADEEM GHAURI, Mohammad (Railways) b Lahore 12.10.1962 RHB LB
FC		14	23	13	192	23	19.20	0	0	1678	87	19.28	7-38	8	2.30	6	
Wlls		4	2	2	8	4*		0	0	156	4	39.00	3-36	0	8.21	0	
FC	1977	38	47	25	299	23	13.59	0	0	3953	187	21.13	8-68	14	2.36	17	
Wlls	1981	16	9	7	24	11*	12.00	0	0	393	10	39.30	3-36	0	4.67	4	

NADEEM JAMAL (Hyderabad, Zone A) b Hyderabad 2.10.1966 RHB RM
| FC | | 10 | 20 | 0 | 566 | 149 | 28.30 | 2 | 0 | 32 | 1 | 32.00 | 1-27 | 0 | 4.57 | 5 | |
| FC | 1983 | 15 | 28 | 0 | 793 | 149 | 28.32 | 2 | 2 | 35 | 1 | 35.00 | 1-27 | 0 | 4.37 | 9 | |

NADEEM MOOSA (Karachi Blues, Karachi) b Karachi 8.12.1962 LHB SLA
FC		7	10	1	199	71	22.11	0	1	269	9	29.88	4-34	0	3.02	5	
Wlls		4	4	2	142	56	71.00	0	2	113	2	56.50	1-31	0	3.76	3	
FC	1983	16	23	3	409	71	20.45	0	1	574	23	24.95	4-34	0	2.71	12	
Wlls	1983	9	9	3	324	59*	54.00	0	3	261	11	23.72	4-31	1	3.95	4	

NADEEM SARWAR (Gujranwala) b Gujrat 15.9.1964 RHB LB
| FC | | 1 | 1 | 1 | 4 | 4* | | 0 | 0 | | | | | | | 0 | |

NADEEM YOUNUS (Lahore City Blues, Lahore) 20.5.1969 RHB LB
| FC | | 3 | 5 | 1 | 108 | 45 | 27.00 | 0 | 0 | | | | | | | 3 | |

NADEEM YOUSUF KHAN (Karachi, Muslim Commercial Bank) b Karachi 16.5.1957 LHB RFM
FC		2	3	1	10	10	5.00	0	0	57	1	57.00	1-31	0	4.07	0	
Wlls		4	3	1	13	7	6.50	0	0	100	5	20.00	2-22	0	3.70	2	
FC	1975	57	91	10	1512	202*	18.66	2	2	2181	87	25.06	7-19	4	3.01	54	
Wlls	1981	14	13	5	271	103*	33.87	1	1	394	15	26.26	3-39	0	4.32	5	

NADIR KHAN (Hazara)
| FC | | 1 | 2 | 1 | 2 | 2* | 2.00 | 0 | 0 | 7 | 0 | | | | 3.50 | 0 | |

NAEEM AHMED KHAN (Sargodha, Zone C) b Sargodha 14.4.1971 RHB RFM
| FC | | 5 | 7 | 1 | 42 | 16 | 7.00 | 0 | 0 | 396 | 14 | 28.28 | 4-45 | 0 | 3.73 | 1 | |

NAEEM TAJ (Lahore City Whites, Lahore) b Lahore 17.12.1967 RHB OB
| FC | | 4 | 2 | 1 | 0 | 0* | 0.00 | 0 | 0 | 301 | 16 | 18.81 | 7-42 | 1 | 2.26 | 0 | |
| Wlls | | 4 | 1 | 1 | 17 | 17* | | 0 | 0 | 130 | 6 | 21.66 | 4-16 | 1 | 4.19 | 2 | |

NAIMATULLAH (Sukkur, Zone A) b Shikarpur 2.4.1964 RHB OB
| FC | | 4 | 8 | 1 | 53 | 29* | 7.57 | 0 | 0 | 168 | 3 | 56.00 | 2-26 | 0 | 3.81 | 2 | |
| FC | 1983 | 10 | 20 | 3 | 255 | 85 | 15.00 | 0 | 1 | 380 | 7 | 54.28 | 2-26 | 0 | 3.83 | 3 | |

NAJAM ALAM KHAN (Lahore) b Lahore 24.11.1967 RHB RFM
| FC | | 1 | 2 | 1 | 0 | 0* | 0.00 | 0 | 0 | 31 | 0 | | | | 4.42 | 0 | |

NAJEEB WAHID (WAPDA)
| Wlls | | 3 | 3 | 0 | 34 | 18 | 11.33 | 0 | 0 | | | | | | | 0 | |
| Wlls | 1981 | 11 | 11 | 0 | 123 | 32 | 11.18 | 0 | 0 | 2 | 1 | 2.00 | 1-2 | 0 | 2.00 | 3 | |

NASEER AHMED (Bahawalpur) b Bahawalpur 9.9.1945 LHB
| FC | | 3 | 6 | 0 | 83 | 26 | 13.83 | 0 | 0 | | | | | | | 0 | |
| FC | 1961 | 56 | 98 | 5 | 2508 | 172 | 26.96 | 3 | 12 | 171 | 4 | 42.75 | 2-0 | 0 | 2.50 | 16 | |

NASIR ALAM (Lahore City Blues) b Multan 30.4.1960 RHB RM
| FC | | 1 | 1 | 0 | 28 | 28 | 28.00 | 0 | 0 | 22 | 2 | 11.00 | 1-8 | 0 | 1.69 | 1 | |

NASIR ATIQ (Sargodha) b Sargodha 1.9.1964 RHB WK
| FC | | 1 | 1 | 0 | 2 | 2 | 2.00 | 0 | 0 | | | | | | | 1 | |
| FC | 1983 | 7 | 9 | 2 | 49 | 24* | 7.00 | 0 | 0 | | | | | | | 10 | 6 |

NASIR JAVED (Rawalpindi, Zone D) b Rawalpindi 7.5.1956 RHB OB
FC		6	10	1	121	44	12.10	0	0	388	18	21.55	5-73	1	2.68	3	
FC	1974	29	45	1	972	81*	22.09	0	3	1278	35	36.51	5-73	1	2.98	8	
Wlls	1983	4	4	0	34	15	8.50	0	0	87	3	29.00	2-24	0	4.35	0	

NASIR SHAH (Karachi Blues, Karachi) b Karachi 22.2.1953 LHB RMF
FC		5	8	2	258	65	43.00	0	2							4	
Wlls		2	2	0	78	58	39.00	0	1							1	
FC	1970	73	121	5	3778	170	32.56	6	20	233	5	46.60	3-23	0	2.43	44	

NASIR VALIKA (United Bank) b Karachi 10.7.1955 LHB RMF
FC		12	21	8	865	100*	66.53	1	7							4	
FC	1969	131	215	42	7331	162*	42.37	13	49	953	38	25.07	5-8	1	2.42	98	
Wlls	1981	9	6	1	187	103*	37.40	1	0							0	

NAVED ANJUM (Lahore City Whites, United Bank) b Lahore 27.7.1963 RHB RFM
FC		17	27	1	692	101*	26.61	1	2	288	12	24.00	4-42	0	3.79	9	
Wlls		6	6	2	146	40	36.50	0	0	120	1	120.00	1-32	0	3.15	1	
FC	1979	62	106	9	2977	159	30.69	3	15	2434	97	25.09	6-67	4	3.26	39	
Int	1983	4	3	0	61	30	20.33	0	0	59	3	19.66	2-27	0	5.36	0	
Wlls	1981	19	19	2	297	65	17.47	0	1	492	12	41.00	3-20	0	4.47	5	

NISAR AHMED ANSARI (Gujranwala) b Gujrat 4.2.1965 RHB WK
| FC | | 2 | 4 | 0 | 36 | 20 | 9.00 | 0 | 0 | | | | | | | 1 | |

NOMAN SHABBIR (Habib Bank) b Lahore 15.12.1953 RHB OB
FC		5	8	0	115	30	14.37	0	0	155	1	155.00	1-41	0	2.59	1	
Wlls		1	1	0	2	2	2.00	0	0	9	1	9.00	1-9	0	1.28	0	
FC	1971	27	40	6	608	77	17.88	0	3	610	16	38.12	5-50	1	3.02	13	

NOOR-UL-QAMAR (HBFC) b Karachi 4.1.1961 RHB RM
FC		4	7	0	146	70	20.85	0	1							2	
Wlls		4	4	0	41	13	10.25	0	0	66	1	66.00	1-45	0	6.00	1	
FC	1976	31	56	1	1172	101	21.30	1	7	93	1	93.00	1-3	0	3.67	30	
Wlls	1980	12	12	0	162	43	13.50	0	0	252	10	25.20	4-33	1	4.89	4	

Cmp	Debut	M	I	NO	Runs	HS	Avge	100	50	Runs	Wkts	Avge	BB	5wi	RpO	ct	st
PERVEZ CHAUGHTAI (Peshawar) b Peshawar 20.8.1952 RHB LB
FC		3	3	1	96	43	48.00	0	0							5	
FC	1970	26	44	4	986	189	24.65	1	4	622	18	34.55	4-57	0	3.27	14	
PERVEZ SAFDAR SHAH (Railways) b Alkhobar, Saudi Arabia 23.9.1960 RHB RFM
FC		4	8	1	63	19	9.00	0	0	68	1	68.00	1-10	0	4.25	7	
Wlls		3	3	1	6	4	3.00	0	0	68	1	68.00	1-21	0	4.00	0	
FC	1983	20	35	3	689	57	21.53	0	2	1124	43	26.13	5-63	2	2.87	14	
Wlls	1983	6	5	1	25	14	6.25	0	0	149	2	74.50	1-21	0	4.65	0	
PERVEZ-UL-HASAN (Karachi Blues, Karachi) b Karachi 5.9.1957 LHB WK
FC		6	6	4	4	2*	2.00	0	0							14	2
FC	1984	16	15	11	50	23*	12.50	0	0							36	6
QAISER HUSSAIN (PACO) b Karachi 28.11.1959 RHB OB
Wlls		1	1	1	16	16*		0	0							0	
FC	1980	30	54	6	1296	129*	27.00	2	6	157	5	31.40	4-27	0	3.59	17	
Wlls	1980	8	8	1	143	50	20.42	0	1	6	1	6.00	1-6	0	2.00	1	
QASIM SHERA (Bahawalpur, Zone B, Railways) b Bahawalpur 22.7.1963 RHB RFM
FC		8	15	1	431	89	30.78	0	3	762	37	20.59	6-50	4		3.75	5
Wlls		2	1	0	20	20	20.00	0	0	102	1	102.00	1-78	0	7.28	5	
FC	1976	18	27	3	791	89	32.95	0	5	1265	56	22.58	6-50	4	3.54	6	
Wlls	1981	3	2	0	33	20	16.50	0	0	147	1	147.00	1-78	0	6.39		
QASIM UMAR (Muslim Commercial Bank, Pak, Pak to SL, Pak to Sharjah)
b Nairobi, Kenya 9.2.1957 RHB RM
Test		3	4	0	218	206	54.50	1	0							3	
Int		1	1	0	27	27	27.00	0	0							0	
Wlls		4	4	1	126	47*	42.00	0	0							3	
Test	1983	23	37	1	1431	210	39.75	3	5	0	0				0.00	17	
FC	1973	93	165	11	6549	210*	42.52	17	29	226	6	37.66	3-34	0	4.14	70	
Int	1983	26	26	2	489	69	20.37	0	3							3	
Wlls	1980	16	16	1	660	102	44.00	1	4	4	0				24.00	6	
QAZI AYUB (Lahore) b Lahore 13.12.1963 RHB OB
FC		1	1	0	1	1	1.00	0	0							1	
QAZI KHALID ALI (Zone D) b Lahore 15.12.1961 RHB
FC		2	4	0	27	15	6.75	0	0							2	
FC	1981	11	21	2	505	91*	26.57	0	4	14	0				7.00	11	
Wlls	1981	5	4	0	35	20	8.75	0	0	5	0				5.00	0	
QAZI SHAFIQ (Zone D) b Peshawar 24.2.1965 LHB LM
FC		1	2	0	42	27	21.00	0	0	2	0				1.00	1	
FC	1984	4	6	0	111	52	18.50	0	1	49	3	16.33	2-8	0	2.57	4	
RAB NAWAZ ALIZAI (Dera Ismail Khan) b Dera Ismail Khan 3.12.1964 RHB RFM
FC		2	3	0	51	36	17.00	0	0	27	0				9.00	0	
RAEES AHMED (Quetta, HBFC) b Muscat, Oman 9.10.1959 RHB LB
FC		10	17	1	386	102*	24.12	1	0	902	29	31.10	5-54	1	3.02	8	
Wlls		5	4	0	52	23	13.00	0	0	112	7	16.00	3-23	0	4.69	4	
FC	1976	51	86	7	2137	119*	27.05	4	9	3554	120	29.61	5-51	1	3.28	38	
Wlls	1980	16	13	1	317	65	26.41	0	2	236	10	23.60	3-23	0	5.38	6	
RAFAT ALAM (HBFC) b Karachi 1.1.1962 RHB RFM
FC		8	14	1	245	53	27.22	0	1	203	11	18.45	5-25	1	4.57	4	
Wlls		5	4	2	114	52*	57.00	0	1	37	2	18.50	1-14	0	6.16	0	
FC	1977	28	50	2	992	69	22.54	0	6	1107	28	39.53	5-25	1	3.97	17	
Wlls	1983	10	9	4	174	52*	34.80	0	1	179	6	29.83	2-5	0	7.01	1	
RAFIQ MALIK, Mohammad (Dera Ismail Khan) b Dera Ismail Khan 9.6.1959 RHB SLA
FC		3	5	1	44	16	11.00	0	0	213	3	71.00	2-61	0	3.87	0	
FC	1983	9	17	2	110	25	7.33	0	0	535	11	48.63	4-62	0	3.59	2	
RAJA AFAQ (Rawalpindi, ADBP) b Rawalpindi 15.11.1956 RHB OB
FC		12	14	3	317	116*	28.81	1	0	955	48	19.89	5-80	3	2.55	6	
FC	1976	51	77	11	1702	116*	25.78	1	10	3733	131	28.49	6-68	7	2.89	33	
Wlls	1981	8	7	0	131	41	18.71	0	0	191	8	23.87	3-45	0	4.49	1	
RAJA SARFRAZ (Zone D) b Sahiwal 10.12.1953 LHB LM
FC		3	4	2	59	28*	29.50	0	0	76	2	38.00	2-52	0	3.30	3	
FC	1971	46	73	10	1190	112*	18.88	2	4	872	22	39.63	2-16	0	3.16	15	
Wlls	1981	8	7	2	152	42*	30.40	0	0	117	5	23.40	2-33	0	5.08	2	
RAJ HANS (Quetta, Zone A) b Quetta 27.9.1965 RHB OB
FC		9	18	0	346	71	19.22	0	3	357	4	89.25	2-90	0	4.63	3	
FC	1983	14	28	0	522	71	18.64	0	4	576	9	64.00	4-54	0	4.39	5	
RAJ KISHAN (Quetta, Zone A) b Quetta 14.8.1966 RHB RFM
FC		3	6	1	37	16	7.40	0	0	55	1	55.00	1-47	0	2.75	1	
RAMEEZ RAJA (Lahore City Whites, Lahore, Pak, Pak to SL, Pak to Sharjah)
b Lyallpur 14.7.1962 RHB LB
Test		1	1	0	52	52	52.00	0	1							0	
FC		5	8	1	188	59*	26.85	0	2							0	
Int		9	9	0	223	56	24.77	0	1							1	
Wlls		6	6	1	159	81*	31.80	0	1							2	
Test	1983	6	9	1	264	122	33.00	1	1							8	
FC	1977	65	111	13	3750	172	38.26	9	19	158	2	79.00	1-9	0	3.67	44	
Int	1984	29	28	3	758	75	30.32	0	6							3	
Wlls	1980	23	21	5	576	81*	36.00	0	4	43	4	10.75	4-43	1	4.77	6	

Cmp	Debut	M	I	NO	Runs	HS	Avge	100	50	Runs	Wkts	Avge	BB	5wi	RpO	ct	st

RASHEED GHANCHI, Abdul (Hyderabad) b Hyderabad 25.9.1959 LHB SLA

FC		2	4	0	73	52	18.25	0	1	2	0				1.00	3	

RASHID KHAN (Karachi Blues, Karachi, PIA) b Karachi 15.12.1959 RHB RFM

FC		11	10	1	155	67*	17.22	0	1	511	23	22.21	5-59	1	2.94	4	
Wlls		6	3	1	46	22*	23.00	0	0	182	4	45.50	2-28	0	5.05	1	
Test	1981	4	6	3	155	59	51.66	0	1	360	8	45.00	3-129	0	2.93	2	
FC	1975	84	86	30	1162	67*	20.75	0	3	6520	250	26.08	9-27	17	3.00	38	
Int	1980	29	15	7	110	17	13.75	0	0	923	20	46.15	3-47	0	3.91	3	
Wlls	1980	31	18	7	109	22*	9.90	0	0	912	38	24.00	4-27	1	4.16	10	

RASHID RAZA (Quetta, Zone A) b Gujranwala 12.12.1964 RHB

FC		9	18	0	290	56	16.11	0	1							3	
FC	1983	13	26	0	328	56	12.61	0	1							3	
Wlls	1981	2	2	0	7	7	3.50	0	0							0	

RASHID SHERA (Bahawalpur, Zone B) b Bahawalpur 22.7.1965 RHB RFM

FC		4	8	1	144	63	20.57	0	1	5	0				5.00	2	

RAZA KHAN (Karachi) b Karachi 5.6.1962 RHB RFM

FC		1	2	2	10	8*		0	0	163	8	20.37	5-76	1	3.01	1	

RIAZ AHMED (Hazara)

FC		1	2	0	3	2	1.50	0	0							0	

RIZWAN BOKHARI (Hazara) b Haripur 9.9.1960 RHB RFM

FC		3	5	0	106	70	21.20	0	1	170	2	85.00	1-19	0	4.04	0	
FC	1983	6	10	0	176	70	17.60	0	1	252	5	50.40	2-58	0	4.13	0	

RIZWAN SATTAR (Multan, Zone B) b Multan 10.1.1971 RHB OB

FC		7	13	0	290	109	22.30	1	2							6	

RIZWANULLAH (Sukkur, Zone A) b Larkana 2.2.1962 RHB WK

FC		3	6	2	95	34	23.75	0	0							7	

RIZWAN-UZ-ZAMAN (Karachi Blues, Karachi, PIA, Pak to SL) b Karachi 4.9.1962 RHB LBG

FC		8	15	2	1198	175	92.15	5	5	195	12	16.25	5-16	2	1.94	10	
Wlls		6	6	0	181	62	30.16	0	2	61	1	61.00	1-20	0	6.10	0	
Test	1981	3	6	0	112	42	18.66	0	0	39	3	13.00	3-26	0	2.29	1	
FC	1976	88	156	12	7302	189	50.70	22	35	1422	67	21.22	5-16	2	2.19	66	
Int	1981	1	1	0	14	14	14.00	0	0							2	
Wlls	1980	29	29	3	1009	103*	38.80	1	9	250	12	20.83	3-17	0	3.16	6	

SAADAT ALI (Lahore City Blues, United Bank) b Lahore 3.2.1955 RHB OB

FC		17	29	1	1210	140	43.21	2	9	5	0				5.00	15	
Wlls		6	6	0	197	83	32.83	0	2							3	
FC	1973	124	226	9	9014	277	41.53	20	39	2905	79	36.77	6-49	3	2.75	117	
Int	1983	8	7	1	184	78*	30.66	0	1	29	2	14.50	2-24	0	6.44	1	
Wlls	1980	23	23	1	918	83	41.72	0	10	217	7	31.00	2-19	0	5.51	7	

SAADAT GUL KHAN (Faisalabad, Zone C) b Murree 28.8.1967 RHB RFM

FC		4	8	2	339	65	30.81	0	2	308	11	28.00	3-7	0	3.27	2	

SABIH AZHAR (Rawalpindi, ADBP) b Rawalpindi 28.2.1962 RHB RFM

FC		8	10	1	129	34	14.33	0	0	330	21	15.71	6-29	1	2.77	9	
FC	1981	32	48	12	562	52*	15.61	0	1	1324	57	23.22	7-61	2	2.96	19	
Wlls	1981	8	7	2	112	45	22.40	0	0	185	5	37.00	2-46	0	5.04	1	

SAEED ANWAR (Karachi)

Wlls		2	2	0	17	15	8.50	0	0	2	2	1.00	2-2	0	2.00	0	

SAEED AZAD (Karachi Whites, National Bank) b Karachi 14.8.1966 RHB RM

FC		1	1	0	30	30	30.00	0	0							0	
Wlls		5	4	0	45	28	11.25	0	0							2	
FC	1984	13	20	0	708	120	35.40	1	5	10	0				8.82	4	
Wlls	1980	10	9	1	149	68*	18.62	0	1							3	

SAEED QAIMKHANI (Zone A)

FC		1	2	0	9	8	4.50	0	0	51	2	25.50	2-51	0	5.66	2	

SAGHEER ABBAS (HBFC) b Karachi 10.12.1964 RHB OB

FC		4	7	2	182	116*	36.40	1	0							1	
Wlls		3	3	0	15	14	5.00	0	0	17	0				5.66	2	
FC	1979	32	58	6	1297	116*	24.94	2	6	146	0				5.21	25	
Wlls	1980	8	8	0	193	69	24.12	0	2	17	0				5.66	4	

SAIFULLAH (Lahore) b Lahore 31.3.1961 RHB WK

FC		2	3	1	54	38*	27.00	0	0							2	1

SAIF-UR-REHMAN, Mirza (Lahore Division) b Bhaipheru 1.12.1959 RHB RFM

FC		4	8	4	46	18*	11.50	0	0	242	9	26.88	5-78	1	4.10	3	
FC	1983	8	16	5	63	18*	5.72	0	0	416	15	27.73	5-78	1	3.35	4	

SAJID ABBASI (Muslim Commercial Bank) WK

Wlls		4														6	2
FC	1974	63	94	13	1491	113	18.40	1	4	26	0				6.00	96	28
Wlls	1980	13	5	3	41	19*	20.50	0	0							14	4

SAJID ALI (Zone A)

FC		1	2	0	55	43	27.50	0	0	16	0				5.33	0	

SAJID ALI (Karachi Whites, Karachi, National Bank) b Karachi 1.7.1963 RHB OB

FC		14	23	1	786	157*	35.72	2	7	9	0				4.50	13	
Wlls		5	5	1	196	106*	49.00	1	1							1	
FC	1982	42	72	1	2691	157*	37.90	6	13	91	4	22.75	2-15	0	5.15	28	
Int	1984	2	1	0	16	16	16.00	0	0							1	
Wlls	1981	13	13	1	378	106*	31.50	1	2	8	1	8.00	1-8	0	8.00	4	

	Cmp	Debut	M	I	NO	Runs	HS	Avge	100	50	Runs	Wkts	Avge	BB	5wi	RpO	ct	st

SAJID AZIZ (Hazara) b Haripur 2.1.1959 RHB OB
| FC | | | 3 | 5 | 0 | 24 | 10 | 4.80 | 0 | 0 | 86 | 0 | | | | 5.05 | 0 | |

SAJID BASHIR JANJUA (Gujranwala, Zone C) b Sialkot 19.1.1963 RHB LBG
| FC | | | 8 | 14 | 0 | 475 | 123 | 33.92 | 2 | 2 | 52 | 1 | 52.00 | 1-14 | 0 | 6.50 | 5 | |
| FC | 1983 | | 15 | 27 | 0 | 738 | 123 | 27.33 | 2 | 3 | 186 | 12 | 15.50 | 4-15 | 0 | 4.42 | 10 | 1 |

SAJID HASNAIN (Rawalpindi, Zone D) b Lahore 16.6.1970 RHB SLA
| FC | | | 8 | 9 | 4 | 50 | 30* | 10.00 | 0 | 0 | 745 | 42 | 17.73 | 7-65 | 3 | 2.81 | 7 | |

SAJID KHAN (Karachi) b Karachi 4.11.1965 RHB RFM
FC			9	17	0	466	93	27.41	0	2	116	1	116.00	1-18	0	4.14	14	
Wlls			2	1	0	13	13	13.00	0	0	26	0				6.50	0	
FC	1983		18	31	0	784	93	25.29	0	3	167	2	83.50	1-5	0	3.79	22	
Wlls	1983		6	4	0	52	25	13.00	0	0	86	3	28.66	3-37	0	5.37	0	1

SAJID MOHSIN (Sukkur)
| FC | | | 1 | 2 | 1 | 7 | 4* | 7.00 | 0 | 0 | | | | | | | 0 | |

SAJID RIAZ (Karachi Whites, Karachi) b Karachi 20.11.1966 RHB OB
FC			5	8	2	185	48*	30.83	0	0							1	
FC	1984		9	15	2	332	48*	25.53	0	0	15	0				3.75	3	
Wlls	1983		1	1	1	2	2*		0	0							0	

SAJID WAHEED (Multan) b Sahiwal 22.1.1961 RHB OB
| FC | | | 3 | 6 | 3 | 113 | 46 | 37.66 | 0 | 0 | 35 | 0 | | | | 7.00 | 1 | |

SAJJAD AHMED (Rawalpindi, Zone D) b Joharabad 2.11.1968 RHB RFM
| FC | | | 3 | 3 | 1 | 8 | 4 | 4.00 | 0 | 0 | 28 | 1 | 28.00 | 1-14 | 0 | 4.00 | 3 | |

SAJJAD AKBAR (Lahore City Blues, Lahore) b Lahore 1.3.1961 RHB OB
FC			16	21	3	496	81	27.55	0	3	1626	96	16.93	7-40	6	2.36	11	
Wlls			3	3	2	26	10*	26.00	0	0	85	4	21.25	3-45	0	4.47	1	
FC	1978		26	39	10	830	84	28.62	0	5	2355	109	21.60	7-40	6	2.45	15	
Wlls	1982		5	4	3	34	10*	34.00	0	0	126	5	25.20	3-45	0	4.84	2	

SAJJAD AKBAR KHAN (Faisalabad) b Lyallpur 27.4.1953 RHB RM
| FC | | | 4 | 7 | 3 | 57 | 18 | 14.25 | 0 | 0 | 62 | 1 | 62.00 | 1-49 | 0 | 4.76 | 5 | |
| FC | 1973 | | 21 | 35 | 4 | 836 | 136 | 26.96 | 3 | 2 | 90 | 1 | 90.00 | 1-49 | 0 | 5.51 | 12 | |

SALAHUDDIN (Muslim Commercial Bank) b Lahore 4.1.1958 RHB LMF
Wlls			2	1	0	26	26	26.00	0	0							1	
FC	1973		59	104	15	2301	174*	25.85	3	9	384	8	48.00	3-25	0	2.96	39	
Wlls	1980		8	7	1	133	52	22.16	0	1	2	1	2.00	1-2	0	2.00	2	

SALEEM ANWAR (National Bank)
Wlls			5	4	0	56	37	14.00	0	0							1	
FC	1977		29	51	6	921	125*	20.46	1	3	39	1	39.00	1-21	0	3.96	14	
Wlls	1982		9	8	0	88	37	11.00	0	0							3	

SALEEM JAFFAR (Karachi Whites, United Bank, Karachi) b Karachi 19.11.1962 RHB LFM
FC			18	17	2	117	24	7.80	0	0	1539	80	19.23	6-20	6	3.40	9	
Wlls			2	1	1	1	1*		0	0	63	8	7.87	7-32	1	3.70	0	
FC	1983		31	31	10	214	33*	10.19	0	0	2989	127	23.53	6-20	6	3.27	12	
Wlls	1982		3	2	1	2	1*	2.00	0	0	109	10	10.90	7-32	1	4.19	0	

SALEEM KHATRI (Hyderabad) b Hyderabad 4.10.1962 RHB WK
| FC | | | 1 | 2 | 0 | 27 | 16 | 13.50 | 0 | 0 | 4 | 0 | | | | 4.00 | 0 | 1 |

SALEEM MALIK (Lahore City Whites, Habib Bank, Pak, Pak to SL, Pak to Sharjah) b Lahore 16.4.1963 RHB RM/LB
Test			3	2	0	26	22	13.00	0	0							2	
FC			7	9	0	250	71	31.25	0	2	90	5	18.00	5-19	1	3.10	5	
Int			9	8	3	166	72*	33.20	0	1	22	0				11.00	3	
Wlls			5	5	0	151	56	30.20	0	1	70	4	17.50	3-18	0	2.91	1	
Test	1981		30	46	6	1423	119*	41.85	5	7	63	3	21.00	1-3	0	2.82	31	
FC	1978		82	126	14	4704	140*	42.00	16	21	738	24	30.75	5-19	2	3.12	62	
Int	1981		41	33	4	504	72*	17.37	0	1	106	1	106.00	1-34	0	5.30	20	
Wlls	1980		15	15	1	451	93	32.21	0	5	201	11	18.27	3-18	0	3.64	2	

SALEEM PERVEZ (National Bank)
Wlls			1	1	0	0	0	0.00	0	0							0	
FC	1967		114	201	13	7223	226*	38.42	14	42	12	0				3.00	78	
Int	1980		1	1	0	18	18	18.00	0	0							0	
Wlls	1980		16	16	1	326	55	21.73	0	2							3	

SALEEM RATHORE (WAPDA)
| Wlls | | | 2 | 2 | 0 | 12 | 12 | 6.00 | 0 | 0 | | | | | | | 2 | |

SALEEM TAJ (HBFC) b Karachi 21.7.1960 RHB OB
FC			6	11	2	209	56*	20.90	0	2	20	0				6.66	1	
Wlls			2	2	0	5	5	2.50	0	0	40	2	20.00	2-40	0	4.44	0	
FC	1978		29	54	5	1474	92	30.08	0	11	601	14	42.92	2-12	0	3.19	5	
Wlls	1981		14	13	0	96	46	8.00	0	0	73	5	14.60	2-0	0	3.84	1	

SALEEMULLAH (Multan, Zone B) b Sahiwal 24.1.1960 RHB OB
| FC | | | 2 | 4 | 0 | 25 | 16 | 6.25 | 0 | 0 | | | | | | | 0 | |
| FC | 1983 | | 6 | 12 | 1 | 301 | 107 | 27.36 | 1 | 1 | | | | | | | 1 | |

SALEEM YOUSUF (Karachi, Pak, Pak to SL, Pak to Sharjah) b Karachi 7.12.1959 RHB WK
Test			2	3	1	63	27	31.50	0	0							11	1
FC			5	6	4	95	27	47.50	0	0							19	2
Int			6	3	1	8	6	4.00	0	0							3	3
Wlls			4	4	0	49	31	12.25	0	0							1	3
Test	1981		3	4	1	67	27	22.33	0	0							16	3

	Cmp	Debut	M	I	NO	Runs	HS	Avge	100	50	Runs	Wkts	Avge	BB	5wi	RpO	ct	st
FC		1978	66	108	11	2935	145*	30.25	6	12	16	1	16.00	1-16	0	5.33	171	27
Int		1981	11	4	1	9	8	3.00	0	0							6	6
Wlls		1980	17	17	1	276	78	17.25	0	2							11	8

SANAULLAH (Lahore, WAPDA) b Lahore 15.10.1966 RHB WK

FC			1	1	1	11	11*		0	0							3	2
Wlls			3	3	2	14	8*	14.00	0	0							4	
FC		1983	8	11	4	39	12	5.57	0	0							16	4
Wlls		1983	5	4	2	14	8*	7.00	0	0							8	

SAQLAIN RAZA, Sayed (Sargodha) b Gujranwala 5.4.1967 RHB LB

| FC | | | 2 | 2 | 1 | 11 | 6* | 11.00 | 0 | 0 | 152 | 6 | 25.33 | 3.40 | 0 | 2.65 | 2 | |

SARDAR BADSHAH MASOOD (Dera Ismail Khan) b Dera Ismail Khan 1.10.1965 RHB RM

| FC | | | 2 | 3 | 0 | 74 | 65 | 24.66 | 0 | 1 | 41 | 0 | | | | 3.72 | 1 | |

SARFRAZ AZEEM (Lahore Division) b Lahore 11.12.1958 RHB RFM

| FC | | | 4 | 8 | 1 | 213 | 77* | 30.42 | 0 | 1 | 22 | 0 | | | | 3.14 | 5 | |
| FC | | 1983 | 10 | 19 | 1 | 518 | 109 | 28.77 | 0 | 2 | 160 | 5 | 32.00 | 2-14 | 0 | 2.27 | 7 | |

SARWAR KHAN, Mohammad (Quetta, Zone A) b Quetta 31.12.1966 RHB OB

| FC | | | 2 | 2 | 1 | 3 | 3 | 3.00 | 0 | 0 | 106 | 0 | | | | 3.31 | 0 | |
| FC | | 1983 | 3 | 3 | 1 | 3 | 3 | 1.50 | 0 | 0 | 137 | 0 | | | | 3.42 | 0 | |

SHAFIQ AHMED (Lahore City Blues, United Bank) b Lahore 28.3.1949 RHB RM

FC			18	28	0	1028	124	36.71	2	4	198	4	49.50	2-5	0	3.30	13	
Wlls			6	6	0	131	46	21.83	0	0							2	
Test		1976	6	10	1	99	27*	11.00	0	0	1	0				0.83	0	
FC		1967	204	349	42	15461	217*	50.36	45	79	3150	94	33.51	4-27	0	2.76	176	
Int		1977	3	3	0	41	29	13.66	0	0							1	
Wlls		1980	21	19	0	535	79	28.15	0	4	106	4	26.50	2-24	0	2.86	3	

SHAFIQ AHMED (Zone C) b Sialkot 21.12.1965 RHB OB

| FC | | | 1 | 1 | 0 | 3 | 3 | 3.00 | 0 | 0 | | | | | | | 2 | |

SHAFIQ JAVED (Dera Ismail Khan) b Dera Ismail Khan 20.4.1968 RHB SLA

| FC | | | 1 | 2 | 0 | 13 | 9 | 6.50 | 0 | 0 | | | | | | | 0 | |
| FC | | 1983 | 6 | 12 | 0 | 116 | 30 | 9.66 | 0 | 0 | 73 | 3 | 24.33 | 2-51 | 0 | 4.86 | 2 | |

SHAHID ANWAR (Lahore City Whites, Lahore) b Multan 5.7.1968 RHB RM

FC			18	33	3	1279	163*	42.63	3	8	9	0				2.25	10	
Wlls			3	3	0	30	24	10.00	0	0							1	
FC		1983	30	56	4	2201	163*	42.32	7	11	117	5	23.40	3-58	0	2.92	15	

SHAHID AZIZ (United Bank) b Lahore 3.11.1954 RHB SLA

| FC | | | 6 | 7 | 1 | 43 | 20 | 7.16 | 0 | 0 | 650 | 33 | 19.69 | 6-44 | 4 | 3.10 | 3 | |
| FC | | 1971 | 59 | 73 | 23 | 472 | 33* | 9.44 | 0 | 0 | 4966 | 230 | 21.59 | 7-44 | 17 | 2.40 | 33 | |

SHAHID BUTT (Multan, United Bank) b Sahiwal 13.12.1978 RHB SLA

FC			17	25	3	296	44*	13.45	0	0	1347	43	31.32	4-63	0	2.32	5	
Wlls			5								149	7	21.28	2-23	0	3.31	1	
FC		1978	46	60	15	600	44*	13.33	0	0	4643	172	21.59	7-60	9	2.55	25	
Wlls		1982	15	6	2	13	8*	3.25	0	0	403	17	23.70	3-37	0	3.30	1	

SHAHID JAVED (Zone D) b Rawalpindi 29.8.1968 RHB OB

| FC | | | 7 | 14 | 2 | 426 | 65 | 35.50 | 0 | 4 | 40 | 0 | | | | 2.85 | 6 | |

SHAHIB MAHBOOB (Quetta, PACO) b Karachi 25.8.1962 RHB RFM

FC			16	26	2	518	100*	21.58	1	1	2088	72	29.00	7-63	5	3.46	10	
Wlls			4	4	1	119	83*	39.66	0	1	86	3	28.66	2-27	0	3.30	1	
FC		1979	68	114	9	1823	110	17.36	2	4	7629	296	25.77	7-63	17	3.28	43	
Int		1982	10	6	1	119	77	23.80	0	1	382	7	54.57	1-23	0	4.24	1	
Wlls		1980	16	14	2	269	83*	22.41	0	2	463	21	22.04	5-52	3	4.09	4	

SHAHID MALIK (Gujranwala) b Gujrat 21.9.1961 RHB OB

| FC | | | 1 | 1 | 0 | 2 | 2 | 2.00 | 0 | 0 | | | | | | | 0 | |

SHAHID MOHAMMAD (PIA)

Wlls			1	1	0	16	16	16.00	0	0							0	
FC		1979	35	61	6	1165	94	21.18	0	6	11	0				5.50	23	
Wlls		1981	11	8	1	101	38	14.42	0	0							2	

SHAHID NAZIR (Zone C) b Sialkot 15.3.1967 RHB RFM

| FC | | | 1 | | | | | | | | 73 | 5 | 14.60 | 4-31 | 0 | 3.53 | 0 | |

SHAHID PERVEZ (Railways) b Lahore 29.10.1960 RHB RM

FC			13	23	4	497	88	26.15	0	3	281	6	46.83	1-3	0	2.89	6	
Wlls			2	2	1	8	6	8.00	0	0	60	1	60.00	1-47	0	6.00	1	
FC		1977	56	89	13	1381	88	18.17	0	5	2335	86	27.15	6-103	3	2.74	18	
Wlls		1980	12	8	1	51	16	7.28	0	0	372	13	28.61	2-21	0	4.53	2	

SHAHID PERVEZ (WAPDA)

| Wlls | | | 5 | 5 | 3 | 30 | 16 | 15.00 | 0 | 0 | 135 | 12 | 11.25 | 3-25 | 0 | 3.55 | 0 | |
| FC | | 1984 | 3 | 6 | 0 | 94 | 65 | 15.66 | 0 | 1 | 4 | 0 | | | | 3.00 | 0 | |

SHAHID SAEED (Railways) b Lahore 6.1.1966 RHB RM

FC			14	27	2	1210	136	48.40	3	6	268	13	20.61	3-11	0	3.06	14	
Wlls			4	4	0	171	87	42.75	0	1	87	3	29.00	3-44	0	5.80	1	
FC		1983	26	48	3	1918	136	42.62	3	11	516	21	24.57	3-11	0	3.32	25	

SHAHID TANVIR (Lahore Division, Zone B, National Bank) b Sheikhupura 27.11.1958 RHB OB

FC			11	21	0	581	100	27.66	1	2	754	25	30.16	6-44	1	3.03	3	
Wlls			2	1	1	7	7*		0	0	25	0				3.57	0	
FC		1982	27	50	3	1286	100	27.36	1	6	2094	68	30.79	6-44	2	3.12	13	
Wlls		1983	7	5	2	88	49*	29.33	0	0	86	2	43.00	2-45	0	4.52	0	

Cmp	Debut	M	I	NO	Runs	HS	Avge	100	50	Runs	Wkts	Avge	BB	5wi	RpO	ct	st
SHAHZAD BASHIR (PACO) WK																	
Wlls		1	1	0	0	0	0.00	0	0							1	
FC	1981	18	35	1	594	65	17.47	0	2							22	6
Wlls	1983	2	2	0	1	1	0.50	0	0							1	1
SHAHZAD SAGHIR (Lahore Division) b Kasur 31.1.1966 RHB OB																	
FC		2	4	0	8	6	2.00	0	0	1	0				1.00	0	
FC	1984	3	6	0	11	6	1.83	0	0	39	0				6.50	1	
SHAKEEL AHMED (Zone D) b Al-Kuwait 12.2.1966 LHB SLA																	
FC		1	2	1	3	3	3.00	0	0	72	6	12.00	4-43	0	2.55	3	
SHAKEEL CHEEMA (Sargodha) b Rawalpindi 15.8.1961 RHB OB																	
FC		3	4	0	37	22	9.25	0	0	114	1	114.00	1-18	0	3.56	1	
FC	1983	12	19	0	217	31	11.42	0	0	719	20	35.95	4-57	0	3.20	10	
Wlls	1981	4	3	0	17	14	5.66	0	0	70	3	23.33	3-53	0	7.00	1	
SHAKEEL KHAN (WAPDA)																	
Wlls		2	2	1	8	5	8.00	0	0	47	4	11.75	3-25	0	3.61	0	
FC	1984	2	4	0	9	5	2.25	0	0							1	
SHAKEEL SHAH (Lahore Division, Zone B) b Bhaipheru 1.12.1964 RHB RFM																	
FC		11	20	2	149	22	8.27	0	0	715	30	23.83	6-51	2	3.73	2	
FC	1983	15	27	3	159	22	6.62	0	0	862	36	23.94	6-51	2	3.55	6	
SHAKIR HUSSAIN (Hazara) b Haripur 10.10.1967 LHB SLA																	
FC		2	4	0	25	14	6.25	0	0	193	2	96.50	2-96	0	3.50	2	
SHAKIR JAVED (Faisalabad, Zone C) b Lyallpur 18.1.1962 RHB OB																	
FC		9	18	2	673	164	42.06	2	4							7	
FC	1984	11	22	3	762	164	40.10	2	5							8	
SHAUKAT MIRZA (Karachi Blues, HBFC) b Karachi 5.6.1959 RHB																	
FC		13	24	1	558	75	24.26	0	2	15	1	15.00	1-0	0	3.00	13	
Wlls		5	5	1	134	80*	33.50	0	1							1	
FC	1979	46	87	8	2711	137*	34.31	5	13	44	2	22.00	1-0	0	4.88	32	1
Wlls	1980	16	16	1	287	80*	19.13	0	2							3	
SHER AFGHAN (Peshawar) b Nowshehra 30.10.1961 RHB OB																	
FC		3	4	1	35	20*	11.66	0	0							0	
FC	1983	7	8	2	104	28	17.33	0	0							1	
SHER MOHAMMAD (Lahore Division) b Okara 12.4.1967 RHB RFM																	
FC		1	2	0	2	2	1.00	0	0	66	2	33.00	2-66	0	6.60	0	
SHIRAZ SHAH (Zone D) b Gujrat 31.10.1964 RHB RM																	
FC		5	8	0	87	26	10.87	0	0	151	8	18.87	3-33	0	3.14	3	
SHOAIB MOHAMMAD (Karachi Whites, Karachi, PIA, Pak, Pak to SL) b Karachi 8.1.1961 RHB OB																	
Test		1	1	0	33	33	33.00	0	0	4	0				2.00	2	
FC		4	7	0	154	39	22.00	0	0	18	0				3.00	4	
Int		5	5	1	144	72*	36.00	0	2	70	1	70.00	1-30	0	4.66	0	
Wlls		6	6	1	355	111*	71.00	1	2	147	6	24.50	2-16	0	3.41	1	
Test	1983	6	9	2	213	80	26.62	0	1	8	0				2.66	4	
FC	1976	70	122	15	4120	177*	38.50	14	17	253	4	63.25	1-9	0	2.94	40	
Int	1984	10	9	2	214	72*	30.57	0	2	90	4	22.50	3-20	0	3.60	2	
Wlls	1980	23	23	2	865	111*	41.19	1	6	154	7	22.00	2-16	0	3.50	7	
SHOAIB SOOMRO, Mohammad (Zone A) b Hyderabad 6.9.1967 RHB OB																	
FC		2	4	0	85	34	21.25	0	0	4	0				4.00	0	
FC	1983	3	5	0	91	34	18.20	0	0	4	0				4.00	0	
SIBTAIN HAIDER (Lahore City Whites, Railways) b Lahore 14.4.1966 RHB RFM																	
FC		12	17	5	78	20*	6.50	0	0	535	23	23.26	6-38	1	3.59	7	
Wlls		3	1	0	6	6	6.00	0	0	97	2	48.50	1-26	0	3.70	0	
SIDDIQ PATNI (PACO) b Karachi 18.6.1964 RHB OB																	
FC		10	17	0	377	62	22.17	0	3							4	
Wlls		4	4	0	75	35	18.75	0	0							0	
FC	1979	33	60	3	1550	123*	27.19	1	10							15	
SIKANDER BAKHT (United Bank) b Karachi 25.8.1957 RHB RFM																	
FC		10	15	4	76	24	6.90	0	0	581	41	14.17	6-54	4	3.06	4	
Wlls		3	2	0	8	6*		0	0	102	2	51.00	1-24	0	4.63	1	
Test	1976	26	35	12	146	22*	6.34	0	0	2411	67	35.98	8-69	3	2.97	7	
FC	1974	145	155	47	1427	67	13.21	0	3	11217	446	28.15	8-69	24	3.31	69	
Int	1977	26	10	6	25	16*	6.25	0	0	817	32	25.53	4-34	1	3.99	4	
Wlls	1980	22	12	3	111	28	12.33	0	0	591	29	20.37	4-26	1	3.49	4	
SIKANDER NAQVI (WAPDA)																	
Wlls		2	2	0	22	19	11.00	0	0	50	0				4.16	1	
FC	1978	4	5	0	35	23	7.00	0	0	133	2	66.50	2-107	0	6.50	0	
Wlls	1980	5	4	0	49	19	12.50	0	0	112	3	37.33	3-30	0	5.09	1	
SOHAIL BUTT (Lahore City Blues) b Lahore 6.6.1966 RHB RFM																	
FC		1	2	0	2	2	2.00	0	0	43	2	21.50	1-15	0	2.86	1	
SOHAIL FAZAL (Lahore) b Lahore 11.11.1967 RHB RFM																	
FC		2	3	0	33	19	11.00	0	0	4	0				2.00	7	
SOHAIL IQBAL, Mohammad (Bahawalpur) b Bahawalpur 14.4.1966 RHB OB																	
FC		4	8	0	62	26	7.75	0	0	99	3	33.00	2-45	0	3.53	3	
FC	1983	9	13	1	142	29	11.83	0	0	498	10	49.80	3-74	0	3.48	6	
SOHAIL MAHMOOD (Zone A)																	
FC		1	2	0	1	1	0.50	0	0	6	0				6.00	0	

175

	Cmp Debut	M	I	NO	Runs	HS	Avge	100	50	Runs	Wkts	Avge	BB	5wi	RpO	ct	st
	SOHAIL MALIK (Lahore Division) b Habibabad 13.4.1961 RHB																
FC		1	2	1	26	20	26.00	0	0	10	0				5.00	1	
	SOHAIL PERVEZ (Lahore)																
FC		1	2	0	13	7	6.50	0	0							1	
	SULTAN RANA (Habib Bank) b Lahore 3.11.1951 RHB OB																
FC		9	15	2	318	54	24.46	0	2							11	
Wlls		5	5	0	89	39	17.80	0	0							2	
FC	1969	160	246	26	6835	144	31.06	10	32	599	19	31.52	6-33	1	2.43	211	
Wlls	1980	22	18	2	418	69	26.12	0	3	34	1	34.00	1-21	0	4.25	8	
	TAHIR MAHMOOD (Gujranwala, PACO) b Sialkot 15.9.1962 RHB RM																
FC		17	27	3	746	81	31.08	0	7	738	21	35.14	5-62	1	3.54	7	
Wlls		4	4	2	60	45*	30.00	0	0	27	0				3.85	0	
FC	1983	25	42	4	1372	108	36.10	1	12	1103	37	29.81	5-62	1	3.33	9	
Wlls	1981	8	8	3	176	56*	35.20	0	1	120	4	30.00	2-25	0	4.61	1	
	TAHIR MUNIR PIRZADA (Bahawalpur, Zone B) b Bahawalpur 13.4.1966 RHB WK OB																
FC		7	14	1	101	21	7.76	0	0							17	4
FC	1983	8	15	1	104	21	7.42	0	0	44	0				5.50	17	4
	TAHIR NAQQASH (Lahore, Muslim Commercial Bank, Pak) b Lahore 6.6.1959 RHB RFM																
FC		2	3	0	8	8	2.66	0	0	276	7	39.42	3-65	0	4.38	0	
Int		4	1	1	7	7*		0	0	134	6	22.33	3-58	0	5.28	3	
Wlls		1	1	0	19	19	19.00	0	0	33	1	33.00	1-33	0	6.38	0	
Test	1981	15	19	5	300	57	21.42	0	1	1398	34	41.11	5-40	2	2.99	3	
FC	1975	55	62	9	988	60	18.64	0	5	4467	138	32.36	9-45	5	3.20	26	
Int	1980	40	23	9	210	61	15.00	0	1	1239	34	36.44	3-23	0	4.65	11	
Wlls	1980	16	13	2	168	34*	15.27	0	0	531	23	23.08	4-13	0	4.40	3	
	TAHIR RASHEED (HBFC) b Karachi 21.11.1960 RHB WK																
FC		7	11	2	443	102*	49.22	1	3							21	2
Wlls		4	4	2	53	31*	26.50	0	0							3	2
FC	1979	27	49	7	1071	102*	25.50	1	6	19	0				3.80	57	13
Wlls	1981	9	8	5	153	38*	51.00	0	0							5	3
	TAHIR SHAH (Lahore City Whites, Lahore, National Bank) b Lahore 27.1.1959 RHB																
FC		13	20	1	532	90	28.00	0	3	319	17	18.76	5-33	2	3.23	11	
Wlls		5	5	1	46	20	11.50	0	0	100	6	16.66	2-8	0	4.16	2	
FC	1982	36	61	2	1607	90	27.23	0	10	554	22	25.18	5-33	2	3.15	28	
Wlls	1982	13	13	1	166	44	13.83	0	0	210	6	35.00	2-8	0	5.22	4	
	TALAT AHMED (Sargodha) b Sargodha 15.4.1968 RHB OB																
FC		2	4	1	87	49*	29.00	0	0	4	0				12.00	1	
FC	1983	4	8	1	128	49*	18.28	0	0	4	0				12.00	1	
	TALAT MIRZA (Railways) b Lahore 1.7.1960 RHB																
FC		13	25	1	556	93	23.16	0	3							12	
Wlls		4	4	0	119	73	29.75	0	1							2	
FC	1976	54	99	3	2260	114	23.54	1	13	37	0				4.03	36	
Wlls	1980	18	17	1	291	73	18.18	0	1	20	0				10.00	6	
	TANVIR AFZAL (Faisalabad, Zone C) b Lyallpur 2.1.1963 RHB OB																
FC		12	17	3	111	29	7.92	0	0	1139	36	31.63	5-38	2	3.03	4	
FC	1983	20	29	6	230	29	10.00	0	0	2044	81	25.23	6-80	6	3.08	11	
	TANVIR AHMED (Lahore City Blues, ADBP, Lahore) b Lahore 11.2.1963 RHB																
FC		13	23	1	569	109	25.86	1	4	46	0				4.75	7	
Wlls		5	5	0	101	43	20.20	0	0							1	
FC	1978	35	64	5	1807	182	30.62	5	8	70	0				5.25	21	
Wlls	1983	8	8	0	171	52	21.37	0	1							1	
	TANVIR ALI (Karachi Blues, Karachi, PIA) b Karachi 1.11.1963 RHB SLA																
FC		3	6	2	43	22	10.75	0	0	296	8	37.00	3-51	0	3.57	1	
Wlls		6	2	1	8	6*	8.00	0	0	205	5	41.00	3-39	0	4.27	1	
FC	1980	42	60	21	336	51	8.61	0	1	4494	157	28.62	8-83	12	2.96	21	
Wlls	1980	11	5	3	10	6*	5.00	0	0	342	8	42.75	3-39	0	4.27	1	
	TANVIR RAZZAQ (WAPDA)																
Wlls		1	1	0	0	0	0.00	0	0							0	
FC	1984	8	8	0	308	98	38.50	0	2							2	
	TANVIR SHAUKAT (Faisalabad, Zone C) b Lyallpur 4.5.1963 RHB RFM																
FC		6	7	4	70	17	23.33	0	0	486	19	25.57	6-47	1	4.10	0	
FC	1983	11	16	4	157	46	13.08	0	0	909	31	29.32	6-47	1	4.33	1	
	TARIQ ALAM (HBFC) b Karachi 30.5.1956 RHB OB																
FC		9	16	3	514	107	39.53	2	1	135	2	67.50	1-21	0	3.00	4	
Wlls		5	4	2	41	32*	20.50	0	0	67	1	67.00	1-40	0	4.46	0	
FC	1974	57	98	19	3270	125*	41.39	4	22	1347	34	39.61	4-40	0	2.85	40	
Wlls	1980	9	8	3	136	70*	27.20	0	1	123	3	41.00	1-9	0	5.12	2	
	TARIQ AWAN (Hazara) b Haripur 3.9.1962 RHB RM																
FC		1	1	0	1	1	1.00	0	0							0	
	TARIQ BALOCH (Quetta) b Quetta 12.12.1968 LHB SLA																
FC		2	2	0	4	4	2.00	0	0	155	2	77.50	1-44	0	3.16	1	
FC	1983	2	4	1	53	19	6.62	0	0	416	12	34.66	7-53	1	2.86	3	
	TARIQ HAMEED, Mohammad (Bahawalpur) b Rahim Yar Khan 20.5.1961 RHB OB																
FC		2	0	3	1	1.50	0	9								0	
	TARIQ IQBAL (Hazara) b Haripur 21.6.1965 LHB LFM																
FC		2	3	1	20	12	10.00	0	0	37	0				3.70	0	

Cmp	Debut	M	I	NO	Runs	HS	Avge	100	50	Runs	Wkts	Avge	BB	5wi	RpO	ct	st
\multicolumn{18}{l}{TARIQ ISMAIL (Zone B) b Bahawalpur 27.8.1966 RHB RFM}
FC		1	2	0	41	41	20.50	0	0							0	
FC	1984	2	4	0	67	41	16.75	0	0							0	
\multicolumn{18}{l}{TARIQ JAVED (Rawalpindi, Zone D) b Rawalpindi 21.3.1960 RHB OB}
FC		11	19	2	718	154*	42.23	2	3							11	
FC	1978	31	48	3	1557	154*	34.60	4	6							24	
Wlls	1983	4	4	0	102	62	25.50	0	1							0	
\multicolumn{18}{l}{TARIQ JAVED (Zone C) b Gujranwala 11.7.1964 RHB RM}
FC		1	2	0	0	0	0.00	0	0							1	
FC	1983	5	9	0	112	29	12.44	0	0	3	0				3.00	4	
\multicolumn{18}{l}{TARIQ KIYANI (Lahore Division) b Muredke 1.9.1962 RHB RFM}
FC		1	2	1	20	15	20.00	0	0	32	1	32.00	1-32	0	5.33	2	
\multicolumn{18}{l}{TARIQ MAHMOOD (Gujranwala, Zone C) b Sialkot 25.12.1966 RHB RFM}
FC		4	5	1	40	20*	10.00	0	0	215	12	17.91	8-69	1	4.00	0	
\multicolumn{18}{l}{TARIQ MANSOOR (Lahore) b Lahore 11.5.1958 RHB}
FC		1	2	0	14	10	7.00	0	0							3	
Wlls	1982	3	3	1	36	24*	18.00	0	0	59	3	19.66	3-59	0	6.55	2	
\multicolumn{18}{l}{TARIQ MANSOOR (Lahore) b Lahore 11.5.1958 RHB}
FC		1	2	0	14	10	7.00	0	0							3	
Wlls	1982	3	3	1	36	24*	18.00	0	0	59	3	19.66	3-59	0	6.55	2	
\multicolumn{18}{l}{TARIQ SOHAIL (Lahore Division) b Okara 3.9.1967 RHB WK}
FC		1	2	1	0	0*	0.00	0	0							2	
\multicolumn{18}{l}{TASLIM ARIF (National Bank) b Karachi 1.5.1954 RHB WK RM}
Wlls		4	4	0	31	18	7.75	0	0							8	2
Test	1979	6	10	2	501	210*	62.62	1	2	28	1	28.00	1-28	0	5.60	6	3
FC	1967	128	221	19	6829	210*	33.80	12	36	205	7	29.28	4-46	0	4.19	265	47
Int	1980	2	2	0	28	24	14.00	0	0							1	1
Wlls	1980	20	19	3	416	93*	26.00	0	2							25	7
\multicolumn{18}{l}{TASNIM ABIDI (Sargodha) b Sargodha 1.8.1963 RHB RM}
FC		3	5	0	75	40	15.00	0	0							0	
FC	1983	17	30	1	687	150*	23.68	2	1							8	
\multicolumn{18}{l}{TAUSEEF AHMED (United Bank, Pak, Pak to SL, Pak to Sharjah) b Karachi 10.5.1960 RHB OB}
Test		1	1	0	1	1	1.00	0	0	104	6	17.33	5-54	1	2.29	0	
FC		5	6	0	42	24	7.00	0	0	511	27	18.92	6-59	2	2.36	2	
Int		5	1	1	3	3*		0	0	114	3	38.00	1-12	0	3.77	0	
Wlls		6	3	2	20	15*	20.00	0	0	220	10	22.00	3-26	0	4.23	1	
Test	1979	13	11	5	76	23*	12.66	0	0	1145	44	26.02	6-45	2	2 43	4	
FC	1978	82	83	32	808	41*	15.84	0	0	7915	394	20.08	8-52	28	2.35	40	
Int	1981	26	6	5	46	27*	46.00	0	0	703	26	27.03	4-38	1	4.03	2	
Wlls	1980	25	12	4	60	15*	7.50	0	0	734	34	21.58	3-20	0	3.53	7	
\multicolumn{18}{l}{TEHSIN AHMED (Quetta, Karachi) b Karachi 2.7.1960 RHB LB}
FC		2	4	1	149	102*	49.66	1	0	14	0				2.00	1	
Wlls		2	1	0	11	11	11.00	0	0	64	4	16.00	4-38	1	4.92	1	
FC	1984	4	6	1	206	102*	41.20	1	0	14	0				2.00	4	
\multicolumn{18}{l}{TEHSIN JAVED (Habib Bank) b Karachi 31.12.1949 RHB OB}
FC		9	17	0	311	48	18.29	0	0	1	0				1.00	3	
Wlls		1	1	0	0	0	0.00	0	0							1	
FC	1965	109	173	23	4734	150	31.56	6	27	495	29	17.06	6-22	2	3.19	61	
Wlls	1981	4	3	0	42	22	14.00	0	0	8	1	8.00	1-8	0	8.00	4	
\multicolumn{18}{l}{UMAR RASHEED (PACO) b Karachi 25.12.1962 RHB RM}
FC		14	25	4	841	112	40.04	1	6	112	3	37.33	2-31	0	2.73	11	
Wlls		4	4	0	135	76	33.75	0	1	77	5	15.40	2-11	0	3.20	1	
FC	1982	41	76	4	1861	112	25.84	1	14	223	6	37.16	2-27	0	2.62	31	
Wlls	1981	15	15	1	472	107*	33.71	1	2	258	9	28.66	2-11	0	4.42	5	
\multicolumn{18}{l}{WAHEED MIRZA (United Bank) b Karachi 4.5.1955 RHB WK RFM}
FC		5	9	1	128	42	16.00	0	0	9	0				9.00	1	
FC	1975	53	90	9	2136	324	26.37	2	7	1103	44	25.06	5-36	1	2.88	50	1
Wlls	1980	7	5	1	33	14	8.25	0	0	62	1	62.00	1-24	0	5.16	2	
\multicolumn{18}{l}{WAHEED NIAZI (Lahore City White, Lahore, Habib Bank) b Sargodha 10.1.1961 RHB RFM}
FC		10	10	3	43	15*	6.14	0	0	671	20	33.55	5-73	1	3.60	4	
Wlls		6	3	1	18	9	9.00	0	0	176	8	22.00	3-35	0	3.82	0	
FC	1983	16	17	7	110	25*	11.00	0	0	1076	34	31.64	5-73	1	3.51	6	
Wlls	1983	10	6	2	39	9*	9.75	0	0	330	15	22.00	3-33	0	4.32	0	
\multicolumn{18}{l}{WAHID KHAN AFRIDI (Peshawar, Zone C) b Nowshehra 30.10.1961 RHB RFM}
FC		4	7	3	49	15*	12.25	0	0	147	5	29.40	3-29	0	2.57	0	
FC	1983	9	14	4	151	44*	16.77	0	0	361	11	32.81	3-29	0	2.67	2	
\multicolumn{18}{l}{WAJAHAT HUSSAIN (Multan) b Sahiwal 25.1.1962 RHB RM}
FC		1	1	0	0	0	0.00	0	0	16	0				8.00	0	
\multicolumn{18}{l}{WAJID ELAHI (Hazara) b Haripur 16.9.1968 RHB LB}
FC		1	1	0	46	46	46.00	0	0	13	0				4.33	0	
\multicolumn{18}{l}{WAQAR ALI (Zone B) b Okara 20.7.1965 RHB RM}
FC		1	1	0	0	0	0.00	0	0	5	0				1.25	0	
FC	1984	3	5	1	92	57	23.00	0	1	5	0				1.25	0	
\multicolumn{18}{l}{WASIM AKRAM (Lahore City Whites, PACO, Pak, Pak to SL, Pak to Sharjah) b Lahore 7.9.1966 LHB LF}
Test		3	2	1	9	5*	9.00	0	0	251	8	31.37	2-17	0	2.41	1	

177

Cmp	Debut	M	I	NO	Runs	HS	Avge	100	50	Runs	Wkts	Avge	BB	5wi	RpO	ct	st
FC		6	5	1	22	8	5.50	0	0	495	12	41.25	2-17	0	2.81	4	
Int		5	2	0	9	9	4.50	0	0	145	6	24.16	2-24	0	4.67	1	
Wlls		4	3	2	58	25*	58.00	0	0	79	3	26.33	1-22	0	3.00	1	
Test	1984	8	10	4	48	19	8.00	0	0	688	28	24.57	5-56	2	2.33	1	
FC	1984	17	18	6	92	19	7.66	0	0	1331	50	26.62	7-50	3	2.50	8	
Int	1984	24	10	3	59	24	8.42	0	0	650	30	21.66	5-21	2	3.87	5	

WASIM ALI (Lahore)   b Lahore 12.10.1967   RHB LB

| FC | | 9 | 14 | 4 | 345 | 63 | 34.50 | 0 | 3 | | | | | | | 11 | |

WASIM ARIF (HBFC)   b Karachi 10.10.1964   RHB WK

FC		2	4	1	47	27	15.66	0	0							3	1
Wlls		1	1	0	0	0	0.00	0	0							1	
FC	1982	9	17	3	300	60	21.42	0	2							28	7
Wlls	1982	5	5	2	17	8*	5.66	0	0							5	2

WASIM HAIDER (Faisalabad, Zone C, WAPDA)   b Lyallpur 6.6.1967   RHB RFM

FC		11	20	5	511	61	34.06	0	3	743	25	29.72	4-45	0	3.73	3	
Wlls		4	4	0	12	7	3.00	0	0	47	3	15.66	2-10	0	3.13	2	
FC	1983	18	33	10	806	61	35.04	0	4	1144	38	30.10	4-45	0	3.64	4	

WASAN HASAN RAJA (Lahore City Whites, Durham)   b Multan 3.7.1952   LHB LBG

FC		5	4	1	174	129	58.00	1	0	304	7	43.42	2-28	0	2.76	2	
Test	1972	57	92	14	2821	125	36.16	4	18	1826	51	35.80	4-50	0	2.67	20	
FC	1967	249	377	54	11403	165	35.30	17	64	16195	558	29.02	8-65	31	2.84	155	
Int	1972	54	45	10	782	60	22.34	0	2	687	21	32.71	4-25	1	3.97	24	
Wlls	1980	10	8	3	179	47*	35.80	0	0	266	12	22.16	3-23	0	4.43	5	

YAHYA KHAN (Gujranwala)   b Gujranwala 1.7.1963   RHB LB

| FC | | 2 | 3 | 1 | 7 | 5* | 3.50 | 0 | 0 | | | | | | | 0 | |
| FC | 1983 | 5 | 8 | 2 | 133 | 63 | 22.16 | 0 | 2 | 118 | 1 | 118.00 | 1-50 | 0 | 4.06 | 1 | |

YAHYA TOOR (PACO)   b Karachi 20.1.1962   RHB SLA

FC		14	20	7	490	61*	37.69	0	3	505	11	45.90	3-71	0	2.55	15	
Wlls		4	3	0	16	15	5.33	0	0	72	7	10.28	4-35	1	2.76	4	
FC	1977	35	57	13	1146	101*	26.04	1	5	1209	30	40.30	5-48	1	3.01	26	
Wlls	1983	7	6	2	71	21	17.75	0	0	148	11	13.45	4-35	1	3.52	4	

ZAFAR AHMED (Karachi)   b Karachi 4.12.1959   RHB OB

FC		15	23	5	864	117*	48.00	3	4	9	0				3.00	11	
Wlls		4	4	1	56	26	18.66	0	0							1	
FC	1976	58	97	30	3045	140	45.44	5	19	266	2	133.00	1-10	0	5.08	36	
Wlls	1982	8	8	1	181	61	25.85	0	1							2	

ZAFAR ALI (Karachi Blues, Karachi)   b Karachi 4.9.1964   RHB LB

FC		11	16	1	277	54	18.46	0	1	114	2	57.00	1-13	0	3.45	16	
Wlls		2	2	0	71	38	35.50	0	0	47	1	47.00	1-30	0	4.27	0	
FC	1983	26	42	5	1211	139*	32.72	3	5	362	4	90.50	1-13	0	3.70	27	
Wlls	1982	7	7	0	147	38	21.00	0	0	161	9	17.88	5-19	1	4.47	2	

ZAFAR JAMAL (Karachi Whites)

| FC | | 1 | 1 | 1 | 19 | 19* | | 0 | 0 | | | | | | | 0 | |

ZAFAR MEHDI (Karachi)

Wlls		3	3	1	20	16*	10.00	0	0	101	3	33.66	2-28	0	6.00	2	
FC	1975	36	55	11	907	94	20.61	0	4	2178	67	32.50	7-41	2	2.56	25	
Wlls	1982	11	10	2	87	19	10.87	0	0	311	9	34.55	2-28	0	4.08	4	

ZAHEER ABBAS (PIA, Pak)   b Sialkot 24.7.1947   RHB OB

Test		2	1	0	4	4	4.00	0	0							0	
Int		4	3	0	108	61	36.00	0	1	26	2	13.00	2-26	0	3.71	1	
Wlls		6	5	1	106	65	26.50	0	1	103	0				5.72	4	
Test	1969	78	124	11	5062	274	44.79	12	20	132	3	44.00	2-21	0	2.14	34	
FC	1965	447	747	89	34289	274	52.11	107	158	1059	28	37.82	5-15	1	2.64	262	
Int	1974	62	60	6	2572	123	47.62	7	13	223	7	31.85	2-23	0	4.77	16	
Wlls	1980	31	27	2	983	158*	39.32	1	6	236	4	59.00	3-48	0	5.61	17	

ZAHEER AHMED (Habib Bank)   b Karachi 15.4.1953   RHB WK

FC		8	12	0	245	55	20.41	0	1							16	9
Wlls		2	2	0	10	8	5.00	0	0							2	1
FC	1970	60	90	9	1769	112*	21.83	2	5							78	32
Wlls	1981	11	7	2	82	30	16.40	0	0							11	5

ZAHID AHMED (Karachi Blues, Karachi, PIA)   b Karachi 15.11.1961   LHB SLA

FC		3	6	1	171	125*	34.20	1	0	211	7	30.14	5-94	1	4.39	1	
Wlls		6	4	1	150	58	50.00	0	2	218	10	21.80	4-41	1	5.23	2	
FC	1978	53	84	20	1731	125*	27.04	2	5	3207	125	25.65	7-68	8	2.76	44	
Wlls	1980	24	16	3	438	88*	33.69	0	4	720	33	21.81	4-17	3	4.34	6	

ZAHID MAHMOOD (Gujranwala)   b Sialkot 3.9.1968   RHB RM

| FC | | 3 | 3 | 0 | 45 | 21 | 9.00 | 0 | 0 | | | | | | | 2 | |

ZALID MALIK (Sargodha)   b Sargodha 10.4.1968   RHB OB

| FC | | 1 | 2 | 0 | 26 | 13 | 13.00 | 0 | 0 | | | | | | | 0 | |
| FC | 1983 | 3 | 6 | 0 | 136 | 83 | 22.66 | 0 | 1 | 9 | 0 | | | | 4.50 | 0 | |

ZAHOOR ELAHI (Multan, Zone C)   b Sahiwal 4.10.1959   RHB RFM

| FC | | 11 | 22 | 0 | 511 | 74 | 23.22 | 0 | 4 | 15 | 0 | | | | 5.00 | 8 | |

ZAIGHAM BURKI (Muslim Commercial Bank)

Wlls		2	2	2	20	12*		0	0	82	1	82.00	1-49	0	5.85	0	
FC	1975	61	88	10	1230	79	15.76	0	7	3927	135	29.08	7-40	7	3.20	25	
Wlls	1980	13	11	6	101	39*	20.20	0	0	420	13	32.30	5-28	1	4.69	5	

Cmp	Debut	M	I	NO	Runs	HS	Avge	100	50	Runs	Wkts	Avge	BB	5wi	RpO	ct	st
ZAKIR KHAN (ADBP, Pak, Pak to SL) b Bannu 3.4.1963 RHB RFM																	
FC		4	4	3	3	1*	1.00	0	0	463	10	46.30	4-60	0	3.79	2	
Int		3								75	3	25.00	2-31	0	3.94	0	
Test	1985	1	1	1	0	0*		0	0	150	3	50.00	3-80	0	3.33	0	
FC	1982	13	12	7	132	100*	26.40	1	0	1186	38	31.21	4-30	0	3.44	4	
Int	1984	11	3	2	14	8*	14.00	0	0	278	14	19.85	4-19	1	4.27	0	
Wlls	1981	4	2	2	7	5*		0	0	113	1	113.00	1-32	0	5.65	0	
ZIA-UR-REHMAN (Zone C) b Sialkot 17.10.1958 RHB OB																	
FC		1	2	0	24	12	12.00	0	0							2	
ZULFIQAR AHMED (Zone D) b Rawalpindi 1.10.1968 RHB WK																	
FC		2	4	0	25	12	6.25	0	0							5	1
FC	1984	3	4	0	25	12	6.25	0	0							9	2
ZULFIQAR ALI (Gujranwala, Zone C) b Okara 29.12.1964 RHB OB																	
FC		3	3	0	32	22	10.66	0	0	225	6	37.50	3-54	0	3.70	3	
FC	1983	7	9	3	61	22	10.16	0	0	502	13	38.61	3-54	0	3.43	5	
ZULFIQAR ALI (Multan) b Sahiwal 30.12.1969 RHB RM																	
FC		1	2	1	0	0*	0.00	0	0	137	7	19.57	4-85	0	4.15	2	
ZULFIQAR ALI CHAUDHRI (Hyderabad, Zone A) b Hyderabad 1.5.1964 RHB																	
FC		6	12	0	50	12	4.16	0	0	15	0				3.00	4	
FC	1983	10	18	0	312	147	17.33	1	1	21	0				3.50	8	
ZULFIQAR BUTT (WAPDA)																	
Wlls		1	1	0	5	5	5.00	0	0	39	1	39.00	1-39	0	4.33	0	
FC	1984	2	3	2	9	8	9.00	0	0	276	9	30.66	5-110	1	3.03	1	
ZULQARNAIN (Lahore City Whites, Lahore, Pak, Pak to SL, Pak to Sharjah) b Lahore 25.5.1962 RHB WK																	
FC		8	8	3	130	44	26.00	0	0							19	3
Int		2	1	1	4	4*		0	0							2	
Wlls		6	2	0	5	5	2.50	0	0							7	2
Test	1985	3	4	0	24	13	6.00	0	0							8	2
FC	1980	60	80	25	539	44	9.80	0	0	3	0				3.00	149	41
Int	1985	11	4	3	16	11*	16.00	0	0							14	1
Wlls	1981	17	9	3	19	7*	3.16	0	0							18	7

SRI LANKA IN PAKISTAN 1985/86

Cmp	Debut	M	I	NO	Runs	HS	Avge	100	50	Runs	Wkts	Avge	BB	5wi	RpO	ct	st
AHANGAMA, F.S.																	
Int		1								23	0				7.66	0	
DE MEL, A.L.F																	
Test		3	5	0	39	18	7.80	0	0	349	7	49.85	6-109	1	4.53	1	
Int		4	4	1	45	36*	15.00	0	0	148	3	49.33	1-27	0	5.10	2	
DE SILVA, P.A.																	
Test		3	5	0	250	122	50.00	2	0	22	0				4.40	0	
Int		4	4	0	105	86	26.25	0	1							1	
DIAS, R.L.																	
Test		3	5	0	87	48	17.40	0	0							0	
Int		4	4	0	70	43	17.50	0	0							0	
GURUSINHA, A.P.																	
Test		1	2	0	29	17	14.50	0	0							2	
Int		1	1	0	0	0	0.00	0	0							1	
JOHN, V.B.J.																	
Int		4	2	0	10	7	5.00	0	0	124	1	124.00	1-34	0	4.27	0	
MADUGALLE, R.S.																	
Test		3	5	0	75	65	15.00	0	1	18	0				2.57	0	
Int		4	4	0	89	73	22.25	0	1							1	
MENDIS, L.R.D.																	
Test		3	5	0	55	20	11.00	0	0							0	
Int		4	4	1	98	46	32.66	0	0							1	
RANATUNGA, A.																	
Test		3	5	1	169	79	42.25	0	1	93	0				4.22	2	
Int		4	4	1	68	39	22.66	0	0	84	1	84.00	1-23	0	5.25	0	
RATNAYAKE, R.J.																	
Test		3	5	1	102	56	25.50	0	1	275	6	45.83	2-48	0	3.66	1	
Int		4	4	0	56	26	14.00	0	0	168	6	28.00	3-51	0	6.10	0	
RATNAYEKE, J.R.																	
Test		3	5	1	90	36	22.50	0	0	297	10	29.70	8-83	1	3.62	0	
Int		3	3	1	8	8	4.00	0	0	111	3	37.00	3-34	0	6.59	0	
SILVA, S.A.R.																	
Test		2	3	0	64	35	21.33	0	0							4	
Int		3	3	0	63	25	21.00	0	0							2	
WETTIMUNY, S.																	
Test		3	5	0	124	52	24.80	0	1							1	
WIJESURIYA, R.G.C.E.																	
Test		3	5	2	19	8	6.33	0	0	189	1	189.00	1-68	0	2.56	1	
Int		4	3	2	18	12*	18.00	0	0	129	4	32.25	2-25	0	4.77	1	

	Cmp	Debut	M	I	NO	Runs	HS	Avge	100	50	Runs	Wkts	Avge	BB	5wi	RpO	ct	st
							WEST INDIES IN PAKISTAN 1985/86											
DUJON, P.J.L.	Int		5	3	1	25	12	12.50	0	0							2	
GARNER, J.	Int		3	1	1	1	1*		0	0	79	1	79.00	1-33	0	3.59	0	
GOMES, H.A.	Int		4	4	1	59	23	19.66	0	0							1	
GRAY, A.H.	Int		3	1	1	7	7*		0	0	50	3	16.66	2-36	0	3.57	0	
HARPER, R.A.	Int		5	3	1	15	10	7.50	0	0	163	5	32.60	2-37	0	4.28	2	
HAYNES, D.L.	Int		5	5	0	187	60	37.40	0	1							1	
HOLDING, M.A.	Int		5	2	0	2	2	1.00	0	0	153	9	17.00	4-17	1	4.28	1	
LOGIE, A.L.	Int		5	4	1	87	78*	29.00	0	1							0	
MARSHALL, M.D.	Int		5	2	0	21	20	10.50	0	0	173	5	34.60	3-36	0	4.37	0	
RICHARDS, I.V.A.	Int		5	5	2	260	80*	86.66	0	3	31	1	31.00	1-6	0	5.16	1	
RICHARDSON, R.B.	Int		5	5	1	159	92*	39.75	0	1							2	
WALSH, C.A.	Int		5	1	0	7	7	7.00	0	0	170	3	56.66	1-36	0	4.25	3	

SHARJAH

Two International Competitions were staged in Sharjah during the 1985-86 season, during which a total of 8 one-day internationals were played.

Rothman's Challenge Cup: West Indies beat Pakistan by 7 wkts; Pakistan beat India by 48 runs; West Indies beat India by 7 wkts

Australasian Cup: India beat New Zealand by 3 wkts; Pakistan beat Australia by 8 wkts; India beat Sri Lanka by 3 wkts; Pakistan beat New Zealand by 10 wkts; Pakistan beat India by 1 wkt.

SOUTH AFRICA

First First-Class Match: South Africa v England (Port Elizabeth) 1888-89

First First-Class Tour to England: 1901

First Test Match: South Africa v England (Port Elizabeth) 1888-89

Present First-Class Teams: Border, Eastern Province, Natal, Northern Transvaal, Orange Free State, Transvaal, Western Province (Currie Cup); Boland, Eastern Province B, Griqualand West, Natal B, Northern Transvaal B, Transvaal B, Western Province B, (Castle Bowl).

First Class Competitions: The Currie Cup was instituted in 1889-90 and has remained the premier Competition since that season; in 1951-52 Section B of the Currie Cup (retitled the Castle Bowl in 1977-78) was instituted as a second first-class Competition.

Currie Cup Champions 1985-86: Western Province

Castle Bowl Champions: Boland

FIRST CLASS RECORDS

Highest Team Total: 676 MCC v Griqualand West (Kimberley) 1938-39
Best in 1985-86: 479-5 dec Border v Orange Free State (East London); 460-5 dec Transvaal B v Eastern Province B (Johannesburg); 456-9 dec Australians v Boland (Stellenbosch); 454-7 dec Natal v Eastern Province (Port Elizabeth); 430 South Africa v Australians (Cape Town)

Lowest Team Total: l6 Border v Natal (East London) 1959-60
Worst in 1985-86: 61 Australians v South Africa (Johannesburg); 69 N Transvaal B v western Province B (Constantia); 81 Border v Natal (East London); 91 Eastern Province v Western Province (Cape Town); 106 N Transvaal B v Transvaal B (Pietersmaritzburg)

Highest Individual Innings: 306* E.A.B.Rowan Transvaal v Natal (Johannesburg) 1939-40
Best in 1985-86: 225* M.S.Venter Transvaal B v Eastern Province B (Johannesburg); 154 C.L.King Natal v Orange Free State (Durban); 142 K.S.McEwan Western Province v Orange Free State (Bloemfontein); 141 J.Dyson Australians v Orange Free State (Bloemfontein); 140 B.J.Whitfield Natal v Eastern Province (Port Elizabeth)

Most Runs In Season: 1,915 (av 68.39) J.R.Reid (New Zealanders) 1961-62
Most in 1985-86: 841 (av 40.72) H.R.Fotheringham (Transvaal); 840 (av 44.21) S.J.Cook (Transvaal); 671 (av 51.61) R.G.Pollock (Transvaal); 668 (av 45.00) M.D.Taylor (Australians); 585 (av 55.66) K.J.Hughes (Australians)

Most Runs In Career: 28,358 (av 54.74) B.A.Richards (Natal, Hampshire, South Australia) 1964-65 to 1982-83
Most by Current Batsmen: 23,645 (av 40.48) K.S.McEwan (Western Province, Eastern Province, Essex) 1972-73 to date; 22,571 (av 41.03) C.E.B.Rice (Transvaal, Notts) 1969-70 to date; 20,484 (av 54.47) R.G.Pollock (Eastern Province, Transvaal) 1960-61 to date; 15,903 (av 45.69) P.N.Kirsten (Western Province, Sussex, Derbyshire) 1973-74 to date; 12,983 (av 29.17) R.C.Ontong (Border, Transvaal, N Transvaal, Glamorgan) 1972-73 to date.

Best Innings Analysis: 10-26 A.E.E.Vogler Eastern Province v Griqualand West (Johannesburg) 1906-07
Best in 1985-86: 8-84 C.G.Rackemann Australians v South Africa (Johannesburg); 8-86 T.G.Hogan Australians v Eastern Province (Port Elizabeth); 7-55 W.H.Van Wyk Transvaal B v N Transvaal B (Pietermaritzburg); 7-63 G.R.Dilley Natal v Transvaal (Johannesburg); 7-79 T.G.Shaw Eastern Province v Orange Free State (Bloemfontein)

Most Wickets In Season: 106 (av 19.39) R.Benaud (Australians) 1957-58
Most in 1985-86: 49 (av 18.04) G.S.Le Roux (Western Province); 46 (av 18.41) H.A.Page (Transvaal); 45 (av 17.97) O.Henry (Boland); 42 (av 14.90) B.A.Matthews (Western Province, Western Province B); 38 (av 22.34) C.G.Rackemann (Australians)

Most Wickets In Career: 1,407 (av 19.36) M.J.Procter (Natal, Western Province, Rhodesia, Gloucs) 1965-66 to 1983-84
Most by Current Bowler: 800 (av 22.22) C.E.B.Rice (Transvaal, Notts) 1969-70 to date; 729 (av 21.18) G.S.Le Roux (Western Province, Sussex) 1975-76 to date; 721 (av 29.62) R.C.Ontong (Border, Transvaal, N.Transvaal, Glamorgan) 1972-73 to date; V.A.Holder (950, av 24.52) and S.T.Clarke (758, av 20.12) played in South Africa in 1985-86.

Record Wicket Partnerships

1st	424	I.J.Siedle & J.F.W.Nicolson	Natal v OFS (Bloemfontein)	1926-27
2nd	374	R.B.Simpson & R.M.Cowper	Australians v NE Transvaal (Pretoria)	1966-67
3rd	399	D.C.S.Compton & R.T.Simpson	MCC v NE Transvaal (Benoni)	1948-49
4th	342	E.A.B.Rowan & P.J.M.Gibb	Transvaal v NE Transvaal (Jo'burg)	1952-53
5th	338	R.G.Pollock & A.L.Wilmot	E Province v Natal (Port Elizabeth)	1975-76
6th	244*	J.M.M.Commaille & A.W.Palm	W Prov v Griqualand W (Jo'burg)	1923-24
7th	299	B.Mitchell & A.Melville	T'vaal v Griqualand W (Kimberley)	1946-47
8th	222	S.S.L.Steyn & D.P.B.Morkel	W Province v Border (Cape Town)	1929-30
9th	221	N.V.Lindsay & G.R.McCubbin	Transvaal v Rhodesia (Bulawayo)	1922-23
	217	A.W.Nourse & B.C.Codey	Natal v W Province (Johannesburg)	1906-07
10th	174	H.R.Lance & D.Mackay-Coghill	Transvaal v Natal (Johannesburg)	1965-66

Highest Partnerships in 1985-86

1st	161	G.Shipperd & P.I.Faulkner	Australians v N Transvaal (Pretoria)
2nd	209	S.B.Smith & K.J.Hughes	Australians v Boland (Stellenbosch)
3rd	168	M.J.P.Ford & D.G.Emslie	E Province B v Transvaal B (Johannesburg)
4th	319	M.S.Venter & B.M.McMillan	Transvaal B v E Province B (Johannesburg)
5th	141	S.Nackerdien & N.Lambrechts	Boland v Transvaal B (Stellenbosch)
6th	178	L.J.E.Coetzee & P.L.Symcox	N Transvaal B v Transvaal B (P'maritzburg)
7th	148*	D.G.Emslie & P.A.Tullis	E Province B v W Province B (Uitenhage)
8th	141	O.Henry & E.E.Van Rooyen	Boland v Natal B (Stellenbosch)
9th	115	C.W.Symcox & G.P.van Rensburg	Griqualand West v E Province B (Kimberley)
10th	63	S.A.Jones & P.Anker	Boland v Australians (Stellenbosch)

Most Wicketkeeping Dismissals In Innings: 7 (7ct) M.S.Smith Natal v Border (East London) 1959-60; 7 (6ct 1st) N.Kirsten Border v Rhodesia (East London) 1959-60; 7 (6ct 1st) R.J.East Orange Free State v Western Province B (Cape Town) 1984-85
Most in 1985-86: 6 (6ct) S.J.Rixon Australians v South Africa (Johannesburg); 6 (5ct 1st) D.J.Richardson Eastern Province v Orange Free State (Bloemfontein); 6 (4ct 2st) C.E.Frost Western Province v Natal B (Constantia)

Most Wicketkeeping Dismissals In Match: 10 (10ct) R.V.Jennings Transvaal v Sri Lankans (Johannesburg) 1982-83; 10 (10ct) D.A.Murray West Indians v South Africa (Port Elizabeth) 1983-84; 10 (8ct 2st) R.J.Ryall Western Province v Transvaal (Cape Town) 1984-85; 10 (10ct) S.J.Rixon Australians v South Africa (Johannesburg) 1985-86
Most in 1985-86: see Rixon above, then: 8 (8ct) C.E.Frost Western Province B v Eastern Province B (Uitenhage)

Most Wicketkeeping Dismissals In Season: 65 (57ct 8st) R.V.Jennings (Transvaal) 1982-83
Most in 1985-86: 40 (40ct) R.V.Jennings (Transvaal); 36 (34ct 2st) S.J.Rixon (Australians); 29 (27ct 2st) N.T.Day (N Transvaal); 27 (27ct) R.J.Ryall (Western Province)

Most Wicketkeeping Dismissals In Career: 511 (27ct 84st) J.H.B.Waite (Eastern Province, Transvaal) 1948-49 to 1965-66

Most by Current Wicketkeeper: 390 (351ct 39st) R.V.Jennings (Transvaal) 1973-74 to date; 239 (226ct 13st) N.T.Day (Transvaal, N Transvaal) 1975-76 to date; 237 (231ct 6st) R.J.East (Orange Free State) 1973-74 to date; 175 (163ct 12st) D.J.Richardson (Eastern Province) 1977-78 to date; 165 (150ct 15st) R.J.Ryall (Western Province) 1980-81 to date

Most Catches By Fielder In Innings: 5 A.H.Jordaan N Transvaal v Border (East London) 1972-73; 5 A.D.Nourse Natal v Border (Durban) 1933-34; 5 V.Y.Richardson Australia v South Africa (Durban) 1935-36; 5 C.White Border v Griqualand West (Queenstown) 1946-47; 5 A.Barrow Transvaal B v N Transvaal B (Pietersburg) 1982-83; 5 P.J.R.Steyn Griqualand West v Western Province B (Kimberley) 1985-86
Most in 1985-86: see Steyn above, then: 4 K.J.Kerr Transvaal B v Natal B (Pietermaritzburg); 4 L.J.Wenzler N Transvaal B v Natal B (Pretoria)

Most Catches By Fielder In Match: 7 S.P.De Vigne NE Transvaal v Orange Free State (Benoni) 1950-51; A.Barrow Transvaal B v N Transvaal B (Pietersburg) 1982-83
Most in 1985-86: 5 L.J.Barnard N Transvaal v Border (Pretoria); 5 L.J.Barnard N Transvaal v Eastern Province (Pretoria); 5 P.J.R.Steyn Griqualand West v Western Province B (Kimberley)

Most Catches By Fielder In Season: 21 M.J.Procter (Rhodesia) 1972-73; 21 A.J.Kourie (Transvaal) 1984-85
Most in 1985-86: 20 L.J.Barnard (N Transvaal); 14 L.Potter (Griqualand West); 13 K.J.Kerr (Transvaal, Transvaal B); 12 O.Henry (Boland); 12 M.D.Haysman (Australians)

Most Catches By Fielder In Career: 367 B.A.Richards (Natal, Hampshire, South Australia) 1964-65 to 1982-83
Most by Current Fielder: 339 C.E.B.Rice (Transvaal, Notts) 1969-70 to date; 339 K.S.McEwan (Eastern Province, Western Province, Essex) 1972-73 to date; 246 R.G.Pollock (Eastern Province, Transvaal) 1960-61 to date; 147 F.W.Swarbrook (Derbyshire, Griqualand West) 1967 to date; 143 R.C.Ontong (Border, Transvaal, N Transvaal, Glamorgan) 1972-73 to date)

Domestic Limited Overs Records

Highest Team Totals: 378-5 (60 overs) Transvaal v Griqualand West (Kimberley) 1977-78; 372-5 (60 overs) Eastern Province v Border (East London) 1974-75; 361-2 dec (54.4 overs) Natal v SA African XI (Durban) 1975-76
Best in 1985-86: 247-8 (55 overs) Transvaal v Griqualand West (Kimberley)

Lowest Team Totals: 61 (30.3 overs) Border v N Transvaal (Pretoria) 1981-82; 63 (29.3 overs) Border v Natal (Durban) 1980-81; 64 (33.4 overs) Orange Free State v Natal (Bloemfontein)
Worst in 1985-86: 93 (41.4 overs) Eastern Province v Natal (Port Elizabeth)

Highest Individual Innings: 222* R.G.Pollock Eastern Province v Border (East London) 1974-75; 202* A.Barrow Natal v SA African XI (Durban) 1975-76; 186 E.J.Barlow Western Province v Eastern Province (Johannesburg) 1969-70
Best in 1985-86: 104 R.M.Bentley Natal v Boland (Stellenbosch); 102 R.F.Pienaar N Transvaal v Transvaal (Johannesburg)

Most Runs In Season: 325 (av 65.00) S.J.Cook (Transvaal) 1984-85
Most in 1985-86: 292 (av 48.66) R.M.Bentley (Natal); 279 (av 46.50) M.B.Logan (Natal)

Most Runs In Career: 2,731 (av 65.02) R.G.Pollock (Eastern Province, Transvaal) 1969-70 to date; 1,670 (av 52.18) S.J.Cook (Transvaal) 1972-73 to date; 1,641 (av 48.26) H.R.Fotheringham (Natal, Transvaal) 1973-74 to date

Best Innings Analyses: 7-21 P.P.Henwood Natal v Border (East London) 1972-73; 7-27 D.L.Hobson Western Province v Eastern Province (Pretoria) 1974-75; 6-17 P.N.Kirsten Western Province v N Transvaal (Cape Town) 1983-84
Best in 1985-86: 5-23 M.B.Minnaar Western Province v Border (East London); 5-32 T.J.Packer Natal v Western Province (Durban); 5-45 E.O.Simons Western Province v Natal (Cape Town)

Most Economical Bowling: 12-8-5-0 R.H.Kaschula Rhodesia v N Transvaal (Pretoria) 1972-73
Most Economical in 1985-86: 10-3-14-1 P.Anker Boland v Natal (Stellenbosch)

Most Expensive Bowling: 11-0-103-5 P.D.Heger Border v Eastern Province (Port Elizabeth) 1969-70
Most Expensive in 1985-86: 11-1-64-4 G.P.Van Rensburg Griqualand West v Transvaal (Kimberley)

Most Wickets In Season: 16 (av 3.50) S.T.Clarke (Transvaal) 1983-84
Most in 1985-86: 10 (av 17.10) G.R.Dilley (Natal)

Most Wickets In Career: 62 (av 17.32) V.A.P.van der Bijl (Natal, Transvaal) 1969-70 to 1982-83; 49 (av 20.02) C.E.B.Rice (Transvaal) 1970-71 to date; 46 (av 16.63) M.J.Procter (Natal, Western Province, Rhodesia) 1969-70 to 1983-84; 46 (av 20.91) G.S.Le Roux (Western Province) 1975-76 to date

Record Wicket Partnerships

1st	241	E.J.Barlow & H.M.Ackerman	W Prov v Border (East London)	1970-71
2nd	201*	B.J.Whitfield & R.M.Bentley	Natal v OFS (Bloemfontein)	1984-85
3rd	303*	A.Barrow & H.R.Fotheringham	Natal v SA African XI (Durban)	1975-76
4th	187	M.S.Venter & K.A.McKenzie	Transvaal v E Province (Jo'burg)	1983-84
5th	102	A.I.Kallicharran & C.E.B.Rice	Transvaal v W Province (Jo'burg)	1983-84
6th	173	P.H.Williams & D.Bestall	Natal v Transvaal (Durban)	1979-80
7th	94	S.J.Cook & R.C.Ontong	Transvaal v E Prov (Port Elizabeth)	1976-77
8th	91	R.C.Ontong & P.D. De Vaal	N Transvaal v Border (East London)	1979-80
9th	56	D.F.Becker & D.R.Neilson	Transvaal v E Prov (Port Elizabeth)	1972-73
10th	45*	G.C.G.Fraser & J.A.Carse	Border v W Province (East London)	1985-86

There were 7 hundred partnerships in 1985-86, the highest being 149 for 2nd wkt by P.H. Rayner & P.N.Kirsten for Western Province v Border (East London)

Most Wicketkeeping Dismissals In Innings: 6 (3ct 3st) A.J.S.Smith Natal v Border (East London) 1972-73
Most in 1985-86: 4 (4ct) L.M.Phillips Griqualand West v Transvaal (Kimberley); 4 (3ct 1st) T.R.Madsen Natal v Eastern Province (Port Elizabeth)

Most Wicketkeeping Dismissals In Season: 10 (9ct 1st) G.P.Pfuhl (Western Province) 1974-75
Most in 1985-86: 7 (6ct 1st) T.R.Madsen (Natal)

Most Wicketkeeping Dismissals In Career: 53 (50ct 3st) R.V.Jennings (Transvaal) 1978-79 to date; 52 (46ct 6st) A.J.S.Smith (Natal) 1972-73 to 1983-84

Most Catches By Fielder In Innings: 5 A.J.Kourie Transvaal v Western Province (Johannesburg) 1979-80

Most Catches By Fielder In Season: 6 A.J.Kourie (Transvaal) 1979-80
Most in 1985-86: 4 H.R.Fotheringham (Transvaal); 4 A.P.Kuiper (Western Province)

Most Catches By Fielder In Career: 25 R.G.Pollock (Eastern Province, Transvaal) 1969-70 to date; 19 M.J.Procter (Natal, Western Province, Rhodesia) 1969-70 to 1983-84; 19 C.P.Wilkins (Border, Eastern Province, Natal) 1969-70 to 1982-83

Most Appearances in Domestic Limited Overs Matches: 53 R.G.Pollock (Eastern Province, Transvaal) 1969-70 to date; 44 C.E.B.Rice (Transvaal) 1970-71 to date; 43 H.R.Fotheringham (Natal, Transvaal) 1973-74 to date; 42 K.A.McKenzie (Transvaal) 1971-72 to date.

PROVINCIAL CHAMPIONS

Currie Cup

1889-90	Transvaal	1929-30	Transvaal	1967-68	Natal
1890-91	Kimberley	1931-32	Western Province	1968-69	Transvaal
1892-93	Western Province	1933-34	Natal	1969-70	Transvaal
1893-94	Western Province	1934-35	Transvaal		Western Province
1894-95	Transvaal	1936-37	Natal	1970-71	Transvaal
1896-97	Western Province	1937-38	Natal, Transvaal	1971-72	Transvaal
1897-98	Western Province	1946-47	Natal	1972-73	Transvaal
1902-03	Transvaal	1947-48	Natal	1973-74	Natal
1903-04	Transvaal	1950-51	Transvaal	1974-75	Western Province
1904-05	Transvaal	1951-52	Natal	1975-76	Natal
1905-06	Transvaal	1952-53	Western Province	1976-77	Natal
1906-07	Transvaal	1954-55	Natal	1977-78	Western Province
1908-09	Western Province	1955-56	Western Province	1978-79	Transvaal
1910-11	Natal	1958-59	Transvaal	1979-80	Transvaal
1912-13	Natal	1959-60	Natal	1980-81	Natal
1920-21	Natal, Transvaal,	1960-61	Natal	1981-82	Western Province
	Western Province	1962-63	Natal	1982-83	Transvaal
1923-24	Transvaal	1963-64	Natal	1983-84	Transvaal
1925-26	Transvaal	1965-66	Natal, Transvaal	1984-85	Transvaal
1926-27	Transvaal	1966-67	Natal	1985-86	Western Province

Castle Bowl

1977-78	Northern Transvaal	1980-81	Western Province B	1983-84	Western Province B
1978-79	Northern Transvaal	1981-82	Boland	1984-85	Transvaal B
1979-80	Natal B	1982-83	Western Province B	1985-86	Boland

Domestic Limited Overs Competitions

Gillette Cup

- 1969-70 Western Province 132 beat Natal 130 by 2 runs
- 1970-71 Western Province 288-7 (57.3 overs) beat Transvaal 287-9 (60 overs) by 3 wkts
- 1971-72 Eastern Province 225-9 (60 overs) beat Natal 194-9 (60 overs) by 31 runs
- 1972-73 Western Province 235-3 (56.3 overs) beat Eastern Province 232-8 (60 overs) by 7 wkts
- 1973-74 Transvaal 259-9 (60 overs) beat Natal 249 (59.4 overs) by 10 runs
- 1974-75 Natal 215 (60 overs) beat Western Province 184 (55.3 overs) by 31 runs
- 1975-76 Eastern Province 276-6 (60 overs) beat Western Province 148 (44 overs) by 128 runs
- 1976-77 Natal 201-3 (48.3 overs) beat Eastern Province 196 (52.1 overs) by 7 wkts

Datsun Shield

- 1977-78 Rhodesia 216-5 (56.2 overs) beat Eastern Province 227-8 (60 overs) runs:wkts ratio
- 1978-79 Transvaal 311-5 (60 overs) beat Natal 235 (50.3 overs) by 76 runs
- 1979-80 Transvaal 228-3 (46.2 overs) beat Western Province 224-9 (60 overs) by 7 wkts
- 1980-81 Transvaal 225-3 (53.1 overs) beat Eastern Province 224-8 (60 overs) by 7 wkts
- 1981-82 Western Province 178-8 (55 overs) beat Natal 176-8 (55 overs) by 2 runs
- 1982-83 Transvaal 303-5 (55 overs) beat Western Province 194 (48.1 overs) by 109 runs

Nissan Shield

1983-84 Transvaal 305-5 (55 overs) beat Western Province 216 (50.5 overs) by 89 runs
1984-85 Transvaal 202-1 (46 overs) beat Western Province 200-8 (55 overs) by 9 wkts
1985-86 At Johannesburg: Transvaal 234-3 (54 overs) (H.R.Fotheringham 71, C.E.B.Rice 59*) beat Western Province 230-6 (55 overs) (K.S.McEwan 66) by 7 wkts.
Results 1985-86: Round One: Natal beat Boland by 39 runs; Western Province beat Border by 58 runs; Round Two: Natal beat East Province by 4 wkts and 123 runs(two legs); Northern Transvaal beat Orange Free State by 4 wkts; Transvaal beat Griqualand West by 74 runs; Semi-Finals: Transvaal beat Northern Transvaal by 8 wkts and 8 wkts (two legs); Western Province beat Natal by 4 wkts and 6 wkts (best of three legs).

Table of Results 1969-70 to 1985-86

	P	W	L	Tied	NR	Winner	R-up
Transvaal	48	37	9	1	1	8	1
Western Province	47	33	14	0	0	4	7
Natal	49	30	18	1	0	2	5
Eastern Province	42	24	18	0	0	2	4
Rhodesia	18	8	9	0	1	1	0
Northern Transvaal	26	7	19	0	0	0	0
Orange Free State	19	3	16	0	0	0	0
Border	18	2	16	0	0	0	0
Boland	7	1	6	0	0	0	0
Griqualand West	17	1	16	0	0	0	0
Transvaal 'A'	2	1	1	0	0	0	0
SA African XI	2	0	2	0	0	0	0
Natal 'B'	1	0	1	0	0	0	0
Western Province 'B'	2	0	2	0	0	0	0

The No Result game between Rhodesia and Transvaal in 1977-78 was decided by drawing lots after 2 games were abandoned; only the second of these matches is included in the records and career figures.

1985-86 AND CAREER RECORDS FOR SOUTH AFRICAN PLAYERS

Cmp	Debut	M	I	NO	Runs	HS	Avge	100	50	Runs	Wkts	Avge	BB	5wi	RpO	ct	st
ACKERMANN, Gerald Leon (N Transvaal B) b Bloemfontein 4.1.1958 RHB RFM
FC		5	9	1	109	43	12.12	0	0	506	23	22.00	5-48	1	3.43	2	
FC	1977	29	45	10	504	67	14.40	0	1	2442	123	19.85	7-69	5	3.15	11	
Nsn	1979	5	4	1	16	12	5.33	0	0	168	6	28.00	3-34	0	4.00	1	
ADAIR, Robin William (Transvaal B) b Johannesburg 25.1.1957 RHB OB
FC		3	4	1	88	63	29.93	0	1	22	2	11.00	1-0	0	1.69	1	
FC	1977	12	22	5	454	75	26.70	0	3	153	8	19.12	2-28	0	2.04	6	
Nsn	1979	2	2	0	21	21	10.50	0	0							0	
AMM, Philip Geoffrey (E Province, SA Universities, President's XI) b Grahamstown 2.4.1964 RHB LB
FC		7	13	0	475	82	36.53	0	4							3	
Nsn		2	2	0	95	72	47.50	0	1							0	
FC	1981	21	38	1	1020	82	27.56	0	8							12	
ANKER, Pienaar (Boland) b Bellville 4.1.1956 RHB OB
FC		7	8	5	36	10*	12.00	0	0	562	31	18.12	5-34	2	1.82	3	
Nsn		1	1	0	4	4	4.00	0	0	14	1	14.00	1-14	0	1.40	0	
FC	1981	31	39	15	445	59	18.54	0	3	2860	141	20.28	6-50	9	2.27	22	
Nsn	1981	7	7	2	41	15	8.20	0	0	197	3	65.66	1-14	0	2.81	1	
ARMITAGE, Robert Lawrence Sugden (E Province) b Grahamstown 9.7.1955 LHB OB
FC		7	13	2	354	98*	32.18	0	3	542	12	45.16	2-34	0	3.05	2	
Nsn		2	1	0	1	1	1.00	0	0	91	6	15.16	3-34	0	4.13	1	
FC	1973	94	163	18	3547	171*	24.46	4	14	5306	157	33.79	7-97	5	2.61	44	
Nsn	1974	24	20	2	473	71	26.27	0	3	517	22	23.50	4-18	1	3.58	9	
BACCHUS, Sheik Faoud Ahumul Fasiel (Border) b Georgetown, British Guiana 31.1.1954 RHB RM
FC		7	12	0	494	134	41.16	1	2	168	7	24.00	2-18	0	2.61	4	
Nsn		1	1	0	6	6	6.00	0	0	44	3	14.66	3-44	0	5.50	0	
Test	1977	19	30	0	782	250	26.06	1	3	3	0				3.00	17	
Note: His Test appearances were for West Indies
FC	1971	111	182	13	5944	250	35.17	8	37	197	8	24.62	2-18	0	2.47	88	
Int	1980	29	26	3	612	80*	26.60	0	3							10	
Nsn	1984	5	5	0	88	42	17.60	0	0	44	3	14.66	3-44	0	5.50	1	

Cmp	Debut	M	I	NO	Runs	HS	Avge	100	50	Runs	Wkts	Avge	BB	5wi	RpO	ct	st
\multicolumn{18}{l}{BALL, Thomas Richard (Border)   b East London 13.2.1951   RHB WK}
FC		1	2	1	10	6	10.00	0	0							4	
FC	1977	16	20	7	97	18	7.46	0	0							37	3
Nsn	1980	2	1	0	0	0	0.00	0	0							1	
\multicolumn{18}{l}{BALLANTYNE, Michael Ross (Border)   b East London 17.3.1948   LHB RFM}
FC		6	9	1	128	30	16.00	0	0	334	5	66.80	2-47	0	3.63	4	
FC	1974	29	42	10	625	86	19.53	0	1	1705	41	41.58	5-35	1	3.58	19	
Nsn	1983	2	2	1	10	10*	10.00	0	0	40	1	40.00	1-18	0	4.44	0	
\multicolumn{18}{l}{BARCLAY, Peter Ivan (SA Defence Force)   b Port Elizabeth 22.7.1956   RHB WK}
FC		1	2	0	5	5	2.50	0	0							3	1
\multicolumn{18}{l}{BARNARD, Llewellyn Jamieson (N Transvaal)   b Johannesburg 5.1.1956   LHB OB}
FC		8	16	0	456	93	28.50	0	3	120	5	24.00	2-28	0	2.35	20	
Nsn		3	3	0	80	50	26.66	0	1	86	2	43.00	2-53	0	4.52	1	
FC	1974	74	133	7	3536	138	28.06	3	19	1250	37	33.78	3-17	0	2.69	68	
Nsn	1977	23	22	2	369	70	18.45	0	3	227	8	28.37	2-18	0	4.20	9	
\multicolumn{18}{l}{BAUERMEISTER, Karl Greg (E Province, E Province B)   b Port Elizabeth 28.1.1963   RHB RFM}
FC		6	11	1	274	61*	17.40	0	2	505	16	31.56	4-45	0	3.33	2	
FC	1983	14	20	3	249	61*	14.64	0	2	1049	43	24.39	5-40	1	3.27	5	
Nsn	1984	1	1	0	8	8	8.00	0	0	13	0				26.00	0	
\multicolumn{18}{l}{BENTLEY, Robert Mulock (Natal)   b Bindura, Rhodesia 3.11.1958   LHB RM}
FC		6	9	1	410	134*	51.25	1	2	254	9	28.22	4-37	0	2.38	2	
Nsn		6	6	0	292	104	48.66	1	2	67	3	22.33	2-27	0	4.78	2	
FC	1978	62	107	13	3296	151	35.06	4	21	1394	47	29.65	4-37	0	2.56	26	
Nsn	1979	24	24	2	786	109*	35.72	2	5	199	8	24.87	2-24	0	3.43	5	
\multicolumn{18}{l}{BERGINS, Howard William Harold (Boland)   b Oudtshoorn 18.10.1954   RHB RFM}
FC		1	1	0	33	33	33.00	0	0							0	
FC	1975	13	22	6	343	43*	21.43	0	0	544	18	30.22	3-44	0	3.33	10	
Nsn	1981	5	5	2	48	31*	16.00	0	0	124	6	20.66	4-18	1	4.37	1	
\multicolumn{18}{l}{BESTALL, Darryl (Natal)   b Pietermaritzburg 28.5.1952   LHB RM}
FC		4	6	2	155	69*	38.75	0	2	2	0				0.50	6	
Nsn		6	6	3	159	57*	53.00	0	1							1	
FC	1971	104	181	20	4947	134*	30.72	4	30	539	20	26.95	4-40	0	2.80	106	1
Nsn	1971	37	36	11	741	66	29.64	0	3	103	4	25.75	2-44	0	5.28	8	
\multicolumn{18}{l}{BEUKES, Alan Peter (Orange Free State)   b Queenstown 24.5.1953   RHB OB}
FC		7	12	2	238	51	23.80	0	1	642	18	35.66	3-32	0	2.86	4	
Nsn		1	1	0	24	24	24.00	0	0	27	0				2.45	0	
FC	1970	66	122	7	2719	91	23.64	0	15	4265	125	34.12	5-60	2	2.42	46	
Nsn	1974	12	12	2	207	70*	20.70	0	1	371	8	46.37	2-20	0	4.03	0	
\multicolumn{18}{l}{BILLSON, Mark Bryan (E Province B)   b Port Elizabeth 1.3.1961   RHB WK}
FC		2	4	0	90	53	22.50	0	1							0	
FC	1982	16	27	3	846	94	35.25	0	8							15	
Nsn	1982	4	4	3	38	24*	38.00	0	0							2	
\multicolumn{18}{l}{BIRRELL, Adrian Victor (E Province)   b Grahamstown 8.12.1960   RHB LB}
FC		6	11	1	162	59	16.20	0	1	120	4	30.00	2-19	0	2.81	4	
FC	1984	12	21	1	452	82*	22.60	0	3	765	19	40.26	3-57	0	3.49	9	
\multicolumn{18}{l}{BOONZAIER, Allen David (Natal B)   b Bulawayo, Rhodesia 15.1.1958   RHB RFM}
FC		3	6	2	59	18	14.75	0	0	169	5	33.80	2-8	0	3.18	2	
\multicolumn{18}{l}{BOTHA, Paul Christopher (Transvaal B)   b Vereeniging 12.5.1963   RHB LM}
FC		1	1	0	0	0	0.00	0	0	63	5	12.60	4-28	0	1.85	1	
FC	1984	2	3	1	28	16	14.00	0	0	125	8	15.62	4-28	0	1.98	1	
\multicolumn{18}{l}{BOWMAN, Mark Anthony Wordley (Natal B)   b Durban 22.7.1965   LHB OB}
FC		3	6	0	60	29	10.00	0	0							1	
FC	1984	4	7	0	105	45	15.00	0	0							1	
\multicolumn{18}{l}{BROAD, Brian Christopher (Orange Free State, Notts)   b Bristol, England 29.9.1957   LHB RM}
FC		7	12	1	416	101*	37.81	1	3	116	0				4.64	4	
Nsn		1	1	0	13	13	13.00	0	0							0	
Test	1984	5	9	0	281	86	31.22	0	2							1	
FC	1979	171	304	21	10297	171	36.38	18	60	1002	16	62.62	2-14	0	3.76	88	
\multicolumn{18}{l}{BRUCE, Stephen Daniel (W Province, W. Province B)   b Nkana, N Rhodesia 11.1.1954   RHB WK OB}
FC		4	6	0	110	44	18.33	0	0							4	
Nsn		1	1	0	0	0	0.00	0	0							0	
FC	1971	66	106	11	3072	176	32.33	5	14	90	2	45.00	2-28	0	2.64	120	6
Nsn	1975	16	14	2	240	62*	20.00	0	1							14	
\multicolumn{18}{l}{BURNS, Neil David (W Province B, Essex)   b Chelmsford, England 19.9.1965   LHB WK}
FC		3	5	0	30	16	6.00	0	0							8	
FC	1985	5	8	0	84	29	10.50	0	0							10	2
\multicolumn{18}{l}{BUTTERS, Andrew Roger Brian (E Province B)   b Port Elizabeth 15.4.1965   RHB RFM}
FC		2	3	2	12	8*	12.00	0	0	113	2	56.50	2-64	0	3.96	0	
FC	1984	6	5	2	14	8*	4.66	0	0	282	6	47.00	2-33	0	2.64	1	
\multicolumn{18}{l}{CALLAGHAN, David John (E Province B, Griqualand West, SA Defence Force)   b Queenstown 1.2.1965   RHB RM}
FC		5	9	1	262	44	32.75	0	0	7	0				2.33	4	
Nsn		1	1	0	7	7	7.00	0	0	32	0				6.40	0	
FC	1983	15	27	3	753	171	31.37	1	2	177	4	44.25	2-43	0	3.93	9	
Nsn	1984	2	2	0	17	10	8.50	0	0	32	0				6.40	0	

Cmp	Debut	M	I	NO	Runs	HS	Avge	100	50	Runs	Wkts	Avge	BB	5wi	RpO	ct	st

CALLEN, Ian Wayne (Boland) b Alexandra, Australia 2.5.1955 LHB RFM
| FC | | 3 | 5 | 0 | 49 | 17 | 9.80 | 0 | 0 | 279 | 17 | 16.41 | 5-59 | 1 | 2.47 | 1 | |
| Test | 1977 | 1 | 2 | 2 | 26 | 22* | | 0 | 0 | 191 | 6 | 31.83 | 3-83 | 0 | 2.60 | 1 | |

Note: His Test appearance was for Australia
| FC | 1976 | 53 | 68 | 21 | 578 | 34 | 12.24 | 0 | 0 | 5412 | 197 | 27.47 | 8-42 | 7 | 3.04 | 19 | |
| Int | 1977 | 5 | 3 | 2 | 6 | 3* | 6.00 | 0 | 0 | 148 | 5 | 29.60 | 3-24 | 0 | 4.93 | 2 | |

CAPEL, David John (E Province, E Province B, Northants) b Northampton, England 6.2.1963 RHB RM
FC		5	9	0	180	60	20.00	0	2	218	4	54.50	2-28	0	2.65	4	
Nsn		2	2	0	42	32	21.00	0	0	86	0				3.90	0	
FC	1981	104	149	28	3338	111	27.58	3	18	4855	131	37.06	7-62	4	3.45	48	

CARSE, James Alexander (Border) b Salisbury, Rhodesia 13.12.1958 RHB RFM
FC		2	2	1	2	2	2.00	0	0	96	1	96.00	1-38	0	3.34	0	
Nsn		1	1	1	16	16*		0	0	38	0				6.33	0	
FC	1977	46	59	25	385	44	11.32	0	0	3517	104	33.81	6-50	3	3.28	12	
Nsn	1978	8	3	2	17	16*	17.00	0	0	270	9	30.00	3-21	0	3.80	1	

CLARE, Michael David (N Transvaal) b Newcastle 27.5.1963 RHB RFM
FC		7	8	5	9	4*	3.00	0	0	647	23	28.13	5-70	1	3.21	1	
Nsn		2	2	0	3	3	1.50	0	0	66	1	66.00	1-35	0	3.66	0	
FC	1981	28	29	14	92	31	6.13	0	0	2461	81	30.38	6-49	4	3.33	10	
Nsn	1982	6	4	0	3	3	0.75	0	0	206	6	34.33	3-60	0	4.47	2	

CLARKE, Sylvester Theophilus (Transvaal, Surrey) b Lead Vale, Barbados 11.12.1954 RHB RF
FC		6	7	3	59	29	14.75	0	0	474	18	26.33	6-19	1	2.45	1	
Nsn		3								87	6	14.50	3-22	0	2.69	0	
Test	1977	11	16	5	172	35*	15.63	0	0	1171	42	27.88	5-126	1	2.83	2	

Note: His Test appearances were for West Indies
FC	1977	196	215	40	2694	100*	15.39	1	4	15254	758	20.12	7-34	46	2.66	110	
Int	1977	10	8	2	60	20	10.00	0	0	245	13	18.84	3-22	0	2.80	4	
Nsn	1983	12	2	1	24	20	24.00	0	0	281	28	10.03	5-10	3	2.21	2	

COETZEE, Charl Johan (Boland) b Parow 7.9.1951 RHB RFM
FC		3	4	2	10	9	5.00	0	0	173	4	43.25	2-41	0	3.27	1	
Nsn		1	1	1	4	4*		0	0	26	2	13.00	2-26	0	2.88	0	
FC	1980	26	36	17	228	37	12.00	0	0	1730	65	26.61	4-49	0	2.89	10	
Nsn	1980	8	6	4	21	9	10.50	0	0	226	8	28.25	2-8	0	3.37	2	

COETZEE, Lance John Erasmus (N Transvaal B) b Johannesburg 28.4.1960
| FC | | 6 | 12 | 4 | 252 | 75* | 31.50 | 0 | 1 | | | | | | | 7 | |
| FC | 1980 | 10 | 20 | 5 | 432 | 75* | 28.80 | 0 | 2 | | | | | | | 12 | |

COMMINS, John Brian (W Province B) b East London 19.2.1965 RHB RM
| FC | | 2 | 4 | 1 | 32 | 14 | 10.66 | 0 | 0 | | | | | | | 2 | |
| FC | 1984 | 3 | 5 | 2 | 148 | 116* | 49.33 | 1 | 0 | | | | | | | 3 | |

COOK, Stephen James (Transvaal, SAf) b Johannesburg 31.7.1953 RHB
FC		11	20	1	840	124	44.21	2	5							7	
Nsn		4	4	1	187	82	62.33	0	2							0	
FC	1972	123	213	20	8088	201*	41.90	18	43	33	1	33.00	1-15	0	4.12	78	
Nsn	1972	39	37	5	1670	164*	52.18	5	11	4	1	4.00	1-4	0	4.00	11	

COOPER, Kenneth Raymond (Natal, Natal B) b Durban 1.4.1954 RHB RM
FC		2	4	2	9	9	4.50	0	0	128	3	42.66	1-26	0	2.78	3	
FC	1973	70	92	24	867	48	12.75	0	0	4975	186	26.74	6-36	7	2.74	41	
Nsn	1977	24	16	8	132	30*	16.50	0	0	883	36	24.52	4-24	1	3.43	2	

COWLEY, Gavin Selwyn (Natal) b Port Elizabeth 1.3.1953 LHB LM
FC		6	9	1	216	75	27.00	0	1	264	7	37.71	2-6	0	2.47	2	
Nsn		5	5	4	36	21	36.00	0	0	147	4	36.75	2-42	0	3.76	1	
FC	1972	69	113	25	2732	145*	31.04	2	15	2899	74	39.17	3-29	0	3.03	36	
Nsn	1970	25	19	9	192	30*	19.20	0	0	665	19	35.00	6-32	1	3.93	6	

CRESSWELL, Vernon George (Border) b Pretoria 15.9.1958 RHB WK
FC		6	10	0	232	51	23.20	0	2							10	3
Nsn		1	1	0	13	13	13.00	0	0							1	
FC	1980	21	37	1	771	55	21.41	0	3							42	9

CULLINAN, Daryll John (W Province, SA Universities, President's XI) b East London 4.3.1967 RHB OB
FC		8	13	1	299	56	24.91	0	1							5	
Nsn		5	5	1	122	57*	30.50	0	1							2	
FC	1983	17	31	5	1029	106*	39.57	2	6	29	2	14.50	2-27	0	4.83	15	
Nsn	1984	6	6	1	126	57*	25.20	0	1							2	

DA COSTA, Alan (N Transvaal B) b Johannesburg 13.2.1965 RHB WK
| FC | | 4 | 8 | 0 | 133 | 47 | 16.62 | 0 | 0 | | | | | | | 13 | |
| FC | 1984 | 5 | 10 | 0 | 143 | 47 | 14.30 | 0 | 0 | | | | | | | 19 | |

DAKIN, Grant (E Province B) b Port Elizabeth 4.6.1961 RHB RFM
| FC | | 4 | 7 | 1 | 61 | 26 | 10.16 | 0 | 0 | 336 | 13 | 25.84 | 3-52 | 0 | 2.87 | 6 | |

DAMMANN, Hugo Fritz (Natal, Natal B) b Durban 31.3.1962 RHB RFM
| FC | | 3 | 4 | 2 | 1 | 2 | 2.00 | 0 | 0 | 178 | 5 | 35.60 | 2-23 | 0 | 2.33 | 0 | |
| FC | 1984 | 5 | 4 | 2 | 11 | 9 | 5.50 | 0 | 0 | 320 | 7 | 45.71 | 2-23 | 0 | 2.90 | 0 | |

DANIELL, Ian Keith (E Province, E Province B) b Port Elizabeth 7.10.1956 RHB RM
FC		6	12	0	398	116	33.16	2	0							7	
Nsn		2	2	0	15	15	7.50	0	0							0	
FC	1977	34	64	1	1833	116	29.09	4	8	109	1	109.00	1-22	0	4.95	27	
Nsn	1978	7	7	0	109	50	15.57	0	1	11	0				3.66	1	

	Cmp	Debut	M	I	NO	Runs	HS	Avge	100	50	Runs	Wkts	Avge	BB	5wi	RpO	ct	st
\multicolumn{19}{l}{DANIELS, Neville Peter (Natal) b Ladysmith 28.1.1956 LHB SLA}
FC			5	8	0	178	53	22.25	0	1	150	0				2.88	6	
Nsn			5	5	0	69	34	13.80	0	0	174	3	58.00	2-38	0	3.55	1	
FC	1975		45	74	14	2118	104	35.30	3	13	1164	33	35.27	4-41	0	2.63	42	
Nsn	1976		17	15	1	273	52	19.50	0	1	233	6	38.83	2-21	0	3.69	4	
\multicolumn{19}{l}{DAWSON, Kevin David (Natal B) b East London 21.4.1957 RHB RM}
FC			6	12	0	269	53	22.41	0	1							3	
FC	1979		9	18	0	382	83	21.22	0	1							3	
\multicolumn{19}{l}{DAY, Noel Trevor (N Transvaal) b Johannesburg 31.12.1953 RHB WK}
FC			8	16	1	471	117	31.40	1	3							27	2
Nsn			3	3	1	125	78*	62.50	0	1							1	
FC	1975		75	134	18	4037	174*	34.80	7	25	14	0				3.50	226	13
Nsn	1977		22	19	3	542	93*	33.87	0	3							30	2
\multicolumn{19}{l}{DE LANGE, Cornelius Petrus Lourens (N Transvaal, N Transvaal B) b Klokkelaan 28.1.1958 RHB RM}
FC			6	12	0	304	100	25.33	1	0							7	
Nsn			1	1	0	24	24	24.00	0	0							0	
FC	1981		32	59	1	1495	112	25.77	2	8	49	5	9.80	3-15	0	3.50	34	
Nsn	1984		2	2	0	26	24	13.00	0	0							0	
\multicolumn{19}{l}{DE VILLIERS, Gavin John (Griqualand West) b Kimberley 22.1.1967 RHB LB}
FC			3	6	0	52	20	8.66	0	0	0	0				0.00	1	
\multicolumn{19}{l}{DE VILLIERS, Petrus Stephanus (N Transvaal, N Transvaal B) b Vereeniging 13.10.1964 RHB RFM}
FC			6	10	4	69	23*	11.50	0	0	301	19	15.84	5-33	1	2.59	3	
Nsn			1	1	1	8	8*		0	0	38	1	38.00	1-38	0	4.30	1	
\multicolumn{19}{l}{DILLEY, Graham Roy (Natal, Kent) b Dartford, England 18.5.1959 LHB RF}
FC			6	9	2	68	19	9.71	0	0	486	30	16.20	7-63	1	2.35	1	
Nsn			5	3	3	12	11*		0	0	171	10	17.10	4-47	1	3.44	0	
Test	1979		22	33	9	365	56	15.20	0	2	2073	69	30.04	4-24	0	3.10	6	
FC	1977		155	173	57	1644	81	14.17	0	4	10917	395	27.63	7-63	15	3.02	62	
Int	1979		22	13	4	104	31*	11.55	0	0	786	23	34.17	4-45	1	3.85	0	
\multicolumn{19}{l}{DONALD, Allan Anthony (Orange Free State, President's XI) b Bloemfontein 20.10.1966 RHB RFM}
FC			7	9	3	45	17*	7.50	0	0	504	21	24.00	5-43	2	2.87	1	
\multicolumn{19}{l}{DUGMORE, Kenneth Charles (Griqualand West) b Salt Lake 5.5.1960 RHB WK}
Nsn			1	1	0	7	7	7.00	0	0							1	
FC	1983		5	9	0	258	67	28.66	0	2							9	1
Nsn	1984		2	2	0	45	38	22.50	0	0							1	
\multicolumn{19}{l}{DU PREEZ, Vernon Francis (N Transvaal) b Rustenburg 6.9.1958 RHB LB}
FC			8	16	0	259	51	16.18	0	1	3	0				3.00	7	
Nsn			2	2	0	32	25	16.00	0	0							1	
FC	1978		56	108	9	2373	117*	23.96	5	8	483	12	40.25	3-19	0	2.68	30	
Nsn	1979		9	9	0	180	45	20.00	0	0							2	
\multicolumn{19}{l}{DURING, John (W Province, W Province B, SA Defence Force) b Cape Town 3.2.1959 RHB RM}
FC			7	13	7	189	37*	31.50	0	0	346	21	16.47	5-20	1	2.07	5	
Nsn			1								40	0				5.00	0	
FC	1977		42	59	15	739	50	16.79	0	1	2279	112	20.34	5-20	2	2.08	37	
Nsn	1979		11	5	2	23	11*	7.66	0	0	401	11	36.45	3-20	0	3.80	5	
\multicolumn{19}{l}{EAST, Robert John (Orange Free State) b Bloemfontein 31.3.1953 RHB WK}
FC			7	12	0	317	76	26.41	0	2							23	1
Nsn			1	1	1	32	32*		0	0							1	
FC	1973		73	124	5	3996	191*	33.57	8	19	43	0				5.37	231	6
Nsn	1974		14	13	1	211	35	17.58	0	0							19	1
\multicolumn{19}{l}{EKSTEEN, Clive Edward (N Transvaal B, SA Defence Force) b Johannesburg 2.12.1966 RHB OB}
FC			4	7	2	44	14	8.80	0	0	291	7	41.57	3-80	0	2.73	1	
\multicolumn{19}{l}{ELGAR, Allan Graham (W Province, W Province B) b Durban 29.6.1960 RHB OB}
FC			7	11	0	438	81	39.81	0	3	9	0				1.12	3	
Nsn			3	3	0	135	84	45.00	0	1							1	
FC	1981		16	29	0	1010	97	34.82	0	6	374	15	24.93	6-24	1	2.99	9	
Nsn	1984		5	5	0	190	84	38.00	0	1	12	0				4.00	1	
\multicolumn{19}{l}{EMSLIE, David Gavin (E Province, E Province B) b Grahamstown 19.4.1955 RHB}
FC			7	14	1	418	111*	32.15	1	3	2	0				2.00	4	
FC	1979		36	63	9	1732	111*	32.07	1	12	2	0				2.00	22	
Nsn	1983		1	1	0	23	23	23.00	0	0							0	
\multicolumn{19}{l}{FAULDS, Gary David (Griqualand West) b Gwelo, Rhodesia 16.2.1964 RHB RFM}
FC			1	2	0	27	22	13.50	0	0	43	2	21.50	1-19	0	3.18	1	
\multicolumn{19}{l}{FERRANT, David Jean (E Province B) b Port Elizabeth 24.3.1963 RHB SLA}
FC			5	10	2	154	43	19.25	0	0	326	7	46.57	3-53	0	2.85	4	
FC	1983		9	13	5	178	43	22.25	0	0	766	23	33.30	4-35	0	2.64	10	
\multicolumn{19}{l}{FERREIRA, Anthonie Michal (N Transvaal, Warwickshire) b Pretoria 13.4.1955 RHB RM}
FC			8	14	1	499	105	38.38	1	1	405	8	50.62	2-46	0	3.18	8	
Nsn			3	3	0	43	28	14.33	0	0	33	1	33.00	1-33	0	4.71	0	
FC	1974		206	316	63	7114	112*	28.11	4	32	16283	538	30.26	8-38	18	2.92	108	
Nsn	1975		20	20	2	324	44*	18.00	0	0	482	27	17.85	5-45	2	3.10	10	
\multicolumn{19}{l}{FORD, Mark John Pearce (E Province) b Grahamstown 1.10.1961 RHB OB}
FC			5	10	1	206	96	22.88	0	2	44	2	22.00	2-18	0	4.88	5	
FC	1984		9	18	1	400	96	23.52	0	2	44	2	22.00	2-18	0	4.88	8	
Nsn	1984		1	1	0	0	0	0.00	0	0							0	

Cmp	Debut	M	I	NO	Runs	HS	Avge	100	50	Runs	Wkts	Avge	BB	5wi	RpO	ct	st
	FOTHERINGHAM, Henry Richard (Transvaal, SAf)									b Empangeni, Zululand 4.4.1953					RHB OB		
FC		11	20	2	841	114*	46.72	3	4	7	0				3.50	5	
Nsn		4	4	1	138	71	46.00	0	2							4	
FC	1971	119	196	21	7105	184	40.60	16	41	461	7	65.85	3-48	0	2.86	104	
Nsn	1973	43	43	9	1641	156*	48.26	4	9	19	0				6.33	18	
	FOULKES, Ivor (Border)									b Luanshya, N Rhodesia 22.2.1955					LHB SLA		
FC		1								99	4	24.75	4-99	0	2.47	0	
FC	1973	75	132	19	3977	165*	35.19	9	17	4752	173	27.46	7-54	6	2.76	56	
Nsn	1975	16	14	0	224	38	16.00	0	0	369	7	52.71	2-20	0	3.51	5	
	FRASER, Gavin Cecil Gilbert (Border)									b Port Elizabeth 4.8.1952					LHB LM		
FC		4	7	1	95	39	15.83	0	0	43	0				3.90	1	
Nsn		1	1	1	36	36*										0	
FC	1977	33	55	10	1125	105*	25.00	1	4	1011	22	45.95	3-6	0	3.38	16	
Nsn	1983	5	4	2	74	36*	37.00	0	0	10	2	5.00	2-10	0	5.00	0	
	FROST, Colin Eric (W Province B)									b Johannesburg 30.7.1956					RHB WK		
FC		3	6	2	40	19*	10.00	0	0							17	2
	FURSTENBURG, James William (E Province B)									b Klerksdorp 23.6.1959					LHB		
FC		1	2	0	135	122	67.50	1	0							0	
FC	1979	29	57	3	1450	127*	26.85	3	4	4	0				3.42	18	
	GERINGER, Anton (N Transvaal)									b Pretoria 28.2.1961					RHB RM		
FC		8	16	2	314	67*	22.42	0	1	27	0				5.40	7	
Nsn		3	3	0	38	25	12.66	0	0	56	1	56.00	1-38	0	3.26	1	
FC	1981	28	51	4	1061	70	22.57	0	5	275	7	39.28	2-19	0	2.95	30	
Nsn	1984	7	6	0	164	67	27.33	0	1	175	9	19.44	5-38	1	4.00	1	
	GOWER, Gary Martin (Border)									b East London 10.7.1952					RHB RM		
FC		3	3	0	3	2	1.00	0	0	86	0				2.83	0	
Nsn		1	1	0	4	4	4.00	0	0	24	4	6.00	4-24	1	2.18	0	
FC	1973	47	69	24	872	51	19.37	0	1	3104	119	26.08	6-44	3	2.28	20	
Nsn	1974	14	12	6	134	58*	22.33	0	0	485	15	32.33	4-24	1	3.80	5	
	GREEN, Allan Michael (Orange Free State, Sussex)									b Pulborough, England 28.5.1960					RHB OB		
FC		5	9	1	275	104	34.37	1	0	142	6	23.66	4-59	0	3.19	1	
FC	1980	198	211	13	6049	179	30.55	7	27	1533	32	47.90	4-59	0	3.47	62	
	GRIESSEL, Lloyd Wayne (Transvaal, B)									b Kroonstad 7.6.1960					RHB		
FC		4	7	0	108	42	15.42	0	0							3	
FC	1978	16	29	2	596	162	20.55	1	1							10	
Nsn	1980	3	3	1	106	59*	53.00	0	1							0	
	GRINYER, Craig James (Natal B)									b East London 1.8.1967					RHB RFM		
FC		2	3	0	10	9	3.33	0	0	146	3	48.66	2-28	0	3.10	2	
	GROBLER, Gerbrand (N Transvaal, N Transvaal B)									b Bloemfontein 10.8.1962					RHB LFM		
FC		4	5	1	74	24	18.50	0	0	395	8	49.37	2-43	0	4.24	1	
Nsn		1								40	0				4.44	0	
FC	1981	26	36	11	290	46	11.60	0	0	2107	79	26.67	5-48	3	3.35	13	
Nsn	1981	6	4	2	14	11	7.00	0	0	202	2	101.00	1-19	0	4.29	1	
	GROBLER, Pierre (Orange Free State)									b Mufulira, N Rhodesia 24.8.1953					RHB RFM		
FC		1	2	0	5	3	2.50	0	0	21	1	21.00	1-21	0	2.62	0	
FC	1977	7	11	2	40	9*	5.00	0	0	375	7	53.57	1-21	0	2.69	2	
Nsn	1977	3								66	4	16.50	2-6	0	4.82	1	
	HALL, Anthony David (Natal B)									b Durban 28.9.1965					LHB RFM		
FC		2	2	1	25	17*	25.00	0	0	120	8	15.00	5-22	1	2.55	2	
	HANLEY, Rupert William (Transvaal)									b Port Elizabeth 29.1.1952					RHB RF		
FC		1	1	0	2	2	2.00	0	0	33	2	16.50	2-33	0	1.57	0	
FC	1970	112	98	44	320	33*	5.92	0	0	8481	407	20.83	7-31	23	2.59	39	
Nsn	1972	32	11	7	16	3*	4.00	0	0	1159	34	34.08	4-24	2	3.53	3	
	HARDIMAN, Tommy (Border)									b Bethlehem 2.7.1964					RHB RFM		
FC		4	7	3	18	12	4.50	0	0	184	3	61.33	2-48	0	3.53	1	
	HAYES, Gregory Ladson (Border)									b Queenstown 6.11.1955					RHB RM		
FC		7	12	4	244	92	30.50	0	2	153	3	51.00	1-24	0	2.96	2	
Nsn		1	1	0	8	8	8.00	0	0	29	0				3.62	1	
FC	1974	44	72	11	1938	167*	31.77	2	11	2033	83	24.49	6-27	3	2.38	28	
Nsn	1978	10	10	2	55	15	6.87	0	0	295	11	26.81	3-26	0	4.37	2	
	HENRY, Omar (Boland, President's XI, Scotland)									b Stellenbosch 23.1.1952					LHB SLA		
FC		9	16	1	385	117	25.66	1	2	809	45	17.97	7-82	4	2.35	12	
Nsn		1	1	0	38	38	38.00	0	0	36	0				3.60	2	
FC	1977	64	95	21	1906	117	25.75	2	7	4617	212	21.77	7-22	12	2.37	72	
Nsn	1978	13	11	1	153	38	15.30	0	0	258	0				3.63	6	
	HOBSON, Anthony Larry (E Province B)									b Jansenville 25.1.1963					RHB LB		
FC		5	8	0	91	41	11.37	0	0	469	18	26.05	7-114	1	3.21	1	
FC	1982	10	16	1	191	41	12.73	0	0	773	31	24.93	7-114	2	3.15	7	
Nsn	1982	1	1	1	44	44*										0	
	HOBSON, Malcolm Ralph (Natal B, SA Universities)									b Graaff Reinet 5.6.1966					RHB RFM		
FC		5	6	2	48	22*	12.00	0	0	343	14	24.50	5-56	1	3.04	2	
	HODKINSON, Evan John (Natal B)									b Durban 30.12.1960					RHB RFM		
FC		5	4	2	7	4	3.50	0	0	313	11	28.45	4-26	0	2.38	3	
Nsn		6								238	7	34.00	2-21	0	4.05	1	
FC	1979	30	36	10	225	24	8.65	0	0	2362	103	22.93	6-68	4	2.62	14	
Nsn	1980	9	3	1	17	14	8.50	0	0	360	10	36.00	2-21	0	3.88	1	

Cmp	Debut	M	I	NO	Runs	HS	Avge	100	50	Runs	Wkts	Avge	BB	5wi	RpO	ct	st
HOLDER, Vanburn Alonza (Orange Free State) b Bridgetown, Barbados 8.10.1945 RHB RFM
FC		2	4	0	34	28	8.50	0	0	117	2	58.50	1-58	0	3.54	1	
Nsn		1								31	1	31.00	1-31	0	2.81	1	
Test	1969	40	59	11	682	42	14.20	0	0	3627	109	33.27	6-28	3	2.39	16	
Note: His Test appearances were for West Indies
FC	1966	313	358	81	3593	122	12.97	1	4	23300	950	24.52	7-40	38	2.51	99	
Int	1973	12	6	1	64	30	12.80	0	0	454	19	23.89	5-50	1	4.00	6	
HOOPER, Justin James (Transvaal, Transvaal B) b Johannesburg 11.6.1958 RHB RFM
FC		5	4	1	17	5	5.66	0	0	376	11	34.18	2-45	0	2.86	0	
Nsn		1								26	2	13.00	2-26	0	2.36	1	
FC	1979	12	12	7	35	5*	7.00	0	0	858	39	22.00	5-29	1	3.09	1	
HORWITZ, Owen Marcus (Orange Free State) b Bloemfontein 4.11.1964 RHB
FC		1	2	0	53	39	26.50	0	0							1	
HOWELL, Ian Lester (Border) b Port Elizabeth 20.5.1958 LHB LM
FC		7	11	2	180	36	20.00	0	0	581	13	44.69	3-77	0	2.39	6	
Nsn		1	1	0	24	24	24.00	0	0	52	1	52.00	1-52	0	4.72	0	
FC	1981	31	52	11	1132	112	27.70	2	3	2079	61	34.08	6-60	1	2.41	21	
Nsn	1981	5	4	0	48	24	12.00	0	0	180	3	60.00	1-37	0	4.09	0	
HUDSON, Andrew Charles (Natal, Natal B) b Eshowe, Zululand 17.3.1966 RHB RM
FC		6	12	0	388	71	32.33	0	4							6	
Nsn		2	2	0	18	16	9.00	0	0							1	
FC	1984	12	24	0	646	71	26.91	0	5							13	
HUTCHINGS, Charles Blair (E Province B) b Salisbury, Rhodesia 5.9.1967 LHB RM
FC		1	1	0	8	8	8.00	0	0	62	3	20.66	3-51	0	2.01	1	
JACOBS, Lawton Peter (Boland) b Stellenbosch 16.5.1961 RHB LB
FC		3	6	0	92	52	15.33	0	1							6	
Nsn		1	1	0	5	5	5.00	0	0							0	
FC	1983	6	11	0	126	52	11.45	0	1	13	0				13.00	10	
Nsn	1984	2	2	0	5	5	2.50	0	0							0	
JEFFERIES, Stephen Thomas (W Province, SAf) b Cape Town 8.12.1959 LHB LFM
FC		8	8	3	164	51*	32.80	0	1	810	35	23.14	5-30	2	2.75	3	
Nsn		3	2	1	21	15	21.00	0	0	118	3	39.33	2-30	0	3.57	0	
FC	1978	91	120	22	2655	93	27.09	0	12	8506	318	26.74	8-46	12	2.83	28	
Nsn	1980	23	15	5	136	28	13.60	0	0	671	39	17.20	4-14	3	3.03	3	
JENNINGS, Raymond Vernon (Transvaal, SAf) b Vanderbijlpark 9.8.1954 RHB WK
FC		11	14	4	208	50*	20.80	0	1							40	
Nsn		4	1	0	2	2	2.00	0	0							5	
FC	1973	103	138	31	2505	168	23.41	1	9							351	39
Nsn	1978	29	16	8	146	42	18.25	0	0							50	3
JONES, Stephen Arthur (Boland) b Cape Town 14.4.1955 LHB LFM
FC		8	14	0	518	132	37.00	1	4	186	10	18.60	2-14	0	2.01	10	
FC	1974	68	104	23	1984	132	24.49	1	12	3769	174	21.66	5-34	2	2.39	47	
Nsn	1974	13	9	4	157	45	31.40	0	0	392	29	13.51	5-20	4	2.91	5	
JOUBERT, H. (Boland)
FC		1	2	0	1	1	0.50	0	0							0	
FC	1984	3	6	0	97	45	16.16	0	0							1	
JUSTUS, Johannes Stefanus (Boland) b Bellville 13.10.1962 RHB RM
FC		1	2	1	4	4*	4.00	0	0	28	1	28.00	1-10	0	2.33	0	
Nsn		1	1	0	3	3	3.00	0	0	29	2	14.50	2-29	0	4.83	2	
FC	1984	4	7	2	76	29*	15.20	0	0	147	5	29.40	3-39	0	2.33	3	
KEEVEY, S.J.D. (E Province B)
FC		3	6	0	95	38	15.83	0	0							2	
KELLOW, Malcolm Norman (Griqualand West) b Scottburgh 8.5.1961 RHB WK
FC		4	7	0	20	8	2.85	0	0	2	0				4.00	2	
FC	1984	8	15	0	178	76	11.86	0	2	2	0				4.00	6	1
KERR, Kevin John (Transvaal, Transvaal B, Warwickshire) b Airdrie, Scotland 11.9.1961 RHB OB
FC		6	5	1	97	74	24.25	0	1	635	18	35.27	4-101	0	2.98	13	
FC	1978	53	53	16	535	74	14.45	0	1	3467	118	29.38	5-27	4	2.58	47	
KETS, Leslie Johan (Boland) b Johannesburg 3.4.1959 RHB WK
FC		8	13	1	127	27	10.58	0	0							15	9
Nsn		1	1	0	12	12	12.00	0	0							0	
FC	1982	12	21	1	292	87	14.60	0	1							31	10
Nsn	1982	4	4	0	23	12	5.75	0	0							0	
KING, Collis Llewellyn (Natal, D.B.Close's XI) b Fairview, Barbados 11.6.1951 RHB RM
FC		5	7	0	374	154	53.42	1	2	138	5	27.60	3-27	0	2.87	2	
Nsn		5	5	0	156	69	31.20	0	2	57	0				3.19	1	
Test	1976	9	16	3	418	100*	32.15	1	2	282	3	94.00	1-30	0	2.90	5	
FC	1972	119	192	24	6620	163	39.40	14	34	4189	125	33.51	5-91	1	2.87	97	
Int	1976	18	14	2	280	86	23.33	0	1	529	11	48.09	4-23	1	4.26	6	
Note: His Test appearances were for West Indies
Nsn	1983	9	8	0	251	76	31.37	0	3	256	4	64.00	2-43	0	4.35	3	
KIRSH, William (N Transvaal, N Transvaal B) b Johannesburg 17.11.1960 RHB RM
FC		4	8	0	118	43	14.75	0	0							3	
Nsn		1	1	0	0	0	0.00	0	0							0	
FC	1982	19	37	1	945	119	28.63	1	4							9	

Cmp	Debut	M	I	NO	Runs	HS	Avge	100	50	Runs	Wkts	Avge	BB	5wi	RpO	ct	st
	KIRSTEN, Peter Noel (W Province, SAf) b Pietermaritzburg 14.5.1955 RHB OB
FC		10	17	1	516	83	32.25	0	5	380	12	31.66	6-48	1	2.70	4	
Nsn		5	5	0	232	72	46.40	0	2	140	2	70.00	1-24	0	3.18	2	
FC	1973	227	392	44	15903	228	45.69	41	75	3281	85	38.60	6-48	1	2.76	138	
Nsn	1973	40	40	4	1143	119	31.75	2	6	393	13	30.23	6-17	1	3.19	16	
	KLOPPER, Eugene DuPré (N Transvaal B) b Johannesburg 30.11.1958 RHB RFM
FC		3	4	1	14	6	4.66	0	0	300	10	30.00	4-108	0	2.96	1	
FC	1983	11	14	8	66	11*	11.00	0	0	757	31	24.41	5-42	1	2.82	3	
	KOURIE, Alan John (Transvaal, SAf) b Johannesburg 30.7.1951 RHB SLA
FC		10	14	2	374	82	31.16	0	2	805	23	35.00	4-36	0	2.51	7	
Nsn		3								102	4	25.50	2-40	0	3.09	2	
FC	1970	118	165	42	4341	127*	35.29	5	21	9209	391	23.55	8-113	21	2.53	138	
Nsn	1974	31	16	7	278	43*	30.88	0	0	1098	38	28.89	5-45	2	3.36	18	
	KRUGER, Warren Gavin (W Province B) b Port Elizabeth 4.8.1955 LHB
FC		1	2	0	40	28	20.00	0	0							0	
FC	1982	12	23	0	496	80	21.56	0	3							8	
Nsn	1983	1	1	0	15	15	15.00	0	0							0	
	KUIPER, Adrian Paul (W Province) b Johannesburg 24.8.1959 RHB RFM
FC		7	9	2	273	55*	39.00	0	1	225	9	25.00	2-32	0	2.82	5	
Nsn		5	5	2	122	50	40.66	0	1	99	2	49.50	2-31	0	4.30	4	
FC	1977	69	108	12	2997	110*	31.21	2	21	2782	108	25.75	6-55	4	3.05	44	
Nsn	1979	24	22	5	414	50	24.35	0	1	448	21	21.33	4-14	0	3.72	12	
	LAMBRECHTS, Nicolaas Marthinus (Boland) b Worcester 24.10.1961 RHB
FC		7	12	1	298	84	27.09	0	2						0.00	4	
Nsn		1	1	0	14	14	14.00	0	0							0	
FC	1982	22	39	1	882	84	23.21	0	3	3	0				0.75	10	
Nsn	1982	4	4	0	42	15	10.50	0	0							1	
	LAZARD, Terence Nicholas (W Province B) b Cape Town 19.10.1965 RHB
FC		6	12	1	203	43	16.91	0	0							2	
FC	1983	9	18	1	493	121	29.00	2	0							3	
	LE ROUX, Darryl Peter (Orange Free State) b Bloemfontein 30.10.1956 RHB WK
FC		6	11	1	255	92	25.50	0	1							3	
Nsn		1	1	0	41	41	41.00	0	0							1	
FC	1975	42	80	4	2077	112	27.32	2	11	4	0				4.00	42	3
Nsn	1976	9	9	0	201	42	22.33	0	0	4	0				24.00	2	
	LE ROUX, Garth Stirling (W Province, SAf, Sussex) b Kenilworth 4.9.1955 RHB RF
FC		10	14	2	333	86	27.75	0	2	884	49	18.04	5-54	1	2.64	5	
Nsn		5	4	1	78	28	26.00	0	0	183	6	30.50	2-31	0	3.66	2	
FC	1975	206	248	69	4563	86	25.49	0	22	15444	729	21.18	8-107	32	2.71	72	
Nsn	1975	32	23	6	310	42*	18.23	0	0	962	46	20.91	4-19	1	3.07	8	
	LE ROUX, Marius Louis (N Transvaal B) b Pretoria 9.8.1962 RHB
FC		2	4	0	46	23	11.50	0	0							2	
	LE ROUX, Raymond Aubrey (Orange Free State) b Bloemfontein 27.5.1950 LHB RM
FC		4	8	0	113	41	14.12	0	0	19	0				9.50	2	
Nsn		1	1	0	24	24	24.00	0	0							0	
FC	1968	93	170	16	4359	188	28.30	3	28	4790	173	27.68	5-59	3	2.97	66	
Nsn	1969	17	17	2	260	39	17.33	0	0	487	14	34.78	3-18	0	3.75	10	
	LISTER-JAMES, Christopher Mark (Natal, Natal B) b Durban 16.8.1960 RHB RM
FC		6	10	2	292	88*	36.50	0	2	271	12	22.58	3-85	0	2.41	3	
Nsn		1	1	0	5	5	5.00	0	0							0	
FC	1983	11	18	3	421	88*	28.06	0	2	501	18	27.83	4-55	0	2.69	9	
	LOGAN, Mark Brian (Natal, President's XI) b Durban 17.4.1960 RHB OB
FC		6	10	0	281	72	28.10	0	2							3	
Nsn		6	6	0	279	88	46.50	0	3							1	
FC	1980	27	46	3	1680	172	39.06	3	8	38	0					17	
Nsn	1983	12	12	0	396	88	32.00	0	3							1	
	LONES, Bryan William (E Province B) b East London 13.4.1964 RHB
FC		2	4	0	24	11	6.00	0	0							0	
	LONG, Grant Leslie (Border) b Grahamstown 16.2.1961 RHB RM
FC		5	8	1	151	73	21.57	0	1	179	4	44.75	2-40	0	3.14	1	
FC	1979	27	50	2	990	98	20.62	0	4	1297	46	28.19	7-16	2	2.44	11	
Nsn	1982	2	2	1	34	18*	34.00	0	0	54	1	54.00	1-28	0	6.75	2	
	LOWE, Craig Arthur (Natal B) b Durban 5.11.1961 RHB RFM
FC		1	1	0	64	64	64.00	0	1	57	0				4.07	0	
	McBRIDE, Bruce (Transvaal B, SA Universities) b Pietermaritzburg 21.10.1959 RHB WK
FC		7	8	3	233	66*	46.60	0	2							24	
FC	1980	43	72	20	892	66*	17.15	0	3	1	0				1.50	133	11
Nsn	1980	3	2	0	3	3	1.50	0	0							3	
	McEWAN, Kenneth Scott (W Province) b Bedford 16.7.1952 RHB OB
FC		7	11	2	510	142	56.66	0	2							4	
Nsn		5	5	0	194	76	38.80	0	2							2	
FC	1972	389	642	58	23645	218	40.48	63	108	309	4	77.25	1-0	0	6.62	339	7
Nsn	1972	33	30	2	979	80	34.96	0	8							19	2
	McGLASHAN, Richard Keith (Natal) b Cape Town 19.12.1963 RHB LB
FC		4	4	0	71	31	17.75	0	0	461	16	28.81	5-53	1	2.86	5	
Nsn		4	2	1	11	10*	11.00	0	0	121	6	20.16	4-19	1	3.36	1	
FC	1984	5	4	0	71	31	17.75	0	0	572	18	31.77	5-53	1	2.91	5	

Cmp	Debut	M	I	NO	Runs	HS	Avge	100	50	Runs	Wkts	Avge	BB	5wi	RpO	ct	st

McKENZIE, Kevin Alexander (Transvaal, SAf) b Pretoria 16.7.1948 RHB

FC		9	14	2	511	110	42.58	1	2							7	
Nsn		4	2	1	114	76*	114.00	0	1							1	
FC	1966	124	195	21	6254	164*	35.94	11	33	133	1	133.00	1-19	0	4.11	132	
Nsn	1971	42	35	7	848	109	30.28	1	4	166	4	41.50	1-1	0	5.29	13	

McLAREN, Paul (Griqualand West) b Wankie, Rhodesia 21.6.1957 RHB RFM

FC		5	8	5	90	27*	30.00	0	0	386	17	22.70	5-68	1	3.05	0	
Nsn										40	2	20.00	2-40	0	3.63	1	
FC	1977	28	45	18	299	27*	11.07	0	0	2448	74	33.08	5-68	1	3.29	10	
Nsn	1977	5	4	2	18	9	9.00	0	0	255	10	25.50	4.60	1	4.72	2	

McMILLAN, Brian Mervin (Transvaal, Transvaal B, Warwickshire) b Welkom 22.12.1963 RHB RFM

FC		5	9	1	419	129	52.37	1	3	235	4	58.75	2-40	0	2.97	5	
Nsn		2	2	1	46	39*	46.00	0	0	71	3	23.66	2-21	0	3.22	0	
FC	1984	23	40	5	1531	136	43.74	4	10	1520	41	37.07	4-53	0	3.39	23	

McMILLAN, Gordon Eric (Transvaal B) b Germiston 18.11.1953 RHB LM

FC		5	8	3	174	59	34.80	0	2	317	17	18.64	3-33	0	1.96	2	
FC	1977	51	71	20	1314	91	25.76	0	7	3044	145	20.99	6-33	3	2.44	30	
Nsn	1978	12	8	0	135	51	16.87	0	1	515	13	39.61	3-43	0	4.15	2	

MacNAB, Guy Neil (Transvaal B) b Gwelo, Rhodesia 4.11.1956 LHB SLA

| FC | | 5 | 4 | 2 | 42 | 30 | 21.00 | 0 | 0 | 354 | 16 | 22.12 | 4-29 | 0 | 2.10 | 2 | |
| FC | | 5 | 5 | 5 | 55 | 30 | 5.50 | 0 | 0 | 737 | 24 | 30.70 | 4-29 | 0 | 2.56 | 2 | |

MADSEN, Trevor Roy (Natal, President's XI) b Durban 22.12.1957 LHB WK

FC		5	8	0	122	54	15.25	0	1							14	2
Nsn		6	6	0	56	16	9.33	0	0							6	1
FC	1976	37	61	5	1722	113	30.75	1	13	18	0				9.00	80	14
Nsn	1982	13	12	0	193	37	16.08	0	0							11	1

MARTIN, Bryan Paul (W Province B) b Cape Town 5.8.1963 RHB SLA

FC		2	2	0	12	12	6.00	0	0	217	10	21.70	4-40	0	2.34	1	
FC	1980	7	7	1	129	51	21.50	0	1	492	21	23.42	4-40	0	2.59	5	
Nsn	1980	1	1	0	5	5	5.00	0	0	23	0				4.92	0	

MARTIN, Grant George (W Province B) b Durban 21.7.1963 RHB OB

| FC | | 3 | 5 | 2 | 37 | 16 | 12.33 | 0 | 0 | 167 | 3 | 55.66 | 2-43 | 0 | 2.87 | 4 | |
| FC | 1981 | 4 | 6 | 2 | 38 | 16 | 9.50 | 0 | 0 | 232 | 3 | 77.33 | 2-43 | 0 | 2.76 | 4 | |

MATTHEWS, Brett Anthony (W Province, W Province B, SA Universities) b Cape Town 5.7.1962 RHB LFM

FC		8	7	2	36	15	7.20	0	0	626	42	14.90	5-32	1	2.06	3	
Nsn										25	0				2.27	0	
FC	1984	15	21	10	60	15	5.45	0	0	1218	66	18.45	5-32	1	2.31	4	
Nsn	1984	2	1	0	3	3	3.00	0	0	56	0				2.80	0	

MELLOR, Michael Douglas (Natal B) b Durban RHB OB

| FC | | 6 | 12 | 0 | 308 | 51 | 25.66 | 0 | 1 | 383 | 18 | 21.27 | 3-35 | 0 | 2.07 | 4 | |
| FC | 1978 | 27 | 51 | 3 | 1275 | 124* | 26.56 | 1 | 6 | 980 | 38 | 25.78 | 3-35 | 0 | 2.42 | 18 | |

METHVEN, Atholl Douglas (Griqualand West) b Kimberley 21.4.1958 LHB OB

FC		5	9	0	250	62	27.77	0	1	15	0				3.00	4	
Nsn		1	1	1	61	61*		0	1							1	
FC	1979	20	35	1	907	68	26.67	0	6	184	1	184.00	1-18	0	3.20	14	
Nsn	1981	3	3	1	85	61*	42.50	0	1							1	

MICHAU, Marcelle (E Province) b Cradock 14.8.1963 RHB WK

FC		7	13	1	339	53	28.25	0	2							7	
Nsn		2	2	1	9	9*	9.00	0	0							0	
FC	1981	20	37	2	892	103	25.48	1	3							17	
Nsn	1982	3	3	1	10	9*	5.00	0	0							0	

MINNAAR, Michael Ballard (W Province, W Province B) b Cape Town 2.10.1954 LHB OB

FC		7	5	2	63	35	21.00	0	0	591	18	32.83	4-61	0	2.18	5	
Nsn		2	2	2	6	6*		0	0	52	6	8.66	5-23	1	3.05	1	
FC	1977	33	42	18	352	35	14.66	0	0	2516	71	35.43	5-59	2	2.42	18	
Nsn	1984	3	3	2	10	6*	10.00	0	0	72	6	12.00	5-23	1	2.88	1	

MINNAAR, Norman Philip (Border) b East London 23.4.1957 RHB

FC		7	12	0	250	48	20.83	0	0							2	
Nsn		1	1	0	16	16	16.00	0	0							1	
FC	1982	20	37	1	716	82	19.88	0	3	64	2	32.00	2-64	0	3.76	18	
Nsn	1983	5	5	0	107	60	21.40	0	1							2	

MITCHLEY, Cyril Douglas (N Transvaal) b Johannesburg 25.7.1960 RHB RFM

FC		8	12	2	134	58	13.40	0	1	695	30	23.16	5-26	2	2.90	5	
Nsn		3	2	0	7	6	3.50	0	0	75	0				3.75	0	
FC	1982	33	46	6	579	58	14.47	0	1	2892	129	22.41	6-53	6	3.08	19	
Nsn	1983	10	3	0	28	21	9.33	0	0	370	10	37.00	3-34	0	4.06	2	

MORRIS, William Francis (N Transvaal) b Pretoria 30.3.1955 RHB SLA

FC		2	4	0	31	19	7.75	0	0	223	13	17.15	6-66	1	3.24	2	
FC	1979	39	68	8	964	99	16.06	0	3	2681	108	24.82	7-110	5	2.83	36	
Nsn	1979	7	5	1	82	44	20.50	0	0	152	5	30.40	2-6	0	2.41	3	

MUNNIK, James Barry (Boland) b Graaff Reinet 1.10.1953 RHB OB

| FC | | 2 | 4 | 0 | 21 | 10 | 5.25 | 0 | 0 | | | | | | | 1 | |
| FC | 1984 | 6 | 12 | 1 | 191 | 82* | 17.36 | 0 | 1 | | | | | | | 6 | |

NACKERDIEN, Salieg (Boland, President's XI) b Paarl 19.7.1963 RHB RM

| FC | | 9 | 18 | 2 | 446 | 122 | 29.12 | 1 | 2 | | | | | | | 7 | |

Cmp	Debut	M	I	NO	Runs	HS	Avge	100	50	Runs	Wkts	Avge	BB	5wi	RpO	ct	st
Nsn		1	1	0	21	21	21.00	0	0							2	
FC	1983	19	37	6	701	122	22.61	1	3							14	

NORMAN, David (W Province, W Province B) b Cape Town 7.11.1964 RHB RFM

Cmp	Debut	M	I	NO	Runs	HS	Avge	100	50	Runs	Wkts	Avge	BB	5wi	RpO	ct	st
FC		5	7	2	111	56	22.20	0	1	448	23	19.47	6-56	1	3.08	2	
Nsn		4	2	0	13	7	6.50	0	0	137	3	45.66	1-25	0	3.60	1	
FC	1983	21	26	5	263	56	12.52	0	1	1553	72	21.56	6-56	2	2.98	12	
Nsn	1983	9	5	0	21	8*	5.25	0	0	319	9	35.44	3-33	0	3.98	1	

NORRIS, Craig Reginold (Transvaal B) b Johannesburg 11.9.1963 LHB LFM

Cmp	Debut	M	I	NO	Runs	HS	Avge	100	50	Runs	Wkts	Avge	BB	5wi	RpO	ct	st
FC		6	11	4	477	126*	68.14	3	0	272	6	45.33	2-83	0	3.44	1	
FC	1982	26	46	8	1161	126*	30.55	3	3	1270	58	21.89	7-31	2	2.91	19	
Nsn	1984	1								67	2	33.50	2-67	0	6.09	1	

O'DONOGHUE, John Anthony (Natal B) b Port Elizabeth 17.9.1960 RHB LB

Cmp	Debut	M	I	NO	Runs	HS	Avge	100	50	Runs	Wkts	Avge	BB	5wi	RpO	ct	st
FC		6	10	1	145	53	16.11	0	1	711	26	27.34	5-39	3	3.06	4	
FC	1980	9	15	1	161	53	11.50	0	1	779	28	27.82	5-39	3	3.06	5	

OGILVIE, John Derek (E Province) b Stutterheim 14.7.1958 RHB RFM

Cmp	Debut	M	I	NO	Runs	HS	Avge	100	50	Runs	Wkts	Avge	BB	5wi	RpO	ct	st
FC		1	2	0	12	8	6.00	0	0	61	1	61.00	1-61	0	3.21	0	
FC	1976	39	66	11	825	54*	15.00	0	2	2827	80	35.33	5-119	1	2.94	15	
Nsn	1977	10	8	4	62	19	15.50	0	0	280	7	40.00	2-27	0	3.11	4	

ONTONG, Rodney Craig (N Transvaal, Glamorgan) b Johannesburg 9.9.1955 RHB OB

Cmp	Debut	M	I	NO	Runs	HS	Avge	100	50	Runs	Wkts	Avge	BB	5wi	RpO	ct	st
FC		8	8	0	343	85	31.18	0	2	773	25	30.92	5-33	1	2.81	2	
Nsn		3	3	1	43	40*	21.50	0	0	84	2	42.00	1-23	0	2.54	1	
FC	1972	305	507	62	12983	204*	29.17	18	69	21359	721	29.62	8-67	28	2.91	143	
Nsn	1974	21	18	5	643	100*	49.46	1	6	631	22	28.68	4-20	2	3.47	8	

PACKER, Trevor John (Natal) b Escourt 23.1.1964 RHB RFM

Cmp	Debut	M	I	NO	Runs	HS	Avge	100	50	Runs	Wkts	Avge	BB	5wi	RpO	ct	st
FC		1	2	2	22	16*		0	0	74	2	37.00	1-14	0	2.38	0	
Nsn		4								88	8	11.00	5-32	1	2.50	0	
FC	1984	10	12	7	50	16*	10.00	0	0	739	23	32.13	5-90	1	3.22	1	

PAGE, Hugh Ashton (Transvaal, SAf) b Salisbury, Rhodesia 3.7.1962 LHB RFM

Cmp	Debut	M	I	NO	Runs	HS	Avge	100	50	Runs	Wkts	Avge	BB	5wi	RpO	ct	st
FC		11	13	3	188	51	18.80	0	1	847	46	18.41	5-31	1	2.66	2	
Nsn		4	1	1	3	3*		0	0	154	5	30.80	3-33	0	3.56	0	
FC	1981	38	52	13	816	57	20.92	0	2	2489	133	18.71	5-31	3	2.73	10	
Nsn	1983	11	2	2	8	5*		0	0	361	24	15.04	4-17	3	3.17	3	

PARKER-NANCE, Gary Michael (E Province B) b Port Elizabeth 14.3.1961 RHB RM

Cmp	Debut	M	I	NO	Runs	HS	Avge	100	50	Runs	Wkts	Avge	BB	5wi	RpO	ct	st
FC		1	2	0	16	8	8.00	0	0							1	

PARSONS, Gordon James (Griqualand West, Warwickshire) b Slough, England 17.10.1959 LHB RM

Cmp	Debut	M	I	NO	Runs	HS	Avge	100	50	Runs	Wkts	Avge	BB	5wi	RpO	ct	st
FC		6	10	1	211	52	23.44	0	2	535	22	24.31	3-20	0	2.66	1	
Nsn		1	1	0	7	7	7.00	0	0	40	1	40.00	1-40	0	3.63	0	
FC	1978	159	201	44	3474	76	22.12	0	15	11152	367	30.38	9-72	9	3.17	44	
Nsn	1984	2	2	0	23	16	11.50	0	0	92	2	46.00	1-40	0	4.38	0	

PEARSE, Mark John (Natal, Natal B) b Empangeni, Zululand 3.9.1964 RHB WK

Cmp	Debut	M	I	NO	Runs	HS	Avge	100	50	Runs	Wkts	Avge	BB	5wi	RpO	ct	st
FC		6	11	0	335	90	30.45	0	2							8	1
FC	1984	12	22	2	616	90	30.80	0	5							25	2

PERROTT, John Peter (SA Defence Force) b Durban 13.7.1961 RHB RM

Cmp	Debut	M	I	NO	Runs	HS	Avge	100	50	Runs	Wkts	Avge	BB	5wi	RpO	ct	st
FC		1	2	0	13	13	6.50	0	0	46	1	46.00	1-24	0	2.87	0	

PFAFF, Michael Waldo (N Transvaal B, SA Defence Force) b Cape Town 16.9.1961 RHB RM

Cmp	Debut	M	I	NO	Runs	HS	Avge	100	50	Runs	Wkts	Avge	BB	5wi	RpO	ct	st
FC		3	5	1	110	48	27.50	0	0							1	
FC	1983	4	7	2	162	49*	32.40	0	0	103	3	34.33	2-81	0	2.94	1	

PHILLIPS, Leroy Michael (Griqualand West) b Queenstown 7.7.1964 RHB WK

Cmp	Debut	M	I	NO	Runs	HS	Avge	100	50	Runs	Wkts	Avge	BB	5wi	RpO	ct	st
FC		6	11	0	219	47	19.90	0	0							20	1
Nsn		1	1	0	2	2	2.00	0	0							4	
FC	1984	10	18	2	409	82*	25.56	0	1							29	3

PIENAAR, Roy Francois (N Transvaal, SA Universities) b Johannesburg 17.7.1961 RHB RFM

Cmp	Debut	M	I	NO	Runs	HS	Avge	100	50	Runs	Wkts	Avge	BB	5wi	RpO	ct	st
FC		8	16	0	546	90	34.12	0	4	307	8	38.37	2-27	0	3.00	3	
Nsn		1	1	0	102	102	102.00	0	0	29	0				7.25	0	
FC	1977	65	109	7	2870	151*	28.13	3	17	2305	75	30.73	5-24	1	2.53	31	
Nsn	1979	19	18	2	562	102	35.12	1	3	458	12	38.16	3-32	0	4.33	4	

PLAYER, Bradley Todd (Orange Free State) b Benoni 18.1.1967 RHB RFM

Cmp	Debut	M	I	NO	Runs	HS	Avge	100	50	Runs	Wkts	Avge	BB	5wi	RpO	ct	st
FC		7	10	5	53	14	10.60	0	0	527	9	58.55	2-40	0	3.96	1	
Nsn		1								40	3	13.33	3-40	0	3.63	0	
FC	1984	12	17	7	119	42	11.90	0	0	851	19	44.78	2-37	0	3.75	3	

POLLOCK, Robert Graeme (Transvaal, SAf) b Durban 27.2.1944 LHB LB

Cmp	Debut	M	I	NO	Runs	HS	Avge	100	50	Runs	Wkts	Avge	BB	5wi	RpO	ct	st
FC		9	15	2	671	113	51.61	2	5							9	
Nsn		4	3	1	90	59*	45.00	0	1							2	
Test	1963	23	41	4	2256	274	60.97	7	11	204	4	51.00	2-50	0	2.95	17	
FC	1960	256	429	53	20484	274	54.47	62	96	2062	43	47.95	3-46	0	3.36	246	
Nsn	1969	53	50	8	2731	222*	65.02	9	14	55	0				5.00	25	

PONT, Ian Leslie (Natal, Essex) b Brentwood, England 28.8.1961 RHB RFM

Cmp	Debut	M	I	NO	Runs	HS	Avge	100	50	Runs	Wkts	Avge	BB	5wi	RpO	ct	st
FC		1	2	0	16	11	8.00	0	0	62	2	31.00	1-15	0	4.13	0	
FC	1982	14	20	6	169	43	12.07	0	0	1039	27	38.48	5-103	1	3.99	2	

POTTER, Laurie (Griqualand West, Leics) b Bexleyheath, England 7.11.1962 RHB SLA

Cmp	Debut	M	I	NO	Runs	HS	Avge	100	50	Runs	Wkts	Avge	BB	5wi	RpO	ct	st
FC		6	11	0	301	70	27.36	0	2	226	9	25.11	4-52	0	2.06	14	
Nsn		1	1	0	4	4	4.00	0	0	27	0				2.45	0	
FC	1981	80	131	11	3259	165*	27.15	4	19	2075	62	33.46	4.52	0	2.75	63	
Nsn	1984	2	2	0	19	15	9.50	0	0	49	2	24.50	2-22	0	2.72	2	

PRINGLE, Meyrick Wayne (Orange Free State) b Adelaide 22.6.1966 RHB RFM

Cmp	Debut	M	I	NO	Runs	HS	Avge	100	50	Runs	Wkts	Avge	BB	5wi	RpO	ct	st
FC		1	1	0	26	26	26.00	0	0	59	0				3.68	0	

Cmp	Debut	M	I	NO	Runs	HS	Avge	100	50	Runs	Wkts	Avge	BB	5wi	RpO	ct	st
					RADFORD, Neal Victor (Transvaal, Worcestershire)					b Luanshya, N Rhodesia 7.6.1957			RHB RFM				
FC		8	10	4	78	21*	13.00	0	0	627	35	17.91	5-52	2	2.93	3	
Nsn		4	1	1	38	38*		0	0	148	3	49.33	2-27	0	3.36	1	
Test	1986	2	3	1	13	12*	6.50	0	0	219	3	73.00	2-131	0	3.47	0	
FC	1978	126	136	34	1763	76*	17.28	0	3	11467	424	27.04	9-70	19	3.20	55	
Nsn	1979	22	5	3	57	38*	28.50	0	0	788	35	22.51	4-25	1	3.42	6	
					RANGER, Raymond Beattie Charles (Border)					b Stutterheim 16.7.1957		RHB RM					
FC		3	5	0	24	12	4.80	0	0	107	2	53.50	2-68	0	2.32	0	
Nsn		1	1	0	6	6	6.00	0	0							1	
FC	1976	29	50	6	599	75	13.61	0	3	892	25	35.68	4-92	0	2.87	17	
Nsn	1976	9	8	0	74	25	9.25	0	0	180	6	30.00	2-39	0	3.39	5	
					RAYMENT, Paul Alan (E Province, E Province B, SA Universities)					b Cape Town 24.7.1965				RHB RFM			
FC		7	12	4	113	41	14.12	0	0	444	12	37.00	4-62	0	3.24	4	
FC	1984	9	16	6	150	41	15.00	0	0	559	15	37.26	4-62	0	3.17	7	
					RAYNER, Paul Hector (W Province, SA Universities)					b Pinetown 8.1.1962		RHB RM					
FC		5	8	0	127	34	15.87	0	0							5	
		4	4	0	112	86	28.00	0	1							0	
FC	1981	36	63	6	1556	162	27.29	2	6	12	0				3.00	24	
Nsn	1981	14	14	1	564	143	43.38	1	3							1	
					REID, Terance Edward (E Province, E Province B)					b Port Elizabeth 8.5.1957		RHB RM					
FC		6	11	0	299	87	27.18	0	1							5	
Nsn		2	2	0	32	18	16.00	0	0							2	
FC	1977	28	53	1	1590	120*	30.57	3	6	6	0				12.00	10	
Nsn	1983	3	3	0	71	39	23.66	0	0							3	
					RICE, Clive Edward Butler (Transvaal, SAf, Notts)					b Johannesburg 23.7.1949			RHB RFM				
FC		9	14	2	331	80	27.58	0	3	206	14	14.71	3-8	0	2.02	10	
Nsn		3	2	2	92	59*		0	1	98	4	24.50	3-58	0	4.45	1	
FC	1969	408	652	102	22571	246	41.03	42	117	17777	800	22.22	7-62	20	2.63	339	
Nsn	1970	44	39	10	1557	169	53.68	3	4	981	49	20.02	4-14	2	3.29	11	
					RICHARDSON, David John (E Province)					b Johannesburg 16.9.1959		RHB WK					
FC		7	13	0	270	64	20.76	0	2							14	3
Nsn		2	2	0	60	56	30.00	0	1							0	1
FC	1977	68	122	15	2515	134	23.50	2	10							163	12
Nsn	1979	17	16	2	210	56	15.00	0	2							15	2
					RINDEL, Michael John Raymond (N Transvaal B)					b Durban 9.2.1963		LHB LFM					
FC		6	12	0	349	115	29.08	1	0	116	4	29.00	2-45	0	3.41	5	
FC	1983	9	18	1	490	115	28.82	1	1	165	6	27.50	2-45	0	3.30	7	
					RIPPON, Warne Victor (SA Defence Force)					b Grahamstown 31.8.1966		RHB					
FC		1	2	0	51	39	25.50	0	0							0	
					ROBERTS, A.J. (E Province B)												
FC		1	2	2	3	2*		0	0	52	0					1	
					ROBERTS, Bruce (Transvaal, Transvaal B, Derbyshire)					b Lusaka, N Rhodesia 30.5.1962							
	RHB RM WK																
FC		6	11	1	339	79	33.90	0	3	46	0				2.87	4	
Nsn		1	1	0	2	2	2.00	0	0	35	3	11.66	3-35	0	3.18	0	
FC	1982	91	148	15	3763	124*	28.29	3	17	2065	56	36.87	4-32	0	3.56	68	1
					ROBEY, Brent De Kock (E Province B)					b Grahamstown 26.12.1958		RHB RM					
FC		5	9	1	88	28	11.00	0	0	511	14	36.50	4-73	0	2.93	4	
FC	1979	24	38	8	457	75	15.23	0	1	1978	53	37.32	7-88	2	2.78	16	
					ROBINSON, Kevin David (SA Defence Force)					b Salisbury, Rhodesia 20.9.1961			RHB RM				
FC		1	2	0	22	15	11.00	0	0							0	
FC	1982	8	14	1	187	36	14.38	0	0	453	22	20.59	4-19	0	2.21	7	
					ROBINSON, Paul Andrew (N Transvaal B)					b Boksburg 16.7.1956		RHB RM					
FC		1	1	0	34	24*	34.00	0	0	61	1	61.00	1-31	0	4.35	0	
FC	1977	30	45	10	541	49	15.45	0	0	2247	78	28.80	6-46	2	3.44	7	
Nsn	1977	7	7	1	34	17	5.66	0	0	216	16	13.50	4-56	1	3.27	2	
					RULE, Kevin John (Transvaal B)					b Johannesburg 28.3.1963		RHB WK					
FC		1	2	1	65	61*	65.00	0	1							1	
FC	1983	11	19	1	331	68	18.38	0	2	6	0				12.00	16	1
					RUNDLE, David Bryan (W Provonce B)					b Cape Town 25.9.1965		RHB OB					
FC		4	8	0	168	49	21.00	0	0	74	2	37.00	1-1	0	2.04	4	
FC	1984	9	18	0	454	110	25.22	1	0	290	13	22.30	4-37	0	2.63	6	
Nsn	1984	1	1	0	15	15	15.00	0	0							1	
					RUSHMERE, Mark Weir (E Province, SA Universities)					b Port Elizabeth 7.1.1965		RHB					
FC		8	15	4	570	128	51.81	1	1							4	
Nsn		2	2	1	29	28*	29.00	0	0							1	
FC	1983	18	31	7	1083	128	45.12	3	3							7	
					RYALL, Richard James (W Province)					b Salisbury, Rhodesia 26.11.1959			RHB WK				
FC		7	5	2	51	18	17.00	0	0							27	
Nsn		4	1	1	0	0*		0	0							2	
FC	1980	48	59	20	568	51	14.56	0	1							150	15
Nsn	1979	19	10	6	40	17	10.00	0	0							23	3
					SCOTT, Daryl Anthony (Natal, Natal B)					b Durban 14.4.1961		RHB OB					
FC		6	11	2	247	94	27.44	0	1							3	
FC	1983	15	26	4	714	110*	32.45	1	3							11	

	Cmp	Debut	M	I	NO	Runs	HS	Avge	100	50	Runs	Wkts	Avge	BB	5wi	RpO	ct	st
\multicolumn{19}{l}{SEEFF, Lawrence (W Province, W Province B) b Johannesburg 1.5.1959 RHB LB}
FC			7	12	1	249	51	22.63	0	1	4	0				4.00	8	
Nsn			2	2	0	1	1	0.50	0	0							0	
FC	1977		70	131	12	4074	188	34.23	7	20	102	4	25.50	1-6	0	3.75	59	
Nsn	1978		23	23	1	452	67	20.54	0	2							9	
\multicolumn{19}{l}{SHAW, Timothy Gower (E Province, SA Universities) b Empangeni, Zululand 5.7.1959 LHB SLA}
FC			7	11	4	249	66	35.57	0	1	869	28	31.03	7-79	1	2.58	9	
Nsn			2	1	1	5	5*		0	0	80	1	80.00	1-37	0	3.63	1	
FC	1980		34	62	8	1207	76	22.35	0	5	2757	109	25.29	7-79	5	2.54	35	
\multicolumn{19}{l}{SHEARD, James Robert (Natal B) b Johannesburg 29.2.1964 RHB OB}
FC			3	6	1	84	40	16.80	0	0	12	0				6.00	2	
\multicolumn{19}{l}{SIMONS, Eric Owen (W Province, SA Defence Force, President's XI) b Cape Town 9.3.1962 RHB RFM}
FC			7	8	1	86	28	12.28	0	0	474	28	16.92	5-52	1	2.49	9	
Nsn			5	2	0	7	7	3.50	0	0	193	8	24.12	5-45	1	3.86	3	
FC	1982		29	41	16	509	58	20.36	0	1	2023	105	19.26	6-26	3	2.64	18	
Nsn	1984		9	5	1	31	10	7.75	0	0	340	19	17.89	6-36	2	3.61	4	
\multicolumn{19}{l}{SMIT, Martinus Cornelius (Boland) b Hopetown 27.2.1956 RHB RFM}
FC			4	8	1	141	52	20.14	0	1	79	2	39.50	2-19	0	2.32	3	
Nsn			1	1	0	8	8	8.00	0	0	51	2	25.50	2-51	0	5.10	0	
FC	1978		10	18	7	270	52*	24.54	0	2	461	13	35.46	5-68	1	3.12	5	
Nsn	1981		3	2	0	8	8	4.00	0	0	101	3	33.66	2-51	0	3.48	2	
\multicolumn{19}{l}{SMITH, Paul Edward (Natal B) b Durban 12.7.1963 RHB RFM}
FC			3	5	1	18	11	4.50	0	0	221	4	55.25	2-53	0	4.16	2	
FC	1984		7	12	4	34	11	4.25	0	0	526	16	32.87	4-50	0	3.81	2	
\multicolumn{19}{l}{SNYMAN, Andre Van Niekerk (E Province, E.Province B) b Port Elizabeth 6.8.1963 RHB LB}
FC			2	4	0	139	92	34.75	0	1							0	
\multicolumn{19}{l}{SPIES, S. (N Transvaal B)}
FC			1	2	0	15	12	7.50	0	0							0	
\multicolumn{19}{l}{SPILHAUS, C. (Boland)}
FC			8	16	0	281	82	17.56	0	1							10	
Nsn			1	1	0	20	20	20.00	0	0							0	
\multicolumn{19}{l}{STEYN, Phillipus Jeremia Rudolf (Griqualand West) b Kimberley 30.6.1967 RHB RM}
FC			5	10	0	254	63	25.40	0	3							7	
Nsn			1	1	0	19	19	19.00	0	0							1	
\multicolumn{19}{l}{STRYDOM, Jan Joubert (Orange Free State, SA Universities) b Bloemfontein 8.9.1962 RHB}
FC			7	12	3	323	100*	36.88	1	2							3	
Nsn			1	1	0	11	11	11.00	0	0							1	
FC	1980		35	61	6	1430	119*	26.00	3	9	14	1	14.00	1-14	0	16.80	33	
Nsn	1981		9	7	1	107	38	17.83	0	0							2	
\multicolumn{19}{l}{SWARBROOK, Frederick William (Griqualand West) b Derby, England 17.12.1950 LHB SLA}
FC			6	11	1	234	104*	23.40	1	0							3	
Nsn			1	1	0	23	23	23.00	0	0							0	
FC	1967		245	365	92	5898	104*	21.60	1	21	13998	467	29.97	9-20	15	2.61	147	
Nsn	1972		6	4	0	87	52	21.75	0	1	63	4	15.75	4-63	1	5.25	1	
\multicolumn{19}{l}{SYMCOX, Claude Warren (Griqualand West) b Kimberley 26.2.1964 RHB RM}
FC			5	9	1	144	100*	18.00	1	0	94	4	23.50	2-20	0	2.93	3	
FC	1984		7	13	1	179	100*	14.91	1	0	113	4	28.25	2-20	0	2.69	4	
\multicolumn{19}{l}{SYMCOX, Patrick Leonard (N Transvaal B) b Kimberley 14.4.1960 RHB OB}
FC			5	10	0	322	107	32.20	1	3	236	10	23.60	3-19	0	2.24	4	
FC	1977		34	61	1	1542	107	25.70	1	11	1139	32	35.59	3-19	0	2.84	29	
Nsn	1980		3	3	0	118	67	39.33	0	1	35	0				3.18	0	
\multicolumn{19}{l}{SYMMONDS, Grant William (Griqualand West) b Salisbury, Rhodesia 16.2.1962 RHB RFM}
FC			4	8	3	49	16	9.80	0	0	298	15	19.86	4-50	0	2.81	2	
FC	1984		7	13	5	64	16	8.00	0	0	551	21	26.23	4-50	0	2.94	2	
Nsn	1984		1	1	0	2	2	2.00	0	0	22	0				5.50	0	
\multicolumn{19}{l}{TOUZEL, Frank Barry (W Province B) b Cape Town 8.10.1963 LHB}
FC			3	6	0	77	24	12.83	0	0							1	
FC			5	10	0	144	34	14.40	0	0							1	
\multicolumn{19}{l}{TRIMBORN, Paul Patrick Henry (Natal B) b Durban 24.12.1961 LHB WK}
FC			5	9	3	143	37	23.83	0	0							20	1
\multicolumn{19}{l}{TROTMAN, Emmerson Nathaniel (Border) b Barbados 10.11.1954 RHB RM WK}
FC			7	12	0	339	74	28.25	0	2	474	12	39.50	4-94	0	2.92	3	
Nsn			1	1	0	1	1	1.00	0	0	25	1	25.00	1-25	0	2.27	0	
FC	1975		41	66	2	2117	167	33.07	3	12	644	22	29.27	5-30	1	2.84	36	2
Nsn	1984		4	4	0	40	19	10.00	0	0	25	1	25.00	1-25	0	2.27	2	
\multicolumn{19}{l}{TRUTER, Julius Mauritz (Orange Free State) b Bloemfontein 9.8.1962 LHB}
FC			2	4	0	50	17	12.50	0	0							0	
Nsn			1	1	1	38	38*		0	0							0	
\multicolumn{19}{l}{TUCKER, Gregory Brett (Transvaal B) b Johannesburg 15.1.1957 LHB WK}
FC			2	4	0	52	31	13.00	0	0							1	
\multicolumn{19}{l}{TULLIS, Pierre Albert (E Province B) b Johannesburg 8.11.1964 LHB WK}
FC			6	10	4	175	64*	29.16	0	1							11	1
FC	1984		12	16	5	269	64*	24.45	0	1							27	4
\multicolumn{19}{l}{TURNER, Graeme John (W Province, W Province B) b Bulawayo, Rhodesia 5.8.1964 LHB OB}
FC			7	13	3	305	69*	30.50	0	2							8	
FC	1984		15	29	3	743	69*	28.57	0	4	43	2	21.50	2-41	0	5.73	15	

	Cmp	Debut	M	I	NO	Runs	HS	Avge	100	50	Runs	Wkts	Avge	BB	5wi	RpO	ct	st
	VAN DER MERWE, Dean (Transvaal B, Orange Free State) b Potchefstroom 4.10.1963 RHB OB
FC			5	9	0	85	23	9.44	0	0							2	
	VAN DER MERWE, William Mare (W Province B) b Rustenburg 20.7.1960 LHB RFM
FC			5	9	0	116	30	12.88	0	0	324	19	17.05	5-35	1	2.42	3	
FC		1978	31	49	8	738	96	18.00	0	2	2534	112	22.62	5-35	4	2.90	8	
Nsn		1981	5	5	2	97	44*	32.33	0	0	191	10	19.10	4-49	1	4.16	2	
	VAN DER VYVER, Barry Eric (Griqualand West) b Queenstown 6.9.1966 RHB LFM
FC			6	11	2	156	33*	17.33	0	0	397	17	23.35	5-56	1	2.49	6	
Nsn			1	1	1	27	27*		0	0	29	1	29.00	1-29	0	4.83	0	
FC		1984	7	12	2	163	33*	16.30	0	0	397	17	23.35	5-56	1	2.49	7	
	VAN DUYKER, Jan Coenraad (N Transvaal B) b Pretoria 10.8.1960 RHB RFM
FC			6	10	3	29	13	4.14	0	0	645	26	24.80	4-31	0	2.78	6	
FC		1982	13	19	6	72	42	5.53	0	0	1023	43	23.79	4-31	0	2.92	6	
	VAN HEERDEN, Carl Johannes (Orange Free State, SA Defence Force) b Virginia 15.4.1963 RHB RFM
FC			8	14	1	242	46	18.61	0	0	516	17	30.35	4-45	0	3.63	9	
Nsn			1	1	0	8	8	8.00	0	0	55	0				6.34	0	
FC		1980	32	62	4	1088	74	18.75	0	3	1702	61	27.90	5-56	1	3.31	22	
Nsn		1981	6	6	0	140	96	23.33	0	1	278	4	69.50	1-34	0	5.48	0	
	VAN RENSBURG, Gert Petrus (Griqualand West) b Kimberley 29.3.1957 RHB RM
FC			2	2	0	40	29	20.00	0	0	91	5	18.20	2-22	0	2.33	3	
Nsn			1								64	4	16.00	4-64	1	5.81	0	
FC		1980	22	35	8	375	64	13.88	0	1	1785	55	32.45	6-91	2	3.23	11	
Nsn		1982	4	2	2	13	12*		0	0	221	9	24.55	4-64	1	5.81	3	
	VAN ROOYEN, Esaias Engelbertus (Boland) b Cape Town 27.3.1960 LHB LFM
FC			6	8	2	81	21	13.50	0	0	387	14	27.64	4-50	0	2.74	2	
FC		1980	7	10	2	107	21	13.37	0	0	458	16	28.62	4-50	0	3.01	3	
Nsn		1980	1								19	0				3.80	0	
	VAN VUUREN, Michael Keih (E Province) b Port Elizabeth 20.8.1958 RHB RF
FC			6	8	0	65	29	8.12	0	0	414	17	24.35	4-28	0	2.47	2	
Nsn			2	2	0	6	5	3.00	0	0	98	2	49.00	1-45	0	4.55	0	
FC		1981	60	90	16	956	75	12.91	0	2	4725	177	26.69	5-38	5	2.90	19	
Nsn		1979	15	9	1	46	12	5.75	0	0	524	24	21.83	4-35	1	3.33	0	
	VAN WYK, William Herman (Transvaal B) b Johannesburg 25.10.1960 RHB RFM
FC			4	2	1	0	0*	0.00	0	0	311	15	20.73	7-55	1	2.67	1	
	VAN ZYL, Cornelius Johannes Petrus Gerhardus (Orange Free State, SA Defence Force, President's XI, SAf) b Bloemfontein 1.10.1961 RHB RFM
FC			9	15	2	175	36	13.46	0	0	696	34	20.47	5-54	1	2.23	4	
Nsn			1								47	1	47.00	1-47	0	4.27	0	
FC		1981	30	44	9	435	49	12.42	0	0	2598	150	17.32	8-84	9	2.32	10	
Nsn		1981	6	3	1	11	6*	5.50	0	0	241	6	40.16	2-33	0	3.88	0	
	VENTER, Gerritt Francois (Griqualand West) b Kimberley 7.4.1968 RHB RM
FC			1	2	0	21	15	10.50	0	0							1	
	VENTER, Mark Stephen (Transvaal, Transvaal B) b Johannesburg 19.4.1959 RHB
FC			7	12	1	459	225*	41.72	1	1							6	
FC		1979	49	90	8	2569	225*	31.32	4	10	5	0				2.50	35	
Nsn		1979	6	6	1	131	100*	26.20	1	0	6	0				6.00	2	
	VERCUEIL, Stephen (N Transvaal B) b Johannesburg 3.8.1957 RHB WK
FC			3	6	0	81	33	13.50	0	0							7	
FC		1981	25	44	7	902	87	24.37	0	5							69	4
Nsn		1976	1	1	0	5	5	5.00	0	0							0	
	VERDOORN, Kevin Derek (N Transvaal) b Pretoria 24.7.1955 RHB RM
FC			8	15	1	400	74	28.57	0	3							4	
Nsn			3	3	1	31	17*	15.50	0	0								
FC		1972	70	130	9	3096	97	25.58	0	20	523	15	34.86	4-43	0	3.37	55	
Nsn		1972	18	18	1	371	86	21.82	0	2	84	2	42.00	2-20	0	3.81	4	
	VERMEULEN, G. (Boland)
FC			4	8	1	197	58	32.83	0	1	50	4	12.50	2-18	0	1-85	1	
	VISAGIE, Peter John Arthur (N Transvaal, N Transvaal B) b Florida 5.10.1959 RHB RM
FC			2	4	0	84	38	21.00	0	0	26	1	26.00	1-8	0	2.60	2	
Nsn			1	1	0	16	16	16.00	0	0							0	
FC		1979	31	60	6	1316	95	24.37	0	6	167	4	41.75	2-65	0	3.47	13	
Nsn		1982	11	11	0	193	55	17.54	0	1							6	
	VORSTER, Louis Phillipus (Transvaal B) b Potchefstroom 2.11.1966 LHB OB
FC			6	11	1	404	95	40.40	0	5	12	0				2.40	4	
	WATSON, William Herman (E Province) b Port Elizabeth 21.5.1955 RHB RFM
FC			7	10	3	105	36	15.00	0	0	497	18	27.61	6-47	1	2.66	2	
Nsn			2	1	0	3	3	3.00	0	0	68	3	22.66	2-43	0	3.23	1	
FC		1974	105	138	45	1270	99*	13.65	0	1	8566	341	25.12	7-50	12	2.90	29	
Nsn		1974	28	14	6	100	19*	12.50	0	0	846	46	21.15	4-47	1	2.97	8	
	WATTS, Andrew (Boland) b Chapeltown, England 4.10.1960 LHB RM
FC			6	9	2	189	57	27.00	0	1	341	15	22.73	4-54	0	2.60	6	
Nsn			1	1	0	13	13	13.00	0	0	27	0				5.40	2	
FC		1982	9	12	3	228	57	25.33	0	1	459	16	28.68	1-28	0	2.83	7	
	WEIDEMAN, Izak Francois Nel (N Transvaal, N Transvaal B) b Johannesburg 19.9.1960 RHB RFM
FC			3	5	2	64	32*	21.33	0	0	216	9	24.00	4-60	0	2.67	1	

	Cmp	Debut	M	I	NO	Runs	HS	Avge	100	50	Runs	Wkts	Avge	BB	5wi	RpO	ct	st
Nsn			2	1	0	3	3	3.00	0	0	47	0				2.93	0	
FC		1980	37	49	9	582	47*	14.55	0	0	2753	122	22.56	6-43	2	3.53	17	
Nsn		1982	9	6	2	30	19	7.50	0	0	198	8	24.75	2-30	0	2.37	6	

WENZLER, Leslie Justin (N Transvaal B) b Johannesburg 5.7.1962 RHB RM

	Cmp	Debut	M	I	NO	Runs	HS	Avge	100	50	Runs	Wkts	Avge	BB	5wi	RpO	ct	st
FC			2	4	0	90	37	22.50	0	0							5	
FC		1981	13	22	1	332	37	15.80	0	0	217	3	72.33	1-2	0	3.00	11	
Nsn		1981	2	1	0	4	4	4.00	0	0							1	

WHITFIELD, Brian Jonathan (Natal) b Durban 14.3.1959 LHB SLA

	Cmp	Debut	M	I	NO	Runs	HS	Avge	100	50	Runs	Wkts	Avge	BB	5wi	RpO	ct	st
FC			6	9	0	280	140	31.11	1	1							2	
Nsn			5	5	0	130	48	26.00	0	0							2	
FC		1977	56	101	9	3117	145*	33.88	6	21	12	0				4.00	44	
Nsn		1980	16	16	2	502	109*	35.85	1	2							6	

WILMOT, Anthony Lorraine (Border) b Somerset East 1.6.1943 RHB RM

	Cmp	Debut	M	I	NO	Runs	HS	Avge	100	50	Runs	Wkts	Avge	BB	5wi	RpO	ct	st
FC			7	12	2	448	108*	44.80	1	2							0	
Nsn			1	1	0	19	19	19.00	0	0							0	
FC		1960	125	225	22	6525	222*	32.14	10	25	788	17	46.35	2-4	0	2.96	100	
Nsn		1969	22	22	2	619	101*	30.95	1	2	201	5	40.20	2-32	0	5.45	5	

WILSON, Garry Douglas (Natal B) b Umtali, Rhodesia 5.1.1962 LHB LM

	Cmp	Debut	M	I	NO	Runs	HS	Avge	100	50	Runs	Wkts	Avge	BB	5wi	RpO	ct	st
FC			1	2	0	18	11	9.00	0	0							1	

WINGREEN, Ivan Michael (W Province B) b Cape Town 23.6.1961 RHB

	Cmp	Debut	M	I	NO	Runs	HS	Avge	100	50	Runs	Wkts	Avge	BB	5wi	RpO	ct	st
FC			6	12	1	283	103	25.72	1	0							3	
FC		1983	18	34	1	1057	103	32.03	1	6	4	0				24.00	14	
Nsn		1984	2	2	0	38	38	19.00	0	0							1	

YACHAD, Mandy (Transvaal, Transvaal B, President's XI) b Johannesburg 17.11.1960 RHB LB

	Cmp	Debut	M	I	NO	Runs	HS	Avge	100	50	Runs	Wkts	Avge	BB	5wi	RpO	ct	st
FC			8	15	0	362	90	24.13	0	2							9	
Nsn			3	3	0	104	74	34.66	0	1							1	
FC		1978	44	84	2	2483	154	30.28	5	12	15	0				3.75	38	
Nsn		1979	11	11	0	248	74	22.54	0	2							5	

AUSTRALIAN XI IN SOUTH AFRICA 1985/86

	ALDERMAN, T.M.	M	I	NO	Runs	HS	Avge	100	50	Runs	Wkts	Avge	BB	5wi	RpO	ct	st
FC		6	7	4	24	19	8.00	0	0	488	23	21.21	4-112	0	2.41	7	
FC	DYSON, J.	8	15	2	577	141	38.46	1	4							7	
FC	FAULKNER, P.I.	5	8	2	226	109	37.66	1	0	334	11	30.36	3-45	0	3.12	1	
FC	HAYSMAN, M.D.	8	13	2	326	125*	29.63	1	0	84	0				3.81	12	
FC	HOGAN, T.G.	7	7	0	169	63	24.14	0	2	618	16	38.62	8-86	1	3.00	11	
FC	HOGG, R.M.	6	6	2	34	13	8.50	0	0	515	21	24.52	5-83	1	2.99	0	
FC	HOHNS, T.V.	6	8	0	206	90	25.75	0	1	395	9	43.88	3-69	0	3.38	1	
FC	HUGHES, K.J.	9	16	3	585	116	45.00	1	4							7	
FC	McCURDY, R.J.	4	4	1	36	17	12.00	0	0	374	14	26.71	5-85	1	3.89	0	
FC	MAGUIRE, J.N.	6	7	3	52	20	13.00	0	0	544	21	25.90	5-58	2	2.96	1	
FC	RACKEMANN, C.G.	7	6	0	31	11	5.16	0	0	849	38	22.34	8-84	2	3.30	1	
FC	RIXON, S.J.	8	11	3	126	28	15.75	0	0							34	2
FC	SHIPPERD, G.	8	15	1	397	79	28.35	0	2							8	1
FC	SMITH, S.B.	6	9	0	394	116	43.77	2	0							2	
FC	TAYLOR, M.D.	9	15	3	668	109	55.66	3	3							7	
FC	YALLOP, G.N.	7	11	1	272	62	27.20	0	2	0	0				0.00	3	

SRI LANKA

First First-Class Match: Dr J.Rockwood's Ceylon XI v W.E.Lucas' Bombay XI
First First-Class Tour to England: 1975
First Test Match: Sri Lanka v England (Colombo) 1981-82
Present First-Class Teams: Only Sri Lankan teams against overseas teams. No domestic matches are considered first-class.

FIRST CLASS RECORDS

Highest Team Total: 549-8 dec West Indians v Ceylon (Colombo) 1966-67
Best in 1985-86: 428-8 dec Sri Lanka v England B (Colombo)

Lowest Team Total: 42 Ceylon Board President's XI v International XI (Colombo) 1967-68
Worst in 1985-86: 101 Sri Lanka v Pakistan (Kandy)

Highest Individual Innings: 285 F.M.M.Worrell Commonwealth v Ceylon (Colombo) 1950-51
Best in 1985-86: 184 C.W.J.Athey England B v Sri Lanka (Galle)

Most Runs In Season: 739 (av 52.78) A.Ranatunga (Sri Lanka) 1985-86

Most Runs In Career: 5,074 (av 36.24) L.R.D.Mendis (Sri Lanka) 1971-72 to date

Best Innings Analysis: 9-18 R.K.Oxenham Australians v Ceylon (Colombo) 1935-36
Best in 1985-86: 6-45 Tauseef Ahmed Pakistan v v Sri Lanka (Kandy)

Most Wickets In Season: 34 (av 14.23) Wasim Raja (Pakistan Under-23) 1973-74
Most in 1985-86: 24 (av 24.00) R.J.Ratnayake (Sri Lanka); 24 (av 30.79) N.G.B.Cook (England B)

Most Wickets In Career: 238 (av 28.21) D.S.De Silva (Sri Lanka) 1966-67 to 1984
Most by Current Bowler: 107 (av 39.18) A.L.F.De Mel (Sri Lanka) 1980-81 date

Record Wicket Partnerships

1st	200	A.F.Rae & G.M.Carew	West Indians v Ceylon (Colombo)	1948-49
2nd	269	Nazar Mohammad & Murrawat Hussain	Pakistan v Ceylon (Colombo)	1948-49
3rd	258*	E.D.Weekes & C.L.Walcott	West Indians v Ceylon (Colombo)	1948-49
4th	240*	A.P.Gurusinha & A.Ranatunga	Sri Lanka v Pakistan (Colombo)	1985-86
5th	301	F.M.M.Worrell & W.H.H..Sutcliffe	Com'wealth v Ceylon (Colombo)	1950-51
6th	184	Javed Miandad & Haroon Rasheed	Pakistanis v President's XI (Kandy)	1975-76
7th	117	P.Vithal & F.E.Kapadia	Bombay v Ceylon (Colombo)	1925-26
8th	123	L.R.D.Mendis & A.L.F.De Mel	President's XI v Tamil Nadu (Colombo)	1982-83
9th	86	S.J.Rhodes & N.G.B.Cook	England B v Sri Lanka (Colombo)	1985-86
10th	110	N.Chanmugam & P.I.Peiris	Ceylon v West Indians (Colombo)	1966-67

Most Wicketkeeping Dismissals in Innings: 6 (5ct 1st) K.V.Bhandakar Holkar v Ceylon (Colombo) 1947-48; 6 (6ct) S.A.R. Silva Sri Lanka v India (Colombo) 1985-86

Most Wicketkeeping Dismissals in Match: 9 (9ct) S.A.R.Silva Sri Lanka v India (Colombo) 1985-86; 9 (8ct 1st) S.A.R.Silva Sri Lanka v India (Colombo) 1985-86

Most Wicketkeeping Dismissals in Season: 25 (23ct 2st) S.A.R.Silva (Sri Lanka) 1985-86

Most Catches by Fielder in Innings: 4 A.L.Waddekar State Bank of India v Prime Minister's XI (Colombo) 1966-67; 4 C.W.J.Athey England B v Sri Lanka (Colombo) 1985-86

Most Catches by Fielder in Match: 6 C.W.J.Athey England B v Sri Lanka (Colombo) 1985-86

Most Catches by Fielder in Season: 13 C.W.J.Athey (England B) 1985-86

Most Catches by Fielder in Career: 60 A.P.B.Tennekon (Sri Lanka) 1965-66 to 1979
Most by Current Fielder: 39 L.R.Mendis (Sri Lanka) 1971-72 to date

1985-86 AND CAREER RECORDS FOR SRI LANKAN PLAYERS

Cmp	Debut	M	I	NO	Runs	HS	Avge	100	50	Runs	Wkts	Avge	BB	5wi	RpO	ct	st
ABEYSEKERA, R.Suraj (SL, President's XI)
FC		2	3	2	65	41*	65.00	0	0	170	3	56.66	2-106	0	2-32	0	
FC	1978	4	5	2	66	41*	22.00	0	0	353	13	27.15	4-55	0	2.09	2	
AHANGAMA, Franklyn Saliya (SL, Colts, President's XI, SL to Pak) b Colombo 14.9.1959 LHB RM
Test		3	3	1	11	11	5.50	0	0	348	18	19.33	5-52	1	2.60	1	
FC		5	4	1	13	11	4.33	0	0	507	23	22.04	5-52	1	2.80	1	
Int	1985	1								23	0				7.66	0	
AMALEAN, Kaushik Naginda (SL, Colts, President's XI) b Ceylon 7.4.1965 RHB RFM
Test		1	1	0	2	2	2.00	0	0	59	3	19.66	3-51	0	3.21	0	
FC		4	3	1	6	3*	3.00	0	0	265	9	29.44	3-51	0	3.14	1	
Int		5	1	0	9	9	9.00	0	0	151	7	21.57	4-46	1	4.08	1	
ANTHONISZ, Stefan Leonard (Colts) b Ceylon 13.4.1963 RHB
FC		1	2	1	33	33*	33.00	0	0							0	
ANURASIRI, Sangarange Don (SL, President's XI, Colts, SL to Sharjah) b Panadura 25.2.1966 RHB SLA
Test		2	2	0	12	8	6.00	0	0	21	0				1.10	0	
FC		6	6	0	21	8	3.50	0	0	370	11	33.63	5-38	1	2.07	2	
Int		6	3	1	9	5	4.50	0	0	111	4	27.75	2-27	0	2.85	3	
FC	1984	11	10	1	26	8	2.88	0	0	734	13	56.46	5-38	1	2.56	5	
Int	1985	7	4	2	11	5	5.50	0	0	151	7	21.57	3-40	0	3.80	3	
BULANKULAME, Dhammika (Colts, President's XI)
FC		2	2	0	63	53	31.50	0	1	0	0				0.00	2	
DE ALWIS, Lucien Ken (Colts) b Colombo 20.1.1962 RHB WK
FC		1	1	0	15	15	15.00	0	0							5	
DE ALWIS, Ronald Guy (SL, President's XI, SL to Sharjah) b Colombo 15.2.1959 RHB WK
Test		2	2	0	28	18	14.00	0	0							8	
FC		4	4	0	77	38	19.25	0	0							14	
Test	1982	7	12	0	130	28	10.83	0	0							17	1
FC	1982	19	25	0	401	74	16.04	0	1							35	3
Int	1982	16	13	4	235	59*	26.11	0	2							16	1
DE MEL, Ashantha Lakdasa Francis (SL, SL to Pak, SL to Sharjah) b Colombo 9.5.1959 RHB RFM
Test		6	8	2	74	23	12.33	0	0	697	22	31.68	5-64	1	3.07	3	
FC		7	9	2	85	23	12.14	0	0	786	23	34.17	5-64	1	3.09	3	
Int		8	4	2	31	16*	15.50	0	0	246	5	49.20	2-40	0	4.24	2	
Test	1981	16	27	5	301	34	13.68	0	0	2061	58	35.53	6-109	3	3.70	9	
FC	1980	40	55	9	871	100*	18.93	1	2	3918	107	36.61	6-109	3	3.57	22	
Int	1981	46	32	8	392	36*	16.33	0	0	1762	56	31.46	5-32	2	4.75	11	
DE SILVA, Ashley Mathew (SL, President's XI) b Colombo 3.12.1963 RHB WK
FC		3	6	1	172	39	34.40	0	0							2	
Int		1	1	0	8	8	8.00	0	0							2	
FC	1984	4	7	1	179	39	29.83	0	0							4	
DE SILVA, Ellewelakankanange Asoka Ranjit (SL, President's XI) b Colombo 28.3.1956 LHB LBG
Test		2	3	3	15	10*		0	0	75	1	75.00	1-37	0	1.70	1	
FC		4	4	4	21	10*		0	0	229	8	28.62	5-85	1	1.62	1	
FC	1983	6	6	4	23	10*	11.50	0	0	355	14	25.35	5-85	1	1.78	1	
DE SILVA, Pinnaduwage Aravinda (SL, Colts, President's XI, SL to Pak, SL to Sharjah)
b Colombo 17.10.1965 RHB RM
Test		6	12	2	263	75	26.30	0	1							5	
FC		8	15	2	344	81	26.46	0	2	27	1	27.00	1-16	0	1.35	7	
Int		9	8	0	130	52	16.25	0	1	31	0				9.30	3	
Test	1984	10	19	2	532	122	31.29	2	1	22	0				4.40	5	
FC	1983	24	35	3	1169	122	36.53	3	7	68	1	68.00	1-16	0	2.34	11	
Int	1983	29	28	4	594	86	24.75	0	5	55	0				6.60	12	
DE SILVA, Sudharma (Colts)
FC		1								88	5	17.60	3-51	0	3.14	1	
DIAS, Roy Luke (SL, SL to Pak, SL to Sharjah) b Colombo 18.10.1952 RHB
Test		4	8	1	310	106	44.28	1	2							0	
FC		5	10	1	330	106	36.66	1	2							0	
Int		8	7	1	132	80	22.00	0	1							1	
Test	1981	16	30	1	1144	109	39.44	3	7							6	
FC	1974	73	122	12	3452	127	31.38	4	19	24	1	24.00	1-9	0	3.00	27	
Int	1979	50	47	4	1435	121	33.37	2	10	70	3	23.33	3-25	0	7.54	15	
FERNANDO, Thewarathantrige Lalithamana (SL, President's XI) b Ceylon 27.12.1962 RHB RM
FC		3	3	0	97	56	32.33	0	1	184	3	61.33	1-45	0	2.83	0	
GUNERATNE, Roshan Punyajith Wijesinghe (SL) b Colombo 26.1.1962 RHB LBG
FC		1	1	0	2	2	2.00	0	0	53	0				3.78	0	
Test	1982	1	2	2	0	0*		0	0	84	0				4.94	0	
FC	1982	4	5	2	9	7*	9.00	0	0	241	2	120.50	2-66	0	4.38	1	
GURUSINHA, Asanka Pradeep (SL, Colts, President's XI, SL to Pak, SL to Sharjah)
b Colombo 16.9.1966 LHB WK RM
Test		2	4	2	187	116*	93.50	1	0							0	
FC		7	11	4	584	116*	83.42	3	2							5	
Int		3	3	0	26	14	8.66	0	0							1	
Test	1985	3	6	2	216	116*	54.00	1	0							2	
FC	1984	10	15	4	738	116*	67.09	4	2							8	
Int	1985	5	5	0	94	68	18.80	0	1							3	

Cmp	Debut	M	I	NO	Runs	HS	Avge	100	50	Runs	Wkts	Avge	BB	5wi	RpO	ct	st
HERATH, Olga (Colts)																	
FC		1	1	0	10	10	10.00	0	0	91	1	91.00	1-50	0	2.93	0	
JAYAWARDENA, Rohana Sanjeeve (Colts) b Colombo 12.5.1964 RHB OB																	
FC		1	1	1	6	6*		0	0	34	0				4.25	0	
FC	1983	4	5	1	40	24	10.00	0	0	167	3	55.66	2-47	0	3.27	1	
JOHN, Vinothen Bede Jeyarajasingham (SL, SL to Pak) b Colombo 27.5.1960 RHB RFM																	
FC		1	2	0	47	25	23.50	0	0	31	0				3.87	0	
Int		3								80	2	40.00	2-26	0	3.48	0	
Test	1982	6	10	5	53	27*	10.60	0	0	614	28	21.92	5-60	2	2.87	2	
FC	1981	20	23	9	127	27*	9.07	0	0	1800	72	25.00	6-58	6	3.14	4	
Int	1982	39	15	5	73	15	7.30	0	0	1424	33	43.15	3-28	0	4.23	4	
JURANGPATHY, Baba Roshan (SL, Colts) b Colombo 25.6.1967 RHB OB																	
Test		1	2	0	1	1	0.50	0	0	24	0				6.00	0	
FC		4	6	1	77	61	15.40	0	1	85	3	28.33	2-20	0	3.03	0	
FC	1984	6	8	1	207	102	29.57	1	1	269	13	20.69	4-46	0	2.83	0	
KALUPERUMA, Sanath Mohan Silva (SL, President's XI) b Colombo 22.10.1961 RHB OB																	
FC		3	4	0	157	70	39.25	0	2	118	3	39.33	2-49	0	2.80	2	
Test	1983	3	6	0	82	23	13.66	0	0	62	2	31.00	2-17	0	2.29	6	
FC	1983	12	18	4	513	132*	36.64	1	3	415	6	69.16	2-17	0	2.70	10	
KURUPPU, Don Sardha Brendon Priyantha (SL) b Colombo 5.1.1962 RHB WK																	
Int		5	4	0	91	34	22.75	0	0							6	1
FC	1982	10	17	1	271	55	16.93	0	1							13	2
Int	1982	21	19	0	384	74	20.21	0	2							11	1
KURUPPUARACHCHI, Ajith Kosala (SL, Colts) b Colombo 1.11.1964 RHB RM																	
Test		1	1	1	0	0*		0	0	85	7	12.14	5-44	1	3.35	0	
FC		5	1	1	0	0*		0	0	341	15	22.73	5-44	1	2.84	0	
MADUGALLE, Ranjan Senerath (SL, President's XI, SL to Pak) b Kandy 22.4.1959 RHB OB																	
Test		3	5	1	177	103	44.25	1	1	10	0				10.00	1	
FC		5	7	2	264	103	52.80	1	2	10	0				5.00	1	
Int		3	3	1	54	50*	27.00	0	1							0	
Test	1981	18	34	4	933	103	31.10	1	6	32	0				2.66	8	
FC	1979	56	84	10	2369	142*	32.01	2	14	135	2	67.50	1-18	0	2.70	34	
Int	1979	42	39	4	686	73	19.60	0	3	1	0				1.50	11	
MAHANAMA, Roshan Siriwardene (SL, Colts, President's XI, SL to Sharjah) b Colombo 31.5.1966 RHB																	
Test		2	4	0	63	41	15.75	0	0							1	
FC		8	14	3	354	67	32.18	0	2							3	
Int		5	4	1	70	22	23.33	0	0							5	
FC	1984	11	18	4	433	67	30.92	0	2							3	
Int	1985	6	5	1	79	22	19.75	0	0							5	
MENDIS, Louis Rohan Duleep (SL, SL to Pak, SL to Sharjah) b Moratuwa 25.8.1952 RHB RM																	
Test		6	10	1	383	124	42.55	1	4							3	
Int		9	8	3	114	29*	22.80	0	0							1	
Test	1981	19	35	1	1164	124	34.23	4	7							7	
FC	1971	92	154	14	5074	194	36.24	10	29	32	1	32.00	1-4	0	3.55	39	1
Int	1975	57	54	6	1061	80	22.10	0	5							10	
PAULPILLAI, Rohan Christopher Anthony (Colts) b Colombo 23.4.1967 LHB OB																	
FC		1	1	0	14	14	14.00	0	0							0	
PERERA, Kahawelage Gamini (SL, Colts, President's XI) b Colombo 22.5.1964 RHB SLA																	
FC		4	2	2	0	0*		0	0	275	8	34.37	4-67	0	2.21	4	
Int		1								15	0				7.50	0	
FC	1983	8	6	3	6	6	2.00	0	0	456	13	35.07	4-67	0	2.31	6	
RAMANAYAKE, Champaka Priyadarshana (SL, Colts, President's XI) b Colombo 8.1.1965 RHB LFM																	
FC		4	4	1	39	25	13.00	0	0	195	9	21.66	3-91	0	2.21	1	
Int		3	2	2	0	0		0	0	65	3	21.66	3-25	0	5.42	0	
RANASINGHE, Sirimewan Keerthi (SL) b Ceylon 4.7.1962 LHB RM																	
FC		2	3	0	78	66	26.00	0	1	48	0				3.16	0	
Int		4	3	0	55	41	18.33	0	0	96	3	32.00	1-28	0	4.57	1	
RANATUNGA, Arjuna (SL, Colts, SL to Pak, SL to Sharjah) b Colombo 1.12.1963 LHB RM																	
Test		6	10	1	501	135*	55.66	2	2	170	4	42.50	1-8	0	2.22	2	
FC		10	16	2	739	135*	52.78	3	4	211	5	42.20	1-8	0	2.38	4	
Int		9	8	2	234	74*	39.00	0	3	154	6	25.66	2-17	0	4.05	1	
Test	1981	18	33	2	1191	135*	38.41	2	8	436	9	48.44	2-17	0	2.55	8	
FC	1981	41	64	7	2191	135*	38.43	4	14	1001	25	40.04	2-15	0	2.70	23	
Int	1981	41	38	5	825	74*	27.50	0	6	1125	27	41.66	3-23	0	4.93	7	
RANATUNGA, Dhammika (SL, Colts, President's XI) b Colombo 12.10.1962 RHB RM																	
FC		5	9	0	211	44	23.44	0	0	11	2	5.50	2-11	0	4.12	3	
FC	1984	6	10	0	222	44	22.20	0	0	11	2	5.50	2-11	0	4.12	4	
RATNAYAKE, Rumesh Joseph (SL, SL to Pak, SL to Sharjah) b Colombo 2.1.1964 RHB RFM																	
Test		4	5	1	17	7	4.25	0	0	516	23	22.43	6-85	2	2.77	2	
FC		5	5	1	17	7	4.25	0	0	576	24	24.00	6-85	2	2.79	2	
Int		7	2	2	44	22*		0	0	232	11	21.09	3-32	0	4.64	1	
Test	1982	11	18	2	195	56	12.18	0	1	1196	37	32.32	6-85	2	3.19	5	
FC	1982	26	33	6	413	56	15.29	0	1	2417	89	27.15	6-65	6	3.23	6	
Int	1982	37	25	10	206	26	17.73	0	0	1443	44	32.79	4-37	1	4.61	4	
RATNAYEKE, Joseph Ravindran (SL, SL to Pak, SL to Sharjah) b Colombo 2.5.1960 LHB RFM																	
Test		3	4	0	56	38	14.00	0	0	208	11	18.90	5-37	1	2.78	0	

Cmp	Debut	M	I	NO	Runs	HS	Avge	100	50	Runs	Wkts	Avge	BB	5wi	RpO	ct	st
FC		5	8	1	143	42*	20.42	0	0	331	14	23.64	5-37	1	2.83	0	
Int		3	2	1	39	26*	39.00	0	0	104	2	52.00	1-32	0	5.47	2	
Test	1981	14	25	5	296	38	14.80	0	0	1192	38	31.36	8-83	3	3.07	1	
FC	1980	40	59	17	806	66	19.19	0	2	2940	88	33.40	8-83	4	3.21	10	
Int	1981	31	25	7	259	50	14.38	0	1	1026	17	60.35	3-34	0	5.40	8	

RODRIGO, Nanayakkara Aluthbaduge Calistus Priyalal (Colts) b Ceylon 14.10.1965 RHB RM

Cmp	Debut	M	I	NO	Runs	HS	Avge	100	50	Runs	Wkts	Avge	BB	5wi	RpO	ct	st
FC		1	1	0	9	9	9.00	0	0	4	1	4.00	1-4	0	1.00	1	

SAMARASEKERA, Maitipage Athula Rohitha (SL, President's XI) b Colombo 5.8.1961 RHB RM

Cmp	Debut	M	I	NO	Runs	HS	Avge	100	50	Runs	Wkts	Avge	BB	5wi	RpO	ct	st
FC		5	7	0	217	110	31.00	1	0	212	4	53.00	1-20	0	2.61	1	
Int		1	1	0	5	5	5.00	0	0	19	0				9.50		
FC	1982	6	9	0	228	110	25.33	1	0	230	5	46.00	1-18	0	2.66	1	
Int	1983	3	3	0	10	5	3.33	0	0	90	0				4.91	1	

SENANAYAKE, Charith Panduka (President's XI) b Colombo 15.12.1962 RHB OB

Cmp	Debut	M	I	NO	Runs	HS	Avge	100	50	Runs	Wkts	Avge	BB	5wi	RpO	ct	st
FC		1	1	0	15	15	15.00	0	0							1	
FC	1982	2	3	0	19	15	6.33	0	0							1	

SILVA, Sampathwaduge Amal Rohitha (SL, Colts, SL to Pak) b Moratuwa 12.12.1960 LHB WK

Cmp	Debut	M	I	NO	Runs	HS	Avge	100	50	Runs	Wkts	Avge	BB	5wi	RpO	ct	st
Test		4	7	1	154	111	25.66	1	0							21	1
FC		6	11	1	242	111	24.20	1	0							23	2
Int		3	3	0	48	36	16.00	0	0							3	1
Test	1982	8	14	2	336	111	28.00	2	0							30	1
FC	1982	20	35	4	1013	161*	32.67	3	2							50	3
Int	1984	20	20	0	441	85	22.05	0	3							17	3

TILLEKERATNE, Hashan Prasanatha (SL, Colts, President's XI) b Colombo 14.7.1967 LHB OB

Cmp	Debut	M	I	NO	Runs	HS	Avge	100	50	Runs	Wkts	Avge	BB	5wi	RpO	ct	st
FC		6	10	4	233	105*	38.83	1	0	38	0				3.80	3	
FC	1984	7	11	4	300	105*	42.85	1	1	38	0				3.80	4	

VONHAGT, Dudley Marlon (SL, Colts) b Kalutara 31.3.1965 RHB RM

Cmp	Debut	M	I	NO	Runs	HS	Avge	100	50	Runs	Wkts	Avge	BB	5wi	RpO	ct	st
FC		4	7	0	159	88	22.71	0	1	12	0				3.00	4	
FC	1983	12	21	1	493	88	24.65	0	3	23	0				3.83	8	
Int	1984	1	1	0	8	8	8.00	0	0							0	

WARNAKULASURIYA, Sumithra (SL, Colts, President's XI) b Maharagama 25.3.1962 RHB RM

Cmp	Debut	M	I	NO	Runs	HS	Avge	100	50	Runs	Wkts	Avge	BB	5wi	RpO	ct	st
FC		6	8	2	441	174*	73.50	1	2	7	0				3.50	3	
FC	1981	16	25	4	789	174*	37.57	1	5	17	0				4.25	7	

WARNAWEERA, Kahakatchchi Patabangige Jayananda (SL) b Ceylon 23.11.1960 LHB RM/OB

Cmp	Debut	M	I	NO	Runs	HS	Avge	100	50	Runs	Wkts	Avge	BB	5wi	RpO	ct	st
Test		1	2	0	3	3	1.50	0	0	26	1	26.00	1-26	0	3.46	0	
FC		3	5	2	7	3*	2.33	0	0	297	15	19.80	5-72	1	2.23		

WEERASINGHE, Colombage Don Udesh Sanjeewa (SL, Colts) b Colombo 1.3.1968 RHB LBG

Cmp	Debut	M	I	NO	Runs	HS	Avge	100	50	Runs	Wkts	Avge	BB	5wi	RpO	ct	st
Test		1	1	0	3	3	3.00	0	0	36	0				1.89		
FC		4	4	2	8	4*	4.00	0	0	358	13	27.47	5-49	2	2.47	2	
FC	1984	5	5	3	10	4*	5.00	0	0	403	13	31.00	5-49	2	2.49	3	

WEERASINGHE, Haputhanthrige Priyaraj Oshadee (Colts) b Colombo 24.1.1963 LHB OB

Cmp	Debut	M	I	NO	Runs	HS	Avge	100	50	Runs	Wkts	Avge	BB	5wi	RpO	ct	st
FC		1	1	1	38	38*		0	0	17	0				2.83		
FC	1982	2	3	1	51	38*	25.50	0	0	88	4	22.00	4-47	0	3.30	2	

WETTIMUNY, Sidath (SL, President's XI, SL to Pak) b Colombo 12.8.1956 RHB RM

Cmp	Debut	M	I	NO	Runs	HS	Avge	100	50	Runs	Wkts	Avge	BB	5wi	RpO	ct	st
Test		6	11	0	169	37	15.36	0	0							4	
FC		9	14	0	447	138	31.92	1	2							6	
Test	1981	20	38	1	1112	190	30.05	2	5	21	0				10.50	9	
FC	1975	51	84	4	2523	190	31.53	5	14	59	2	29.50	1-7	0	2.87	20	
Int	1981	34	32	1	772	86*	24.90	0	4	70	1	70.00	1-13	0	7.36	3	

WICKREMASINGHE, Anguppulige Gamini Dayantha (SL, Colts, President's XI)
b Colombo 27.12.1965 RHB WK

Cmp	Debut	M	I	NO	Runs	HS	Avge	100	50	Runs	Wkts	Avge	BB	5wi	RpO	ct	st
FC		3	3	1	31	29*	15.50	0	0							4	2
FC	1984	4	4	1	35	29*	11.66	0	0							4	2

WICKREMASINGHE, Dileepa C. (SL, Colts, President's XI) RHB

Cmp	Debut	M	I	NO	Runs	HS	Avge	100	50	Runs	Wkts	Avge	BB	5wi	RpO	ct	st
FC		3	4	1	170	87	56.66	0	1							0	

WIJESURIYA, Roger Gerard Christopher Ediriweera (SL, President's XI, SL to Pak)
b Moratuwa 18.2.1960 RHB SLA

Cmp	Debut	M	I	NO	Runs	HS	Avge	100	50	Runs	Wkts	Avge	BB	5wi	RpO	ct	st
FC		1	1	0	21	21	21.00	0	0	91	2	45.50	2-66	0	2.39	0	
Int		3								110	3	36.66	2-56	0	6.47	1	
Test	1981	4	7	2	22	8	4.40	0	0	294	1	294.00	1-68	0	3.01	1	
FC	1978	18	18	6	109	25	9.08	0	0	1437	34	42.26	5-35	1	2.56	12	
Int	1981	8	3	2	18	12*	18.00	0	0	287	8	35.87	2-25	0	5.51	3	

ENGLAND 'B' IN SRI LANKA 1985/86

AGNEW, J.P.
Cmp	M	I	NO	Runs	HS	Avge	100	50	Runs	Wkts	Avge	BB	5wi	RpO	ct
FC	6	4	0	10	9	2.50	0	0	458	17	26.94	3-57	0	2.46	0

ATHEY, C.W.J.
Cmp	M	I	NO	Runs	HS	Avge	100	50	Runs	Wkts	Avge	BB	5wi	RpO	ct
FC	7	11	1	451	184	45.10	1	1	51	2	25.50	2-17	0	4.25	13

BARNETT, K.J.
Cmp	M	I	NO	Runs	HS	Avge	100	50	Runs	Wkts	Avge	BB	5wi	RpO	ct
FC	4	6	2	112	51*	28.00	0	1	52	2	26.00	1-17	0	4.72	1

COOK, N.G.B.
Cmp	M	I	NO	Runs	HS	Avge	100	50	Runs	Wkts	Avge	BB	5wi	RpO	ct
FC	7	7	2	68	39	13.60	0	0	739	24	30.79	6-69	1	2.16	4

COWANS, N.G.
Cmp	M	I	NO	Runs	HS	Avge	100	50	Runs	Wkts	Avge	BB	5wi	RpO	ct
FC	3	2	2	2	2*		0	0	229	7	32.71	6-50	1	2.75	0

	Cmp Debut	M	I	NO	Runs	HS	Avge	100	50	Runs	Wkts	Avge	BB	5wi	RpO	ct	st
FC	GIFFORD, N.	1	1	1	4	4*		0	0	128	7	18.28	4-81	0	2.41	3	
FC	LAWRENCE, D.V.	5	5	1	63	27	15.75	0	0	525	7	75.00	3-50	0	3.62	1	
FC	MOXON, M.D.	4	5	0	110	52	22.00	0	1	15	0				3.00	5	
FC	NICHOLAS, M.C.J.	6	8	1	172	49	24.57	0	0	45	1	45.00	1-17	0	2.50	5	
FC	PRINGLE, D.R.	5	8	3	105	38*	21.00	0	0	273	12	22.75	4-23	0	2.10	2	
FC	RANDALL, D.W.	5	8	1	212	92	30.28	0	2	7	1	7.00	1-7	0	10.50	5	
FC	RHODES, S.J.	7	10	4	292	77*	48.66	0	2							9	3
FC	SLACK, W.N.	6	10	0	431	96	43.10	0	4	15	0				1.87	0	
FC	SMITH, C.L.	6	9	1	419	116	52.37	1	4	72	1	72.00	1-13	0	3.02	1	
FC	TREMLETT, T.M.	5	5	1	27	21	6.75	0	0	302	3	100.66	1-20	0	2.45	3	

INDIA IN SRI LANKA 1985/86

	AMARNATH, M.	M	I	NO	Runs	HS	Avge	100	50	Runs	Wkts	Avge	BB	5wi	RpO	ct
Test		2	4	1	216	116*	72.00	1	1	31	1	31.00	1-31	0	2.06	0
Int		3	2	0	7	5	3.50	0	0	40	1	40.00	1-40	0	5.00	0
Test	AZHARUDDIN, M.	3	6	0	112	43	18.66	0	0							4
FC		5	9	1	265	66	33.12	0	2	24	0				6.00	5
Int		3	3	0	46	26	15.33	0	0							0
Test	BINNY, R.M.H.	1	1	0	19	19	19.00	0	0	49	2	24.50	2-49	0	4.08	1
Int		2	1	1	8	8*		0	0	42	1	42.00	1-42	0	8.39	0
Test	GAVASKAR, S.M.	3	6	1	186	52	37.20	0	2							3
FC		5	9	2	243	52	34.71	0	2	19	0				3.16	4
Int		3	3	2	75	39*	75.00	0	0							0
FC	GHAI, R.S.	2	2	0	2	1	1.00	0	0	101	1	101.00	1-44	0	2.97	0
Test	KAPIL DEV	3	6	0	128	78	21.33	0	1	372	11	33.81	3-74	0	2.86	1
FC		4	7	0	186	78	26.57	0	2	411	13	31.61	3-74	0	2.78	2
Int		3	3	1	42	24	21.00	0	0	93	3	31.00	2-20	0	4.89	2
Test	MANINDER SINGH	2	3	1	3	3	1.50	0	0	212	6	35.33	4-31	0	2.45	2
FC		3	4	2	3	3	1.50	0	0	329	8	41.12	4-31	0	2.44	3
Test	RAJPUT, L.S.	2	4	0	105	61	26.25	0	1							1
FC		4	7	0	174	61	24.85	0	1	19	0				3.80	3
Test	SHARMA, C.	3	5	2	57	38	19.00	0	0	383	14	27.35	5-118	1	3.51	0
FC		5	7	2	72	38	14.40	0	0	483	17	28.41	5-118	1	3.45	0
Int		3	1	0	8	8	8.00	0	0	110	5	22.00	3-50	0	5.68	1
Test	SHARMA, G.	1	2	1	11	10*	11.00	0	0	35	0				2.33	0
FC		3	4	2	25	12	12.50	0	0	161	4	40.25	2-66	0	2.11	1
Int		3								49	2	24.50	1-21	0	3.26	1
Test	SHASTRI, R.J.	3	6	0	157	81	26.16	0	1	270	6	45.00	3-74	0	2.20	1
FC		4	7	0	168	81	24.00	0	1	317	7	45.28	3-74	0	2.06	1
Int		3	3	0	137	67	45.66	0	1	57	2	28.50	1-22	0	5.18	1
Test	SIVARAMAKRISHNAN, L.	1	2	0	39	21	19.50	0	0	117	0				3.07	1
FC		3	4	0	61	21	15.25	0	0	238	4	59.50	3-46	0	2.67	4
Int		1	1	1	1	1*		0	0	38	0				7.60	0
Test	SRIKKANTH, K.	3	6	0	187	64	31.16	0	1							1
FC		5	9	0	233	64	25.88	0	1	30	0				7.50	1
Int		3	3	0	47	29	15.66	0	0							0
Test	VENGSARKAR, D.B.	3	6	1	177	98*	35.40	0	2							3
FC		4	7	1	310	133	51.66	1	2	31	1	31.00	1-31	0	4.42	4
Int		3	3	0	194	89	64.66	0	3							1

	Cmp Debut	M	I	NO	Runs	HS	Avge	100	50	Runs	Wkts	Avge	BB	5wi	RpO	ct	st
	VISWANATH, S.																
Test		3	5	0	31	20	6.20	0	0							11	
FC		5	7	0	92	38	13.14	0	0							15	1
Int		3	1	1	7	7*		0	0							1	

NEW ZEALAND IN SRI LANKA 1985/86

	M	I	NO	Runs	HS	Avge	100	50	Runs	Wkts	Avge	BB	5wi	RpO	ct
BLAIN, T.E.															
Int	2	2	1	25	25*	25.00	0	0							0
BLAIR, B.R.															
Int	1	1	0	0	0	0.00	0	0							1
BRACEWELL, J.G.															
Int	2	2	2	31	16*		0	0	83	1	83.00	1-42	0	4.88	0
CHATFIELD, E.J.															
Int	1								18	1	18.00	1-18	0	2.00	0
CROWE, J.J															
Int	2	2	0	63	42	31.50	0	0							2
CROWE, M.D.															
Int	2	2	0	79	75	39.50	0	1	21	0				7.00	1
GRAY, E.J.															
Int	2	1	0	1	1	1.00	0	0	47	1	47.00	1-32	0	3.35	2
McSWEENEY, E.B.															
Int	1														2
ROBERTSON, G.K.															
Int	2	1	0	7	7	7.00	0	0	65	0				4.33	0
RUTHERFORD, K.R.															
Int	2	2	0	43	34	21.50	0	0							0
SNEDDEN, M.C.															
Int	2	1	1	2	2*		0	0	82	5	16.40	3-26	0	4.92	1
WATSON, W.															
Int	1								15	3	5.00	3-15	0	1.66	0
WRIGHT, J.G.															
Int	2	2	0	66	42	33.00	0	0							0

PAKISTAN IN SRI LANKA 1985/86

	M	I	NO	Runs	HS	Avge	100	50	Runs	Wkts	Avge	BB	5wi	RpO	ct
ABDUL QADIR															
Test	2	2	0	31	20	15.50	0	0	174	5	34.80	3-29	0	2.65	0
Int	6	4	1	56	30	18.66	0	0	167	11	15.18	3-23	0	4.19	3
IMRAN KHAN															
Test	3	4	0	48	33	12.00	0	0	270	15	18.00	4-69	0	2.32	4
FC	4	5	0	86	38	17.20	0	0	301	17	17.70	4-69	0	2.22	6
Int	5	3	0	46	21	15.33	0	0	49	2	24.50	1-12	0	2.88	4
JAVED MIANDAD															
Test	3	4	0	63	36	15.75	0	0							3
FC	4	6	0	119	43	19.83	0	0							3
Int	6	6	2	214	68	53.50	0	2							4
MANZOOR ELAHI															
Int	3	3	0	70	37	23.33	0	0	85	4	21.25	3-22	0	3.14	1
MOHSIN KAMAL															
Test	1	2	2	14	13*		0	0	52	2	26.00	2-52	0	3.46	0
FC	3	2	2	14	13*		0	0	215	3	71.66	2-52	0	4.21	1
Int	1					-			47	4	11.75	4-47	1	5.87	0
MOHSIN KHAN															
Test	3	4	0	50	35	12.50	0	0	-						2
FC	4	6	1	163	101*	32.60	1	0							4
Int	6	6	0	167	59	27.83	0	1							1
MUDASSAR NAZAR															
Test	3	4	0	93	81	23.25	0	1	84	1	84.00	1-36	0	2.70	2
FC	4	6	0	114	81	19.00	0	1	135	1	135.00	1-36	0	3.13	2
Int	6	6	0	142	41	23.66	0	0	66	1	66.00	1-49	0	6.60	0
QASIM UMAR															
Test	3	4	0	85	52	21.25	0	1							1
FC	5	7	0	165	62	23.57	0	2	5	0				5.00	1
Int	1	1	0	16	16	16.00	0	0							0
RAMEEZ RAJA															
Test	3	4	0	178	122	44.50	1	0							4
FC	5	7	2	323	122	64.60	1	2							4
Int	6	6	2	72	26	18.00	0	0							1
RIZWAN-UZ-ZAMAN															
FC	1	1	0	18	18	18.00	0	0	5	0				0.71	0

Cmp	Debut	M	I	NO	Runs	HS	Avge	100	50	Runs	Wkts	Avge	BB	5wi	RpO	ct	st
SALEEM MALIK																	
Test		3	4	0	155	54	38.75	0	1	2	0				1.00	2	
FC		5	6	0	278	106	46.33	1	1	3	0				0.75	3	
Int		5	3	0	56	32	18.66	0	0	19	0				6.33	1	
SALEEM YOUSUF																	
FC		2	1	0	1	1	1.00	0	0							1	
SHOAIB MOHAMMAD																	
FC		1	1	0	8	8	8.00	0	0							0	
TAUSEEF AHMED																	
Test		2	3	1	24	23*	12.00	0	0	117	9	13.00	6-45	1	3.00	0	
FC		3	4	2	38	23*	19.00	0	0	151	10	15.10	6-45	1	2.43	0	
Int		4	1	1	0	0*		0	0	75	2	37.50	1-27	0	5.76	1	
WASIM AKRAM																	
Test		3	4	0	30	19	7.50	0	0	204	8	25.50	4-55	0	2.09	0	
FC		5	5	0	34	19	6.80	0	0	291	12	24.25	4-55	0	2.02	1	
Int		6	4	1	45	24	15.00	0	0	130	6	21.66	4-28	1	3.67	1	
ZAKIR KHAN																	
Test		1	1	1	0	0*		0	0	150	3	50.00	3-80	0	3.33	0	
FC		3	3	2	3	3	3.00	0	0	275	7	39.28	3-80	0	2.92	0	
Int		5	2	1	6	5*	6.00	0	0	134	6	22.33	3-34	0	4.78	0	
ZULQARNAIN																	
Test		3	4	0	24	13	6.00	0	0							8	2
FC		4	5	1	24	13	6.00	0	0	3	0				3.00	9	2
Int		6	2	2	12	11*		0	0							10	1

WEST INDIES

First First-Class Match: Barbados v Demerara (Bridgetown) 1864-65

First First-Class Tour to England: 1906

First Test Match: England v West Indies (Lord's) 1928

Present First-Class Teams: Barbados, Guyana, Jamaica, Leeward Is, Trinidad & Tobago, Windward Is. The Finals of the Beaumont Cup (not played in 1985-86) and the Guystac Trophy (formerly Jones Cup) are also ranked first-class.

First-Class Competition: Shell Shield instituted in 1965-66

Shell Shield Champions 1985-86: Barbados

FIRST CLASS RECORDS

Highest Team Total: 849 England v West Indies (Kingston) 1929-30
Best in 1985-86: 503-8 dec Leeward Is v Trinidad (Basseterre); 502-7 dec Guyana v Windward Is (Berbice); 474 West Indies v England (St John's); 418 West Indies v England (Bridgetown); 409 England XI v Leeward Is (St John's)

Lowest Team Total: 16 Trinidad v Barbados (Bridgetown) 1941-42
Worst in 1985-86: 41 Guyana v Jamaica (Kingston); 77 Leeward Is v Jamaica (Kingston); 94 Windward Is v Barbados (Bridgetown); 94 England XI v Windward Is (Arnos Vale); 98 Jamaica v Windward Is (Arnos Vale)

Highest Individual Innings: 365* G.St A.Sobers West Indies v Pakistan (Kingston) 1957-58
Best in 1985-86: 200* T.Mohamed Guyana v Windward Is (Berbice); 179 C.A.Best Barbados v Trinidad (Bridgetown); 168* H.A.Gomes Trinidad v Guyana (Pointe-a-Pierre); 165 R.M.Otto Leeward Is v Trinidad (Basseterre); 160 R.B.Richardson West Indies v Guyana (Bridgetown)

Most Runs In Season: 1,765 (av 135.76) E.H.Hendren (MCC) 1929-30
Most in 1985-86: 914 (av 60.93) D.L.Haynes (Barbados); 640 (av 45.71) C.A.Best (Barbados); 578 (av 44.46) C.G.Greenidge (Barbados); 575 (av 38.33) R.B.Richardson (Leeward Is); 518 (av 51.80) I.V.A.Richards (Leeward Is)

Most Runs In Career: 31,232 (av 49.26) C.H.Lloyd (Guyana, Lancashire) 1963-64 to date;
Most by Current Batsmen: 31,074 (av 45.76) C.G.Greenidge (Hampshire, Barbados) 1970 to date; 28,533 (av 49.97) I.V.A.Richards (Leeward Is, Somerset) 1971-72 to date; 12,353 (av 41.45) H.A.Gomes (Trinidad, Middlesex) 1971-72 to date; 9,162 (av 43.42) D.L.Haynes (Barbados) 1976-77 to date; (Lloyd did not play in West Indies in 1985-86, but appeared for Lancashire in 1986)

Best Innings Analyses: 10-175 E.E.Hemmings International XI v West Indies XI (Kingston) 1982-83; 10-36 F.Hinds A.B.St Hill's XI v Trinidad (Port of Spain) 1901-02 (12-a-side)
Best in 1985-86: 8-92 C.A.Walsh Jamaica v Guyana (Kingston); 7-24 B.P.Patterson Jamaica v Guyana (Kingston); 7-75 C.A.Walsh Jamaica v Windward Is (Arnos Vale); 6-19 S.J.Hinds Windward Is v Jamaica (Arnos Vale); 6-28 J.Garner Barbados v Leeward Is (Charlestown)

Most Wickets In Season: 80 (av 12.46) E.M.Dowson (R.A.Bennett's XI) 1901-02
Most in 1985-86: 57 (av 15.19) J.Garner (Barbados); 50 (av 16.70) M.D.Marshall (Barbados); 41 (av 19.82) B.P.Patterson (Jamaica); 39 (av 17.43) C.A.Walsh (Jamaica); 24 (av 17.44) C.G.Butts (Guyana)

Most Wickets In Career: 1,043 (av 27.74) G.St A.Sobers (Barbados, South Australia, Notts) 1952-53 to 1973-74; (J.N.Shepherd with 1,155 (av 27.52) (Barbados, Kent, Rhodesia, Gloucs) 1964-65 to 1985 should be noted, but he played little West Indian cricket).
Most by Current Bowler: 1,017 (av 17.87) M.D.Marshall (Barbados, Hampshire) 1977-78 to date; 835 (av 18.52) J.Garner (Barbados, South Australia, Somerset) 1975-76 to date; 612 (av 22.97) M.A.Holding (Jamaica, Lancs, Derbyshire, Tasmania) 1972-73 to date; 388 (av 22.19) C.A.Walsh (Jamaica, Gloucs) 1981-82 to date; W.W.Daniel (833, av 21.82) did not play due to injury in 1985-86, but played for Middlesex in 1986.

Record Wicket Partnerships

1st	390	G.L.Wight & G.L.Gibbs	Br Guiana v Barbados (Georgetown)	1951-52
2nd	446	C.C.Hunte & G.St A.Sobers	West Indies v Pakistan (Kingston)	1957-58
3rd	434	J.B.Stollmeyer & G.E.Gomez	Trinidad v Br Guiana (Pt of Spain)	1946-47
4th	574*	C.L.Walcott & F.M.M.Worrell	Barbados v Trinidad (Port of Spain)	1945-46
5th	327	P.Holmes & W.E.Astill	MCC v Jamaica (Kingston)	1925-26
6th	487*	G.Headley & C.C.Passaillaigue	Jamaica v Tennyson's XI (Kingston)	1931-32
7th	347	D.St E.Atkinson & C.C.Depeiza	W Indies v Australia (Bridgetown)	1954-55
8th	255	E.A.V.Williams & E.A.Martindale	Barbados v Trinidad (Bridgetown)	1935-36
9th	155*	A.Persaud & K.C.Glasgow	Demerara v Berbice (Berbice)	1976-77
10th	167	A.W.F.Somerset & W.C.Smith	MCC v Barbados (Bridgetown)	1912-13

Highest Partnerships in 1985-86

1st	166	C.G.Greenidge & D.L.Haynes	Barbados v Leeward Is (Charlestown)
2nd	203	L.L.Lawrence & E.E.Lewis	Leeward Is v Barbados (Charlestown)
3rd	141	C.A.Best & T.R.O.Payne	Barbados v Guyana (Essequibo)
4th	147	M.W.Gatting & A.J.Lamb	England XI v Jamaica (Kingston)
5th	237	R.M.Otto & I.V.A.Richards	Leeward Is v Trinidad (Basseterre)
6th	160	T.Mohamed & R.A.Harper	Guyana v Windward Is (Berbice)
7th	109	D.I.Mohammed & R.Nanan	Trinidad v Windward Is (Roseau)
8th	89	N.C.Guishard & W.K.Benjamin	Leeward Is v England XI (St John's)
9th	72	D.Williams & A.H.Gray	Trinidad v Leeward Is (Basseterre)
10th	72	R.M.Ellison & J.G.Thomas	England v West Indies (Port of Spain)

Most Wicketkeeping Dismissals In Innings: 6 (3ct 3st) A.P.Binns Jamaica v British Guiana (Georgetown) 1952-53; 6 (4ct 2st) R.A.Pinnock Jamaica v Trinidad (Port of Spain) 1969-70; 6 (3ct 3st) T.M.Findlay Windward Is v Leeward Is (Roseau) 1971-72; 6 (6ct) M.C.Worrell Barbados v Leeward Is (Bridgetown) 1984-85; 6 (5ct 1st) T.R.O.Payne Barbados v England XI (Bridgetown) 1985-86
Most in 1985-86: See Payne above, then: 5 (5ct) P.J.L.Dujon West Indies v England (Bridgetown); 4 (4ct) P.J.L.Dujon Jamaica v Barbados (Bridgetown)

Most Wicketkeeping Dismissals In Match: 9 (7ct 2st) T.M.Findlay Combined Islands v Guyana (Berbice) 1973-74
Most in 1985-86: 7 (5ct 2st) P.J.L.Dujon West Indies v England (Bridgetown); 6 (6ct) P.J.L.Dujon Jamaica v Barbados (Bridgetown); 6 (5ct 1st) T.R.O.Payne Barbados v England XI (Bridgetown)

Most Wicketkeeping Dismissals In Season: 33 (31ct 2st) P.J.L.Dujon (Jamaica) 1982-83; 33 (33ct) P.J.L.Dupon (Jamaica) 1985-86
Most in 1985-86: See Dujon above, then: 20 (16ct 4st) T.R.O.Payne (Barbados); 15 (10ct 5st) P.R.Downton (England); 11 (10ct 1st) M.V.Simon (Leeward Is); 9 (5ct 4st) D.Williams (Trinidad)

Most Wicketkeeping Dismissals In Career: 849 (741ct 108st) D.L.Murray (Trinidad, Notts, Warwicks) 1960-61 to 1980-81
Most by Current Wicketkeeper: 236 (225ct 11st) P.J.L.Dujon (Jamaica) 1974-75 to date; 185 (149ct 36st) M.R.Pydanna (Guyana) 1970-71 to date; 77 (71ct 6st) T.R.O.Payne (Barbados) 1978-79 to date; 76 (67ct 9st) I.Cadette (Windward Is) 1976-77 to date; 56 (53ct 3st) M.C.Worrell (Barbados) 1982-83 to date

Most Catches By Fielder In Innings: 5 T.N.Peirce Barbados v Trinidad (Bridgetown) 1941-42; 5 O.M.Durity Trinidad v Guyana (Georgetown) 1970-71; 5 O.M.Durity South Trinidad v North Trinidad (Point-a-Pierre) 1971-72; 5 G.S.Camacho Demerara v Berbice (Georgetown) 1971-72; 5 I.V.A.Richards Leeward Is v Barbados (Basseterre) 1981-82
Most in 1985-86: 4 C.A.Davidson Jamaica v Barbados (Bridgetown)

Most Catches By Fielder In Match: 7 T.N.Peirce Barbados v Trinidad (Bridgetown) 1941-42
Most in 1985-86: 5 M.A.Holding Jamaica v Guyana (Kingston); 4 C.A.Davidson Jamaica v Barbados (Bridgetown); 4 R.A.Harper Guyana v Windward Is (Berbice); 4 D.I.Kallicharran Guyana v Windward Is (Berbice)

Most Catches By Fielder In Season: 19 F.H.Hollins (R.A.Bennett's XI) 1901-02; 19 R.B.Simpson (Australians) 1964-65.
Most in 1985-86: 13 R.A.Harper (Guyana); 12 C.A.Best (Barbados); 10 G.A.Gooch (England); 10 M.A.Holding (Jamaica); 9 C.G.Greenidge (Barbados)

Most Catches By Fielder In Career: 441 C.G.Greenidge (Barbados, Hampshire) 1970 to date.
Most by Current Fielder: See Greenidge above, then: 354 I.V.A.Richards (Leeward Is, Somerset) 1971-72 to date; 132 R.A.Harper (Guyana, Northants) 1979-80 to date; 122 J.Garner (Barbados, Somerset) 1975-76 to date; C.H.Lloyd (377) did not play in West Indies in 1985-86, but appeared for Lancashire in 1986.

Domestic Limited Overs Records

Highest Team Totals: 327-7 (50 overs) Guyana v Leeward Is (St Johns) 1979-80; 295-2 (50 overs) Trinidad v Jamaica (Pointe-a-Pierre) 1981-82
Best in 1985-86: 276-3 (45 overs) Barbados v Windward Is (Bridgetown)

Lowest Team Totals: 68 (20.4 overs) Jamaica v Barbados (Bridgetown) 1981-82; 71 (33.4 overs) Barbados v Trinidad (Port of Spain) 1979-80; 83 (25 overs) Jamaica v Guyana (Georgetown) 1982-83

Highest Individual Innings: 145* E.A.Lewis Leeward Is v Barbados (Bridgetown) 1984-85; 129 M.A.Lynch Guyana v Barbados (Bridgetown) 1982-83; 124* R.A.Austin Jamaica v Leeward Is (Kingston) 1981-82
Best in 1985-86: 100* T.R.O.Payne Barbados v Windward Is (Bridgetown). 13 hundreds have been scored in the competition, L.C.Sebastien making 2.

Most Runs in Season: 202 (av 50.50) L.C.Sebastien (Windward Is) 1981-82
Most in 1985-86: 132 (av 132.00) T.R.O.Payne (Barbados)

Most Runs in Career: 715 (av 35.75) L.C.Sebastien (Windward Is) 1975-76 to date; 710 (av 37.36) D.L.Haynes (Barbados) 1976-77 to date; 592 (av 32.88) H.A.Gomes (Trinidad) 1975-76 to date

Best Innings Analyses: 5-18 G.E.Charles Guyana v Jamaica (Georgetown) 1982-83; 5-22 J.Garner Barbados v Leeward Is (Bridgetown) 1976-77; 5-24 M.L.C.Foster Jamaica v Barbados (Bridgetown) 1975-76. Five wickets in an Innings has been achieved on 14 occasions.
Best in 1985-86: 4-26 A.G.Daley Jamaica v Guyana (Kingston)

Most Economical Analysis: 10-6-5-4 D.R.Parry Leeward Is v Barbados (St Johns) 1981-82

Most Expensive Analysis: 10-1-82-1 D.J.Collymore Windward Is v Barbados (Bridgetown) 1985-86

Most Wickets in Season: 12 (av 8.66) G.E.Charles (Guyana) 1982-83
Most in 1985-86: 8 (av 11.50) A.G.Daley (Jamaica)
Most Wickets in Career: 34 (av 17.55) R.Nanan (Trinidad) 1976-77 to date; 25 (av 11.48) J.Garner (Barbados) 1976-77 to date

Record Wicket Partnerships

1st	121	R.S.Gabriel & P.V.Simmons	Trin v Wind'd Is (Pointe-a-Pierre)	1982-83
2nd	162	R.S.Gabriel & H.A.Gomes	Trin v Jamaica (Pointe-a-Pierre)	1981-82
3rd	172	T.A.Hunte & T.R.O.Payne	Barbados v Wind'd Is (Bridgetown)	1985-86
4th	131	H.A.Gomes & T.Cuffy	Trin v Windward Is (Port of Spain)	1976-77
5th	103	R.L.Skeete & C.S.Beckles	Barbados v Windward Is (Roseau)	1977-78

6th	113	E.N.Trotman & D.A.J.Holford	Barbados v Guyana (Georgetown)	1976-77
7th	82	D.I.Kallicharran & K.Singh	Guyana v Jamaica (Georgetown)	1982-83
8th	63	K.Singh & W.H.F.White	Guyana v Jamaica (Kingston)	1981-82
9th	60*	C.G.Butts & R.F.Joseph	Guyana v Jamaica (Kingston)	1985-86
10th	58	D.A.Murray & W.W.Daniel	Barbados v Trinidad (Bridgetown)	1980-81

Most Wicketkeeping Dismissals in Innings: 4 (4ct) R.L.Skeete Barbados v Trinidad (Port of Spain) 1979-80; 4 (3ct 1st) D.L.Murray Trinidad v Barbados (Bridgetown) 1980-81

Most Wicketkeeping Dismissals in Season: 8 (7ct 1st) D.L.Murray (Trinidad) 1980-81

Most Wicketkeeping Dismissals in Career: 25 (16ct 9st) M.R.Pydanna (Guyana) 1977-78 to date

Most Catches By Fielder in Innings: 4 K.G.d'Heurieux Trinidad v Barbados (Port of Spain) 1979-80

Most Catches By Fielder in Season: 5 D.L.Haynes (Barbados) 1981-82; 5 A.G.Daley (Jamaica) 1985-86

Most Catches By Fielder in Career: 14 A.L.Kelly (Leeward Is) 1975-76 to date

Most Appearances in Domestic Limited Overs Matches: 24 R.Nanan (Trinidad) 1976-77 to date; 24 L.C.Sebastien (Windward Is) 1975-76 to date.

TERRITORIAL CHAMPIONS

From 1892-93 to 1938-39 Barbados, Demerara (British Guiana) and Trinidad competed in an inter-colonial tournament. Because of distance, Jamaica did not participate. The winners of the tournament were.

1892-93	Barbados	1909-10	Trinidad	1928-29	Trinidad
1895-96	Demerara	1910-11	Barbados	1929-30	British Guiana
1897-98	Barbados	1911-12	Barbados	1931-32	Trinidad
1899-00	Barbados	1921-22	No Result	1933-34	Trinidad
1901-02	Trinidad	1922-23	Barbados	1934-35	British Guiana
1903-04	Trinidad	1923-24	Barbados	1935-36	British Guiana
1905-06	Barbados	1924-25	Trinidad	1936-37	Trinidad
1907-08	Trinidad	1925-26	Trinidad	1937-38	British Guiana
1908-09	Barbados	1926-27	Barbados	1938-39	Trinidad

Shell Shield

The present first-class competition, The Shell Shield for Caribbean Regional Cricket Tournament, began in 1965-66, there having been several one-off tournaments between 1938-39 and the founding of the Shell Shield. The Shield winners have been:

1965-66	Barbados	1973-74	Barbados	1979-80	Barbados
1966-67	Barbados	1974-75	Guyana	1980-81	Combined Islands
1967-68	Barbados	1975-76	Barbados	1981-82	Barbados
1968-69	Jamaica		Trinidad	1982-83	Guyana
1969-70	Trinidad	1976-77	Barbados	1983-84	Barbados
1970-71	Trinidad	1977-78	Barbados	1984-85	Trinidad & Tobago
1971-72	Barbados	1978-79	Barbados	1985-86	Barbados
1972-73	Guyana				

Domestic Limited Overs Competitions

Sponsored by Gillette for the first two seasons and Geddes Grant/Harrison Line since 1977-78, the competition is played on a zonal basis with three teams in each zone. The zonal winners contest the final, making seven matches per season. There has been one exception to this formula; in 1981-82 the competition was played on a league basis with the top two teams in the Qualifying Table playing a knock-out Final. 16 matches were played. The overs limit per innings has remained 50 throughout.

Cup Final Results

Gillette Cup
1975-76 Barbados 191 (49.3 overs) beat Trinidad 148 (39.5 overs) by 43 runs
1976-77 Barbados 97-2 (27 overs) beat Trinidad 95 (33.3 overs) by 8 wkts

Geddes Grant/Harrison Line Trophy
1977-78 Jamaica and Leeward Islands shared Trophy - match abandoned: waterlogged pitch
1978-79 Trinidad 214-9 (50 overs) beat Barbados 158 (47.1 overs) by 56 runs
1979-80 Guyana 327-7 (50 overs) beat Leeward Is 224 (41.1 overs) by 103 runs
1980-81 Trinidad 128-6 (42 overs) beat Barbados 127 (49 overs) by 4 wkts
1981-82 Leeward Is 95-5 (29.3 overs) beat Barbados 94 (37.5 overs) by 5 wkts
1982-83 Guyana 211-8 (41 overs) beat Jamaica 83 (25 overs) by 128 runs
1983-84 Jamaica 213-7 (41.2 overs) beat Leeward Is 212-9 (42 overs) by 3 wkts
1984-85 Guyana 140-5 (41 overs) beat Jamaica 139 (46.1 overs) by 5 wkts
1985-86 At St John's: Jamaica 173-4 (34.3 overs) (M.C.Neita 67) beat Leeward Is 169-8 (39 overs) (I.V.A.Richards 60) by 6 wkts. Man of the Match: M.C.Neita (Jamaica)
Zonal Results 1985-86. Zone A Jamaica beat Guyana by 6 wkts; Trinidad beat Guyana by 7 wkts; Jamaica beat Trinidad by 49 runs. Zone B Leeward Is beat Windward Is by 5 wkts; Barbados beat Windward Is by 146 runs; Leeward Is beat Barbados by 3 wkts.

Table of Results 1975-76 to 1985-86

	P	W	L	NR	Winners	R-up
Barbados	30	16	13	1	2	3
Jamaica	30	15	13	2	3*	2
Trinidad & Tobago	29	14	13	2	2	2
Leeward Is	30	13	11	6	2*	3
Guyana	28	13	9	6	3	0
Windward Is	25	5	17	3	0	0

* includes one shared Trophy in 1977-78

1985-86 AND CAREER RECORDS FOR WEST INDIAN PLAYERS

	Cmp	Debut	M	I	NO	HS	Runs	Avge	100	50	Runs	Wkts	Avge	BB	5wi	RpO	ct	st
	ADAMS, James Clive (Jamaica)								b Jamaica 9.1.1968			LHB SLA						
FC			1	2	0	16	13	8.00	0	0	63	2	31.50	2-50	0	2.86	2	
GG			1														2	
FC		1984	4	7	1	117	40	19.50	0	0	204	7	29.14	2-26	0	2.45	4	
GG		1984	2	1	0	9	9	9.00	0	0							2	
	AMBROSE, Elcon Lindwall Curtley (Leeward Is)								b Antigua 21.9.1963			RHB RFM						
FC			1	1	1	0	0*		0	0	140	4	35.00	2-61	0	3.68	0	
GG			1								32	1	32.00	1-32	0	3.20	0	
	ANGUS, J. (Berbice)																	
FC			1	2	0	25	18	12.50	0	0	50	1	50.00	1-50	0	1.92	1	
FC		1980	3	5	0	27	18	5.40	0	0	131	4	32.75	2-6	0	2.62	2	
GG		1979	2	1	0	10	10	10.00	0	0	67	3	22.33	2-36	0	3.94	1	
	ANTOINE, Giles Sydney (Trinidad)								b Trinidad 24.5.1958			RHB RF						
FC			1	2	2	9	6*		0	0	95	1	95.00	1-95	0	5.58	0	
GG			1								26	0				5.20	0	
FC		1982	11	18	8	107	17	10.70	0	0	982	24	40.91	4-42	0	4.19	2	
GG		1982	5	3	0	39	22	13.00	0	0	166	2	83.00	1-14	0	4.72	1	
	ARTHURTON, Keith Lloyd Thomas (Leeward Is)								b Nevis 21.2.1965			LHB SLA						
FC			2	3	0	33	13	11.00	0	0							1	
GG			1	1	0	36	36	36.00	0	0							0	
	BAMFIELD, Stephen (Guyana, Demerara)								b Guyana 23.5.1950			RHB WK						
FC			3	6	0	162	83	27.00	0	1							8	
FC		1971	19	33	2	801	100	25.83	1	5							36	4
GG		1976	2	2	0	7	5	3.50	0	0							0	
	BAPTISTE, Eldine Ashworth Elderfield (Leeward Is, Kent)								b Liberta, Antigua 12.3.1960			RHB RFM						
FC			1	2	0	71	58	35.50	0	1	24	1	24.00	1-24	0	1.84	0	
GG			2	1	0	1	1	1.00	0	0	79	3	26.33	2-32	0	4.64	0	
Test		1983	9	10	1	224	87*	24.88	0	1	486	15	32.40	3-31	0	2.38	2	
FC		1981	108	154	23	3725	136*	28.43	3	17	7312	268	27.28	6-42	7	2.97	54	
Int		1983	29	10	2	119	28*	14.87	0	0	989	27	36.62	2-10	0	4.02	4	
GG		1981	10	6	1	50	32	10.00	0	0	354	20	17.70	5-45	1	4.16	3	
	BARRETT, H. (Jamaica)																	
GG			1								38	1	38.00	1-38	0	4.22	0	
GG		1983	2								77	2	38.50	1-38	0	4.52	0	
	BENJAMIN, Winston Keithroy Matthew (Leeward Is, Leics)								b All Saints, Antigua 31.12.1964			RHB RF						
FC			5	7	1	96	30	16.00	0	0	400	16	25.00	5-47	1	2.52	2	
GG			3	1	1	21	21*		0	0	86	2	43.00	2-37	0	4.09	0	
FC		1985	26	29	12	515	95*	30.29	0	3	2002	69	29.01	6-33	4	3.10	11	

210

Cmp	Debut	M	I	NO	Runs	HS	Avge	100	50	Runs	Wkts	Avge	BB	5wi	RpO	ct	st

BEST, Carlisle Alonza (Barbados, WI) b Barbados 14.5.1959 RHB RM/OB
Test		3	4	1	78	35	26.00	0	0							4	
FC		9	15	1	640	179	45.71	2	2	75	1	75.00	1-20	0	3.06	12	
Int		1	1	0	10	10	10.00	0	0						-	0	
GG		2	2	0	85	45	42.50	0	0	25	1	25.00	1-25	0	8.33	1	
FC	1979	32	55	5	2031	179	40.62	5	8	127	3	42.33	1-7	0	2.97	41	
GG	1979	10	10	0	222	50	22.20	0	1	76	2	38.00	1-25	0	8.44	4	

BHANSINGH, L. (Berbice)
| FC | | 1 | 2 | 0 | 13 | 10 | 6.50 | 0 | 0 | 17 | 0 | | | | 5.66 | 1 | |

BODOE, Mahadeo (Trinidad) b Trinidad 3.12.1966 RHB SLA
FC		1	1	0	9	9	9.00	0	0	19	0				3.80	2	
FC	1984	3	4	0	48	26	12.00	0	0	79	0				2.25	3	
GG	1984	1	1	1	13	13*		0	0							1	

BROOMES, Noel Da Costa (Barbados) b Barbados 23.12.1956 LHB SLA
FC		3	3	2	11	11*	11.00	0	0	145	2	72.50	2-74	0	2.37	2	
GG		2	1	0	0	0	0.00	0	0	54	2	27.00	2-16	0	2.70	2	
FC	1982	7	8	3	60	18	12.00	0	0	367	5	73.40	2-74	0	2.51	5	
GG	1982	5	3	2	7	4*	7.00	0	0	127	4	31.75	2-16	0	2.88	2	

BUTTS, Clyde Godfrey (Guyana, Demerara) b Perseverance 8.7.1957 RHB OB
FC		6	9	2	107	33	15.28	0	0	593	34	17.44	6-57	3	2.16	3	
GG		2	2	1	39	37*	39.00	0	0	42	1	42.00	1-19	0	2.33	0	
Test	1984	1	1	0	9	9	9.00	0	0	113	0				2.40	0	
FC	1980	34	48	10	607	51	15.97	0	1	3639	164	22.18	7-56	14	2.19	14	
GG	1983	7	5	3	70	37*	35.00	0	0	188	10	18.80	4-25	1	2.80	1	

CADETTE, Ignatius (Windward Is) b St Lucia 3.3.1957 RHB WK
FC		5	9	1	253	84	28.11	0	1							4	1
GG		2	1	1	18	18*		0	0							1	
FC	1976	40	61	6	897	84	16.30	0	2							67	9
GG	1978	16	11	3	131	24	16.37	0	0							14	1

CHARLES, Garfield Evan (Demerara) b Guyana 20.10.1963 RHB RFM
FC		1	2	1	37	37	37.00	0	0	79	2	39.50	1-39	0	4.64	2	
FC	1982	12	16	4	215	37	17.91	0	0	817	21	38.90	7-105	1	3.44	12	
GG	1982	6	4	3	60	49	60.00	0	0	197	17	11.58	5-18	2	4.47	2	

CHARLES, Julian Desmond (Windward Is) b St Lucia 3.5.1961 RHB LBG
FC		5	10	0	265	114	26.50	1	1	8	0				1.60	5	
GG		2	1	0	0	0	0.00	0	0							1	
FC	1982	16	27	1	490	114	18.84	1	1	122	1	122.00	1-11	0	2.93	16	
GG	1983	6	3	0	19	11	6.33	0	0							1	

COLLYMORE, Desmond John (Windward Is) b St Lucia 28.6.1956 LHB LFM
FC		5	8	2	137	36	22.83	0	0	351	15	23.40	5-34	1	2.54	2	
GG		2	2	1	35	22	35.00	0	0	105	2	52.50	1-23	0	6.17	1	
FC	1977	16	22	5	264	36	15.52	0	0	1267	41	30.90	5-34	1	3.02	10	
GG	1977	8	5	3	68	22	34.00	0	0	232	8	29.00	2-24	0	4.26	1	

CUNNINGHAM, Franz Alexander (Jamaica) b Jamaica 19.9.1962 RHB LBG
| FC | | 5 | 10 | 1 | 162 | 34 | 18.00 | 0 | 0 | | | | | | | 5 | |
| GG | | 3 | 3 | 0 | 23 | 12 | 7.66 | 0 | 0 | | | | | | | 2 | |

CUNNINGHAM, Lawrence Oliver (Jamaica) b Jamaica 23.10.1965 RHB LBG
| FC | | 1 | 2 | 0 | 9 | 9 | 4.50 | 0 | 0 | | | | | | | 0 | |

DALEY, Aaron George (Jamaica) b Jamaica 2.5.1956 RHB RFM
FC		6	11	1	121	47	12.10	0	0	390	16	24.37	4-46	0	2.93	6	
GG		3	2	1	22	20*	22.00	0	0	92	8	11.50	4-26	1	3.06	5	
FC	1982	14	24	3	318	50*	15.14	0	1	1379	50	27.58	5-64	1	3.23	9	
GG	1982	7	6	2	52	20*	13.00	0	0	212	17	12.47	4-26	1	3.02	6	

DAVIDSON, Cleveland Anthony (Jamaica) b Jamaica 14.7.1960 RHB OB
FC		6	11	3	226	67*	28.25	0	1	20	0				2.50	7	
GG		3	2	1	35	24*	35.00	0	0							0	
FC	1982	17	30	4	757	98	29.11	0	3	61	1	61.00	1-18	0	2.34	19	
GG	1982	11	10	1	141	28	15.66	0	0	25	2	12.50	2-20	0	3.57	3	

DIXON, Deron Cecil (Jamaica) b Jamaica 18.1.1967 RHB RFM
FC		1	2	0	7	6	3.50	0	0	72	0				3.78	1	
FC	1984	4	7	0	133	75	19.00	0	1	387	7	55.28	3-80	0	3.42	1	
GG	1984	2	2	0	26	14	13.00	0	0	38	5	7.60	4-9	1	2.00	1	

DUJON, Peter Jeffrey Leroy (Jamaica, WI, WI to Pak, WI to Sharjah) b Kingston 28.5.1956 RHB WK
Test		4	4	0	85	54	21.25	0	1							16	
FC		10	15	1	407	75	29.07	0	4							33	
Int		3	2	1	26	23	26.00	0	0							4	
GG		3	2	1	42	36	42.00	0	0							3	
Test	1981	37	48	4	1849	139	42.02	4	9							124	2
FC	1974	105	153	21	5439	151*	41.20	13	29	44	1	44.00	1-43	0	4.00	225	11
Int	1981	79	48	18	811	82*	27.03	0	3							91	8
GG	1975	20	19	3	438	97	27.37	0	4							21	3

EDWARDS, Kevin G. (Guyana, Berbice) b Guyana 18.6.1962 RHB WK
| FC | | 3 | 5 | 0 | 160 | 99 | 32.00 | 0 | 1 | | | | | | | 0 | |
| GG | | 1 | 1 | 0 | 3 | 3 | 3.00 | 0 | 0 | | | | | | | 0 | |

ESTWICK, Roderick Orville (Barbados, D.B.Close's XI) b Christchurch, Barbados 28.6.1961 RHB RFM
| FC | | 3 | 5 | 1 | 15 | 8 | 3.75 | 0 | 0 | 220 | 7 | 31.42 | 3-38 | 0 | 2.61 | 0 | |

211

Cmp	Debut	M	I	NO	Runs	HS	Avge	100	50	Runs	Wkts	Avge	BB	5wi	RpO	ct	st
GG		2	1	1	3	3*		0	0	64	1	64.00	1-48	0	4.00	0	
FC	1982	19	30	6	177	34*	7.37	0	0	1722	63	27.33	6-68	3	3.47	9	
GG	1982	7	4	1	6	3*	2.00	0	0	261	9	29.00	2-38	0	4.30	1	

ETIENNE, Javan Timothy (Windward Is)　b Dominica 22.8.1962　RHB SLA

FC		5	8	2	49	18*	8.16	0	0	445	18	24.72	6-35	1	2.45	3	
FC	1983	10	12	2	60	18*	6.00	0	0	660	27	24.44	6-35	2	2.36	7	
GG	1984	1	1	1	3	3*		0	0	21	2	10.50	2-21	0	3.00	0	

FERRIS, George John Fitzgerald (Leeward Is, Leics)　b Urlings Village, Antigua 18.10.1964　RHB RF

FC		4	5	5	50	21*		0	0	258	9	28.66	4-91	0	2.83	0	
GG		3	1	1	1	1*		0	0	69	2	34.50	1-9	0	3.28	0	
FC	1982	39	42	22	230	26	11.50	0	0	3090	104	29.71	7-42	3	3.40	7	
GG	1982	6	2	2	6	5*		0	0	197	3	65.66	1-9	0	4.31	0	

GABRIEL, Richard Simeon (Trinidad)　b Point Fortin 5.6.1952　RHB OB

FC		5	10	2	192	45	24.00	0	0							7	
GG		2	2	0	22	17	11.00	0	0							0	
FC	1968	84	146	7	3974	129	28.58	5	18	54	4	13.50	3-15	0	2.49	70	
Int	1983	11	11	0	167	41	15.18	0	0							1	
GG	1976	21	20	1	528	108*	27.78	1	2	14	1	14.00	1-8	0	6.00	6	

GARNER, Joel (Barbados, WI, WI to Pak, WI to Sharjah, Somerset)　b Christchurch 16.12.1952　RHB RF

Test		5	5	1	52	24	13.00	0	0	436	27	16.14	4-43	0	2.79	2	
FC		11	15	2	245	56	18.84	0	1	866	57	15.19	6-28	3	2.68	6	
Int		4	1	0	3	3	3.00	0	0	108	9	12.00	3-22	0	3.17	1	
GG		2	1	0	19	19	19.00	0	0	39	4	9.75	3-31	0	2.85	1	
Test	1976	56	65	14	661	60	12.96	0	1	5228	247	21.16	6-56	6	2.46	39	
FC	1975	203	217	54	2802	104	17.19	1	7	15465	835	18.52	8-31	46	2.43	122	
Int	1976	85	33	14	199	37	10.47	0	0	2359	129	18.28	5-31	4	3.05	21	
GG	1976	13	6	1	36	19	7.20	0	0	287	25	11.48	5-22	1	2.60	4	

GILKES, Arnold Sylvester (Barbados)　b Barbados 26.2.1958　RHB WK

FC		1	2	0	84	52	42.00	0	1							0	
FC	1983	8	16	1	574	104	38.26	1	3							3	
GG	1983	4	4	1	93	54*	31.00	0	1							2	

GILMAN, Garnet Hayden (Trinidad)　b Tobago 29.9.1964　RHB LFM

| FC | | 1 | 1 | 1 | 0 | 0* | | 0 | 0 | 79 | 2 | 39.50 | 2-44 | 0 | 3.95 | 0 | |

GOMES, Hilary Angelo (Trinidad, WI, WI to Pak, WI to Sharjah)　b Arima 13.7.1953　LHB OB

Test		5	6	0	191	56	31.83	0	1	0	0				0.00	2	
FC		10	15	1	434	168*	31.00	1	1	25	0				3.12	4	
Int		4	1	0	19	19	19.00	0	0							0	
GG		2	2	1	28	17*	28.00	0	0	37	5	7.40	3-5	0	3.36	0	
Test	1976	54	81	10	3032	143	42.70	9	13	867	13	66.69	2-20	0	2.34	17	
FC	1971	215	346	48	12353	200*	41.45	31	60	4072	101	40.31	4-22	0	2.60	75	
Int	1977	73	55	14	1196	101	29.17	1	6	1039	40	25.97	4-31	2	4.66	12	
GG	1975	21	21	3	592	103*	32.88	1	2	415	17	24.41	3-5	0	3.16	9	

GOMEZ, Nicholas Trevor (Trinidad)　b Trinidad 30.10.1964　RHB RM

| FC | | 1 | 2 | 0 | 41 | 39 | 20.50 | 0 | 0 | | | | | | | 0 | |

GRAY, Anthony Hollis (Trinidad, WI, WI to Sharjah, Surrey)　b Port of Spain 23.5.1963　RHB RF

FC		6	9	2	86	54*	12.28	0	1	481	24	20.04	5-50	2	3.01	4	
GG		2	1	1	0	0*		0	0	55	2	27.50	1-17	0	3.23	0	
FC	1983	50	52	8	486	54*	11.04	0	1	4440	200	22.20	8-40	14	3.25	18	
Int	1985	4	1	1	7	7*		0	0	82	4	20.50	2-36	0	3.72	0	
GG	1983	5	4	2	9	6*	4.50	0	0	151	5	30.20	2-61	0	4.08	0	

GREAVES, Sherlon Ricardo (Barbados)　b Barbados 26.4.1962　RHB LBG

FC		2	4	0	30	21	7.50	0	0	27	0				4.50	0	
GG		1	1	0	15	15	15.00	0	0	39	2	19.50	2-39	0	5.57	0	
FC	1983	7	12	0	229	67	19.08	0	2	235	4	58.75	2-27	0	3.73	0	
GG	1984	2	2	0	43	28	21.50	0	0	71	3	23.66	2-39	0	5.46	1	

GREENE, Victor Sylvester (Barbados)　b Barbados 24.9.1960　RHB RMF

| FC | | 2 | 3 | 0 | 28 | 17 | 9.33 | 0 | 0 | 301 | 11 | 27.36 | 5-72 | 1 | 3.38 | 0 | |

GREENIDGE, Cuthbert Gordon (Barbados, WI, Hampshire)　b Black Bess 1.5.1951　RHB RM

Test		5	6	0	217	58	36.16	0	1							3	
FC		9	14	1	578	90	44.46	0	5							9	
Int		3	3	0	76	45	25.33	0	0							4	
Test	1974	71	117	13	5033	223	48.39	12	27	4	0				0.92	65	
FC	1970	435	743	64	31074	273*	45.76	73	157	472	17	27.76	5-49	1	3.00	441	
Int	1975	71	71	7	2988	115	46.68	6	19	45	1	45.00	1-21	0	4.50	27	
GG	1975	12	12	1	393	81	35.72	0	2	11	0				5.50	5	

GREENIDGE, Witney Tyrone (Barbados)　b Barbados 16.5.1965　RHB RFM

FC		4	5	3	18	10	9.00	0	0	237	9	26.33	2-25	0	3.72	2	
GG		1								21	1	21.00	1-21	0	3.00	0	

GRENVILLE, Mark Oliver (Guyana, Demerara)　b Guyana 30.4.1963　RHB RFM

FC		2	3	1	17	7	8.50	0	0	113	2	56.50	2-68	0	5.94	2	
FC	1984	3	4	1	17	7	5.66	0	0	173	4	43.25	2-37	0	5.40	2	

GUISHARD, Noel Calvin (Leeward Is)　b St Kitts 6.12.1957　RHB OB

FC		5	7	1	133	54	22.16	0	2	613	18	34.05	5-84	1	2.33	4	
GG		2	2	1	33	23	33.00	0	0	65	1	65.00	1-25	0	4.06	0	
FC	1980	30	48	7	867	85	21.14	0	5	2830	98	28.87	6-33	4	2.40	22	
GG	1980	9	6	1	42	23	8.40	0	0	307	8	38.37	2-27	0	4.14	3	

Cmp	Debut	M	I	NO	Runs	HS	Avge	100	50	Runs	Wkts	Avge	BB	5wi	RpO	ct	st

HARPER, Mark Anthony (Guyana, Demerara, D.B.Close's XI) b Georgetown 31.10.1957 RHB RM
FC		4	7	2	434	149*	86.80	2	1	22	0				2.20	4	
FC	1974	32	53	5	1674	149*	34.87	4	9	267	6	44.50	2-10	0	2.40	29	
GG	1977	9	8	1	210	74	30.00	0	1	117	0				4.03	2	

HARPER, Roger Andrew (Guyana, Demerara, WI, WI to Pak, WI to Sharjah, Northants)
  b Georgetown 17.3.1963 RHB OB
Test		2	3	1	100	60	50.00	0	1	55	4	13.75	3-10	0	1.44	2	
FC		8	14	3	433	72	39.36	0	4	553	30	18.43	4-29	0	2.24	13	
Int		4	3	3	25	24*		0	0	125	2	62.50	2-24	0	4.03	1	
GG		2	2	0	0	0	0.00	0	0	57	0				3.56	1	
Test	1983	16	20	3	303	60	17.82	0	1	1021	38	26.86	6-57	1	2.20	21	
FC	1979	113	144	19	3332	234	26.65	2	13	8956	326	27.47	6-57	14	2.37	132	
Int	1983	29	10	6	111	45*	27.75	0	0	967	31	31.19	3-24	0	4.01	10	
GG	1979	12	11	2	65	28	7.22	0	0	325	16	20.31	3-13	0	3.00	5	

HAYNES, Desmond Leo (Barbados, WI, WI to Pak, WI to Sharjah) b Holders Hill 15.2.1956 RHB LBG
Test		5	9	3	469	131	78.16	1	3							3	
FC		10	18	3	914	131	60.93	3	5							6	
Int		4	4	1	193	77*	64.33	0	2							0	
GG		2	2	0	66	44	33.00	0	0							2	
Test	1977	59	97	10	3703	184	42.56	8	23	8	1	8.00	1-2	0	2.66	36	
FC	1976	141	233	22	9162	184	43.42	16	55	55	2	27.50	1-2	0	3.75	83	
Int	1977	104	103	14	3801	148	42.70	8	23	24	0				4.80	27	
GG	1976	21	21	2	710	121*	37.36	1	5	15	0				15.00	10	

HERON, George Anthony (Jamaica(b Jamaica 28.4.1962 RHB OB
| FC | | 3 | 5 | 0 | 40 | 12 | 8.00 | 0 | 0 | | | | | | | 4 | |

HINDS, Stanley Joseph (Windward Is) b St Vincent 21.3.1951 RHB OB
FC		5	8	1	60	42	8.57	0	0	467	22	21.22	6-19	2	2.57	5	
GG		1								11	0				6.60	0	
FC	1974	36	51	7	535	72	12.15	0	1	3259	125	26.07	6-19	6	2.75	25	
GG	1975	7	5	0	36	15	7.20	0	0	202	6	33.66	3-13	0	4.01	1	

HOLDER, Roland Irwin Christopher (Barbados) b Barbados 22.12.1967 RHB RM
| FC | | 2 | 3 | 1 | 5 | 5* | 2.50 | 0 | 0 | | | | | | | 1 | |
| GG | | 1 | | | | | | | | 0 | 0 | | | | 0.00 | 1 | |

HOLDING, Michael Anthony (Jamaica, WI, WI to Pak, WI to Sharjah, Derbyshire)
  b Half Way Tree 16.2.1954 RHB RF
Test		4	4	0	124	73	31.00	0	1	385	16	24.06	3-47	0	3.75	3	
FC		10	13	0	238	73	18.30	0	1	680	33	20.60	4-38	0	3.52	10	
Int		2	1	1	0	0*		0	0	61	2	30.50	2-29	0	3.21	0	
GG		2	1	0	8	8	8.00	0	0	35	2	17.50	1-15	0	2.18	0	
Test	1975	59	75	10	910	73	14.00	0	6	5799	249	23.28	8-92	13	2.79	21	
FC	1972	168	214	28	2900	80	15.59	0	13	14063	612	22.97	8-92	33	2.75	75	
Int	1976	96	38	10	217	64	7.75	0	0	2872	135	21.27	5-26	6	3.34	28	
GG	1979	7	6	0	22	8	3.66	0	0	196	12	16.33	4-22	1	3.06	1	

HUNTE, Terrence Anderson (Barbados) b Barbados 4.4.1962 RHB RM
FC		4	7	0	92	39	13.14	0	0							2	
GG		2	2	0	103	75	51.50	0	1							0	
FC	1983	13	23	0	573	72	24.91	0	5	46	0				3.13	9	
GG	1984	4	4	0	257	114	64.25	1	1	29	0				7.25	1	

INNISS, Michael Henderson Winston (Barbados) b Barbados 18.1.1965 LHB
| FC | | 1 | 2 | 0 | 34 | 28 | 17.00 | 0 | 0 | | | | | | | 1 | |

JACKMAN, Andrew Fitz Donald (Guyana, Demerara) b Guyana 27.1.1963 RHB OB
FC		6	11	0	391	120	35.54	1	2							2	
GG		2	2	0	26	22	13.00	0	0							0	
FC	1981	21	37	1	1309	125	36.36	3	5	31	2	15.50	2-25	0	4.76	11	
GG	1983	7	7	0	114	41	16.28	0	0							4	

JOHN, Lance David (Windward Is) b St Vincent 7.4.1957 LHB RM
FC		5	10	1	271	70	30.11	0	1							1	
GG		2	2	0	41	35	20.50	0	1							1	
FC	1980	28	49	2	1616	137	34.38	3	9							14	
GG	1980	12	12	0	184	50	15.33	0	1							2	

JOHNSON, Nigel Anderson (Barbados) b Barbados 10.10.1952 RHB
FC		2	3	0	102	56	34.00	0	1							0	
FC	1978	9	13	0	406	98	31.23	0	4							3	
GG	1978	3	3	0	119	51	39.66	0	1							0	

JOSEPH, Ray Fitzpatrick (Guyana, Berbice) b Belladrum 12.2.1961 RHB RFM
FC		2	4	0	9	4	2.25	0	0	117	5	23.40	3-23	0	4.38	1	
GG		2	2	0	18	18*		0	0	52	2	26.00	1-21	0	5.77	0	
FC	1979	28	40	21	137	26*	7.21	0	0	2187	49	44.63	6-114	1	3.90	5	
GG	1979	10	5	4	29	18*	29.00	0	0	329	11	29.90	3-17	0	4.01	1	

KALLICHARRAN, Derek Isaac (Guyana, Berbice) b Guyana 4.4.1958 LHB LBG
FC		6	11	0	187	46	18.70	0	0	501	17	29.47	3-12	0	2.98	7	
GG		2	2	0	10	10	5.00	0	0	45	1	45.00	1-23	0	4.35	0	
FC	1978	39	61	2	1459	88	24.72	0	9	3683	98	37.58	6-60	5	3.27	35	
GG	1982	5	5	1	113	68*	28.25	0	1	75	4	18.75	2-15	0	4.59	0	

KELLY, Alfred Luther (Leeward Is) b St Kitts 9.8.1954 RHB RM
| FC | | 3 | 5 | 1 | 62 | 24 | 15.50 | 0 | 0 | | | | | | | 2 | |

213

Cmp	Debut	M	I	NO	Runs	HS	Avge	100	50	Runs	Wkts	Avge	BB	5wi	RpO	ct	st
GG		1	1	0	16	16	16.00	0	0							0	
FC	1975	30	56	1	1903	132	34.60	1	15	1	0				1.00	30	
GG	1975	18	16	0	353	57	22.06	0	2							14	

KENTISH, Thomas Zephaniah (Windward Is)   b Dominica 15.12.1957   RHB OB

Cmp	Debut	M	I	NO	Runs	HS	Avge	100	50	Runs	Wkts	Avge	BB	5wi	RpO	ct	st
FC		1	2	0	14	13	7.00	0	0	78	0				3.25	0	
GG		2								59	0				3.47	0	
FC	1976	28	40	13	422	40	15.62	0	0	2252	81	27.80	6-69	3	2.34	25	
GG	1977	19	11	5	58	13	9.66	0	0	530	13	40.76	3-22	0	3.25	9	

LAMBERT, Clayton Benjamin (Guyana, Berbice)   b Guyana 10.2.1962   RHB OB

Cmp	Debut	M	I	NO	Runs	HS	Avge	100	50	Runs	Wkts	Avge	BB	5wi	RpO	ct	st
FC		6	11	0	291	61	26.45	0	2	3	0				3.00	6	
GG		2	2	0	30	28	15.00	0	0							0	
FC	1983	17	32	3	1018	123	35.10	2	6	14	0				4.66	32	
GG	1984	4	4	0	86	54	21.50	0	1							4	

LAMBERT, Leslaine Alonza (Guyana, Berbice)   b Guyana 13.8.1958   RHB RF

Cmp	Debut	M	I	NO	Runs	HS	Avge	100	50	Runs	Wkts	Avge	BB	5wi	RpO	ct	st
FC		5	7	2	45	15	9.00	0	0	312	8	39.00	4-117	0	4.83	5	
GG		1								19	1	19.00	1-19	0	2.71	0	
FC	1978	17	20	6	105	15	7.50	0	0	1103	47	23.46	7-59	2	3.65	15	
GG	1978	6	2	1	0	0*	0.00	0	0	165	6	27.50	2-18	0	3.92	2	

LAWRENCE, Livingstone Leonard (Leeward Is)   b Nevis 5.11.1962   RHB OB

Cmp	Debut	M	I	NO	Runs	HS	Avge	100	50	Runs	Wkts	Avge	BB	5wi	RpO	ct	st
FC		4	6	0	269	113	44.83	1	1							3	
GG		3	3	0	18	10	6.00	0	0							1	
FC	1983	16	27	0	951	118	35.22	2	5							10	
GG	1983	8	7	0	110	29	15.71	0	0							4	

LEWIS, Enoch Emmanuel (Leeward Is)   b Antigua 2.10.1954   RHB

Cmp	Debut	M	I	NO	Runs	HS	Avge	100	50	Runs	Wkts	Avge	BB	5wi	RpO	ct	st
FC		5	8	1	235	108*	33.57	1	0	11	0				3.66	1	
GG		3	3	0	89	39	29.66	0	0							1	
FC	1975	42	77	5	2237	158	31.06	4	7	11	0				2.75	25	
GG	1976	18	18	3	554	94	36.93	0	3							6	

LEWIS, Linton Aaron (Windward Is)   b St Vincent 24.12.1959   RHB RM

Cmp	Debut	M	I	NO	Runs	HS	Avge	100	50	Runs	Wkts	Avge	BB	5wi	RpO	ct	st
FC		5	9	0	129	32	14.33	0	0							5	
GG		2	2	0	29	29	14.50	0	0							0	
FC	1977	24	39	2	1005	128	27.16	2	4	32	0				3.55	11	
GG	1977	14	14	2	182	35	15.16	0	0	26	2	13.00	2-26	0	5.20	3	

LEWIS, Wayne Walter (Jamaica)   b Jamaica 17.8.1962   RHB

Cmp	Debut	M	I	NO	Runs	HS	Avge	100	50	Runs	Wkts	Avge	BB	5wi	RpO	ct	st
FC		4	8	1	70	23	10.00	0	0							2	
GG		2	2	0	77	56	38.50	0	1							0	
FC	1984	9	17	1	411	127	25.68	1	1							6	
GG	1984	3	3	0	85	56	28.33	0	1							0	

LINTON, George Lester Lincoln (Barbados)   b Barbados 12.11.1956   RHB LBG

Cmp	Debut	M	I	NO	Runs	HS	Avge	100	50	Runs	Wkts	Avge	BB	5wi	RpO	ct	st
FC		4	5	0	25	23	5.00	0	0	338	9	37.55	3-39	0	3.11	0	
FC	1981	16	24	4	536	83	26.80	0	4	1221	41	29.78	5-35	2	3.26	6	
GG	1983	1	1	0	2	2	2.00	0	0	28	3	9.33	3-28	0	2.80	0	

LOGIE, Augustine Lawrence (Trinidad, WI to Pak, WI to Sharjah)   b Sobo 28.9.1960   RHB OB

Cmp	Debut	M	I	NO	Runs	HS	Avge	100	50	Runs	Wkts	Avge	BB	5wi	RpO	ct	st
FC		5	9	0	206	79	22.88	0	1							2	
GG		2	2	0	29	22	14.50	0	0							2	
Test	1982	13	17	1	493	130	30.81	1	3	4	0				3.42	7	
FC	1977	72	110	10	3516	151	35.16	9	15	128	3	42.66	1-2	0	2.45	25	
Int	1981	46	35	17	754	88	41.88	0	4	18	0				4.50	22	
GG	1978	13	13	0	284	50	21.84	0	1	37	2	18.50	2-1	0	4.62	7	

LYGHT, Andrew Augustus (Guyana, Demerara)   b Guyana 21.7.1956   RHB

Cmp	Debut	M	I	NO	Runs	HS	Avge	100	50	Runs	Wkts	Avge	BB	5wi	RpO	ct	st
FC		4	7	0	103	53	14.71	0	1							3	
GG		2	2	0	35	35	17.50	0	0	10	1	10.00	1-10	0	8.57	1	
FC	1976	35	64	2	2073	122	33.43	6	8	18	0				3.00	25	
GG	1979	13	13	0	352	98	27.07	0	3	81	4	20.25	2-44	0	5.24	4	

MAHABIR, Ganesh (Trinidad)   b Tunapuna 14.4.1958   RHB LBG

Cmp	Debut	M	I	NO	Runs	HS	Avge	100	50	Runs	Wkts	Avge	BB	5wi	RpO	ct	st
FC		6	9	2	39	17*	5.57	0	0	499	20	24.95	4-31	0	2.91	4	
FC	1975	30	43	12	215	21	6.93	0	0	2766	127	21.77	6-62	4	2.46	18	

MAHON, Steve Leslie (Windward Is)   b Grenada 22.1.1965   RHB OB

Cmp	Debut	M	I	NO	Runs	HS	Avge	100	50	Runs	Wkts	Avge	BB	5wi	RpO	ct	st
FC		4	8	2	92	25	15.33	0	0							3	
GG		2	1	0	22	22	22.00	0	0							0	

MARSHALL, Malcolm Denzil (Barbados, WI, WI to Pak, WI to Sharjah, Hampshire)
b Pine 18.4.1958   RHB RF

Cmp	Debut	M	I	NO	Runs	HS	Avge	100	50	Runs	Wkts	Avge	BB	5wi	RpO	ct	st
Test		5	5	1	153	76	38.25	0	2	482	27	17.85	4-38	0	2.84	4	
FC		9	11	2	204	76	22.66	0	2	835	50	16.70	6-85	1	2.81	8	
Int		4	1	0	9	9	9.00	0	0	133	11	12.09	4-23	2	3.80	1	
GG		1								19	3	6.33	3-19	0	2.71	0	
Test	1978	45	53	4	953	92	19.44	0	7	4639	215	21.57	7-53	13	2.81	23	
FC	1977	229	287	32	5542	116*	21.73	4	25	18174	1017	17.87	8-71	62	2.55	92	
Int	1980	71	35	12	369	56*	16.04	0	1	2154	87	24.75	4-23	3	3.40	9	
GG	1977	9	7	0	35	23	5.00	0	0	202	19	10.63	5-38	2	4.53	3	

MARSHALL, Roy Ashworth (Windward Is)   b Dominica 1.4.1965   RHB SLA

Cmp	Debut	M	I	NO	Runs	HS	Avge	100	50	Runs	Wkts	Avge	BB	5wi	RpO	ct	st
FC		3	4	1	12	9	3.00	0	0	82	3	27.33	2-20	0	1.55	3	
FC	1984	5	7	1	34	14	5.66	0	0	119	4	29.75	2-20	0	1.61	3	

MATTHEWS, Sydney (Demerara)   b Guyana 22.1.1952   RHB LB/RFM

Cmp	Debut	M	I	NO	Runs	HS	Avge	100	50	Runs	Wkts	Avge	BB	5wi	RpO	ct	st
FC		1	1	0	21	21	21.00	0	0	55	4	13.75	2-26	0	3.11	0	
FC	1969	31	36	5	580	82	18.70	0	1	2336	61	38.29	4-85	0	3.15	13	
GG	1975	6	6	0	90	51	15.00	0	1	187	1	187.00	1-45	0	5.19	1	

	Cmp	Debut	M	I	NO	Runs	HS	Avge	100	50	Runs	Wkts	Avge	BB	5wi	RpO	ct	st
	MAURICE, Francis Xavier (Windward Is) b St Lucia 25.12.1959 RHB OB
FC			2	4	0	36	20	9.00	0	0							1	
GG			2	2	1	36	21	36.00	0	0							1	
FC		1984	4	8	1	85	20*	12.14	0	0							2	
GG		1984	4	4	1	42	21	14.00	0	0							3	
	MERRICK, Tyrone Anthony (Leeward Is) b Antigua 10.6.1963 RHB RFM
FC			2	3	0	7	6	2.33	0	0	147	5	29.40	3-67	0	4.59	0	
GG			1								16	0				2.66	0	
FC		1982	18	24	3	342	62*	16.28	0	1	1665	66	25.22	5-54	4	3.26	10	
GG		1983	5	1	0	15	15	15.00	0	0	102	8	12.75	3-16	0	3.18	1	
	MOHAMED, Timur (Guyana) b Georgetown 7.6.1957 LHB LB
FC			5	9	1	332	200*	41.50	1	1							3	
GG			2	2	0	18	17	9.00	0	0							1	
FC		1975	43	72	7	2354	200*	36.21	5	10	98	2	49.00	1-16	0	4.05	19	
GG		1978	15	15	1	338	104	24.14	1	1	5	0				3.33	3	
	MOHAMMED, David Imtiaz (Trinidad) b Trinidad 2.11.1965 RHB OB
FC			2	4	0	106	49	26.50	0	0							2	
FC		1984	5	9	0	147	49	16.33	0	0							4	
	MOOSAI, Prakash (Trinidad) b Trinidad 4.11.1959 LHB OB
FC			4	8	1	161	36	23.00	0	0							1	
GG			2	1	0	2	2	2.00	0	0							0	
FC		1981	20	36	2	937	110	27.58	1	3	4	0				1.33	13	
GG		1981	8	7	1	62	23	10.33	0	0							1	
	MURPHY, Sydney Albert Edward (Windward Is) b Kingstown, St Vincent 28.3.1960 RHB RFM
FC			2	4	2	14	7*	7.00	0	0	202	1	202.00	1-48	0	5.45	3	
GG			1								45	0				5.00	0	
FC		1983	4	6	3	17	7*	5.66	0	0	400	6	66.66	2-76	0	4.16	4	
	NANAN, Ranjie (Trinidad) b Preysal 29.5.1953 RHB OB
FC			6	10	2	159	61	19.87	0	1	508	33	15.39	5-52	3	2.15	4	
GG			2	1	0	7	7	7.00	0	0	48	3	16.00	3-15	0	2.66	3	
Test		1980	1	2	0	16	8	8.00	0	0	91	4	22.75	2-37	0	2.52	2	
FC		1972	72	108	13	2090	125	22.00	1	7	6641	295	22.51	7-109	17	2.17	54	
GG		1976	24	18	1	176	39	10.35	0	0	597	34	17.55	4-36	1	3.08	8	
	NEITA, Mark Churchill (Jamaica) b Jamaica 8.11.1960 RHB RM WK
FC			6	11	0	231	66	21.00	0	1	29	2	14.50	2-29	0	2.63	5	
GG			3	3	0	141	94	67	47.00	0	1	54	2	27.00	2-17	0	4.15	2	
FC		1978	30	53	5	1737	133	36.18	2	12	211	6	35.16	2-29	0	2.81	16	
GG		1979	18	18	1	417	67	24.52	0	3	136	7	19.42	4-48	1	4.38	7	
	OTTO, Ralston Malcolm (Leeward Is) b Antigua 26.12.1957 RHB OB
FC			5	8	1	396	165	56.57	1	3	62	0				2.48	5	
GG			3	3	1	34	22	17.00	0	0	37	1	37.00	1-37	0	7.40	1	
FC		1979	24	44	3	1498	165	36.53	5	5	82	0				2.92	25	
GG		1979	16	14	3	322	55	29.27	0	3	197	5	39.40	3-69	0	6.35	5	
	PATTERSON, Balfour Patrick (Jamaica, WI, Lancashire) b Portland 15.9.1961 RHB RF
Test			5	5	3	12	9	6.00	0	0	426	19	22.42	4-30	0	3.60	4	
FC			10	13	7	20	9	3.33	0	0	813	41	19.82	7-24	1	3.29	4	
Int			3								85	4	21.25	2-17	0	3.86	0	
GG			3	1	1	3	3*		0	0	103	7	14.71	3-38	0	3.59	0	
FC		1982	57	57	19	155	22	4.07	0	0	4805	171	28.09	7-24	8	3.33	14	
GG		1982	5	2	1	3	3*	3.00	0	0	183	10	18.30	3-38	0	3.92	2	
	PAYNE, Thelston Rodney O'Neale (Barbados, WI) b Foul Bay 13.2.1957 LHB WK
Test			1	1	0	5	5	5.00	0	0							5	
FC			7	12	2	270	62	27.00	0	2							16	4
Int			1														1	
GG			2	2	1	132	100*	132.00	1	0							0	
FC		1978	45	72	10	2257	140	36.40	4	16							71	6
Int		1983	4	2	0	48	28	24.00	0	0							4	
GG		1978	14	14	2	387	100*	32.25	1	1							6	1
	PERSAUD, Deonarine (Berbice)
FC			1	2	0	21	15	10.50	0	0							2	
FC		1982	4	8	0	146	55	18.25	0	2	119	3	39.66	2-23	0	1.83	2	
	PETERS, Ordelmo Wilberforce (Jamaica) b Jamaica 20.12.1958 RHB
FC			2	4	0	21	6	5.25	0	0							0	
GG			2	2	1	80	74*	80.00	0	1							1	
FC		1982	19	35	0	919	89	26.25	0	5							20	
GG		1982	10	10	1	299	74*	33.22	0	2							5	
	POWELL, George (Jamaica) 23.12.1955 LHB
FC			6	11	0	209	40	19.00	0	0							-6	
GG			3	3	0	55	33	18.33	0	0							0	
FC		1981	19	34	0	952	110	28.00	1	4	8	0				2.00	11	
GG		1981	12	12	0	179	33	14.91	0	0	40	1	40.00	1-12	0	5.71	3	
	PROCTOR, Eustace Jerome (Leeward Is) b Anguilla 15.11.1965 RHB RM
FC			1	1	0	2	2	2.00	0	0	85	5	17.00	4-46	0	3.40	0	
	PYDANNA, Milton Robert (Guyana, Berbice) b Guyana 27.1.1950 RHB WK
FC			3	6	0	23	9	3.83	0	0							3	2
GG			2	2	1	10	7*	10.00	0	0							0	

215

Cmp	Debut	M	I	NO	Runs	HS	Avge	100	50	Runs	Wkts	Avge	BB	5wi	RpO	ct	st
FC	1970	80	120	15	2155	127	20.52	2	9	17	0				17.00	149	36
Int	1980	3	1	1	2	2*		0	0							2	1
GG	1977	20	17	4	185	29	14.23	0	0							16	9

RAJAH, Anmeal (Trinidad) b Trinidad 30.7.1955 LHB OB

FC		5	9	1	297	69	37.12	0	3							2	
GG		2	2	1	6	5	6.00	0	0							0	
FC	1974	49	84	9	2269	141*	30.25	3	14	34	1	34.00	1-10	0	3.40	39	
GG	1979	13	12	1	182	49	16.54	0	0							-3	

RAMPERSAD, Capil Rabin (Trinidad) Trinidad 12.9.1960 LHB WK

FC		1	1	0	23	23	23.00	0	0							2	
FC	1983	8	14	1	297	61	22.84	0	2	5	0				1.00	12	2
GG	1983	2	2	0	81	42	40.50	0	0							1	1

REID, Winston Emmerson (Barbados) b Barbados 29.6.1962 LHB SLA

FC		3	6	2	59	25	14.75	0	0	247	8	30.87	3-70	0	2.43	1	

REIFER, Elvis Leroy (Barbados) b St Michael 21.3.1961 LHB LFM

FC		1	1	1	51	51*		0	1	50	0				4.16	0	
GG		2	2	1	25	24	25.00	0	0	44	0				3.66	0	
FC	1984	21	27	9	408	51*	22.66	0	1	1811	49	36.95	4-43	0	3.37	6	
GG	1984	3	3	1	28	24	14.00	0	0	105	0				4.77	1	

REIFER, Leslie Norman (Barbados) b Barbados 1.12.1958 RHB OB

FC		2	4	1	103	59*	34.33	0	1	26	1	26.00	1-18	0	2.60	2	
FC	1977	20	34	2	589	153*	18.40	1	1	26	1	26.00	1-18	0	2.60	19	
GG	1977	9	7	3	138	52*	34.50	0	1							4	

RICHARDS, Isaac Vivian Alexander (Leeward Is, WI, WI to Pak, WI to Sharjah, Somerset) b St John's, Antigua 7.3.1952 RHB RM/OB

Test		5	6	1	331	110*	66.20	1	2	29	0				1.45	2	
FC		9	11	1	518	132	52.80	2	2	265	7	37.85	4-80	0	1.87	6	
Int		4	3	1	194	82	97.00	0	3							5	
GG		3	3	0	117	60	39.00	0	1	56	2	28.00	2-17	0	4.00	1	
Test	1974	82	122	8	6220	291	54.56	20	27	1052	19	55.36	2-20	0	2.15	79	
FC	1971	386	611	40	28533	322	49.97	92	123	7684	177	43.41	5-88	1	2.57	354	1
Int	1975	109	99	19	4600	189*	57.50	8	34	2405	63	38.17	3-27	0	4.46	52	
GG	1975	15	14	0	467	77	33.35	0	4	370	12	30.83	4-18	1	4.15	11	

RICHARDSON, Mervyn Patrick (Trinidad) b Trinidad 7.1.1962 RHB RM

FC		1	2	0	1	1	0.50	0	0							0	
FC	1984	2	4	0	27	15	6.75	0	0							1	

RICHARDSON, Richard Benjamin (Leeward Is, WI to Pak, WI to Sharjah) b Five Islands, Antigua 12.1.1962 RHB RM

Test		5	9	2	387	160	55.28	2	0	5	0				5.00	6	
FC		10	17	2	575	160	38.33	2	2	68	5	13.60	5-40	1	2.61	8	
Int		4	4	1	204	79*	68.00	0	2							2	
GG		3	3	0	28	27	9.33	0	0	25	1	25.00	1-25	0	10.00	0	
Test	1983	20	31	3	1354	185	48.35	6	3	5	0				1.66	25	
FC	1981	55	87	4	3250	185	39.15	11	11	110	5	22.00	5-40	1	2.68	51	
Int	1983	46	45	9	1333	99*	37.02	0	12	1	0				1.00	10	
GG	1981	9	8	0	79	45	9.87	0	0	25	1	25.00	1-25	0	10.00	3	

ST HILAIRE, Dean Vinly (Trinidad) b Trinidad 15.8.1963 RHB RFM

FC		1	1	0	2	2	2.00	0	0	51	0				7.28	0	
GG		1	1	0	0	0	0.00	0	0	22	0				4.40	0	
FC	1983	4	5	0	6	2	1.20	0	0	317	7	45.28	3-48	0	5.03	0	
GG	1983	2	1	0	5	5*	5.00	0	0	66	3	22.00	3-44	0	5.07	0	

SATTAUR, Abdul Fazil (Guyana, Berbice) b Guyana 6.4.1965 RHB

FC		2	4	0	81	48	20.25	0	0							1	
FC	1984	3	6	0	124	48	20.66	0	0							2	

SEBASTIEN, Lockhart Christopher (Windward Is) b Dominica 31.10.1955 RHB RM

FC		5	9	1	232	69	29.00	0	2							1	
GG		2	2	0	8	5	4.00	0	0	74	1	74.00	1-58	0	6.72	0	
FC	1971	79	139	11	4394	219	34.32	4	31	388	9	43.11	4-49	0	3.89	56	
GG	1975	24	22	2	715	105	35.75	2	3	303	16	18.93	5-34	2	4.70	7	

SEERAM, Ravindranauth (Guyana, Demerara) b Guyana 20.7.1961 RHB RM

FC		3	6	0	21	7	3.50	0	0							3	
GG		1	1	0	2	2	2.00	0	0							0	
FC	1982	15	27	5	715	100*	32.50	1	4	40	0				2.85	17	
GG	1984	2	2	0	2	2	1.00	0	0							2	

SEERAM, S. (Demerara)

FC		1	2	0	12	12	6.00	0	0							1	

SIMMONS, Philip Verant (Trinidad) b Trinidad 18.4.1963 RHB RM

FC		5	10	0	233	65	23.30	0	2	96	0				4.36	8	
GG		2	2	0	121	62	60.50	0	2	46	3	15.33	2-26	0	2.87	3	
FC	1982	28	52	0	1593	118	30.63	2	11	364	3	121.33	1-3	0	3.42	33	
GG	1982	8	8	0	195	62	24.37	0	2	153	9	17.00	5-36	1	3.64	8	

SIMON, McChesney Venie (Leeward Is) b Antigua 20.9.1960 RHB WK

FC		3	4	0	55	31	13.75	0	0							10	1
GG		1	1	0	6	6	6.00	0	0							2	

SOLOMON, Collie Vyfhous (Guyana, Berbice) b Guyana 23.11.1959 RHB RFM

FC		5	7	5	17	13*	8.50	0	0	392	13	30.15	4-78	0	3.75	2	

Cmp	Debut	M	I	NO	Runs	HS	Avge	100	50	Runs	Wkts	Avge	BB	5wi	RpO	ct	st
GG		1								12	0				4.00	0	
FC	1983	8	12	6	33	13*	5.50	0	0	640	23	27.82	4-78	0	3.62	3	
GG	1984	3								64	1	64.00	1-26	0	3.49	0	

THOMAS, Wesley Leon (Windward Is) b Grenada 26.11.1964 RHB RFM

FC		3	4	1	25	9	8.33	0	0	243	12	20.25	4-63	0	2.58	2	
GG		2	1	1	2	2*		0	0	86	3	28.66	2-38	0	5.73	0	
FC	1984	6	7	4	48	14*	16.00	0	0	465	20	23.25	4-63	0	2.91	3	

THOMPSON, James Dean (Leeward Is) b Nevis 4.6.1961 LHB OB

FC		1	2	0	4	3	2.00	0	0	93	2	46.50	2-93	0	2.44	0	
FC	1983	7	10	5	34	23*	6.80	0	0	501	13	38.53	4-94	0	2.53	2	

TUCKER, Marlon Alexander (Jamaica) b Jamaica 29.11.1960 RHB OB

FC		2	4	0	68	29	17.00	0	0	138	3	46.00	2-64	0	3.63	0	
FC	1979	15	28	6	365	36	16.59	0	0	1015	27	37.59	5-50	1	2.76	2	
GG	1981	8	8	0	90	27	11.25	0	0	222	6	37.00	2-33	0	3.26	1	

WALSH, Courtenay Andrew (Jamaica, WI, WI to Pak, WI to Sharjah, Glos) b Kingston 30.10.1962 RHB RF

Test		1	1	0	3	3	3.00	0	0	103	5	20.60	4-74	0	3.12	0	
FC		7	11	3	54	14	6.75	0	0	680	39	17.43	8-92	2	3.14	5	
Int		3								116	3	38.66	2-25	0	4.14	0	
GG		3	1	0	1	1	1.00	0	0	85	4	21.25	2-39	0	3.26	0	
Test	1984	7	8	4	47	18*	11.75	0	0	610	21	29.04	4-74	0	2.98	2	
FC	1981	93	107	30	814	52	10.57	0	1	8613	388	22.19	9-72	26	3.09	27	
Int	1984	13	1	0	7	7	7.00	0	0	521	10	52.10	2-25	0	4.45	3	
GG	1981	14	10	2	56	28*	7.00	0	0	462	22	21.00	4-26	2	3.64	3	

WILLETT, Elquemedo Tonito (Leeward Is) b Nevis 1.5.1953 LHB SLA

FC		1	1	0	0	0	0.00	0	0	139	3	46.33	2-91	0	2.10	1	
Test	1972	5	8	3	74	26	14.80	0	0	482	11	43.81	3-33	0	2.18	0	
FC	1970	90	120	41	1003	56	12.69	0	1	7593	268	28.33	8-73	10	2.26	59	
GG	1975	8	3	1	11	10*	5.50	0	0	202	5	40.40	2-26	0	3.48	2	

WILLIAMS, Alvadon Basil (Jamaica) b Caymanas Estate 21.11.1949 RHB

GG		1	1	0	0	0	0.00	0	0							0	
Test	1977	7	12	0	469	111	39.08	2	1							5	
FC	1969	46	77	2	2702	126*	36.00	5	15	49	0				3.26	19	
GG	1976	16	16	0	452	89	28.25	0	1	10	0				5.00	5	

WILLIAMS, David (Trinidad) b Trinidad 4.11.1963 RHB WK

FC		6	11	1	200	50	20.00	0	1							5	4
GG		2	1	0	2	2	2.00	0	0							1	1
FC	1982	17	28	5	383	50	16.65	0	1							30	9
GG	1984	3	2	1	3	2	3.00	0	0							1	1

WILLIAMS, Kelvin Claudius (Trinidad, Northumberland) b Carapichaima 29.5.1959 RHB RFM

FC		4	7	0	140	39	20.00	0	0	224	8	28.00	3-40	0	3.73	1	
GG		2	1	0	3	3	3.00	0	0	35	2	17.50	2-24	0	2.69	0	
FC	1981	19	29	9	608	91	30.40	0	3	1217	47	25.89	5-29	2	3.31	8	
GG	1981	8	5	1	69	27	17.25	0	0	183	8	22.87	3-37	0	3.89	2	

WILLIAMS, Shirlon Ian (Leeward Is) b St Kitts 7.11.1959 RHB WK

FC		3	4	0	103	45	25.75	0	0							4	
GG		3	3	2	51	45*	51.00	0	0							1	
FC	1979	29	49	4	1225	127	27.22	2	4							45	9
GG	1979	17	14	4	277	67	27.70	0	2							6	2

WORRELL, Michael Christopher (Barbados) b Barbados 14.6.1958 RHB WK

FC		1	1	0	14	14	14.00	0	0							4	1
GG		2	1	1	15	15*		0	0							3	
FC	1982	14	23	6	470	105	27.64	1	1							53	3

ENGLAND IN WEST INDIES

BOTHAM, I.T.

Test		5	10	0	168	38	16.80	0	0	535	11	48.63	5-71	1	3.96	4	
FC		8	16	0	379	70	23.68	0	1	671	15	44.73	5-71	1	3.71	6	
Int		3	3	0	51	29	17.00	0	0	122	3	40.66	2-39	0	5.54	1	

DOWNTON, P.R.

Test		5	10	1	91	26	10.11	0	0							6	2
FC		8	16	1	134	26	10.30	0	0							10	5
Int		4	3	0	20	12	6.66	0	0							3	1

EDMONDS, P.H.

Test		3	6	2	36	13	9.00	0	0	250	3	83.33	2-98	0	2.70	2	
FC		7	12	4	118	20	14.75	0	0	590	18	32.77	4-38	0	2.52	2	
Int		1	1	0	0	0	0.00	0	0	38	0				3.80		

ELLISON, R.M.

Test		3	6	0	82	36	13.66	0	0	294	7	42.00	5-78	1	3.56	0	
FC		6	11	0	183	45	16.63	0	0	513	18	28.50	5-78	1	3.15	1	
Int		2	1	0	5	5	5.00	0	0	87	0				5.80	1	

EMBUREY, J.E.

Test		4	8	2	64	35*	10.66	0	0	448	14	32.00	5-78	1	2.92	0	
FC		7	12	2	165	38	16.50	0	0	648	21	30.85	5-78	1	2.70	4	
Int		4	3	1	22	15	11.00	0	0	153	3	51.00	2-55	0	4.13	0	

Cmp Debut	M	I	NO	Runs	HS	Avge	100	50	Runs	Wkts	Avge	BB	5wi	RpO	ct	st
FOSTER, N.A.																
Test	3	6	1	36	13	7.20	0	0	285	7	40.71	3-76	0	3.39	2	
FC	7	12	2	60	14	6.00	0	0	583	23	25.34	6-54	1	3.22	2	
Int	4	2	2	14	9*		0	0	152	6	25.33	3-39	0	4.34	2	
FRENCH, B.N.																
FC	2	3	0	9	9	3.00	0	0							5	1
GATTING, M.W.																
Test	1	2	0	16	15	8.00	0	0							2	
FC	5	9	0	317	80	35.22	0	3	15	1	15.00	1-15	0	5.00	4	
Int	1	1	0	10	10	10.00	0	0							0	
GOOCH, G.A.																
Test	5	10	0	276	53	27.60	0	4	27	1	27.00	1-21	0	3.85	6	
FC	9	18	0	443	53	24.61	0	5	56	1	56.00	1-21	0	3.29	10	
Int	4	4	1	181	129*	60.33	1	0	41	1	41.00	1-0	0	5.12	1	
GOWER, D.I.																
Test	5	10	0	370	90	37.00	0	3							3	
FC	8	16	0	447	90	27.93	0	3							4	
Int	4	4	0	29	20	7.25	0	0	9	0				27.00	0	
LAMB, A.J.																
Test	5	10	0	224	62	22.40	0	1	1	0					3	
FC	8	16	1	438	78	29.20	0	4	1	0					5	
Int	4	4	0	80	30	20.00	0	0							1	
ROBINSON, R.T.																
Test	4	8	0	72	43	9.00	0	0							1	
FC	9	18	0	359	76	19.94	0	2							4	
Int	3	3	0	78	55	26.00	0	1							0	
SLACK, W.N.																
Test	2	4	0	62	52	15.50	0	1							1	
FC	4	8	1	134	52	19.14	0	1								3
Int	2	2	0	43	34	21.50	0	0							0	
SMITH, D.M.																
Test	2	4	0	80	47	20.00	0	0							0	
FC	5	10	1	195	47	21.66	0	0							1	
Int	1	1	1	10	10*		0	0							0	
TAYLOR, L.B.																
FC	4	6	3	14	9	4.66	0	0	259	13	19.92	3-27	0	2.77	2	
Int	1								17	0				2.42	0	
THOMAS, J.G.																
Test	4	8	4	45	31*	11.25	0	0	364	8	44.50	4-70	0	4.23	0	
FC	6	12	6	57	31*	9.50	0	0	547	14	39.07	4-70	0	4.05	5	
Int	2	2	1	0	0*		0	0	85	1	85.00	1-35	0	5.66	0	
WILLEY, P.																
Test	4	8	0	136	71	17.00	0	1	15	1	15.00	1-15	0	3.75	0	
FC	7	14	0	259	71	18.50	0	2	162	8	20.25	2-38	0	1.98	3	
Int	4	4	0	51	26	12.75	0	0	65	1	65.00	1-25	0	4.10	0	

ZIMBABWE

First First-Class Match: Rhodesia v H.D.G.Leveson-Gower's XI (Bulawayo) 1909-10. Rhodesia had previously played one first-class match in the 1904-05 Currie Cup at Johannesburg.

First First-Class Tour to England: 1982 (formerly Rhodesian players were part of the South African touring teams)

Present First-Class Teams: Only Zimbabwe teams against overseas teams. No domestic matches are considered first-class.

FIRST CLASS RECORDS

Highest Team Total: 570-6 dec Rhodesia v Griqualand West (Bulawayo) 1955-56
Best in 1985-86: 345 Zimbabwe v Young Australians (Harare)

Lowest Team Total: 56 Zimbabwe v Leicestershire (Salisbury) 1980-81
Worst in 1985-86: 126 Zimbabwe v Young Australians (Harare)

Highest Individual Innings: 254 M.J.Procter Rhodesia v Western Province (Salisbury) 1970-71
Best in 1985-86: 154 G.A.Hick Zimbabwe v Young Australians (Harare)

Most Runs In Season: 613 (av 68.11) M.J.Procter (Rhodesia) 1972-73
Most in 1985-86: 332 (av 66.40) G.A.Hick (Zimbabwe)

Most Runs In Career: 26,293 (av 40.36) B.F.Davison (Rhodesia, Leics, Tasmania, Gloucs) 1967-68 to 1985
Most by Current Batsman: 4,262 (av 53.27) G.A.Hick (Zimbabwe, Worcs) 1983-84 to date

Best Innings Analysis: 9-71 M.J.Procter Rhodesia v Transvaal (Bulawayo) 1972-73
Best in 1985-86: 7-43 D.R.Gilbert Young Australians v Zimbabwe (Harare)

Most Wickets In Season: 53 (av 13.98) J.T.Partridge (Rhodesia) 1961-62
Most in 1985-86: 18 (av 24.05) P.W.E.Rawson (Zimbabwe)

Most Wickets In Career: 1,395 (av 19.19) M.J.Procter (Rhodesia, Natal, Western Province, Gloucs) 1965 to 1983-84
Most by Current Bowler: 223 (av 33.19) A.J.Traicos (Rhodesia, Zimbabwe) 1967 to date

Record Wicket Partnerships

1st	261	D.J.McGlew & T.L.Goddard	Natal v Rhodesia (Bulawayo)	1958-59
2nd	248*	M.G.Matthews & K.N.Hosken	Natal B v Rhodesia B (Bulawayo)	1977-78
3rd	238	A.Bruyns & C.G.Stephens	W Province v Rhodesia (Salisbury)	1969-70
4th	301	T.E.Bailey & P.B.H.May	MCC v Rhodesia (Salisbury)	1956-57
5th	203	P.N.F.Mansell & M.W.Davies	Rhodesia v Griqualand W (B'wayo)	1955-56
6th	193	R.B.Ulyett & D.B.Pithey	Rhodesia v E Province (Salisbury)	1965-66
7th	177*	R.Benaud & A.K.Davidson	Australians v Rhodesia (Salisbury)	1957-58
8th	168	E.H.Bowley & T.O.Jameson	Tennyson's XI v Rhodesia (B'wayo)	1924-25
9th	221	N.V.Lindsay & G.R.McCubbin	Transvaal v Rhodesia (Bulawayo)	1922-23
10th	81	M.Prabhakar & R.R.Kulkarni	Young Indians v Zimb (Harare)	1983-84

Most Wicketkeeping Dismissals in Innings: 6 (6ct) W.R.Endean Transvaal v Rhodesia (Salisbury) 1950-51; 6 (4ct 2st) R.Sweatman Cavaliers v Rhodesia (Salisbury) 1962-63; 6 (6ct) G.P.Pfuhl Western Province v Rhodesia (Salisbury) 1970-71; 6 (5ct 1st) R.V.Jennings Transvaal v Zimbabwe-Rhodesia (Bulawayo) 1979-80

Most Wicketkeeping Dismissals in Match: 8 (7ct 1st) R.V.Jennings Transvaal v Zimbabwe-Rhodesia (Bulawayo) 1979-80; 8 (6ct 2st) S.Viswanath Young Indians v Zimbabwe (Harare) 1983-84

Most Wicketkeeping Dismissals in Season: 19 (16ct 3st) H.A.B.Gardiner (Rhodesia) 1975-76

Most Catches by Fielder in Innings: 4 S.J.Bezuidenhout Eastern Province v Rhodesia (Bulawayo) 1972-73; 4 G.R.J.Roope International Wanderers v Rhodesia (Bulawayo) 1975-76; 4 E.J.Barlow Western Province v Rhodesia (Bulawayo) 1975-76

Most Catches by Fielder in Match: 6 P.N.F.Mansell Rhodesia v NE Transvaal (Salisbury) 1954-55; 6 G.R.J.Roope International Wanderers v Rhodesia (Bulawayo) 1975-76

Most Catches by Fielder in Season: 12 M.J.Procter (Rhodesia) 1972-73

Most Catches by Fielder in Career: 330 B.F.Davidson (Rhodesia, Leics, Tasmania, Gloucs) 1967-68 to 1985
Most by Current Fielder: 76 A.J.Traicos (Rhodesia, Zimbabwe) 1967 to date

1985-86 AND CAREER RECORDS FOR ZIMBABWEAN PLAYERS

Cmp	Debut	M	I	NO	Runs	HS	Avge	100	50	Runs	Wkts	Avge	BB	5wi	RpO	ct	st
\multicolumn{18}{l}{BRANDES, Eddo Andre (Zimbabwe)   b Port Shepstone, South Africa 5.3.1963   RHB RFM}
FC		2	3	0	18	11	6.00	0	0	175	6	29.16	3-38	0	4.06	1	
FC	1985	5	7	1	48	19	8.00	0	0	365	9	40.55	3-38	0	4.02	1	
\multicolumn{18}{l}{BROWN, Robin David (Zimbabwe)   b Gatooma 11.3.1951   RHB WK}
FC		4	7	0	113	33	16.14	0	0	4	0				4.00	1	
FC	1976	51	96	5	2194	200*	24.10	4	6							48	10
Int	1983	4	4	0	93	38	23.25	0	0							2	
\multicolumn{18}{l}{BUTCHART, Iain Peter (Zimbabwe)   b Bulawayo 9.5.1960   RHB RM}
FC		4	7	0	112	38	16.00	0	0	302	11	27.45	3-53	0	3.55	6	
FC	1980	28	46	6	783	82	19.57	0	3	1397	45	31.04	5-65	1	3.37	21	
Int	1983	6	6	2	82	34*	20.50	0	0	213	3	71.00	2-52	0	4.26	2	
\multicolumn{18}{l}{COX, Christopher James (Zimbabwe)   b Umtali 14.5.1962   RHB SLA}
FC		1	2	1	0	0*	0.00	0	0	73	0				4.05	0	
\multicolumn{18}{l}{CURRAN, Kevin Malcolm (Zimbabwe, Gloucestershire)   b Rusape 7.9.1959   RHB RFM}
FC		2	3	1	69	49*	34.50	0	0	245	8	30.62	3-61	0	3.02	0	
FC	1980	73	106	17	2785	117*	31.29	4	15	2802	114	24.57	5-35	2	3.13	43	
Int	1983	6	6	0	212	73	35.33	0	2	274	5	54.80	3-65	0	4.69	0	
\multicolumn{18}{l}{HICK, Graeme Ashley (Zimbabwe, Worcestershire)   b Salisbury 23.5.1966   RHB OB}
FC		3	5	0	332	154	66.40	2	0	43	0				2.38	5	
FC	1983	57	91	11	4262	230	53.27	12	18	1161	21	55.28	3-39	0	3.35	62	
\multicolumn{18}{l}{HOUGHTON, David Laud (Zimbabwe)   b Salisbury 23.6.1957   RHB WK}
FC		4	7	0	228	66	32.57	0	2							12	
FC	1978	52	93	5	2510	104	28.52	1	17	0	0				0.00	103	13
Int	1983	6	6	0	176	84	29.33	0	2							7	
\multicolumn{18}{l}{JARVIS, Malcolm Peter (Zimbabwe)   b Fort Victoria 6.12.1955   RHB LFM}
FC		1	2	0	4	3	2.00	0	0	75	2	37.50	1-31	0	2.77	0	
FC	1979	11	13	3	43	8	4.30	0	0	805	21	38.33	3-37	0	3.32	2	
\multicolumn{18}{l}{MEMAN, Mohamed Ahmed (Zimbabwe)   b Lundazi, N Rhodesia 26.6.1952   RHB OB}
FC		1	2	0	42	36	21.00	0	0	43	0				3.90	1	
\multicolumn{18}{l}{PATERSON, Grant Andrew (Zimbabwe)   b Salisbury 9.6.1960   RHB}
FC		2	3	0	20	12	6.66	0	0							1	
FC	1981	20	34	1	675	92	20.45	0	3							3	
Int	1983	6	6	0	99	27	16.50	0	0							0	
\multicolumn{18}{l}{PYCROFT, Andrew John (Zimbabwe)   b Salisbury 6.6.1956   RHB}
FC		4	7	1	274	90	45.66	0	3							3	
FC	1975	53	96	12	3376	133	40.19	4	23	47	1	47.00	1-0	0	3.48	41	
Int	1983	6	6	0	71	21	11.83	0	0							3	
\multicolumn{18}{l}{RAWSON, Peter Walter Edward (Zimbabwe)   b Salisbury 25.5.1957   RHB RFM}
FC		4	7	3	112	48*	28.00	0	0	433	18	24.05	5-56	2	2.86	2	
FC	1982	22	34	8	378	63*	14.53	0	1	2306	104	22.17	7-49	9	3.11	15	
Int	1983	6	4	1	24	19	8.00	0	0	239	8	29.87	3-47	0	3.84	2	
\multicolumn{18}{l}{SHAH, Ali Hassimshah (Zimbabwe)   b Salisbury 7.8.1959   LHB RM}
FC		3	5	0	35	22	7.00	0	0	46	0				2.55	2	
FC	1979	15	26	1	487	105	19.48	1	1	238	1	238.00	1-38	0	3.26	7	
Int	1983	3	3	0	26	16	8.66	0	0	40	1	40.00	1-17	0	5.33	1	
\multicolumn{18}{l}{TRAICOS, Athanasios John (Zimbabwe)   b Zagazig, Egypt 17.5.1947   RHB OB}
FC		3	4	0	13	7	3.25	0	0	283	6	47.16	3-78	0	2.41	1	
Test	1969	3	4	2	8	5*	4.00	0	0	207	4	51.75	2-70	0	2.64	4	
\multicolumn{18}{l}{*Note: His Test appearances were for South Africa*}
FC	1967	92	128	55	958	43	13.12	0	0	7402	223	33.19	6-66	7	2.46	76	
Int	1983	6	4	1	25	19	8.33	0	0	202	4	50.50	2-28	0	2.97	2	
\multicolumn{18}{l}{WALLACE, Gary Charles (Zimbabwe)   b Salisbury 8.2.1958   LHB LM}
FC		2	4	1	110	70	36.66	0	1							0	
FC	1978	18	34	3	867	111	27.96	1	2	238	5	47.60	3-61	0	3.35	8	
\multicolumn{18}{l}{WALLER, Andrew Christopher (Zimbabwe)   b Salisbury 25.9.1959   RHB}
FC		4	7	0	83	30	11.85	0	0							1	
FC	1984	8	14	2	287	75	23.91	0	3							3	

	Cmp Debut	M	I	NO	Runs	HS	Avge	100	50	Runs	Wkts	Avge	BB	5wi	RpO	ct	st

NEW SOUTH WALES IN ZIMBABWE 1985/86

	Cmp	M	I	NO	Runs	HS	Avge	100	50	Runs	Wkts	Avge	BB	5wi	RpO	ct	st
BAYLISS, T.H.	FC	1	2	0	51	46	25.50	0	0							0	
BOWER, R.J.	FC	2	4	0	46	31	11.50	0	0							0	
CLIFFORD, P.S.	FC	1	2	0	62	44	31.00	0	0							2	
DONE, R.P.	FC	2	1	1	10	10*		0	0	182	6	30.33	4-54	0	4.13	1	
DYER, G.C.	FC	2	3	2	123	85	123.00	0	1							4	3
HOLLAND, R.G.	FC	2								241	9	26.77	4-71	0	3.05	2	
O'NEILL, M.D.	FC	2	4	1	221	132	73.66	1	1	37	2	18.50	2-19	0	2.31	1	
SMALL, S.M.	FC	2	4	0	58	25	14.50	0	0							2	
TAYLOR, M.A.	FC	2	4	0	46	23	11.50	0	0							2	
TAYLOR, P.L.	FC	2	2	1	24	12*	24.00	0	0	172	13	13.23	5-39	1	2.85	2	
WAUGH, M.E.	FC	2	4	2	176	83	88.00	0	2	110	2	55.00	1-25	0	2.55	4	
WHITNEY, M.R.	FC	2								127	6	21.16	3-37	0	2.23	2	

Note: R.TUCKER and G.SMITH toured but did not play in first-class matches

YOUNG AUSTRALIANS IN ZIMBABWE 1985/86

	Cmp	M	I	NO	Runs	HS	Avge	100	50	Runs	Wkts	Avge	BB	5wi	RpO	ct	st
BISHOP, G.A.	FC	2	4	1	98	41*	32.66	0	0							1	
BROWN, R.L.	FC	1	2	2	4	4*		0	0	90	3	30.00	3-90	0	4.02	1	
CLIFFORD, P.S.	FC	1	2	0	38	29	19.00	0	0							0	
COURTICE, B.A.	FC	2	4	0	119	59	29.75	0	1							1	
DIMATTINA, M.G.D.	FC	2	3	1	83	64*	41.50	0	1							5	
DODEMAIDE, A.I.C.	FC	2	3	1	77	41	38.50	0	0	143	3	47.66	2-27	0	2.66	1	
GILBERT, D.R.	FC	2	2	0	18	14	9.00	0	0	215	15	14.33	7-43	2	3.16	1	
JONES, D.M.	FC	2	4	1	192	70	64.00	0	2							1	
KERR, R.B.	FC	2	4	0	103	68	25.75	0	1							3	
REID, B.A.	FC	2	2	0	14	14	7.00	0	0	177	6	29.50	4-91	0	3.01	0	
SAUNDERS, S.L.	FC	2	3	0	101	53	33.66	0	1	22	0				5.50	2	
VELETTA, M.R.J.	FC	1	1	0	4	4	4.00	0	0							4	
WAUGH, S.R.	FC	1	1	0	30	30	30.00	0	0	85	2	42.50	2-57	0	4.08	0	

FIXTURES FOR 1987 ENGLISH SEASON

CORNHILL TEST MATCHES

Thurs June 4
Old Trafford: 1st Test v Pakistan
Thurs June 18
Lord's: 2nd Test v Pakistan
Thurs July 2
Headingley: 3rd Test v Pakistan
Thurs July 23
Edgbaston: 4th Test v Pakistan
Thurs Aug 6
The Oval: 5th Test v Pakistan

TEXACO TROPHY

Thurs May 21
The Oval: 1st Match v Pakistan
Sat May 23
Trent Bridge: 2nd Match v Pakistan
Mon May 25
Edgbaston: 3rd Match v Pakistan

FIRST CLASS MATCHES

Sat April 18
Fenner's: Cambr U v Essex
Wed April 22
The Parks: Oxford U v Kent
Fenner's: Cambr U v Lancs
Lord's: MCC v Essex
Sat April 25
Chesterfield: Derbys v Sussex
Bristol: Gloucs v Essex
Southampton: Hants v Northants
Lord's: Middx v Yorks
Trent Bridge: Notts v Surrey
Taunton: Som v Lancs
Edgbaston: Warwicks v Glam
Worcester: Worcs v Kent
Fenner's: Cambr U v Leics
Wed April 29
Chelmsford: Essex v Warwicks
Canterbury: Kent v Glam
Old Trafford: Lancs v Middx
The Oval: Surrey v Derbys
Hove: Sussex v Gloucs
The Parks: Oxford U v Hants
Fenner's: Cambr U v Northants
Sat May 2
The Oval: Surrey v Pakistan
Wed May 6
Swansea: Glam v Lancs
Leicester: Leics v Essex
Lord's: Middx v Northants
Taunton: Somerset v Surrey
Worcester: Worcs v Sussex
Headingley: Yorks v Hants
Canterbury: Kent v Pakistan
Fenner's: Cambr U v Derbys
Sat May 9
Chelmsford: Essex v Pakistan
Sat May 16
Hove: Sussex v Pakistan
Wed May 20
Chelmsford: Essex v Glamorgan
Bournemouth: Hants v Notts
Dartford: Kent v Sussex
Leicester: Leics v Lancs
Edgbaston: Warwicks v Surrey
Worcester: Worcs v Derbys

Headingley: Yorks v Som
The Parks: Oxford v Gloucs
Fenner's: Cambr U v Middx
Sat May 23
Derby: Derbys v Warwicks
Cardiff: Glam v Yorks
Old Trafford: Lancs v Worcs
Northampton: Northants v Leics
Taunton: Somerset v Gloucs
The Oval: Surrey v Essex
Hove: Sussex v Middx
The Parks: Oxford U v Notts
Wed May 27
Yorks or Ireland v Pakistan
Sat May 30
Chesterfield: Derbys v Glam
Southampton: Hants v Gloucs
Leicester: Leics v Som
Northampton: Northants v Kent
Worcester: Worcs v Essex
Middlesbrough: Yorks v Notts
Lord's: Middx v Pakistan
The Parks: Oxford U v Warwicks
Wed June 3
Swansea: Glam v Hants
Bristol: Gloucs v Lancs
Tunbridge Wells: Kent v Surrey
Lord's Middx v Essex
Taunton: Som v Notts
Edgbaston: Warwicks v Leics
Sheffield: Yorks v Worcs
Sat June 6
Swansea: Glam v Som
Tunbridge Wells: Kent v Essex
Leicester: Leics v Worcs
Lord's: Middx v Gloucs
Northampton: Northants v Surrey
Trent Bridge: Notts v Lancs
Horsham: Sussex v Hants
Harrogate: Yorks v Derbys
Wed June 10
Titwood: Scotland v Pakistan
Sat June 13
Ilford: Essex v Kent
Cardiff: Glam v Warwicks
Old Trafford: Lancs v Yorks
Bath: Som v Middx
The Oval: Surrey v Hants
Worcester: Worcs v Leics
Bletchley: Northants v Pakistan
Wed June 17
Derby: Derbys v Lancs
Ilford: Essex v Northants
Basingstoke: Hants v Yorks
Bath: Som v Kent
Hove: Sussex v Glam
Edgbaston: Warwicks v Notts
Worcester: Worcs v Gloucs
Fenner's: Cambr U v Surrey
Sat June 20
Southampton: Hants v Middx
Liverpool: Lancs v Kent
Hinckley: Leics v Sussex
Luton: Northants v Warwicks
Trent Bridge: Notts v Worcs
Headingley: Yorks v Essex
The Parks: Oxford U v Glam
Wed June 24
Combined Univ v Pakistan

Sat June 27
Chelmsford: Essex v Som
Gloucester: Gloucs v Worcs
Canterbury: Kent v Notts
Old Trafford: Lancs v Derbys
Lord's: Middx v Glam
Northampton: Northants v Yorks
Guildford: Surrey v Sussex
Edgbaston: Warwicks v Hants
Leicester: Leics v Pakistan
Wed July 1
Swansea: Glam v Northants
Gloucester: Gloucs v Hants
Canterbury: Kent v Yorks
Old Trafford: Lancs v Essex
Leicesrer: Leics v Derbys
The Oval: Surrey v Middx
Edgbaston: Warwicks v Som
Kidderminster: Worcs v Notts
Lord's: Oxford U v Cambr U
Sat July 4
Heanor: Derbys v Hants
Swansea: Glam v Gloucs
Northampton: Northants v Lancs
Trent Bridge: Notts v Yorks
The Oval: Surrey v Leics
Hove: Sussex v Kent
Worcester: Worcs v Warwicks
Wed July 8
Burton-on-T: Minor Co v Pakistan
Sat July 11
Notts, Lancs or Warw v Pakistan
Wed July 15
Derby: Derbys v Kent
Southend: Essex v Hants
Bristol: Gloucs v Middx
Trent Bridge: Notts v Leics
Taunton: Som v Worcs
The Oval: Surrey v Yorks
Nuneaton: Warwicks v Sussex
Cardiff: Glam v Pakistan
Sat July 18
Southend: Essex v Derbys
Cardiff : Glam v Surrey
Bristol: Gloucs v Northants
Bournemouth: Hants v Warw
Lord's: Middx v Notts
Taunton: Som v Leics
Hastings: Sussex v Yorks
Worcester: Worcs v Pakistan
Wed July 22
Derby: Derbys v Notts
Portsmouth: Hants v Sussex
Folkestone: Kent v Gloucs
Southport: Lancs v Warwicks
Leicester: Leics v Middx
Northampton: Northants v Som
The Oval: Surrey v Worcs
Headingley: Yorks v Glam
Sat July 25
Bristol: Gloucs v Derbys
Portsmouth: Hants v Essex
Old Trafford: Lancs v Notts
Leicester: Leics v Yorks
Lord's: Middx v Kent
Northampton: Northants v Sussex
Worcester: Worcs v Somerset
Wed July 29
Ireland or Yorks v Pakistan

Sat Aug 1
Cheltenham: Gloucs v Leics
Canterbury: Kent v Derbys
Lord's: Middx v Surrey
Weston-s-Mare: Som v Glam
Eastbourne: Sussex v Notts
Edgbaston: Warwicks v Northants
Headingley: Yorks v Lancs
Southampton: Hants v Pakistan
Wed Aug 5
Chesterfield: Derbys v Yorks
Abergavenny: Glam v Leics
Cheltenham: Gloucs v Surrey
Canterbury: Kent v Middx
Old Trafford: Lancs v Northants
Worksop: Notts v Warwicks
Weston-s-mare: Som v Hants
Eastbourne: Sussex v Essex
Sat Aug 8
Chesterfield: Derby v Surrey
Cheltenham: Gloucs v Kent
Southampton: Hants v Lancs
Leicester: Leics v Warwicks
Lord's: Middx v Worcs
Northampton: Northants v Essex
Trent Bridge: Notts v Som
Sheffield: Yorks v Sussex
Wed Aug 12
Notts, Lancs or Warwicks v Rest of World
Sat Aug 15
Derby: Derbys v Leics
Chelmsford: Essex v Middx
Trent Bridge: Notts v Northants
Taunton: Som v Yorks
The Oval: Surrey v Kent
Hove: Sussex v Warwicks
Worcester: Worcs v Glam
Bristol: Gloucs v Rest of World
Wed Aug 19
Chelmsford: Essex v Notts
Cardiff: Glam v Middx
Bournemouth: Hants v Kent
Lytham: Lancs v Sussex
Northampton: Northants v Worcs
The Oval: Surrey v Som
Edgbaston: Warwicks v Gloucs
Scarborough: Yorks v Leics
Thurs Aug 20
Lord's: MCC Bicentenary Match
Sat Aug 22
Derby: Derbys v Essex
Neath: Glam v Worcs
Bournemouth: Hants v Som
Wellingborough: Northants v Middx
Trent Bridge: Notts v Gloucs
Hove: Sussex v Surrey
Edgbaston: Warwicks v Lancs
Wed Aug 26
Maidstone: Kent v Lancs
Leicester: Leics v Notts
Uxbridge: Middx v Warwicks
Northampton: Northants v Derbys
The Oval: Surrey v Glam
Hove: Sussex v Som
Worcester: Worcs v Hants
Headingley: Yorks v Gloucs
Sat Aug 29
Colchester: Essex v Surrey
Maidstone: Kent v Hants
Old Trafford: Lancs v Gloucs
Leicester: Leics v Northants
Uxbridge: Middx v Sussex
Trent Bridge: Notts v Derbys

Edgbaston: Warwicks v Worcs
Wed Sept 2
Colchester: Essex v Worcs
Cardiff: Glam v Derbys
Bristol: Gloucs v Som
Southampton: Hants v Leics
Trent Bridge: Notts v Sussex
The Oval: Surrey v Northants
Edgbaston: Warwicks v Kent
Sat Sept 5
Scarborough: Yorks v MCC
Wed Sept 9
Old Trafford: Lancs v Surrey
Leicester: Leics v Gloucs
Lord's: Middx v Hants
Trent Bridge: Notts v Glam
Taunton: Som v Derbys
Hove: Sussex v Northants
Scarborough: Yorks v Warwicks
Sat Sept 12
Derby: Derbys v Middx
Chelmsford: Essex v Lancs
Bristol: Gloucs v Glam
Canterbury: Kent v Leics
Worcester: Worcs v Northants

REFUGE ASSURANCE MATCHES

Sun May 3
Derby: Derbys v Northants
Cardiff: Glam v Surrey
Leicester: Leics v Hants
Trent Bridge: Notts v Kent
Taunton: Som v Essex
Edgbaston: Warwicks v Yorks
Worcester: Worcs v Lancs
Sun May 10
Southampton: Hants v Surrey
Canterbury: Kent v Worcs
Old Trafford: Lancs v Glam
Hove: Sussex v Derbys
Headingley: Yorks v Northants
Sun May 17
Chelmsford: Essex v Leics
Swansea: Glam v Kent
Bristol: Gloucs v Warwicks
Lord's: Middx v Som
Northampton: Northants v Hants
The Oval: Surrey v Lancs
Sun May 24
Derby: Derbys v Worcs
Cardiff: Glam v Yorks
Canterbury: Kent v Middx
Old Trafford: Lancs v Hants
Taunton: Som v Gloucs
The Oval: Surrey v Essex
Sun May 31
Southampton Hants v Gloucs
Old Trafford: Lancs v Som
Northampton: Northants v Sussex
Trent Bridge: Notts v Leics
Edgbaston: Warwicks v Derbys
Worcester: Worcs v Essex
Middlesbrough: Yorks v Kent
Sun June 7
Leicester: Leics v Worcs
Lord's: Middx v Gloucs
Northampton: Northants v Notts
The Oval: Surrey v Warwicks
Horsham: Sussex v Hants
Sheffield: Yorks v Derbys
Sun June 14
Ilford: Essex v Kent
Ebbw Vale: Glam v Notts

Swindon: Gloucs v Sussex
Southampton: Hants v Derbys
Leicester: Leics v Surrey
Bath: Som v Warwicks
Worcester: Worcs v Middx
Sun June 21
Ilkeston: Derbys v Gloucs
Basingstoke: Hants v Middx
Old Trafford: Lancs v Kent
Luton: Northants v Glam
Trent Bridge: Notts v Worcs
Bath: Som v Sussex
Edgbaston: Warwicks v Essex
Headingley: Yorks v Surrey
Sun June 28
Gloucester: Gloucs v Worcs
Canterbury: Kent v Som
Old Trafford: Lancs v Derbys
Lord's: Middx v Glam
Guildford: Surrey v Northants
Hove: Sussex v Notts
Edgbaston: Warwicks v Hants
Sun July 5
Chelmsford: Essex v Sussex
Lord's: Middx v Leics
Tring: Northants v Lancs
Trent Bridge: Notts v Yorks
Worcester: Worcs v Warwicks
Sun July 12
Cheadle: Derbys v Glam
Chelmsford: Essex v Gloucs
Southampton: Hants v Worcs
Old Trafford: Lancs v Leics
The Oval: Surrey v Som
Edgbaston: Warwicks v Notts
Scarborough: Yorks v Middx
Sun July 19
Southend: Sussex v Derbys
Cardiff: Glam v Surrey
Bristol: Gloucs v Yorks
Canterbury: Kent v Northants
Trent Bridge: Notts v Middx
Taunton: Som v Leics
Hastings: Sussex v Lancs
Sun July 26
Swansea: Glam v Warwicks
Portsmouth: Hants v Essex
Old Trafford: Lancs v Notts
Leicester: Leics v Yorks
Lord's: Middx v Derbys
Finedon: Northants v Gloucs
Worcester: Worcs v Som
Sun Aug 2
Cheltenham: Glos v Leics
Canterbury: Kent v Derbys
Lord's: Middx v Surrey
Weston-s-mare: Som v Glam
Eastbourne: Sussex v Worcs
Edgbaston: Warwicks v Northants
Scarborough: Yorks v Lancs
Sun Aug 9
Chesterfield: Derbys v Surrey
Cheltenham: Gloucs v Kent
Bournemouth: Hants v Glam
Leicester: Leics v Warwicks
Lord's: Middx v Lancs
Northampton: Northants v Essex
Trent Bridge: Notts v Som
Hull: Yorks v Sussex
Sun Aug 16
Derby: Derbys v Leics
Chelmsford: Essex v Middx
Llanelli or Swansea: Glam v Worcs
Trent Bridge: Notts v Hants

223

Taunton: Som v Yorks
The Oval: Surrey v Kent
Hove: Sussex v Warwicks
   Sun Aug 23
Neath: Glam v Essex
Moreton in Marsh: Gloucs v Notts
Bournemouth: Hants v Som
Leicester: Leics v Kent
Wellingborough: Northants v Middx
Hove: Sussex v Surrey
Edgbaston: Warwicks v Lancs
Worcester: Worcs v Yorks
   Sun Aug 30
Derby: Derbys v Notts
Colchester: Essex v Yorks
Maidstone: Kent v Hants
Old Trafford: Lancs v Gloucs
Leicester: Leics v Northants
Lord's: Middx v Sussex
Worcester: Worcs v Surrey
   Sun Sept 6
Canterbury: Kent v Sussex
Leicester: Leics v Glam
Trent Bridge: Notts v Essex
Taunton: Som v Northants
The Oval: Surrey v Gloucs
Edgbaston: Warwicks v Middx
Headingley: Yorks v Hants
   Sun Sept 13
Derby: Derbys v Som
Chelmsford: Essex v Lancs
Bristol: Gloucs v Glam
Canterbury: Kent v Warwicks
The Oval: Surrey v Notts
Worcester: Worcs v Northants

BENSON & HEDGES CUP

   Sat May 2
Derby: Derbys v Northants
Swansea: Glam v Sussex
Bristol: Glos v Notts
Canterbury: Kent v Minor Co
Taunton: Som v Essex
Edgbaston: Warwicks v Yorks
Worcester: Worcs v Lancs
The Parks: Combined Univ v Hants
   Sat May 9
Bristol: Gloucs v Leics
Southampton: Hants v Middx
Trent Bridge: Notts v Derbys
Taunton: Som v Combined Univ
The Oval: Surrey v Kent
Hove: Sussex v Minor Co
Headingley: Yorks v Lancs
Perth: Scotland v Warw
   Tues May 12
Chelmsford: Essex v Middx
Southampton: Hants v Som
Canterbury: Kent v Sussex
Southport: Lancs v Scotland
Leicester: Leics v Notts
Northampton: Northants v Glos
The Oval: Surrey v Glam
Headingley: Yorks v Worcs
   Thurs May 14
Chelmsford: Essex v Hants
Old Trafford: Lancs v Warwicks
Leicester: Leics v Derbys
Lord's: Middx v Combined Univ
Trent Bridge: Notts v Northants
Hove: Sussex v Surrey
Worcester: Worcs v Scotland
Christ Church Grd: Minor Co v Glam
   Sat May 16
Derby: Derbys v Gloucs
Cardiff: Glam v Kent
Lord's: Middx v Som
Northampton: Northants v Leics
Edgbaston: Warwicks v Worcs
Christ Church Grd: Minor Co v Surrey
Fenner's: Combined Univ v Essex
Hamilton Cres: Scotland v Yorks
   Wed May 27
Quarter-Final
   Wed June 10
Semi-Finals
   Sat July 11
Final at Lord's

NAT WEST BANK TROPHY

   Wed June 24
Bucks v Somerset
Cambs v Derbyshire
Durham v Middlesex
Glam v Cheshire (Cardiff)
Hants v Dorset
Lancs v Gloucs (Old Trafford)
Leics v Oxfordshire (Leicester)
Northants v Ireland (Northampton)
Northumberland v Essex (Jesmond)
Notts v Suffolk (Trent Bridge)
Scotland v Kent (Myreside)
Staffs v Warwicks (Buron-on-Trent)
Surrey v Hertfordshire
Sussex v Cumberland
Wiltshire v Yorkshire
Worcs v Devon (Worcester)
   Wed July 8
Second Round
   Wed July 29
Quarter-Finals
   Wed Aug 12
Semi-Finals
   Sat Sept 5
Final at Lord's

OTHER FIXTURES

   Wed June 10
Ticon Trophy at Harrogate
   Sun Sept 6
ASDA Trophy at Scarborough

Fixtures are the copyright of the Test and County Cricket Board 1987